Dance Movement Therapy : A Healing Art

ダンス・ムーブメントセラピー
癒しの技法

フラン・J・レヴィ 著

町田章一 訳

岩崎学術出版社

Dance Movement Therapy: A Healing Art
by Fran J. Levy

Senior Editorial Consultants/Authors:
Cathy Appel and Anne Mitcheltree

Contributing Authors/Editors:
Miriam Roskin Berger, Lou Cannon, Sharon Chaiklin,
William C. Freeman, Terese Hall, Lenore Wadsworth Hervey,
Susan Kleinman, Claire Schmais and Elissa Q. White

Sponsored by the
National Dance Association,
An association of the
American Alliance for Health, Physical Education, Recreation and Dance

Associate Editors:
Mary Virginia Wilmerding, Ph.D., NDA Vice President of
Dance Science and Somatics; Dept. of Physical Performance and Development, University of New Mexico
Colleen Porter Hearn, M.A., NDA Program Coordinator
Sheyi Ojofeitimi, M.P.T.
Carrie Nygard

Assistant Editors:
Carolyn Craig, George Washington University
Juliana Mascelli, George Washington University
Jo Ann Schaefer, NDA Administrative Staff

米国ダンス協会 (NDA) は自分達の仕事を通して自分達の職業的判断を自由に表現するよう著者達を励ましている。従って，本書で用いられている資料や医学的および技術的術語は著者の見解を表しているものであり，必ずしも NDA の立場を反映しているものではない。本書における著者の研究，引用，参考構造は AAHPERD の出版ガイドラインに完全に沿ったのもではない。著者は全ての素材を出版することに同意した。著者のオリジナルな仕事ではない素材に対する著作権許可はひとえに著者にその責任があり，NDA 及び AAHPERD には責任が無い。

2nd Revised edition copyright © 2005
1st Revised edition copyright © 1992
Copyright © 1988
National Dance Association
An Association of the
American Alliance for Health, Physical Education, Recreation and Dance (AAHPERD)

Copyright © 2018 by Fran J. Levy
Japanese translation rights arranged with Fran J. Levy
through Japan UNI Agency, Inc.

推薦の言葉

フラン・J・レヴィ著，町田章一訳『ダンス・ムーブメントセラピー　癒しの技法』はアメリカの
ダンスセラピスト，フラン・レヴィ博士によって1988年に出版されていますが，すでに第3版を重
ねています。ダンスセラピー（以下DMT）関連著書としては理論と実践に互る広い領域を対象とし
ている大変充実した著書です。またADTA（アメリカ・ダンスセラピー協会）の主要メンバーから
も強く推薦されているテキストです。そして本書はすでに韓国語と中国語で翻訳されており，アメリ
カ以外でも多くの人たちのDMT道標として広く読まれています。

本書はアメリカにおけるDMTとそれを推進したセラピストたちのDMT理念と実践論が詳細に述
べられ，ダンスセラピーの歴史が理解できます。また，実践編では，さまざまの課題を背負った人々
とのDMT活動がいきいきと語られていて，私たちが出会う人々とのセッションに大きな助けになる
と思います。この訳書を手に取った人は，きっと目次を見ただけでページをめくることを急がされる
ことでしょう。また手元にあればいつでも確実な指針となるでしょう。

著者のフラン・レヴィ博士には，以前韓国で行われた彼女のワークショップに町田先生や他の日本
の仲間と一緒に参加しました。笑顔が素敵な心の広い方で，参加者に心を配り，寄り添うように丁寧
な指導をされていました。町田先生がこの著書を日本語に翻訳したいことを伝えると，「ありがとう，
待っていますよ」と，とても嬉しそうでした。訳本を手にしてきっと喜んでおられますね。

町田先生（現日本ダンス・セラピー協会会長）は常に訳語として適格であり，且つ分かり易い日本
語を探して苦労されました。先生のお仕事の関係で少し時間は掛かりましたが，期待通りの読み易く，
分かり易い訳本が完成しました。

ここに町田先生の熱意と惜しみないご労力に感謝とお祝いを述べたいと思います。実は私も下訳を
拝見する中ですでにしっかり参考にさせて頂いています。

ダンス・ムーブメントセラピーに関係している方，関心を持っている方に是非読んで頂きたいと思
い，ここに推薦いたします。

2018年3月

平井　タカネ

奈良リズム・ダンス療法研究所代表

元日本ダンス・セラピー協会第三代会長

奈良女子大学名誉教授

名古屋学芸大学名誉教授

ダンス
動くこと，
ムーブメントの中にいることは，いつでもどこでも，
他でもないそこにいることであり，
踊ることである。

フラン・J・レヴィ
（ゴダード大学，1966）

『ダンス・ムーブメントセラピー：癒しの技法』への賛辞

どのレベルの経験を積んだ実践家にも，本書を強く推薦する。私は参考書として何度も本書を使って来た。改訂され最新情報を掲載した本改訂版はますますその価値を高めた。この本が扱う幅の広さや情報の多様さは他では見られない（シャロン・チェクリン，BC-DMT，ADTA 元会長）。

フラン・レヴィの改訂第二版はこの分野の重要な情報源であり，ダンスセラピーの歴史と発展を概観し，理論と実践における様々な方法を提供し，これまで対象として来た人びとを明確に表現している（ローレル・トンプソン，MPS，BC-DMT，ATR-BC，プラット大学　大学院クリエイティブ・アーツ・セラピー部門主任）。

フラン・レヴィによる並外れた貢献である本書は，ダンスセラピーの起源，理論，実践を対象にして，パイオニアとその後継者たちのエネルギッシュで，創造的で，示唆に富んだ発展の跡を記している。レヴィは，芸術が持っている癒しの力に関わるすべての人びとにとって無限の価値を持った資料を創り出した（ジョアン・チョドロウ，Ph.D.，BC-DMT，『ダンスセラピーと深層心理－動きとイメージの交感－』の著者）。

レヴィ博士の中心的テキストは初版以来，アンティオック・ニューイングランド大学院ダンス・ムーブメントセラピー課程の院生の必読書であり，大学院生も教授陣も共にこの最先端の改訂版から，新しい章や最新情報を吸収したがっている（スーザン・ローマン，MA，BC-DMT，NCC，KMP 分析家，アンティオック・ニューイングランド大学院応用心理学部副主任）。

レヴィの充実した最新版が待ち通しかった。特に大事なのは第 3 部の新しい部分で，特別な支援を必要とする子どもたち，虐待の被害者，身体障害者，会社におけるセラピューティックな実践や摂食障害者に関する章が新しく加えられた。ダンスセラピーの地理的また理論的な影響についての重要な歴史的な部分が，十分に最新情報を反映し，拡大された。ムーブメントセラピーを教えたり，理論や実践を本気で研究する人なら誰でもこの新しい版を入手する必要がある（ヴィッキー・J・ライズナー，図書館協会音楽部門）。

インスピレーションを与える本……職業カウンセラーやカウンセリング，助言業務，教育などに関する全ての人の必読書である（ハワード・フィグラー，Ph.D.，『完全なる職探しハンドブック』の著者）。

本書はダンス・ムーブメントセラピーに関心を持った全ての人にとっての必読書だ。レヴィ博士はダンス・ムーブメントセラピーに関する本の中で最も人気のあるこの本に，最新情報を盛り込み，この分野における素晴らしい発展や尊敬すべき専門家の業績について新しい章を付け加えた。私たちはみんな，初心者も経験豊富なセラピストも同様に，レヴィ博士のダンス・ムーブメントセラピーについての分かり易い概論書である本書を宝物にすることだろう（シェリー・W・グッディル，Ph.D，ドレクセル大学看護健康学部准教授，主任）。

フラン・レヴィは素晴らしい専門書を書いた。セラピーやセラピー業務に携わるすべての人，また単にコミュニケーション方法について興味を持っている人でも誰もがこの本に夢中になる（トゥルーディ・シュープとペギー・ミッチェル，『からだの声を聞いてごらん－ダンスセラピーへの招待』の共著者）。

献　辞

私の両親，ヘンリー・レヴィとリリアン・レヴィに。
二人は数え切れないほど多くの方法で人生への愛と，
自己表現と芸術表現に対する深い感謝とを，私と共に分かち合ってくれた。
ロブ，マージ，レン，ジョスリーン，マーク，ソフィア，ジュリアへ。
そして，クラス一家のヘクトールとミッチェル，
また彼らのクラッシーな（可愛い）子どもたちの
ミッチェル・リー，ジェニファー，ステファニー，ヘクトール・ジュニアへ
愛と尊敬を込めて

米国ダンス協会

米国ダンス協会（NDA）の使命は，ダンス教育における知識を深め，技術を改善して，健全な専門職業的実践を推進すると共に，高品質のダンスプログラムによって，創造的で健康的なライフスタイルを促し，支えて行くことである。

ダンス・ムーブメントセラピーの重要性

NDA はダンス科学と身体科学をリードし，多くの人びとが感情を理解したり表現したりする上でダンス・ムーブメントセラピーは欠くことのできない方法であり，特に 21 世紀という騒がしい時代においてはそのようなことが言えると認めている。そのため NDA は米国ダンスセラピー協会（ADTA）と長年に渡る協力関係を続けている。著者のフラン・レヴィはこの美しく装丁された書物の中で，過去のダンスセラピーの指導者たちに敬意を表しながらも，このエネルギーに満ち溢れた職業の将来を噛みしめている。

小　史

NDA は健康・体育・レクリエーション・ダンス米国連盟（AAHPERD）の加盟団体の一つであり，これまでのリーダーたちによって主張されてきた精神と目的を持っている。AAHPERD は 1885 年に創立され，今日ではほぼ 30,000 人の会員を擁している。AAHPERD には 6 つの全国組織，6 つの地域組織，50 の州組織があり，各々の関係分野を担当している。モダンダンスの分野はマーガレット・H・ドゥブラー他を筆頭にして AAHPERD や米国におけるダンス教育を推進して来た。1905 年にニューヨーク市において会議が開かれ，その時，ルーサー・ハルゼイ・グーリック会長は多文化のダンスを強調することにした。彫刻家，アスリート，学者そして内科医でもある R・タイト・マッケンジーは，AAHPERD で最高の栄誉であるルーサー・ハルゼイ・グーリック・メダルなどを作成し，ムーブメントの真髄を自身の芸術作品の中に表現した。1932 年にダンス部門が新設され，1974 年に NDA は AAHPERD に加盟した。

活動内容

NDA は，最初の全国的なダンスの名誉団体であるヌ・デルタ・アルファ，健康のためのダンス・プロジェクト，ダンス教育全国基準を創設し，芸術教育協会全国連合会の創立メンバーとして，70 年以上に渡りダンス教育における指導的立場に立って来た。NDA 最高の栄誉である文化賞はドゥブラー，ルイス・ホースト，テッド・ショーン，キャサリーン・ダンハン，ハンニャ・ホルム，ドン・マッケールのような卓越した教育者に贈られて来た。また，専門家や学生の功績に対してもその他の賞が贈られている。NDA は合衆国中でワークショップや各種の会議を開催したり，資料を作成して出版したり，あらゆるレベルの高品質なダンス・プログラムを推進している。全国芸術基金，ハークネス・ダンス財団，カペジオ・バレエ製作，合衆国教育博愛省は全面的に NDA の活動を支援している。

目　　次

推薦の言葉 ……………………………………………………………………………………………… iii

日本語版に寄せて ……………………………………………………………………………………… xiii

謝　辞　 …………………………………………………………………………………………………… xvi

序　文　 …………………………………………………………………………………………………… xx

はしがき（エリッサ・Q・ホワイトによる）** ……………………………………………………… xxiii

序　論*　我々が拠って立つ基盤　 …………………………………………………………………… 1

第 1 部　初期の発展：ダンス・ムーブメントセラピーのパイオニアたち　　15

セクション A　東海岸における主要なパイオニアたち

第 1 章　マリアン・チェイス：「ダンスセラピーの母」 ………………………………………… 18

第 2 章　ブランチ・エヴァン：創造的なムーブメントがダンスセラピーになる ………… 30

第 3 章　リリアン・エスペナック：精神運動療法 ……………………………………………… 45

セクション B　西海岸における主要なパイオニアたち

第 4 章　メアリー・ホワイトハウス：深層ムーブメント：

　　　　　ダンスセラピーにおけるユング派の技法 ……………………………………………… 52

第 5 章　トゥルーディ・シュープ：ダンス，演劇，パントマイム，パフォーマンス ………… 65

第 6 章　アルマ・ホーキンス：人間性心理学，イメージ，リラクセーション ……………… 79

ディスカッション　主要なパイオニアたちに見られる共通点と相違点 …………………… 84

セクション C　その他の初期のパイオニアたち，指導者たち，功労者たち

第 7 章　ダンスセラピーが中西部に現れる ……………………………………………………… 88

第 8 章　文献上に見られるパイオニア的な功績 ………………………………………………… 92

　　パート A．フランツィスカ・ボアズ：影響力ある概念 …………………………………… 92

　　パート B．エリザベス・ローゼン：試行錯誤 ……………………………………………… 99

　　パート C．ダンスセラピー研究 ……………………………………………………………… 104

ディスカッション　1960 年以前に行われていた技法の概略 ………………………………… 107

第2部　ダンス・ムーブメントセラピーのその後の発展 ……………………………………………… 111

セクションA　合衆国におけるラバン・ムーブメント分析とダンスセラピー
第9章　ラバンとラムの理論的貢献 ……………………………………………………………… 114
第10章　イルムガード・バーテニエフがアメリカにLMAを伝える …………………… 117
第11章　ニューヨーク州立ブロンクス病院における時代精神 …………………………… 123
第12章　マリオン・ノース：個人評価と療法 ……………………………………………… 127
第13章　ジュディス・ケステンバーグ：ムーブメント・プロフィール ……………… 133
ディスカッション　LMA：様々な見解 ……………………………………………………… 137

セクションB　ダンスセラピーの理論と実践がさらに普及する
第14章　東海岸の影響，その後の発展 ……………………………………………………… 140
　パートA．エレイン・シーゲル：精神分析的アプローチ，チェイスの影響もいく分受けて　140
　パートB．ゾウィー・アフストレイ：チェイスやホワイトハウスを統合した精神分析的展望　143
第15章　西海岸の影響，その後の発展 ……………………………………………………… 147
　パートA．イルマ・ドサマンテス・ボードリー：経験的ムーブメント精神療法 …… 147
　パートB．ダイアン・フレッチャー：精神力動的志向 ………………………………… 151
　パートC．ジャネット・アドラー：ウィットネスとムーバーとの関係 ……………… 154
　パートD．ジョアン・チョドロウ：ホワイトハウスとユング ………………………… 155
ディスカッション　東海岸の傾向と西海岸の傾向を比較する ………………………… 160
　パートE．シャロン・チェクリンが体験した1972年 …………………………………… 161
第16章　様々な潮流を統合する** ……………………………………………………………… 166
　パートA．マルシア・レベンソール：一次治療としてのダンスセラピー …………… 166
　パートB．ペニー・ルイス：折衷的アプローチ ………………………………………… 168
第17章　フラン・レヴィのマルチモーダル・アプローチ：理論と実践 ……………… 174

第3部　様々な人びとに対するダンス・ムーブメントセラピー ……………………………… 197

セクションA　子ども**
第18章　特別なニーズがある子ども ………………………………………………………… 200
　パートA．幼い子ども：社会的，精神的，身体的，認識的目標 ……………………… 200
　パートB．危険因子のある子どもたち：暴力予防 ……………………………………… 205
　パートC．学校教育機構における十代の若者 …………………………………………… 207
　パートD．学校における運動評価 ………………………………………………………… 210
　パートE．重度障害を伴った子どもたち：
　　　　　　精神科に短期入院している子どもたちに対するダンス・ムーブメントセラピー　211
　パートF．自閉症児 ………………………………………………………………………… 213
　パートG．性的虐待を受けた子どもたち ………………………………………………… 220

セクションB　成人*

第19章　精神科ケアを受けている人びと ……………………………… 228

第20章　身体的，性的，精神的虐待の被害者，及び，

解離性同一性障害（または，多重人格障害者）………………… 242

第21章　女性の摂食障害者（スーザン・クラインマンとテレーズ・ホールによる）………… 254

第22章　高齢者………………………………………………………… 263

セクションC　様々な身体障害者に対する実践

第23章　リハビリテーション（キャッシー・アッペルによる）………………… 268

セクションD　ダンス・ムーブメントセラピーを応用する

第24章　発達障害児者** ……………………………………………… 286

第25章　ダンス・ムーブメントセラピーの更なる応用 ………………… 290

パートA. 企業場面におけるダンス・ムーブメントセラピー ………………… 290

パートB. 家族* ……………………………………………………… 291

パートC. 盲人と視覚障害者 ………………………………………… 295

パートD. ろう者と聴覚障害者 ……………………………………… 298

第4部　ダンス・ムーブメントセラピーの国際的普及 ……………………… 299

序　章（ミリアム・ロスキン・バーガーによる）** ……………………… 300

第26章　ダンス・ムーブメントセラピーの国際的普及（キャッシー・アッペルによる）*…… 302

第5部　ダンス・ムーブメントセラピー研究：調査結果と系統樹 ………… 317

第27章　研究に関する最近の見解（レノーア・ワズワース・ハーヴェイによる）** ………… 319

第28章　研究概観：様々な知見：過去，現在，未来の動向 ………………… 321

第29章　ダンスセラピー系統樹：主なパイオニアたちの影響の広がり ……………… 328

結　語………………………………………………………………………… 351

引用参考文献………………………………………………………………… 353

訳者あとがき………………………………………………………………… 365

索　引………………………………………………………………………… 367

＊　　部分的に改訂したことを示す。

＊＊　本書の新しい章，または，全面的に改訂したことを示す。

日本語版によせて

　私の著作である『ダンス・ムーブメントセラピー：癒しの技法』の日本語版への序文を書くことは大変名誉なことです。英語から日本語に翻訳するにはどれだけの時間と苦労と知識が費やされたことか，私にはよく分かります。これは大変な仕事であり，大いなる快挙です。私は町田教授がこの仕事，および，日本におけるダンスセラピー分野に示した見識，忍耐，誠実さに感謝します。

　私はまたこの企画に対して支援と信頼を与えた日本ダンス・セラピー協会（JADTA）に対して感謝します。アメリカ合衆国のダンスセ・ラピストとして，また本書の著者として，私の実践や，この本の中で議論されている非常に多くの著名なダンス・セラピストの実践を日本の読者と共有できることは素晴らしいことです。

　アメリカと日本という二つの国は，大洋，島，歴史，習慣によって隔てられ，相異なっているがゆえに，互いに学び合い共有することがたくさんあります。町田教授はそのようなことを可能にするための手助けをしました。町田教授とJADTAの会員たちは1989年以降，毎年合衆国に来て，米国ダンスセラピー協会（ADTA）の年次大会に参加して来ました。彼らはまた，韓国まで飛んで来て私や世界中から来たダンス・セラピストと共に活動しました。

　光栄なことに，ADTAの年次大会や私が行ったアジアでの講習会で，私は多くの日本のダンス・セラピストと知り合うことができました。私は日本人についてたくさん学び，ダンスセラピーを支えている中心的な信念に日本の文化が適しており，強く結びついていることを学びました。その信念とは，心身一如，つまり，心と体は一つであり，別々に考えることはできないという考えです。

　心身一如という概念は東洋医学や東洋思想では広く認められていることですが，これこそアメリカのダンス・セラピストが自らの仕事にとって基本的なものであることを発見した重要な考えなのです。実際，この考えがダンスセラピーの理論と実践の根底に流れています。全てのダンスセラピーの実践は，この考えを理解することから始まっています。また，日本ではごく当たり前に瞑想が使われていますが，アメリカのダンス・セラピストの間では精神集中によって内的な体験をさせ，意味深い希望，至福，内省，リラクセーションを多くの人々にもたらす方法として，ますます使われるようになって来ています。したがって，アメリカ合衆国から日本にダンス・セラピストが出向いて，私たちの実践を紹介したり教えたりしますが，私たちは東洋の考え方に基づいて，私たちがなぜそのようなことを行なうのかの根拠や説明にしているのです。

　私を含めて多くのアメリカのダンス・セラピストにとって特別に感じられる，もう一つの日本の習慣は，他人を認識したことを表現する「日本のお辞儀」です。東洋への旅行から帰って来ると，私たちもしばしば自分がお辞儀をしていることに気付きます。私たちアメリカのダンス・セラピストやダンサーにとって，お辞儀は我々の同僚，学生，患者に対する謙遜や尊敬を示す上で力強い非言語コミュニケーションなのです。お辞儀は，私自身もアジアから帰国した時にそれがなくて淋しく感じる一つの習慣です。

私たちのダンスセラピーの歴史を振り返ると，東洋と西洋とは，ここ数年の間に相互関係を深めています。日本におけるダンスセラピーは他の芸術療法と共に 1970 年代に精神科病院から始まりました。その頃はそのような実践について，あったとしてもそれほど多くの記録はありません。同じように合衆国においても，ダンスセラピーは他のクリエイティブ・セラピーと共に 1900 年代の中頃から精神科の現場や個人指導という形で使われるようになりました。これらの実践について，いくらかの記録資料はありますが多くはありません。アジアや合衆国における独創的な実践は試行錯誤を繰り返し，それらの経験を言葉で共有しながら発展して来ました。

　1980 年代になって，日本のダンス・セラピストとアメリカのダンス・セラピストの間に正式な交流が始まりました。アメリカの著名なダンス・セラピストであるシャロン・チェクリンが 1980 年代中頃に日本に行き，その後度々訪れました。彼女は自分の実践を教え，町田教授と提携し，様々な習慣，ダンスセラピーの方法を学び合い教え合いました。この提携と学びは新しい千年紀になっても続けられました。

　その他のダンス・セラピストも 1980 年代，1990 年代に日本に行き，自分たちの実践を紹介しました。これらのダンス・セラピストは日本の専門家と一緒に活動したことにより多くのことを学んだと報告しています。学びは相互に行われるものです（ダンス・ムーブメントセラピーの国際的普及の章を参照して下さい）。

　相異なる文化においても適応可能なダンスセラピー理論と方法を打ち立てることは重要です。この点において，私たちには互いに学び合うことがたくさんあります。合衆国内には非常に多くの日本人がいます。私たちが日本の習慣をもっとたくさん学び，彼らのような，変わり行くアメリカの人々に最も良いサービスができるよう，私たちは文化的な国境を越えて患者の支援，相互の成長，この分野の理解を促す必要があります。

　他方，ムーブメントが感情表現や非言語コミュニケーションとして普遍性を持っていることはよく知られています。あらゆる種類の感情，希望，夢はダンスで表現されることにより，様々な文化的違いを乗り越えて行きます。この点において私は，この本の中に書かれている情報は世界中の全ての地域における様々な患者グループや文化においても適用できると信じています。ダンスという言語は時空を問いません。私たちがこれほどまでも互いに実践を共有できたのも，これがその理由であると思います。私自身も，アジアの国々，また，世界中の様々な国々で学生たちとワークをした経験がありますが，私はそれを誇りに思っています。私にとって言語は一つの障壁です。そのため，私は非言語による表現の重要さをますます強調し，何とかして，非言語的コミュニケーションが言葉という壁を切り拓いて突き進んで行くよう努力しました。

　合衆国のダンス・セラピストのパイオニアの一人であるミリアム・バーガーは ADTA の大会の中に国際パネルという機会を創設しました。日本からのパネリストとして，町田章一，崎山ゆかり，平舘ゆうが自分たちの実践や，ダンスセラピー技術に関連した日本の文化について発表し，討議をしました。この国際パネルは世界中のダンス・セラピストを教育し結び付ける上で大きな役割を果たしています。

　本書は主に合衆国のダンスセラピーに対して焦点を当てていますが，一方では，これまでに日本語に訳されて来た東洋哲学や非言語表現が持つ普遍性を尊重し評価しています。本書は，ダンスセラピーがそうあるべきすべての出発点を示しています。したがって，他の文化が，自分たちに影響を与えていることに気付くことや，それらを自分たちの文化のしきたりに合わせる必要があることに気付く

ことは大いなる出発です。『ダンス・ムーブメントセラピー：癒しの技法』はダンスセラピストとしてしっかりと立ち上がることのできる基盤を示していますので，次は，その基盤に何かを加え，広げ，適応させて下さい。

フラン・J・レヴィ

謝　辞

『ダンス・ムーブメントセラピー：癒しの技法』（第三版，改訂第二版）を世に送るにあたり，多くの指導的立場にあるダンス・セラピストのみなさまからご協力とご支援を賜りましたことを心から感謝申し上げます。この本の重要性を信じ，貴重な時間と労力を快く注いで頂いたお陰で第三版を上梓することができました。

米国ダンスセラピー協会会長であり，友人，同僚でもあり，筆者が長年一緒に仕事をし，感謝をし尽くせない人，エリッサ・Q・ホワイト。彼女は本書を出版するプロジェクトの価値を確信し，ダンス・セラピストとしてまた執筆者としての専門的な意見を出してくれました。彼女の温かさと勇気はいつも無上の価値を持っていました。エリッサはまだアイデアであった段階からこの本の価値を信じていました。最初の原稿ができ，まだ頼りない状態の時から彼女は筆者を助け，それがいつのまにか700頁もの大きな著作になりました。そしてエリッサの助けによって1988年に出版され，今や2005年に第三版が出版される運びとなりました。

加えて，筆者の姉妹マージ・フォレストと義兄であるレナード・フォレストに対し，ここ数年間に受けた愛情と心の支えに心から感謝を捧げます。

1988と1992

エリッサの他にもダンスセラピーの素晴らしい指導者たちが最初の原稿を読んでくれ，親切にも大変ありがたい助言をして下さいました。クレア・シュメイス，アーリン・スターク，シャロン・チェクリン，ルー・キャノン，みなさんが本をさらに充実させ，引き締め，深めてくれました。

これらの臨床家やその他の有名なダンス・セラピストは，その多くが主要なパイオニアたちの直弟子であり，彼女たちの記憶や経験を惜しみなく開陳してくれました。デボラ・トーマス，シャロン，クレア，アーリン，エリッサはマリアン・チェイスの章を助けてくれました。ジュディス・バニは親切にもチェイスの肖像写真を探し出してくれました。ジャネット・アドラー，ジョアン・チョドロウ，ジュディス・フリード，キャロリン・フェイ，ジェイン・マニング，スーザン・ワロック，ナンシー・ゼノフは彼女たちの指導教授であったメアリー・ホワイトハウスの業績を明らかにする手助けをしてくれました。フェザー・キング（ホワイトハウスの娘）も熱心にこの章を読んでくれました。ブランチ・エヴァンとの会話や，アイリス・リフキン・ゲイナー，バーバラ・メルソン，アンヌ・クランツ，ボニー・バーンスタインと言った彼女の弟子たちとの会話はエヴァンについての章を書く上で助けになりました。同じように，トゥルーディ・シュープについての情報や，彼女の同僚であり共著者であるペギー・ミッチェルはシュープの章を強固なものにしてくれました。筆者は幸運にもアルマ・ホーキンス，リリアン・エスペナック，イルムガード・バーテニネフ，フランツィスカ・ボアズと一緒に仕事をしていたので，彼女たちについての章を書く上で役に立ちました。加えて，マルシ

ア・レベンソールはホーキンスの弟子なので，彼女の指導教官についての章に意見を出してくれました。ボアズの娘であるガートルート・ミッチェルソンは彼女の母が果たした歴史的影響について明らかにしてくれました。中西部における発展を良く理解する上で，ローダ・ウィンター・ラッセル，デボラ・トーマス，ミリアム・ロスキン・バーガー，ジョーン・バーコウィッツ，ジョアンナ・ハリスはこの上なく協力的でした。最後に，ルドルフ・ラバンの部分はマーサ・デイビス，ジュリアナ・ラウ，ダイアナ・レヴィ，メイヴィス・ロックウッド，スーザン・ローマン，ヴァージニア・リード，マーサ・スーダック，マーク・ソッシン，スザンヌ・ヤンガーマン，ジョディ・ザカリアスらの力を借りて書くことができました。

これらの人びととの個人的な会話によって，ダンスセラピーの歴史に空いた谷間に橋をかけ，これらの重要な章に個人的な深みや活力を与えることができました。

この他にも関連領域における専門家や指導者がこの本を充実させ，完成させる上で貢献してくれました。それらは，ゾウィー・アフストライ，フェリックス・バローサ，ハワード・フィグラー博士，ドミニック・グルンディ博士，ステファニー・カッツ，ジョン・クリモ，フィリス・K・ジェスワルド，ペニー・ルイス，エリザベス・ミーハン，ミリアム・プーダー，スーザン・サンデル，スティーブ・シドースキー，スティーブ・ウィルソンの面々です。

加えて，筆者が仕事を始めた初期の頃にある特別な人びとが筆者に大変勇気を与えてくれました。有名な心理学者であるエレン・シロカ，ロバート・W・シロカは筆者の仕事を心から信じ，評価できないほど素晴らしい機会を筆者に与え，専門家としての成長を助けてくれました。この他にも，成人に対する精神療法の中で，ダンスやムーブメントを使うことの特別な価値を見出し，この分野における筆者の努力を支えてくれた人びとがいました。これらの同僚や友人，ベス・アンダーソン，ジョージ・ビグリン，スーザン・デイビドフ，ジャネット・ジョンソン，スー・モーフィット，ジーン・ピーターソン，ハワード・シーマン博士，キャサリーン・スローン，バーバラ・シュタイン，ロイ・タイツ，メアリー・ワトソン，ジョン・ワインシュトックは筆者の心の中に大切な人として残ることでしょう。

キャロライン・ブロンシュタインは筆者の編集顧問を6年間もしてくれ，寛大で頼りがいのある方法で筆者に尽くしてくれました。どのような言葉をもってしても十分に感謝を言い尽くすことはできません。彼女の助けが無ければこの本は世に出ることは決して無かったことでしょう。

この他に何人もの人びとが，終わりのない仕事のように見える作業に対して，寛大にも時間や労力を費やしてくれました。ライズ・ローゼンバーグ，ベッティーナ・デル・プレットとその娘であるクリスティー，ステイシー・バーガー，ワヘー・グル・カウル，リリアン・ヤクノヴィッツは筆者と共に昼夜を分かたず延々と続く細かな作業をしてくれました。『ムーブメントと成長』の編集副主幹であるアン・ミッチェルトゥリーは「印刷したてで湯気が出ている」この本を校閲してくれました。また，筆者のAAHPERDの原稿整理編集者であるアン・スチュアートと企画編集者であるマーチン・コナーの二人については筆者たちが共に巡り合い，一緒に仕事をすることができたことは大きな喜びでした。

本を書く者は誰でも，見識があって自分を理解してくれる友人や，自分を励まし苦しみを分かち合う家族を必要としています。ですから，筆者はそのような素晴らしい人びとに感謝を捧げたいと思います。ナンシー・シュルマンとロバート・シュルマン，エイミー・シェイファー，テッド・ニューマンとエレン・ニューマン，フィリス・グッドフレンド，スティーブ・フィグラー，ラリー・レヴィン

とリタ・レヴィン，ジョスリーン・ワッケンハット，そして筆者の姪であるジョスリーヌ・ラビアンカがそれらの人びとです。

　執筆をしている間に，筆者は多くの素晴しい才能ある執筆者に出会い，彼らと経験という宝を共有することができました。その中には，ニック・パパス，ジェイン・ガーバー，ミッシェル・ゲイジ博士，ルス・レッシュ博士，アナトレ・ドルゴフ博士，キャスリーン・バーカー，レスリー・プラットがいます。セア・シラーは素晴らしい執筆家，教師，人物であり，筆力というものを筆者に思い起こさせてくれました。ジェイン・ブロディはニューヨーク・タイムズの健康についてのコラムニストですが，彼女も個人的なやる気を高める上で大きな力の源泉になってくれました。

　筆者はまた協会に所属している多くのダンスセラピストやムーブメントの専門家や精神療法家から激励を受けました。その中には，ハリエット・オール，ジェシカ・カリス，リサ・ドブス，アイリーン・ダウド，ジャン・アール，リー・ゴールドバーグ，ジュディー・ハフマン，キャロル・ハッチンソン，ウェンディー・カイザー，バーティ・クライン，アイリーン・ローラー，ファーン・レベンソール，ジェイミー・リーバーマン，スーザン・ラーヴェル，ビリー・ローガンがおり，さらに，レジーナ・モンティ，ジュリー・ミラー，レノーア・パウエル，リー・ルビンフェルド，ウェンディ・ソーベルマンがいます。筆者は，モーリーン・コストニス，ダイアンヌ・デュリカイ，ティナ・アーファー，メアリー・フロスト，ロバート・フルロッド，ジョーン・ラベンダー，ヘレン・レフコ，ハリエット・パワーズ，ポール・セヴェット，マーシャ・ウェルトマン，スーザン・キールの臨床的な貢献に感動しました。

2004，灯を掲げ続けてくれたことに感謝

　第三版を出版したいという夢が現実のものとなりました。灯を掲げ続けて下さったことに感謝します。

　まず最初に，筆者の主任編集顧問であるキャッシー・アッペルとアン・ミッチェルトゥリーに感謝を表します。彼女たちは助言者として働くと共に新しい原稿を提供し，ダンスセラピーという分野の知識基盤を広げてくれました。キャシーは身体障害者についての章とダンスセラピーの国際的発展についての章という二つの素晴しい章を寄稿してくれました。アンは系統樹を最新のものに改定したり，時代遅れになった用語や情報についてこの本を徹底的にチェックしてくれました。

　この他に重要な新しい章を寄稿してくれたのはスーザン・クラインマンとテレーズ・ホールで，彼女たちは摂食障害について書いてくれました。また，レノーア・ハーヴェイはダンスセラピーやその研究について新しく書かれた書物にある考えを要約してくれました。

　ダンスセラピーのパイオニアである二人がダンスセラピーの歴史について自分自身のことばで詳細な知識を提供してくれました。その人はミリアム・ロスキン・バーガーとシャロン・チェクリンです。

　ノーマ・キャナーが行ったインスピレーションあふれる活動についての討議においては，寄稿して下さったアン・ブローネル，ヴィヴィアン・マルコー・スパイザー，ウイリアム・フリーマンに感謝すると共に，全ての寄稿者を束ねて巧みに引っ張ってくれたキャッシー・アッペルの創造力にも感謝します。ウイリアム・フリーマンもまた子どもについての章を編集し，子どもを対象にした活動について専門家としての意見を提供してくれました。

　筆者はまた筆者の編集者であり，オーストラリアからのフルブライト研究者であるルーシー・ニー

謝　辞　xix

ヴに感謝を捧げたいと思います。彼女は比較的早くからあった原稿と新しい資料とを統合する上での最終段階に助けに来てくれました。彼女の執筆家としての技術と，ストレスや原稿締め切りを実に上手に操作する能力は忘れることができません。

　筆者の仕事に関して書いてある章については，親友であるロバート・ガードンスキーに感謝します。彼はこの章を新しい方法で見直し，それを完全に最新のものにするのを手伝ってくれました。彼は寛大にも，熱心に執筆したり，夢中になって取り組んだり，細かくチェックしてくれました。

　素原稿ができると多くの友達が筆者を助けてくれました。ジュディス・ヴァイス，エイミー・シェイファー，ナンシー・シュルマンとロバート・シュルマン，パトリシア・スティーブンス，ラリー・レヴィンとリタ・レヴィン，ジョー・ベルマンとエリーズ・ベルマン，ハリエット・パワーズ，ロバート・フルロッド，コンラッド・キャスカートとジェイン・ウィルソン・キャスカート，ジャック・フリードマン，セルマ・ズィママン，フラン・ハンバーグ，マリア・クーティオック，ヘクター・クラースとミッシェル・クラース，また，彼らの可愛らしい子どもたち（ミッチェル，ジェニファー，ステファニー，ヘクター・ジュニア），スーザン・ストラットン，ジェイン・ブロディ，キャロル・クルードソン，マージ・マックルーア，ゲイル・スコット・グラーフ，ブレア・グレイザー，デニス・グッツマン，マイケル・デ・シモーヌ，ジョイス・ダリーとアンドリュー・ダリー，サラ・フォークナー，ローズ・マッキヨン，サリー・ラパポート，エヴリン・ジェニングス，スヴェトラーナ・ラザレフ，ボリス・ギルゾン，アイリーン・ローラー，そして，アルゼンチン出身のディアナ・フィッシュマン，ローラ・ペラルタです。

　あまりに多すぎて，ここに全ての人の名前を記すことはできませんが，筆者は多くの人びとから受け取った手紙の全てに深く感動しました。彼らは学生であるか教師であるかを問わず，この本を支持し，それが印刷物になって戻って来ることを心待ちにしていてくれたのです。

　みなさまの励ましの言葉とこの本への愛情は筆者を元気付けてくれました。その中には第三版の出版に携わってくれたNDA/AAHPERDのみなさま，プログラム調整役のコリーン・ポーター・ハーン，元会長のフラン・アンソニー・マイヤーとキャスリーン・キンダーファーザー，ダンス科学と身体学の副会長であるヴァージニア・ウィルマーディング，JOPERDの副編集長であるキャリー・ニーガード，出版部門の部長であるバーバラ・ハーナンデッツ，ダイアン・ワーレイコ・コクランとフェアファックス郡高等学校のアシスタントであるベン・バークス，チャウ・ファン，ローラ・セルダがいます。インターンのキャロリン・L・クレイグ，ジュリアナ・マシュリ，ジョージ・ワシントン大学の学生たちは熱心に索引を作ってくれたり，校正をしてくれました。そして最も深い感謝をAAHPERDの編集長であるジョン・C・ファーレルとプロのダンサーでエール大学の卒業生であるパメラ・ジェイムズに捧げます。

　最後に特別な感謝の気持ちをショー・ブロナーに表します。彼女は理学療法士であり，彼女の同僚であるシェイ・オイェフェティミに筆者を紹介してくれました。最後の数時間におけるシェイの疲れ知らずで詳細な研究のお陰で，筆者には到底完成しないだろうと思えた仕事を筆者たちは成し遂げました。また，大きな感謝の言葉を写真家のみなさんにも贈ります。スティーブ・クラーク，アンソニー・ヴレヴィーズ，レナード・フォレスト，そして，バーバラ・モルガンは芸術的な上品さ，美しさ，明晰さをこの本のページに添えてくれました。

序　文

「ダンスシューズがセラピストのソファーに代わる。レヴィ博士が言うように，『体の動きは内面的な心の状態を反映しており，体の動かし方の習慣を変えることにより心の状態に変化をもたらし，そのようにして健康や成長を促すことができる』という前提がダンス・ムーブメントセラピーにはある。人びとに体を動かす機会を与えれば，そこから物語が溢れ出て……人びとの体の中に潜んでいるトラウマがムーブメントに助けられて姿を現して来る」(Jane E. Brody, The New York Times, Oct. 18, 1995)。

ここ数年来，心と体との結びつきや，体を使って心を癒したりその反対のことについて再び関心が高まって来た。体を動かすことが心や体に非常に良い効果をもたらすことはずっと以前から知られていた。同時に，個々人が自己表現をしたりコミュニケーションをする方法が必要であることはますます認められつつある。その証拠に，クリエイティブ・アーツ・セラピーだけでなく，体を動かしたり身体志向の新しい形のセラピーも急速に増え，脚光を浴びている。

本書は，多くの人びとが体を使った非言語による表現を必要としていること，そして，これらの必要性がダンス・ムーブメントセラピーの発達と共にどのように満たされて来たかについて取り扱っている。

この学問分野はダンスセラピーとかダンス・ムーブメントセラピーと呼ばれることが非常に多いが，その下位区分としての名前であるムーブメント精神療法，精神分析的ムーブメントセラピー，ユング派のダンス・ムーブメントセラピー，精神運動療法等とも呼ばれて来た。米国ダンスセラピー協会（ADTA）はこの学問分野を「ダンス・ムーブメントセラピー」と呼ぶ方針を掲げている。この学問分野において「ダンス」という名称と「ムーブメント」という名称が交互に使われるのは，「ダンス」という用語が意味する元々の概念に大きく由来している。「ダンス」という用語が使われると，それだけでは不十分な感じがしたり，当惑したりする人びとがいる。また，単に自分たちの思いや気持ちを表現するだけでなく，ダンスのステップを踏んだり，身体運動能力を見せなくてはならないのではないかと不安になる人びともいる。セッション中に見られる精神運動的表現は，形式的な意味でもまた非形式的な意味でもダンスとは似ていない場合がよくある。たとえば，手を伸ばす，握りこぶしを作って怒りを表す，子どもが象徴的に体を揺する，また，頭を少し傾けるということでさえもダンスセラピーの表現過程や探究過程の要素になり得る。「怒りのマンボ」「インスピレーションのチャチャ」「ダンスで憂さを吹き飛ばす」等とからかう人がまだいるかも知れないが，こういった固定観念は急速に消えつつある。今日，ダンスセラピーはその応用範囲が広く，その方法論や理論的基礎が数多く，精神保健のあらゆる分野に広がっている。

ダンスセラピーは精神療法の一つである。伝統的な精神療法とは異なり，主な介入方法として，また，変化をもたらす手段として精神運動的な表現を使っている。以下に続くページでは，ダンスセラピーの理論，実践，起源が探究される。本書はまず，どのようにして20世紀の初頭に，「モダンダン

ス運動」と「精神療法と精神分析的考えの分野」が発展し，ダンスやムーブメントを精神療法の一形式として生まれるための基礎を作るに至ったかという説明から始める。

これらの分野を手短に概観することによって，互いに重なり合う重要な傾向がいくつか明らかになる。20世紀の初頭においては，自己表現と自己探求が強調され，もっと誠実にコミュニケーションや相互作用をするよう努力したり，個人的ニーズという個性をも認めながらも心と体との間には固有の相互作用があるという考えが次第に受け入れられるようになって来た。これら様々な分野の自己表現がある中で，はじめは心に焦点を当てていたり（精神療法），体に焦点を当てていた（ダンス）自己表現方法の一つが1900年の初頭にそのパラメーターを広げ，今度は，1940年代と1950年代にドラマチックに溶け合って，新しい分野であるダンスセラピーを誕生させた。

第1部では，今日の臨床の基礎を作り，あらゆる世代のダンス・セラピストに影響を与えているダンスセラピーの主要なパイオニアたちを明らかにする。彼女たちの理論的貢献や実践的貢献についても詳細に概観する。第1部の最後は，ダンスセラピーの実践が始まった1960年代までの状態の概要を描くことで飾られている。この概要は，ダンスセラピーという分野がどれほど深く方法論を発展させたか，また，初期の指導者たちがどのようにして今日の実践にとって完全で多彩な基礎を築いたかを描き出しており，それらの基礎を理解すれば現在行われているダンスセラピーの技法の状態を明らかにする上で役に立つ。

第2部では，ダンスセラピーという分野のその後の発展について探究する。セクションＡではラバン・ムーブメント分析（LMA）とエフォート・シェイプが，ダンスセラピーに与えた影響，そして，これらの融合から派生した様々な動向について概観する。この中には，ムーブメントに関する包括的な用語や哲学に調和した「精神分析的考えや発達的考えとの結合」も含まれている。

セクションＢでは，東海岸と西海岸における先駆的なダンスセラピーの流れが，どのように発展してダンスセラピーの第二世代，第三世代のリーダーたち全体に影響を与えるようになったのかに注目する。それら新しい世代のリーダーたちの中には，ダンスセラピーの東海岸と西海岸との流れを統合し始めた人もいるし，ダンスセラピーに関連した領域の研究を借用して理論と実践を統合した人もいる。

これらの「新しい」リーダーたちのうちの何人かの功績を明らかにし，概観する。この世代のダンス・セラピストは様々な分野から学んだ表現方法を創造的に導入していることや，精神療法の中で身体運動やダンスを用いることを支持するような様々な理論的枠組みを研究していることでもよく知られている。たとえば，ユング派分析の諸側面，自我心理学，対象関係論，心理劇，ゲシュタルト・セラピー，絵画療法などはダンスセラピーの理論や実践の中で議論され導入されている。

このセクションＢには詳細な事例報告もあり，ダンスセラピーの理論と実践の中に表現芸術療法が導入されていることを描き出している。このセクションの最後の章は，視覚芸術を仲介方法として使い，言語的経験と非言語的経験との間に橋を架け，無意識的なものや混沌としているものをまとめ上げる方法としてドラマチックな会話をすることを特に強調している。

ダンスセラピーはもともと実践的応用や方法論に強く，理論的かつ哲学的基礎を発展させて来たのは1960年代の後半から1970年代にかけてのことである。この発展は現在も続けられ，この第2部やそれに続く部に反映されている。

第3部では特別な患者たちに対してダンスセラピーを臨床的に応用することについて論議している。この第3部は大きく拡充されたので，いくつかのセクションに分けられた。その中には子どもを対象

としたダンス・ムーブメントセラピーについての新しいセクション（セクションA）も，また，様々な成人の患者を対象にしたダンス・ムーブメントセラピーについてのセクション（セクションB）もあり，それらには虐待の犠牲者や摂食障害のある患者についての章も含まれている。キャッシー・アッペルが担当したセクションCも新しいもので，リハビリテーションにおけるダンスセラピーを議論している。セクションD「ダンス・ムーブメントセラピーのその他の応用」では，現在では集団のセッションでしか行われていない重要な活動を含んでいる。これまでに述べられた分野に加えて，精神科的ケアを受けている人，高齢者，発達障害がある人びと，聴覚障害者，視覚障害者が議論されている。言葉を使った精神療法と同様，ダンスセラピーの技法や理論は個々人のニーズに応じて非常に違って来る。

第4部もキャッシー・アッペルが担当したが，これは全体的に新しいもので，ダンスセラピーの世界的発展について議論している。米国在住の様々な世代のダンス・セラピストで外国に旅行したり外国で教えた経験がある者の目を通して論じている。ダンスセラピーが国際的に広がって行くスピードは異常なほど早かった。ダンスという，非言語でむしろ国際的な方法を世界中の様々なところに持って行く挑戦は，相手先が時には言語による翻訳が困難で文化的タブーや規範が我々のものとは劇的に異なっていることもあるが，心の底から喜ばれ多くの人びとを啓蒙した。

第5部はダンス・ムーブメントセラピー研究を扱った。レノーア・ハーヴェイが担当した27章は創造的で感覚的な取り組みを紹介している。他の精神療法の分野から学んだ「言語に頼るという『支え杖』」を使うことなく，創造的で身体志向的で芸術的な経験にセラピーという名誉を与えたいという強い願いがこの部門の主題である。

第28章には，指導的立場にあるダンスセラピーでBC-DMTでもある101人を対象にして筆者が1985年に行った研究結果の要約も掲載されている。第1部で紹介した主要なパイオニアたちはこの研究結果に基づいて選定されたのであり，彼女らの臨床，理論，ダンス・ムーブメントの主な流れという観点において今日の考えにどれほど影響を与えたかが検討された。研究結果は要約されており，オリジナルの図表は掲載されていない。

第29章はダンスセラピーの発展とダンスセラピーのリーダーたちにその影響が広まって行く様子を系統樹という形で描いている。アン・ミッチェルトゥリーがこれらの系統樹を現況に合うよう改定した。

本書はダンスセラピーの発展について，そのはじめから現在の状況や方向性に至るまでの後をたどり，文章化し，まとめたものである。本書にはダンスセラピーという分野における理論的発展と実践的発展についての詳細な記事や，ダンス，心理学，身体志向的療法，非言語コミュニケーションなどについての研究から借用した重要な考えが掲載されている。事例報告も全編を通じて見られる。本書がダンスセラピーというダイナミックな学問分野とダンスムーブメントが持っている癒しの力について読者が深く理解する上での一助になることが筆者の希望である。なお，本書の全編において，話題に上った患者の氏名と本人を特定する情報については，プライバシー保護の立場から変更が加えられている。

フラン・J・レヴィ

はしがき

　やっと戻って来た！　レヴィの著書を長い間待ち焦がれていました。この価値ある書物は今や古典「決定的なテキスト」とみなされ，全面的に改定され，拡充されました。

　レヴィ博士は細部に至るまで特別な注意を払いました。彼女は非常に思慮深くて，徹底的に研究し，分かり易い本にまとめ上げました。序章では，ダンス，心理学，非言語コミュニケーションが織り込まれ，私たちのユニークな職業を支える基礎を形作る道のりを跡付けています。

　レヴィ博士は読者がダンスセラピーという分野の全体像を描けるようにしました。第1部ではこの職業についての歴史や年代記的な記述があり，この分野における6人の主要なパイオニアたちとその弟子たちについて，出版された文献や個人的に回覧された文献，さらに関連した会話が織り込まれています。レヴィは，パイオニアたちの理論と実践だけでなく，ダンスセラピーという広くて力強い分野を互いに結びつけているものについても細部に至るまで輪郭を描きましたが，それはダンスへの愛と，ダンスには変容させるという価値ある力があるという信念からです。ダンスセラピーという専門分野のリーダーたち全員がダンサーとしての経験を持ち，ムーブメントを通して何らかの直観を経験しています。レヴィは，パイオニアたちが直観的にはすでに知っていたダンスの力を，幅広い心理学の理論を使って彼女たちがどのように証明して行ったかを示しています。

　レヴィはダンスと精神療法の実践に芸術を導入する強力な推進者です。彼女はマルチモーダルな活動についてのオリジナルな章を加筆し，多くの生き生きとした事例を加えました。

　レヴィはまた，患者についてのセクションを大幅に拡充し，摂食障害，身体的虐待と性的虐待，解離性同一性障害，リハビリテーション（キャッシー・アッペル担当），他の療法と一緒に行うダンス・ムーブメントセラピーを含めました。これらのセクションには豊富な事例報告が含まれており，それらは今日のダンスセラピーの奥深さと幅広さを示しています。

　もう一つの新しいセクションである「ダンスセラピーの国際的発展とそのリーダーたち」は刺激的なテーマであり，キャシー・アッペルによって詳細に描かれました。ダンスセラピーが現に今も世界中に広まりつつあるという事実は，ダンスが持っている普遍的性質とムーブメント表現が持っている共通性を証明しています。

　ダンスセラピーの力は，体を動かす時に得られるヒア・アンド・ナウ体験（今この場で得る体験）であり，言葉で捉えることは困難です。マリアン・チェイスはこれを「ベイシック・ダンス」と呼びました。「ベイシック・ダンスとは，理論的な言語表現では表わせず，リズミカルな象徴的な体の動きによってのみ共有できる内的感情を表現しています」（1993, p.257）とシャロン・チェクリンは言っています。ベイシック・ダンスを娯楽で踊られるダンスと混同してはいけません。ベイシック・ダンスはコミュニケーションや自己表現としてのダンスです。このようなベイシック・ダンスは研究するとなると非常に難しいものですが，それは是非とも研究する必要があります。ダンスセラピーの効果についての研究も出始めています（第27章）

レヴィは，ダンス・セラピストが行っている活動を平易な言葉で描くことは非常に重要なことだと強調していますが，私も強くそう思います。本書の主要な貢献の一つに，複雑な資料を注意深くまとめ上げ，平易な言葉で描いていることがあげられます。

現在は絶版になっており，忘れ去られてさえいるだろうと思われる本書の初版本が再び世に現れたことは全てのセラピストにとってどれほど評価してもし尽くせないほど有難いことです。『ダンス・ムーブメントセラピー』はあらゆるレベルの実践家，学生，研究者にとって，そして，舞台芸術に携わっている人たちにとっても役立つことでしょう。最後にレヴィは，ムーブメントが持っている個人的問題と世界的問題の双方を癒す力について，本書の末尾に思慮深くそして楽観的に書いています。彼女もこれが夢であることは認めていますが，「夢は期待するに値します」。

エリッサ・ケイキャップ・ホワイト，BC-DMT，CMA

米国ダンスセラピー協会会長・理事
ニューヨーク市立大学ハンター校における最初のダンスセラピー課程の創始者

Ⅰ 序 論
我々が拠って立つ基盤

　ダンスセラピーとは，ダンス・ムーブメントを精神療法的に使ったり，治療方法として使ったりすることであり，身体と精神は不可分であるという考えが基礎になっている。また，ダンスセラピーの基本的前提として，「身体の動きは内的な精神状態を反映しているので，動きの習慣を変えることにより心に変化を与えることができるし，そのようにして健康や成長をもたらすことができる」という考えがある。ダンスセラピーの究極的な目標は，精神障害者，身体障害者，知的障害者だけでなく，健常者にも手を貸して，身体・精神・スピリットが深いところで統合された状態を体験してもらい，全体がうまくまとまったという感覚を取り戻してもらうことである。

　カタルシスをもたらす手段として，または，「治療的」手段として身体の動き，特にダンスを用いることは，おそらくダンスそのものと同じくらい古い歴史があることだろう。多くの原始社会では，ダンスは食べたり眠ったりするのと同じくらい基本的なものであった。人びとはダンスによって自分自身を表現し，感情を交換し合い，大自然と交信した。人生の中での主だった節目節目にはよくダンスによる儀式があった。ダンスによる儀式によって，個人は一人の人間として完成し，社会の一員となった。

> 　治療師，聖職者，シャーマンなどのダンスは，最も古い形式の医療や精神療法に属している。そこでは，緊張を高めたり解きほぐすことによって，人びとの肉体的苦痛や精神的苦悩を別の新しい健康状態へ変化させることができた。文明が始まった頃はダンス，宗教，音楽，医学といったものは（渾然一体となっており）切り離すことができなかったと言える（Meerloo, 1960, pp. 24-25）。

　これとは反対に，現代社会は複雑でストレスが多く，多くの人びとは，自分自身を見つめること，他人との触れ合い，自然との触れ合いから縁遠くなっていると感じ始めている。19世紀から20世紀への転換期の頃，西欧の知識人の多くは身心二元論という考えを持ち，身体と精神とを明確に分けて考えていた。正式な舞踏会でのダンスが舞台芸術として発展し，テクニックを強調し，そのダンス自体がダンサーにどのような影響を与えるかについては，ほとんど注意を払って来なかった。医学と精神療法はどちらも治療方法として発展してきたが，医学は身体に焦点を当て，精神療法は精神に焦点を当てていた。精神療法的な治療方法はほとんど完全に言語的であり，体を動かすようなことは皆無であった。

　20世紀前半になると，これら伝統が持っている限界を打ち壊す動きが様々な分野に現われた。「モダンダンス運動」が現れ，柔軟性が無く没個性的な芸術形式に取って代わって，もっと自然で表現豊かな，即興性や創造性を強調した動きを捜し求めた。精神療法の分野では，個々人が持っている非言語的側面や表現的側面に対する関心が高まった。このように，知的世界が変貌しつつある状況の中で，

1940 年代と 1950 年代にダンスセラピーが現われた。

モダンダンス運動とダンスセラピー

　ダンスセラピーの起源は，1900 年代始め頃のモダンダンスまで遡ることができる。ダンスセラピーの開拓者といわれている人びとのほとんど全てはモダンダンスの優秀なダンサーとして活動を始めている。ダンサーとしての経験や，モダンダンス教師としての経験から，「ダンスやムーブメントを使えば精神療法の一形態が成立する可能性がある」ということに気が付いたのである。

　モダンダンス運動は，既成の芸術形式に対する反乱であると同時に，当時の社会情勢や学問的状況への反発でもあった。その頃は，人びとを解放し，人間の行動やその背後にある動機を最大限に発揮させてみようという運動が政治，芸術，社会全体において進んでいた。

　20 世紀初頭の米国には概して二種類（もちろんそれだけではないが）のダンスが踊られていた。バレエ（量は少なかった）とショーダンスである。最も流行っていたのは後者のショーダンスであった。テッド・ショーンが書いているような「コーラスガールが右に 16 回足を上げ，左に 16 回足を上げ，横転してから，頭の後ろを蹴り上げる」（Mazo, 1977, p.18）ダンスである。ショーダンスは人気があったが中身が無いので，本格的な芸術様式とは認められていなかった。バレエは芸術として認められていたが，次第に質が低下し，19 世紀後半までには空虚なテクニックを見せるだけになってしまったと考えられている。

　観客が毎日の生活の中で体験していることを組織立てて統合するのを助けるような，新しい芸術形式が誕生する舞台が着々と準備された。モダンダンスの開拓者たちがそのインスピレーションを古典的ギリシャ劇に求めたのは偶然のことではない。古典的ギリシャ劇は観客が感情的なカタルシスを体験するように作られていたのだ（Mazo, 1977）

　しかし，体の動きに感情的内容を付け加えるだけでは十分でなく，あるダンサーが個人的に表現した内容を，人間の状況についてのもっと普遍的な内省に結びつける必要があった。観客を魅了するのは普遍性であり，普遍性こそが芸術作品を個人的なものを超えて意味あるものにする。

> ダンサーはわれわれ自身の隠れた思いを訴えたり表現したりしているから，単にダンスを観ているだけでも，われわれはダンサーの中に自分自身を感じるのである（Ellis, in Steinberg, 1980, p.254）。

　モダンダンスの初期のパイオニアたちは，自分たち自身の個人的な経験や内面的な感情だけでなく，普遍的な主題をも伝えるような「創造的な自己表現」という新しい形式を探し求めながら内面を掘り下げて行った。

> モダンダンスは西欧的ダンスが持っていた消えつつある内容を捨て，次のような核となる概念を手に入れた。それらは「無意識性」「本質的な個人的表現」「身体認知」「テーマ」であり，あらゆる感情や関係性を強調していた。初期の偉大なパイオニアたちは人間の闘争，絶望，挫折，社会的重大局面を身体を用いて具体的に表現した。モダンダンスの振付師は昔からある儀式という形に具体化することがよくあった。このような鍵となる革新はそのままダンスセラピーの本質になった（Bartenieff, 1975, p.246）。

　ダンスにおける革新はそれだけが孤立したものではなく，19 世紀後半から 20 世紀初頭にかけての

知的世界全体の革新の一部でもあり，また，それらと共にあった。当時は，新しい考えや革新が様々な分野から噴き出し，他の分野に流れ込み，互いに影響を与え，支えあい，刺激を与え合う状況を創り出していた時代だった。

　モダンダンス運動，ひいてはダンスセラピーに重要な影響を与えたのはフランソワ・デルサルト（1811 ～ 1871）であった。「……多くのモダンダンスの影に隠れてしまっているが……非常に卓越した魅力的なフランス人」（Fonteyn, 1979, p.102）デルサルトはもともとオペラ歌手だったが声を失ってしまった。そこで彼は，当時の劇場で役者や歌手が行なっていた「表面的な身振りや姿勢」に取って代わるような，「自然な表現力豊かな身振り」を研究し，理論立てた。彼は「人間の自然な動き」を研究するため，人びとが日常生活をしている時の様々な歩き方を観察した。この観察によってデルサルトは，人びとの無意識的動きや表現的動きを支配している法則を導き，この法則を使って行動を解釈した。彼の研究は彼のもともとの職業であったオペラの分野だけでなく，ダンサーを始めとする他の舞台芸術者にも深い影響を与えた。

　イサドラ・ダンカン（1878 ～ 1927）もデルサルトの影響を受けたダンサーの一人であった。ダンカンはデルサルトの研究に基づき，古代ギリシャ劇で行われていた「表現力豊かな身振り」に転向し，新しいダンス表現方法を創った。

　イサドラ・ダンカンを米国におけるモダンダンスの最初のパイオニアと言う人もいる。ダンスセラピーの指導者であるクレア・シュメイスによれば，ダンカンは

> ……クラシック・バレエやコンクール用のダンスが持っていた馬鹿げた構造を打ち破り，「自然界が持っている外的な力」との調和を保ちながら，「感情の発散」を行った最初の人である。彼女はダンスを人間が宇宙に対して持っている最も基本的な反応であると考え，さらに，ダンスをするという人間が持っている能力を復活させることは，人間が全面的にそして自由に生きる能力を復活させる手段であると考えていた（Schmais, 1974, pp. 7-8）。

　人類学の分野におけるサー・ジェームズ・ジョージ・フレイザーの研究もモダンダンス運動に大きな影響を与えた。彼が 1890 年に出版した『金枝篇』という書物は，原始文化における儀式的なダンスの役割を考察したもので，人類学に革新をもたらし，それはまたダンスの革新に弾みをつけ，ダンスセラピーを出現させた。「ダンスは呪術，宗教，霊性を表現したものである」というダンスに関する古くからの考えが復活し，原始的な儀式はモダンダンスの着想の源となった。

　このような精神を追求したダンサーの中心となったのがルース・セント・デニスであった。米国のダンサーであるセント・デニスは，米国内では見出すことができなかった精神的アイデアを求めて東洋文化に目を向けた。彼女は東洋のダンス・スタイルから，テーマ，衣装，登場人物を取り上げて，自らの研究を構成したり，作品を創り出した。セント・デニスはテッド・ショーンと共にデニショーン舞踊学校を設立し，その学校はモダンダンスの理論や技術を発展させ広めて行った。マーサ・グラハム，ドリス・ハンフリー，チャールズ・ワイドマンなど，将来のスターになる多くの人びとがデニショーン舞踊学校で学んだ。さらに，米国におけるダンスセラピーの最大のパイオニアであるマリアン・チェイスはデニショーン舞踊学校の学生だった。

　米国でモダンダンスが台頭し始めた丁度その頃，欧州でも同じようなダンス革命が進んでいた。メリー・ウィグマン（1886 ～ 1973）に率いられてドイツを中心に革命が進行していた。おそらく当時の様々なイベントに体の動きを用いたものが必要とされたためであろうと思われるが，ウィグマン

は「力強く，直線的に，厳粛に」聴衆とコミュニケーションするようなダンス・スタイルを創り出した。マーゴット・フォンティーン（1977）はウィグマンのダンス作品について「激しく，濃厚で，あからさまな表現。個人的な表現の純粋な本質を取り出して見せたようなものなので，非常に真面目でひたむきな聴衆だけに訴える（p.110）」と書いている。この「真面目でひたむきな聴衆」の中に，他でもないメアリー・ホワイトハウス，フランツィスカ・ボアズ，リリアン・エスペナックがおり，また，トゥルーディ・シュープ，エリザベス・ポークといったダンスセラピーのパイオニアたち，さらに，イルムガード・バーテニエフ，ローダ・ウィンター・ラッセルがいた。

　ダンス評論家，歴史家，『モダンダンス』（1933）の著者であるジョン・マーチン（1972）はウィグマンについて次のように述べている。

　　その発展の頂点に，卓越したダンサーであるウィグマンによるいわゆる表現ダンスがある。この水準のダンスこそ，正にモダンダンスが最も純粋な形で具現化したものである。それぞれの作品の根底には何かしら人間の体験についての見識があり，崇高なものを表している。その具体化は……頭で知的に考えられたものではなく，感受性豊かな体を使って感情からもたらされたものである。その結果，ウィグマンの作品は感情豊かな体験と深く結びついて完全にオーセンティックな動きとなって現われている。これは恐怖を感じて思わず後ずさりするような動きに似ている（pp.56-60）。

　メアリー・ホワイトハウスは，ウィグマンの考えが最も純粋な形で現れたダンスであるオーセンティック・ムーブメントを取り上げ，これが米国の西海岸における多くのダンスセラピーの特徴になった。マーチンが指摘するように，この考えこそ，ウィグマンによって1900年代初頭に創られたモダンダンス運動全体の本質であり，ダンスセラピー教育の中に治療技法として導入されたものである。
　メリー・ウィグマンは運動哲学者であるルドルフ・ラバンの共同研究者であり，弟子でもあった。ラバンは，理論と分析において業績を残しており，様々な教育技法の中で用いられているムーブメントを理論化し，分析した。ウィグマンはまた，スイスの音楽家であるエミール・ジャック・ダルクローズと共にリトミック（つまり，音楽のリズムを体で表現する活動）も研究した。また，ダンカンと同じく，デルサルトの研究家でもあった。ウィグマンはこのようなすべて「自然に表現する運動」という共通要素を持っている進歩的な教育方法を取り入れ，彼女独自のダンス教育方法を創り出した。彼女の教育方法の中で生徒に対して主に要求されることは，「ダンスの要素を課題として与えられたら，自分自身の独自のスタイルを見つけ出すこと」であった。つまり，ウィグマンの言う体を動かす方法は，内的表現であり，即興的であった。彼女が開発した技術によって，個人的であれ普遍的であれ，人間の感情を表現する上での力強い基礎が築かれた。
　1920年代になると米国にバード・ラーソンが現れた。彼女は即興と内的表現を使う点でウィグマンによく似ていた。ラーソンは1930年代に早世したので，彼女がモダンダンスに果たした役割がまだよく知られていないが，彼女から学んだ人びとは彼女から非常に深い影響を受けている（第2章のエヴァン，第8章のボアズを参照）。ラーソンは始めのうちはニューヨークのバーナード大学やコロンビア教育大学で「自然なダンス」として彼女の作品について語っていたが，その後，「ラーソン自然リズム表現学校」と呼ばれる自分のスタジオを開設した。彼女の即興はウィグマンのものと近い関係にあった。さらに，1920年代の後半にウィグマンのことを耳にすると，ラーソンはドイツにあるウィグマンの学校を訪問する決心をした。この訪問以降，ラーソンはウィグマンが使っていた打楽器を米国に持ち帰り，彼女がすでに開発していた「自然なリズミカルなダンスを教える技術」を助け

るものとして使い始めた。ウィグマンとラーソンの即興的なダンス技法が互いによく似ていたことは，ダンスセラピーの主要なパイオニアたちに，深く永続的な印象を与えたことからもよく分かる。ラーソンとウィグマンの双方が 1920 年代に弟子たちに教えた「内的表現を促す機会を与える方法」は，どちらも 20 世紀におけるダンスセラピーの最も早い頃の様式として考えることができる。

このように，ダンス・セラピストやモダンダンサーは個々人の「内面的ダンス」として個人的な自己表現や自己探求に焦点を当てて語ることがあった。「内面的ダンス」を踊るように促すことは，体の動きを用いて無意識的なものを発見するように促すことになる場合が多かった。

20 世紀の初期においては，知的世界全体が「人間の内に潜む無意識の世界を受け入れることは，自己実現や内省を深める上で有力な源泉である」と考えるようになっていた。心理学におけるジークムント・フロイトの革新的な研究は，最初は 19 世紀後半に公になったものだが，モダンダンスやダンスセラピーに大きな影響を与えた。強烈な感情は隠しておくべきだという 19 世紀の研究態度とは打って代って，フロイトの研究は，人間が行なう行動の背後にある動機を調べることを促した。感情を公に表現しても良いのだという革新的な信念がダンスに新鮮なテーマと構造をもたらした。

1930 年代と 1940 年代のほぼ同じ頃までに，精神分析的学説（フロイト，アドラー，ユング他）はますます広く受け入れられ，「内面的ダンス」という考えはモダンダンサーの間では一般的になりつつあった。精神分析学者は無意識の世界を言葉で表現するように促す一方，ダンサーたちは，同じように無意識の世界を体の動きで表現するように促し，両者を車の両輪のように考え始めていた。

米国における初期のモダンダンサーたちの著作を読めば，彼女たちが無意識の世界や夢について深い興味を持っていることが分かる。たとえばマーサ・グラハムなどは，無意識の世界に由来する思想，感情，洞察に注目し，自分が弟子を教育する時や振り付けをする時にそれらを取り込んだ。その他，たとえばメアリー・ホワイトハウスやマリアン・チェイスなどは，ダンス・ムーブメントによって心と身体とが相互に影響し合うことに非常に興味を持ったため，ダンスが持っているパフォーマンス的側面や振り付けの側面をひとまず置いて，ダンスが持っている精神療法的側面に特別の焦点を当てるようになった。こうして，「ダンスを用いた自己表現」から，「ダンスを用いた精神療法」つまりダンスセラピーへと機が熟して行った。

ダンスセラピーが始まった 1940 年代には，ダンスセラピーの実践は主に精神科病院内の病棟に限られていたが，1950 年代までには，それ以外のダンスセラピーの分野も開発され始めた。それまでダンサーやダンス教師だった人びとはダンスと自己表現とを自然に融合させることができるので，自分たちの個人的なスタジオでダンスセラピーを行なうようになった。これら個人スタジオを開いている人びとのうちから，一般健常者や神経症の人びとに対してダンスセラピーを行なう人が何人か現れた。

ダンスセラピーのパイオニアたちは，以前モダンダンスをしていた経験があるため，ムーブメントに対する個々人の好みに対しては善悪の評価をせず，自分自身の表現スタイルを発達させることを強調し，自由な即興を用いて個人的な表現をするよう促していた。モダンダンス運動から受け継いだこの遺産こそ，ダンスセラピーの基礎を成し，その基礎の上に，それぞれのパイオニアたちが，対象とする人びとのニーズと実践する環境との調和を図りながら，自分のダンスセラピーの実践を築き上げた。1950 年代の末までに，ダンスセラピーはすでに広い範囲の様々な介入スタイルを持つようになった。さらに言えば，ダンスセラピー理論の基礎はこの時期にでき始めた。

ダンスセラピーのパイオニアたちは精神療法の一形態としてのダンス・ムーブメントの力を研究し

続け，対象者の性質を理解したり，ダンスが対象者に及ぼす影響についても研究するようになった。そのため，既成の学問の理論的構造，特に，心理学の理論構造を研究するようになり，自分たちが主観的に得た知見を，学問的に表現できるようになると共に，理論がダンスセラピーの実践を支えるようにもなった。このようにダンスセラピーという学問は1940年代と1950年代に，モダンダンス運動とそれまでにあった集団心理学，個人心理学，精神療法とが一緒になって発達して来た。

他の分野がダンスセラピーに与えた影響

20世紀前半において，心理学の中心的な関心事は，言語を使って無意識の世界を表現することであった。ダンスセラピーなど非言語を用いた治療法は，まだ一般的には受け入れられなかった。しかし，それにもかかわらず，この時代の多くの心理学者や心理臨床家たちの研究全体の中には，その後の非言語を用いた治療法を発達させたり，認めたりする上での基礎となるような理論や技法が含まれていた。次に，ダンスセラピーのパイオニアたちの活動に影響を与え，今日のダンスセラピーにも影響を与え続けている理論的枠組みの主なものを手短に概観する。

フロイトは治療方法として非言語的表現を使うことを強調してはいないが，身体と感情とが互いに関係していることや，精神分析的考えと非言語コミュニケーションとが互いに関係があることを明確に認めていた。

> 見るための目と聞くための耳があるのだから，誰も秘密を守り通すことができないことを彼も自分で分かるだろう。唇で何も言わなくとも，彼は指先で何かを語り，彼の中から常に秘密が漏れ出している。だから，このように観察することによって，心の奥の最も深い所に隠されたものを明らかにすることも極めて可能なのである（Freud, 1905, pp. 77-78）。

さらにフロイトは，防衛と抑圧のメカニズムからもたらされる葛藤は自我が要因であり，「……最初でかつ最も重要なものは身体自我である」と信じていた（Freud, 1923, p.31）。

ウイルヘルム・ライヒは，オーストリアの精神科医であり精神分析学者であるが，最も早くから非言語的なことに注目した臨床家の一人であった。ライヒは1920年代に身体領域と精神領域との関係を明らかにしようとして，自分の患者の精神身体的表現について本格的な研究を始めた。考えや気持ちを言葉で表現することができる患者もいるが，よろいかぶとのような防御物に身を固めてしまう患者もおり，それらのよろいかぶとは筋緊張という形で身体に深く根を張っていることにライヒは気が付いた。「筋緊張が高まって硬くなるということは，生命エネルギーの興奮，不安，性欲が出てきたことを示しており…」（Reich, 1949, p.342）。

ライヒは，筋肉をいろいろに動かして，よろいかぶとに身を固めないようにし，また，そのようにして抑圧された精神的事項をほぐし易くすることを始めた。ライヒのように身体を使って治療をすることは，その時代にはいろいろ賛否両論のある問題であったが，その後，1960年代になってアレクサンダー・ローエンによって社会に広められた。

カール・ユングのアクティブ・イマジネーションという理論によって，創造的活動が持っている治療的価値に注目が集まった。原始的な無意識の世界からもたらされるファンタジーや情感は，芸術活動をすることによって触発され，芸術作品として象徴的に表現されるとユングは考えた。このような考えは，人びとが無意識の世界を表現することを助けるダンス・セラピスト，中でも特に即興を使っ

て創造活動をするダンス・セラピストを支持することになった。ダンスセラピーの偉大なるパイオニアであり，ユングの考えを取り入れたメアリー・ホワイトハウスは，ダンスセラピーの分野に後に「深層の動き－ユング派ダンスセラピー」と言われるものを導入した。

　米国の精神科医であるハリー・スタック・サリヴァンの研究もダンス・セラピストにとって大変重要である。彼の「パーソナリティの対人関係論」は，彼が文化的脈絡や相互作用の脈絡の中で病理を理解する必要があったことから発達した。サリヴァンは，人びとは自分を取り囲む人びととの相互関係を通じ，これらの相互作用を受け入れることによって，自らに特徴的なパーソナリティや自己の感覚を発達させて行くものだと考えていた。

　サリヴァンの著作（1962）は，統合失調症者に対する治療方法を開発したものとしても有名であり，そこでは統合失調症者を彼ら自身の発達レベルで受け入れ，そのレベルで彼らに働きかけることに焦点を当てている。とりわけ，サリヴァンは統合失調症者をわれわれと同じ人間として受け入れ，他者と心を開いたコミュニケーションをすれば改善に向かうことができると考えていた。ダンスセラピーにおけるサリヴァンの影響はマリアン・チェイスの活動に見ることができ，チェイスは，患者と直接コミュニケーションをする手段としてダンスセラピーを考えていた。極度に引きこもった精神病患者と「治療的な動きで関係を持つことによって」言語的または非言語的働きかけに対して反応させることができた。チェイスが他に抜きん出ていたのは，この高度なコミュニケーション能力，介入能力であり，これこそチェイスがダンスセラピーについて自分の弟子たちに教えたものである。

　アルフレッド・アドラーが心理学に対して行なった主な貢献は，攻撃的衝動が性的衝動と同じ位，感情，思考，行動に重要な影響を与えるものであると考えたことである。社会におけるかけがえのない一員となり，子どもが生れつき持っている劣等感を克服するには，子どもであれ成人であれ，自分の力や能力を実感し，自分が生きている状況を理解する必要があるとアドラーは主張した。ダンスセラピーの偉大なパイオニアであるブランチ・エヴァンとリリアン・エスペナックの二人は，アドラーの研究は身体の動きを用いて治療することを支持するものだと考えた。独立心や自律心といった感情を身体で表現することによって，自分の体を明確に，自信を持って，力強く使うことができるようになった人は，他の生活面においても自信にあふれた生活習慣を形成したり，自信ある態度を表現し易くなるだろうと言うのである。

　ポール・シルダーの重要な著作（1950）は身体像の研究書であり，ムーブメントと感覚印象との関係を精神分析的に検証したものである。身体の姿勢について頭の中に描いた図式や地形は，形成し易くまた壊れ易いものであり，自分が身体に対して持っている気持ちの基礎を形成している，とシルダーは考えた。彼によれば，ムーブメント活動はすべて身体像を強化する働きを持っている。

　　身体を連続的に動かすことと，気持ちの持ち方との間には非常に密接な相互関係があるので，気持の流
　　れが身体の状態に関与するだけでなく，身体の緊張弛緩の流れは特別な気持ちの持ち方を呼び起こす。
　　特定の身体の動きが連続すると，内的な状況や気持ちの持ち方に変化を与え，時には，その筋肉の流れ
　　に合ったファンタジックな状況を呼び起こすことさえある（Schilder, 1950, p.208）。

　1940年代において，ベルビュー病院では投影法を言語的・非言語的に用いた研究が行なわれていたが，シルダーはそれら臨床家や研究者グループの一員であった。そのグループには，心理学のロレッタ・ベンダー，ダンスセラピーのフランツィスカ・ボアズ，絵画療法のマーガレット・ノーンバーグ，人形劇のアドルフ・ウォールマンがいた。この分野におけるパイオニアとしては他に，シドニ

ー・レヴィ，カレン・マッコーヴァー，ヘンリー・マレー，ブルーノ・クロプファーが挙げられる。レヴィはロングアイランドのノースポート病院やニューヨークの退役軍人局精神衛生サービス・センターで働いていた。レヴィは 1940 年代〜1960 年代にかけて，ニューヨーク大学の臨床心理学課程で投影法，特に，動物描画の象徴性について講義をしていた。キングズ郡病院では，マッコーヴァーが投影法として人物画を専門的に研究していた。マレーはハーバード大学で TAT テストを開発した。「ロールシャッハ・テストの父」として知られるクロプファーは米国におけるロールシャッハに関する最初の書物を著した。この時代にシドニー・レヴィがニューヨーク大学で講義していた分野の内容や探索した課題は，その課程のタイトルである「絵画と夢，文学と神話，儀式と宗教，絵画療法と投影法，におけるシンボルとしての動物の意味」に特徴的に表われている。

　投影法，この創造的で検査的な介入方法は，創造的ダンス・ムーブメント（モダン・ダンスの一分野）の不可欠な部分であり，ダンスセラピーの先駆者は表現や洞察をし易くするためによく使っていた。ダンス・セラピストにとって，投影法はダンス体験の自然な延長線上にあった[脚注1]。

　それまでに存在していた心理学の理論や技法は，初期のダンスセラピーに影響を与え発展を促したが，さらに心理学以外の学問も同じく支えになった。たとえば，非言語コミュニケーションの特性に関する研究や身体と心の関係に関する研究は，ダンス・ムーブメントを精神療法的方法として用いることの正しさを示していた。

　非言語行動についての最初の包括的研究はチャールズ・ダーウィンの著作『人及び動物の表情について』（1872）である。この研究は顔による表現と身体による表現の発達について，その進化の過程を明らかにしたもので，人間と動物に対する洞察の素晴らしさにおいて他に比較するものが無い。ダーウィンが行なった形，意味，行動型の研究によって，「体つきは種が生存競争に勝ち残るための重要な特徴であるのと同様に，どのような表現行動をとるかは種が生存競争に勝ち残るための重要な特徴である」という仮説をもたらした。また，「身体の動きは生理学的な意味がある」ということは以前から信じられていたが，彼の研究によって，「身体の動きは感情表現と関係がある」ことが明らかになった。

　心理学の分野では，心と身体との結びつきについてさらに深く研究した者がいた。彼らの研究は主に，身振り，姿勢，及び，それらが持つ精神的内容に焦点を当てたものであった[脚注2]。

　非言語コミュニケーションについては早い時期から興味が持たれて研究されて来たが，非言語的な方法を強調した治療については，1960 年代と 1970 年代に至るまでは，広く受け入れられてはいなかった。そのような態度は徐々に変わって来た。それは多分，第二次世界大戦後に社会的制限が緩和されたこと，モダンダンスや精神分析的考えが継続的に発展してきたこと，身心一如を強調する東洋哲学が普及してきたことによるのだろう。さらに，長い間の中断の後に，1960 年代と 1970 年代には非言語の分野についての関心が新しい流行となり，この分野についてのそれまでの研究が見直されたり，新しい研究が行なわれるようになった。

　この時期には非言語コミュニケーション研究が百花繚乱の如く行なわれ，ダンスセラピーにとって

（脚注1）投影法は「言葉による考察をせずに自己表現をする機会を提供するために考え出された様々な方法を使って，間接的に情報を得ようとする」（Campbell, 1981, pp.386-387）これら様々な方法は，意図的な考えがあって，構造化されておらず，また，示唆的であることが多い。対象者個人は，様々な方法を使って自分自身の複雑な個性そのままを表現するよう促される。

（脚注2）たとえば，Ferenczi（1916），Deutsch（1922, 1947, 1951, 1952），Fenichel（1928, 1934），Krout（1931, 1937），Malmo 他（1950, 1951, 1956, 1957）を参照せよ。

は大変ありがたいことであった。精神療法にとって身体の動きが重要であることが初めて認められるようになった。また，「ムーブメント行動の意味」「ムーブメントと感情表現との相互関係」を観察したり研究したりする方法論や用語論が考え出され，認められた。

　人類学者で非言語コミュニケーションの有名な研究者であるレイ・バードウィステルは，その著書（1952, 1970）によって「キネシクス」という新しい学問を打ち立て，名声を博した。キネシクスとは，個々のムーブメントから成るムーブメント全体の構造を社会の進行との観点から研究する学問である。この研究が契機となって，ムーブメントを文化的脈絡の中で研究しようとする新しい科学的かつ治療的な流れが起き，ムーブメントの型を言語の型やムーブメントと言語の相互関係のシステムと結びつけて考える研究が現われた。

　精神科医であるアルバート・シェフリンの著書（1965, 1973）では，キネシクスにおける個々の研究を精神療法的研究と結びつけた。バードウィステルの考えによく似た言語・非言語によるコミュニケーション・モデルを使って，シェフリンは治療現場で起きる身体運動の多様性と複雑性を分析した。

　ウイリアム・コンドンと彼の共同研究者たちの研究（1963, 1964, 1966, 1967a, b, 1968, 1969, 1974）は，相互関係にあるシンクロニーと自己シンクロニーに焦点を当てたものであり，人間行動の常態とリズムを詳しく述べたものである。彼の研究は自閉症児に対するダンスセラピーに影響を及ぼした。アダム・ケンドンの著書（1970）も相互関係にあるシンクロニーについて研究したものであり，ジェスチャーと言語とが階層を成した構造をしていることを記述している。

　非言語コミュニケーションを研究している者が，人間の相互関係の中に生来的にあるリズミカルな流れを記述する時に，比喩的に「ダンス」という言葉を使って表現をすることは珍しくない。たとえば，ケンドンは次のように観察している。

　　　人の話を聴いている人は，話をしている人と共にダンスをして（体を揺らして），自分が話者と共にあ
　　　り，話者を受け入れていることを示す。すると，話す人も聴いている人と一緒にダンスをする（体を揺
　　　らす）ようになり，話し手と聴き手との間の同調運動（コミュニケーションと関係性）をさらに高めて
　　　行く（Costonis, 1978, p.23）。

　1960年代と1970年代における非言語コミュニケーション研究の復活を補うような形で，新しい形式の治療法が現われた。その中には，人間性心理学的アプローチ，アクション志向の精神療法（たとえばダンスセラピー），身体療法が含まれる。それらはすべて，理論的にも臨床的にも様々な影響をダンスセラピーに与えた[脚注3]。

　カール・ロジャーズの著作（1951, 1961）やアブラハム・マズローの著作（1962, 1970）が先鞭をつけた人間性心理学の動きは，人格に対する非分析的，非判断的，反診断的アプローチをとり，それまでに行なわれていた心理学的な適応を強調する伝統的なアプローチの限界を越えるようないくつもの問題を突きつけた。ロジャーズやマズローは，人びとに希望を持たせ，自分を越え，創造し，最大限に能力を発揮したいという気持ちにさせる過程を研究した。人間性心理学の理論が果たした最大の貢献は，個々人の独自性を強調し，人間が持つ創造力や表現力を発揮させる方法を強調した点である。要するに，心理学において「第三勢力」と呼ばれるこの学派は，個性の中に病理や弱さよりも健康や

（脚注3）この時代になって初めて現われたものもあるが，全部が「新しい」ものではなかった。ダンスセラピーのように，
　　以前からあったが，この時代になるまでは一般的でなかったり，受け入れられなかったものもある。

能力を求め，そのようにして，ダンス，ドラマ，音楽，絵画などの多くの様々な形の表現方法による表現の道を拓いた。ダンスセラピーの偉大なパイオニアであるアルマ・ホーキンスは，これら人間性心理学理論を自分の仕事の中に取り込んだセラピストの一人である。

この頃有名になったもう一つ別の形の精神療法として，アクション志向の精神療法がある。この精神療法の中にはクリエイティブ・アーツ・セラピー（ダンス，演劇，音楽，絵画，詩歌など），心理劇，ゲシュタルト療法，精神運動療法，生体エネルギー療法がある。

意思や感情は様々なレベルで形成され表現されるので，誰もが正式な精神分析や言葉だけによる治療方法で効果をあげる訳ではない，とアクション志向の精神療法家は考えている。したがって彼らは，個々人が言語的方法と精神力動的方法との両方を併用することによって，自分の感情を探すことができるような「場」を提供している（F. Levy, 1995）。

アクション志向の精神療法が設定している目標の一つに，「アクション技法と心理学の投影法とを用いることによって，身体と心を調和（統合）させること」がある。彼らは共通して，「身体を治療的過程の中で使うと，無意識的な心理学的事象や深く沈潜している感情を呼び起こす」と信じている。したがって，アクション志向の精神療法家たちは，演劇，ダンス，絵画，詩歌といった新しく開発された技法を使い，より深い精神身体的気付き，カタルシス，そしておそらく洞察をもたらしている。

J・L・モレノによって開発されたサイコドラマは，アクション志向の精神療法の中でも最も早い時期に始まったものの一つである。集団療法の枠組みの中で動きながら，モレノは集団プロセスや集団による相互作用を用いて，ドラマチックな会話を創り出し，導き，サイコドラマという場面で言語行動や非言語行動によって感情を発散させた。彼は自ら考案した治療的なロールプレイや役割交換を重視した[脚注4]。

心理劇のアクティング・アウト技法やロールプレイ技法のいくつかは，ゲシュタルト療法の創始者であるフレデリックS．パールズの著作（1947, 1971, 1972）や，独自の精神運動療法を開発したアルバート・ペッソの著作（1969, 1973）と結び付けられた。パールズはモレノとは対照的に，グループ内の相互関係よりも，グループにおける個々人に対してより多くの力点を置いていた。パールズは，ロールプレイ技法に加えて，視覚化，想像化，静かに体の声に耳を傾ける……といった他の方法も併用した。それとはまた対照的に，ペッソの貢献の一つとして，一定の構造を持ったドラマの枠組みの中で感情をリズミカルに表現することを行なったことがあげられる。彼はダンサーの経験があったので，リズミカルに活動したり，運動表現をすることから得られる力を理解していた。

アクション志向の精神療法家たちが芸術的構造（たとえば，複雑なドラマを演じ，その型を通して昇華すること）などを強調するのとは異なり，生体エネルギー療法の創始者で，ウィルヘルム・ライヒの弟子であるアレクサンダー・ローエンはその著作（1967, 1975）の中で，ライヒの理論に基づいた特定の身体運動を用いることを強調した。これらの運動は感情をゆるめ，有意義な言語活動を促がすとローエンは考えていた。

（脚注4）モレノが聖エリザベス病院にサイコドラマを導入したのは1940年代である。丁度同じ時期にマリアン・チェイスがダンス・セラピストとしてその病院でパイオニア的な活動を始めたことは興味深い。モレノとチェイスが一緒に活動したかどうか，互いに影響し合ったかどうかについては知られていないが，この二人のパイオニアには明らかな類似性がある。二人はそれぞれに，言葉だけを使った伝統的方法を打ち破り，精神療法の分野に新しい方法を生み出した。二人とも舞台芸術を使って，身体の動きや言葉や相互作用を併用し，自己覚知を深めたり，自己実現を図った。チェイスもモレノもグループ・セラピーを実施する上で類まれな才能を持っており，グループのダイナミクスを使って個々人の経験そのものを拡大したり調和（統合）したりした。

ダンス・セラピストは以上に記したように，アクション志向の精神療法と同じような技法や理論を使っていた。ダンスセラピーがそれらのアクション志向の精神療法と違うところは，「言語と共に，主要な表現方法としてダンス・ムーブメントを使うことを強調している点」である。さらに分かり易く言うと，「ダンスやムーブメントの性質やダイナミクスは，人間関係の枠組みや身体像を作ったり，人格を成長させていったり，さらに，イド，自我，超自我を表現したり，無意識的なものを表現するにはうってつけであると考えているダンス・セラピストがいる」ということである。

　1960年代以降になると，様々な身体療法が一般的に行なわれるようになり，それらはダンスセラピーの技法と重なるような方法論を持っている。「身体療法（ボディー・セラピー）」という名称は，筋肉や骨格などの身体機能を高めることを目的とした様々な形のムーブメント・ワークを取り込んでいる。筋肉のバランスをとったり，骨格を矯正したりすることによって，人びとはリラックスしたり，弾力性，自己覚知，満足度を高めるような体のエネルギーの使い方をする能力を得ることができる。

　姿勢を矯正する方法を使った身体療法として，F・マサイアス・アレクサンダーによって開発されたもの（アレクサンダー・テクニーク）やモーシェ・フェルデンクライスの著作（1972, 1973）がある。これらは身体を動かしながら自分自身を良く知ることを強調している。また，マベル・トッドの著作（1937, 1953）やルル・スワイガードの著作（1974）は，イメージや視覚化を使うことを強調している。エドモンド・ジェイコブソンの著作（1929）などによって始まったリラクセーション技法や，アイダ・P・ロルフなどによって始められた深層の筋肉マッサージの技法は，筋肉における精神身体的緊張をゆるめることに重点を置いたものである。

　これらの技法は，ダンスセラピーの理論や臨床の中に随時取り入れられた。しかし，ダンス・セラピストとは異なり，身体療法家は，教えたり，方向性を与えたりする役割を持つことが比較的多い。一般的に，彼らはムーブメントの心理的側面やその発達については焦点を当てていない。

　多様な身体療法が花開き，アクション志向の精神療法や人間性心理学的アプローチは様々な形の治療方法を一人ひとりに提供できるようになった。それらの方法が広く行なわれるようになり，この頃の非言語コミュニケーション研究の新しい波と一緒になり，精神保健の分野において，アクション志向や創造的技法が，ますます受け入れられるようになった。しかし，以前よりも受け入れられるようになったからと言って，ダンスセラピーが一つの職業として十分に脚光を浴びて認められるようになった訳ではない。そのようにするのは，ダンス・セラピスト自身の責任であった。結局，ダンスセラピーは上に述べた理論や実践のいくつもの面を借用したり，付け加えたり，合体したりしているが，他の方法と異なるところは，ダンスの要素を使って安全な自己表現とコミュニケーションを目指しているところである。

ダンスセラピーの職業としての発展と病院内での発展

　1960年代に入った頃は，ダンスセラピーは一つの確立した職業というよりも，まだ，特別の才能に恵まれた少数の珍しい人が持っているユニークな技法だと思われていた。ダンスセラピーのパイオニアたちは精神保健の分野に進出して，ダンスセラピー臨床の確固とした基礎を築いて行ったが，多くの場合，職業集団の中の一員として活動するというよりは，個人的活動を行っていた。ダンスからダンスセラピーに次第に移って行くスピードはゆっくりとそして自然だったので，多くのパイオニアたちは自分自身をダンス教師と思っており，自分とよく似た活動をしている人びとが他にもいるとは

思っていなかった。

　この初期の時代にもダンスセラピーの文献はいくつかあるが，理論についての具体的な議論はまだ少なく，書面に残すというよりはパイオニアの間で口頭で意見を交わすことの方が多かった。さまざまな臨床側面を統合する役目を負う経験論的研究分野の研究や，理論的枠組みをつくる研究はほとんど行われていなかった。

　その上，ダンス・セラピストの職業訓練について標準化した必要条件が作られておらず，講習を受ける機会も少なかった。研究所にはまだダンスセラピーの課程がなかったので，学生はベテランのダンス・セラピストが個人的に開いている講習会を受ける機会を探していた。1950年代の後半には，ニューヨークでマリアン・チェイスとブランチ・エヴァンが，そして，カリフォルニアでトゥルーディ・シュープとメアリー・ホワイトハウスがそれぞれに主催する講習会を別々に開いていた。スタークの著作（1980）には，チェイス，ホワイトハウス，シュープによる講習会の様子が記されている。

　　はじめの頃の講習会ではダンスセラピー技法を臨床に応用することに焦点を当てており，それらの技法の根底をなす原理や理論についてはほとんど注意を払っていなかった。それらの講習を補うため，多くの学生は社会科学や行動科学の課程をとったり，大学院に入って人間行動の分野の授業をとった（p.14）

　個人的な徒弟奉公によって職業訓練をすることは1960年代中続いた。シュープとホワイトハウスはカリフォルニア州で自分たちの仕事を続け，ニューヨークではエヴァン，チェイス，エスペナック，バーテニエフ，ローゼンがそれぞれ別々に講習会を開いていた。

　1960年代にはダンスセラピーなど様々なアクション志向の治療法が人びとに広く受け入れられるようになり，ダンス・セラピストたちも自分たちの活動を職業的にする必要を感じるようになってきた。1966年に，米国ダンスセラピー協会（以下，ADTAという）が設立され，ダンスセラピーは組織化され公認された職業に向かって第1歩を踏み出した。

　ADTAの創立時には，マリアン・チェイスを会長にして創立メンバーが73人いた。その年，ADTAの委員会はダンスセラピーを「ダンスのあらゆる側面を計画的に使って，個人の身体と心を調和（統合）させる助けをすること」（ADTA, 1966）と定義した。この定義はその後改定され，「ダンスセラピーとは，ムーブメントを精神療法的に使って，個人の感情と身体と認知との調和（統合）を促進させる過程である」となった。このように定義が変わったのは，1940年代における初期の発展以来，ダンスセラピーのイメージが変化したことを反映しているためである。1970年代までに，さらに多くのダンス・セラピストが，自分たちの仕事は伝統的な言語による精神療法と同等の価値を持ち，ダンスセラピーは言語を使うと共にダンスとムーブメントも一緒に使うという点だけが異なるのだと考えるようになった。

　1960年代の後半にはいくつかの総合大学や単科大学にダンスセラピーの課程ができ，職業訓練教育が始まった。ダンス・セラピストになるための機会が新しくできたことに加え，一般の人びとにダンスセラピーの存在やその機能を知らせる結果にもなった。しかし，それはまた職業訓練の基準を普及させ，理論と実践のカリキュラムを作る必要性を痛感させ，それらのことは次の世代のダンス・セラピストに引き継がれた。

　1970年代には大学院レベルのダンスセラピー課程が始まった。院生は，いくつもの総合大学や単科大学でそれぞれ別々の研究課程をいろいろ受け，それらを組み合わせることによって，ダンスセラピーの修士学位を受けることができるようになった。この1970年代のうちに，ダンスセラピーの

正式な修士課程も初めて現れた。最初の課程は，1971 年に精神保健研究所の基金を基にクレア・シュメイス，エリッサ・ホワイト，マーサ・デイビスによってハンター・カレッジに設立された。1970 年代のはじめになるまで大学院レベルの養成課程ができなかったのは，1940 年代から急速に発展した臨床技術と，ずっと後になって発達した理論との間のギャップが影響している。1974 年には ADTA の元会長であるシャロン・チェクリンが次のように書いている。

　　ダンス・ムーブメントセラピーは，まだ，その理論的基礎を作っているところである。しかし，今や，職業として必要とされている専門的な基礎が存在していることを示す知識は十分にある。高度な内容を持ったカリキュラムを開発することはダンスセラピーという職業にとって急務である（1974, p.63）。

　ADTA は以上のようなカリキュラムが発展して行くことを促し，大学院レベルのダンスセラピー教育課程の基準を作る努力を重ねた。1973 年，クレア・シュメイスは理事会に指名され，臨時認定委員会において「ダンスセラピー大学院課程のガイドライン」を作成した（Stark, 1980, p.16）。これ以降，大学院課程のカリキュラム基準を作るときにはこのガイドラインが使われた。

　養成基準に加えて，臨床に関する職業基準も検討され作成された。1970 年，最初の ADTA 登録委員会が作られ，エリッサ・ホワイト（委員長），スーザン・サンデル，イルムガード・バーテニエフの三人が委員として選出された。登録委員会の主な目的は，(a) 専門家としての能力レベルを認定する基準を作り，そのようにして，ダンス・セラピストを雇い易くすること，(b) ADTA を専門的能力と専門基準を持った専門家団体として確立すること，そして (c) ダンス・セラピストの専門家としてのアイデンティティを高めることであった。

　最近の数十年間，ADTA の理事会は，各種委員会委員長や支部長たちと協力して，ダンスセラピーを職業的に，教育的に，組織的にさらに高いレベルに上げるための活動をして来た(脚注5)。

　2000 年，米国公認カウンセラー委員会（NBCC）と ADTA は，NBCC はダンスセラピーをカウンセリングの一形態として認めると表明した。1995 年以来，NBCC と ADTA はこのことに向けて作業を進めて来た。その過程において NBCC の代表者たちはダンスセラピーの大学院課程のプログラム，登録の条件と方法，ダンスセラピーの研究と出版物，ADTA の資料と記録を調査した。ADTA のダンスセラピーの大学院課程のプログラムの条件を，公認カウンセリング協議会や関連の教育プログラムの条件と比較した結果，ダンスセラピーの大学院プログラムとカウンセリングの大学院プログラムは類似しており，同等であると認めた。

　ダンスセラピーかそれに関連する精神保健の修士号を所持しているダンス・セラピストだけがカウンセリングの試験を受験することができる。

　NBCC と ADTA との合意によると，登録ダンスセラピスト・アカデミー会員（ADTR）は ADTA が与えたカウンセリング資格に該当するものと明記している。この合意により利用者はこれまで以上にダンスセラピーによる療法を受け易くなるという利点を持つ。伝統的なカウンセラーとダンス・セラピストとが一緒に活動することによって，伝統的なカウンセリング方法とダンスセラピー分野との間の会話が刺激されると共に，共同研究，共同出版，共同教育の機会が増加する。

　NBCC の副会長であるスーザン・ユーバンクスは，NBCC のニューズレターの中でダンス・セラ

（脚注5）紙面の都合により，ADTA やその会員による貢献の全てを記すことができない。協会とその活動についてより詳細な情報を得るには 2000 Century Plaza, Columbia, Maryland 21044 の ADTA に郵便で問い合わせるか，協会のウェブサイトである www.adta.org にアクセスして欲しい。

ピストとの協力を積極的に評価し，ダンス・セラピストと協力することはカウンセラーが臨床を行う時に付加的な道を作り，職業を統一し，利用者や患者に利益を最大限にもたらすと言っている。

ダンス・セラピストは，州レベルの認可制度を法制化する模索も始めた。この法制化の目的は，ダンスセラピーの訓練を受けていないのにダンスセラピーの臨床を行うと表明している人びとから利用者を守ることであり，また，ダンス・ムーブメントセラピストはこのような臨床を規定している州では精神療法の臨床を合法的に行うことができるということを明らかにすることである。

2002年の4月，ニューヨーク州は，クリエイティブ・アーツ・セラピストに対して「クリエイティブ・アーツ・セラピスト」という名称を使用する資格を全米で最初に法制化した州になった。この法制化はニューヨーク・クリエイティブ・アーツ・セラピー連合（NYCCAT）の20年以上にも渡る努力の結果であった。NYCCATは，ニューヨークが精神療法の臨床を規制する道を探し始めた時にその資格問題に向けて形成された。州における法制化は，精神療法の臨床を行う全ての職業に対して資格を取得することを目的としている。

NYCCATは州の法制化担当官にクリエイティブ・アーツ・セラピーについて熱心に説明し，クリエイティブ・アーツ・セラピーが法制化される必要があることを説得しなければならなかった。そのような努力が実を結んだ中心的原動力になったのはジョアン・ウイッティグであった。ウイッティグは10年以上にも渡ってNYCCATと，精神保健サービス法制連合合同審議会というNYCCATが一緒に資格制度化を模索した団体でNYCCATよりも大きな団体との橋渡し役を務めた。ニューヨークの法案は2005年から施行される予定である。

この間，2002年11月にはウィスコンシン州が米国で最初のクリエイティブ・アーツ・セラピストの資格制度を法制化させた州になった。これにさかのぼる数年以上に渡って，ウィスコンシン州は精神療法の臨床を規制して来たので，クリエイティブ・アーツ・セラピストは，自分たちは法案に含まれ，含まれない人びとは臨床を続けることが非合法になるような道を探していた。法案が最終版になった時に，その法制化の中にクリエイティブ・アーツ・セラピストが法制化の本則に含まれ，クリエイティブ・アーツ・セラピスト資格が誕生した。

その他いくつもの州がダンス・セラピストがカウンセラー資格を取得することを認めている。カリフォルニア州やオハイオ州など，クリエイティブ・アーツ・セラピーをまだ認めていない州もあるが，ダンス・セラピストは資格を所持するような重要な仕事になり始めている。

1960年以来，職業としてのダンスセラピーが関連分野において急速に広まり発達してきた。ダンスセラピーは一般病院や精神科病院，クリニック，リハビリテーションセンター，学校において，そして個人開業として用いられている。今日のダンス・セラピストは初期導入のセラピスト，補助的なセラピスト，家族カウンセラー，カップル・カウンセラーとして機能している。あらゆる年齢，重度の精神的問題や障害，身体的問題や障害を伴った個人から，表現ムーブメントを使って自分の深層を探究したいと望んでいる健康な人までと，ダンス・セラピストが受け持つ範囲は広い。要するに，ダンスセラピーは精神保健という無限に広い分野に，そして，他業種との共催に移行しつつあり，その教育的，臨床的，組織的提携を拡大しつつある。

第 1 部

初期の発展：
ダンス・ムーブメントセラピーのパイオニアたち

ダンスセラピーの理論と実践の基礎は，主に合衆国の 6 人の主要なパイオニアたちによって築かれた。マリアン・チェイス，ブランチ・エヴァン，リリアン・エスペナック，メアリー・ホワイトハウス，トゥルーディ・シューブ，アルマ・ホーキンスが幅広い活動領域を持つ臨床スタイルを発達させ，それらは今日でもなお現代のダンス・セラピストたちの多くが使っている。

　この第 1 部では，初期のパイオニアたちの業績を分かり易く概観する。セクション A では，チェイス，エヴァン，エスペナックの業績，および，彼女らの業績が米国東海岸に普及して行く様子を議論する。セクション B では，米国西海岸のパイオニアであるホワイトハウス，シューブ，ホーキンスを議論する。このように地理的に輪郭を描くことは何の根拠もなく行ったものではない。それは，1940 年代と 1950 年代において，それぞれの海岸地方にそれぞれ明らかに異なった治療形式が発達し，それらの違いが現在も引き続き議論の対象になり，様々な対象者に対するダンスセラピー臨床の効果の調査項目になっているという事実による。セクション C では，中西部にダンスセラピーが現れたことを議論し，フランツィスカ・ボアズとエリザベス・ローゼンの文献的貢献について論評する。このセクションでは，1957 年に行われた最初の包括的ダンスセラピー研究についても議論される。第 1 部では，主要なパイオニアたちが始めた実践の萌芽の概要を述べ，1960 年までに開発されたダンスセラピーの技法の状態について全容を描き，そのまとめとする。

セクション A

東海岸における主要なパイオニアたち

マリアン・チェイス
「ダンスセラピーの母」

　マリアン・チェイス（1896～1970）は「ダンスセラピーの母」である。精神障害者に対してパイオニア的仕事をしたことに加え，教育にも力を注ぎ，多くのダンス・セラピストを教育した。教え子の多くが，後にチェイスと共に，米国ダンスセラピー協会の設立に参画した。今日指導的役割を果たしているダンス・セラピストの中には，チェイスに手解きを受け，今なおチェイスの方法を信奉している者が多い。その結果，チェイスは現在でもダンスセラピーの分野に大きな影響力を持っている（「ダンスセラピー系統図」と「調査結果」を参照）。

　チェイスはダンサー，振付師，パフォーマーとしてその精力的な活動を始めた。チェイスは1920年代にニューヨークのデニショーン舞踊学校でテッド・ショーンとルース・セント・デニスに師事し，その舞踊団で踊っていた。

　　当時，デニショーン舞踊学校の教育方法は幅広い分野から様々なものを取り入れていた。生徒は自分独自の動き方を発見することができたので，パフォーマンスをするダンサーとしてだけでなく，振付師，ダンス教師としての能力をも発達させて行った。特定の動き方を教える時には必ず，その動きが拠って立つ民族文化に結び付けて教えていた。バレエの型を変化させたもの，コンテンポラリー・ダンス，ダルクローズ等の技術的型を取り合わせて，体を一つの道具として，どのような表現内容に対しても，自由自在に使いこなせるように教えていた（H. Chaiklin, 1975, p.2）。

　1930年にチェイスはワシントンD.C.に移り，自分のデニショーン舞踊学校を開設し，そこで自らが厚く信奉していた理論や方法を教え続けた。

　始めのうちチェイスはパフォーマンスに専念していたが，次第にダンス教育へ興味が向いて行った。「ダンスを習いに来ている生徒の中には，人に見せる舞台芸術としてのダンスには興味を持っていない人がたくさんいること」にチェイスは気が付いた。そのような人は概して不器用で進歩も遅いが，根気良く通って来る。チェイスは始めのうち，彼女らがなかなか上手にならないことに悩み，それにしてもなぜダンスに興味を持ち続けているのだろうと考えた。

　　入門したての人びとが発する非言語的コミュニケーションを観察しているうちに，私は彼女らが真に求めている援助への糸口をつかんだ。上手な生徒の後に並べて，フラストレーションを感じさせるのではなく，私は彼女らを人間として尊重しようとした。
　　それ以来，私の教育方法は明らかに変わった。全ての生徒に対する私の意識の中心は，知らず知らずのうちに，ダンサーであると共に人間として彼女らを支えるようになった。生徒は様々な方法で自分の欲求を満たし，私は1930年代の全てを非言語コミュニケーションの研究に費やした（H. Chaiklin, 1975, pp.15-16）。

　チェイスは1940年代からダンスセラピーを

実施し始めた。もっとも「ダンスセラピー」という正式な名称はまだ使っていなかった。彼女は自分が働いていた不適応児の学校のスタッフに技法を教え，女子専門学校ではトレーニングを行い，セラピストとトレーナーの両方として働いた。1942 年から聖エリザベス病院で，当時「コミュニケーションのためのダンス」と呼ばれていたプログラムをボランティアで始めた（H. Chaiklin, 1975, p.12）。翌年，給料を貰って，赤十字と協力して，退役軍人に対してダンスを使って実践を始めた。この頃，チェイスはセラピストとパフォーマーの二つの仕事を続けていた。「病院にいるとダンス・スタジオに行かなくてはと思い，ダンス・スタジオにいると病院に行かなくてはと思っていた」（H. Chaiklin, 1975, p.13）と伝えられている。

この頃，チェイスは音楽が患者に与える効果についても興味を持ち，いろいろと試みていた。彼女は「ダンス・セラピスト」と呼ばれていたが，「ミュージック・セラピスト」と呼ぶ人もいた。多分，これは音楽を重視していたデニショーン舞踊学校の教育方法の影響であろう。セント・デニスは「目でみる音楽」を作った。これは，一人ひとりのダンサーがオーケストラの楽器を表現し，その楽器が奏でられるとそのダンサーが動くと共に，体の動きを通して音楽の特質を伝えるものであった。

その他にもチェイスのダンスセラピー活動にはデニショーン舞踊学校の影響がいくつも見られる。たとえば，デニショーン舞踊学校では背景としてフォーク・ダンスのステップや構造（たとえば丸く円になる）を使っていたが，チェイスはそれを患者どうしの社会的相互作用を促すために使った。また，「ホテル聖エリザベス」という作品では，創作とパフォーマンスにおけるデニショーン舞踊学校の訓練方法が用いられ，聖エリザベス病院の彼女の患者たちによって作品が作られ，公演された（H. Chaiklin, 1975, p.87）。

聖エリザベス病院の医師ジェイ・ホフマン博士は，精神病患者に対する彼女の精力的な仕事振りを次のように描いている。

> これらの患者たち（精神症状が非常に重い患者たち）とチェイスが踊っている光景を見れば，踊ることによって患者は自分の閉ざされた世界から一歩踏み出し，患者の一人が言ったように「娑婆に出て行く」ことが可能であることに自分でもやっと気付くかのような印象を持つことだろう。患者たちの動きは自由で，楽々として，心地良さそうだ。彼らはうねり，漂い，あたかも言葉や伝統的な社会行動では表現できないものを体の動きやリズムで表現しているかのようである。彼らがこのようなことができるのは，チェイスがダンス・セラピストとして稀有な資質を持っていることによるのであろうが，文字通りの意味で『関係を持つことができない』患者なんて，たとえいるとしても，ほとんど存在しないのだということを我々に思わせる（H. Chaiklin, 1975, p.81）。

1940 年代の中頃になると，チェイスは聖エリザベス病院の外に出て，彼女の仕事についての講義やデモンストレーションをするようになった。そのうちの一つであるチェスナット・ロッジという精神病施設で行ったプレゼンテーションは非常に好評だったので，彼女は1946 年からそこに雇われ，その後，約 25 年間この施設に留まった。1960 年代の始め頃から，ニューヨークにあるタートル・ベイ音楽学校に勤めるようになり，そこでダンス・セラピスト養成のための画期的なプログラムを作成した。その後間もなく，彼女は自分の考えや方法をイスラエルに広め始めて成功し，これが彼女の方法を海外に紹介する先駆けとなった。その後，「ダンスセラピーの母」と言われるようになったマリアン・チェイスは米国ダンスセラピー協会の設立に参画し，1966 年にはその初代会長になった。

チェイスは 1970 年の夏に亡くなった。ダンス以外の方法ではコミュニケーションがとれない人びとに対して，ダンスで直接的なコミュニケーションをし，表現し，交流する方法を後世に残した。彼女はユニークな集団精神療法をも残した。それは統合された完全で独立した治療システムで，言語的方法と非言語的方法とを創造的に統合させたものである。彼女に学んだダンス・セラピストにとって，チェイスは尊敬の的であったが，ある種の畏怖の感情をもたらした。彼女はきつくてまた複雑な女性であった。その複雑さを水に流し，その技法の中に自分自身を見出すことができた者は深く学ぶことができた（S. Chaiklin & Schmais, 1979）。

理　論

チェイスは「ダンスはコミュニケーションであり，人間の基本的欲求を満たすものである」と基本的に考えていた（Chaiklin & Schmais, 1979, p.16）。チェイスはサリヴァンの理論に深く影響されていた。サリヴァンもまた統合失調症の分野においてパイオニア的仕事をしていた。彼が主に主張していたことは，「統合失調症者を，共感関係が成立し，対人関係相互作用が可能な，欠けがいのない個人として尊敬すること」であった。

チェイスはまた入院患者の権利やニーズを非常に尊重していた。さらに彼女は，患者を理解するために，さまざまな形の言語的，及び，非言語的コミュニケーション方法（つまり，ダンスと音楽）を考え出し，実際に試した。言語的な伝達方法だけに頼って患者を理解しようとしても，チェイスが担当しているような症状が重い患者と関係を成立させることができないことが多かった。

精神病の世界では，言語は人間関係を成立させる方法としての機能をかなり失っており，直接的なコミュニケーション方法として機能するどころか，むしろ相手を拒絶するバリア（妨げ）となっている。精神障害が重い患者は，自分の感情を表現する方法として非言語的手段に頼ることの方が多い（H. Chaiklin, 1975, p.71）。

患者は誰しも他人と意志疎通をしたいと思っているが，その欲求を抑えているのではないかとチェイスは強く考えていた。そして，患者の人格の中にある「誰かに聞いてもらって元気になりたい」という，まだ役に立つ部分をチェイスは常に探し求め，そこに働きかけていた。この点において，人道主義的心理学者であるマズロー（Maslow, 1968, 1978）やロジャーズ（Rogers, 1961）が 1960 年代に「健康な患者」に対して行ったことを，チェイスは 1940 年代に入院患者に対して行っていた。彼らはみんな，個人には健康な側面があると信じ，それを尊重し，そこに働きかけたのであった。

チェイスは自分が担当している患者が感情を表現する時に使う小さな風変わりな動きやジェスチャーを身近で観察し，それらに応えて行くことによって，上に述べたような考えに至った。動きを用いたそのような直接的表現こそが，言語が作り出した壁を打ち破ることができると彼女は信じていた。言語に較べると，身体表現の方が感情表現を抑えたり，隠したりすることが難しい。チェイスはダンスの動きを非常に上手く使って自分自身を表現したり意思伝達をすることができ，また，チェイスは患者が表現する動きを受け取り，理解し，考え，対応することができたので，患者を精神病的に孤独な状態から救い出すことができた。

チェイスの教え子であるチェクリンとシュメイスの論文（S. Chaiklin & Schmais, 1979）はチェイスの実践を大きく 4 つに分けて考えた。それらは次の通りである。①ボディー・アクション，②シンボリズム，③療法的ムーブメント関係　④リズミカルな運動（本書では，集団

リズム・ムーブメント関係として紹介されている（1979, p.16））[脚注1]。

1．ボディー・アクション

ボディー・アクションの背後にある理論については，以下に引用するチェイスの記述の中で分かり易く述べられている。

　　筋肉活動を使って感情表現をすることはダンスの基本であり，ダンスは，そのような筋肉活動をまとめあげ構造化する手段なので，重い精神病患者が社会復帰するために，ダンスは有効なコミュニケーション手段になり得ると考えられる（H. Chaiklin, 1975, p.71）。

チェイスがウィルヘルム・ライヒの理論を引用することはめったにないし，実際，チェイスがライヒのテクニックと関係があるとは言い難いが，チェイスの実践を支えている仮説は，その当時ライヒが臨床現場で実証を試みていた仮説（Reich, 1949）でもあった。ライヒが研究を始めたのは1920年代であるが，チェイスとライヒは，歴史的にも臨床的にも互いに似たようなことをしていた。二人とも，思いや考えや感情は筋組織の中に「硬さ」という形で閉じ込められていると考え，それらを解きほぐす方法として精神運動療法的介入を試みていた。

　　ダンスをすることによって，患者は骨格筋組織を動かす力を増進させる。患者の感情表現を妨げている体の部分や呼吸パターンや緊張レベルを把握すれば，セラピストはそれをヒントにして患者の感情を敏感にするための条件を整えるような一連の身体運動を見つけるヒントが得られる。しかし，これから改善して行く動きを患者が単に学ぶだけではない。

患者が，自分自身の体で，その活動をすることを許す準備ができて初めて，変化が生ずる（Chaiklin & Schmais, 1979, p.17）。

上に述べたチェイスの考えは，身体の防御反応を少しずつ解いて行く点や，本人の感情を体験させるためには患者の心の準備が必要であることを強調している点が，ライヒ（Reich, 1949）に似ている。また，上に引用した文章の中には，鍛え抜かれた洞察力のある人の目には，身体的及び感情的固さや妨げ，さらには，人格の変化によって起こされた身体運動習慣上の構造変化をも見ることができるという考えが含まれている。ここでもまた，このような考えは，ライヒが「個性と筋肉武装との一致」と呼んで強調していたこと（Reich, 1949）に通じる。しかし，チェイスがダンスを自分の実践の中心に据えていたのに対し，ライヒはダンスという形態を使わなかったし，相互作用の技法として強調しなかった。

2．シンボリズム

二つ目のシンボリズムとは，イメージ，ファンタジー，回想，再演を使って，目に見えるように表現したり，言葉で表現したり，ダンスで表現したりする過程のことである。様々な問題に対する治療的働きかけは純粋にシンボリックなレベルでも行なうことができ，問題を解釈したり分析する必要は必ずしもないとチェイスは信じていた。抑圧されたり脅かされた感情は，動くことによって解放される。それは様々な形をとり，たとえば，患者が自分の葛藤や夢の象徴として，動物や，花，樹木等のイメージを表現することもある。ダンス・セラピストは，患

（脚注1）の後に続く「チェイス・メソッド」の記述は主に二つの出版物に基づいて作られている。それらは，S. Chaiklin/Schmais（1979）という論文と，Marian Chace: Her Papers（H. Chaiklin, 1975）という表題で米国ダンスセラピー協会出版で企画され出版されたチェイス自身の論文集である。また，スーザン・サンデル，シャロン・チェクリン，アン・ローンによって編集された『ダンス・ムーブメントセラピーの基礎：マリアン・チェイスの生涯と実践』（1993）も参照せよ。

者が用いる無意識的で時にはシンボリックなコミュニケーションを受け入れ，深く共感して相手を支えるので，患者は自分の表現方法に深い自信を持ち，受け入れる。このような体験によって，もっと動いてさらにいろいろ体験してみようという気持を促し，患者を勇気づける。

この解放は様々なレベルで，また，いろいろな形で起こり得る。解放の後には，ダンス・セラピストを受け入れて信頼しようという感情が形成され，患者はシンボリックな形やイメージの背後に潜む内容が完全な形で意識上にのぼることを容認するようになる（この過程をさらに深く探索したものとして，第5章と第17章に事例が掲載されている。）

3. 療法的ムーブメント関係

患者が体の動きを使って感情表現をすると，チェイスはそれを筋感覚的に受け入れ，自分自身の体の動きと声の調子を使って患者の感情表現を鏡のように真似て映し出したり，やって見せたりする人並み外れた能力を持っていた。「リフレクティング（反射）という方法を使って，セラピスト自身が患者とのムーブメント関係に入り込んだり，セラピストと患者とが相互作用を行なって，相手を心から受け入れたり深いコミュニケーションを体験する」という着想は，ダンスセラピーに対してチェイスが行った革命的な貢献である。「ミラーリング」や「リフレクティング」という過程についての理論的前提は単純である。だからこそ，多分，それほどまでに効果的なのだろう。患者が用いる非言語的なシンボリックなコミュニケーションに対して真剣に応じ，チェイスは，患者が行うコミュニケーションを広げたり，深めたり，明確にしたりすることを助けながら，チェイス自身の差し迫った要望を表現し，また，自分が患者の「ありのままの状態」を気持ちの上で理解することができ，だからこそ，患者の深い本当の気持ちを受け入れることができることを表現し

た。要するに，チェイスは患者に「あなたのことよく分かるわ，なるほどそうね，それでいいじゃない」と体の動きを通して伝えたのである。このようにして，チェイスは患者が自分自身のありのままの状態を受け入れるのを助けた。

4. 集団リズム・ムーブメント関係

チェイスは，集団でみんなと一緒にリズミカルな動きをすることによって得られる力を利用して，患者が自分の思いや感情を組織的なコントロールされた方法で表現し易くした。リズムには人の心身を揺さぶる性質があるので，固く閉じこもった患者でも，リズムによって体を動かすようになることがある。安全で単純な一連のリズムを繰り返していると，他の方法では混沌とした混乱したままの感情が次第に具体的，客観的になって来る。

リズムは，思いや感情の表現をダンスという意味を持った活動に組織立てて行くだけでなく，極端な行動，たとえば過活動や低活動，奇妙なジェスチャーや「わざとらしさ」に陥る傾向を改善する手助けにもなる。リズムを誇張したジェスチャーやその他の非言語的コミュニケーションを使いながらチェイスは，患者が象徴するものや，それらが意味する内容を誘い出したり，時には暗示したりもした。このようにして，患者は自分自身のボディー・ランゲージとその象徴的な意味をさらに深く理解し，少しずつ極端な行動を和らげることができるようになり，時には，それらの行動の根底にある葛藤について，言葉で表現するようになる。

手短に言うと，集団リズム・ムーブメント関係は，「体をリズミカルに動かすこと（これによって繰り返しと習得が行われる）」と「集団がもたらす構造と支持」という二つの安全な条件の下で，患者が自分自身の思いや感情を明確にし，整理し，表現するような枠組みを提供するものである。

方法論

チェイス・テクニックはグループ・セラピーの一つで，独特で，完全で，独立したシステムを持ち，ダンス・ムーブメントを主な介入方法，コミュニケーション方法，表現方法として用いている。チェイス・テクニックは，開始（ウォーミング・アップ），中核（テーマの展開），終結（終了）から成る完結したシステムである。それぞれの部分には独自の目的と介入方法がある。

チェイス・テクニック

Ⅰ．ウォーミング・アップ
　A．最初の出会い
　　1．ミラーリング
　　2．患者が持っているムーブメントのレパートリーを明確にし，広げる
　　3．患者からムーブメントを誘い出し，ムーブメントで会話をする。
　B．グループ形成——次第に輪を作る。
　C．グループでリズムを表現し，身体をウォーミング・アップする。
Ⅱ．テーマの展開
　A．非言語的糸口を取り上げる。
　B．患者が行うアクション（と意図）を広げ，深め，明確にする。
　C．言語やイメージを用いる。
　D．その他様々なテーマに基づいた展開（たとえば，ロールプレイ，シンボリック・アクション，グループ・テーマ）。
Ⅲ．終結
　A．輪。
　B．全員が参加するムーブメント。
　C．可能な範囲で会話を交え，感じたことを共有する（H. Chaiklin, 1975）。

チェイスのウォーミング・アップは大きく3つの部分，①最初の出会い，②グループ形成，③グループでリズム表現をし，身体をウォーミング・アップする，に分けられる。

ウォーミング・アップ：最初の出会い

ウォーミング・アップの最初の段階は直感的で，大抵は無意識的な過程である。患者たちがダンスセラピーをする部屋に入って来る。患者が希望するなら，前もって用意しておいたレコードの中から好きな曲を選んでかけたりする。その間にチェイスは一人ひとりの患者を観察し，接し，働きかけながら，グループ全体の鍵を握る患者を直観的に見つけ出した。一人ひとりの患者とコンタクトをとるため，チェイスは彼らの間を素早く動かなくてはならなかった。それと共に，一人だけで動きたがる人や小さなグループで動きたがる患者に対しても常に心を配ったので，そのような人たちも彼女がいつも存在しているように感じていた。この段階の目標は，患者たちと直接のコミュニケーションをとり，患者と結びつくことである。チェイスはこの過程を，グループを形成することと，そのグループが上手く動いて行くために用いた。

「最初の出会い」はある種の特別な介入型をとった。特定の患者がその時に感じている精神的ニーズに応じて，チェイスは様々な介入型を選んだ。このことを明確にするため，様々な介入型を次の3つの種類に分ける。

1）ミラーリングをしたり，共感的に真似る。
2）患者が潜在的に持っている，体の動きによる表現を明確にしたり，広げたり，深めたりする。
3）患者からムーブメントを誘い出し，ムーブメントで会話する。

ここでは便宜上3つに分けたが，実際の場面ではいつもこのように明確に分けられるとは限らない。患者のニーズによっては，一つの介入

場面においても，複数の介入型を必要としたり，一度にいくつもの介入型が平行して使われることもよくある。チェイスは，言葉で会話をしている時と同じように，ごく自然に，これらの介入型の間を行ったり来たりしながら臨機応変に使いこなしていた。これらの介入型は，グループ全体をウォーミング・アップする時の基本であるが，さらに，療法的ムーブメント関係の核となるものであって，チェイス・テクニックの全ての場面において基本的な役割を果たしていた。

（1）ミラーリング，又は，共感的に真似る

この技法はチェイスが行っていたこと，つまり，患者自身が経験して相手に伝えようとしている内容を筋感覚的に，また，視覚的に追体験することを含んでいた。つまり，チェイスは，自分が患者の体や身体運動から感じたり体験したものを，自分自身の体の動きを使ったり，言葉で表現することによって，「鏡のように映し出して見せ」たり，真似たりすることができた。これは傍観者にとっては，「ものまね」と同じように見えるかも知れないが，実際はそれ以上のものである。「ものまね」というのは，動きの外面的形を単に真似るだけで，その深い意味までは含んでいない。身体の動きとその意味を「ミラーリング」することは，「筋感覚的共感」「共感的に真似る」とも言われ，チェイスがダンスセラピーにもたらした強力な手段であり，彼女が果たした大きな貢献の一つである。

（2）患者が潜在的に持っている，体の動きによる表現を明確にしたり，広げたり，深めたりする

この方法では，チェイスはまず患者が現在いる状態から出発した。即ち，患者の動きをミラーリングして，まずは患者と出会ったことを表現した。それから患者が表現する特定の動きを次第に拡大して行き，その動きが何に焦点を当て，何を目指しているのかを明らかにして行った。患者が体の動きで表現したことをさら

に完全な表現に近づけるよう手助けすることがチェイスの基本的姿勢であった。そのようにして患者のアイデンティティを強め，患者自身の個人的な表現やコミュニケーションに対する責任を促したのである。

次に引用したものは，チェイスが精神病患者に行った体の動きを通した介入の一例である。この介入では，患者が自分の気持ちを身体の動きで表現したことに対して，共感的に真似ること（ミラーリング）とダンス・ムーブメントで応えている。

> 1人の患者が腹を縮め，身を屈めて立っている。この姿勢全体は人が恐怖におののいている時にとる姿勢である。セラピストは自分自身の腹に緊張を感じ，これを動きの中心にすえ，緊張を弛緩させるような一連のダンスを創り出して行く。セラピストが始めに感じた腹部の収縮は，外側に広がるような動きや何かリラックスした動き，どちらにしても，威嚇と思われないような動きに変えることができる。どちらの動きをするにしても，患者自身が示していた身を屈めた動きから始めたり，もしくはその動きに深く関連した動きから始めなければならない。患者はセラピストに対して反応し，身を屈めていた自分の動きをそれに類似した別の動きに変えて行くことができ，そのようにして，患者は自分の感情にしがみついた固定化した筋肉の動きのパターンから自分自身で少しずつ自由になって行けるようになる。セラピストと一緒に動けるようになると，その患者はそれまで自分がいた特定の地点から，もう少し部屋の広いところへ出られるようになる可能性がある。そして，一人でも踊れるようになったり，他の患者とも踊れるようになったり，もしかするとその同じセッションの内にも，短い間ならダンスの輪の中に入れるようになる可能性がある（H. Chaiklin, 1975, p.73）。

この事例で，チェイスは患者が現在いる状態から始めたが，患者がその固定化した状態に止

まっていない方が良いと判断し，介入の効果を注意深く観察しながら，少しずつそして繊細に，患者を別の実現可能な状態に導いて行った。「患者が最初に示す動きのパターンに焦点を当て，それをより明確にしたり誇張したりすること」と同様に，「患者を新しい，もっと変化に富んだ動きの世界に導いて行く」という考えは，患者が潜在的に持っている体の動きによる表現を明確にしたり，広げたり，深めたりする上での根拠になっている。この強力な方法は患者たちへの，そして，ダンスセラピーという方法へのチェイスからの贈り物の中核であった。

（3）患者からムーブメントを誘い出し，ムーブメントで会話をする

この方法でチェイスは，言語や非言語を用いて患者に働きかけ，患者からムーブメントによる反応を導き出した。たとえば，患者が部屋の片隅に引っ込んでいるのを見かけると，ムーブメントによる会話やロールプレイをきっかけにして，患者をそこから引っ張り出そうとした。時には「その場所から出て，一緒に遊ぼう」としない患者に対するいじめっ子の役を演じたり，挑発的な動きをして患者の反応を誘導したり，「懇願」したりした。後者の例としては次のようなものがあった。一つのボールをイメージし，パントマイムのようにしてしばらくそれで遊んでから，それをじっとしている患者に放り投げたのである。ムーブメントによる会話を導く時に，どのような形の遊び，音楽，イメージを用いるかは，常に，患者の身体表現をもとにして決められた。

以上，最初の出会いを３つの型に要約して述べたが，それだけでチェイスが用いたムーブメントによる会話や働きかけについての微妙な型の全てを説明し尽くしてはいない。ウォーミングアップにおける最初の出会い段階について，チェイスは次のように書いている。

この段階でセラピストは，患者との個人的なコミュニケーション回路を意図的にいくつも創り出しており，それらの回路のどれ一つとして，一瞬たりとも無視できないものであり，それらの回路の全てが少しずつ集団での活動に発展して行く。この時セラピストはひたすらカタリスト（触媒者）として機能している。患者が，単に自分と同じ様に動いている人がいるなあと目の前の踊り手を受け入れているだけではなく，『私は自分以外の人と一緒に踊っていることをしっかりと認識しています』ということを示す時には，患者の視線が突然セラピストに向けられ，患者がセラピストの両手を取り，たいていは固く握り締める。そのような時，私はいつも軽く「ハロー（こんにちは）」と応える。このような形でダンスをして来た患者は「あなたは始めから私のことを知っていたんですね」と私に言うことがよくある（H. Chaiklin, 1975, pp.74-75）。

以上，集団ダンスセラピーにおける比較的早い段階では，セラピストはたとえば車輪の中心軸のようなもので，そこから放射線状にスポークが延びて各患者に結びついている感じである。チェイスが集団と動いている時には，患者はチェイスを取り囲むような形に配置され，チェイスは患者それぞれと関係を持ち，それぞれが動けるようにしていた。たった一人の患者がチェイスを独占しているかのように見えたとしても，実際のところ，チェイスは常に他の人とも気持ちを通わせており，グループの中心として，つまり，あらゆる活動についての精神的舵取りとして活動していた。

ウォーミング・アップ：グループ形成

最初の出会いが行われた後，グループ全体で輪を作る機が熟していることを確認し，チェイスはウォーミング・アップ段階でのグループ形成を始めた。自分と他人との間に比較的広く距離を置く必要がある人がいること等，患者一人ひとりの違いを十分に配慮しながら，柔軟な態

度でグループを作って行った。この段階ではタイミングがとても重要であった。機が熟していないうちにグループを作ろうとすると上手く行かないし，かといって，いつまでももたもたしているとグループを作るチャンスを逃がしてしまい収拾がつかなくなる。患者によっては，輪の一部になることがどうしても嫌で，輪のそばで傍観者のような形で参加したい人もいるが，これも容認されていた。チェイスは輪の内側や輪の外からではなく，輪の一部に加わり，その場所からグループを指導した。

> ダンスのセッションにおいて，この段階は徐々に進められる。様々な特徴を持った人びとによる小さな輪がいくつも作られては，消え，また作られる。その時のリーダーシップは，グループを形成している患者側と，ダンス・セラピストやそのアシスタント側との間を行ったり来たりする。患者たちの動きは次第にその風変わりな特徴を失ない始めるが，輪が崩れて一人ひとりがバラバラに動くようになると再びはじめのように自分自身の風変わりな動きをするようになる（H. Chaiklin, 1975, p.76）。

　チェイスはダンスセラピー・セッションにおけるこの段階を，「お試し期間」と考えていた（H. Chaiklin, 1975, p.76）この段階で，患者は自分がグループに参加する仕方についていろいろと感じることができ，グループに参加しても自分の個性を保つことができるだろうか，さらには，グループの中で心地好い気持ちでいられるかどうかを試していた。この段階で重要なことは，グループの中に個人的ラポールや集団的ラポールを作り出し，信頼感と開放的な雰囲気を醸し出すことであった。

　次第に多くの患者がグループを形成し，それがグループ全体の動きの一部を成すようになった。グループ全体の動きや相互作用を際立たせたり，補ったり，明確にしたり，広げたりするためには，言語を使って働きかけることが比較的重要であった。それと時をほとんど同じくして，グループを形成している一人ひとりの動きのリズムが次第に一致して来た。このようになって来ると，他人と一緒にいても，患者たちがリラックスし始めて来たことを感じることができた。

ウォーミング・アップ：グループでリズムを表現し，身体をウォーミング・アップする

　この段階になると，グループのほぼ全体が輪の形になっており，ある程度の集団的ラポールが成立していた。チェイスはグループの中にある種の身体的緊張があることに注目すると，簡単なリズミカルな動き，たとえば，足を踏みならしたりする動きを導入したりした。それらは大抵，患者が親しんでいるフォークソングの拍子であった。それからチェイスは，ことばを使ったり，ダンスをしたりして，患者が胸，腹，腰を使ってムーブメントで自己表現するように少しずつ導いた。このようにしてチェイスは，集団を同時に二つのレベルに次第に導いて行った。一つは，グループが必要としているものを映し出している動きをやって見せたり，様々な動きを簡略して見せたりして，グループの信頼を高めるレベルであり，もう一つは，ダンスの動きを少しずつ体全体にまで広げて行くことにより，体全体を使った動きに発展させて行くレベルであった。

　障害が非常に重い患者は，自分自身がバラバラになっていると感じていることが多いが，このように体の一部の動きを体全体の動きに広げて行くことは，それらの患者が自分自身を統合し易くした。小さな動きを体全体の動きに導いて行くために，その他の単純なリズミカルな動き，たとえば，揺らしたり，押したり，振ったりすることも行った。患者は，より完全に自分自身の動きに責任を持ち，アイデンティティを感じるよう励まされた。グループ指導におけるこの段階では，チェイスが行うムーブメントは

相変わらず単純で簡単であり、患者が混乱しないように、また、びっくりしてグループから逃げ出さないよう、ムーブメントの初歩的なルールに従っていた。この段階はまた、グループの外にいる患者たちをグループ内に参加し易くもしていた。

このウォーミング・アップには他の目的もあった。体を動かすと、体を動かすことの楽しさと喜びが患者の中に湧き上がって来た。さらに、体を動かすことによって体をほぐし、また、グループの進展を妨げたり、感情的な事柄が表面に出て来るのを妨げるような、過度の緊張をゆるめた。つまり、身体が緊張し過ぎていると、感情表現が困難になるのである。

ウォーミング・アップの後半になると、ある種の感情に関わる前提的な事柄が表現されることが多い。「これが私なんです」「私は生きて行けます」「これが私の手で、それは先生の手です」と言うような、患者が自分自身を認識したようなことを言うのを聞くことは珍しくないとチェイスは書いている（H. Chaiklin, 1975, p.76）。チェイスはまた、患者が長い間待ち焦がれていたものを発見して、後悔の気持ちを表現しながら、「私は子どものときに、このようなことを知っておくべきだった」と言ったり、絶望や淋しさに気付いて、「私には友達が一人もいなかった」「母は私に愛することを一度も教えてくれなかった」と言う様子も語っている（H. Chaiklin, 1975, p.76）。これらのことばは、集団療法の始めの頃に、患者から自然にこぼれたものである。それらは、集団で動いている時に、ちょっとしたはずみで言われることが多く、その発言に対して、グループの仲間からは言語や非言語で同感であることを伝えるような反応が出て来ることがよくあった。

このように、ウォーミング・アップの段階で、感情に関するテーマが具体的になり始めるが、まだ深いところは扱われていない。その代わりにこの段階における焦点は、ラポールを形成し、信頼感をもたらし、体の準備をすることにより、次の集団療法の段階において、もっと深い心情が表面に表れるのをグループが支えられるようにすることに絞られていた。

テーマの発展

ウォーミング・アップの全段階でチェイスが行ったことは、グループの中に存在する様々な感情を拾い上げ、発展させ、グループを形成している一人ひとりやグループ全体に、言語や非言語でそれらの感情を鏡のように映し出すことであった。テーマを発展させる段階においては、グループが開始当初よりずっと強く、ずっと結束力のあるものになって来ると、チェイスはそれまでと同様の働きをしていたが、その焦点はさらに絞られ、明確になって行った。始めの頃に、患者が使っていた非言語的コミュニケーションに加え、この段階では、体の動き、ことば、イメージ、テーマに関連した様々な動きを用いて、ウォーミング・アップの段階でチェイスが注目した事柄、テーマ、問題を患者がさらに深く探求するように導いた。

たとえば、グループ全体が大きく右、左と揺れている時に、メンバーの一人が、その動きに触発されて無意識的に緊張を高めるような動きをして、あたかも「俺（私）の背中に触るな」と動作で言っているかのように感じたとする。このような動きのバリエーションを見つけると、チェイスはいくつもの方法で、その動きが発展するよう促した。まず、単にその動きのバリエーションをチェイスが自分の体で真似て、その動きを強化したり、他のメンバーがその動きに注目するように仕向けたり、さらに、チェイスがその動きから感じた気持ちを上手く表すような短いことばを言ったり、声を発したりした。それから、声や言葉を伴ったリズミカルなダンス・ムーブメントを使って、その時に出てきたテーマにグループが取り組んで行くように導いた。

このような動きのバリエーションの背後に潜む意味に焦点を当てたり，その意味をさらに明確にするため，チェイスは次のような誘い水をグループ全体に対して投げかけた。「あなたが背負っている物は何？」「あなたは今，誰かに話しかけているような気がする？」「あなたが何かを背負っているとしたら，それはどんな感じ？　誰を背負っているみたい？」このような質問は患者が持っている隠された葛藤に光を当てたり，動きをさらに発展させるための材料を掘り起こすことが多かった。

チェイスはまた，特定のテーマを持ったムーブメントを指導することもあった。患者の上腕や背中に「固さ」を認め，患者が腕を動かして「怒り」を表現する必要があると考えると，チェイスは「何かを叩き切る」ような象徴的な動きをするように言うこともあった。このような動きは，患者が自分自身の無意識な欲求について十分に知らなかったと気付いて自分の自我を傷つけること無く，患者の感情的な緊張を和らげた。セッションが終わりに近づくと，チェイスはナレーションのような形でことばを使い，グループの進展に応じて，グループの気持ちを映し出したり，グループを導いたり，グループを構造化した。ダンス・ムーブメントや発声を伴った言葉を断続的に使いながら，チェイスはグループをまとめ，常に，その方向性を明確にした。

終　結

チェイスは，患者がある種の満足と問題解決を感じながらセッション会場を去ることができるよう，「患者を支えるような終結」でセッションが終了するよう努力した。グループによる相互作用が自然に終結に向かって来たと感じると，チェイスは参加者を再び輪の状態に戻した。そして，参加者の一人ひとりと結んだ個人的な関係に終止符を打つため，グループ全体に連帯，支援，団結，幸福といった感じを与える

ような「みんなが一緒に行うムーブメント」を繰り返し行って，グループ全員に終結を知らせてからセッションを終了した。

「みんなが一緒に行うムーブメント」とは，グループ全体で繰り返し行われるムーブメントで，たとえば，互いに手をつないで体を揺すったり，そのまま両手を大きく広げて，上から下に鳥が舞い降りるような仕種で中央に集まり，そこで両手を高く挙げたりするようなものである。このような集団的ムーブメントを繰り返し行うと，それまで行って来た個人的表現を重視した雰囲気を徐々にゆるめて，参加者の気持をグループ全体に戻し易くなる。

終結の段階においても，患者たちは自然に自分の気持，思い出，経験をみんなの前で話す場合が多い。このように，みんなの前で話すことにより，感情は意味を持った言語によるコミュニケーションに形成されて行った。そのようなコミュニケーションを経験したことはそれまで一度も無かった，という患者もいた。

まとめ

チェイスは，ダンスセラピーにおける輝かしいパイオニアであり，推進者であった。チェイスは個人指導を行なうこともあったが，その素晴らしい能力を最も良く発揮したのはグループ指導においてであった。チェイスが作成したグループ指導法は，個人から集団へ，一つの段階から次の段階へと自然に展開し，堅実，単純，完全であった。

以上の記述に続き，他のパイオニアについてもそれぞれの章で述べるが，その理論や実践には重複するところがかなりあることだろう。したがって，チェイスがダンスセラピーに対して行った主な貢献，特異な貢献をまとめておく必要がある。それらは，以下のようなものである。

1.. 療法的ムーブメント関係

2.. 個人とグループの経過を映し出す方法として，同時進行的にことばで話しかけたこと。

3. 力をまとめ上げたり，力を明確にするためにリズミカルなムーブメントを用いたこと。

4. グループをまとめる手段として，集団精神療法の一つとして，ダンスを用いたこと。

ブランチ・エヴァン
創造的なムーブメントがダンスセラピーになる

　ブランチ・エヴァン（1909 頃〜1982）のダンス経歴はダンサー，振付師，舞台芸人として始まった。人生後半の 30 年間は，ダンスをセラピーとして使う研究に費やした。エヴァンは独自のダンスセラピーを開発し，彼女が「都会の神経症者」と呼んだ人びとを対象にしたダンスセラピーのパイオニアになった。

　エヴァンは小柄な体格で，上品で繊細な動きをする人であったが，強靭で辛抱強くてはっきりと物を言う性格を秘めていた。「彼女はとても複雑で激しい性格の人で，非常に多くのことを望み，与え，闘い，因習を打ち壊して行く，現状に満足しないタイプの人でした。しかし，希望を持ち続け，一人ひとりの基本的な人間性の統合と可能性を信じていました」（Melson & Krants, 談，June 15, 1987）。

　エヴァンの業績にはバード・ラーソンから 1920 年代に学んだダンスが深く影響している。ラーソンは「ナチュラル・ダンス」と「即興表現ダンス」の初期の実践家の一人であり，彼女こそは「その当時にはほんのわずかしかいなかった客観的な教師の一人で，その中でも最も客観的な人であり，体の健康を維持する技法を次々に開発し，一人ひとりの学生が自分自身の創造性をダンスで表現する道を開いた」とエヴァンは考えていた（Evan 談，1980）。1930 年代の後半にラーソンが早世したことにショックを受け，エヴァンはラーソンが考えた教育方法を実践し，さらに発展させようと決心した。

　エヴァンはダルクローズ，ノヴェール，スタニスラフスキー，メンセンディックの実践からも影響を受けた。彼女はヴィオラやラ・メリと一緒にスペイン舞踊や民族舞踊を習ったが（Evan 談，1980），彼女の興味の中心はダンスによる即興であり，自分自身が持っている創造的潜在能力や感情的潜在能力を発揮し，表に引き出す手段としての即興ダンスであった（Evan 談，1980）。

　1940 年代後半から 1950 年代前半にかけてエヴァンは，子どもに対して創作ダンスを行う活動に専念した。1949 年から 1951 年にかけて，エヴァンはこのテーマについて 10 の論文を発表した[脚注1]。当時，エヴァンは自分自身をダンス・セラピストとは呼んでいないが，彼女が書いたものを読むと，子どもたちがダンスを通して様々な意思や感情を表現すること，その中には，表現することを許されていないことや，怖がっていることも含めて，それらを表現するのを助けることに深い情熱を傾けていたことが分かる。

　エヴァンは子どもとの経験が深く，知的障害児や精神病的な子どもについても 1950 年代にベルヴューで短期間関わったことがある。しかし，1950 年代後半から亡くなる 1982 年までの

（脚注1）これらの論文を集めたものが，『子どもの世界：ダンス教育との関連において』という書名でバーバラ・ネルソン社から再販され入手可能である（引用参考文献参照）。

間に，彼女が主に興味を抱いていたのは，彼女が「神経症的な健常者」（Evan談,1980）と言っていた成人たちであった。ダンスセラピーを始めた頃に子どもに対して抱いていた主な関心事と，後に「神経症的な健常者」に対して抱いていた主な関心事とは同じものであり，それは「抑圧に対する都会人の適応パターン」であった。つまり，組織化された社会の中で，硬いコンクリートに囲まれ，時間に追われ，人びとは自分の体と感情を失っているとエヴァンは強く考えていたのであった（Evan, 1964）。

1950年代になるとエヴァンは，「ダンスをセラピーとして使うことは，精神障害者に対しては強調されているが，神経症者に対しては見落とされている」と指摘した。当時のダンス・セラピストの中では，米国東海岸のエヴァンと米国西海岸のメアリー・ホワイトハウスだけが，このような神経症者に対して手を差し延べていた。さらに，エヴァンとホワイトハウスはどちらも主な介入方法として「深層の即興」に力を入れていた。

1956年から，エヴァンは自分の活動を「セラピーとしての創作ダンス」と呼ぶようになった。アルフレッド・アドラー個人心理学研究所と社会研究新学校で学んだ後，彼女は1958年には専門家や学生に自分の方法を教え始めた。

エヴァンの主眼は，創造的なものや教育的なものから，徐々に精神療法的なものに移って行ったが，彼女の後期の方法には初期に見られた教育方法が反映されていた。このように，創作ダンスや即興ダンスとアドラー，フロイト等の心理学を結び合わせた点が，エヴァンのダンスセラピーの理論と実践における主な貢献である。ダンスセラピーと創作ダンスとの関係について，エヴァンは次のように言っている。

　　創作ダンスは堅い殻を破る。ダンスセラピーはこんがらかった糸をほぐし，診断し，生活や頭脳を活性化し，生活習慣を変える。精神

の教育（アドラー派の用語）も可能である（Groringer, 1980, p.17）。

彼女が晩年を迎える頃には，ダンスセラピーの分野が拡大し，「ムーブメント精神療法」の領域から「精神分析的指向を持ったムーブメント療法」に少しづつ変わって行ったが，エヴァンは強く明確に「ダンス」にこだわり続けた。彼女は「ムーブメント」という用語を「ダンス」という用語の正確な代用品としては受け入れなかった（Evan談, 1980）。彼女はあまりにも多くの反ダンス的なダンスセラピー，つまり，どちらかというと言葉を使ったセラピーに夢中になって，ダンスにもともと備わっている力を失ったダンスセラピーや，個人の情緒や診断をあまりにもしばしば無視した「心身」セラピーを見て来たのである。多くの心身技法には，呼吸，姿勢，発声などについて，ダンスセラピーと似ている部分もあるが，ダンスセラピーはそれらと違って，患者の不調の原因を最も根本的で基本的な方法である「自分で方向性をもった動き」の中に見出そうとするとエヴァンは考えていた（Groninger, 1980, p.17）。エヴァンは言葉とダンスを結び合わせ，総合的で基本的な精神療法を創り，それをダンス・ムーブメント・ワード・セラピーと呼んでいた。

1934年，エヴァンはニューヨークに初めて自分のダンス・スタジオを開き，1967年には，同じくニューヨークにダンスセラピー・センターを開設した。晩年には健康上の理由から，コロラド州ボールダー市に移り住み，1982年に亡くなるまで，そこで後輩を教え，患者を診つづけた。彼女はコロラド州に住んでいたが，頻繁にニューヨークへ通った。今日，彼女の技法を引き継いでいる後継者が四人，西海岸にボニー・バーンスタイン，アンヌ・クランツ，東海岸にバーバラ・メルソン，イリス・リフキン・ゲイナーがいる。東海岸には1980年代にエヴァンから教えを受けた筆者がおり，エヴァンの

実践をマルチモーダル・アプローチと結び付け，ダンスセラピーや精神療法にしている（第17章参照）。

理 論 (脚注2)

ダンスは，最も直接的かつ完全に精神と結びついた芸術形態であり，その点が視覚芸術や楽器を用いる芸術とは異なると，エヴァンは力説していた。

> 心と体の結びつきを必要とする時にこそ，ダンスは正に直接的に力を発揮することができる。なぜなら，ダンスが表現する時に使う道具は人間の身体であり，ダンスの表現手段は体の動きだからである（1964. n.p.）。

子どもに対する創作ダンス

子どもは，体を動かしたり隠喩を使ったりして，言葉では表現できないことを表現することができるとエヴァンは考えていた。

> 私は子どもがダンスで暴力を表現する場面をよく見て来たが，それらと同じ位に暴力を表現する言葉を見つけ出すことはできなかった。悲しみや繊細さを言葉で表現するとしたらさらに難しくて，そうするには詩人にでもならなくてはならないだろう（1964, n.p.）。

エヴァンは「本当に創作ダンスをした時には，（ダンスの）形は根源的なものから湧き出し，……形が次々に現われて来て，以前表現されたものが再び連想されるようなことは一瞬たりともない」（1964, n.p.）と確信していた。このような激しい感情は抑え込まれていることが多く，唯一，ダンスの時だけ解放される。エヴァンの実践における主要な目的は，心と体との間に横たわる谷間に橋を架けること，つまり，

ダンスという表現形式を使って体の活力を回復させ，押さえつけたり押し殺されているものの息を吹き返らせることであった。

創作ダンスの教師や，創作ダンスを使うダンス・セラピストが挑戦していることは，ダンスの基本的技術を教えながら，表現運動を使って，心身一如の状態をもたらすことであった。私たちの文化圏では，子どもに対してダンス技術を教えることに夢中になり過ぎているという特徴があるとエヴァンは指摘した。そして，他の文化圏では，ダンスは生活に根付いており，文化全体の中の一部分として伝承されていると語った。西欧社会において，ダンスは日常生活経験や現実から切り離されているとも言った。そして，この分離状態は，都会生活や組織化された社会によって，我々の内なるリズムと外部のテンポに無理矢理適応させようとするので，ますます複雑になっているとエヴァンは感じていた。さらに，都会の子どもは遊びでも宗教でも勉強でも，集団行動に欠けているので，身体的および感情的な孤独に陥っていることが多いとエヴァンは考えていた。

子どもは自分の身体を正しく感じ，正しく動かすことを教えてもらえば，表現運動を行う力がもっと良く身につく，というのがエヴァンの持論であった。「……子どもは感情的『表現』と『テクニック』との違いについて，そのような区別を無理矢理教え込まれない限り，実際には全く感じていないものだ」とエヴァンは言っていた（Evan, 1964, n.p.）。太鼓を叩くようにと言われた子どもが，太鼓を叩くと，連打が創り出すダイナミックなリズムに体全体が増幅して行く例を引用していた。同じようにして，自分の心と体を一致させた経験のある子どもが，特別なテクニックを要求された時に，自分の感情にぴったり合わせて動作をした例を引用して

（脚注2）エヴァンの理論的基礎についての議論は，彼女が1940年代から1950年代にかけてのごく初期の時代に出版した子どもへの創作ダンスについて著したものに，主に1950年代から1970年代にかけて出版した最近の論文や「論文集」（1945-1978）に所載の論文を加えたものに基づいている。

いた。「子どもは体を様々に動かして，結局は『ダイナミックな表現』に至るようになるだろう。そして，その表現に内的な感情的反応を込めて，内容のこもった形へと変化させて行くだろう」（Evan, 1964, n.p.）。

モダンダンスとバレエは心と体をばらばらにし，エヴァンが「ダンスの命」（1964, n.p.）と呼んでいたダイナミックな質を分断することがあまりにも多いと彼女は感じていた。そのような訳で，心と体を一致させることが彼女の主要な仕事になった。

都会の神経症者に対するダンスセラピー

エヴァンが都会人を相手に実践をしていると，疲労から来る愚痴や弁解を聞く場面によく出会った。彼女はこれらの愚痴や弁解は，抑圧，不安，依存に対する内面的欲求が表に現われて来たもので，その結果，自分の身体能力を思いっきり使わないようになっていると解釈した。エヴァンはセラピストに対し，これらの抑圧に対抗する欲求を受け入れ過ぎないようにと警告していた。これら抑圧に対抗する欲求は際限無く続く戦いであり，その反対概念である自己表現によって克服できるものであるとエヴァンは信じていた。自己を感じたり，自己を体験したりする方向に患者を押し出すことこそ，全ての患者に必要な場合が多かった（Evan, 1945-78, n.p.）。

アドラー派の心理学が言うように，抑圧された攻撃性と怒りこそ神経症という病気の主症状であるとエヴァンは考えていた。神経症的な怒りが抑圧されるから，成長しようとする自己主張や責任感も抑圧される。これは体の筋力に明確に反映する。「行動が抑圧されると，そのエネルギーは様々な種類の緊張，たとえばある時は堅さになったり，また別の時は無感動になったりする」（1945-1978, n.p.）。

エヴァンによれば，手，顔，声は最も緊張から解放し難い部分であることが多いようだ。神経症の人は，本来ならば自分の感情を目に見えるようにするために存在する表情筋を抑え，自分の感情を覆い隠そうとする傾向があるとエヴァンは言っていた。「声」は緊張から解放させることが最も難しいとエヴァンは考えており，「自分が発する声は，その人全体を直接的にその人に気付かせるように思える」と言っていた（Groninger, 1980, p.17）。感情は声を通すことによって，手にとって見るごとく耳に聞こえるようになる。子ども時代には，たいていは動作を抑えるよりも声を抑えることの方が多く，また，子どもは見られる存在であり，聞かれる存在ではないことをエヴァンは気付かせてくれた。

神経症者のもう一つの共通問題は，自滅的な態度を維持しようとしてエネルギーを消耗することである（Evan, 1945-78）。体で表現しないように長年にわたって訓練すると，表現したいという気持ち自体もついには失われてしまう可能性がある。重い例になると，筋肉の弾力性がほとんど失われてしまうこともある。「体と心（スピリット）はバラバラになり，衰退し始める。自我の力は萎縮して，自尊心が低下し，怒りに対しても愛に対しても不器用になる」（Evan, 1945-78. n.p.）。

エヴァンの目標は，一人ひとりを再教育して，家族や社会といった抑圧的影響が生ずるより前からあったと彼女が信じている「体の反応や体が要求するニーズ」を受け入れることであった。これは，個人を訓練して一時的な感情を利那的に発散することを意味しているのではなく，ダンス形式が持っている「表現する側面」と「創造する側面」とを活用して，ダンスで表現されなかったら抑圧されたり，破壊されたり，自分に反するものに歪められたかもしれないような「意思」や「感情」を印象的に表現することを意味している。

エヴァンの実践の主な特徴は「自我活動における退行」という自我機能を使うことを強調した点である[脚注3]。ダンスは自我機能の一つと

してみなされていた。したがって，ダンスは，リズム，努力，形を意図的に自発的に使って，抑圧されたトラウマ（心的外傷）や禁じられたり怖いと思っている意思や感情を個人が体験したり，表現したりするのを助けるものであった。簡単に言えば，エヴァンにとってダンスは，ことばによく似た一つの言語だったのである。しかし，ことばとは違って，ダンスはもっと直接的に各々の人のコミュニケーションや言語を表現していた。

最終的に，エヴァンは人間全体を対象にして仕事をするようになった。つまり，彼女は人がその人本来の世界にいることを重要視した。伝統的な精神分析が考えるように「無意識の事柄を内省したり理解することだけが治療の目的である」とエヴァンは考えなかった。精神療法が終了した時点で，その人が以前に比べて対人関係においてもまた自分の内面においても，より良く自分の人生に対処できるようになっていなかったとしたら，その治療は成功したとは言えないとエヴァンは考えていた（Melson 談，1987）。

方法論(脚注4)

全体構造

エヴァンは約25年間にわたって個人セッションと集団セッションを行った。彼女の方法は四つの主要な介入方法から成り立っていた。それらは，①ウォーミングアップ，②「エヴァンの機能的技法システム」，③即興／再演，④意思や感情の言語化，である。これら基礎的な介入方法の順番はセッションごとに異なり，いつも全部行なうとは限らない。次に，はじめの3

つについて，その治療的役割とそれらの相互関係に重点を置いて述べる。

体のウォーミングアップ

ウォーミングアップとは，表面的で過度な緊張を解き放つ過程であり，人びとが弛緩と緊張との間を自由に調整できるようになるのを助け，身体感覚や感情を感じ易くし，その人が本来持っている様々な表現活動をし易くするものである。またウォーミングアップは，人びとを無感動な状態や身体的に気が塞いでいる状態から脱して，動き出させるためにも使われる。

ウォーミングアップは，人びとがありのままの自分の心と体に向き合うようになることを目指している。体の動きを使って初めて何かを表現しようとする患者にとって，ウォーミングアップは特に重要であるとエヴァンは述べている。ウォーミングアップの機能は，正しく体を使ったり機能的に体を動かすために体を準備したり，その後に続く「エヴァンのテーマに基づいた即興活動」というワークでよく現れて来る思いや感情を表現する準備をすることである。ここで強調したいことは，ウォーミングアップは，感情的葛藤とその結果生じる緊張を解消するために行なわれるのではなく，「その人の過剰な緊張」を減らすため，つまり個人の中に存在し，もっと深い問題を隠す働きをしているとエヴァンが強く考えていたものを減らすために行なわれるものだということである。

エヴァンが実践を始めた頃，彼女は非常に緊張の高い人に対し，あらゆる方向に弧を描くように体をスウィングさせていた。スウィングという動きは，たいていの場合，誰にとっても最も簡単で，やり易い動きであり，「自由な感じ」

（脚注3）エヴァンは「自我活動における退行（regression in the service of the ego）」という用語を実際には使っていないが，ここではエヴァンが用いたムーブメント過程を記述するためにそのように表現した。

（脚注4）この部分の記述の大部分は，筆者が1970年代初頭にエヴァンと共に行なったダンスセラピー訓練で得たものである。さらにこの情報は，エヴァン自身の著作や1980年にエヴァンとリフキン・ゲイナーとの間で交わされた個人的な会話や，1987年にリフキン・ゲイナー，メルソン，クランツとの間で交わされた個人的な会話からの情報で膨らませたものである。

を与えると同時に，その動きがリズミカルであるために安心感をもたらすとエヴァンは考えていた。その後，「スウィングを強調すること」は，スキップする，走る，ジャンプする，回転する，四肢を振るなどといった，様々な種類のムーブメントから成る「体全体が関連した動きを強調すること」に発展した（Rifkin-Gainer, 1986, p.6）。エヴァンはよく太鼓の音を使った。太鼓の音は少しずつ速度を増し，人びとはもっと早くもっと自由に体を動かせるよう導かれた。彼女は「体に任せて，気楽にやるという感覚」を大切にし，人びとが最終的には即興という，前もって何の準備もせずに創造する表現形式に身を任せるようになるのを助けた。

　ウォーミングアップは音楽をかけて行なうこともあれば，音楽が無いこともある。エヴァンはよく，音楽をかけた方が良いか，もしそうならどんな音楽が良いかと尋ねていた。また，参加者がひとりで自分自身の動きでウォーミングアップをして，体をほぐすようにさせたり，また，参加者を一つの輪にして一人ひとりがウォーミングアップの動きを提案し，やって見せ，これを他の参加者も一緒に行うこともあった。この段階から参加者はリーダーシップを取る役目を持つことができた。

　ウォーミングアップを終えるに当たりエヴァンは，グループの人が今どのように感じているか，もっとどこか体を動かしたい人はいないか，などと尋ねたりもした。もっと動かしたい人がいる時には，さらに体を動かした。時には，筋肉をぎゅっと引き締めてからそれを緩めたりして，筋肉をほぐし難いところを緩めた。体の各部分を一つひとつ個々にほぐすようなエクササイズもあった。たとえば，始めはゆっくり

と，そして，徐々にスピードを上げて太鼓を打ち鳴らし，始めは患者が肩をほぐし，それから腰をほぐすようにした。エヴァンの目標は常に，「体全体を調和させること」だったので，体の各部分を個別にほぐす前後に「体全体が調和した動き」（たとえば，体全体を使った大きなリズミカルな動き）を患者がするようにした。なぜなら，ほとんどの人の体はすでに緊張しており，体の各部分がばらばらになっているとエヴァンは考えていたからである。

　ウォーミングアップが禁忌であるとエヴァンが考える場合もあり，このことを記すことは大切である。ウォーミングアップは間違って行なわれたり，いいかげんに行なわれると，患者が感情的葛藤やトラウマに立ち向うために必要な精神身体的エネルギーをいたずらに浪費してしまう可能性がある（Melson, Rifkin-Gainer 談，1987）。経験豊かなダンス・セラピストなら，患者に会った時に，その人が自分の抑圧した感情問題に直接踏み込んで行く準備ができているか，それとも，まずウォーミングアップが必要か，そして，どのような種類のウォーミングアップが必要かを，患者の様子から判断することができる。

　大抵の場合はウォーミングアップが行われた。ウォーミングアップは全過程の中の基本的な部分であり，それをしておかないと，体は，セッションの即興的な場面でしばしば表面化して来る無意識的な素材を十分に扱うことができない場合がある。

エヴァンの機能的技法システム（脚注5）

　エヴァンは機能的技法システムについて，1980年に次のように記した。

（脚注5）エヴァンが執筆して出版した書物の中には，エヴァンの機能的技法システムがほとんど書かれていない。しかし，『生きることはムーブメント，ブランチ・エヴァン ダンス財団』の中には，この技術に関して100頁以上の資料が掲載されている。彼女の初期の論文（1963）から，メンセンディックの機能的エクササイズ，トッドの『考える身体』（1937），スコットの『人の動きの分析』（1963）は彼女に影響を与えていた。本書に書かれている考えは，これらの論文や1970年代初期に著者がエヴァンから受けたトレーニングをまとめたものである。

（エヴァンの機能的技法システムとは）矯正
のためのエクササイズである。この方法は，
筋肉をリズミカルに伸ばしたり縮めたりし
て，本来あるべき自然の仕組みに関連して筋
肉が動くように再訓練するために考案された。
……自分自身のリズムと速さを見つければ，
自発性と弾力性が……増進する（Croninger,
1980, p.17）。

エヴェンがバード・ラーソンと行なった研究
が機能的技法システムの基礎になっており，そ
れは解剖学的な見地から見ても正しい方法で身
体をリハビリテーションしたり，教育するもの
であった（Rifkin-Gainer, et al., 1984, p.14）。機
能的技法には，姿勢に関するワーク，身体の協
応性，各身体部位の配置，律動性が含まれてい
た。このスタイルのワークは個人的なものであ
り，個々人の解剖学的なニーズに応じて異なっ
ていた。エヴァンの言葉で言えば，機能的技法
は，「……体が動く時の自然なプランを尊重し，
……体の筋緊張を破滅的な状態から弾力的な状
態へと変える点が極めて重要である」（Rifkin-
Gainer, et al., 1984, p.14）。

エヴァンは，全てのアクションの基礎とし
て，背骨をしっかりと保つことと，アラインメ
ント（背骨をスッと真っ直ぐに伸ばすこと）を
強調していた。そして，人間が他の種の動物と
違って，直立的であることを述べ，この違いこ
そ，感情を持つ能力をもたらしたり，また，身
体を支え，バランスをとるという身体的役割を
果たしていると考えていた。エヴァンは背骨に
強い関心を持ち，それが核となって，背骨の
機能こそが身体を「ダンスの道具」（1964, n.p.）
として使う可能性，ひいては，「自己表現の道
具」として使う可能性の全てを決定するものだ
と考えていた。さらに彼女は，背骨の強さや弾
力性が十分にないと不安や恐れをもたらすと考
えていた。

機能的技法の目標には，次のようなものがあ
る。

1. 身体の機能回復訓練をすること。
2. 自分1人ではできそうもないし，やって
   みようとも思わないような様々な方法で，
   空間を認識したり使ったりすること。
3. 感情表現をする上で必要な程度にまで，
   身体を強くし，動き易くし，自分独自の表
   現運動のボキャブラリーをつくる上での身
   体的基礎を作ること。
4. 一人ひとりが自分の身体を以前よりもも
   っとコントロールできるようになり，身体
   で自己表現することは比較的安全なことな
   のだと，一人ひとりが感じるのを助けるこ
   と。
5. 一人ひとりがそれまでは自分の意識の中
   に無かったような自分の体の各部分に向き
   合うようにすること。
6. 「機能的に縮むこと」と「縮んだ状態か
   ら，機能的に解放すること」とを調和させ
   て，さらに能率的で有意義な運動表現がで
   きるようにすること。

機能的技法を教えることについて，エヴァン
は次のように言っている。

この技法は，ダンスから切り離された手足の
ように扱われる必要はない。むしろ，ダンス
という機能的な有機体の一部である。そのま
ま続けて行っても，創造的自発性を妨げない
ように技法を提示することができる。「創作ダ
ンス」というワークは，形を否定する必要は
ない。理想的に言えば，（個人的な）内容を
創造的に活用した，形にとらわれない技法を
組み合わせた結果としてもたらされるような，
新しい形を探すべきである（1964.n.p.）。

即興／再演^(脚注6)
エヴァンは即興を次のように定義している。

（即興とは）無意識的に形を創り出すことである。形と内容が理想的な状態で一つになっている。ダンスによる即興とは，「その時の自分自身」がダンスという形で「テーマ」と完全に溶け合うことである。はじめは少しづつ溶け合い，次第にその行程が進んでクライマックスに至り，その人に関係したテーマが一通り表現し終るような唯一の絶妙なタイミングで終結する（1964, n.p.）。

　ここでエヴァンは「完成したという実感」や「体内時計」とでも言うべきものについて述べている。これは，体の動きの形を自発的に創り出し，その動きの始め，中間，そして終結を本能的に感じさせるものである。エヴァンは身体的なものと心理的なものとを，同じように重視した。彼女は「人間はアクションを通して，自分の体の中に心理的なものと同じように身体的なものを体験する必要がある」と強く主張した（1964, n.p.）。

　エヴァンの即興ワークは次の３つの方法に分けることができる。a）投影法　b）潜在的なボディー・アクションを感じて，実際に動くこと　c）深層の即興と複合的即興を，どちらか一方，または，両方一緒に行なうこと。始めの二つは「感情のウォーミングアップ」とも言われるものである。それらは，単純な即興ワークをすることによって，一人ひとりが３つめの即興，つまり，より深く，より複雑な即興に至るように準備するものである。三番目に出てくる即興こそ，ダンスセラピー・セッションの主要な内容となるものであり，時には，精神分析で言われる自由連想過程，ただし，身体運動レベルで演じられる自由連想過程，つまり，精神身

体連想に結び付けられることがある[脚注7]。

投影法

　投影法を使うことは，エヴァンの方法の基礎であり，これは，彼女に創作ダンスの背景があったことから直接もたらされたものである。成人は体の動きを使って，動物，色，質感になったりすると良いとエヴァンは強く考えていた。彼女は投影法を自己表現方法と診断方法の両方の目的で使っていた。

　エヴァンは創造的なテーマを使って，どの程度に特殊にするか一般的にするかを決めていた。どちらにするかは，患者のニーズによって決められた。たとえば，自然界からのテーマを使って，エヴァンは「何か動物になってみましょう」とか，「自然界にあるもので何か生物ではないものになってみましょう」等と言って，カテゴリーに分けたテーマを出すこともあった。また，分野を少し狭めて，「四足の動物」「爬虫類」「鳥」の中から患者が自由に選ぶようにと言ったりもした。同じように，「今日の気分を一番良く表している木を選んで下さい」と言うこともあった。このような例は，水，風，空（そら）などでもすることができた。たとえば，「どんな形でも良いから水になりなさい」と言われたら，氷，水蒸気，海，小川，にわか雨，暴風雨等，患者にはいくつもの選択肢があった。このようにして，患者は与えられた空白を自分のイメージで埋め，そのイメージは必然的に患者自身の精神状態の一部を投影していた。つまり，患者の気持は，暴風雨のように荒れ狂っていたり，海のように波立っていたり，池のように穏やかだったりする。

（脚注6）以下の討議はいくつかの資料に基づいて行われている。それらは，エヴァンの論文「私は太陽」（1964），エヴァンの「ダンスセラピー集中訓練」コースからのノートであり，筆者は1970年代のはじめに入手した。また，事例パメラについての詳細な記録と，エヴァンが1970年に『パストラル・カウンセリング雑誌』で発表した論文などである。最後の二つは『論文集』（1945-78）というタイトルの書物に掲載されている。ルス・ベノフの著作は1991年にエヴァンに関する資料の，最も新しい編集である（引用参考文献参照）。
（脚注7）ここで用いられる用語の多くはエヴァンの実践を記述したり組織立てたりするために選ばれたものである。エヴァン自身がそれらの用語を使って教えた訳ではない。

たとえば，暴風雨のような荒れ狂った動きをしているうちに，その人は自分自身が怒りの感情を持っていることに気付くこともある。そして，その怒りは，焦点を絞らずに全般的に行った体ほぐしによって全体的なリラックスに至ることもある。また，たとえば，その怒りがその人の人生における特定の人や事柄に対しての怒りであることが明らかになることもある。

上に述べたような事例における投影法は，感情のウォーミングアップとか感情のバロメーターと呼ぶこともできる。この技法によってその人は，「その感情を身体を使って表現するように自分を突き動かした特定の感情」に自分を調律するのである。エヴァンと患者がしばらく話し合った後，エヴァンが観察を通して得た事柄と，患者が行なった自己内省に基いて，セッションはさらに複雑な即興的構造を持ったものに導かれることもある。そこで患者は浮かび上がってきたイメージや葛藤に注目し，体の動きを通してそれを深く追求することもある^(脚注8)。

エヴァンはそれ以外のやり方でも投影法を使った。患者からファンタジーを聞き出し，禁忌でない限り，それらのファンタジーをダンスで再演させた。たとえば，患者自身の理想像になったり，行ってみたい場所に行ったり，やってみたいことをしたり，誰かに言ってみたいことを言ったりするファンタジーにもなった。

最後にエヴァンは，語，句，文章を使って，体の動きを使った投影をし易くした。エヴァンは素早く次々に単語を発し，それらの言葉がもたらすイメージで無意識的に体を動かしてみようと患者に提案し，これが徹底的な即興へのウォーミングアップになった。このようにして，患者から抑制や考え過ぎを取り除き，無意識的な連想やそれに関する動きによって反応することを目的にして働きかけた。エヴァンは未完成の文を投げかけて，それらの文を動きで完成さ

せるように患者に促すこともあった。たとえば，「私の体ができるのは……」「私がこれからしようとしているのは……」「私が今感じているのは……」「私がなってみたいものは……」といった具合である。

このような練習をしてから，感情のウォーミングアップをした時にどのようなことが起こったかについて話し合ったりした。そのようにして，さらに濃厚なテーマが出され，エヴァンと患者がさらに濃密で包括的なムーブメント探求に向けて協力して行った。

その結果エヴァンは，「患者に（セラピストが）イメージを与える技法」を止めて，「治療過程の中で患者から無意識的に現われてきたイメージを使う」ようになった。後になって彼女は，患者にイメージを与えることの危険性を記している。つまり，「外部から与えられたイメージによって患者が何を連想するかは，セラピストには全く分からない」（Rifkin-Gainer 談，1980;Melson 談，1987）と彼女は感じていた。このように，外部からテーマを与えることを止めたことは，彼女が「創作ダンス」という背景から徐々に抜け出して，「ダンスによる深層心理療法」に向かって行ったことを物語っている。

潜在的に持っているボディー・アクションに敏感になり，実際に体を動かすこと

エヴァンは，患者が持っている動きのレパートリーを広げるために，投影法を使うこともあった。「潜在的に持っているボディー・アクションに敏感になり，実際に体を動かすこと」の目的は，ダンスという要素（たとえば，時間，空間，強さ，リズミカルな流れ，内容）を刺激することによって，潜在的ムーブメントを実際のムーブメントにすることにある。これは，特定のイメージ，刺激，ムーブメントの方向を使って行われた。エヴァンは，打楽器を使って，

（脚注8）投影法によって，形から内容に進むことについては，第17章で詳細に述べる。

強さやリズム，時には打楽器の種類を次々に変えながら打ち鳴らし，様々な刺激（つまり，早い／遅い，スタッカート／レガート，大きな音／小さな音，アップビート／ダウンビートなど）を体に与えたりした。

　精神的投影や身体的投影と同じように，小道具を使って刺激を与え，ダイナミックなムーブメントにすることもあった。患者が小道具を使う時は多かれ少なかれ体を動かさねばならず，特定の質を持ったムーブメントをせざるを得ない。たとえば，スカーフには様々な可能性があるが，なびかせて使うと，一般的には輪やボールを使った時の動きとは異なった動きをするようになる。また，スカーフは，その材質や重さや触感を大きく変えることができるので，それらに最もマッチした動きの質を決定づける上で助けになる。

　言葉，特に動詞や形容詞は刺激的であり，その人ができるムーブメントのバリエーションを増やす上で役に立つ。たとえば，集める／振りまく，開く／閉じる，硬い／軟らかい，丸い／角ばった，天気が良い／天気が悪い，すかっとした／ぽーっとした，朝／夜，ざらざら／すべすべなど，互いに対立する概念を表す単語を併用すると，特に刺激的で有意義である。

　互いに対立する動きをテーマとした「言葉を使って動き易くする方法」の例に見られるように，いくつものカテゴリー，たとえば，一日の内の特定の時刻，速度，材質，形，天気等から，いろいろなイメージが引き出された。これら互いに対立するイメージのいくつか（たとえば，「丸い／角ばった」）は，ダンス・セラピストがある特定の患者が探求する必要があると強く考えている動きを表現している。ダンス・セラピストが特定の患者に，「丸い／角ばった」等のような身体的に方向性を持った語を使ったり，それらの語を選ぶように促す時には，その練習の「投影法が持っている特徴の一部」は消され，「前もって決められている動きの型」に

変えられている。その患者が表現力を増すために必要だとダンス・セラピストが考えている筋肉を使うようその患者ははっきりと促されているのである。一方，「朝／夜」のような単語は，比較的大きな個人的解釈が入り込める主題である。つまり，それらの単語は，患者が自分自身の自由な連想で埋めることができる空白を比較的大きく残しているのである。後者こそ，本当の投影法であり，ムーブメントのレパートリーを広げるという付加的な効果をもたらすものである。

　患者に特定の動きを探求するように言う時には，なぜそのように言うのかをセラピストが理解している必要がある，とエヴァンは強調していた。（後者の例のように）さらに複雑な即興を目指して感情的な内容を豊かにするために，特定のムーブメントについての連想を模索しているのか？　それとも，（前者の例のように）特定の筋肉の強さ，筋感覚や弾力性を高め，このように探求している間に表面化して来る「無意識の思いや感情」に対して体を準備するためか？　どちらにしても，患者はさらに濃密で個人的なムーブメント・ワークへのウォーミング・アップがなされる。

　その人が持っている運動能力を十分に学んだり，体験したり，発揮したりするのを助けるもう一つの方法は，「ダンスの要素を直接使うこと」である。つまり，患者をいろいろと動かすような語を使って，速さ，重さ，空間について，その極限の状態と中間の状態を探求するのである。たとえば，ある患者が単純な即興場面で，あるテーマについて探求している時，エヴァンは動きのヒントを与え，その人がある種の運動の質をもっと深く探求するのを助けたりした。「もっと重くして」「もっと早く動けますか？」「今の動きをもっとリズミカルにできますか？」というような動きのヒントをエヴァンは与えたりした。この方法は，非常に複雑な即興の場合よりも，短い即興の場合に効果的であ

ったようで，そのような時にエヴァンは大抵は患者が即興を終結するまでずっと観察していた。

相互作用を使って新しいムーブメントの質を促そうとして，エヴァンは二人組にして互いに相反する役割を与え，それを役割交換させたりした。これは特定の役割，たとえば，ある人が「樹」になって，もう1人が「風」になったりして行われた。これはまた，対照的なムーブメント・ダイナミクスを使って，感情的な意味のある内容を投影するよう促すことになり，その後の深層ワークのためのウォーミングアップとして行われることもあった。

最後に，具体的なイメージは，ムーブメントのレパートリーを広げたり深めたりすることができる。エヴァンは，身体を使って感情や思いを表現することに慣れていない初心者に対しては，具体的で単純な指示を与える大切さを強調していた。初心者に複雑な指示や抽象的な指示をあまり早いうちに与えてしまうと，体の動かし方を考え過ぎるようにしてしまったり，やる気をそいでしまったりする可能性がある。投影法を使うと，具体的なイメージを用いる可能性は文字通り無限である。たとえば，壁を押す，ボールを蹴る，タオルを絞る，をあげることができる。これらはどれも，身体をほぐしたり，ムーブメントのレパートリーを広げたり，投影法によって表れて来る事柄を刺激するために使うことができた。

要するに，「投影法」と「潜在的に持っているボディー・アクションに敏感になり，実際に体を動かすこと」ということは，時にはオーバーラップして機能する。つまり，この二つはそれぞれ強調する点が異なっているに過ぎない。前者は，本人も気づいていないような事柄を表面に浮かび上がらせることを強調し，後者は，ムーブメントのレパートリーを広げることを強調している。筋肉は様々な感情を蓄積するものだから，ムーブメントのレパートリーを広げる活動は必然的に，それに付随する精神的な連想

を想起させるように働き，また，その反対の働きもする。つまり，本人も意識していなかったような連想をもたらすような活動は，ムーブメントの表現を広げるのである。さらに，どちらの方法も単純な即興構造を持っているので，感情のウォーミングアップを促す。これらの構造はエヴァンの方法のうちの三つ目の局面を拓く。

複合的で徹底的な即興——パメラの事例

ダンスセラピーのセッションを進めて行くと様々な場面で「深層ムーブメントが示す課題やテーマ」に出会うが，エヴァンにはいつでもそれらを構造化する心構えができていた。体のウォーミングアップ，機能的技法，感情のウォーミングアップをしている時（たとえば，投影法や自分ができる体の動きを行っている時），患者が話している時などに，ムーブメントの方向性が表れた。エヴァンは，患者が自分自身の体について考えたり感じたりしていることについて「ムーブメントが語ること」，たとえば，恐れ，ファンタジー，幻覚や，自分自身と他者との身体的同一視などを取り上げることがよくあった。

次に述べるパメラの事例研究，すなわちエヴァン（1945-78）では，過去のトラウマをドラマチックに再演することに焦点を当てた「複合的で徹底的な即興ダンス」の使い方を示している。

パメラを担当するに当たって，エヴァンはまず，「ムーブメント・インタビュー」を行った。それには，患者の体の強さ，弱さ，潜在能力を知ったり，患者自身が自分の体をどのように感じたり考えているかなどを知るための特別なエクササイズが使われていた。エヴァンはパメラが言うことに耳を傾け，彼女を観察し，パメラにとって可能なムーブメントのテーマを注意深く探し続けた。後にパメラは，そのようにして見つけられたテーマに焦点を当てることができた。

この最初のインタビューによって，パメラは自分の体の外見についてあまり自信がないことや迷いを感じていることが分かった。エヴァンはこの点についてさらに追求することにして，パメラに目を閉じて自分自身の体を言葉で表現させた。パメラは細かく言葉で表現したが，腕と手については何も表現しなかった。エヴァンがそのことについて尋ねると，自分の手の皮膚はワニ皮のように感じると答えた。この時にはエヴァンはそれ以上追求しなかった。ダンスについて言えば，踊る時には床の上に寝転がるのは嫌だと言った。パメラは自分の母親の体つきや歩き方についても話した。ただし，このことについては，エヴァンが話すように頼んだのか，パメラ自身が自発的に話したのかははっきりしない。エヴァンがパメラと話しを始めると間もなく，パメラが自分の体について家族からいろいろと言われていることで頭がいっぱいになっていることが分かった。エヴァンは「自分の体の様々な部分について，家族から非難されたり拒絶された経験がある人に対して，ダンスセラピーは特に重要な役割を果たすことができる」と確信していた。エヴァンは，パメラが最初に自分の体について語る時には腕と手が無かったことと，家族から体について非難されたり拒絶されたりしていたことを記録していた。

　情報を収集した後で，エヴァンはパメラに，自分が歩く姿を観察させた。エヴァンはパメラが，自分自身の身体像については細部に至るまで細かく答えているのに較べ，自分自身の歩行については何の考えも持っていないことに驚いた。パメラがはっきりと自覚していることは唯一つ，彼女がそぞろ歩きをしたり，ゆっくりと歩くことを嫌っており，自分の前を人がゆっくりと歩いていると，いつも急いでその人を追い抜いてしまいたいと感じることであった。次にエヴァンはパメラを走らせた。パメラは自分が走る理由について何かイメージを持っていないと走り難いと言った。また，誰かの後を走って

いるというイメージを持たないと息が切れて，我慢ができないとも言い，そのようにすると，1時間以上も休まずに走り続けることができた。同様に，パメラは自分が腹を立てずに非常に長い間我慢することができるとも言った。パメラは女優だったので，同じ我慢にもこのように独特な様々なパターンがあることを知っていた。

　パメラのムーブメントをさらに観察すると，彼女は走っている時に足を地面にしっかりとつけていないことが分かった。エヴァンがそのことをパメラに言うと，彼女は自分は一度も足を全部地面に下ろしたことは無い，なぜなら，偏平足でみっともないので自分の足が嫌いだからだと答えた。エヴァンはすぐにこのことについて身体レベルで介入し，地面に正しく足をつける方法を教え，早速この問題を矯正した。

　これら初期のセッションにおいて，エヴァンはパメラに対し，この他にもいくつものエクササイズを行った。それら一つひとつのエクササイズの中で，パメラがどのように自分の体全体を使ったかをエヴァンは記している。ほとんどやりとりをしなくても簡単にできたエクササイズもあった。たとえば，エヴァンはパメラを横に寝かせ，腹の上にドラムを乗せて肺活量を見ようとしたが，パメラはこれをいとも簡単に行った。

　「自分の前をゆっくりと歩く人に対してイライラする」というパメラのテーマは，エヴァンが行った初期の観察に何度も繰り返し出てきた。このテーマが度々出てきたので，エヴァンはこれを追求することにした。そこで，このイメージから連想することをパメラに尋ねた。パメラによれば，パメラの母親には二つの特徴があって，一つは非常に散らかす人で，室内の広いスペースを使ってしまうことであり，もう一つは動作がゆっくりとしていて，そのためにパメラは約束の時間に遅れたりしていたと言うのであった。

　エヴァンは動く速度の重要性とそれが身体や

感情の適応に与える影響を非常に良く知っていたので，ゆっくりとした動作がどのようにパメラの行動に影響を与えているのかを調べた。パメラは，彼女が何かをやろうとしても何もできなかった時期があったことを思い出すことができた。また，彼女は体重を減らそうとして，食べない時期には動くこともしなかった。このようにして，母親がもたもたしていることに対してパメラが憤慨すればする程，彼女が母親に対して不健康な愛着を抱いていることが明らかになった。それは，パメラが何かを成し遂げようと苦しんでいる時や，彼女に我慢が足りない時や，（稀なことであるが）何もしていないのにセラピーに遅れてくる時などに明らかであった。この事例におけるエヴァンの主要な目標は，パメラが「自分自身の身体像や行動」と，「彼女の母親の身体像や行動」とを区別するのを手助けすることであった。パメラと母親との間にある葛藤はタイミングという問題を中心に形成されており，この葛藤はエヴァンが定義するダンスとの関連の中で非言語的観点から考察することができる。エヴァンは，ダンスセラピーに不可欠なダンスについて，「（ダンスとは，）空間，時間，身体のダイナミックな動き，内容が一つに統合されたものである（1945-1978, n.p.）」と定義している。つまり，エヴァンの目標は「空間，時間，身体のダイナミックな動き，内容をばらばらにして，パメラを無意識のレベルでコントロールしている『堅く凝り固まった習慣』をほぐすこと」であった。以下は，パメラが母親との間に持っていた破滅的関係から彼女を引き離すに至るまで，エヴァンがパメラに介入して行った過程についての記述である。

エクササイズや面接を行なって，要領よく情報を収集すると，エヴァンはまず最初の大きな介入を行なった。エヴァンはパメラにムーブメントの課題を二つ出し，どちらか一つを選ぶように言った。第一の課題は，「これまでのいつの時期でも良いから，パメラの体の特徴を理由にしてパメラをいじめた人の体の特徴を動いて真似て見せること（1945-1978, n.p.）」であった。第二の課題は，「母親の体の特徴を動いて真似て見せること」であった。はじめは抵抗していたが，結局パメラは後者を選んだ。この課題をするに当たり，パメラはまず現在彼女が感じている母親のように動き，次に過去に感じた母親のように動いた。エヴァンはパメラに「貴女は今，心の中に長い間溜め込んでいたものを外に取り出そうとしているのです。体という経路を通して表に出そうとしているのです」と説明した（1945-1978, n.p.）。

パメラが過去の記憶を巡りながら母親を再演している時，彼女は身体についてひどいことを言われた出来事を3つ自発的に演じた。その演技は，矢継ぎ早に繰り出される言葉と涙と動作でできていた。突然パメラは悲しみ，怒り，取り乱し，混乱などの表現に没頭し，母親になって荒々しくパメラを非難したかと思うと，小さな子どもの頃の彼女になって，怯えたり，腹を立てたり，おろおろし，母親役と子役を交互に繰り返して演じた。

次のセッションに現れるとパメラは「私は前よりも姿勢が良くなったように感じます。それに，他人がゆっくり動いていても気にならなくなったし，結構それを楽しめるようになりました」と言った。この時点でエヴァンは「私の目標は，パメラが自分自身の体に対して肯定的な気持ちを取り戻し，母親や身内から受けた非難や拒絶とは別の，自分自身の人物評価基準を打ち立てることである」と明確に書き残している。エヴァンはこの機会を利用してそれまでに行ったエクササイズを復習し，それらのエクササイズを毎日するようにパメラを励ました。また，エヴァンは，パメラが健康で丈夫だと感じているその時期に，体のリハビリテーションを強調して，「体調が良いという感じ」を認識したりそれを強めることにした。このようにして「気持ち良さ」が体の各部分に浸透して，体全体が

「良い形」に凝集した。

エヴァンはセラピー・セッションの外部から
セッション課題を持ち込むことがよくあった。
パメラが自分の手に対してある種の感情を抱い
ていたので，手に関する手工芸品の写真を見つ
けて来た。エヴァンの目的は，「パメラが手に
対して肯定的に反応することを助け，それらの
写真を使って，パメラが自分の手に対して抱い
ている否定的な気持ちを探るのを助けること」
であった。エヴァンは彼女の手のためのエクサ
サイズも行なったが，パメラはそれに対してどっ
ちつかずの反応をした。そのワークは，母親
についての嫌な記憶や，子どもダンスクラスに
行かされた嫌な記憶をパメラに思い出させるこ
とが分かったので，エヴァンはしばらくの間パ
メラのワークからそれらを外した。

手という主題については，どうにもどちらか
に決めかねていたり，抵抗したりしている期間，
エヴァンは，ドラマチック再演や他の身体像ワー
クを使った表現ムーブメント活動を主に行なっ
た。

次に，エヴァンが夢を使って，再演や身体像
ワークを通して自己探求や自己洞察をするよう
促した例を紹介する。パメラは，時々悪い夢に
うなされ，目が覚めると体に部分的な麻痺を感
じることがあった。ある時，パメラが夢の一つ
を話すうちに，彼女が非常に興奮して来た。そ
れ以前のいくつかのセッションでパメラはある
問題についてしつこく話していた。エヴァンは
それを聞いていたが，パメラにはどうしてもそ
れを話す必要があると考え，パメラがムーブメ
ントに戻って夢の主題を筋肉のレベルで探求す
る必要があると考えた。パメラが自分の夢の
ことを話しながら前よりももっと興奮して来
るのを見るとエヴァンはついにそれをさえぎ
り，「話しは止めて。動いて」（1945-1978, n.p.）
と言った。このように非言語的な表現を強く勧
めることによって，パメラはもっと自分の内的
な連想，考え，気持を探ることができるとエヴ

ァンは考えていた。この後半のテーマ，つまり，
「言語によって探求したり認識したりするので
はなく，生身の体で（体という素材に立ち帰っ
て）表現するように促すこと」はエヴァンがダ
ンス・セラピストを養成する時のテーマになっ
た。

パメラはエヴァンが導くままに，自分が見た
夢を踊り始めた。体を動かしたり話して行くに
従い，とめどなくカタルシスの涙が流れ，今回
は一層深く揺さぶられていた。夢を演じている
時パメラは，彼女をしつこく追い廻し，彼女か
ら何かを欲しがっている女性たちの気持ちを体
や言葉で表現した。夢の中で，彼女は非常に小
さかった。パメラは隠れようとしたが，女性た
ちがすぐ後ろに迫っていた。パメラがエヴァン
に，「地面にもぐりたい」と言った。エヴァン
がパメラに向かって毛布を放り投げると，彼女
はその下にもぐり込み，自分自身の体を触りな
がら，どっちつかずの気持ちを表現した。

パメラが夢を演じ終えると，エヴァンは彼女
に自分の手を見てそこに見えるものを話すよう
に言った。それから，同様のことを自分の顔に
ついてもするように言った。彼女の答えは，こ
の時点でもやはり否定的な混乱した身体像を示
していた。

そこでエヴァンは彼女に，最初に自分の体が
好きでなくなったのはいつか覚えているかと尋
ねると，彼女は病気で小さな揺りかごにいる時
だったことを思い出した。両腕が締め付けられ
て，息もつけなかったことを思い出した。そこ
でエヴァンはもう一度自分の手を見るようにパ
メラに言った。するとパメラは，このことと共
に，自分には性的アイデンティティの葛藤があ
ること，つまり，自分は男性でも女性でもなく，
何か「風変りな人」のような感じがすることに
気が付いた。身体像ワーク（つまり，パメラが
自分自身の色々な身体部分をどのように見てい
るかを彼女に話させるワーク）をしたり，夢を
再演することによって，パメラは自分の母親と

祖母を男性として見，自分自身については，丁度夢の中で見たように，彼女たちに較べて非常に小さい存在であると感じていることに気が付いた。

「小さくなる」というテーマは「ゆっくり動く」というテーマと同様に度々現れた。このテーマが執拗に出て来るのでエヴァンは，パメラが「小さいこと」から連想するものについて探求することにした。エヴァンはまず，「これからムーブメントのテーマを3つ言うので，その中から一つを選び，そのテーマに焦点を当てて動いて下さい」と言った。そして，一つ目のテーマは「小さくなる」であることを伝えたが，このテーマではなく別のテーマから始めても良いことをパメラに言った。

パメラは，他のテーマを聞かないうちにこの最初のテーマでやると言った。パメラは始め床に低くしゃがみこんだ。エヴァンはパメラに，「もっと低くして，できるだけ小さくなって」と言った。こうしているうちにパメラは非常に幼い頃，風呂に入っている時に風呂場で転び，母親と祖母に笑われたことを思い出した。また，同じような「小さい感じ」は子どもの頃に学校でも感じていたことを思い出した。

まとめ

この方法は誇張する方法，つまり，患者が抱いている感情の状態を最大限に体で表現する方法のように見える。退行した気持ちを体で表現するよう促すことにより，パメラが（風呂場で転んだことを）思い出したように，患者は昔の記憶と触れ合う。その時点からエヴァンと患者とは，患者の筋肉の中に長い間蓄えられてきた素材を探索したり，患者の意識の中からそれを取り出せるようになった。このようにしてエヴァンは，意識に上っている非感情的な状態から，患者の心の奥深くに秘めた実際の感情へと，認識と洞察を深めようとしていた。エヴァンは（ボディー・ムーブメントを通して）自我機能の退行をもたらすことを強調し，その目的は自己を全体的に統合することであった。

ブランチ・エヴァンは，普通に日常生活を送っている都会人に対して，つまり，彼女が多分にユーモアを交えて「健康な神経症者」と呼んでいた人びとに対して，ダンスをセラピーとして用いたパイオニアである。エヴァンは，ダンスは心と体を再び結び合わせる「人間が本来持ち合わせている道具」であると考え，ダンスセラピーは神経症の都会人を再教育して，自然な身体リズムを表現させ，外部からの圧力に傷つき難くさせるのにうってつけの方法であると信じていた。エヴァンは創作ダンス的即興（単純な即興）と複雑深層即興を結びつけ，さらにそれをエヴァンの機能的技法システムや心理学的素養で補って，エヴァンのダンスセラピー理論の基礎を作った。

リリアン・エスペナック
精神運動療法

　リリアン・エスペナック（1905～1988）はノルウェーのベルゲンで生まれた。1920年代の後半にドイツのドレスデンにあるウィグマン研究所でメリー・ウィグマンからムーブメントとダンスを学び，彼女のダンス・カンパニーの一員として彼女と共にツアーに参加した。エスペナックはウィグマン研究所から資格を取得し，1934年までウィグマン学校でダンス教師をしていた。彼女はベルリン大学にも通い，また，体育単科大学でも生理学を専攻した。この間，彼女は自分自身のムーブメントの学校を持っており，その学校はプロシア文部省から認可を受けていた。ダンスと生理学の教育の他に，エスペナックはダルクローズのリトミックとメンセンディックとメダウのジムナスティック技術を学んだ。

　ヒットラーのドイツを逃れ，エスペナックははじめ英国に行き，それから米国に渡った。1940年代に，彼女はニューヨーク市にあるYWCAとライトろう学校でダンスを教えた。1950年代に，彼女はアルフレッド・アドラー研究所で3年間にわたり精神療法を学び，それまでに彼女が深く理解していた「ダンスが持つ表現的，社会的，個人的性格」と心理学の知識とを積極的に関連付けた。1961年，彼女はニューヨーク医科大学精神発達遅滞研究所の創造療法部門の主任になった。その後彼女は，ニューヨーク医科大学精神発達遅滞研究所の精神運動法とダンスセラピーの大学院課程の助教授兼コーディネーターと，アルフレッド・アドラー精神衛生クリニックのダンス・セラピストになった（Espenak談, 1980）。

　エスペナックは，ニューヨーク医科大学に設けられたダンスセラピー課程（1961～1981）に携わっていたので，第二世代のダンス・セラピストの多くに影響を与える立場にあった。この課程は，大学院レベルに開設されたこの種のものとしては最初のものであった。彼女はまた，発達障害がある人びとと共に行う実践や，個人指導でも良く知られている。

　初期のパイオニアたちがみんなそうであったように，エスペナックもダンス・セラピストになろうと意識的に決心したわけではなかった。彼女の経歴はむしろ，モダンダンスを踊ることから，創作ダンスを教えることへ，そしてダンスセラピーへと自然に移って行った。彼女の最初の目標は「理想的な教師」になることであった。しかし，彼女が言うように「……次第に，グループが感情表現をするようになるにつれ……，その過程はダンスセラピーに，私はダンス・セラピストになって行きました」（1981, p.10）。専門的な訓練として彼女が最初に受けたダンスセラピーはマリアン・チェイスがタートル・ベイ音楽学校で行っていた初級課程であった。

　エスペナックは，この分野における他の多くの人びとと同じく，ウィグマンとラバンから非常に多くのことを学んだ。ラバンが行ったダンスに関する理論的で記述的な研究と，ウィグマンが行った創造的，即興的な研究が基礎にな

り，現在ではその上にダンスセラピーが構築されていると彼女は強く考えていた。

> 「創造的で精神的な自己が繰りなす自由な即興」と「それらの精神を制御し投影するために必要な有機的構造」，この二つの組み合わせが，図らずもダンスセラピーに対して最も重要な二つの特徴をもたらした（Espenak, 1979, p.72）。

エスペナックは，彼女が「精神運動療法」と呼んでいるものの中で，アドラーの精神分析理論とローエン（1967, 1973）の心身理論とを結びつけている。彼女は精神運動療法を「観察・診断・治療という医学モデルに基づいて，治療のための診断技術をダンスセラピーに取り入れて拡大したもの」と定義していた（Espenak 談, 1985）。このように精神力動的様式の中にアドラーの考えを取り入れたことにより，ダンス・セラピストが自分たちの仕事の基礎としている枠組みを強化，拡大し易くなった。

エスペナックは素晴らしい論文や本を何冊も書いた。『ダンスセラピー：理論と応用』（1981）という本の中では，彼女の考えが明確に描かれ議論されている。彼女はまたムーブメント診断テスト集も開発し，1960 年代にはニューヨーク医科大学で学生に精神運動療法を訓練し始めた。

理　論

ここでは，エスペナックの理論的基礎について，ダンスセラピーの訓練にアドラーの考えを導入したことに焦点を当てて議論したい。アドラーはウイーンにおける神経学者としてその専門的経歴を始め，彼が受けた初期の訓練は彼に「ホリスティックな」（こころ・身体）研究志向を与えた（1979）とエスペナックは書いている。

エスペナックは，アドラーによる三つの大きな考えである，攻撃的衝動，劣等感，社会感覚

（つまり，社会から受け入れられたいという感情）をダンスセラピーにとって欠くことができないものとして強調した。エスペナックはまた，アドラーの第四段階，つまり，ライフスタイルと最初の記憶にも言及した。これについては後にエスペナックの方法論のところで述べる。

アドラーが考えた攻撃的衝動と，その衝動が性的衝動（リビドー）として発達して行く上で重要かつ明確であるという彼の信念は，革命的であった。フロイトははじめ，アドラーが攻撃的衝動と同胞葛藤とを強調することに対して否定的であったが，彼の最晩年の頃になると，この分野においてアドラーが大きな貢献をしたことを受け入れ，自分が近視眼的であったことを認め，それを公言するようになった（Ansbacher, 1956）。

エスペナックは，攻撃的衝動は自然なもの，生きる上で必要なものであり，もしもそれが抑圧されると，個人の中にある躍動的な力や生命力も同じように抑圧されてしまう，と強く考えていた（Ansbacher, 1956; Espenak, 1979）。

> 攻撃的衝動を原始的な生命力，生きるエネルギー，生きようとする無意識な欲望と見れば，病気や人生の早い段階での抑圧がそれを消さない限り，攻撃的衝動は私たちが心の底から感謝すべき健康と自然なダイナミクスの表現であることになる。怒りを制御することによって，抑圧された攻撃的衝動を制御することはしばしば精神運動療法の重要な目標になっている（Espenak, 1979, p.76）。

攻撃的衝動について語る時，エスペナックはアドラー派の考えである「劣等感という小児期の感情」にしばしば言及した。エスペナックはアドラーが考えた「攻撃性と劣等感の理論」とフロイトが考えた「快楽原則におけるリビドーの考え方」の両方を統合した。

生物学的な攻撃的衝動と快楽原則とが無かったら，劣等感は成長するための努力をせずに，変えることができないものとして現状をそのまま受け入れてしまう結果になることだろう。そして，劣等感は周囲を取り巻く強力なものが発達して行くのを指をくわえて見ていて，それらとの相互作用を受けるだけに終わることだろう。しかし，攻撃的衝動があれば，人はこのような弱い立場を受け入れようとはせず，快楽原則を手に入れようとして，より良いものに向かって努力するようになる（Espenak, 1979, p.76）。

他の言葉でいえば，攻撃性という人間の本能は，自分は社会において身体的にも精神的にも弱い役割を担っているという子ども時代からの認識と結びついている。攻撃性と劣等感という，人間の存在についての二側面が人びとを駆り立てて環境と自分自身を支配する方法を探し出す原動力になっている。

エスペナックは，基礎体力をつけたり，体を鍛えたり，運動による表現ボキャブラリーを増やしたりするなど，体に直接働きかければ，もともと持っている劣等感や依存性を弱めることができると強く信じていた。たとえば，伸ばす，引く，押す，飛び上がる，走る，スキップするといった行為はすべて，負担を担う，重力に反抗する，自分自身を大きくより良いものにするという感情に結びついており，一般的には幸福感を高めている。さらに，一人ひとりが行う一連の運動がますます複雑になり，より多くの制御や訓練が必要となって来れば，自分の学習能力や克服能力について人びとがもともと持っている感覚が，もとから持っていた劣等感と戦うようになる（Espenak, 1979, p.76）。

アドラーは社会的感情と社会的協力を発達させることの重要性を強調したが，エスペナックもその考えを自分の理論的枠組に取り入れた。もしもこの分野における能力が何らかの実際的な身体的孤立によって使われなかったり，幼児期において個人的拒絶や個人的剝脱のために抑圧されたりすると，より広い社会における関係やラポールについての安定感や達成感が得られなくなるとアドラーは考えていた。したがって，そのようなことがあると，不安，怒り，怖れを助長すると考えられていた（Adler, 1927; Espenak, 1979）。

アドラーは社会的ラポールを強調していたが，エスペナックは集団でダンスセラピーを行う時にその考えを取り入れた。アドラーは1900年代はじめのヨーロッパにおいて，子どもに対して療法的意味があるとして言葉を使うグループを始めたとエスペナックは書いている。「一緒に踊り，一人ひとりがグループと相互関係を築くことこそ，人が社会的感情に気付き，それを成長させるための理想的な形である」（Espenak, 1979, p.77）とエスペナックは固く信じていた。集団ダンスセラピーが持っている療法的価値について触れた理論の中で，彼女はサポート，ラポール，確認，孤独の解消，グループからのフィードバックを受けることなど，ほとんどの形のグループ・セラピーによくみられる価値について言及している。

エスペナックは患者を治療する時のプログラムの中の第二段階としてグループ・ワークを使うことが多かった。第一段階では患者との個人的なワークが行われ，これは集団ダンスセラピーによって社会的感情を成長させるための準備になった。

方法論

エスペナックは自分の考えの中にアレクサンダー・ローエンの実践に関する知識も取り入れた。彼女の活動は1950年代の終わり，1960年代のはじめに開始されたが，その時代の精神を反映し，ダンスセラピー研究における他のその時代の傾向によく似ていた。

精神療法の中でムーブメントを使うというエ

48 第1部 初期の発展

スペナックの方法は，彼女が言うように「ムーブメントの基礎を作ること」（1979, p.80）を強調していた。ある人が抑制や抑圧またはその両方があるために体のある部分の動きが自由にできなくなっていたり，即興的な運動表現ができなくなっている時にエスペナックは，一連の動きを構成して，体の特定の部分を強化したり，硬くなった体の部分を緩めたり弛緩させたり，患者が意識的に体で表現する経験をさせて，動き易くさせた。この方法はいろいろな点においてローエンの生体エネルギー法やブランチ・エヴァンの機能的技法と共通している。

1972年に発表した論文「個人精神療法におけるボディー・ダイナミクスとダンス」においてエスペナックは3つの事例について書いている。それらの事例に対し，彼女は導入として一連のムーブメントを使っているが，その目的はムーブメントを使って表現する上でのボキャブラリーを身に付けたり，特定の感情を表現するための耐久性を身につけることであった。エスペナックは彼女自身が作成した一連のムーブメント診断テストを手掛かりにしてその患者の心身の統合の強さや弱さを明らかにした。この一連のテストは，療法が開始される時点と，それから3カ月経過した時点で行われた。そのようにして彼女は診断的な知見に基づいて療法計画を立てた。

事例研究（1972）に掲載された事例のうちの一つは彼女の臨床活動の良い実例である。これは「O」という患者の事例であり，彼は自分の体から分離しているという理由で精神科医からエスペナックに紹介された。Oは自分の体の特定の部分についてその身体的知覚に欠けていたり，動かせなかったりしたため，役者になりたがっていたが不成功に終わった。

テストの結果によると，Oは仙骨と首の付け根にしびれがあった。彼の脚は体幹から独立して動いているように思われ，彼は肩と頭を

それぞれが切り離された部分のように動かしていた。胸は動かず引っ込んでおり，頭は何の希望も無いかのように前に突き出ていた。これは仙骨が動かずしびれているために，体の上方と下方が協調していないことを示している。セラピーの第一段階は仙骨を刺激してそれを制御することであった。したがって，最初のセッションでは床を蹴る感覚を学ぶことに専念した。彼の蹴り方には力が入っておらず，協調性という点では何の改善も見られなかったが，彼に重い物，この事例ではピアノを（正しく）押させ，仙骨から脚に至るまでの行動を強制することによって改善が見られた（Espenak, 1972, p.115）。

この短い文章の中で，エスペナックは患者が抱えている心身のニーズを知るための指針として診断的ムーブメントテストを使っていたことを示している。彼女は仙骨の筋肉組織に緊張を見出し，患者の体のそれぞれの部分が調和や協調の状態になっておらず，脚は体幹から分離し，頭と肩は別々に分かれた部分になっていると判断した。身体についてのこのような分析に基づき，彼女は仙骨の領域における感覚と制御を刺激することからセッションを開始することにした。彼女は窮屈になっている仙骨の緊張を緩めるために患者に床を蹴らせた。しかし，この方法に効果が無いことが分かると，彼女はすぐに効果が現れる「押す」という別の運動形態を提案した。そのようにして，彼女がOと共に緊張している特定部分をゆるめ，身体の新しい部分を制御することを容易にしてから，Oは即興のセッションに進んだと記録されている。その記録によると，彼は新しくまた直接的な方法で怒りを表現したようだ。彼の胸の上方と首には新しいコリの部分が現れていた。したがって，これらの領域をほぐすことが次の治療段階になった。

Oに対して引き続き行ったセッションにおいてエスペナックは弛緩のためのエクササイズも行い，彼の体にあるこれらのコリとこれらの領

域をほぐす手助けをした。これらの構造化された一連のムーブメントと弛緩のためのエクササイズによって，彼の即興はその範囲が身体的にもイメージ的にも広がったとエスペナックは記録している。

このように身体的な改善がなされ，それに続いて自尊心が高まるや，感情的に彼を動かす創造的な方法がとられた。彼はエジプトの支配者であるファラオをイメージし，それを真似るよう勧められた。このイメージを行動に移したＯを見ると，彼が力に関する新しい感覚を見つけたことが明らかであり（Espenak 談，1987），自分自身に関するこの新しい感情を持てるようになったので，創造的イメージを演技するというさらに新しい課題を与えられることが可能になった。このセッションで行われた一連の過程は以下の通りである。

1) 体の特定の領域における強化，認識，弛緩ができるようにする。
2) 過度な緊張やしびれがある身体部分に影響を与える一連の運動を提案する。
3) 身体運動を活発化する方法として即興や音楽を使い，身体が持っている新しくゆるめられたエネルギー源を創造的な表現ダンス・ムーブメントと統合する。

この短い過程の中で，エスペナックはまず，床を蹴ったり，ピアノを押すという一連の運動を教えたり指導したりすることから始めた。どの筋肉を使い，強化し，どの筋肉をゆるめる必要があるかについて特別な療法計画を彼女は持っていた。

ムーブメント診断テスト

エスペナックは一組になった「ムーブメント診断テスト」を開発し，発達障害や精神障害を伴った人びとをも含め，彼女のところに来る全て

の患者にそれを用いた。彼女はこのテストを開発するに到った背景を次のように書いている。

> ウィグマンが行った研究は全体的に創造的特徴を持っていましたが，それはラバンの理論に基づいており，ラバンの理論がウィグマンの研究に構造を与えていました。ウィグマンのこの研究を知的障害のクリニックのような医療現場で使うには，何としてもその内容をもっと科学的な使用に耐えるようにしなければならず，その結果，私は他のセラピー過程で行われているような「観察・診断・治療」という形にしました。このようにして診断テストは出来上がりました（Espenak 談，1985）。

ムーブメント診断テストは６つのカテゴリーから成り，それらのカテゴリーは「患者のパーソナリティについての肯定的成分と否定的成分」についての情報をもたらす（1970, p.10）。

最初のカテゴリーは精神的反応を扱い，二つのテストから成っている。テスト1A「身体像」は筋肉のテストであり，患者は爪先で歩くように言われる。この行動を行う時の患者の姿勢はその人の自我の強さと自己主張についての情報をもたらす。テスト1B「精神的反応（空間関係）」は即興を含んでおり，「音楽を聴いてそれを自由に動きに訳す」という形か，「患者の生活に関連するイメージかシンボルまたはその両方について与えられた課題に基づいて動く」という形かのどちらかで行われる。このテストは「患者のライフスタイルと精神的環境についての情報を与える（1970, p.10）

テストⅡ「運動的欲求の程度（力の調整）」は，「与えられた課題に対して使われた身体的エネルギーとその動機となったエネルギー」を表している（1970, p.10）今回の事例では「重い物を押す」という課題が与えられている。患者が表したエネルギーの程度は患者がどの程度までセラピストが与える課題に応えられるかを示していることをエスペナックは発見した。

テストⅢ「運動的欲求の制御（リズムや時間

の考え）」は患者が持っている時間観念を表している。

> 時間を制御し組織立てる能力は，その人が生まれながらに持っている（その人のパーソナリティ全体の総和としての）個人的なリズムと，外部から与えられた様々な機構に自分を合わせて行く能力（たとえば，協力すること）の両方を表現している（Espenak, 1970, p.11）。

呼吸は人が生きて行く上で最も自然なリズムを刻んでおり，そのため呼吸はその人の内的感情を示しているということを，このテストは強調している。呼吸は体の中の身体的変化と精神的変化の両方と密接に関係している。

テストIV「協同（ボディー・アウェアネスと移動）」は患者が歩く時に見られる動きの流れについてのテストである。

> 通常の移動においては，仙骨が船の舵（かじ）のような小さな動きをして，一つの足からもう一つの足へとなめらかにそしてリラックスした状態で体重の移動ができるようになっている。何らかの障害があると，この舵のような動きが妨げられたり，ぎくしゃくした動きになったり，全く動けなくなったりする（Espenak, 1970, p.12）。

エスペナックは協調運動というものを，その人の精神的制御力および感情的制御力を体で表したものだと考えていた。「歩行という動きは……体と心との相互作用を……最も自然に表わしている」（1970, p.12）。

テストV「持続力（恒久力）」は患者の「自分の心を制御する力である持続力と共に身体的欲求」（1970, p.12）を測っている。これは様々な耐久テストを活用しており，その中には反復運動を用いたものがあり，それによって患者の注意集中時間，集中力，そしてフラストレーションやストレスに耐える能力を調べている。

テストVI「身体的勇気（不安状態）」は少し怖そうに見える動きを患者がどのくらいやれる能力を持っているかを測っている。その中には「スパイラル線上に後ろ向きに歩きながら，次第にスパイラルの中心に体を傾けて行く（引力を体験すること），その他，前後に揺れる，後転など，いくつかの床上で行うエクササイズ」が含まれている」（1970, p.12）。動きに関連する不安感，たとえば階下に転げ落ちてしまうのではないかという不安はその患者が日常生活の中で体験している恐怖感と深く結び付いている。

要　約

リリアン・エスペナックはダンスセラピーの分野のパイオニアであり，1960 年代のはじめに米国で初めて理論と臨床の両方における「ダンス・ムーブメントセラピーの大学院教育課程」を作り，運営した。この課程は 1981 年まで存続したがその年に終了し，彼女は米国内外における週末のワークショップに集まる学生たちから成るさらに大きなグループを教えることに専念するようになった。

さらにエスペナックは彼女が開発したムーブメント診断テストから得た様々な知見を織り込んだ概念的形式を組織立て，精神運動療法治療プログラムを作った。彼女の研究が目指すところは，心と体の両方を調和させると共にそれらを強化することであり，これは心と体は深く影響を与え合っており，複雑に関係し合っているという考えに基づいている。

最後に特筆すべきことは，エスペナックは心と体についての理論とセラピーの両方の分野に，アドラー派心理学の考えを非常に上手く導入したことである。

セクションB

西海岸における主要なパイオニアたち

メアリー・ホワイトハウス
深層ムーブメント：ダンスセラピーにおけるユング派の技法

メアリー・ホワイトハウス（1911〜1979）は米国の西海岸でダンスセラピーの実践と教育を行なった偉大なパイオニアである。彼女の教育は，ダンスセラピー分野における現代の主要なリーダーたちに深い影響を与えた。ホワイトハウスは1950年代に活動を始めたが，「不思議に聞こえるかも知れないが，私は知らず知らずのうちにダンス・セラピストに変わって行った。それはただ単に，私が始めた頃にはダンスセラピーなどというものが存在していなかったからだ」（1979, p.51）と書いている。彼女は，自分がやっているダンス指導は何かちょっと違う，ということには気付いていたが，その違いを表すような名称を持っていなかった。後になって彼女は自分のワークを「深層ムーブメント」と呼ぶようになった（Wallock 1977, Pallaro 1999）。

この初期の時代に，ホワイトハウスはマリアン・チェイスが書いた論文を読み，その論文に大変感謝した。ホワイトハウスは初めて，自分は独りではなく，自分以外にも，人びとを新しいレベルに導くためにダンスを使っている人びとがいることを知った。チェイスと一緒にやっている人びとは，ホワイトハウスのところに集まって来る人びとと同じように，パフォーマンスとしてのダンスにはほとんど興味を持っていなかった。彼らは何かもっと個人的なものを探していた。

ホワイトハウスは彼女から見るとかなりうまく機能しているのではないかと考えられるような一般の人びとに対し，個人指導や集団指導を行なった。ダンスセラピーの臨床をしていた初期のパイオニアたちは，どのような人びとに対し，どのような状況下でダンスセラピーを行なって来たかによってそれぞれ大きく異なるとホワイトハウスは考えていた。ホワイトハウスは自分自身のダンススタジオにダンスを習いに来ている生徒たちに対して実践することが多かった。

病院に入院中の患者たちは自我の構造が比較的壊れ易いから，彼らに対しては感情を支えることや，比較的構造化されたムーブメント表現形式を与えることに焦点を当てる必要があるが，一般の生徒たちに対しては無意識の問題などを明らかにすることに比較的大きな焦点を当てることができるとホワイトハウスは強く考えていた。生徒たちも患者たちもセッションの間はセラピストの指導に依存しているが，一般的には生徒たちの方が患者たちよりも，セラピストの指示が少なくてもやっていけるし，より多くの精神的探索を行なうことができるとホワイトハウスは主張していた。

ホワイトハウスが教えていたダンスの生徒たちの多くは，すでに言語による心理療法を学んでいたので，彼女と一緒にワークをする以前に，ムーブメントと精神分析との両方のボキャブラリーを持っている場合が多かった。このことが，ムーブメントを使って自己発見をするというホワイトハウスの方法を生徒たちが活用する上で大変役に立った（Whitehouse, 1963）。

メアリー・ホワイトハウスの業績には主に二つの学問分野が影響を与えている。その一つは，ドイツのドレスデンにあるメリー・ウィグマン・スクールでモダンダンスを集中的に学んだことである。二つ目は，彼女がユング派の精神分析の経験を持っていることである。ウィグマン・スクールでの練習について，彼女は次のように書いている。

ウィグマン・トレーニングは私にとってある特別な方法，当時はその方法について私は気付いていなかったが，その方法への準備になった。つまり，ウィグマン・トレーニングは即興というものがあることを教えてくれ，人びとが創造的に動くことの価値を教えてくれた。言いたい中身が無かったら，ダンスを学ぶことはできないだろうと思えるほどだ（Whitehouse, 1979, p.52）。

彼女はマーサ・グラハムたちとも一緒に学んだし，彼女たちから大きな影響を受けたが，ウィグマンと行った研究が最も深い影響を与えたようだ。彼女は次のように言っている。

私はドイツで即興を学んで帰って来た。即興こそ，私のトレーニングの重要な部分であり，私が教師として仕事をする上で大変役に立ったが，驚いたことにここアメリカでは受け入れられなかった。現在，私たちを取り巻く環境はこれとは異なり，人びとは自分自身を表現するのに忙しくて，立ち止まって静かにプリエなどの型にはまった基礎練習をしたがる人はいない（Wallock, 1977, p.69）。

1950年代と1960年代のはじめは，彼女にとってダンスが個人的には重要でなかった時代であった（Whitehouse, 1979）。その後，ユング派の精神分析を体験した結果，彼女は自分自身のダンス・ムーブメントが「シンボリズムと意味」を深めて行っていると考えるようになった。このことにより，彼女は自己表現やコミュニケーションや発見をするための一方法としてのダンスに再び興味を持つようになった。

同じ頃，ホワイトハウスは自分が他人に教える時に使っている「ダンス」という用語をもう一度評価し直すことも行った。

何はともあれ，私たちはいわゆるダンスというものから随分遠く離れてしまった。私は自分がやっているものをムーブメントと呼ばねばならなかった。人びとに本当に納得してもらうためには，ダンスと言う言葉が意味するイメージを人びとの中から，そして私自身の中から拭い去る必要があった（1979, p.53）。

「ダンス」という用語は最終的な生産物であるダンス作品を意味しているとホワイトハウスは考えた。ダンスを療法的に用いるということは，身体運動の源であるパーソナリティの層を一段また一段と無意識のうちに探索しながら降りて行く過程であると彼女は考えていた（Wallock, 1977）。したがって彼女は，この突発的な形をとった運動表現は再現したり繰り返したりすることはできないし，それが表現された時の個人的な深い意味合いを持ち続けることもできないと考えていた。そのため，ダンスやムーブメントについての彼女自身の個人的な経験と，自分自身をユング派の精神分析に供することによって得られたパーソナリティに対する深い洞察が一緒になり，「深層ムーブメント」という用語を使って，ダンス・ムーブメント表現におけるこの新しいレベルを表すようになった。

晩年になって，ホワイトハウスは多発性硬化症を長い間患った。運動機能が次第に衰えて行くのを見つめながらも，自分の仕事を続けた。最後は車いすに乗ってセッションや執筆活動を行った。今日でもメアリー・ホワイトハウスが行った仕事はダンスセラピーに大きな影響を与え続けている。

理　論

ホワイトハウスは，ダンスセラピーについての彼女の理論的モデルを説明するように頼まれると，それについての冷静な見解から語り始めるのが常であった。

> 正直なところ，ダンスセラピーに興味を持っている学生に対して磨きをかけた理論的モデルを提示する時に，その理論が最初に作られた時は本当に大変だったと伝えないことは，第二世代の人びとに対する態度として正しくないかも知れない。そのような苦労は知ってもらう必要がある。そうしなければ，そのような理論的モデルは個人的な才能や気性とは無関係に，いとも簡単に学ばれてしまう。すべてのダンス教師が既製のダンススタイルを学んでそれを自分の生徒に教えるのと同じくらい明瞭に，その理論的モデルは，全体をまるごと取り上げられて患者に当てはめられてしまう（Whitehouse, 1979, p.53）。

先に述べたように，ホワイトウハスはウィグマンから最も強く影響を受け，即興ダンス・ムーブメントという様式やユング派の精神分析を採用するようになった。これらをダンス・ムーブメントセラピーに取り入れることによって，彼女は独特な理論と実践方法を開発した。彼女の方法について，その主な成果は次のようなものである。

1) 筋運動感覚的な気づき
2) 両極性
3) アクティブ・イマジネーション
4) オーセンティック・ムーブメント
5) 療法的関係と直観

筋運動感覚的な気づき

ホワイトハウスの考えによれば，筋運動感覚的な気づきとは個々人が自分自身の身体に関して持っている内的な感覚のことである。生まれながらに他の人よりもずっと敏感な筋運動感覚を持っている人もいるが，多くの場合は筋運動感覚を目覚めさせたり，発達させたり，強化させたりできるとホワイトハウスは考えていた。

> ……筋運動感覚が全く発達しなかったり，ほとんど使われなかったりすると，人はそのような感覚があることに気付かなくなり，ある場合には……自分は頭脳でのみ生き，身体は頭脳に忠実に従っているだけだと考えることもある。なぜなら，人は何年にも渡って好み，必要性，価値，適切さについての精神的イメージに徐々に慣れ親しみ，そのようにして蓄積した一連の様々な歪み，機能マヒ，ひずみ，癖を獲得しているので，身体はいつものように動くに違いないと考えるからである（Whitehouse, 1963, p.6）。

筋運動感覚的な気づきとは，特定の方法で動くことについてどのように感じているか，個々人が「主観的関係」をつける能力である（1963, p.11）とホワイトハウスは言っていた。彼女は，筋運動感覚とエクササイズとを対比して，エクササイズも筋肉の弛緩を促すが，「個人的なアイデンティティを体験させる」ところまではしない，と言っていた（1963, p.11）。身体を物と考え，そこでは何の主観的反応も起きずに物事が生成されると考えているかのように，身体を機械的に動かし，身体を弛緩させようと働きかけるのでは不十分だとホワイトハウスは考えていた。そうではなくて，身体は主観的機構であって，周囲に起るできごとの全てに対して個人的に反応し感応するものであるとホワイトハウスは強調していた。

両極性

ユング派の考えを推し進めて行くと，人生や感情のあらゆる側面において両極性が明らかに存在するとホワイトハウスは考えていた。

これを身体に当てはめてみると，身体の動きはすべて，収縮と伸展という二つの筋肉の働きの組み合わせから成っており，これは驚くべきことである。これこそ，身体運動の型にはもともと両極性が備わっているということである（Whitehouse, 1979, p.55）。

ユング派の訓練を受けた影響によってホワイトハウスは両極性という概念を特に強調するようになった。身体や心が活動する上でどのように両極性が影響を与えているか，また，ダンスセラピーをしている時にどのように両極性の動きが観察できるかについて彼女は強調した。

ホワイトハウス（1979）は，人生において物事は黒とか白とかにはっきりと分けられるものではないと強調している。つまり，我々が人生において別の道ではなく特定の道を選ばざるをえなかったとしても，また，別の表現方法ではなく特定の表現方法を選ばざるをえなかったとしても，意識的表現においては選ばれなかった表現方法はその場からすっかり無くなってしまうのではなく，ただ単に認識されないままそこに存在し続ける。それだけでなく，その選ばれなかった表現方法は隠された無意識な状態で，我々にプレッシャーをかけ，葛藤を生み出して行く。

ダンスはもともと正反対のものを受け入れて，「……ダンサーは常に曲線と直線，閉じると開く，狭いと広い，上と下，重いと軽い，などのことを考え続けており，その取り合わせは無数にある」（1979, p.55）と言われるように，ダンサーはごく自然に両極性の表現を受け入れている。したがって，ダンスという表現様式は互いに対立する傾向を自然に緩和する方法としてうってつけである。

アクティブ・イマジネーション

アクティブ・イマジネーションはホワイトハウスの方法の3番目の側面であり，彼女が提唱していた概念である筋運動感覚的な気づきと両極性から開発されたものである。ユング派にはアクティブ・イマジネーションという技法があり，人びとに意識的経験や無意識的経験についてのあらゆるレベルの連想をさせる方法として使われているが，彼女はそれをダンスセラピーを実施する過程の中で，身体的に行った。ホワイトハウスは次のように言っている。

　……内面を感じ，こみあげて来るものに身を任せ，身体的活動としての形ができて行くようにするのがムーブメントを使ったアクティブ・イマジネーションであり，目に見えるイメージをたどるのがファンタジーを使ったアクティブ・イマジネーションである。ここにおいてこそ，精神と身体とが最も感動的に結合した姿が意識に上って来る（Wallock, 1977, p.48）。

ホワイトハウスが設定している基本的目標は，「身体，神経，筋肉，関節などに埋め込まれるようになった」（Wallock, 1977, p.50）と彼女が考えた無意識的感情を解き放つこと，つまり，無意識的なものを意識的なものにすることであった。人は適切な支持的環境を与えられれば，つまり，ムーブメント・ボキャブラリーを与えられたり動きを助長してもらえば（後述する方法論を参照），そのように無意識を意識化することができるようになると彼女は考えていた。アクティブ・イマジネーションではこの過程を次のように導いて行く。

　意識は参加しているが方向性は与えず，協力しているが選択には関わらずに状況を見ており，無意識は己が好きなことをどのような方法でも表現することを許されている。無意識が表現する言葉は，絵画作品，目まぐるしく変化する言葉のイメージ，聖書の一節，（韻律が整わず下手な）詩，彫刻，ダンスといった形をとる。何の制限も無ければ一貫性も保障されていない。イメージ，内なる声，突然ある動きから他の動きに変わる。それらが出て

くるレベルはいつも個人的レベルであるとは限らない。つまり，個人的自我よりもずっと深い何かと結び付いている普遍的な人間的関連性が現れることもある（1979, p.58）。

この引用文の中でホワイトハウスは，無意識的表現に対して自我が抵抗するのを緩めたりリラックスさせたりしながら，抑圧された無意識的事柄を解き放つ精神分析的訓練を描き出している。さらに彼女は「無意識的なものと結びついた個人的無意識はその人個人を超えて，普遍的な『集合的』無意識にまで広がる」というユングの概念をも支持している。最後に彼女は，個人的な身体表現を見つめかつそれに参加しながらも，それを検閲したり制御したりすることのない意識主体とか自我とか呼ばれるもののオブザーバーとしての重要性を指摘していた。ある意味で彼女は，身体を動かすことによって連想を促すメカニズムを通して，観察する自我の力を構築する過程を描いていた。また別の言い方をすれば彼女は，一般的には個人の意識的な動きのレパートリーには含まれないような普遍的な形を表現するスピリチュアルな過程を描いていたとも言える。

動きを用いたアクティブ・イマジネーションの過程を通して，人はユングが「自己（Self）」と呼んでいたものを体験することができるとホワイトハウスは考えていた。この「自己（Self）」は，直接的で個人的な関心事である「自我（エゴ）」，つまり，低い実例である「s（小文字）」と共にある「自己（self）」を超えて，高い実例である「S（大文字）」と共にある無意識的なものを表している。ホワイトハウスが「自己（Self）」について語る時には，無意識についてのユング派独特の定義に基づいてこの用語を使っている。しかし彼女はこの概念についてユング派以上に明確で簡潔な定義を作っていない。彼女の弟子の一人であるゼノフ（Zenoff 談，1980）はホワイトハウスの業績について次のように語っている。

彼女は理論的概念について語ることに抵抗していました。「そんなこと理解する必要はありません。知らないからこそ美しいのです」。私が強いて説明を求めようとしてもはぐらかされた感じになってしまいました。しかし，私には理解できないことであったとしても，彼女は確かに何かを掴んでいました。

ホワイトハウスから学んだ多くの学生は，現在はこの分野における主要な指導者になっているが，ユング派の深層心理学を学び，身体表現過程に関連したこれらの概念の多くを，さらに広げ，もっと分かり易くしようと努めて来た。

今のところ明確になっているのは，アクティブ・イマジネーションは，意識的に方向付けられていない動きのレベルで表現されて初めて，ムーブメント体験になり得るということである。このような動きのレベルをホワイトハウスは「オーセンティック・ムーブメント」と呼んだ。1933 年，メリー・ウィグマンが行ったパフォーマンスを観た時の経験を文章にする時に，ジョン・マーチンが初めてオーセンティック・ムーブメントという用語を使った。メアリー・ホワイトハウスがウィグマンの影響を深く受けていることを考えると，彼女が自分の生徒たちの動きを記述する時に同じ用語を使ったとしても驚くに当たらない。今日，ダンスセラピーの分野で「オーセンティック・ムーブメント」という用語が使われると，それは特にホワイトハウスの研究に関連するものであることが多い。

オーセンティック・ムーブメント

身体を用いたアクティブ・イマジネーションを行うには，オーセンティック・ムーブメントが必要不可欠である。ホワイトハウスはオーセンティック・ムーブメントについて次のように言っている。

……それ（オーセンティック・ムーブメント）は自己（Self）の内と外で同時に行われる。そこ（オーセンティック・ムーブメント）では，全てが必然的で，単純で……見せかけによって弱められることはない……。片手をただひるがえすだけの（動きの）こともあれば，体全体を使う場合もある（Fay, 1977, p.69）。

ホワイトハウスはオーセンティック・ムーブメントとその対極にある「見えない動き」とを対比させている（Whitehouse, 1979, p.69）「見えない動き」というのは真に感情的な要素を欠いている動きのことである。「見えない」という用語は，筋肉が活動する様子が見えないということを言っているのではなく，むしろ，動きが表現し損なった，動きの下に流れている感情や思いが見えて来ないということを言っているのである。それどころか，運動の型や筋肉の硬さは目にみえるのである。このような動きの質に関する基本的な違いは，これもまた，「表現しようとする傾向」と「抑え込んだり隠したりしようとする傾向」との両極性の現れであるとホワイトハウスは考えていた。

動きについてのこれら二つのレベルの質的違いを明確にするために，ホワイトハウス（1979）は「私は動かされる（I am moved）」と「私は動く（I move）」という用語を使い分けた。「私は動かされる」という用語は，オーセンティック・ムーブメントや「見える動き」によって体験するものを記述する時に用い，「私は動く」という用語は，自分が制御して動く時や「見えない動き」を記述する時に用いた。「『私は動く』という時には，私個人が動いていることを私が明確に意識している……」（1979, p.57）一方，「『私は動かされる』という時には，個人は制御することや意図することをやめて，『自己（Self）』が率先して体を自由に動かすことを許している。ホワイトハウスはこのような状態を「身を委ねる過程であり，どうしてそのような動きをしたのか説明できないし，正確に同じよ

うな動きを繰り返すことも，その動きを探し出したりやってみたりすることもできないようなものだ」と説明している（1979, p.57）。

ここで，ホワイトハウスは未出版の論文（分析心理学クラブのために準備したもの）において，その後に出版されたものの中では見られないようなことを言っていることに言及することは興味深いことである。この論文は彼女が理論的枠組みを作って行く様子を理解する上で示唆的である。彼女は意識的な自己（self）による動きと無意識的な自己（self）による動きとの間に明確な区別をつけていない。彼女は次のように言っている。

動きを体験する時に最も重要なことは，動くことと動かされることとを感じることです。理想的に言えば，両者は同時に存在しており，文字通り同じ瞬間に存在し得るのです。それは全体を認識する瞬間であり，自分が行っていることと自分に起こっていることとが一緒に感じられる瞬間です。それは予想したり，説明したりすることができないもので，特に，意識的にそれを行ったり，正確に繰り返したりすることもできないものです（1963, p.4）。

この引用箇所において，ホワイトハウスはオーセンティック・ムーブメント，もっともそのような名称はまだ使っていないが，それを行った時の体験について書いている。ここに見られる「それは予想したり説明したりすることができないもので，特に，意識的にそれを行ったり，正確に繰り返したりすることもできないものなのです」という記述と，オーセンティック・ムーブメントについてそれよりも後に書かれた1979年の記述「身を委ねる過程であり，どうしてそのような動きをしたのか説明できないし，正確に同じような動きを繰り返すことも，その動きを探し出したりやってみたりすることもできないようなものだ」（p.57）とを比較してみよう。これら二つの記述はほとんど同じである

が，そこには重要な違いがある。

1963 年の論文では，「私が行っているもの（つまり，『私は動く』）」と「私に起きているもの（つまり，『私は動かされている』）」という表現にみられるように，ムーブメントにおける無意識的な総合体に焦点が当てられている。ホワイトハウスは（オーセンティック・ムーブメントのような）総合的な統合された動きを体験し，「私は動く」も「私は動かされている」も両方同時に気付くような体験するものを探し，それを見つけ出しているように見える。しかし，その後の論文においては，オーセンティック・ムーブメントは彼女の初期の論文に見られるような統合されたムーブメント経験としてではなく，純粋に「私は動かされている」経験として書かれている。初期の論文で語っていたような経験はその後の論文で語っているオーセンティック的なも経験を薄めてしまうと言っているかのように，後の論文になると，「私は動く」と「私は動かされている」との違いをより強く強調しているようにみえる。

この違いは，「私は動く」という用語のいろいろに変化する定義次第で決まるようにみえる。本来，この用語は「自分自身が動いている」という経験を記述するために使われ，自己意識や外的制御を意味しておらず，むしろ，方向性も与えず価値判断もしないで見つめている「自己を観察している部分」を意味していた。しかし，後になるとホワイトハウスはこの用語を，動きの根底にある（オーセンティックな）感情や思想を表現していない「制御された『見えない』動き」を記述するためにこの概念を使うようになった。このようにして「私は動く」という用語は全く異なった意味を持つようになり，見える（オーセンティックな）動きとは共存することができなくなった。

この変化は単に語義論的な事柄だと言うことができる。しかし一方で，ホワイトハウスは晩年になって多発性硬化症に長い間苦しみ，自分

の体が劇的にそして悲劇的に変わってしまったために，次第に極端な考えになっていったのではないかと考えることもできる。このことが彼女の考えに深い影響を与え，「私は動かされている」という経験を強調するようになったのかも知れない。

ホワイトハウスは動きの過程を，ある極（意識している自己が行う見えない動き）からもう一方の極（無意識な自己が行うオーセンティック・ムーブメント）へ連続的に変化して行くものだと考えていたようで，一人ひとりがその時その時に，その両極の間のどの位置を必要としているかはそれぞれ異なるものだということを強調していた。しかしホワイトハウスが，ムーブメントから意識的なものを完全に取り去ってしまおうと考えるなどということは決してなかったということは明らかなようだ。彼女は両極性について「その尺度のどちらか一方の端だけを選ぶことは無い（1979, p.55）」と考えているので，筆者は彼女がこれらの両極性をどちらかというと統合し，意識的ムーブメントと無意識的ムーブメントの両方を視野に入れて，全体を認識するようにしたいと思っていたのではないかと考えている。

即興的なワークを進めて行く中でホワイトハウスは参加者に対し，意識には静かに観察している役目を与えるように促し，そのようにして，無意識にはオーセンティック・ムーブメント（動きを用いたアクティブ・イマジネーション）を使って無意識それ自身を表現させた。しかしながら，だからと言って，オーセンティック・ムーブメントの過程が常に無意識的であるということを必ずしも意味しているものではない。無意識は自分を表現する自由を与えられたが，意識的な心が依然として存在し，静かに観察している役割を担っている。つまり，「参加しているが方向性は与えず，協力はしているが選択には関わらず」（Whitehouse, 1979, p.58）である。意識的な心が「参加」し「協力」して

いるのであれば，「私は動かされている」という体験をしている間にも，「私は動く」という要素が幾分かは含まれるに違いない。したがって，「私は動く」と「私は動かされている」の両方が共存し，どちらも同時に体験できるような状況の中で，ホワイトハウスは自分の患者を連綿とした動きのどちらかの極に導くことを目的としていたのではなく，むしろ，連綿とした尺度の中でその人が占める位置を発見したり，もしかしたらその位置を超えるのを助けることを目的としていたのだと結論づけることができる。

療法的関係と直観

ダンスセラピーに関するホワイトハウスの研究は療法的関係と直観に基礎が置かれていた。セラピストというものはある時は教師であり，また別の時は調停者であり，また先導者であると彼女は考えていた（Wallock, 1977）。彼女がどのように療法的関係にまで進めて行くかというと，彼女はまず最初に自分の直観を信じ，次に，患者たちに自分たちの直観を信頼するように促し，そして最後に，患者が十分に準備ができた状態になったらセッションを開始することができるという能力がセラピストには大切であると強調していた。

> 患者が今いる状況から始めるということは，自ら進んで自己を虚しくし，……対象者にとって有効なことは何かということを素早くそして何の偏見もなく見抜くことを正に意味している（Whitehouse, 1979, p.60）。

この過程は一見すると単純に見えるが，実際に行うとなると非常に難しいことがよくあるとホワイトハウスは言っていた。なぜなら，ダンス・セラピストは，患者が何をすべきか，その人にとって正しいことは何かということを考えずに，患者が自分自身の解答を見出すよう導く役目を持っているからである。

ホワイトハウスは自身の研究の中で，一見すると互いに矛盾しているように見えるが，深く考察すればそれらが互いに補っていることが分かる二つの概念を強調している。そのうちの一つは，患者自身が自分で動いたり自分で考えたり，またはその両方をしている時に，セラピストが自分自身を制御する技術である。現に患者がいる場所から始めようと努力することは，セラピストが押しつけたり方向付けることなく，患者が自分自身の動きを生み出したり発展させたりするのを待つということである。外部からの方向付けを受けていない動きを続けて行くと，患者には内面から導かれた動きをする余裕が出てくる。

二つ目は，セラピストが患者に与える方向性についての助言が有意義であるか否かについて患者自身が下した判断をセラピスト側が受け入れる準備ができていたとしても，セラピストは患者を方向付ける上で感じる自分自身の直観を信じることである。このような考えはセラピスト自身の安全性と非防衛性に根ざしており，だからこそ患者たちはセラピストが出した提案に対して，また，セラピスト自身に対しても，肯定的にも否定的にも反応することができる。

これらの原則は表面的には相反するように見えるが，実際には，セラピストの治療的介入が必要とされるのはどの時点か，今か今かと待ち構えている患者にできるだけ良い結果をもたらすのはどの瞬間かについてセラピストが把握する上で示唆に富んだ技術である。

方法論

ホワイトハウスの介入スタイルはダンスセラピーの他のパイオニアと似ており，ある時は指示的で外部から動かすようなものであり，またある時は非指示的で内部から動くようなものであり，または，それら二つを一緒にしたようなものであった。どのようなスタイルが選ばれる

かについては患者の準備状態やニーズによって
決められた。彼女が著した書物によれば，ホワ
イトハウスは治療的関係の質の大切さを強調し
ており，治療的関係が上質でなければ治療的な
動きを用いた過程を展開することができないと
考えていた。

ホワイトハウスは調停者と鏡としてのセラピ
ストの役割を強調していた。彼女が意味すると
ころの調停者について，彼女は正確な定義をし
ていないが，ワロックとのインタビュー（1977）
の中で彼女は次のようなことを言っている。

> ある程度は一人でやることができたとしても，
> それ以上のことは，誰か他の人の所へ行って
> 自分たちがしていることを見てもらわなけれ
> ばなりません。……私がしっかりと見ている
> と，自分の目を閉じることができる人を私は
> しばしば経験しています。その時，動きの多
> くは目を閉じて行われました，立位で動く時
> でさえも……。どういうわけか，私が見てい
> ると，私が見ているという理由から人は動く
> 余裕ができ，動き易くなります（p.72）。

ホワイトハウスの功績は，特定の技法を開発
したことよりもむしろその介入スタイルにある。
以前彼女は「私にはやり方がありますが，それ
は方法というものではないし，ましてや理論と
言うには程遠い」（1963, p.3）と言ったことが
ある。ホワイトハウスの主な介入方法というと，
動きを使ったアクティブ・イマジネーションで
あり，これは個人スタジオでダンスセラピーを
実施している現代のダンス・セラピストの間に
非常に強い影響力を及ぼして来た。彼女はセッ
ションを始める時にいろいろな技法を使ったが，
それらすべてが目指していることは，最終的に
は患者たちを即興的な活動に導き，その即興的
活動の中でアクティブ・イマジネーション過程
が表現されることであった。

ホワイトハウスはセッションを始める時に，
「どのようにしている時が一番気持ちが良いで

すか，楽ですか？　横になっている時？　座っ
ている時？　立っている時？」（1979, p.60）な
どと言って患者にすばやく選ばせることがよく
あった。セッションを始める時の体位の選び方
は人によって異なっていることを彼女は発見し
た。そして，患者に体位を選ばせると，自分は
どのようにすれば最も気持ちが良いかとか，ど
のような方向にセッションをもって行ったら良
いかについて，患者に独立した判断をする機会
を与えることを知っていた。この点においてホ
ワイトハウスのやり方は基本的には来談者中心
的であった。

ホワイトハウスがセッションを始める時につ
かう別の方法と言えば，ダンスのテクニックを
教えるか，単純な動き方やそのアイデアを教え
るか，その両方を教えたりすることである。彼
女は基本的にはマーサ・グラハムの技法を使っ
ているが，その技法の伝え方が独特だった。ダ
ンスのテクニックを教えて，単純な体の動かし
方を患者に課すと，患者は運動について認識を
深めると同時に自信も深め，さらに一層難しい
課題やアイデアに挑戦することができるように
なるとホワイトハウスは強調していた。これは
初期のパイオニアたちの間で何回も何回も現れ
るテーマである。

彼女の弟子の一人であるジェイン・マニン
グやジュディス・フリードは（両者談，1982），
ホワイトハウスはダンスのテクニックを学ぶ方
法を個人的で統合された深い体験に変えて行く
素晴らしい才能を持っていたと信じている。ホ
ワイトハウスはダンスのテクニックと単純な動
きを使って患者を内面的感情に触れさせ，深層
の即興的活動に導いて行く準備をしていたこと
が彼女たちにとっては印象的だった[脚注1]。

単純な動きをさせることからセッションを始
める例としてウォーミングアップをするセッシ
ョン構造をあげることができる。たとえば彼
女は，患者に対して体の特定の部分（腕，足，
顔）だけを使って早く動くことや，体の右半分

だけまたは左半分だけを使って特定のテーマに基づいた動きをすることを提案した（Zenoff 談, 1980）。

セッションを始める時のスタイルがどうであれ, 患者はどこかの時点で次はどうしたら良いかを決める手助けを必要とする。患者に手を貸して, 患者が自分自身のムーブメント過程について敏感に反応し, それを表現できるようにする責任がセラピストにあることをホワイトハウスは認めていた。療法的関係が非常に重要になり, 介入が必要か否か, もし必要ならどのような介入が最も有益なのかについてセラピストが直観を働かせて決断するのはこの時である。

ホワイトハウスは患者が自由に動いたり自由にアイデアを膨らましたりする能力を評価した。時にはダンスを始め易いように音楽を使うこともあった。ある患者が動きを使って考えや感情を自由にあふれさせることができると判断すると, 彼女は構造などの制約がない環境を患者に与え, その中で患者がすべて全く自由に自分の判断で動けるようにした。

このようなことが困難な場合, 彼女は患者に動きについてのテーマを与えたり, 広めの創造的構造を与え, その中で患者が動きを使って考えや感情を表現することができるようにした。たとえば, 「今みんなは繭（まゆ）の中にいるとします」と言ってイメージや連想を掻き立ててから, 「その繭（まゆ）は大きいですか？ それとも小さいですか？ 硬い？ それとも柔らかい？ こわばっている？ それともしなやか？」と尋ねたりした。

先に述べたように, ダンス・セラピストは自己表現や自己洞察を促すために投影法を用いるのが一般的だが, その使い方はさまざまである。

この投影法というというのは創造的で探索的な介入方法であり, ダンスセラピーの源になった創作ダンスやモダンダンスにとっては欠かせないものである。ダンス・セラピストが投影法を使うことはダンス・セラピストがダンスを使うのと同じくらい自然であるように思える。

ホワイトハウスは即興的な動きを導く時に隠喩と投影法を使った。次に示す事例で, 彼女ははじめにイメージを提示し, 次に, そのイメージに人間的レベルの内容を少しづつ加えて行っている。

> ……ワークは床の上で, 「上って」と「下って」などの相反する動きに焦点が当てられて, 始められる。そのどちらについても丁寧に探索され……一人ひとりは, 「上って」から「下って」までの中に存在する一筋の連綿とした動きの中でいろいろな可能性を発見するようになる。それから相反する要素の一組を互いに行ってみる。そして 3 段階になると…｜ 大地は私の母, 空は私の父」……といったイメージを導入する……（Whitehouse, 1979, p.66）。

ここではすでに始まっている「上って」と「下って」という最初のイメージを提示してから, ホワイトハウスは「大地・母」「空・父」という概念を提案した。このようにして彼女はそれを使いこなすことができる人には「上って」と「下って」に人間的な象徴や意味を付け加えた。

患者が即興的に動いている時, ホワイトハウスは（あったとしても）ほとんど患者に話しかけなかった。しかし, 患者が動きを止め, その人が助けを必要としていると判断した時には「どうしました？」「どこへ行って来たの？」

（脚注 1） ホワイトハウスの弟子の全てが, ホワイトハウスの実践についてこの具体的で身体志向の概念を強調している訳ではありません。他の人びと, たとえばジョアン・チョドロウ, ニーシャ・ゼノフ, ジャネット・アドラーは, ホワイトハウスは即興と, 抽象的なユング派の概念を身体運動を用いて取り入れることに焦点を当てていたと回想しています。このようにホワイトハウスに関しては二つの異なる見方があるので, ホワイトハウスの古くからの弟子たちが集まって彼女の実践について議論した時, 彼女たちはまるで二人別々の教師から学んだかのようでした（Manning 談, 1985）。

「何を見つけたの？」というようなある種誘導的な質問をすることがあった。患者から情報をもらうと再び提案したり質問したりして患者が動きの探索を深めたり焦点を当てたり，時にはその両方をするのを手助けした（Zenoff 談，1980）。患者の動きを観察し，「あの時，あなたの感じ方が変わり，あなたが自由になったように私には見えたけど」とか「あなたが腕を上に方に挙げた時，あなたはどんなことを考えていたの？」と尋ねることもあった。他の言葉で言えば，ホワイトハウスは自分が観察したことについて，一つの動きの意味を翻訳するような方法ではなく，むしろ，彼女が観察した一連の動きについてコメントしていたのである（Zenoff 談，1980）。即興的な動きをしている時に患者の動きが止まった場合，セラピストは患者に話しかけることによって患者が心理運動的に起こっている事柄を言葉で理解し，それを受け入れることが大切であるとホワイトハウスは強調していた。それから彼女は次に続く即興のテーマが浮かび上がって来るような素材を使うことがよくあった。ホワイトハウスの弟子であるアドラーが言っているように（Adler 談，1980），「彼女は患者の意識の中に偶然に浮かんできた事柄について患者本人が話しかけ，それを受け入れるよう促した。つまり，カタルシスを感じるだけでは満足しなかった」。

ホワイトハウスが実際に患者と踊ることは無かったが，患者に手助けが必要な時には患者の方に近づいて行った。そのような時を除き，彼女は基本的には患者の周りにいたが，ゼノフは次のように言っている。

> 私はいつも彼女が私のそばにいるように感じていました。彼女がいることをとても深く感じていたので，私自身は自分の動きに没頭することができました。彼女が人生の終わりに近づき，車椅子を使うようになった時でも，誰もが彼女と共感することができました。彼

女がそこにいるということ自体が癒しの過程の一部になっていました（Zenoff 談，1980）。

次に，体の動きを使ったアクティブ・イマジネーション過程の一例を示す。ここでもホワイトハウスのやり方が示されており，まず，患者が選んだやり方でセッションを始め，それから患者と忍耐強く付き合いながら，彼らの動きを発展させて行く。一人ひとりの患者が自分なりのペースで自分自身のユニークな表現形式を発見できるように，その場の環境を創り出し，辛抱強く待つ能力がセラピストには必要であると特に強調されている。ホワイトハウスは次のように回想している。

> スタジオによく通っていたダンサーのことを思い出します。私たちは引力というテーマでワークをしていました。ある朝彼女は床に坐り，曲げた膝を両腕を抱え，私はゆっくりとした音楽を流しました。……そして，「速過ぎたり遅過ぎたりしていませんか？　低すぎたり高過ぎたりしていませんか？　その他，気になることはありませんか？　あなたが今いる状態から始めるんですよ」と言いました（Wallock, 1977, p.70）。

それから，その患者の反応についてホワイトハウスは次のように言っている。

> 本人自身も驚いたことに，まるで氷の山が氷河を動かして行くように非常にゆっくりと，彼女は右に左に，前に後ろにと揺れ，あわや倒れる寸前のポイントまで来て，本当に倒れてしまいました。それでもまだ彼女の体の中にはエネルギーが弾んでいて，彼女は床の上をゴロゴロとそこらじゅうに転がってしまいました。やっと止まって床に座った時，彼女の顔は驚きで真っ青になっていました。倒れて特にどこを打ったという訳ではありませんが，転がるなんて彼女は全く予期していなかったのです。私もその人も驚いたことに，

動きの過程自体が本当にそのような動きを引き起こしたのだと私は言いたいのです。このようなことが起こることもあれば起こらないこともあります。起こるようにするのも起こらないようにするのも、どちらもアリなのです（Wallock, 1977, p.70）。

即興的動きを続けることによってもたらされるこのような結果こそ、心の無意識的な層からイメージを浮かび上がらせて行く「前兆」とホワイトハウスが言ったものである。他の言葉で言えば、アクティブ・イマジネーションの過程はオーセンティック・ムーブメントという方法を使って自らを補っているのだと言える。

次の事例は、次々に展開して行くセション過程の中で患者が抱いているどっちつかずの気持ちと、セッションの中で患者のイメージを概念化したり翻訳したりするホワイハウスの様子を示している。

　　若い女性が広いスタジオの片隅に立っていた。彼女の前には湿地が広がり……そこらじゅうに水が溜まっている。しかし、乾いた場所もあちこちに十分にあって、そこを拾いながら歩いて行けるように思えた（アクティブ・イマジネーション）。彼女は腰をかがめ、片足をもう一方の片足の前に注意深く置きながら、その空間を進んで行った。彼女の周りの水は次第に水かさを増してきているように思えた。そして、増えた水にのみ込まれそうになった時、「ああ、私はこの水と仲良くなろうとしなくてはいけない」と自分自身に言った。彼女はその場に坐り込み、体の周りに首まで水が包み込むままにしたが、頭はそうしなかった。彼女がどのようにしても……（彼女の）頭はどうにもならなかった。……そして、ついに……「やめて、やめて……」と叫んだ（Whitehouse, 1979, p.58）。

このアクティブ・イマジネーションの事例の中で、水の中に入って行くということは、事例が自己の人格の中の無意識的部分に潜入して行くことを表現しているユング派的なシンボルであるとホワイトハウスは指摘している。この患者はそのつもりがあればもっと遠くまで行けたのである。しかし、この患者は頭を休ませずに、自分自身の精神的な理性的な部分を守り、むしろ「彼女の頭を水の上に」引き立て続けたのである。そのような方法でこの患者は自分が完全に無意識にならないよう戦っていた。

その後のホワイトハウスのセッションの中でこの女性はこれまでのイメージ全部がなくなり、意識の中に何も浮かんで来なくなった。ホワイトハウス（1979）は「一緒に水と湿地へ戻ってみましょう」と提案した（p.58）。それに応えて、患者はスタジオの中央まで歩いて行った。するとさっそくあの水が再び現れた。その後に起きた事柄は、この患者が彼女の無意識という未知の王国に入って行くことに葛藤している様子を示している。

　　この時彼女は横になり、手を使って遊んでいた。水かさは非常に浅く、わずかに地上を覆うだけの状態が続いた。……再び、頭の抵抗が蘇って来た。……急に彼女はそれに耐えられなくなり、立ち上がって歩き始めた。この時彼女は灼熱の砂漠にいるように感じた。そこにあるのは熱だけで他には何も無かった……。彼女は砂の中をほじくり、地表の下にある水を得ようとし、何とか見つけようとしたが……水はすでに枯渇していたのでがっかりしたと彼女は言った（1979, pp.58-59）。

この事例はホワイトハウスが「調停者」という用語を使ってどのようなことを言いたかったのかを示している。ホワイトハウスは患者を観察し、患者と共にさまざまなことを体験しながら、彼女はこの患者個人の相対立する衝動の調停者の役を担っていた。つまり、思っていることや感じていることを表現しようとする衝動とそれらを押し留めようとする衝動とを調停していた。患者をこのようなひどい状態のままで放っておくことはできなかったが、ホワイトハウ

スはセッションの流れと患者が持っている自然なタイミングを信じ，患者の反応を促したり，制御したりしようとはしなかった。その代りに，ホワイトハウスは患者の苦しみや落胆に共感し，患者に準備ができたと感じると，無意識の深みに直面するよう励ました。同時にホワイトハウスは，患者が潜在的に不可抗力的な身体運動や感情に対して防衛を続けたり意識的に制御し続けることを容認した。このようにして，共感的なラポートを通して，患者が持っている相反する衝動を調停すると同時に，どちらの方向にどこまで遠く行くかについて患者が自分自身で決断するよう励ました。

先に引用した二つの事例は，ホワイトハウスが患者としての役割と共感的な観察者としての役割をしていたことを表している。彼女はこの方法を使ってその患者が自己表現をする準備ができているかどうかを考慮しながら，治療的ム

ーブメントの過程を励まし，支えた。彼女の役割は，患者が考え（イメージ）と筋肉（動き）をテーマにして自分自身の個人的な経験をしている時に患者と「共に」あることであった。

要　約

ホワイトハウスにはウィグマン派のダンスにおける即興的なアプローチを深層精神運動療法にまで発達させる才能があった。彼女はまたユング派の考えも深く信奉しており，運動が持っている力について彼女が理解していることをこの枠組みの中に投影することができた。表現ダンスとユング派のアクティブ・イマジネーションという二つの強力な手段を結び合わせたことが，ダンスセラピーにおけるホワイトハウスの功績の基礎を形成している。

トゥルーディ・シューブ
ダンス，演劇，パントマイム，パフォーマンス

トゥルーディ・シューブ（1903～1999）は，米国西海岸出身の偉大なパイオニアであり，ダンスセラピーの発展に多くのユニークな貢献をした（Shoop, 1978, 2000）。彼女はパントマイムの訓練を受け，また実際にそれを演じた経歴もあるので，その素晴らしいユーモアのセンスと一緒になって，様々に機転を利かせ柔軟に患者と交流した。彼女の活動を記した本『からだの声を聞いてごらん−ダンスセラピーへの招待−』は同僚であり友人でもあるペギー・ミッチェルと共に書いたもので，1974年に出版された。以下の記述の多くはこの本に拠っている。

シューブは1903年にスイスで生まれた。16歳になると，正式なダンス教育を受けていないのにチューリッヒの劇場で最初のダンス・リサイタルを開いた。彼女のデビュー公演は大成功であったが，彼女は技術的な訓練をする必要性を感じ，バレエはもとより，ヴィーゼンタール，ダンカン，ラバンの方法等，当時ヨーロッパで流行していた先駆的なダンスを学んだ。

> 私が舞台に立っていた経験は最も大きな影響を私に与えた。なぜなら私は舞台でいろいろな役を演じていたからだ。私はそれらの人物がどのように感じ，どのように動き，どのように立ち振る舞うかを見つけ出さなくてはならなかった。舞台に立って，私は物事を抽象化したり，客観化することができた（Wallock, 1977, p.62）。

シューブ自身にとってパントマイムの経験とは，舞台の上で自分自身の葛藤をある種「具体化」「客観化」することであった。「もしも本人以外の人びとが笑えるようなものであれば，その葛藤はさほどひどいものではなくなったということです」（Wallock, 1977, p.62）。葛藤を表現する際にパントマイムとユーモアの両方を一緒に使うという方法は，後に彼女のダンスセラピーにとって二つの重要な柱になり，それは彼女がダンスセラピーに対して果たした二つの重要な貢献にもなった。

1940年代に，彼女はカリフォルニア州にあるカマリロ病院でボランティアとしてダンスセラピーの実践を始め，その後，その病院の職員として採用された。シューブはフランス，ドイツ，スイス，イタリア，米国で教鞭をとった。

理 論

我々がどのような人間であるかは我々自身の身体に反映され，身体を通して表現されている，とシューブは信じていた。さらに，心の中に起きた事柄は一つひとつ身体に反映され，身体に起きた事柄は一つひとつ心に反映される。そのため，姿勢や背筋が伸びているかどうかはその人の精神状態を反映している。さらに，身体とその感覚を通して，人は現実についての精神的構図を描いている。精神と身体が互いに調和を保ちながら相互作用をしていると，それらは何の葛藤も無く機能する，と彼女は確信していた（Schoop & Mitchell, 1979）。

患者にはこの調和が徹底的に欠落していることをシュープは発見した。シュープは患者たちの姿勢の中に，内面的葛藤を示していたり，対立したり抑圧された感情に根差した，ありとあらゆるストレスや緊張を見い出した。人は誰でも相対立するものの両方から引っ張られている存在であり，「人は誰でもあらゆる感情，行為，思いに取り囲まれている」(Schoop & Mitchell, 1979, p.37)。しかし，社会的なタブーにより，個人のある一側面は「覆い隠して」生きて行かねばならないとシュープは強く考えていた。

> ホスピタリズムにかかった患者はこの（抑圧による）代償がどれほど人を荒廃させ得るものかを如実に示している。その代償とは，患者たちが一面しか見えない人になったり，一つの感情にのみ凝り固まってしまったり，みんなから忘れ去られてしまうことである(Schoop & Mitchell, 1979, p.38)。

抑圧は患者の人格に様々な形で影響を与え，患者が持っていた統合性や行動を阻害したりするとシュープは強く考えていた。したがって，彼女の働きかけの主な目的の一つは，身体表現によって患者の抑圧された側面を意識化することであった

これに関連して，シュープ (1979) は「UR（ウワ）体験」について言及している。彼女はこのドイツ語による用語について次のように表現している。

> エネルギー，それは生命力であり，複雑な宇宙全体を動かし続けている。原子のような極小な世界から，我々が住んでいる楽園やそれを超えて大きく旋回している世界まで，URエネルギーという永遠の生命力が存在している(Schoop & Mitchell, 1979, p.36)。

シュープはURを，「無限の空間」と「無限の時間」の一方か両方がただひたすらに続いているものと表現したこともあった。人類は全て

のことを記憶しており，「一人ひとりの意識の深いところにUR体験の記憶がある」(Schoop & Mitchell, 1979, p.36)，つまり，全体性があるとシュープは主張していた。「我々人間は二つのレベルで生きている。ひとつは一日一日が線のように連なったレベルであり，もうひとつが世界的な広がりを持ったレベルである」とシュープは感じていた。ダンスは，生命に対する有限的連結（身体的レベル）と無限的連結（エネルギーレベル）との両方を強固にする方法の一つであると彼女は考えていた。彼女特有の叙情的かつ詩的な表現で言えば，シュープは縮むこととそこから解放すること，屈曲と伸展をリズミカルに結合させて，永遠なる生命のリズム(UR) を伴ったダンスを創り上げたのである。

シュープ (1976) ではダンスセラピーの用語を使って次のようにUR体験を説明している。

> 私自身を構成している様々な側面が，それぞれに完全な状態である時，私は「私はバランスがとれている」と感じる。そのように，私の実践方法は「治療」というよりも「姿勢」のようなものになって行った。どのようなものであれ一つの治療方法を採用すると，理解不可能なことを理解しようとする袋小路に入ってしまう。しかし私が，自分が持っている能力を素直に全開して患者に向かうと，私は次第に患者が見えて来て，異なっているように見えるところだけでなく，健全であるように見えるところも気が付くようになる。患者は，私たち誰もが持っているような要素や可能性を持っており，単にその長さ，強さ，変形の仕方が違うだけなのだということは確かだと私は感じることができる (p.5)。

要するに，シュープの主な関心事は次の二つであり，その二つは互いに関連していた。第一の関心事は，「一人ひとりが自分自身の葛藤的感情を調和のとれた方法で体験する手助けをすること」であった。第二の関心事は，第一の関心事が発展したものでもあるが，「一人ひとり

が，まず『自分自身の目の前の現実』につなが
ってから，次に，自分は『日常を超えた現実』
つまり，『過去・現在・未来における生きとし
生けるもの』に流れる普遍性と均一性を持って
いるという現実を実感する体験につながる手助
けをすること」であった。自分自身の体験の
様々な側面やレベルに触れることができるよう
になると，人は生きとし生けるものを深く理解
し，それらと深くつながることができるのだと
彼女は信じていた。

方法論

シュープの方法を概観すると，型と理論的根
拠が見えて来る。この点はある意味では他のパ
イオニアたちと似ている。シュープは，「まず
身体の正しい使い方を教え，それから，一人ひ
とりの自己表現能力や自己探求能力を育てて行
く重要性」を強調した。体を動かすことによっ
て，次第に体を効率的に動かせることができる
ようになると，人は自尊心を育むことができる
と彼女は信じていた。ムーブメントのレパート
リーを広げながら身体像を作ったり，自分のボ
ディー・アウェアネスを高めたり，様々な姿勢
を試みた後に，シュープは「テーマに基づいた
ムーブメント探索」に移行し，彼女自身も率先
してそれをやってみせた。「ダイナミックに身
体表現をすることができるようになる」と共に，
「ムーブメントのボキャブラリーが十分に備わ
ったこと」が明らかになった時点でシュープは，
他の多くのダンスセラピーのパイオニアと同様
に，即興という形を用いた「無意識的な身体表
現」に移行して行った。しかし，他のパイオニ
アたちとは違って，シュープがこの方法をとる
のは患者が新しい個人的な素材を見つけるまで
の間に限られていた。個人的な素材が見つかる
とシュープは患者に手を貸して，患者がムーブ
メントを使った「パフォーマンス」という新し
い体験，つまり，「ムーブメントのテーマを再

構成したり，繰り返したりすることを計画的に
行なうこと」を考えるように導いた（Schoop
& Mitchell, 1974）。ダンス・ムーブメントの動
きを一つひとつ繋げて作品を作って行く過程は，
表現する過程をゆっくりと辿って行くことでも
あり，そのようにすることによって，自分自身
の心の葛藤をそれまで以上に時間をかけて探求
することができる。振り付けをする時に体験す
る葛藤を通して，人は自分自身の問題をそれな
りにコントロールし，深く見つめ，統御するこ
とができるとシュープは信じていた。

シュープは次の4つの方法を組み合わせて患
者の身体表現と感情表現を導いた。①教育的ア
プローチ，②リズムと反復，③内なるファンタ
ジー，④即興と計画的ムーブメント形成。

教育的アプローチ

シュープは感情に対するタブーを解除するこ
とから始めた。患者たちが自分たちの筋肉をコ
ントロールして自分たちの感情を表現すること
ができるようになるには，まず最初に自分たち
の葛藤を認め，次にそれらの葛藤を客観化しな
ければならないとシュープは考えていた。シュ
ープはユーモアや自分自身の体を使って患者た
ちがそのようになるよう助けた。シュープはユ
ーモアが持っている治癒力を固く信じ，私たち
はもっと多くのことについて笑う必要があり，
その中には「自分自身を笑うことができる幸
せ」も含まれていると強く考えていた。彼女の
背景にはパントマイムがあったからユーモアは
シュープの極めて重大な部分となり，そのため
ごく自然にユーモアは彼女の実践の中に入って
来た。シュープのワークにユーモアがあったこ
とは彼女の出版物の中ではたまにそれとなく書
かれているに過ぎないが，彼女から学んだ人び
との間では今だにみんなが共通して感じている
ことである（Mitchell 談, 1987）。面白いコメ
ディアンのように，シュープは特定のパーソナ
リティや誰もが抱えている人間的葛藤が持って

いる普遍的側面を抽象化し，それを一つの形にし，笑いや自己受容に導くことができた。

シュープは『からだの声を聞いてごらん——ダンスセラピーへの招待』（1974）という著書の中で，彼女の方法についてのこのような側面（と生活態度）について書いている。彼女は入院中の精神障害者に対して彼女が初期に行なったセッションのひとつについて書いている。このセッションで彼女は，「怒りの感情は絶対に表現してはいけない」と患者が考えていることから何とか解放しようと考え，体でイライラを表現して見せることにした。彼女は完璧なイライラを長々と一生懸命に表現し，内向的できまじめな患者たちはさぞかし自分のダンスに加わってくるだろうと思っていたが，予想に反して，虚ろな目で彼女はじっと見つめられた。それから一人の比較的気が短い患者が彼女の方に近づいて来て言った。「あなた，興奮剤でも飲んだの？」（Schoop & Mitchell, 1974, p.31）。シュープはこのような多彩な経験をユーモアで描き出し，最小限の傷を受けながら乗り越えて行った。初期に犯したこのようなつまづきを軽んずることなく，この最初の試みをいろいろに工夫しながら，彼女は自分の方法論を発展させて行った。彼女は人とのふれあいや持ち前の人当たりの良さを駆使しながら，少しづつ演劇で培った直観力や技術を発揮して，キャラクター表現や感情表現を取り入れて行った。そのようにして現れたものがシュープのダンスセラピー技法になった。

患者が感じたり考えたりしていることを劇やダンスを使って身体で表現させるという技術は，彼女の実践の大きな柱になった。

セラピストは名優のようになるべきだと彼女は言っている。もしもセラピストがある感情を本当に実感し，それを十分に表現することができたら，あたかも名優が表す感情に観客が反応するように，患者は思わずセラピストに反応してしまうだろう（Wallock, 1977, pp.46-47）。

さらに，患者が抱いている感情をシュープが極端な身体表現の形に反映させたり誇張したりしたものを患者に見せることにより，新しい寛大な形で患者がそれらを笑い飛ばしたり受け入れたりするように導いた。このような方法は，葛藤感情を受容する道を拓き，さらには信頼感を形成し，それにより患者は自分自身の性格や葛藤について内省するように導かれた。

感情に対するタブーが取り除かれ，患者が自分自身を受け入れる準備がある程度できるようになってから，シュープは患者自身の身体運動を使ってそれらの感情を学んだり，体験したりするよう徐々に導いた。この時点における目標は，患者が自分の体をより良く知ることであり，もっと身体をコントロールできるようになることであり，もっと機能的に動けるようになったり，もっと身体表現ができるようになることである。

「姿勢の探究」という方法もあった。患者が姿勢を理解し易いように，彼女は真似，誇張，ユーモアを使って「背筋を伸ばす練習」をした。たとえば，一般的な姿勢やそのバリエーションを患者に真似させ，それを彼女が意識的に誇張して見せた。患者に見られる特定の姿勢を彼女がユーモラスに真似て見せることもあった。これは患者を馬鹿にしているのではないかと思われる可能性があるので，十分に気をつけて共感を以って行なわねばならないと筆者は考えている。

私が患者の身体の動きをユーモラスに真似て見せると，患者は自分自身について，愛着を持った楽しいイメージを持つようになることは確かなように思われる。患者を苦しめている重大な葛藤が和らげられ，しばらくの間その葛藤は最も小さくなっているように思える。

なぜなら，そのあるもの（葛藤）を患者が面白いと受け取ることができるのであれば，患者はそのあるもの（葛藤）から自分自身を防御する必要が無いからである（Schoop & Mitchell, 1974, p.76）。

このようにしてから，それらと反対の姿勢を誇張して見せ，患者がそれらの姿勢の違いを明確に理解し，様々な姿勢で歩いてみるよう促した。

私たちは考えられる限り最悪の歩き方をした。鳩が歩くようにつま先立ちで歩いたり，足を突っ張って歩いたり，曲げた膝の先でゴツゴツ歩いたり，足を弓の様に反って歩いたり，つまり，ありとあらゆるおかしな，大げさな姿勢や歩き方で部屋中を歩き回った。よたよた歩きをしたり，気取って小股で歩いたりした。私たちは夢中になって，体のあちこちを突き出したり，引っこませたり，羽ばたかせたりした（Schoop & Mitchell, 1974, p.86）。

シュープはまた，患者たちに，病院で出会う人びとや友達，親戚の人，街角で出合う人びと等，他の人の真似をしてみるように勧めていた。「私たちはあらゆる人を背筋を伸ばすための観察の対象にした」（Schoop & Mitchell, 1974, p.86）。

姿勢を教える他にも，シュープは患者が言葉を使って自分自身の身体を認識するのを助けた。彼女は単語を使って，患者の体のどの部分がどのように動いているかを表現して，「自分は確かに動いているのだ」ということを患者に気付かせたり，それを確信させたりした。たとえば，「エリックは手を振っています」「ジェインは指を震わせています」「ビルは足を上げています」という具合である。体の全ての部分がこのように動作によって認識されてから，シュープはワルツ等をかけ，体を左右に単純に揺らせることを始めた。それから次第にその動きを大きくして行き，体の全ての部分を総動員して，一つのアクションを形成するまでに持って行った（Schoop & Mitchell, 1974）。そして彼女は患者をはげまし「今動いているこの体は私の体です。私は今スウィングしています」と言わせた（Schoop & Mitchell, 1974, p.102）。

一人ひとりの相違を強調するために，私は患者に自分の体を見たり触ったりして学ばせ，同じように，他人の体を見たり触ったりさせている。二人組みのパートナーを互いに向き合わせ，それぞれに相異なった動きをさせたりする。たとえば，曲線的な動きに対しては直線的な動き，柔らかで持続的な動きに対しては硬くて断続的な動き，ゆっくりとした動きに対しては速い動きといった具合である。またはそれぞれに相異なる感情を表現させることもある。たとえば，人が悲しんでいるのに対して冷ややかな態度をとる，人が幸福に浸っているのに対して退屈そうに見つめる，友情に対して憎くらしそうに見る，等といった具合である。患者がアイデンティティの間隔を深めて行く過程の中で，自己と他者との間には無限の相違が見つかって行く（Schoop & Mitchell, 1974, p.102）。

シュープはこの他にも「パーソナリティの相対立する動きを探求する」という教育方法を使った。この「相対立するもの」をダンス・ムーブメントセラピー技法に持ち込んだことは，シュープの大きな功績であり，このやり方は今日現役で活躍している第二世代，第三世代のダンスセラピストによく知られ，またよく用いられている。次の引用は，シュープが「どのようにして，パーソナリティの相対立する動きを探求させていたか」，その方法を示している。

私は意識的に患者の体の緊張を分断し，「自分たちが無意識に行なっていること」を患者に気づかせる。エネルギー分断は陽気な楽しいゲームからもたらされる。意識的にやろうとすると，想像以上に難しいものである。セッ

ションの中で私は，グループの参加者が示しているエネルギー分断状態を取り上げることもあるし，私自身が集めた「標準エネルギー分断技法集」を使うこともある。「体を丸め緊張した状態で歩き回ること」や「腕はぬいぐるみのように柔らかく，足は木でできたように固くしてスキップすること」や，「体の一側面は緊張させ，もう一方の側面は弛緩させた状態で走ったりすること」ができる（Schoop & Mitchell, 1974, p.108）。

エネルギー分断を誇張した練習をさせてから，シュープはエヴァンのように，彼女の目的である統一と調和に立ち返った。エネルギー分断を誇張してやらせた後の方が，体の再統合がやり易くなる。

　　私はまず，二つの極端な緊張状態からワークを始めるのが一番良いことを発見した。ほとんどの人が緊張と弛緩について理解することができ，自分の体を固くしたり緩めたりすることができるようになり，さらに跳び上がったり，走ったり，踊ったりできるようになった。患者たちがこの二つの極端な状態を十分に把握したら，次に，それらの極限の間にある「程度」というものを教えることができる。最も緊張している状態から，少し緩めて，少し緩めて，もう少し緩めて……と患者に頼み，最後には最も緩んだ状態になってもらう。最も緩んだ状態からは，少し緊張して，少し緊張して，もう少し緊張して……そして最後には最も緊張した状態になってもらう。「様々な緊張状態」を患者が練習し，患者が自分の体にとって最も快適な緊張の程度を見つけることができると患者の体はずっと柔軟になる。患者は自分の体にとって最も機能的で基本的な「エネルギーのレベル」を見つける（Schoop & Mitchell, 1974, p.109）。

上に述べた経過の中で，彼女は「内側外側」アプローチについて書いている。この方法は，「体を訓練すること」と「体で感じること」とを結びつけたもので，そうすることにより，体

のコントロールを積極的に行なうようにするものである。この練習によって，彼女は患者が身体の両極限を把握するよう励ましながら，自己統制を支えたり教えたりした。

それからシュープは，一人ひとりをさらに十分に身体が統一された状態になるように導いた。

　　ここでやっと体全体は緊張の段階を体験したり，一定のエネルギーレベルを維持する準備ができたわけである。この一体感を獲得するために，体全体の緊張を体の一点に集中させることもできる。たとえば，はじめは片手でぎゅっと握りこぶしを作ってから，その緊張を掌全体で感じるように導く。さらにその緊張を胸や肩に広げ，（さらに頭に広げても良いが）それからもう一方の腕に広げる。それから胴，脚，足の指と下の方に広げ，体全体が握りこぶしになったように感じるようにする（Schoop & Mitchell, 1974, p.109）。

リズムと反復

シュープは様々なバリエーションで「リズム」と「反復」を用いたが，それらは三つの基本的方法に分類することができた。

まず最初の方法は，「外部から誘導されたリズミカルな動き」とでもいうようなもので，シュープは特定の感情と普遍的に関連しているような動きをして，自らその感情を表現した。患者はその動きを真似ることによりその感情を体験する。たとえば，怒りを表現するために，シュープは蹴ったり，殴ったりする動きを何度も患者に繰り返させた。このようにして，シュープは感情からタブーを取り除き，それまでは禁止されていたような感情を体で表現することを患者に許した。

次に，それらの表現にリズムをつけることにより，「直接的に感情を表出した動き」を「ダンスの形」に変えて行った。このようなことにより，患者は特定の感情をいくつもの要素からなる筋肉活動や筋肉操作に分けることができる

ようになり，実際に表現したり，表現を操作したり，主体的に表現したりすることがし易くなった。

このようなことを経験すると患者は，自分たちが必要としている「感情表現をすることによるカタルシス」を感じることができるようになり，それによって患者は，激しくなり過ぎてしまいそうな感情が和らぐ方向に導かれる。それにこのカタルシスは，ダンス以外の方法で感情の発散をすると自尊心を傷つける可能性があるが，ダンスであればそのようなことを心配せずに行なえる。このようにして今や患者は自分の感情に向かい合い，さらに体の動きで感情を表現するという新しい方法も習得した。この段階でシュープは「一人ひとりのパーソナリティが持っている隠された側面の扉を非侵襲的方法で開き，自己表現と自己肯定をすることの喜びを積極的に強化することによって，この解放感を育てて行く」という彼女の目標に到達した。この段階において，患者はコミュニケーションや表現を行なう上で必要なムーブメント技術を獲得したのである。

二つ目の方法では，シュープは教育的な役割を担った。シュープは患者にいくつかの感情の中からそれを感じているか否かは問わずに一つを選ばせ，リズムを使って，ドラマチックな運動で最大限に表現させた。それから患者たちはその感情表現について考えるように言われ，それを繰り返し，さらに発展させ，それは患者たち自身がそれらの表現に満足するまで続けられた。芸術家が行なうのと同じように，最終的な作品を完成させることが患者たちに与えられた課題であった。作品が表現している感情が彼等の個人的なものを表すようになった場合はそれでも良いが，そのようなことがこの課題の目標ではなかった（Mitchell 談，1985）。すなわちこの課題の目標は，柔軟性と力強さを備えた身体表現上のボキャブラリーを身につけることであった。このようなことをするのは，患者たち

がこれから先に出会うような生活状況や感情を，これまでよりももっと寛大に余裕を持って受け入れることができるようになるための一般的な準備をしているのだとシュープは考えていた。このようにして，「負担を感じたり心や気持が乱れるような状況は拒絶したり否定したい」と患者が考える必要性は減少した。このアプローチはまた，感情表現をコントロールしているという実感や，主体的に感情表現をしているという実感をも患者にもたらした。

このエクササイズにより，患者は自己表現に至るためにつくられた「道」を進むよう励まされた。その道とは，①自己統制をしていると実感し，②身体を信頼し，自分自身の身体について更に深い一体感を感じ，③生活上の様々な経験に対して，柔軟に力強く対処することであった。

我々はみんなリズムについての能力をもっているが，それが押さえつけられているために，時にはその能力が活用できないように見える時もある，というのがシュープの基本的な考えであった（Schoop & Mitchell, 1974）。彼女の三つ目の方法は，患者の内にあるリズミカルな動きを解き放ち探索するのを助けることである。

たとえば，彼女は患者に，髪を櫛でとかしたり洋服を着る等と言った様々な日常生活上の活動をやって見せるように頼んだりした。そのような日常の仕草をすることにより患者たちは，自分自身の内にあるリズムに気が付くように教えられた。

> 必要と思われる時間の間中，音楽やドラムや私の指示なしで，患者たちは自分自身のスピードで歩いたり，自分自身のリズムで手を叩いたり，自分自身の質や時間間隔で足を踏み鳴らしたりした（Schoop & Mitchell, 1974, p.119）。

このように，シュープは患者たちに，自分たちの生活における日常的なリズミカルな活動に

72　第1部　初期の発展

気づかせることから始めた。患者たちはまさか
これらの活動がリズムとしての価値を持ってい
る等とはそれまでは気づいていなかったはずで
ある。これが達成されると，彼女は次に，これ
までよりもずっと繊細なレベルのリズミカルな
知覚を必要とする「脈拍」に進んだ。彼女は患
者たちに，自分の脈拍を感じ取らせ，その脈拍
を音で表現させた。

　　しばらくすると，すべての参加者が自分の脈
　　拍を探し出し，ホールはリズミカルな音で満
　　たされた。あるものはゆっくりめ，あるもの
　　は早めで，あるものは高めの音，あるものは
　　低めの音……。しかし程なく，早めのものは
　　ゆっくりになり，ゆっくりめのものはスピー
　　ドが上がり，最後には全ての声が一つに調和
　　して響いた。この時，ドラムやピアノがこれ
　　を引き継ぎ，患者たち自身が創り出したリズ
　　ムを打った。拍動がしっかりと確立されてか
　　ら，私は患者たちにそのリズムに合わせて
　　体を動かすように指示した。そのリズムは私
　　（シュープ）のリズムではなく彼らのリズム
　　を代弁していたので，私（シュープ）のリズ
　　ムよりも自分たちのリズムでやるパフォーマ
　　ンスの方を彼らはずっと楽しんだ（Schoop &
　　Mitchell, 1974, p.119）。

シュープはここで再び「リズムに気づかせる
過程」を細分化して行くが，これは患者自身が
持っているリズムに気づかせるための彼女の他
の方法と同じである。つまりシュープはまず，
音具とか体の部分（手足等）を使って個々の患
者がリズムを叩いて表現することから始める。
そして，安心してリズムを打つことができるよ
うになってから，リズミカルな動きを次第に体
全体に広げ，その中には声帯も含まれ，声でリ
ズムを表現させた。シュープはさらに，湧き上
がって来るリズムの鼓動をピアニストに拾い上
げるように促し，これを絶妙に導いて集団の動
きにもって行った。その結果，ピアノによる外
部からの力に支えられて，集団による力強いリ

ズム活動が展開された。

　患者の一人ひとりが自分自身のリズムに気づ
くようになって，それが集団活動になっり，そ
の結果として，集団意識が芽生えた。ここにお
いて我々は，集団に対するチェイスとシュープ
の方法について共通点を指摘することができる。
両者ともはじめは「集団の中で，個々人のニー
ズを表現するように促すこと」に重きを置き，
次にそれらのニーズを次第に変化させ，全体が
一つになった共感に満たされたリズミカルな集
団活動に組み立てて行った。
　シュープの方法はさらに続いた。彼女は次の
ように説明した。

　　リズムを受け入れることができるようになっ
　　たら，次に，リズムに対抗することを学ぶ段
　　階に移ることができる。私が一定のリズムで
　　ドラムを叩くから，患者の皆さんはそれに対
　　抗するような別のリズムを道具を使って叩く
　　ように言う。私が叩くリズムよりも早くした
　　り，遅くしたり，もっと大きな音にしたり
　　……私が叩いているものとは違うリズムであ
　　ればどんな方法でも良いから，自分が叩きた
　　いと感じるような方法でやってみて下さいと
　　言う。すると部屋はガチャ・ガチャ，ピュー・
　　ピュー，ピシャッ・ピシャッ等，私のリズム
　　に反旗を翻した革命的リズムの寄せ集めにな
　　る。それから患者たちは，ある時は私のリズ
　　ムに合わせて叩き，ある時は私のリズムに反
　　して叩き，それらを交互に行うことにより，
　　「そうそう，私もそう思うよ」とか「私はい
　　や，そんなの」と言うようになる（Schoop &
　　Mitchell, 1974, p.120）。

　集団の注意力が外部からのリズム音にしっか
りと向くようになると，シュープは再び指導者
の役割に戻った。彼女の目的は，はじめと同じ
く，ムーブメントを用いて自己主張や自己肯定
を促すことにより，柔軟で多様性に富んだムー
ブメントのレパートリーを確立することであっ
た。

内なるファンタジー

シュープは，精神病と診断された患者たちが送っているファンタジーな生活について，ダンス・ムーブメントを通して献身的に探求したという点においても特異な存在であった。患者以外の人びとが見ているような世界に患者を連れて来るには，患者たちが見ている妄想，幻覚，観念化を理解し，時には患者たちと一緒になることが重要であるとシュープは考えていた。

> 詩を書く時，交響曲や彫刻やダンスを創る時，芸術家たちは翼を広げて空想と現実という二つの世界をいとも簡単に行き来するのではないだろうか。私はそのような芸術家に対し，空想的なイメージを見たり聞いたりすることはやめなさい等と言うつもりはない。同様に，子どもたちが空想あそびをするのを止めさせようとも思わない。だから私は，精神障害者のファンタジーを抑圧するのではなく，むしろ，しばらくの間は患者さんと一緒にファンタジーの世界に飛び，それから一緒にゆっくりと地上に着地したい。患者が見ているものに形を与えれば，患者はファンタジー（空想）と現実とが溶け合った世界を創造することができるのではないだろうか（Schoop & Mitchell, 1974, pp.149-150）。

シュープは様々な方法を駆使して患者たちを彼等の世界に結び付けることができた。彼女ははじめに注意深く患者に耳を傾けたり，動きを観察したり，質問をしたり，患者の考えやイメージを現実的な身体表現に置き換えながら，一人ひとりの世界に入って行った。患者が思い描いていることが，ひとたびそれにぴったり合った身体表現形に変えられ，即興ダンスや演劇になると，患者がはじめに思い描いたものは様々な方法で手を加えることができるようになる。

それらを型にはめたり，客観視したり，変化させたり，それについて話し合ったり，深く考えたり，制御したりでき，また，それらを習得すること，少なくとも身体的に習得することもできるようになる。このような過程を経て，身体表現という形で具体的に自分自身が表現されると患者は，しばしば驚くような内容の感情に対しても，以前よりももっと制御できると感じるようになる。

患者の妄想的な世界に直接触れながら患者に関わって行くというシュープの方法を一番よく表している事例はルークの事例研究である（Schoop & Mitchell, 1974）[脚注1]。次の引用はこの事例研究からのものであり，シュープの方法における以上述べた点等をよく表している。

事例：ルーク

ルークは中年のアフリカ系男性で，独特な一連の動きをするのでシュープたちが注目していた。

> その動きというのは明確な3つの動作に分かれており，それぞれの部分がいつも同じ順番で連続的に繰り返された。まず最初に，彼は突然両手を上げてゆったりとしたアーチを作り，それから，自分の両手で悪魔の角のような形をしっかりと額の上に作った。そしてその悪魔のような牧神のような姿勢をしたまま，両手を左右に伸ばし，掌を下向きにして，その手を鋭い刃物のように見立てて自分の首を薄切りにする動作をした。最後に，自分の頭をガクッと胸の上に落としてから前に垂れた自分の髪を柔らかく優しくなぜた（Schoop and Mitchell, 1974, p.164）。

シュープとのはじめの頃の出会いは次のようなものであった。

（脚注1）これらの引用はシュープとミッチェルとの著書である『からだの声を聞いてごらん——ダンスセラピーへの招待』（1974）に掲載された31ページにもなる事例研究からの要約である。この本の中にはルークが描いた14枚の絵も載っている。

ルークと私が向かい合って椅子に座っていると，彼特有の魔よけのような動作をしたので，ほとんど同時に私はそれを真似た。注意深くそして正確に二つの角を作り，頭を下げ，私の首を薄切りにし，頭の上の方の髪をとかした。しばらく沈黙の時間が流れた。ルークの目はまだ下を向いたままだった。彼は先程の動きを繰り返したので，私はまたそれを真似た。私たちはそれを3回繰り返した。ルークは顔を上げた。彼の眼が真っ直ぐ私の方に向いた。そして彼は笑った。私も笑い返した（Schoop and Mitchell, 1974, p.169）。

はじめの頃のムーブメント探索。

今朝，ルークが現れた時，彼は笑っていた。私たちは，走ったり，歩いたり，スキップやターンをした。しばらくしてから私は彼に，エリカが弾いている音楽に合わせてダンスをしてみないかと尋ねた。彼はしばらくエリカの音楽を聴いていたが，スカーフを2枚選んで，しばらくはそれをヒラヒラと振っていた。スカーフの柔らかさが私に優しい気持ちを思い起こさせたが，彼の体はスタッカートのような動きで，つまり，吃ったような動きでスカーフの優しい動きに抵抗しているように思えた。彼が次第に高揚して来たので私は彼に，あの「好きな動き」をやってみたくはないかと尋ねた。彼は例の動きを何回かやったので私もまた彼の真似をした。やりたい時にはいつでもやって良いのよと私は彼に言った（Schoop & Mitchell, 1974, p.169）。

この事例において，シュープはスカーフがもたらした不安（優しい感情）に気づき，ルークに対して防衛的な癖に戻るよう促すことにし，自分の考えや気持ちがあまりにも不快になったら，いつものジェスチャーに戻っても良いのだと念を押した。

次の部分は，ルークが持っている妄想的システムにシュープが身体像と現実性を入れようとしたところである。

ルークは上機嫌でよく笑っていた。私たちはまず，自分自身の体のあちこちをリズムに合わせて触って行った。彼が自分の頭，肩，膝を触っている時，彼は自分自身の身体部分を触っているという様子ではなかった。つまり，何か不思議な物体を触っているかのように見えた。私たちはしばらくのあいだ打楽器を介在させて，互いの肩，肘，膝を間接的に触った。立ち上がって，ジャンプをしたり，ぴょんぴょんと飛び跳ねた。それから私はルークに向かって両手を広げ，さあ手を取って，一緒に踊りましょうと誘った。彼はしばらく私の手を見て，それから別の方に視線を移した……（Schoop & Mitchell, 1974, pp.170-171）。

最後に，非常に躊躇しながらも，シュープは次のように述べている。

……彼は手を伸ばして私の指に触れた。私の手をしっかりと握るのではなく，まるで愛撫でもするかのように短く軽く触れた。彼はまだ作り顔をしていたし，体をねじってそっぽを向き，私をチラッとのぞき見していた。しかし，このような反応は，最初に彼がとった反応と比べるとずっとかたくなではなくなっていた。私たちはもう少しエクササイズを行なった。終わりの時刻が来ると，ルークはいつもの「お別れの角」を行なった。私は彼に，スイスでは大抵みんな互いに挨拶をするか，さようならと言って握手をするのよ，と言って手を出した。すると彼はその手を取ったので，私は彼の手をギューと握ってから放した（Schoop & Mitchell, 1974, p.171）。

何回ものセッションを経て信頼が深まり……ルークが彼の癖の意味を説明してくれた。

……今でもまだ信じられない！　ルークが非常に「まともな感じ」で部屋に入って来たのだ。いつもの角の恰好をせずに，彼は「おはよう」と言った。彼はごく自然に靴と靴下を脱いだ。彼は私の向かい側に座るや否や，い

つもの癖を何回か繰り返した。それから彼は私の目をじっとみつめて，事務的な感じで聞いて来た。「トゥルーディ。この意味を知りたい？」。「知りたいわ。すごく」と私は答えた。彼は頭を下げ，人差し指を伸ばして角を作り，「これは白人への挨拶……」。同じ動作を小指でやって，「これはボーイスカウトや少年への挨拶」。首を切るジェスチャーをして，「これは汗を拭きとっているんだ。ずいぶんたくさん働いたからね」。頭をなぜる動作をして，「これは，今日は暑いなーという意味なんだ」。「ルーク，ありがとう。どうもありがとう」（Schoop & Mitchell, 1974, p.178）。

　次に紹介するのは，ルークのファンタジーを「動きを使って演じる」手法を用いたところである。

　　……「5歳になるまで学校に通っていたんだ。女の子だった。その頃は母さんも父さんもいた。18か20になった頃，父さんが格好良いスーツを持って来た。そのスーツには長いズボンもついていた。日曜日に教会に行く時にはドレスを着たよ。女の子だったから。今は……見れば分かるように……どちらかというと男性か少年かな」。「ルーク，女の子の時は何をしていたの？　どんな風にしていたの，やってみせて」。「右手で左手を軽く持つんだ。そしてこんな風に歩くんだ！」彼はくねくねとして行ったり来たり，その辺を歩いて見せた。
　　「ルーク，今度は男性よ。今日はどんな風に歩くか見せて」。するとルークはこれまでに見たことがない程に男性らしく歩いた（Schoop & Mitchell, 1974, pp.183）。

　この事例で，シュープはまずルークの妄想に寄り添い，それから最後に見られるリクエストによって現実味のテストを行ない，ルークが自分の男らしさをどのくらい受け入れているかを確認している。
　次に紹介する引用では，シュープはルークに彼が見ているファンタジーを演じてみるように勧め，それからルークが自分が考えていることや感じていることを表現したり，探究したりするよう促し，それと同時に，シュープとルークとの間でシンボリックなやりとりを直接行なうよう励ました。

　　……私は彼に劇を演じてみないか……狼と子羊のシーンを，と聞いてみた。「ああいいよ。水が飲みたい。俺は家族を守らねばならない」。そこで，私が子羊，ルークが狼になった。私は両手で水をすくって彼に飲ませた。彼は私の前に膝まずき，おいしそうに水を飲んだ。喉の渇きが癒されたら，私たちは二匹の狼のように，跳んだり跳ねたり，走り回った。彼の動きやジェスチャーは一見するに値するものだった。最後に私たちは床の上に腹這いになり，「湖」から水を飲んだ。それから私たちは役割を交換し，彼が子羊に私が狼になり同じ動作を繰り返した。彼の手から私が水を飲んでから，私たちは二匹の子羊になって跳んだり跳ねたりして，それから一緒に水を飲んだ。それから最後に私たちは立ち上がり，直立した姿勢になって，「本来の私たち」のように一緒に歩いた。するとルークの歩き方は驚くほど前とは違っていた。彼の歩みはしっかりと確信を持ったものになっていた。彼の体もまっすぐに伸びていた。それはあたかも彼が動物と人間の姿勢の違いをはっきりと掴んだかのようだった（Schoop & Mitchell, 1974, pp.185-186）。

　ここでシュープは保護的な母親として登場している。数カ月の間ルークと共に過ごし，一時は非常に防御的だったルークという患者とやりとりができるまでになった。それからいくつもの異なった役割を演じることで彼女の柔軟性を相手に示し，また，それぞれが演じていた狼と子羊との役目を交換するよう促し，そのようにしてルークに，思いやりのある人間としての強さを比喩的に経験する機会を与えた。最後に，これは別に驚くべきことではないが，彼らが立ち上がって本来の自分自身の現実に戻った時に，

ルークの姿勢は変わっていた。彼の体は以前よりもずっと「起立し」「安定し」「安心していた」。これらの用語はシュープがルークの身体状況を表現する時によく用いたものであるが，彼が自分の男らしさを前向きに認識したことも表現しているように思える。シュープはルークとの関係を深め，信頼性を高めると共に，彼は今のままで良いし，シュープは彼をいつも受け入れていることを継続的に伝えることにより，ルークは防御的な癖をやめ，彼女との関係を受け入れるようになって行った。

　ルークの事例からの引用は，シュープの方法の様々な側面を表しているが，それらが主に示していることは，患者が持っている精神病的な過程に対して，彼女が創造的にそして柔軟に挑戦して行ったことである。彼女は患者のファンタジーやシンボリズムやジェスチャーの中に意欲的に入って行った。

　最後に，シュープがファンタジーを使ったことについて議論するのであれば，彼女が「グループによるファンタジー」や「グループによる支え」を創造的に用いることに重点を置いていたということにも触れなければならない。シュープは概してグループで行なうことが好きで，グループプロセスの力を信じ，個人のファンタジーや集団のファンタジーを表現する重要性を信じていた。シュープは，「参加者それぞれが自分のイメージを表現する監督になる」という方法をとることもあった。これは，参加者が様々な役割，たとえば，ドラマを再演する時のいろいろな登場人物を体験して行く経過の中で行われた（Wallock, 1977）。

　次に紹介する一文は『からだの声を聞いてごらん──ダンスセラピーへの招待』（1974）からの引用であるが，シュープが集団でワークを行って行く中で一人の患者の想像力を実に上手く取り上げている一例である。最初の例では，それぞれの参加者が自分自身の監督や登場人物になり，部屋という空間がステージや，感情表現をするための境界になった。

　……スタジオは周囲が観覧席でぐるっと取り囲まれた大きな闘技場に変わった。私がこのような状態の空間を選んだのは，ただだ，そこにはどこにも隠れるところが無いからであった。つまり，その丸い大きな境界域の中では一人の人間は完全にあらゆる方向に身を曝している。さらに，闘技場には様々なイメージが込められており，患者たちは政治家，闘牛士，熱狂的な説教師，ファッションモデル等を思い描くことができる。ここでは，人びとに見てもらいたいと思う人だけでなく，誰もがみんな注目されざるを得ない。患者は一人ずつ円の周りを歩く。ほら，「王様」が来る。王冠をかぶった頭を自信たっぷりに見せながら歩いている。そしてほら，ランナーが走っている。世界中の人びとに見えるように炎がゆらめく聖火を手に高々と掲げている。そしてこちらは「大将」だ。勲章を着けた胸を張って誇らしく歩いている。このように，誰もが自分自身の体の一部を他人に見せる理由をイメージした（Schoop & Mitchell, 1974, p.132）。

　この引用もまた，シュープがパントマイムやロールプレイを使って患者に「隠すことをやめさせ」，それまでは抑圧されたり空想的であったり，または，その両方であった自分自身の身体部位に患者を引き戻している様子を示している。

　次の事例は，非常に強いストレスを受けているグループのメンバーに対して，グループが自然発生的に精神的な支持や支えを与える方法を示している。アリスの事例。

　「金星では，あの人たちが私を友達から引き離そうとしているの」と彼女はすすり泣いた。「あの人たちはそうしたいとはっきりと私に言ったわ。だから私にショック療法をしたんだと言ったの」。ある日，私は彼女に尋ねた。「ねえ，アリス。こうしたらどう。ここでグ

ループのみんなに，あなたの友達はどんな様子をしているか，どんなことをしてくれるからあなたがその友達をそれほど好きなのかを話してみたら」。「ウーン……」彼女は躊躇しながらも話し始めた。「私がみんなのところに飛んで行くと，友達はみんな私に会えてとても喜んでくれる。クランドスタインなんかキスしてくれることもある」。グループ内には，このような時にどのように振舞ったら良いか，あらかじめ言われている者はいなかった。ぎこちないが親愛の情を込めて，みんなはアリスの手を握った。体を優しくたたいた。微笑んだ。彼らの態度が彼女を慰めたのだろう，彼女は話を続けた。「あの人たちは金の長椅子に横たわって……金のゴブレットから飲み物を飲み……金の翼でそこらじゅうを飛び回っているの。金のドラゴンを何匹も飼っていて，そのドラゴンたちはとっても人なつこくって，一緒に遊んだり背中に乗ることもできるの」。そしてアリスは自ら名乗り出てきた役者に対して，このような美しい人びとがどのように動き，飛び回り，飲み物を飲み，立ち振る舞うかを教え始めた（Schoop & Mitchell, 1974, p.147）。

最後の二つの引用は特定のテーマについての集団による即興，つまり，最初のものはシュープが提案した即興，次のものは患者自身の考えや感情が先導した即興と考える事もできるだろう。

即興と計画的ムーブメント形成

即興を計画的ムーブメント形成に統合することは，シュープのダンスセラピー（1974）のユニークなところである。シュープは即興を体で「いたずら書きをするようなもの」つまり，即興とは，「非言語による自由連想の一過程であり，それをしている間，その人は自分の体が無意識的に無防備状態で動くままに任せている」と考えていた（Schoop & Mitchell, 1974, p.143）。シュープは，自己観察，動作の創造，自己内省といった自我機能を使って，即興をしている間

にもたらされる主観的経験を追求して行く必要があると強調していた。彼女は患者が行った即興的な動きの中から有意義な側面を取り上げ，計画的で再現可能な一連のダンス・ムーブメントに再構成させることによってこの課題を果たしていた。このようにして一人ひとりは，自然に即興をしている間に現れたあふれるような無意識の刺激を組み立て（振り付け），そうすることによりそれらを身体的に統制するよう助けられた。

今や，自分の体を作品作製の道具にして，一人ひとりが主観的で自由きままに漂っている自分の気持ちを，客観的で明確な方法で表現する時が来た。このような創作活動をするには，心と体の両方の力を組織立てなければならない……。彼は自分を表現するための論理的な枠組を習得しつつあるので……さらに上の方法を手に入れつつあると言える（Schoop & Mitchell, 1974, p.146）。

この過程はいくつかの機能を果たしている。この過程は，過去において抑圧されていた無意識下されたイドの衝動を，観察する自我の統制下に置くことを助ける。このようにして一人ひとりは自我がイドを統制できるようになって行ったり，自我の力がほとんど発達していない場合でも，以前なら到底及ばない位の統制力を持つようになる可能性がある。シュープとミッチェル（1974）は次のように言っている。

今や彼はその感情を葛藤なしに経験することができ，その感情に対して正確にそして現実的に対処することができる。他の人たちはそれが分かり，それに反応することができる。そして，他の人たちの反応によって彼自身の現実感はさらに強められる（p.146）。

最後に，ダンスセラピーの中で即興過程が単独で行われる場合，つまり，即興過程の後に計画的ムーブメント形成が行われない場合の長所

と限界についてシュープが次のように考えていたことは特筆に値する。

　　ある人の葛藤感情がひとたび身体で表現されれば，即興はその主要目的を達し終えたといえる。そのことを繰り返してもそれ自体には何の意味も無い。なぜなら，その感情を体で何回も表現したところで，同じ方法でそれを何回も表現し続けるだけだからである（Schoop & Mitchell, 1974, 146）。

　即興によって生み出されたエネルギーと感情は，創造的活動に結実されなければならないとシュープは強く考えていた。もしもこのエネルギーが内向的な活動を構造化する手助けとして使われないとしたら，個人はその成長を阻害されたり，カタルシスを得ること自体を目的と考えてカタルシス体験をすることに頼りきってしまうことすらあり，内的統合や構造化や意味づけを行わなくなってしまう可能性がある。

まとめ

　シュープはセラピーの過程に教育的で診察的な方法を導入した。彼女は自分の方法を創造的で弾力性に富んだスタイルでまとめ上げた。ここに紹介された一連の方法，つまり，ムーブメント教育，リズムと繰り返し，内的ファンタジー，即興と計画的ムーブメント形成は，彼女の臨床的実践における実際の流れよりもよりよく彼女の理論的展望を表現しているように思える。シュープは患者と共に，楽しく，表現豊かで，創造的な交流をすることを望んでいたので，彼女は多くのユニークなダンスセラピー技法を後世に残すことになった。

6 アルマ・ホーキンス
人間性心理学，イメージ，リラクセーション

アルマ・ホーキンス（1905～1998）は1953年から1974年まで，カリフォルニア大学ロサンゼルス校（UCLA）ダンス学部の教授であった。1963年，彼女はUCLAにダンスセラピーを導入し，そこにおける彼女の研究によって分かり易いダンスセラピー・プログラムが展開された。現在このプログラムはイルマ・ドサマンテス・ボードリーが引き継いでいる。

ホーキンスがダンスセラピーの実践を始めたのは1960年代のはじめであった。UCLAの神経精神医学研究所の精神科医師であったアルフレッド・キャノンと共に研究をしていた。二人は一緒に，個人やグループ，成人や子どもをも対象にしてダンスセラピーを行った。ホーキンスは1977年までこの研究所で働いた。

ホーキンスは1930年代と1940年代に，バーモント州にあるベニングトン大学で，ドリス・ハンフリーやハンニャ・ホルム（ウィグマンの弟子）といったモダンダンスの革新者から幅広くダンスを学んだ。彼女は専門的なダンス芸術家と共に学んでいたが，彼女が主に焦点を当てていたのは教育であった。

ホーキンスは「カリフォルニア州の地図にダンスを書き込むことに貢献した」(Leventhal談，1987)とマルシア・レベンソール[脚注1]は言い，次のように続けた。

ホーキンスはいつも全身全霊ダンスに献身し，ダンスについて見識を持ったダンスの代弁者でした。彼女が非常に尊敬されるべき地位にいたことと，UCLAにおいて彼女が示していた一種の能力と彼女が持っていた雰囲気によって，権威ある人びとも彼女に耳を傾け，彼女はダンスを二流市民の立場から引き揚げて本格的に取り上げられるようにしました (Leventhal談，1987)。

その後，研究を続けて行くうちにホーキンスは，ニューヨークのコロンビア大学教育学部の教授であるハロルド・ラグの研究から深く影響を受けた。ラグは全ての芸術に関わる創造力の本質について興味を持っていた。ムーブメントは芸術に対して基本的役割を果たしており，思考過程において不可欠な部分を形成しているとラグは強く考えていた (Hawkins談，1985)。

UCLAで教えていた時期にホーキンスは，「創造的過程が持っている特性」と「十分に機能している人」についてもっと理解を深めたいと考え，エドモンド・ジェイコブソン（リラクセーション），ロバート・オーンシュタイン（意識の様式），ユージン・ジェンドリン（内的感覚）といった人びとの著作を読んだ。

彼女はヴァレリー・ハントと一緒に研究し，二人の共通な興味であるムーブメントについてよく議論した。彼女はまたメアリー・ホワイトハウスともダンスセラピーについて何時間も費

（脚注1）マルシア・レベンソールはホーキンスの弟子で，最初にインターンをした学生である。1963年から1965年まで，ホーキンスのもとでセッションや研究を行い，ホーキンスの手助けをした。

やして議論した。ホワイトハウスは彼女と長年の友達でありUCLAでダンスセラピーを1年間教えていた。ホーキンスは次のように言っている。

　　メアリー・ホワイトハウスと私はいろいろなことを話し合いました。私たちには共通しているところがたくさんあり，私が思うに，私たちが互いに相容れないことはほんの少ししかありませんでした。私たちの基本的考えは同じですが，その方法については違っている場合がありました（Hawkins談，1985）。

　アルマ・ホーキンスの職歴はぐるっと回って最初に戻っている。最初はダンスの仕事をして，それからダンスセラピー・プログラムを開発し，今はまたダンスを教えている。彼女はロサンゼルスのサンタ・モニカ大学で振付原論を教えていた。その科目には芸術家，ダンスを専攻している学生，ダンスセラピーのリーダーたちが出席した（Leventhal, 1984）。ホーキンスはマルシア・レベンソール，イルマ・ドサマンテス・ボードリー，スーザン・ラーヴェル，ジョアン・ワイズブロッド等，何人もの指導的ダンス・セラピストに影響を与えた。

理　論

　レベンソールはニューヨーク大学大学院のダンスセラピー修士課程プログラムの主任で准教授であるが，1960年代にホーキンスが行なった初期の訓練について次のように回想し，語っている。

　　……私たちはいつもホーキンス博士の基本的前提事項に戻って行った。それは「人は誰でも生まれつき才能や創造性を持っており，それらは導かれたり，揺り起こされるのを待っている」というものだった。彼女はダンスという芸術に生涯を捧げ，人の可能性を最大限

に成長させる方法として，ダンスほど純粋で真なるものはないと信じていた（Leventhal, 1984, p.7）。

　私たちの文化ではもう随分と長い間，心と体は引き離されて来ているが，人びとは心と体を統合する方法を探しているとホーキンスは感じていた。私たちが自分自身に出会って，より大きな意味で自分自身と関係を結ぶ前に，体自身が強くなっていなければならない。つまり「我々は船の碇（いかり）のような安心感を自分自身に感じるようになるまでは，自分を取り巻く環境を非常に上手く処理することができない」（Wallock, 1977, p.96）。ムーブメントという過程を通して，人は自分自身を自覚することができるようになり，そうすることによって，自分自身を取り巻く環境とより有意義に影響し合うことができるようになる。

　ムーブメントの構成要素はエネルギー，空間，時間の3つであるとホーキンスは考えていた。他の多くのパイオニアと同様に，「両極性」についても研究した。つまり，これら3つの構成要素の両極端と，それらの中間に存在する諸段階について，たとえば大きい・小さい，強い・弱い，またそれら両極の間にある段階について研究した。これによって，無数の段階や型がもたらされ，それが認識や経験をする上での最適な形式をもたらした。彼女は次のように言っている。

　　……私がやろうとしているのはいわゆる踊ることではない。そうではなく，むしろ，経験したことの外皮を一皮ずつむいて，最も純粋なムーブメントにして行くことである……。研究すればする程，ムーブメントと体は知覚と結びついていることが分かって来る（Wallock, 1977, p.90）。

　これと関連して，リラクセーションは知覚に影響を与える要素として非常に重要なものであ

るとホーキンスは考えていた。彼女は自分の研究の中に，エドモンド・ジェイコブソンの残存緊張についての研究を取り入れていた。ジェイコブソンは緊張を認識しそれを制御することによって不安を減少させ，さらに身体像を作って，知覚を敏感にさせる必要性を強調していた。残存緊張が高い程度に存在すると，不安を増すだけでなく，知覚の妨げにもなる。その結果，反応のパターンが狭く弱々しいものになり，その人の創造的影響力を減らすことになる。ホーキンスによれば，「情報や機能を操作する上で最適な方法は，広い幅を持った知覚データに身をさらすことである」（Wallock, 1977, p.90）。

リラックスした状態になっている人は自分の創造性や自然なエネルギーの流れを発見したり発揮したりすること，つまり「オーセンティック・ムーブメント」が比較的良くできる。様々なレベルの意識に触れている人は，比較的高い自然さとイマジネーションで反応することができる。そのようにして，エネルギーの流れとムーブメントの型が本当に「真正なもの（オーセンティック）」になる。

ホーキンスによれば，ムーブメントにおける真正性（オーセンティシティー）とは外に現れ出たムーブメント・パターンと内的に感じているものとが一致していることをも意味しているという（Hawkins談, 1985）。リラクセーションによって人は内的知覚への扉を開き（つまり，内的な自己へ耳を傾け），それまでに経験したものと記憶の痕跡とを新しい組み合わせで結合することができるようになる。この状態から発展して行ったムーブメントは意味や内省で満たされることができる。オーンシュタイン（1972）の研究に基づいて，ホーキンスはこれを大脳の右半球を使って，「直線的，連続的方法による経験や認識よりも，直観的感覚，全体的感覚といった内的方法による認識」を可能にしていると考えた（Wallock, 1977, p.81）。ここから「身体自己（ボディー・セルフ），つまり，

「身体像，身体自我（ボディー・エゴ），身体境界の基礎構造……」等に理論が発展して行った（Wallock, 1977, p.91）。

ホーキンスはスーザン・ワロック（1977）との対談の中で，自分自身の理論的モデルは「発達モデル」（p.92）であり，彼女が影響を受けたものの一つである人間性心理学であると言っている。レベンソールとの対談の中でホーキンスは，芸術形式としてのダンスと癒しの道具としてのダンスとの関係について，次のように述べている。

> ……療法的目的に方向付けることができる基本的運動過程というものがある。人に変化をもたらすのはこの過程である。この基本的運動過程は実際には創造的過程であり，美的な目的に向けることも，芸術作品を創るという目的に向けることも容易にできる。芸術的探索もダンス・ムーブメントセラピーも，どちらもその基本的過程は同じであるように私には思える（Leventhal, 1984, p.9）。

創造的過程が「内的感覚，感情，イメージ」に基盤を置いているかぎり，「癒しが生じる」（Leventhal, 1984, p.10）とホーキンスは信じていた。「人は創造的経験や美的経験を追い求めるが，それはそれらが人を豊かにするからであり……それらが社会にとって欠けがえのない個人になるのを助け，社会と調和していると実感するのを助けるからである。」（Hawkins, 1972）。

方法論

ダンス・セラピストとしての彼女の役割は，教師とか指導者というよりも援助者とかガイドであるとホーキンスは考えていた。彼女の目標は，創造的経験をしてもらうことにより，人が自分自身の考えや感情に触れ，その人がもっと豊かに内的刺激や外的刺激に対応できるようになることであった。次に引用する文の中で彼女

は自分の方法論がどのように発展して行ったか
を語っている。

　　……ダンスのテクニックに関係するものは使
　わないようにしようという経験を通して……
　ある基本的な運動現象がもっと良く分かった。
　その結果，私は時間，空間，エネルギーの流
　れ等の運動要素を使って動く課題を出すよう
　になった。私はいつも患者が与えるものに方
　向付けられたり手掛かりを与えられたりして
　来た。ダンスを教えたり，あらかじめ決めら
　れた練習をするのではないと自分では分かっ
　ていたが，基本的な動きについての本当の特
　徴を見出すまでにはいくぶんかの時間がか
　かった（Leventhal, 1984, p.8）。

　言語であろうと非言語であろうと，ホーキン
スはその人がセッション中に体験する全てのこ
とを支持し，善悪の判断はしなかった。たとえ
ば，「今日は動いている時に，何かいつもと違
ったことが起きたように感じましたか？」等
という個人的な質問をして，その人が体験し
たムーブメントについて言葉で話すのを助け
た（Leventhal, 1984, p.11）。その人の動きの中
に彼女が見たものや，その人がどのように動い
たかについて，その人に話すことが大切だとは
思っていなかった。同様に彼女は，患者が反応
して動いたことについて読み解いたりはせずに，
それらはただ起きたこととしてそれらの結果を
支持し，患者が自分自身の内省によって空間を
占めて動くようになった時に彼らの成長が見ら
れると信じていた。自己実現への旅の中で，患
者にとって最も支えとなるような，ある種の経
験を発見することがホーキンスの挑戦的役割で
あった。
　ホーキンスのセッションは，ある程度導かれ
た形でムーブメントを体験し，注意を集中した
り，体験の幅を広げたりすることから始めるこ
とが多かった。それに続いてリラクセーション
を行ない，その中には呼吸に配慮したものも含
まれていた。セッションの残りの部分では，イ

メージを描くことによって導かれるようなムー
ブメント課題も含まれていた。それらのイメー
ジはいつも本人自身が方向性を付けるような反
応をすることが許され，自由な形で終わること
ができた。二人で行ったり，グループで行うこ
とにより，イメージに対する反応について互い
に影響し合ったり，ムーブメントのアイディア
を互いに検索するような課題も含まれていた。
イメージを描くことは発展して行くような経験
であり，具体的なものが抽象的なものへ段階を
追って変化して行くものだとホーキンスは考え
ていた。
　イメージを描くことは，ホーキンスの臨床に
とって欠くことのできないものであった。イメ
ージの使い方について彼女は次の様に表現して
いる。

　　私は1960年代のはじめから，ダンスのクラ
　スでイメージを描くことをどのように使うか
　について研究を始めた。それから，ダンスセ
　ラピーを始めてからはそれまで以上に幅広
　く，個人的，具体的，抽象的なイメージの描
　き方を研究した。そして最近の研究では，特
　に「内的感覚」を研ぎ澄ましたり，創造的プ
　ロセスを導く方法としてイメージを使うこと
　についてさらに深く研究するようになった
　（Hawkins談，1985）

　ホーキンスはまた「自己方向付け反応」とか
「感覚レベル経験」というワークも行った。後
者について彼女は，「純粋な感情とは異なる内
的感覚から導かれた（Hawkins談，1985）」経
験であり，そこでは純粋に体で感じた体験であ
り，その感覚を動きにする経験であると表現し
ている。セッションを終わる時には，グループ
全員が一緒に集まり，自分たちの経験を報告し
合う。

要　約

　ホーキンスはセラピスト，芸術家，教育者として貢献し，ダンス・セラピスト，振付師，ダンサー，役者，運動教師に影響を与えた。彼女は主に，イメージを描くこと，ダンス要素，創造性要素を，人間性心理学の原理に基づいた正式な癒しの経験に統合させる分野において貢献した。

ディスカッション

主要なパイオニアたちにみられる共通点と相違点

　今日行われているダンスセラピーの実践は，1940年代～1950年代に活躍した6人のパイオニアたちの貢献によってできた強固な基盤の上に立っている。1960年代のはじめ頃までには，ダンスセラピーの臨床は①様々な種類の精神障害者に対してすでに行われており，②同様に幅広い臨床的介入方法や支援技法を使っていた。

　しかし，まだ開発されていない分野として，経験に基づいた研究，実験的研究，完全な理論的枠組みを構成すること等，ダンスセラピーの理論と臨床における幅広い分野を統合する研究が残っていた。フロイト，ユング，アドラー，ライヒ，サリヴァンによってすでに確立した理論的基礎を頼りにしながら，その後の比較的新しいリーダーたちは互いに自分たちの理論を統合することは少なく，また，自ら書き記したものを通してではなく，パイオニアたちとの口頭による意見交換によって学んできた。ダンスセラピーの理論がダンスセラピーの臨床よりもゆっくりと発展しているように見えるのは，おそらくダンサーやダンス・セラピストには基本的には行動的な人が多く，他人のニーズや現状に対する方法を審美的に「感じ取り」，そのニーズに言語的にまた非言語的に直観的に対応したいという性格によるのではないだろうか。

　ダンスセラピーの分野における初期のパイオニア的指導者たちの間に見られる共通点と相違点は，①介入の型（言語的に支援するか非言語的に支援するか）②セラピストが制御する程度（直接的に働きかけるか，間接的に働きかけるか）③セラピストの注意が主に強調するところや焦点を当てるところ（水平的過程か垂直的過程か（Siroka 談, 1976），個人的過程か集団的過程か）という観点から探ることができる。

介入の型

　1940年代～1950年代，ダンスセラピーの介入方法として明らかに異なった型が二つあった。第1の介入方法は療法的ムーブメント関係と言われ，その特徴はダンス・セラピストがセッションに参加して言語や非言語を用いて参加者が動き易くする点にある。第2の介入方法は共感的観察役と言われ，その特徴ははじめにダンス・セラピストが言語でムーブメントについての指示を与え，その後は静かに観察しているという点にある。これら二つの型は互いに異なった方法でムーブメントを促すが，患者たちが最終的に到達する形（パントマイム，ドラマチックな動き，即興等の象徴的な運動表現の形）が同じようになることも多い。運動の形は同じようになっても，介入方法や誘導方法が違っている点が，主なパイオニアたちの多様性になっている。チェイスはこれら様々な運動形を誘導する原動力として療法的ムーブメントによる相互作用を用いた。ホーキンスもチェイスによく似た運動形をもたらしたが，ホーキンスは患者を

励ましてイメージを描かせたり，創造的な動きのアイデアを提案することによってそれをもたらした。ホワイトハウスやエヴァンの患者たちも最終的にはこれらの運動形を行うようになったが，これらのダンス・セラピストは患者たちにイメージや夢を再演することを勧め，身体ムーブメントによる自由連想を強調した。したがって，似たような運動形が結果として現れたとしても，それらが形作られるに至った方法は非常に異なっていた。

セラピストが制御する程度

　セラピストが制御する程度については，患者が自分自身で方向性を定めることを許すものからセラピストが全体的に制御するものまでいろいろある。主要なパイオニアたちは全員，直接的である（動きを教える）時があり，ボディー・アウェアネスの訓練を行ったり，動きのテーマを与えたり，振り付けをした。

　チェイスはムーブメント相互作用を使って，患者にリズミカルな表現をするよう促した。このリズミカルな表現は，療法的ムーブメント関係と一緒になって，一人ひとりの患者を何とかして自己表現に至るよう導いた。チェイスはいつも患者のムーブメント経験の一部であり，——患者を指導し，物語り，映し出していたので——，セラピストはかなり大きな程度で常に患者を統制していた。それとは反対に，ホワイトハウスやエヴァンは自分たちの患者が即興をしている時には傍らに座っていた。彼女たちはよく，それとなく示したり，突然のテーマを出して，一人ひとりの患者が動きを探索するのを助けるという形で方向付けをしていた。しかし，一たび患者が即興を始めるとその患者は独立した時間と空間を与えられ，意識的または無意識的な思いや感情を探索することができた。一連の動きが自然な結論に導かれた後には，自分の動きを振り返ったり，討議がなされた。ホワイトハウスもエヴァンも，患者の即興については

自然な必然的な終結について語っていた。ダンス・セラピストは中断したり方向性を与えること無く，即興が最後まで行われるように配慮した。

　シュープはチェイスのように比較的指示的な役割を演じた。シュープもチェイスも入院中の精神障害者を対象にしており，両者とも無意識に関することを探究するよりもムーブメント自体を比較的長時間やる傾向にあった。さらにシュープは感情を振り付けるように促すことによって，患者が自分たちの日常生活に対処するよう励ました。一方，エスペナックは指示的な役割や非指示的な役割を演じながら，前へ後ろへと自由に動いた。彼女は入院している患者と通院しながら個人指導を受けている患者との両方を対象にしていた。

　パイオニア時代のリーダーたちは全員，ダンスセラピーのセッションを積極的に統制していたが，統制の程度やその形は様々であった。パイオニアたちは全員，言語的な方法や非言語的な方法でテーマとなる素材や自分を投影するような素材を患者に与え，それらを探究させた。最初に何の指示も与えられなかったり，要所要所で指示や説明が無かったり，再確認や意見等が全く与えられずに放ったらかしにされたままで自分たちの動きを探究するよう求められることは決して無かった。

　パイオニアたちの間から一つの型が浮かんで来る。比較的重度の障害がある入院患者を対象としているパイオニアたちは「今，ここを大切にして留まる」傾向にあり，意識されている考えや感情に焦点を当てることが比較的多く，患者とセラピストによる相互作用を比較的強く強調する傾向にあった。比較的健康な患者グループの指導を個人的に行っていたパイオニアたちは無意識の事柄や初期幼児期の素材を比較的多く探究した。さらに，それらのパイオニアたちは深層についての個人的な即興も行わせた。

セラピストが主に焦点を当てたところ

セラピストが最も強調しているところ，焦点を当てているところについては，「水平的」強調と「垂直的」強調という概念を表す用語で議論することができる（Siroka談，1976）。ここで言う「水平的」とは集団精神療法でよく見られる過程で，そこでは一個人が持っている特定の直接的な課題が一般化されたり拡大され，そのグループの比較的一般的なニーズに適応できるようになる。このようにして，個人のニーズと集団のニーズとの間には連続的な相互作用を行う過程があることが明らかになる。シュープが様々な相異なる動きの型を患者に教える時に使った方法は水平的方法の一例である。この教育的方法によって，患者たちは自分自身，他者，パーソナリティの可能性，習慣的型について学ぶことができ，それによって患者たちは自分自身についての様々に異なった側面を発見することができる。

一方，「垂直的」方法では，集団の中でまたは1対1の形式の中で，個人が持っている精神的葛藤や発達上のニーズをもっと深く探究する。「垂直的」という用語は，個人的な強調点を示すために使われ，ホワイトハウス，エヴァン，エスペナックの研究にはよく見られ，シュープの研究でも時々見られる（ムーブメントのファンタジーを強調する時に最も顕著に見られる）。

水平的方法も垂直的方法も，どちらも個人セッションと集団セッションの両方に使うことができると強調することは重要である。たとえば，エヴァンのようなダンス・セラピストは個人セッションも集団セッションも行っており，どちらのセッションでも垂直的方法を用いていたが，個人セッションの方を強調する傾向にあった。

チェイスは患者の感情的生活に深く入り込むという非常にユニークな才能を持っていたが，主に集団ダンス・セラピストとして水平的な焦点の当て方をしながら活動していた。つまり，彼女はグループ内のできるだけ多くの患者の感情的なニーズに従って動いており，参加者のニーズを素早く直観的に調整し，様々な動きを整え，グループのメンバーの大方の流れに合わせていた。チェイスはグループのニーズと個人的ニーズの間を素早く行き来し，一人ひとりとの関係をつける上で必要な程度に個人の過程に軽く介入しながら，患者たちの動きを通して，グループの過程の中にその個人を融合させて行った。チェイスはまた個人のニーズを活用してグループの過程を深め，そうすることによって患者相互の水平的な過程を創り出していた。

要　約

セラピストによって導き出された動きの種類は同じようなものになっていても，誘導する方法はそれぞれのダンス・セラピストの介入方法によって互いに異なっている。統制という観点で言えば，6人の主要なダンスセラピーのパイオニアたちは全員，何らかの方向付けを行っていた。しかし，そのうちのある者は言葉による方向付けを強調し，他の者は身体による方向付けを強調していた。深くて個人的な精神の内面を探索することに主な焦点を当てるダンス・セラピストもいれば，個人的なニーズとグループのニーズとの間を常に調整し，いつも感情をグループのレベルに戻すことを大切にしているダンス・セラピストもいる。

セクション C

その他の初期のパイオニアたち，
指導者たち，功労者たち

ダンスセラピーが中西部に現れる

　これまで述べて来たように，ダンスセラピーのパイオニアたちはしばしば創作ダンスやモダンダンスの教師たちと一緒に学び，そこで学んだ事柄を発展させて，精神療法の道具としてのダンスであるダンスセラピーの概念を形成して行った。米国の中西部における初期のダンス・セラピストの多くはマーガレット・H・ドゥブラーという「ランドマーク的ダンス教師」（Thomas 談, 1986）から強い影響を受けた。彼女自身はダンサーではなかったがH・ドゥブラーはダンスを米国中の大学教育の中に取り入れるよう奮闘した。彼女は1918年にウィスコンシン大学でダンスを教え始め，1953年に定年退職した。彼女は1940年に『ダンス：創造的な芸術体験』を出版し，現在この本は古典として残っている。

　H・ドゥブラーはセラピーを行ったり，セラピーという形のダンスに興味を示すことは無かったが，ムーブメントについての彼女の考えが彼女の生徒たちを自然にダンスセラピーの探索に導いた。彼女は，内的に感じているものや感情を外的に身体表現することは，感情のバランスを保ったり回復させたりする方法として作用すると感じていた。1950年代の初め頃までに，ウィスコンシン大学ではH・ドゥブラーの学生であるローダ・ウィンター・ラッセルや，彼女の同僚であるシャーリー・ゲンター，マヤ・シェイドを中心にして，ダンスセラピーに向けたダンスとムーブメント教育に対する関心が高まっていた。H・ドゥブラーはこの流れを助け，学生がこの分野において専門的に研究するのを助けた。

　H・ドゥブラーは，外面的な形や型から始めて「外側のものから内へ」というよりも，ドゥウェイのような人間性教育哲学を使って（Thomas 談, 1987），人びとの感覚やムーブメントから受ける感じから始めて「内側のものから外へ」と教えた。彼女の学生は，ダンスの科目の一部として，音楽，リズムの形，解剖学，生理学，物理学，運動学，高等生物学，身体学的教育理論を学ぶ必要があった（Russell 談, 1986）。

　ムーブメントについてのH・ドゥブラーの見方はラッセルによる次のことばに表れている。

> 彼女の目的は……運動学的な理解を深めたり，感覚を敏感にさせたり，運動による反応を十分にする能力を高めることであった。つまり，動いた時の感覚に伴っている感情の状態に気付き，それを評価し，さらに，ムーブメントが持っている表現力を体験することであり，意味やコミュニケーションがムーブメントの形の中にある構造によってもたらされることを理解することであった（Russel, 1970, p.69）。

　デボラ・トーマスはウィスコンシン大学の大学院で研究し，ウィスコンシン大学の学部レベルのダンスセラピー課程の主任になった指導的ダンス・セラピストであるが，H・ドゥブラーが活動している時の一例を示してくれた。1976年に行われたウィスコンシン大学のダンス専攻

課程の創立50周年記念におけるH・ドゥブラーの授業について次のように述べている。

　……H・ドゥブラーは椅子に座っている学生たちに対して，自分たちの肩甲骨の場所とそれが動く範囲に注目するように言いました（それは骨格標本を使って行われました）これは非常に楽しくまた「新鮮な」感じを与えました。それから彼女は私たちに，両手を肩から真っすぐ前に伸ばすように言い，その時の肩甲骨の動きを連続的に探索するようにと言いました。その後彼女は，視線を真っすぐ上に向けて頭を上げるように言いました。それからその形のままで，広い体育館の隅から隅まで，グループ全体を次第に早く歩かせ，ついには走らせました。これは，内面を探索することから作られた夢中になるような動きのフローでした。この例は，少しずつ感じ取り易く（また，協調運動をし易く）するために一度に一つずつ要素を加えて行くという彼女のテクニックを表しており，また，外側からのイメージではなく，学生が自分自身の運動学的な理解から練習することを表しています。このように導かれた動きの構造は「自然」であり，自ら発見したという実感と美的感覚を伴っていました（Thomas談，1986）。

　以上述べた引用から，学生がダンスをセラピーという形で使うことを探索する上で，H・ドゥブラーの教え方がどれほど刺激になっていたかが分かるだろう。さらにトーマスは次のように述べている。

　80歳になっても，彼女は生き生きとしていて，好奇心旺盛な人でした。たとえば，彼女があなたに興味を持ったとします！　彼女の眼と表情は「あなたは特別だ，可能性に満ち溢れている」と言っていました。あなたの心を捉えるものを探していました。あなたが特定の考えに対してどのように関わり合うか，彼女はそのサインを探していました。彼女の熱狂的な態度は人びとに伝染し，自分自身に対して批判的で躊躇している人がそれを乗り越え

る手助けをしていました（Thomas談，1987）。

　1950年代の始めまでには，ダンスセラピーはウィスコンシン大学で注目を浴び，そこが活動の中心になり始めていた。シャーリー・ゲンターという非常に尊敬されている音楽家がいて，音楽，リズム形式，リズム分析を教えていたが，その人が心理劇や表現療法に非常に興味を持つようになった。彼女はメンドータ州立病院でムーブメントセラピーを進める上で陰の主要な力の一人になってくれ，ウィスコンシン大学の何人もの学生がこの病院でダンスセラピーの実習を行った。

　ゲンターは精神科医であるテルマ・フルーザや少し遅れてエドナ・フィッチと協力して精神病患者に対して創作ダンスを用いる方法を研究した。ウィスコンシン大学で予備的なセッションを開き，ダンス・ムーブメントによる方法と心理劇による方法を合わせて使う試みをした。それから，メンドータ州立病院のスタッフである精神科医の指導の下で，重度の障害を伴っている患者のグループに対してこの方法が行われた。リラクセーションのための動きや，体を揺する等の単純な身体運動をしてから，それらの動きをしてどんな風に感じたかを話し合ったところ，患者たちは体が楽になったように感じ始めていた。その心地良さが増して来たところで「ムーブメント・ドラマ」が導入され「心地良さが更に高められ，時にはそのまま心理劇に」導かれた（Genther, 1954, in Rosen, 1956, p.78）。このムーブメント・ドラマという考えは1970年代の後半になって『心理劇的ムーブメントセラピー』（Levy, 1979）という表題で再登場することになる。

　ローダ・ウィンター・ラッセルはH・ドゥブラーの弟子でダンスセラピーのパイオニアであるが，メンドータ州立大学病院でのダンスセラピー訓練（1951-54）を最初に受けたウィスコンシン大学の学生であり，そこで学んだ原則

や技術を精神医学の分野へ応用した。この分野における彼女の研究はシャーリー・ゲンターに指導を受けており，また彼女の修士論文『動きと感情：感情を振り付ける』（University of Wisconsin, 1954）はH・ドゥブラーに指導を受けたものである。

H・ドゥブラーの運動学的認知に関する研究と，運動と人間表現との関連性についての研究が基礎となり，その上にラッセルの研究が成り立った。後にラッセルはドイツに行きウィグマンのもとで学んだ。その後のダンスセラピー訓練と教育について言えば，ラッセルはH・ドゥブラー，ウィグマン，後になってアルヴィン・ニコライの実用的で様式化していない方法を取り入れ，患者が「どっぷりとムーブメントに浸かること」（Russell 談, 1986）を助けた。この訓練方法やその他，理性感情療法，ゲシュタルト療法，人間性心理学等の影響も受けながら，彼女は独自のダンスセラピー方法論を創り出し，ニューヨーク市内とフィラデルフィアでダンスセラピー訓練プログラムを推進した。彼女は1956年までにはニューヨークに居り，ニューヨーク州立マンハッタン病院のムーブメント・セラピストとして活動したり個人指導をしていた。興味深いことに，彼女の訓練を受けた人の中には，ダンスセラピー分野の指導者でありADTAの元会長であるミリアム・ロスキン・バーガーがいた。バーガーの活動には彼女も指導を受けたマリアン・チェイスの影響が見られるが，同様にラッセルの影響も見られる。

マヤ・シェイドはダンサー，ダンス教師，体育教師であるが，彼女もまた1950年代のはじめにウィスコンシン大学にいた。ラッセルと同様，シェイドはH・ドゥブラーの教育から影響を受けると共に，デルサルト，ラバン，メンセンディック，ケファートらの考えを信奉していた。当時，彼女はムーブメントやリラクセーションを癒しの道具として使い始めていた。彼女のリラクセーション技法については彼女の教え子であるジョアンナ・ハリス（1980）が記述しており，これはジェイコブソンが著した『進歩的リラクセーション』（1929）を基盤にしたもので，人のエネルギーパターンを再評価し，イメージを描く方法を使っていた。シェイドはまた身体矯正を行い，特に療法的な運動練習を組み込んでいることで知られている。

シェイドがウィスコンシン大学の学部課程でダンスセラピーを教え始めたのも1950年代であった。この課程には学生が精神科病院に行って患者と関わることも含まれていた（Kuppers, 1980）。さらに1968年にADTAの最初の会議がウィスコンシン大学で開かれた時には，シェイドはその運営を助けた。

ジョアンナ・ハリスはシェイド，ゲンター，H・ドゥブラーに学んだ学生であった。彼女たちの影響は，メアリー・ホワイトハウス，マース・カニングハム，発達心理学，ユング心理学，精神分析心理学と共に，ダンスセラピーにおけるハリスの実践の基礎を形成した。

ウィスコンシン大学は1950年代において初期のダンスセラピー指導者たちにとって重要なセンターではあったが，中西部のダンスセラピーが拠って来る源はそこだけではなかった。それ以外の重要な指導者たちや貢献者たちがこれらの形成期には別個に活動しており，特に，ミネソタ州のアリス・ボヴァード・テイラーは精神病患者に対して，同じくミネソタ州のビリー・ローガンは発達障害児に対して，オハイオ州のノーマ・キャナー（第23章を参照）は精神病の子どもたちや脳性まひ児たちに対して活動していた。1982年には，ジェイン・ガネット・シーゲルがシカゴのコロンビア大学に入学し，西南部では最初にしてたった一人のダンスセラピー修士課程の院生となった。シーゲルはもともとシカゴを拠点にしたダンサーでありダンス教師であったが1960年代のはじめにマリアン・チェイスのことを耳にし，一時的にシカゴを離れて，ニューヨークにいるマリアン・チ

ェイスのもとで勉強する決心をした。彼女は
自分の直観に従ってニューヨークに来た。彼女
はダンスが持っている癒しの力を直観的に信じ,
1950年代に創作ダンスの教師をしながらこの
癒しの力を実践していた。非常に多くのパイオ
ニアと同様に,彼女はダンスが持っている療法
的諸側面に注目し,彼女のダンス生徒に対して
早い時期から研究していた。

　彼女は1960年代のはじめにシカゴにチェイ
スの技法を持ち帰り,この分野の開拓に力を注
いでいた人びと,特にミルドレッド・ディッキ
ンソンと組織作りを始めた。この初期のパイオ
ニア時代についてシーゲルは「私は一人ぼっち

でいるように感じていました。仲間の人びとは
中西部中に散らばっており,一人ひとりが離れ
離れになっているのでそれを結び合わせること
が大変でした」と言っている（Sigel 談, 1986）。

　1966年,シーゲルは米国ダンスセラピー協
会の創立委員になり,団体組織からの支援を受
ける関係になった。1976年,シーゲルはジュ
ディス・フィッシャーと共に最初の中西部ダン
スセラピー大会を組織した。その後に続く全
国的な大会において,30人の中西部のダンス・
セラピストが自ら率先して最初の中西部地方部
会を組織した。

8 文献上に見られるパイオニア的な功績

　この章ではダンスセラピーに関する二つのパイオニア的な学問的成果を論議すると共に、ダンスセラピーの教育を分析した最初の重要な研究を概観する。

　まず最初にフランツィスカ・ボアズ（1941）の論文「創作ダンス」を細かく論評する。ボアズの論文は、子どもに対するダンスセラピーについての最初の包括的な論考である。

　また、この章ではエリザベス・ローゼンの著作『精神療法としてのダンス』（1957）も要約する。この本はすでに絶版になっているが、入院中の精神科患者に対するダンスセラピーについて、その詳細な報告という点でこれに比較し得るものはほとんど無い。

　この章で最後に論評される1956年の研究は、ダンスセラピーの歴史上では早い時期におけるダンスセラピーの発展を分析するものである。この研究は、数年間に渡るダンスセラピー課程、および、その課程が今日の技法にどのように影響を与えているか、を再考する上で有益な評価基準を提供している。

パートA. フランツィスカ・ボアズ：影響力ある概念

　1941年、フランツィスカ・ボアズは影響力のある論文を二つ書いて、ダンスセラピーの文献を充実するための貢献をした。後に彼女はこれらの論文を統合し、ロレッタ・ベンダーの著書（1952）の含蓄ある一章「小児の精神医学的技法」にした。この章には「創作ダンス」と名付けられた論文が含まれており、それはコストニス（1978）の著作に「動きを用いたセラピー」として再録されている。

　「創作ダンス」の中でボアズが述べた考えは、ダンスセラピーの理論と実践が作り出した全体的思潮の一部であったことは明らかであり、そこには彼女自身も参加していた。1940年代、ボアズは、ニューヨークにあるベルビュー病院で療法的方法としてダンスを使っていた。精神分析的考えが幅広い支持を得て広がり、「内面的ダンス」という考えが現れ、それらが最も流行ったのも、20世紀初頭のこの時代であった。ボアズはこの変わりつつある状況に少なからぬ影響を受け、ベルビュー病院における彼女の仕事の中に「心理学的考えと治療目標を結合したもの」を取り入れた。

　しかし、ボアズは基本的にはダンス・セラピストではなく、むしろ創作現代舞踊の教師であったことは書き記しておくべきであろう。彼女は父である人類学者フランツ・ボアズから大きな影響を受けていた。1971年に開催された第6回米国ダンスセラピー協会年次大会において、ボアズは「芸術としてのダンス」と「セラピーとしてのダンス」の関係について講演した。彼女が発表した考えは、彼女の論文に使われている精神分析的術語を使っておらず、彼女がもともとダンスに根ざしているという明確な傾向を表していた。ボアズは明らかに、まず第一義的にはダンサー、教師、研究者であった。

ボアズの研究が進展したのは，ある部分は彼女がバード・ラーソンと一緒に行ったダンス研究のおかげであり，また他の部分は彼女がハンニャ・ホルムと一緒に行った研究のおかげであるとボアズは言っている（Boas談，1987）。彼女はまたメリー・ウィグマンの研究からも大きな影響を受けた。ボアズは少しずつ彼女自身の教育方法を作り出し，その中で技術的な運動技法と創作運動とを結びつけ，そのやり方を彼女は「創作的現代舞踊」と呼んでいた。この創造的で表現的な方法は本質的に療法的なのだと彼女は明言していた。

> 私は「芸術としてのダンス」と「セラピーとしてのダンス」を全く区別していない。どのような芸術も芸術家と観客の両方に療法的な効果をもたらす。芸術であるかセラピーであるかは，正にどのようにそれを見るか，なぜ踊ったり絵を描いたり文章を書いたりするのか，なぜ誰かをその活動に誘うのかにかかっている。これらの事柄が，特定の活動がセラピー的であるか否かを決めることになる。ダンスはセラピーにも芸術にもなれる（Boas, 1971, p.26）。

ボアズが語った原理は生活におけるダンス機能を見つめ，ダンスは人間のスピリットを表現するものだという信念にまで深めることになった。

> ……ダンスはそれ自体がいろいろなものを内蔵している。ムーブメントは緊張，感情，内的思考を表す象徴になる。踊るためには，重さ，速度，緊張，体積の変化を感じなければならない。大きな空間と小さな空間，密な空間と疎の空間が感じられなければならない。動きの法則に意識的に身を任せ，体を統制し，体を思うがままに運ばなければならない……。そうするには，体と心に起きる予期せぬ出来事に「自分自身を見失って没頭する」

勇気を持たねばならない。メリー・ウィグマンは言った「スピリットに出合わずに踊ることはできない」と（Boas, 1971, p.22）。

ダンスは「本質的なパワー」，「ダイナミックな力」を持っており，一度それが発揮されると，体の中を通り抜け，ダンサーの思い，感情，スピリットを露にする。このようにダンスが人びとのスピリチュアルな側面と結びつくと，科学の領域からダンスセラピーのある側面を導き出し，科学と芸術を部分的に再結合させるとボアズは断言していた。この考えは今日のダンスセラピーにとって特に重要である。多くのパイオニアやこの分野の現代の指導者たちは学生たちに「ダンスに戻って，ダンスセラピーの本質を見つけるよう」勧めている（1985年の研究結果，Evan談, 1980, White談, 2003）これらの指導者の間で言われている事柄には深い考えが含まれており，比較的新しい世代のダンス・セラピストは他の技法（精神分析，バイオエネルギー法等）の「見解」にあまりにも頼り過ぎており，「ダンスそのものが持っている本質的な癒しのパワー」を忘れているか，おそらく本当には理解していないか，身につけていないのではないかというのである。

創作ダンス

ボアズの方法については，彼女の論文「創作ダンス」（1941）の中で，主にベルビュー病院で子どもたちと共に過ごした臨床経験と自分のスタジオでダンサーたちと過ごした経験を通して語られている。ベルビュー病院における活動の中で，ボアズはロレッタ・ベンダーやポール・シルダー[脚注1]との共同研究から得た考えや方法を，自分の創作ダンス技法に統合した。

ボアズは，「その人のムーブメント行動はそ

（脚注1）ロレッタ・ベンダーは精神科医であり，『小児精神科技術（1952）』の著者である。ポール・シルダーは精神科医，精神分析家であり，古典的な論文「人体のイメージと外見」（1950）の著者として著名である。

の人の身体像を直接的に表現したものである」と言うシルダーの信念から強い影響を受けている。ボアズはバック転をしたがっていた統合失調症の少年の例を出していた。彼はバック転を試みる度に，死ぬのではないか，自分を見失ってしまうのではないかという恐怖で動きを一瞬止めていた。この例は，不十分で，断片的で不完全な身体像（Shilder, 1950）を持っていると，障害を伴った人にとって有意義な自己表現の要素をどれほど制限したり決定付けたりすることがあるかを示している。

シルダーの助けも借りながらボアズは，「身体像がムーブメントのレパートリーに影響を与えるのと丁度同じように，このレパートリーを注意深く変化させることにより身体像に影響を与えたり，それを発達させたりすることができる」と強調していた。この理論はボアズの実践にとっては基本的なものである。このような理由で，彼女は様々なムーブメントを体験させることを促すよう非常に強く主張していた。たとえば，人びとに新しい姿勢をとらせ，様々な動きを集中的に探究させたりした。体を床に近づけたり（たとえば，横になったり，四つん這いになる等），目を閉じて個人的ワークをしたり，ムーブメントの反応を促すために景気付けとして衝撃音を使ったりした。その人が普段から好んで行っているものとは違った新しい動きを体験させることは，その人が自分自身を理解することを容易にし，パーソナリティの領域を広げる能力を高めるものであり，それは他の方法ではできない独自のものであると彼女は主張していた。たとえば，彼女は床のワークを行うことによって，我々の中に動物的なものや原始的なものが潜んでいることに気付かせ，それらのものと本能的な共同作業をするよう促した。

人と垂直面（重力）とが作り出す関係を妨害したり変化させたりすることは全て，体全体の運動メカニズムに影響を与える。人が床に横になっている時と立っている時とでは，姿勢を作る全体的システムが基本的に異なっている。真っ直ぐに立っている時でも，頭が前を向いているか横を向いているかによって筋肉の強健さは非常に違っている。頭の位置が変化すれば，体全体の強健さの分散の仕方が変化する（Boas, 1978, p.115）。

「人間は文明化した文化の一部なので，原始的で混沌とした衝動と常に戦っている」とボアズは考えていた。彼女は，創造的なムーブメント経験を形式化したり，構造化する前に，子どもに自由に経験させて，混沌とした形の無い表現に没頭させる重要性を強調していた。自由に対するこのような初期の原始的な衝動を十分に満足させることこそが，結果として，子どもが自分自身にとってかけがえの無いムーブメント・スタイルを発達させることを可能にすると彼女は信じていた。つまり，ムーブメントやダンスによって考えや感情やファンタジーを昇華するような形で表現することは，確固とした形式的なファッションの中からではなく，むしろ，突発的な自然な方法の中から出て来るものであるというのである。

この種の探索や学習は飽和状態に至るまで続けさせるべきであり，そうなれば，組織化されていないムーブメントや混沌としたテーマはリズミカルな繰り返しや第三者にも理解できるようなファンタジーという形になって行く。別の言葉で言えば，原始的な動物的な衝動は，芸術表現に昇華する素材に結実するのである（Boas, 1978, p.118）。

「教師的セラピスト」の役割は，学生がこの初期の段階を超えて，ボアズが「半意識下の昇華」と言っている段階に行くレディネスができているかどうかを敏感に判断することである（1978, p.118）。「半意識下の昇華」というのは，それまでよりももっと組織化された象徴的なレベルの動きのことである。ボアズは，全ての子

どもがこの変化を達成できるようになる訳ではないと指摘していた。この昇華が妨害されると，二つの行動型が起きる可能性がある。一つ目は，その子どもが渾沌とした小児のような運動型を続けるもので，二つ目は，自然な原始的欲望から身を守って逃避する運動をするようになるものである。

心と体を統合する上で最も大きな障害となるのは，これまでとは異なった新しい観点から自我を経験することへの恐れであるとボアズは信じていた。これは落下する恐怖，制御を失う恐怖，体の一部を失う恐怖として表現されることが多い。

> ダンサーは，原始的な運動力というダイナミックな力やそれと結びついた感情から受ける不安や恐怖から自由になった境地に到達した時に，自分自身の身体的強さを感じ，自分は自分の体を制御したり命令したりできると感じる。ダンサーにとっては，ダイナミックな運動から感じる不安や恐怖は，自分自身の身体像の概念が不安定になって行くことや，自分自身の中で何かが連続的に変化して行くことへの抵抗から生じる。ムーブメントが持っているダイナミックな力を探究することは，自衛的本能，破壊的衝動，建設的衝動という原始的本能をもたらすものであり，それらを獲得することにより，これらの要素を理解するようになる（Boas, 1978, p.130）。

ボアズが熱心に行った主な仕事は，子どもや成人が，ダンス・ムーブメントを使って，これらパーソナリティの「自由な」側面を経験するのを助けることであった。筋肉のこわばりをほぐすため，彼女はいくつもの技法を使って対象者が様々なムーブメント・スタイルを探究し，しかも，その状態でもまだ自分の制御の下にあるように導いた。彼女はムーブメントについてのアイデア，テーマ，状況を提供し，「いつもの自我や超自我からコントロールされている状況」から一人ひとりを解き放ち，勇気を出して

「自分で制御しながらの身体的退化」をやってみて，自分自身を発見するように促した。

投影法

1940年代，ボアズとベンダーは絵画療法のマーガレット・ノーンバーグや人形療法のアドルフ・ウォールマンと共にベルビュー病院で投影法の共同研究を行っていた。この技法のパイオニアとしてはこの他に，動物画における象徴の研究を専門にしていたシドニー・レヴィ（ダンスセラピーの強力な支持者であり，筆者の指導教授），また，投影法としての人物画を専門としていたカレン・マッコーヴァー，課題統覚テストを開発したヘンリー・マレイがいた。ボアズはすでに自分のスタイルを確立していたが，当時開発された投影法の独創的な考えは，それをさらに豊かなものにした。動物投影法，ロールプレイ，物語を語る等の技法を使うことはボアズのダンス・ムーブメント活動にとって不可欠なものになった。

ボアズはダンスを信じ，感情的過程や認識的過程を表す表現形式としてダンスを積極的に使った。ダンスは筋肉や関節が身体的および機械的に活動したもの以上のものであり，自分の身体についてその人が主観的にどのようなことを考えているかを表現しているものでもあると彼女は強調していた。実践の場面において彼女は，ダンスだけでなくドラマやロールプレイという形でもムーブメントを積極的に用いて，ファンタジーを言葉で表現しながらそれらを統合した。次に示すのはボアズの活動からの引用であるが，考えや感情を外的なものやアイデアの上に投影する道具としてドラマチックな演劇を使う様子が示されている。

> ……数人の子どもたちが先生の背中に乗り始めた。キャロルは……水牛になって子どもたちや先生と戦った。それからキャロルは二匹が合体した動物を作ろうとして，這いずり

96 第1部 初期の発展

回っている少年の腰に両手を回し，彼の後ろに続いて自分も這いずり周り回った。

ベンジャミンは子どもを襲う鶏だった。鶏は子どもに殺され，一度は生き返ったがまた殺された。鶏は遂に本当に「死んだ」ので埋められなければならなかった。子どもたちは墓を「掘って」鶏を土で「覆った」。子どもたちはみんな「墓」の上に乗って踏み固めたかったが，鶏をそのままにして立ち去った。キャロルはベンジャミンが埋められるまでは参加していなかった。ベンジャミンが埋められるとキャロルは彼のそばにうずくまり，目を閉じて魔術師のダンスのようなものを踊った。キャロルの体はわずかに震え，ベンジャミンの頭と体の上に両手をかざして前後に動かした。子どもたちがその場に帰って来ると，キャロルは子どもたちを追い払った（Boas, 1978, pp.126-127）。

ボアズは子どもを床に仰向けに寝かせ，動物の動き方の進化をやってみるよう勧め，今度はその位置から，それとは別にいろいろな動きをやってみるように促した。

このような練習をすることにより，一般的に言われている発達を表していた動きが動物のファンタジーに発展し，動物に特有な動きである四つん這いになったり，両手両足を使わずに床を這い回ったり，隅から隅までころげ回ったり，カエルのようにジャンプしたりする。人間の役のままの方が好きだという子どももいる。そのような場合は，動物を射止めたり，動物が人間や馬を襲ったりするドラマチックなダンスゲームをしたり，馬乗りゲームをする（Boas, 1978, p.128）。

次に引用するように，ボアズは他の子どもの背中にのしかかっていた子どもの動きを，どのように他の種類のムーブメント活動やファンタジーに展開させることができるかについても示した。

……水中に飛び込んで泳いだり，動物たちが木から木へ飛び移ったり，または何かの上に飛び降りたり，または互いに飛び移る。……これらの動きは程なく，床の上でやっていた動きを思い出させるような横転や前転等，複雑なリズムを持ったものに統合される（1978, p.129）。

ボアズの実践には，ドラマチック・ムーブメントやロールプレイの方向にもって行く傾向や，子どもが思い描くイメージを積極的に活用する傾向が見られる。彼女は「遊戯活動」や「物語を語ること」を「ムーブメント技術を高めることに集中すること」と結び合わせ，同時に「これらの遊戯活動がもたらすムーブメント・ファンタジー」をそれらに統合した。彼女が強調していた点は二つある。理解して受け入れることによって「動きを改善すること」と，それに付随して起こる「精神的ファンタジーを発展させること」である。

ボアズがドラマチックな演劇を使ったということは，彼女が純粋な表現を強調していたことを表している。彼女は分析や解釈をして話すことはなかった。実際，不十分な分析をしたり解釈をしたりすれば創造的過程や表現する過程を傷つけかねないと彼女は心底考えていた（1978）。

音楽や音を使う

ボアズが子どもと実践をする時には，基本的に音楽や音を使った。エヴァンと同様に彼女は広範囲にわたって楽器を使った。

個人の中にある緊張や集団の中にある緊張から，明らかなリズミカルでダイナミックな（ムーブメント）パターンが湧き上がる。……これらのパターンの大部分は音によって外に現れる必要がある。リズミカルな太鼓の音を必要とするものもあれば，やわらかな銅鑼の音，激しいシンバルの炸裂音を必要とするものもある。音楽の伴奏が……なされなければ

ならない。音が空間を実質で満たしてくれる（1978, p.121）。

打楽器の音を背景に使うと，それが聴覚的な道案内をしてある種の行動や反応を起こしたり，また，動きのパターンを現れ易くすることができるとボアズは言っていた。チェイスが行ったのと同じように彼女は，「繰り返し」という方法を用いて，新しいダイナミックなムーブメント・パターンを表現させたり発展させた。打楽器による連続音を聞いた時に感じる印象は深い心理学的影響を与えることができると彼女は考えていた。それだけでなく，リズミカルな音は最も強い抵抗を示しているような子どもでさえも参加させたり，感情を安全に守るものとして働くことも多い。つまり，感情は聴覚的なガイドラインや音による境界の範囲内で表現される。このようにすれば，たとえば「敵意」のように，音を使わなければ制御されない状態で表に現れてしまう可能性がある感情を，音を使うことによって表現しないようにする働きもする。また，音を繰り返し与えると遊びの感じや非現実的な感じをもたらし，それにより自分自身を表現しても安全のようだという雰囲気を醸し出す。

次第に強くしたり，次第に弱くしたり，次第に速くしたり，次第に遅くしたり，打楽器を使って演奏することによってセラピストは感情表現の流れを統制するのを助けることができるとボアズは強調していた。

打楽器から出される音にはそれ自体特別な性質があり，空間，時間，緊張と関係している。ドラムはそれを聞く人を空間の中で弾ませ，リズミカルな活動がしたいという気持ちを起こさせる。シンバルは柔らかに鳴らすと空間を切り開き四方に平面的に広がって行く。ゴングの音は空間を満たし，それを聞く人をその音の中に漂わせる。激しい音は強い緊張を生み，空間を突き進む。柔らかな音は弱い緊張を生み，空間を満たす。規則正しく繰り

返される音は反復運動を生み，空間を活気付ける。音を次第に強くして行くと，緊張を高め，空間を活動で満たす。音を次第に小さくして行くと，緊張を低め，空間を静かにさせる。音を次第に速くすると，動きのスピードを速め，空間を活発にする。音を次第に遅くすると，動きのスピードが落ち，活動している空間を空にする（1978, p.121）。

以上をまとめるとボアズは，療法的過程が持っているいくつかの主要な側面を促進するための機構として音楽や音を使ったということができる。この中には，リズミカルな繰り返しによって集中が促進されたり，自己表現が統制されたり導かれたり，ダンス活動によってムーブメントを使う幅が広げられたり，声を出して表現することが促されたりすること等が含まれている。

即興ムーブメントや精神運動的自由連想

ボアズがダンス教師として自分の個人スタジオでの実践で使っていた技法は，「ダンスをしながら精神運動的自由連想をする」というもので，現在では広範囲に用いられている技法であり，これはホワイトハウスのアクティブ・イマジネーションに似ている。ホワイトハウスのように，ボアズはまず生徒に目を閉じさせてから，ゴングを鳴らしてその音に導かれて動くことから，または全く音のない状態で無意識的に動くことからこの技法を始めた。大部分の学生は自己意識がある状態から始めたり，欲求不満があるような動作から始めたり，その両方であったりして，髪や衣服に手を持って行ったり，気落ちしたような態度をしていたり，足で踏みならしたりしているが，その後，これらの反応を超えて行くよう促された。考えが浮かんだり，何か衝動が湧いて来たらできるだけ早くそれをムーブメントの行動に移し，そのようにして，心から体へ絶えず自由に情報が流れるようにするようにとボアズは言っていた。

98 第1部 初期の発展

この過程を進める中でボアズは次のように言っている。

　……様々なムーブメントを経験するにつれ、それらのジェスチャーは次第に大きくなって行く。慣性の法則、衝動、はずみに引きずられて、体は様々な重力変化に反応し始め、異なった空間レベルを動き始める。感情的に反応し、緊張が変化するにつれてダイナミックでリズミカルな動きの流れが始まる。これらの活動が行われている間、インストラクターは言葉や音を使って、すでにその姿を現し始めているジェスチャーやムーブメントという形で内側にあるものを外在化するよう常に促している。その結果、打楽器の音だけが鳴り響き、体はひとりでに動く（1978, p.132）。

彼女は続ける。

　一つの動きが他の動きに発展するには、「体の内部」と「空間の使い方」の両方において必然性がある。必然性がない気まぐれな動きが混入すれば、良く訓練された人の目にはたちどころにそれを識別できる。これは集中力が途切れたサインであり、たいていは生徒が「安全」と考えるような何らかの習慣的動作パターンをとっている。つまり、「禁じられた」ファンタジーや感覚が外に顕われるのを習慣的動作が覆い隠しているか、未知のものを探索するのを習慣的動作が妨げているかのどちらかである（1978, pp.133）。

　このような形のワークは、20世紀のはじめにメリー・ウィグマンが推進したモダンダンス運動から直接発達してきたものである。ボアズは1971年に行われたADTAでの発表において、ウィグマンとその弟子であるハンニャ・ホルムについて、その「能動的」運動と「受動的」運動との間にある境界について言及した（Sorell, 1969）。ボアズは次のように言っている。

　能動的運動とは自ら方向性を意識的に決定する運動であるのに対し、受動的運動とは運動が起こるままにする運動である。受動的運動を経験したことのある人は誰でも、「一定期間の静けさの後に続いて、緊張、空間関係、感情についての意識が高まり、受動的運動が訪れる」ことを知っていることだろう。受動という感覚は内面的と外面的との両方の刺激を受けることができるから、非常に活発な動きに導くことができる（1971, pp.22-23）。

　即興を導くために目を閉じて行うアプローチについてボアズが言及したのはこの「受動的」アプローチである。これはホワイトハウスが使ったアプローチやホワイトハウスが区別していた「私が動く」（能動的）経験と「私が動かされる」（受動的）経験の違いによく似ている。即興については、ホワイトハウスとボアズのどちらもウィグマンの考えに深く影響されていた。一部ではあるが、ホワイトハウスが違っていた点と言えば、ムーブメントの過程の中で彼女が観察したものを定義する時に彼女がユング派の分析的考えをよりどころにしていたことである。ボアズとホワイトハウスの両方がそれぞれのスタジオで使った、即興へ導くこのアプローチや精神運動的自由連想は、今日ではホワイトハウスの多くの弟子たちや、主にしばしば高い機能をもった成人に対して行うセラピストによって使われ続けている。即興についてのこのような形に見られる様々な要素はホーキンス、エスペナック、エヴァンのワークにも見ることができる。

要　約

　ボアズは、ダンスやムーブメントを二つの場面で精神療法的方法に結び付けたパイオニアである。そのうちの一つ目は研究チームの一員としてであり、その中にはニューヨークのベルビュー病院におけるロレッタ・ベンダー、ポール・シルダーとの仕事が含まれている。二つ目は彼女のスタジオでダンサーたちと行ったものである。ボアズは当時流行していた3つの考え

を導入している。それらは、①ムーブメントを探究することによって身体像を創り出すこと、②精神療法の中で投影法を使うこと　③自由連想を使うことである。

ボアズは1930年代と1940年代に非常に顕著であったダンスや心理学における変わりつつある見解から影響を受け、ダンス芸術という目的と精神衛生科学という目的を統合した「表現的でかつ創造的なダンス」という新しい形への先導役を果たした。

パートB. エリザベス・ローゼン：試行錯誤

エリザベス・ローゼンは、もともとは教育学の博士論文としてダンスセラピーについての最初の著作である『精神療法におけるダンス』を書き、1957年にコロンビア大学教育学部から出版した。この著作は病院という分野におけるダンスセラピーについての最初の分かり易い文献として顕著な存在であった。研究を完成して間もなく彼女が臨床をやめてしまったことと、上記の本が絶版になったことにより、彼女の貢献については正当な価値を常に認められている訳ではない。次にローゼンの功績について議論するが、その多くはこのパイオニア的出版物に基づいている。

ローゼンはヒルサイド病院とニューヨーク州立マンハッタン病院におけるダンスセラピー課程を指導し、1959年にニューヨーク州立ブルックリン病院におけるダンスセラピー課程で教鞭をとった。彼女の教え子の中には卓越したダンス・セラピストであるフィリス・リプトンとクレア・シュメイスがいる。ローゼンは試行錯誤を繰り返して彼女自身の介入方法を作り出した。彼女は、患者の精神的ニーズと、患者がダンスセラピーのグループ内で立場上引き受ける役割との間に相互関係をもたらした。

著書の中でローゼンはダンスセラピーの5つの主要な側面について論じた。それらは、①ダンスセラピーの大まかな目標、②ムーブメントを促す上での教育的スタイルと創造的スタイル、③セラピストの役割、④ダンスセラピーに対する患者の反応、⑤病院という現場におけるダンスセラピーである。

ローゼンは身体的目標、社会的目標、精神的目標という、ダンスセラピーの3つの大まかな目標について、患者が個人的ニーズに基づいてどのような特定の目標を設定しているかという観点から概説した。たとえば、不活発な患者が設定している身体的目標としては、曲げたり伸ばしたりという単純な技法によって彼らを身体運動に慣れさせて、彼らの体を調整することがあげられた。刺激的な運動を避けなければならないような躁病的な患者が設定する目標としては、構造化された技法に焦点が当てられ、リラクセーション技法と共に熟練したボディー・コントロール技法が必要とされた。

社会的目標は、社会的相互作用に対する患者の許容能力によって異なった。重い引きこもりの患者にとっての社会的目標としては、リズムやムーブメントに対する身体的な反応を通してある種の反応を呼び覚ますことがあげられた。攻撃的な問題を持った患者にとっての社会的目標としては、彼らの攻撃性をダンス・ムーブメントでの反応に置き換えることによって、社会的な制御方法を教えることがあげられた。社会的には比較的成熟している患者の場合には互いに協同作業をするような集団活動や集団による即興が強調された。

精神的目標としては全体的に、患者がダンスによって個人的なニーズを表現したり満足させたりするのを助けることがあげられた。引きこもりの患者や比較的臆病な患者に対しては継続的に支援したり励ましたりすることがあげられた。患者たちが互いに手をつないで輪を作り、単純でリズミカルな集団ムーブメントを行うことにより、集団の一員であるとか、集団に受け

入れられているという感情が育てられた。型にはまっていないダンスではプレッシャーを感じる可能性がある自意識の強い患者に対して、フォークダンスや社交ダンスは適切な社会的経験をさせてくれた。一方、ドラマチックなダンスは、比較的攻撃的な患者が、社会的に容認される形で敵意を表現する方法になった。自己顕示欲が強い傾向にある患者に対しては、グループをリードしたり、即興やパントマイムをリードする機会を与えることが強調された。

セラピストには二面性をもった主要な役割があり、そのうちの一つは個人的な支援をする側面であり、もう一つはグループの触媒としての側面であるとローゼンは考えていた。このような二つの役割があるため、ローゼンはグループを一緒にリードして行くためのアシスタント・リーダーを導入した。

病院環境についての議論の中で、ローゼンは幅広い話題を取り上げ、特に、病院という状況の中でダンスセラピーを行うことについて語った。中でも特に、病院環境とグループ形成について彼女が直面したいくつかの問題について書いている。病院の物理的環境は非常に混雑しており、いつも人びとが出たり入ったりし、また、医師や看護師が患者を見ようと思えばいつでも見ることができるのでプライバシーが無い。同じグループ内に幅広い年代の人がいるので、比較的年配の患者は比較的若い患者とは違った身体的ニーズや身体的能力を持っているという特異な問題を抱えていた。退院、入院、転院等で、患者の予定が変更されることは毎度のことであった。また、ダンスセラピーと同じ時間帯に並行してショック療法や精神療法が予定されていることもしばしばであった。これらの要因がグループの団結力や相互作用による効果を減らしていると彼女は強く考えていた。

ヒルサイド病院：開放病棟

「グループに属しているという感覚を創り出す」というローゼンの社会的目標が最も良く達成されたのは開放病棟においてであった。開放病棟のグループにとって、ダンスのセッションに参加するか否かは自由選択であり、一人ひとりが「踊る」という意思を持って参加した。これらの患者たちに対してはリーダーからの手助けの必要性は比較的少なく、彼らはグループとしてのアイデンティティを失うことなく様々な形のグループ構造を使って踊ることができた。円陣を作って踊ることに加え、小グループで踊ったり、隊列を組んだり、部屋中に散らばって踊ることができた。「常連さんたち」の一群がセッションに参加する場合は、互いに親密なグループになり、参加者同士の間が非常に近く、誰もがダンスセラピーのセッションに深く関わっていた。

ローゼンが対象としていた患者の多くは、グループに参加して、自分たちの体を効果的に使う方法を身に付けたいという希望を持っていた。彼らは身体の制御方法と協調運動を改善し、彼らのムーブメントの幅を広げたいと思っていた。このダンスセラピーのセッションで、患者たちは強固な自我が主導権を握ったニーズ、つまり、制御すること、習得すること、効果を上げること等のニーズを表明していた。ダンスをする上での基本的な技術を学ぶことは、彼らがこれらの目標に到達する上で助けになるだろうと彼らは考えていた。

以上のような理由により、少なくとも各セッションの3分の1は技術的な練習のために費やされた。患者たちはあらゆる基本的な身体技術とリズムを訓練され、その訓練は単純なものからより複雑なものへと高度に構造化された形で行われた。これらの基本的な技術を何度も繰り返すことにより、患者たちは次第にムーブメントのレパートリーを広げ、ついには単純なフォークダンスが踊れるようになり、そのことは患者に達成感を与えることになった。

これらの患者たちにとって最も困難だがやり

がいのある方法は，ドラマチックなアイディアやテーマのもとで踊ることであった。たとえば「嵐」「探し回る」「悲しみ」等といった，それほど負担にもならず個人的でもない課題がムーブメントで創造的な表現をするための刺激として使われた。ある種の単語やアイディアは文化的伝統に深く根ざしており，通り一遍の反応を起こさせ，本当の感情的反応を覆い隠してしまう傾向にあるとローゼンは書いている。ボアズやエヴァンのようにローゼンは，ムーブメントに「自由連想技法」を応用することにより，ある種の単語や課題に対する動きによる反応は投影法として用いることができると固く信じていた。ローゼンの患者にとっては，ある種の考えに対する感情や質を投影する方法を学ぶことはムーブメントを用いたコミュニケーションの新たな可能性を拓くことになった。前に述べたように，彼らの大部分がダンスのセッションに参加するきっかけになった最初の動機は技術やボディー・コントロールを完成させたいということであったが，それだけではなく，感情や質を投影する方法を学ぶことはまた彼らがダンスを芸術形態として正しく理解する上での手助けにもなった。

　開放病棟のグループに対して即興的ワークを実施することによる全体的結果について，ローゼンは次のように言っている。

　　大多数の患者は確かに動くことが楽になり自信もついて来て，集団による創造的なワークに自由に参加できるようになりますが，一人ひとりについてみますと，何事についても一人でやることには欲求不満を訴えたり，強い抵抗を示す人もいました。即興が進んで試みられるのは，みんなが「一緒に即興をやる」と同時に，他人に「その即興を見せる」場面が特に設定されていない時でした（1956, p.122）。

　しかしながら，一度患者の集団がその団結力

を発揮すると，創造的ムーブメントをしたという経験は患者にとってもっと個人的な意味を持つようになり，それらの活動が療法的であることに患者が気付き始めた。ダンスを通して自分たちのアイデンティティを発見する者もいた。たとえば，ある患者は緊張病性の統合失調症と診断され，はじめは予後不良であったが，このプログラムに参加したことによって，ダンサーとしての才能に気付き始めた。病院を退院してから彼女は次第に素晴らしいダンサーとしての道を歩んで行った。また他の患者はダンスセラピーの過程に興味を持ち始め，自分が受けている精神療法よりもダンスセラピーからの方が得るものが多いと感じるようになった。彼は次のように言っている。

　　このようなダンス形態は私にとって潜在的な重要性を持っているとはじめから感じて（又は，望んで）いました。このような形の表現方法を自分が切望しているように何となく感じました。覆い隠されていた感情が解き放たれる機会に向かって押し出され，多分，もっとはっきり言えば，私がその感情を押し出し，自分の体を使ってそれらの感情を表現する何らかの方法を見つけようとしました。
　　モダンダンスは，それなしでは殆ど表現したり解き放したりできないような感情を経験させてくれました。たとえば，体の動きで喜びを表現しようと懸命に努力すれば，この感情がある程度まで込み上げて来て，それがどのように感じるものかが分かります。そして，感情に慣れ親しむと，多分，ダンス以外の他の状況でも，この感情を表現することへの抵抗が減ることでしょう。感情を表現することへの不安が減るのです（Rosen, 1956, p.129）。

ニューヨーク州立マンハッタン病院

　ヒルサイド病院での事例と同じく，ニューヨーク州立マンハッタン病院におけるダンスセラピー課程の目標は研究と観察であった。ローゼンは病院の職員と協力してそのプロジェクトを

指導した。

　ダンスのセッションは週に2回，15週間に渡って行われ，各セッションには約1時間をかけた。グループは出発時点では精神科からの紹介を受けて選ばれた20歳から40歳までの12人の女性患者で構成されていた。その中から2人は脱落し，残りの10人に対して研究が行われた。これらの患者は全て緊張病性精神病または偏執病と診断されていた。全員が慢性的なものと考えられており，最近の2年間の内に電気ショック療法かインシュリン療法を受けていた。彼女たちの一般的な特徴は，身体的に低下していること，だらしないこと，動きがにぶいこと，素直なこと，黙って従うことであった。

　ダンスのセッションは大きくて開放的なレクリエーション室で行われ，看護人が一人，患者の中に加わった。最初のセッションの時，患者たちはホールに入って来たが，その時に演奏されていた陽気な音楽や，そのあたりを自由に動いていたリーダーたちに対しては何の反応も示さなかった。また，患者たちは病棟の狭いホールに監禁されていたにも関わらず，大きな部屋が持つ物理的広さに対しても全く何も反応しなかった。それどころか，彼女たちは言われるがままに看護人の後についてホールの端まで歩いて行き，そこに座ってセッションが正式に始まるまで静かに待っていた。セッションが正式に行われている時だけ，彼女たちはフロアに出て踊った。彼女たちはこれと同じことをその後のセッションにおいても引き続いて行った。

　最初の数回のセッションでは，走る，スキップする，リズミカルな伴奏に乗ってワルツを踊ったり，リラックスやストレッチをする等，患者たちは非常に基本的なムーブメントをするように導かれた。これらのエクササイズはみな非常に単純であり，高度に組織立てられており，反復する形で提示された。この導入期におけるリーダーたちの目標は，患者の能力を評価し，患者を支援して安心させ，ムーブメントという方

法に慣れさせることであった。この時期を通して患者たちはずっと，興味とか個人的な思い入れ等を持たずに機械的に反応していた。患者たちにとってこれらの活動は何の意味も持っていないかのようで，彼女たちは意識的な認識を持たずに踊っていた。

　ローゼンは，それまでに使ってきた技法はあまりにも構造化され単純過ぎているのではないかと考え，新しい技法を採用して，患者が自分の感情を言葉やムーブメントで表現することに挑戦できるようにした。彼女は二つの方法を導入した。一つ目の方法はアイディアやテーマを示して行う直接質問法であった。たとえば，「怒ったことを示す時にはどんな風にしますか？」等という質問が患者に出され，それが刺激になって，患者たちは言葉やムーブメントで自己表現した。この方法は何らかの個人的な反応を引き出すのに効果があった。

　二つ目の方法は，音楽を翻訳することであった。この方法では直接質問法で行う場合よりもずっと知的ではない種類のムーブメントや感情を呼び覚ました。患者たちは，子守唄，軍歌，讃美歌，フォークソング，ジャズのレコード等，親しみを持っている音楽に対して最も良く反応した。音楽が持っているリズムや質，また，音楽がもたらす文化的連想や個人的連想は患者の「長い間忘れ去られていた記憶の中に深く突き刺さっていた認知のひらめきを」高揚させたり目覚めさせたり……，「それ以前には完全に接触から断絶していた患者は，このようにして現実的な反応に引き戻されることが可能になる」（p.161）ようだ。

　他の文化圏から音楽を選んで来て使うこともあった。患者たちは，極東の音楽が持っている不思議なリズムにはあまり上手に乗ることができなかったが，アフリカの民族音楽やハイチの太鼓のリズムには非常に上手く乗ることできた。アフリカやハイチの音楽の例にあるように，一般的に言って，「ムーブメントによる反応とい

うのは，音楽が原始的であればあるほど自由であり型にはまらないものになる」ことが分かった。患者たちはリズムが持っている力に身を任せ，ムーブメントによる翻訳が何の制約もなく行われ，それはほとんど本能的なものであった。患者たちがグループとして反応し，自然に群舞が創られることもあれば，一人ひとりが別々に反応することもあった。

「単純なムーブメント技法を教える」という方法をやめて，「音楽をムーブメントで翻訳したり，アイデアをドラマ化する」という創造的な表現方法に変えると，患者から好意的な反応が返って来るようになった。はじめの頃のセッションでは反応といってもそっけない機械的なものであったが，「自分なりの仕方でやって良いんですよ」と患者を励ますと，彼らのダンスは特別な意味を持つようになった。言葉を発することが目立って増え，患者たちは以前よりももっと良くリーダーを意識して動くようになり，リーダーとの間に様々な種類の人間関係を築くようになった。どのようにしてこのような状況がもたらされたのか，つまり，ローゼン自身は患者たちと一緒に踊ったのか，患者たちをいろいろ誘導したのか，それとも，音楽に全面的に任せて後は待っていたのかについて，ローゼンはこれ以上詳しくは書いていない。

「単純なムーブメント技法を使う方法」より「創造的表現を促す方法」の方が患者の反応が良いということは，「症状が重ければ重いほど，患者は構造を必要とする」という一般的仮説を考えてみると非常に興味深い。この仮説はヒルサイド病院では支持され，比較的重くない開放病棟の患者たちは即興的ワークによく反応し，比較的重い患者は構造を必要としていた。しかし，ニューヨーク州立マンハッタン病院では患者たちは非常に重かったのにも関わらず事実はその反対で，患者たちは即興的ワークに良く反応した。

ニューヨーク州立マンハッタン病院の患者は，

一緒に踊るような身体活動やグループが一緒になる機会がよくあったため，ある程度のグループ参加ができるようになっていた。大きな相互作用的な変化は起こらなかったが，患者たちは「ムーブメントやリズムに対して体で反応し……このようなセッションは社会参加に導く方法としては最も効果的であることが分かった」(p.181)。これに加えて，個人的な心理学的なレベルでは，

> ……ある患者にとって，ダンスは自己表現をするための便利な方法になり，また，それまでには表現していなかった考えや感情を表現する手段にもなった。ダンスは苦悩やファンタジーを体で表現するという全く新しい世界を患者にもたらした（Rosen, 1956, pp.182-183）。

要　約

ローゼンは彼女が発見したことを「ダンスセラピーに対する患者の反応」という観点から次のようないくつかの型に分類した。

1. 内向型

この型のように反応する患者は概して従順であり，素直で孤立していた。ムーブメントに対する彼らの反応の仕方は感情移入的であり，彼らはリーダーによるサポートに非常に頼っていた。彼らが最も良く反応する技法は，円陣を組んだ中で，強いリズムの助けを借りて，単純で自然なムーブメントを行うことであった。

2. 自意識過剰型

この型の患者は概して無感情であり，自分自身の感情を注意深く制御し，自分が見られたり観察されているということを強く意識していた。彼らはエクササイズのような技法や社交ダンスに参加するが，それよりも創造的なムーブメントや原始的なムーブメントは苦手で，自由に表現するようなあらゆる種類の即興を避けていた。

3. 攻撃型

この型の患者は敵意を示し，疑い深く，非常

に防衛的であった。彼らはダンスを使って自分が持っている攻撃的な感情を表そうとし，突き刺すような強いムーブメントで表現したり，リーダーと論争したり，他の参加者を批判したりすることがよくあった。円陣という構造や群舞等を堅苦しいと考え，ドラマチックな即興やパントマイムをすると最も良く反応した。

4. 自己顕示型

この型の患者は賛美されたり認められたりしたいという自分のニーズをダンスで満たそうとしていた。他人から注目されたり賞賛されると，夢中になって参加した。そうでない場合には，急速にやる気を失くすか，グループを壊す働きをした。

5. 知性型

この型の患者は概して物わかりは良いが，本当の気持ちを表現することができなかった。彼らは感情を表出する方法としてダンスに惹かれており，ドラマチックな即興やダンスについて語ることや音楽を体で表現するワークには喜んで参加した。

6. 傍観型

この型の患者はダンスには参加しなかったが，見学者としては非常によく参加しており，グループとの強い仲間意識を持っていた。彼らが軽く体を動かしたり，リズミカルに体を揺らして反応することもよくあった。

ローゼンの『精神療法としてのダンス』はダンスセラピー教育にとって重要な貢献をした。それは早い時期における二つのダンスセラピー課程を創設し発展させる時に，深くて詳細で組織的な論議をもたらした。1957 年まで出版されなかったが，ローゼンの研究はダンスセラピーが一つの職業として認められていた 1952 年よりもずっと前から始められた。ローゼンの学究的方法は精神医学の専門家と心理学の専門家の両方から支援を受けていた。そのため彼女は他の病院スタッフと親密に働くことができ，そ

の結果，彼女の研究は共同研究のようになり，それぞれの参加者が他の参加者からの専門的見解から恩恵を受けていた。

ダンス・セラピストとしてローゼンが行った仕事の中核となるものは，実践で確かめたいという意志であった。たとえば，前もって予定していた単純なムーブメントに対して患者が反応していないと分かったら，ムーブメントを教えようという最初の考えをやめ，即興に変更した。ローゼンは積極的に「試行錯誤による療法過程」を追及し，物事はこのように展開される「べきだ」という先入観は仮にあったとしてもほとんど無かった。この「柔軟性」こそが，最も退行した患者グループに対して彼女が成功を納めた理由であった。彼女は入院患者に対して組織化したダンス経験をさせると共に，即興や自由連想をユニークな仕方で使った。

パートC. ダンスセラピー研究

1957 年，ダンスセラピー研究委員会が組織され，「健康，体育，レクリエーション，ダンス米国同盟（AAHPERD）」というダンスに関する国家的機構に報告するために研究が行われた。この研究委員会の目的はダンスセラピーの技法と実践の現状を評価すると共に，この分野の将来性を検証することであった。この研究は二つに分かれて実施され，一つは合衆国で，もう一つは英国で行われた。

合衆国で行われた研究では，ダンスとレクリエーション分野の関係者に 56 項目の質問が送られた。さらに，関心を持っていた精神科医や行政関係者にも質問項目が送られた。質問項目では，彼らの背景，彼らのダンスセラピーの定義，彼らの方法，彼らがダンスセラピーを実施する機会についての考え等が尋ねられた。

25 人のダンス・セラピストと 8 人の行政関係者（その中には行政官としての地位にある 4 人の精神科医が含まれる）が回答を寄せた。回

答して来たダンス・セラピストのうち，20人は精神科病院，クリニック，取次機関に勤務していた。そのうちの5人は盲，聴覚障害，発達障害等を伴った患者や，整形外科的障害や神経学的障害を伴った患者を対象にしていた。それらの回答をもとにして，現状に合ったダンスセラピーの定義にたどり着いた。

> ダンスセラピーとは，精神障害者や身体障害者に対して，身体的，精神的，行動的のどれかまたは全てについて望ましい変化をもたらすために，注意深く導かれた道具としてダンスを使うことである（Hood, 1959, p.18）。

これらの変化は「身体的に不自由なことが緩和したり治ったり，緊張が和らいだり，自己覚知が深まったり，自己や他者を受け入れたり，社会的相互作用が効果的になる」(Hood, 1959, p.18) という分野において生ずると考えられていた。

この質問紙によれば，これら初期のリーダーたちの教育歴は，ほとんどの人が体育学，レクリエーション，音楽療法の学位のどれかを所持していた。ダンスの教育歴については，ほとんどない人も集中的に受けている人もおり，全く無い人も一人いた。17人はモダンダンスを学んでおり，⅓は，モダンダンス，タップダンス，バレエ，ジャズダンス，フォークダンス，スクエアダンス，社交ダンス等のダンスのいくつかの経験があった。19人が心理学を学んでおり，およそ⅔は仕事を続けながら訓練を受けていた。8人はマリアン・チェイスから直接学んでおり，3人はルドルフ・ラバンから学んでいた。

ダンスセラピーは比較的新しくまた比較的知られていない治療方法のひとつと考えられていた。ダンスセラピーは「実験的な，即興的な，未知のもの」(Hood, 1959, p.18) と考えられていた。しかし，質問紙への回答からは，「ダンスセラピーが試みられた場所では，セラピーとしてダンスを使うということが暖かく迎えられ

ていた」ということが分かった。セラピーとしてのダンスは，①様々な感情を経験するため（たとえば性別の違いに由来する感情，敵意，うつ）②身体的改善を得るため　③相互作用を行うため　④他人と言葉で相互作用を行う時の橋渡しとして，したがって，精神療法の準備として使われていたと報告されていた。

研究を推進した委員会は，ダンス教師はダンスセラピー技術やその研究にもっと関与すべきだと提案した。「ダンスセラピーはダンス教育の方法論から発展したので，今度はダンスセラピーについての研究がダンス教育に貢献できる」と言っていた（Hood, 1959, p.72）。

英国で行われた共同研究は，ムーブメントをセラピーとして使うことは1950年代の中頃においては合衆国よりも英国において，精神科医によってもっと強固に確立され認知されて来たことを明らかにした（Wooten, 1959）。その当時のアメリカ合衆国のダンス・セラピストが広範囲な背景を持った分野からの出身者であり，様々な技術を体験していたのに対し，英国のダンス・セラピストの大部分（質問紙に回答を寄せた人全員）はラバンのムーブメント技法（Art of Movement）を基盤にして仕事をしていた（Wooten, 1959）。

英国に送られた質問紙に答えたのは，ダンス・セラピスト5人，精神療法士1人，精神科医1人，そして医師ではない精神分析家1人であった。5人のダンス・セラピストのうち1人は精神科医と非常に緊密な関係を持って仕事をしており，3人は精神科医とは独立して仕事をしていたが，全てのセラピストが精神科的ケアも受けている患者を何人か持っていた。この頃の英国の精神科医の多くはダンスセラピーを精神分析に代わるものとみており，ダンス・セラピストのもとに患者を紹介してくることもあった。しかし，ダンス・セラピストのもとに来る患者の大部分は，いろいろなストレスを受けていても精神科医から助言を受けることは望まず

106　第1部　初期の発展

にダンス・セラピストの元を訪れる人びとであった。

　質問紙に回答を寄せたダンスセラピストの全員が，何人もの患者に対してセラピーとしてはムーブメントだけを使っていた。ムーブメントセラピーの使い方としては次の5つがあげられていた。

1. コミュニケーションとしてムーブメントを使う。つまり，患者と最初の接触をし，患者と関係を作って行く方法としてムーブメントを使う。
2. 社会適応を促す方法として，グループによるムーブメントを使う。
3. 個人を創造的に表現する方法としてムーブメントを使う。つまり，無意識的なものを意識上にもたらし，患者が自分自身の内的状態に触れることを助ける方法としてムーブメントを使う。
4. 個人を表現する方法としてムーブメントを使う。つまり，ダンス・セラピストがラバンの基本的研究を使って患者の動きのリズムを記録し分析して，患者のパーソナリティと能力について理解するために行う。そして，
5. 本人について強い印象を与える手段としてムーブメントを使う。つまり，ムーブメントは個人の人格について特別な意味を表す。

ウッテンは次のように説明している。

　特定の人から受ける印象は，その人がどのようにエフォートや空間を使うかということからもたらされ，その人に特有なもので，予測可能なものである。その人の人格の一つひとつの側面がムーブメントの特定の側面に結びついている。たとえば，その人の感覚的な自己は重力の使い方と結び付き，直観的な自己は時間の使い方と結び付き，そして，考えている心は空間の使い方と結び付き，感情的または精神的な自己はフローの使い方と結びついている（Wooten, 1959, p.76）。

　上記の4と5の項目から明らかなように，1950年代中頃の英国のダンス・セラピストはラバンの教えから強い影響を受けていた。しかし，この「新しい発達」はその当時は「広く認められ理解されているもの」ではなく，「障害者を再統合する上で価値ある方法」として「非常に可能性があるもの」であったことを示している（Wooten, 1959, p.76）。合衆国においては1960年代の中頃までは，ラバン・ムーブメント分析はダンス・セラピストの仕事にとって重要なものとはなっていなかった。

　AAHPERDのダンスに関する国家機構が指導したダンスセラピー研究はダンスセラピーの歴史上，一つの重要な基準となった。合衆国と英国という二つの地域で実施され，ダンスセラピー実践の状況を評価することと，この分野の将来性を検証する目的を持っていた。その結果はいくつかの重要な傾向を明らかにし，ダンスによる精神療法の起源，その目的，どのような学問分野と考えられているか，それを実施しているセラピスト，それを受けている患者の観点から，この職業を定義する上での手助けになった。

ディスカッション

1960年以前に行われていた技法の概略

　以下，1960年代初頭のダンスセラピー教育の状況についてその輪郭を描く。まず，第1章から第8章において論じられた主なパイオニアたちによる臨床上の貢献を分析する。ローマ数字で掲げられている項目は，介入方法の全般的な種類を示している。これらの主項目の下に，パイオニアたちが代わる代わる使った様々な技法が下位項目として掲げられている。興味深いことに，この概略は「1960年代初頭までに，ダンスセラピーはすでに幅広くかつ完全な臨床上の基礎を築いていたこと」を示している。それに続く数十年がダンスセラピーという技法にもたらしたものは，さほど新しいものではなく，ダンスセラピーの実践がどのように作用しているのか，つまり，理論的基礎を深めたり，より良く解釈したものであった。ダンスセラピーの歴史の初期の段階においては，ダンスセラピーの技法が改善され，特異な患者グループに対して広がって行くと共に，理論的基礎が強化され，多様化されて行った。

ダンスセラピーの輪郭：1960年代初頭までの技法の状態

Ⅰ．ウォーミングアップとボディー・アウェアネスの技法としては次のようなものがあった
　A．身体部位を動かす（たとえば，回したり，揺すったりする）
　B．リズミカルに体を動かす，体の動かし方を探る，ゲームをする
　C．反復的に体を動かす
　D．ムーブメントの基礎を教える
　E．ダンスの基本的なステップを紹介する（たとえば，フォークダンス，社交ダンス等）
　F．小道具を使う（輪，スカーフ，打楽器等）
　G．リラクセーション技法，呼吸技法
　H．緊張を変化させることを探ったり，両極端な緊張を探る
　I．ムーブメントを対比させるテーマを探究する（両極端とその間にある段階）
　J．ボディー・アウェアネスの技法
　K．姿勢を探る
　L．投影法
　M．動き易くしたり，背景を支えるものとして音楽を使う

Ⅱ．表現するためのダンス・ムーブメント活動としては以下のようなものがあった
　A．以下の方法で，精神運動的自由連想を行う
　　1．即興
　　2．アクティブ・イマジネーション，
　　3．夢を解釈して表現する
　　4．ファンタジーを探る
　　5．子ども時代の思い出を再演する

6. 投影法
7. 音楽をダンス・ムーブメントで無意識的に表現する

B. 以下の方法で，「どっちつかずの気持ち」や感情的葛藤を探る
1. ロールプレイ
2. 対比するムーブメントをテーマにして探る（無意識的に，また，振り付けのもとで）
3. 振り付けたものを使って，様々な感情を探る

Ⅲ. 様々な場面においてパイオニアたちが用いたダンスの形としては次のようなものがあった
A. リズミカルなアクションと繰り返し
B. 表現を誇張する
C. 即興
D. 振り付けされたムーブメント，または，計画された（下稽古を行った）ムーブメント
E. 演劇化
F. フォークダンス
G. モダンダンスと創作ダンス
H. バレエ
I. 社交ダンス
J. 民族舞踊
K. ムーブメントのダイナミクスを，空間，重さ，時間のバリエーションで探究する（たとえば，持続した動きと断続した動き，直接的動きと間接的動き，軽い動きと重い動き）

Ⅳ. ダンス・セラピストと一緒に行うセラピー的な相互作用として，セラピストは次のようなことを行った
A. ダンス・ムーブメントの相互作用として，患者の気持ちをミラーリングしたり，患者に反射をして返す
B. ムーブメントを使って，患者のニーズや非言語コミュニケーションを再現したり，それに反応したりする
C. ゲーム，ファンタジー，ドラマチックムーブメント総合作用を創り出して，ムーブメントを使って楽しい会話をする
D. ダンス・ムーブメント過程を進めている間に患者が意識的に，又は，無意識的に思ったり感じたりしたことを，言葉で表現したり考えたりする
E. 感情移入したり，観察したり，傾聴したりする
F. ボディー・ムーブメントを教え，患者が個人的無意識から集団的無意識に至るように導く

Ⅴ. 初期のダンス・セラピストたちは次のようなもののために言語化を用いた
A. 思いや感情を引き出すため
B. 内省を容易にするため
C. 動いている時に，思いや感情を吐き出すため
D. 精神運動をしている過程を熟考したり，言葉で語って表現したりするため
E. 身体部位の名称を言ったり，自分たちの動き方について言葉で表現して，静止している時の体の状態や動いている時の体の状態を明確に認識するため
F. ムーブメントをし易くするため，
G. 自分の解釈を表現したりまとめるため

Ⅵ. 集団ダンスセラピーの技法としては次のようなものがあった
A. リーダーシップを取る役割を集団内で交代して行く
B. グループの集まり方を変える
1. 2人組と3人組
2. 小さな集団

3. 大きな集団

　　4. 集団の中で個人的な動きをする

　　5. 円陣，両手をつないだ状態で，つな
　　　がない状態で

　　6. 様々な列を作る，

C. リズミカルな集団関係を作る

D. 支持的で共感的な集団相互作用を促す
　（言語的にまた非言語的に）

E. 制御された演技をすることによって，
　その役割が求める様々なニーズを満たす
　のを助ける

F. ロールプレイ

Ⅶ. 音楽やリズムは次のような目的で使われた

　A. 患者の思いや感情を表現力豊かな活動
　　に組織立てる手助けをするため

　B. 自己表現を助け，勇気付けるため

　C. 即興をやり易くするため

　D. 患者の気持ちやニーズを反映するため

　E. リズミカルな動きや表現をやり易くす
　　るため

　F. やる気を持たせ，動き易くするため

　G. 感情的な反応を引き起すため

　H. 感情のレベルや活動のレベルを調整す
　　るのを助けるため

第２部

ダンス・ムーブメントセラピーのその後の発展

第1部で議論されたダンスセラピストたちは，1940年代と1950年代という，まだ職業としても認められず組織化もされていなかった時代に，ダンスセラピーに対して目覚ましい貢献を行った。彼女らの貢献は1960年代に始まる急速に発展する時代を拓き，1966年の米国ダンスセラピー協会（ADTA）の設立によって大きな躍進をもたらした。米国ダンスセラピー協会は「職業的能力の基準を制定し，この基準を満たすように訓練や教育を推進し，もって関係分野の専門家たちや一般市民にダンスセラピーの目的とその効果を伝えるために」設立された（ADTA, 1966）

その後数年間に渡って，ADTAはこれらの目標を成功裏のうちに達成し，ダンスセラピーという職業はいわば幼児から青年へと成長した。1960年代には多くの革新的指導者が現れ，ADTAにおける彼女たちの立場を活用して，教師や教育課程の開発者として，また，出版を通してダンスセラピーにユニークな貢献をした。これらの指導者たちは職業としての基礎を確立し，そのお陰で今日のダンスセラピストは精神保健施設，医療施設，精神科施設で実践したり，個人開業をしたり，正式な教育機関で働くことが出来るようになった。

この時代のダンスセラピストは，ダンスセラピーを職業として確立したり，いろいろな施設で実践することができるように貢献した他に，ダンスセラピーの理論や実践を発展させることにも貢献した。1940年代と1950年代の主要なパイオニアたちの実践が発展したのは明らかに，次世代のダンスセラピストが一人またはそれ以上のパイオニアたちや彼女たちの弟子から直接指導を受け，自分たちの先生の方法を様々な方法で発展させたおかげである。

たとえば，あるセラピストはパイオニアたちの実践を取り上げ，特徴的な理論や技法を明確にしたり発展させたり，また，特定の人びとに対してその理論や技法を応用した。また，別のセラピストは自分たちの先生の方法に他の分野の理論や方法を取り入れた。またさらには，二人以上のパイオニアの実践のいくつかの側面を合体したり，最近では，米国の東海岸と西海岸の影響を合体させて方法を発展させたセラピストもいる。このような傾向は，もともとのパイオニアたちによって創られた伝統の拡大として見ることができ，それらのダンスセラピストの多くは，たとえば，モダンダンサーや創作ダンス教師としての経験や以前から存在する理論的枠組み等から得られたものを合体することによって自分たちの方法を創って行った。

この時代にダンスセラピーは急速に発展し，様々な貢献をしたダンスセラピストが輩出した。したがって，第2部ではダンスセラピスト個人に焦点を当て，ダンスセラピーの理論と実践の主な発展について考察する。セクションAでは，イルムガード・バーテニエフによって合衆国に紹介されたラバン・ムーブメント分析の影響について検証する。セクションBでは，その他の分野の理論的および実践的発展について，特に，東海岸のダンスセラピストによる精神分析の導入について，西海岸のダンスセラピストによるホワイトハウス派の方法の普及やその他のアクション志向の精神療法について焦点を当てる。

セクション A

合衆国における
ラバン・ムーブメント分析とダンスセラピー

ラバンとラムの理論的貢献

　ルドルフ・ラバンの理論は1900年代のはじめに作られ，1950年代にイギリスのダンスセラピストたちによってダンスとムーブメントを療法的に用いる場面で導入されるようになった。ラバンの弟子であるウォレン・ラムは，ラバンのもともとの考えを発展させた。しかし，ラバンとラムの理論は1960年代の半ばまでは米国のダンスセラピストの間では一般的ではなかった。その頃，ダンスセラピーはまだできたばかりの職業であり，ラバンの教えはダンスセラピストにムーブメントの分析方法や体系的な記録方法を教え，ダンスセラピストを自分自身の職業基盤に据えるものであった。つまり，ラバンの教えはダンスセラピストに患者の動きを記録するための文字を与え，他の学問領域から借用した不正確で意味不明な用語を使わないで済むようにした。

　ラバンの業績を語る時，様々な用語が一般的に使われている。「エフォート・シェイプ」という用語はラバンのエフォート・システムとラムのシェイプ・システムとを表している。ラムのシェイプ・システムを使わず，エフォートという用語だけを使うダンスセラピストもいれば，ラバンの理論的枠組みをそっくり使って，「ラバン・ムーブメント分析」「ラバン分析」「LMA」と言うダンスセラピストもいる。

　ラバンは体の動きを複雑な多面的な角度から見ていた。体には「意識的および無意識的な思いや感情や葛藤を表現する手段として」，また，「社会が伝統，対処習慣，宗教儀式を押し進める道具として」様々な使い方の可能性があるとラバンは考えていた。

　　人はニーズを満たすために動く。自分にとって何か価値あるものを求めて人は動く。ある人の動きが何か実質的な対象物に向けられている場合は，その動きが求めているものを理解することは容易である。しかし，実質的でない価値が動きを駆り立てている場合もある（Laban, revised Ullman, 1971, p.1）。

　ラバンは「私たちが自分自身を表現する方法には様々ものがあること」と「私たちには特異ないくつもの対処方法があり，それを彼は『ムーブメント形態』と呼んでいること」を読者に絶えず力説した。たとえば，素早く直線的な行動で，精力的に問題に対処する人もいれば，問題の周囲を何日もグルグルと回ってから結論に至る人もいる。

　ラバンはまた動物と比較しながら，人には自分のコミュニケーション方法を変え，意識的メカニズムと無意識的メカニズムの双方に適応する能力があることも強調していた。人間の動きと動物の動きとを比較しながら，また，「人間は様々な動きの可能性を持っているという彼の考え」と「人間が葛藤を抱く理由として考えられるもの」とを関係付けながら，ラバンは次のように言っている。

　　人間が持っているエフォート（力の働き）的な特徴は他の動物よりもずっと変化に富んで

おり，また，可変的であるようだ。猫やフェレットや馬の様なムーブメントをする人びとに出会うことはあるが，人間の様なムーブメントをする馬やフェレットや猫に会うことは決して無い。動物の世界はエフォートを表現するには豊かであるが，それぞれの種類の動物は比較的小さな枠の典型的な質を持ったエフォートに限定されている。動物は自分が持っているその限定されたエフォート習慣を効果的に用いる点では完璧であるが，一方，人間は動物よりもずっと多くのエフォートを可能性として潜在的に持っているが，それらを動物ほどには効果的に用いていない。人間はそのように数多くの可能性や，時にはエフォートの質が正反対の組み合わせを持つこともしばしばあるので，人間には動物よりも多くの強烈な葛藤が生じることは驚くに値しない（Laban, revised Ullman, 1971, p.11）。

　ラバンが「鋭い観察技術」と「形とその内容に対する関心」を持っていたのは，彼に劇場や舞台芸術についての背景があったことと彼が建築に興味を持っていたことに由来している。彼がムーブメントの研究を始めたのは中央ヨーロッパにいる時であり，そこで彼は3つの異なったムーブメント形式を実験した。一つ目はフェンシングとバレエに見られる「伝統的形式」であり，二つ目は，中央ヨーロッパにおける初期のモダンダンスを発展させることになった「モダンな形式」であり。そして三つ目は「労働をする時の形式化された動き」であった（Dell, 1970）。この実験からラバンはキネトグラフィ・ラバンとかラバノテーションと言われる「ムーブメントを記録するシステム」，つまり，「体のどの部分がいつどのように動くのかを記録する方法」を開発した。
　その後，第二次世界大戦中に英国の産業界における効果研究を指導するよう頼まれ，ラバンはムーブメントが持っている質的側面，つまり，人はどのように動くのかという研究をした。この研究の結果，エグザーション（エフォート）という概念を使って，我々が動く可能性があるすべての方法を記述しようとするムーブメントの体系的な記述方法が開発された。その後，ラバンの研究から発展した研究であるラム（1965）において，「シェイプ」という概念が導入され，「エフォート」と一緒になって（Dell, 1970, p.7）「エフォート・シェイプ」になった。基本的にいうと，「エフォート・シェイプ」は「一種の力の使い方である『エフォート』と，体が空間に占める一種の形である『シェイプ』とによって，ムーブメントの質の変化の仕方を記述する方法」である（Dell, 1970, p.7）これら二つの相反するが相互関係をもっている概念は今日ではダンスセラピストに広く用いられている。

エフォート

　エフォートとは「動きの要素（モーション・ファクター）」を表す4つの用語「空間，重さ，時間，フロー（流れ）」を使ってムーブメントのダイナミクスを記述するものである。それぞれの「動きの要素」には「エレメント」と呼ばれる相反する2つの可能性がある。すなわち，個人がいかに空間を使うかによって「直接」（2点間の最短距離）か「間接」（2点間を迂回）になり，重さの使い方によって「重い」（比較的大きな力の使い方。重さに対する強い抵抗）か「軽い」（比較的小さな力の使い方。重さに対する弱い抵抗）になり，時間の使い方によって「速い」（突然）か「ゆっくり」（持続した）になり，そして最後に「フロー」は「拘束」か「自由」になる（ムーブメントを拘束されながら行うか楽々と行うかを表している）。
　「動きの要素（ムーブメント・ファクター）」やエレメントを一つだけ抜き出すことは不可能である。それぞれの「動きの要素」は他方の「動きの要素」に依存している。それぞれの違いをもたらしているのは，その時その時の瞬間

を支配している「動きのエレメントの強さ」と「動きのエレメントの組み合わせ」の違いである。したがって、セラピストは患者の動きを観察しながら、比較的大きなムーブメントの形態や文脈の一部として、どのような「動きの要素（ムーブメント・ファクター）」や「エレメント」が存在しているのかを見出そうとしている。

エフォートという用語を使って、「動きの特性」を「パーソナリティの特質」と関係付けて論じられることがよくある。このような方法で議論すると、ムーブメントはもっと生き生きとしてもっと意味を持つように見える。しかしこれは、誤解を招く可能性もあり、また、その人個人の動きの習慣の中に実際には、本質的には存在していない感情的なニュアンスを含む可能性もある。また、このような方法で「エフォート」という用語を使う時には、「エフォート」という用語には「何かを判断する側面」があることにも注意を払わなければならない。たとえば、「空間を間接的に使う」と言っても、必ずしも「空間や人生を直接的に使うことができない」という意味ではなく、むしろ、「どちらかと言えば、ある特定の対処スタイルを好む」という意味である。同じように、重さの使い方について、重く使うとか軽く使うとかは、ある個人が大抵は「重いムーブメントを使う」ということは必ずしも「軽いムーブメントを使う人よりももっと強く主張する人格である」という意味ではない。

人格の構造を安易に解釈しないようにするため、セラピストは心理学的観点、人類学的観点、社会学的観点からムーブメントを理解する必要がある。さらにセラピストは、ムーブメント過程の全体を見失って、部分に埋没してしまうことのないようにしなければならない。

シェイプ

ウォレン・ラム（1965）がシェイプという概念を導入した。人がエフォート・エレメントの使い方を変えるといつでも、それに対応するシェイプも変化する。シェイプはムーブメントの「どこ」を記述する、つまり、体が空間の中のどこに自身を形づくるかを記述する。ラバン・ムーブメント分析では3つの種類のシェイプ変化が観察される。①シェイプフロー、②方向的ムーブメント、③シェイピング・ムーブメント。

「シェイプフロー」では、どの身体部位からどの身体部位にムーブメントが変化して行くかについて観察者は注目する。「方向的ムーブメント」では、空間におけるムーブメントの軌道、つまり、弧の様な形であるかまたは車輪のスポークの様な直線的な形であるかに、観察者は注目する。このような一次元または二次元のムーブメントは機能的活動の特徴となる傾向がある。「シェイピング・ムーブメント」では、たとえば子どもを抱きかかえるような、状況に適応したムーブメントや形づくるムーブメントに観察者は注目する。大抵は二次元か三次元のムーブメントである。

ラバンとラムの概念を合衆国にタイムリーに導入した最初の功績あるリーダーはイルムガード・バーテニエフである。バーテニエフはダンスセラピーにおけるパイオニア的リーダーであり、ラバンの弟子である。第10章では、LMAとエフォートとシェイプの関連事項についてバーテニエフの貢献についての検討も踏まえながら探究する。

「シェイプフロー」という概念はフォレシュタイン・ポーレイがジュディス・ケステンバーグと共に行った研究から出て来たものである。「方向的ムーブメント」という概念はポーレイとバーテニエフがコレオメトリクス・プロジェクト（ムーブメント・スタイルについてのクロス・カルチャー的研究）の中でコロンビア大学のアラン・ロマックスと一緒に行ってきた研究から発展したものである。

イルムガード・バーテニエフが アメリカに LMA を伝える

　イルムガード・バーテニエフ（1900〜1981）はラバン・ムーブメント分析（LMA）の歴史とその発展，また，LMA をダンスセラピーと理学療法に応用する上で重要な役割を果たした。彼女は理学療法士としての自分自身の仕事と LMA とを結び付けたパイオニアである。この二つの専門からバーテニエフは身体ムーブメント教育における彼女自身の方法を創り出し，これは今日「バーテニエフの原理（Bartenieff & Lewis, 1980）」として知られている。この方法はボディー・ムーブメントに対するものであり，再教育的で，ムーブメントが持っている空間的諸要素を強調し，それらを効率の良い運動機構にまとめあげることにより，「動きの能率」と「動きの表現性」とを発達させるものである。

　バーテニエフは 1900 年にドイツで生まれ，そこで育ったので，1920 年代のヨーロッパ・モダンダンス運動のはじめの頃の真っ只中にいた。1925 年，彼女はルドルフ・ラバンのムーブメント分析を学び始めた。1930 年代には自分自身のダンスカンパニーを組織してドイツを巡業した。彼女はメリー・ウィグマンの仕事に感銘を受けたが，ウィグマンの技法だけから影響を受けることは望まなかった（Bartenieff 談, 1980）。ナチが支配するドイツでアドフル・ヒットラーが力を強めて来たので，バーテニエフは LMA の知識を携えて，エスペナックやポルクと同様に合衆国に逃れた。彼女はベニングトン大学，コロンビア教育大学，ブルックリン博物館，社会研究新学校，ニューヨークにあるハンニャ・ホルム・スタジオ等，いくつかの主要な場所で教え始めた（Bartenieff 談, 1980）。

　バーテニエフは 1943 年にニューヨーク大学から理学療法の学位を受け，その後，ニューヨークにあるウィラード・パーカー病院でポリオの患者たちを対象に仕事をしていた。この病院で，彼女はムーブメント技術を使って様々な試みを始め，その経験が後にバーテニエフの原理の発展や，精神保健を向上させるためにムーブメントを使うという考えの発展に役立った。1950 年代にはニューヨークのヴァルハラにあるブリセデイル病院で障害児を対象にした仕事を続け，夏の時間を使って何回も英国に渡り，ラバンと共に彼女の研究をまとめ上げた。

　ニューヨークにあるウィラード・パーカー病院やブリセデイル病院で理学療法の仕事をする時，重度の身体的制限によってうつ状態になっている子どもたちに接する時には，子どもたちのニーズや能力に合った特別なゲームを作って持参する等，彼女は細心の注意を払っていた。彼女はムーブメント型の動かし方を強調しており，それは感情的なモチベーション的ニーズと身体的ニーズとを統合させていた（Bartenieff and Lewis, 1980）。バーテニエフは彼女の先生であるジョージ・ディーバーから大きな影響を受けており，この先生のモットーが患者を「動かすこととその気にさせること」であった（Bartenieff and Lewis, 1980, p.1）。ドイツから逃れ，合衆国にいる家族を支えなくてはならないという私生活上の苦しい経験をしているので，

彼女は人の成長や自分を変化させて適応する能力において「モチベーション」が果たしている役割を良く理解していた。この「行動と動機付けへの集約」は後に彼女が患者や学生の両方に対して実践する時の最も自然な方法になった。

1960年代のはじめ，バーテニエフはイズラエル・ズウェリング[脚注1]と懇意になった。ズウェリングはアルバート・アインシュタイン医科大学病院の社会心理学教授でありニューヨークのブロンクス地区ジャコビにあるデイ・ホスピタル院長でもあった。バーテニエフはデイ・ホスピタルで主に研究プロジェクトに参加し，家族療法や集団療法における非言語によるコミュニケーションと相互作用を観察し記録した。彼女はまた精神病の患者が表現手段としてムーブメントをどのように使っているかについて研究を始めた。ある時，ズウェリングは重い強硬症の患者に対してバーテニエフが介入している様子をたまたま目撃し，ムーブメントを使ってその患者や他の患者を導く彼女の能力に深い感銘を受けた（Davis 談，1980）[脚注2]。

1960年の中頃になると，バーテニエフはズウェリングと共にニューヨーク州立ブロンクス病院に通うようになり，そこでダンスセラピーの研究を続けた。デイ・ホスピタルにおいて彼女は外来患者を対象に仕事をしていたが，ブロンクス病院では重度の発達障害がある入院患者に対するセラピーとして LMA を応用した。

バーテニエフの研究が正式にダンスセラピーの訓練に導入され始めたのはこのブロンクス病院においてであった[脚注3]。この分野における彼女の貢献はタイムリーでありまた決定的なものであった。彼女は「ムーブメントを観察し，分析し，記述するシステム」を提供し，それはダンスセラピーのセッションを導き，指導し，記述するために使われた。当時は，ダンスセラピストたちが自分たちの臨床上の経験についての情報交換をするための言語を必要としていた。ラバンとラムの研究結果は，バーテニエフによって臨床に使われ，発展したことにより，この問題に部分的な解決方法を与えた。

バーテニエフは仕事を続けている間，常にムーブメント研究に強い関心を持ち続けていた。1940年代から1970年代の中頃にかけてずっと，彼女はニューヨーク市内にあるダンス記譜研究所（DNB）の有力なメンバーだった。彼女はデイビスやポーレイと一緒に，DNB の訓練プログラムを開発した。多くのダンスセラピストはこの DNB で初めてラバンの研究に導かれた。1970年代の後半になって，バーテニエフと何人かの同僚たちは DNB を退き，自分たちの訓練所を開設し，LMA 教育に特化した活動を始めた。これがニューヨーク市内にあるラバン・ムーブメント研究所[脚注4]である。バーテニエフはその創立メンバーの一人であり，また，この新しい研究所の初代所長でもあった。

80歳になると，イルムガード・バーテニエフは人間のボディー・ムーブメントの分野における最後の貢献を果たした。それは彼女がドリ・ルウィスと共に著し，1980年に出版した

（脚注1）ムーブメント研究者として著名なマーサ・デイビス（Bartenieff & Davis, 1965）はデイ・ホスピタルでバーテニエフと LMA に最初に出会った。その後，デイビスは自分の研究を通してニューヨーク州立ブロンクス病院（以下，ブロンクス病院という）でバーテニエフを支え，この形式によるムーブメント分析の指導的主導者になった。

（脚注2）ズウェリングはバーテニエフの研究に対し非常に協力的で，患者に対するバーテニエフの介入技術に対して，また，ムーブメント分析能力や研究能力の両方を高く評価していた。彼はクリエイティブ・アーツ・セラピーの主要な主導者であり，家族内の相互作用と診断する方法として，また，もっと重要なこととして，初期セラピーの形式として，研究目的としてのボディー・ムーブメントを強調していた。

（脚注3）ほどなく，エリッサ・ホワイトとクレア・シュメイスがバーテニエフとその助手のマーサ・デイビスに加わった。彼女らの協力によりブロンクス病院におけるダンスセラピー・LMA のプログラムが発展し，それがダンスセラピストにとっての主要な訓練基盤となった（第11章参照）

（脚注4）1981年にバーテニエフが亡くなった後，研究所の名称はラバン・バーテニエフ・ムーブメント研究所に変わった。

『ボディー・ムーブメント：環境への対処』と銘打った著作である。

理論と実践

バーテニエフの研究は，ムーブメントを「複合的で相互関係をもった全体」として捉えることを強調していた。

細かく分断されることなく「全体としてまるごと理解されなければならない」ということがこれらの認識を理解する上で決定的に重要なことである（ムーブメントの）どの側面の変化も，全体の形を変えることになる（Bartenieff & Lewis, 1980, p.x）。

ボディー・ムーブメントを「継続的に変化している過程」として捉える見方は，ムーブメント分析や介入方法等のあらゆる分野において，バーテニエフの考えに影響を与えた。彼女の信念は次のようなものである。

……「行動」は神経生理学と関連付けて理解されなくてはならず，また，全体的に有機的な機能として理解されなくてはならない。ムーブメントに関するエフォート・シェイプ理論は行動についての有機的なモデルに基づいている。その大前提になっているのは，「神経学的過程，適応，表現はムーブメントの中に統合されている。どの身体部位のどのムーブメントも，適応すると同時に何かを表現している。つまり，どのムーブメントも，適応のためのメカニズムとして機能していると同時に，その人個人について何かを映し出している」（Bartenieff & Davis, 1965, p.51）。

一人ひとりのムーブメントのスタイルは，その人の生来的な活動タイプ，心理学的影響，文化的環境が混ざり合ったものであるとバーテニエフは考えていた（Bartenieff & Davis, 1980）。これらの影響を個々人が自分の体でユニークに表現したものを尊重しつつ，バーテニエフは創造的に働いて，彼女の患者たちが自分たちの動きのレパートリーとしてすでに表現しているものをさらに良く活用する手助けをしていた。

潜在的なムーブメント表現に焦点を当てる

患者を対象にした臨床実践において，バーテニエフはいつも，潜在的なムーブメント表現に主要な焦点を当てながら，全体的なムーブメント形状に注目していた。「潜在的なムーブメントはその人の身体的活動とムーブメントの嗜好性において固有なものである」という考えはラバンの「縮小されたエフォート」という概念から来ていた。一つのエフォートが縮小されたとしても，それは小さな分量で存在し続ける。したがってそこには，部分的にのみ活発であったある種のエフォートとシェイプの要素の「兆し」とか，「部分的使用」が存在している。バーテニエフは，「なぜ特定のムーブメント要素が縮小された形式においてのみ現れるのか」，「なぜムーブメントの特定の特質が実際には十分に形を表すことがないのか」について，正式な心理学の用語で説明しようとはしなかった。しかしながら，この考えは全体的形状の中に単純に受け入れられ組み入れられて行った。

バーテニエフはセラピストに対し，どのようなムーブメントが欠落しているかを患者に指摘したり，特定のムーブメントを行うように意識的に努力することを患者に要求したりすることのないよう，注意を与えていた。むしろ彼女は，「セラピストは患者がすぐにできるような全体的なムーブメントの形状を研究すべきであり，そのようにして，非言語的に患者をムーブメント活動に誘い込み，そうすることにより，個人が持っている特別なムーブメントへの嗜好性と一緒になって，結果的には縮小されたムーブメント・ファクターやムーブメント・エレメントを引き出すことになる」と考えていた。

次に引用する言葉の中でバーテニエフは，ある理由か他の理由によって，自分自身のムーブ

メント・レパートリーの中で直接性を失っている人に接近して行く迂回的な過程を描いている。

　　……「直接性」の不足……は患者がエフォートの取り合わせを全体的に組織立てたり，空間的なシェイプ・アクションを一緒にしたりすることによって治療されるべきである。セラピストはまず最初に患者が持っているレパートリーを使った全ての組み合わせ，たとえば，「重さ」（「強さ」または「軽さ」）を伴った「フロー」，「時間」（「突然」または「継続的」）を伴った「フロー」，を探究することから始めることもできる。そうすることによりセラピストは（他のムーブメント・ファクターと一緒に）「直接性」を使うことに近づいて行くことができるだろう（Bartenieff & Lewis, 1980, p.148）。

　多分これはバーテニエフの考え方のエッセンスであり，最終的な方法論だったのだろう。つまり，特定の筋肉組織が発達するのを助けるような正しい活動を見つけ出すことは，ひいては，ある種の精神的な態度にも影響を与えることになるというのである。

　ある人たち，主に知的障害がある人たちが特定のエフォート・エレメント，この場合は「直接性」（空間のファクター）を発達させるのを助けるためにバーテニエフが使ったもう一つの方法は，身体を使った活動的なゲームで遊ぶことである。活動的なゲームではプレイをする人の側からの明確な「空間についての意志」を要求することが多いので，このような活動はあまり負担をかけずに多くは楽しみながらこのエフォート・ファクターを表現するのを助ける。

　バーテニエフはダンスセラピーを人間的な枠組みの中で見ていた。身体の構造やムーブメント習慣を見ながら，その人の限界や病的なところに焦点を当てるのではなく，バーテニエフはムーブメント全体の形を見て，その潜在的に持っているムーブメント表現に主な焦点を当てていた。

モチベーションと空間の使い方

　バーテニエフは，入院患者たちが自分自身のムーブメントの潜在的可能性を探求するのを助けながら，「ムーブメントへの衝動」（ムーブメントの背後にあるモチベーションに関する要素）を活発にし，発動することの必要性を強調していた。

　　このような停滞的で後退的な環境（つまり，病院という環境）の中で私に課せられた仕事は，「ムーブメントへの衝動」を活発にし続ける方法を見つけ出すことでした。この問題は精神障害を伴った患者に対する私の仕事全体を通して中心的なものであり続け，その問題に取り組むに当って鍵となるのはダンスセラピーでした（Bartenieff & Lewis, 1980, p.9）。

　「空間的デザイン（つまり，弧を描いた形，角ばった形，放射状の形等）を創造することを助長するようなムーブメントは患者の中に感情的な反応や態度を誘導する」ことを彼女は発見した。ダンスをしながら探求している時に描かれるある種の空間的軌跡は，特定の考えや感情を身体で外在化させるように人びとを駆り立てる。空間的デザインを使うことにより，バーテニエフは患者が持っている表現するためのムーブメントのボキャブラリーをさらに発展させることができた。しかし，「空間概念を上手く紹介するには，ダンスセラピストは患者の意向を知り，それを尊重しなければならない」と強調していた。患者の気持ちに添うことができた時にのみ，セラピストは患者がダンスを通して空間と心理学的に結びつく上での手助けをすることができる。ダンス・セラピストがこの点に成功すれば，患者が「自分自身が回復して行く過程に独立して参加すること」を活性化することができる（Bartenieff & Lewis, 1980, p.3）。

バーテニエフの原理

　バーテニエフは身体障害を伴った人びとや精神障害を伴った人びとの双方を対象にして働いていた時の初期の体験をもとにして，後に六つの特別なボディー・ムーブメント・エクササイズを開発し，自著である『ボディー・ムーブメント，環境への適応（1980）』に掲載した。これらの基本的エクササイズは「バーテニエフの原理」と呼ばれ，個人に対して「自分自身についての何らかの初歩的な体験に気付き，他者との関連をもとに，そこからさらにもっと明らかに自分自身を感じる方法」を提供した（Bartenieff & Lewis, 1980, p.146）。これらのエクササイズは特に，人びとが身体感覚を感情や表現と結び合わせるのを助けるように作られていた。「ムーブメントが持っている機能的内容と表現的内容は同じコインの両側面である」（Bartenieff & Lewis, 1980, p.145）。

　バーテニエフの原理は，個人が同時並行的に起きている三つの活動，「呼吸，筋肉活動，感情」を受容し，一つにまとめ上げることができるようにも作られていた。彼女は「貴女はこんな風に呼吸をしていますよ」等と言葉によって教えることを意識的に制限していた。その代りに，自我の中にある身体的経験と感情的経験とを結び合わせるのを助けるような一連のムーブメントを患者たちにさせて，患者たちが自分たちのボディープロセスに対する個人的な感覚を発達させるのを励ました。バーテニエフの原理は，彼女が心と体をバラバラにしているに過ぎないと感じていた「知的に意識したムーブメント努力」を，「障害がある人びとの中にすでに過度に強調されていることがよくある状態」と入れ替えることを意図していた（Bartenieff & Lewis, 1980）。

　バーテニエフの原理は彼女が初期から考えていた「個々人のムーブメントが持っている動機的な側面を取り込むことは，身体表現を感情表現，つまり，心と体とを結び付ける上での鍵で

ある」という確信的考えから発展した。一人の人格の中に潜む強さ，可能性，独自性を強調しながら，バーテニエフは個人が自分自身を受け入れるように手助けをした。これは，言うなれば，個人が持っている潜在的ムーブメントをもっと全体的に具現化すると共に，今よりももっと柔軟で完璧な自己表現を促した。

地域や社会に焦点を当てる

　ムーブメントが持っている動機的な側面は主にその個人が自我とどのような関係を持っているかに焦点が当てられているが，バーテニエフはその個人が他者や社会とどのような関係を持っているかをも強調していた。心と体を調和させることだけが必要とされているではなく，一人の個人の中において内面的要求と外面的要求との間の健康的なバランスを創り出すことも必要であると彼女は考えていた。

　私たちは実際の生活を孤立した状態で営んでいるのではないので，バーテニエフはムーブメントを「内面と外面との間の橋渡しをすることができる」，つまり，「一個人の生活の主観的側面と客観的側面とを調和させる」一つの道具として強調していた。

> 体を用いて空間の中に感情を投影することにより，ムーブメントそれ自体は正にコミュニケーション能力を持つものになる……。自分自身の生物学的構造を空間の中に構築するという経験は，その人の自我を信頼させることができる。このようなことを他者と共に行うと，地域から支えられているという感覚を発達させる手助けになり，その支えから独立して適応する能力を育てる上での手助けになる（Bartenieff & Lewis, 1980, pp.144-145）。

　彼女は，主観的なものをコミュニケーションできる形にすること，つまり，「主観的なものを形付けたり改造したりすることによって，それらを交換可能なものにすること」を強調して

いた。これは，彼女が「地域の重要性」と「ダンスが持っている公共性の重要性」を信じていたことを表している。

バーテニエフによれば，セラピストの役割は「患者が自分自身や地域と平和裏に生活することを可能にするような，『満足すべき行動様式』を患者が発見するのを助けること」である。これは「自我を統制する力を発達させること」と見ることもできるだろう。彼女は次のように言っている。

> セラピストが，他のものとは切り離して，主観的な身体レベルにだけ焦点をしぼり，空間とか……構造とかとの関係を考慮しないとしたら，それは大変危険なことである。そのようにすると患者が抱えている問題の一側面だけに彼らを貼り付けてしまい，彼らのムーブメント活動をますます分断してしまうことになる（Bartenieff & Lewis, 1980, p.144）。

患者とセラピストにとって最も重要なことは，分断化をせずに，知性と感情とを働かせ続け，それらを機能的にし続けることである。ダンスセラピーという学問を「形の無い気ままな自己表現」に堕落させてはいけない。また，機械的な測定をすることによって非常に構造的になり，部分が全体を超えてしまうようなことになってはならない（Bartenieff & Lewis, 1980, p.151）。

要　約

バーテニエフはボディー・ムーブメントを複合的で統合された全体として受け取ることを強調しており，その考えは彼女が教育をしたりワークをする時にはあらゆる側面に浸透していた。このことがダンスセラピーに対する彼女の主な貢献であった。しかし，ラバンの理論を合衆国にもたらしたことを別にすれば，彼女が行った最大の貢献は多分，「ムーブメントが持っている構造と機能について彼女がダイナミックに理解したものを他者に伝えることができた」ということであろう。

ニューヨーク州立ブロンクス病院における時代精神

1960年代の中頃，バーテニエフがブロンクス病院で仕事を始めた前後に，彼女とその弟子のマーサ・デイビスは「ムーブメントのエフォート・シェイプ分析：表現と機能との調和」(1965) という題の論文を書いた。この論文は，LMAの使い方について，次の3つを想定していた。

1. LMAは，人間のムーブメントを記述し，測定し，分類するための，再現可能な技術である。つまり，
2. LMAは，一個人の中に一貫して存在し，その人を他者と区別するようなムーブメントのパターンを記述し，
3. 神経生理学的で心理学的な過程に関係した習慣的側面を描き出すものである (Costonis, 1978, p.90)。

バーテニエフはブロンクス病院で仕事をする時にこれらの信念に従って，観察，診断，評価する方法としてLMAを使った。1960年代の後半になって，ブロンクス病院でのダンスセラピーのスタッフの数が増え，トレーニング・プログラムが開設されるにつれて，彼女の仕事はダンスセラピー訓練に正式に取り入れられるようになった。これらの進展は，バーテニエフやデイビスと共に働いたエリッサ・ケイキャップ・ホワイト，クレア・シュメイスのパイオニア的な努力によるところが大きい。

1967年，ムーブメント分析の有資格者となっていたホワイトはブロンクス病院において，院長であったイズラエル・ズウェリングの家族療法研究助手として非常勤の仕事を始めた。ズウェリングの研究はLMAを使っていなかったが，ホワイトはバーテニエフと共に，ブロンクス病院で行われる家族療法のセッションを使って研究テーマとしてLMA訓練を同時並行的に行った。その後ホワイトは半分は研究にそして残りの半分はダンスセラピーを行う職員として雇用された。それから間もなく，ニューヨーク市立大学ハンター校で非常勤講師をしていたクレア・シュメイスが職員に加わった。

シュメイスとホワイトは1960年代の中頃に，協会設立に関心をもっていたダンスセラピストたちの会合で出会い，「友達兼同僚」になり，一緒に働き，他の人たちと力を合わせてADTAを設立した (White & Schmais 談, 1986)。シュメイスもホワイトもDNB (ダンス記譜研究所) におけるバーテニエフの講座を以前から受講していた。二人はまたダンスセラピー講座としてよく知られていた「タートル・ベイ音楽学校におけるマリアン・チェイスの講座」をも，1961年にシュメイスが1963年にはホワイトが受講していた。さらにシュメイスは，ワシントンDCにある聖エリザベス病院におけるマリアン・チェイスのもとで研修生を1年間勤めた。彼女たち二人がブロンクス病院のスタッフに加わったことにより，すでに卓越したムーブメント専門分野になったものが歴史的かつタイムリーに出会うことになった。すなわち，

124　第2部　ダンス・ムーブメントセラピーのその後の発展

エリッサ・ホワイトとクレア・シュメイスが継承したマリアン・チェイスのダンスセラピー技術と，イルムガード・バーテニエフとマーサ・デイヴィスが継承したラバンとラムの業績の二つがここで出会ったのである。

　ブロンクス病院に赴任して間もなく，シュメイスとホワイトは「この病院は進歩的で革新的であり，ここでダンスセラピーを広く実施する機会が与えられる」ということに気付いた。

　　ズウェリング博士はそれまでは鍵が掛けられていた病院のドアというドアを文字通り開け放ち，患者に対して新しい働きかけをすることを受け入れるような雰囲気を創り出しました。私たちが持っていた最初の興味はダンスセラピーをすることでしたから，ブロンクス病院でダンスセラピー企画を立ち上げる可能性についていろいろと作戦を考えるようになりました（White & Schmais 談，1986）。

　看護師のスーパーバイザーや現場主任の助言に従い，シュメイスとホワイトは看護師とそのスタッフたちに対してダンスセラピーの入門セッションを始めた。その目的は，「彼ら看護師たちが，自分たちの患者に対する治療計画全体の中でダンスセラピーが果たす役割を理解するのを助けることでした。つまり，彼ら看護師たちが私たちのセッションに加わった時にどのように関与したら一番良いのか，彼ら看護師たちがムーブメント習慣を理解するために私たちダンスセラピストはどのような手助けができるかを理解する手助けをすることでした」（White & Schmais 談，1986）。この入門セッションは結局，新しいスタッフや新人看護師のために行う一般訓練の一部になった。

　ダンスセラピー・セッションの需要が増えて来たので，ホワイトとシュメイスは，このような方法を使うことに興味を持っている精神保健のワーカーや他のスタッフを対象にして6週間のセラピー訓練プログラムを始めた。このプログラムはダンスセラピーの基本的技術に焦点を当て，被訓練者が自分たち自身のムーブメントについて理解したり，彼らが担当している患者がセッション中や病棟において行っているムーブメントについての理解を増すよう努力していた。このプログラムを修了すると，参加者の多くは自分たちの病棟でダンスセラピーのセッションを実施し始めた。彼らはみんなダンスが好きだったが，ダンスセラピーの訓練をする上で基礎となるようなダンスの深い練習をした経験もなければ，ダンスを教えた経験も無かった。残念なことに当時は彼らが必要としていた，「セッションに並行して支援すること」「ダンスの練習」「スーパービジョンを与えること」ができなかった。

　　病院でダンスセラピーを行う機会は増えなかったので残念な結果となりましたが，これらプログラムに参加した人たちはセッションを開いた時のアシスタントとしてはいつも非常に協力的でした。彼女らは観察方法を訓練されていたので，患者のムーブメント習慣について，それがダンスセラピーのセッションの時のものであれ病棟にいる時のものであれ，自分たちが感じたことを話す上でそれが役に立ちました（White & Schmais 談，1986）。

　そうこうしている内に，ブロンクス病院のダンスセラピー・スタッフの数は増えて行った。ホワイトはダンスセラピー第一班の主任になり，1960年代の後半までには3人の常勤ダンスセラピストと5人の非常勤ダンスセラピストが雇われるまでになった。ダンスセラピーは職業として認知されるために戦って来たし，時には今でも戦っているが，これはその戦いにおける大きな一つの勝利であった。ダンスセラピーのスタッフが増えたことと，「スタッフは全員，継続的に教育を受けなければならない」というズウェリング院長の哲学があったため，ホワイトは病院に来て1年目の精神科実習生に対するク

ラスを始め，彼女らにダンスセラピーとムーブメント観察法の初歩を教え始めた。これらのクラスが病院の実習生に対する上級セッションに発展し，彼女らの精神科的訓練において必要不可欠なものになった。

1969年，ホワイトとシュメイスはダンスセラピーに対する度々の要望に応えて，1週間の集中的なダンスセラピー紹介のワークショップを始めた。ダンスセラピーに対する関心が持たれ始めた頃だったので，米国中から人びとが集まりこれらのワークショップに参加した。さらに深い訓練を希望する者は病院でボランティア活動をすることができた。これらのワークショップを運営する経験があったため，シュメイスとホワイトは「個々人のスタイルがあることを知り，深く理解することの重要性や，ムーブメント観察技術を深めること，ムーブメントの相互作用がダンスセラピーの中でどのように集団に影響を与えるかを知ること等の，ダンスセラピー訓練の原理をまとめ上げること」を始めた（White & Schmais 談，1986）。

このような原理をまとめ，訓練に対して熱狂的な反応を受けたため，シュメイス（ニューヨーク市立大学ハンター校所属）が国立精神保健研究所（NIMH）のカリキュラム開発助成金を申請すべきだと考えるようになった。この申請に応え，NIMHのマンパワーと訓練プログラム部門の実験特殊訓練部会がシュメイスに連絡をしてきた。彼女は修士レベルの模範的なダンスセラピー訓練プログラムを設計するよう依頼された。1970年，シュメイス，ホワイト，デイビスはニューヨーク市立大学ハンター校に対して認可申請を行った。

プログラムを計画しながら彼女たちは，それまでのダンスセラピー・セッションの経験，ダンスセラピー訓練の経験，ムーブメント研究の経験を全部合わせて活用し，集中的で，全日制，30単位，その中には現場実習も継続的に含まれたコースワークからなるプログラムを作り上

げた。その頃は，現場実習は全てブロンクス病院で実施することになっていた。

プログラムを改定しながら，シュメイスとホワイトは職業人としてのニーズを調べた。不適格な実践家から人びとを守るため，教育基準を作る必要があった。不十分な教育や訓練から学生を守るため，地方レベル，州レベル，全国レベルの市民サービスを含んだ雇用基準が作られた。このプログラムが基礎としているダンスセラピー訓練の考えに基づき，エフォートとシェイプを含んだムーブメント観察は必修科目の一部になった。

ダンスセラピー技法としてのLMA

シュメイスとホワイトは，LMAを自己観察の手段として使う方法を開発し，ダンスセラピストに対して，自分自身のムーブメント・パターンを分析し，自分のムーブメントについての偏見や好みを自覚させる方法を提供した。これは，精神療法士が自分自身の感情的レパートリー，好み，必要性を知っている必要があり，そのことによって，知らず知らずに患者に影響を与えることを避けたり，患者が必要としているものの特定の側面を必要以上に強調したり，また別の側面を無視したりすることがないようにしているのと同じである。この考えは，しばしば「逆転移」と言われているが，特に「療法的ムーブメント関係」と関連して，チェイス・アプローチの基本的な部分になった。

この関係から，ダンスセラピストが行うムーブメントによる相互影響スタイルの親密さや直接性が特別に重要であり，監視することが困難なのである。「療法的ムーブメント関係」の本質はダンスセラピストが持っている「ダンスという方法を用いて，患者と無意識的に反応したり相互作用をしたりする能力」なので，セラピストが様々なムーブメントの可能性を持つように訓練されていることは欠くことができない

ことである。このような理由で，LMA の研究
は，セラピストが自分自身のムーブメントの傾
向や偏見について学び，自分自身のムーブメン
トのレパートリーを広げる上で手助けになる。
LMA の研究はまた，患者とセラピストの間で
行われる非常に微妙なコミュニケーションの背
後に潜む意味や影響を理解する手助けにもなり
得る。

　ダンスセラピストになるためのムーブメント
訓練の中には，非常に広範囲にわたるムーブメ
ントの型の他にも，振り付けやダンス公演経験
が含まれることがよくある。多くのダンスセラ
ピストは集中的なダンス訓練を通して，ムーブ
メントの好みや強さや弱さにまつわる様々な問
題に苦労した経験をすでに持っていることだろ
う。したがって，ある程度の自己覚知やボディ
ー・アウェアネスはすでに持っている。ホワイ
トによれば（White 談，1987），「ダンスセラピ
ストが，適切な年齢の時に，ダンス・ムーブメ
ントのしっかりとした訓練を受ければ，『ムー
ブメント思考』というものが内面化する」。

　しかしながら，ダンスの背景を豊富に持って
いるダンスセラピストにとって，LMA は，す
でに知っていて，体のレベルですっかり了解し
ている事柄を組織立てるための入手可能な有効
で認識的な道具になり得る。別の言い方をすれ
ば，LMA はダンサー・ダンスセラピスト（ダ
ンスが特に得意なダンスセラピスト）が「内面
化した身体感覚」を「ムーブメント行動を複雑
に認識的に理解すること」に変換することを手
助けすることができる。LMA というこの知識
の総体に接近することにより，ダンスセラピス
トはムーブメント・レパートリーにおける微細
な変動を記録したり，処理したりすることがで
きるようになる。この点において，LMA は
訓練目標の設定や患者の診断的印象を増加させ

るための価値ある技術である。

　LMA を訓練技法として発展させる上でのシ
ュメイスとホワイトの貢献は主に，ダンスセラ
ピーを職業的で独創的で記録可能な精神療法の
一つにしようと試みた点にある。この方法を精
神療法における他の方法と区別するものは，そ
の方法が使っている用語，すなわちボディー・
ムーブメントにある。簡単に言えば，この方法
の手段はダンス・アクションという形をとった
ムーブメントであり，相互作用や過程や変化を
観察したり記録したりするのが LMA なのであ
る。

　ブロンクス病院の伝統である LMA を活用し
たダンスセラピーはミリアム・ロスキン・バー
ガーの指導によって引き継がれたが，バーガー
はバーテニエフやチェイス，そして中西部地方
のパイオニアであるローダ・ウィンター・ラッ
セルの元学生である。バーガーは 1960 年の後
半にブロンクス病院に赴任し，この病院の時代
精神の一部を形成した。彼女はユニークなクリ
エイティブ・アーツ・セラピー部門を創設し，
1970 年から 1990 年までその責任者を務め，そ
こで何百人というダンスセラピーを学ぶ学生
があらゆる教育機関から派遣され訓練を受け
た。1956 年，バーガーは，ジャン・アードマ
ン・ダンス劇場の元ダンサーと共に，ダンスセ
ラピーに関する学問的研究としては最も早い頃
の研究の一つを著した。彼女は心理学，LMA，
ダンスが持っている審美的な創造的な要素をま
とめ，ダンスセラピーについての自分の考えを
発展させた。ダンスは「体による経験を通して，
感情と形式をユニークに結び合わせた芸術で
ある」と彼女は言っている（Berger 談，1992）。
合衆国における活動に加え，彼女はダンスセラ
ピー訓練プログラムを世界中に発展させる上で
の中心的リーダーでもある（第 26 章，参照）。

マリオン・ノース
個人評価と療法

　マリオン・ノースはラバンの弟子であり，英国のダンスセラピストのリーダーである。彼女はダンスセラピーの実践において，いくつもの重要な貢献をした。彼女の仕事は，「英国人のダンスセラピストが患者を診断・評価し，療法プログラムを立てる時の道具としてラバンの専門用語を臨床的に用いたこと」によって代表される。すでに述べたように，ダンスセラピストの指針としてラバンによるムーブメントの枠組みを拠り所とすることは，英国のダンスセラピーにとって不可欠な部分である。これはアメリカ合衆国のダンスセラピーとは対照的であり，合衆国ではラバンの考えに加え，精神分析，自我心理学，人間性心理学，ゲシュタルト・セラピーといったラバン以外の理論的な枠組みをしばしば用いている。

理論と実践

　ノースはもともとダンスセラピーを補助的な療法と考えている。彼女は，ムーブメント・ワークを他の形の心理学的介入と一緒に行なうことの重要性を説き，他のクリエイティブ・アーツ（絵画療法や音楽療法）と一緒に行ったり，精神療法や心理療法の形と統合することが理想的だと考えている。

　マリオン・ノースが果たした多くの仕事の根底に流れる主要テーマは「ムーブメント，行動，パーソナリティ調整の間に横たわる相互関係」である。彼女はLMAを「ムーブメントについての複雑で包括的な理論」と考えており，ボディー・ムーブメントの訓練目標を立てるために使えるだけでなく，LMAを使って，強さ，可能性，限界という観点からパーソナリティを評価することができると考えている。

　「ムーブメント療法の長所は，一人ひとりの発達レベルに合わせられる点であり」また，「表現方法や適応方法は一人ひとりユニークなものである」とノースは力説している。したがって彼女は，一人ひとりのムーブメント・レパートリーをさらなる発達や統合や変革のための足場として使いながら一人ひとりを導こうとしている。

> 私はムーブメントをセラピーとして使うことには特別な価値があると思っている。そこでは「子どもが到達している発達段階に応じて，精神的発達や身体的発達を促すことができ」，また，「自分自身の能力に応じて，その子が個性を育てたり自己実現をして行く過程をゆっくりと辿って行くのを助けることができる」。そのような活動の目的は「理想的な人物」や「平均的な人物」になることを目指すのではないので，「基準」というものは無い（North, 1972, p.229）。

　上に引用した言葉が意味することは，「ムーブメントの多様さと複雑さには無限の可能性がある」という考えであり，それはラバン，バーテニエフ，ノースの考えの基礎になっている。ノースもバーテニエフも「一人ひとりのムーブメント・パターンは，良いムーブメント・パタ

ーンとか悪いムーブメント・パターンといった先入観を持たずに，複雑なまま全体的に捉えなくてはならない」と強調していた。ノースは，一人ひとりのムーブメントの「ニーズ」(1972)を記録しておく重要さを強調していたが，同時に，「現実におけるムーブメントの諸側面はばらばらに分断することができないし，それらを独立して機能させることもできない」ということをも私たちに思い起こさせている。

> 欠けているところや，バランスを崩しているところにピンポイントで限局的に働きかけるよりも，むしろ，全体的に調和がとれたムーブメント・パターンを目指すことの方が重要である。実際，前者のようにするとリバウンドをもたらす原因になり，苦痛を増す可能性がある (1972, p.159)。

バーテニエフと同じくノースも人を全体として見る視点を失わないように努めている。ムーブメントの諸側面は全て「相互に関係しているので，一つの側面が変化すれば全体のバランスが変わり，そこに新しい状況が生まれる」(1972, P.159) と彼女は考えている。

ノースは，「一人ひとりのムーブメント・スタイルが複雑で個性的であること」を認めると同時に「人を全体的に捉えること」を強調している。これは，「内面的レベルと対人的レベルの両方において人びとは一人ひとり努力している」ということを彼女が理解していることを示している。人を評価する時，彼女は一人ひとりを見て，その人のムーブメント・レパートリーの表現的側面と適応的側面から，彼らの相互作用を観察する (1972)。しかし，彼女は「彼女が行った評価や，その結果から生み出された『ムーブメントへの助言』を，あたかも処方箋のように患者に与えることはない」ということを我々に常々思い出させてくれる。

> 人は誰でも人生における課題に対して自分な

りのやり方で立ち向かい，人は常に変化するものである……。ムーブメント・セラピーは芸術的な方法であり，他のセラピーと同様に，「必要に応じて患者を導くことができ，必要に応じて患者をそっと独りにしておくことができる」経験豊かな感性の良いセラピストを必要としている。誰もが理解していなければならない基本原則というものはあるが，いちいち従わねばならない規則集のようなものは存在しない (1972, p.229)。

バーテニエフはムーブメントをそのまま純粋に理解することを強調していたが，ノースはそれとは対照的に，ムーブメントを足場にしてパーソナリティの理解にまで一気に跳び上がった。ノースは評価方法としてのLMAの心理学的価値を信じており，それを証明するために，子どものムーブメント特徴とそのパーソナリティ的特徴とを関連付けようとした。彼女はその研究を指導し，『ムーブメントを用いたパーソナリティ評価 (1972)』という書物を著し，その中で，12人の子どもたちの動きについて，2学期間以上を費やして観察した。彼女はムーブメント観察をしてから，「エフォート・シェイプ」と行動科学的理論を使って，ある種のパーソナリティ特徴を推測した。それから彼女は「これらの子どもたちについてのムーブメント分析」と「それと同じ子どもの行動とパーソナリティについて学校の先生が作成した報告書」，また一部は「児童統覚テスト，ＩＱテスト，またある種のパーソナリティや行動特徴に関する質問紙の結果」を参考に比較した。その結果ノースは，自分自身の評価と教師の報告書との間に明らかに高い相関を見出した。

この研究を通してノースは，ラバン・ムーブメント分析 (LMA) について，「ムーブメント行動を科学的に記述する客観的で偏りのないシステム」としてだけでなく，「『LMAで記述された様々なムーブメント傾向』を『パーソナリティの強さ，つまり，パーソナリティの可能性

と限界をも含めた，パーソナリティの特徴』と
関連付ける方法」としての価値を示した。この
研究により彼女は「ムーブメントを使って的
確に（パーソナリティ）評価をすることがで
きることを示している」と結論づけた（North,
1972, p.229）。

　ノースが行ったこの最初の研究以外，相関関
係についての科学的証明はほとんど行なわれて
いない。「ムーブメントを解釈し過ぎ，ムーブ
メント分析に判断要素を持ち込んでしまう」と
言うダンスセラピストもいた。しかし我々はノー
スがそうしたように，「ある種のムーブメン
ト・パターンはある種のパーソナリティ傾向を
暗示する」ということだけは言える。それはち
ょうど「科学的な証明が無くても，臨床経験が
それらの存在を示しているから，我々はイド，
自我，超自我の存在を認めている」のと同じで
ある。

　そのように考えると，ノースの研究は「パー
ソナリティ特徴と，ムーブメント行動による適
応方法」を描く準備的な試みを示していること
になり，これはムーブメント心理学を発展させ
る上で重要なステップであると言える。後述す
るように，ケステンバーグもある研究を指導し，
複雑なムーブメント特徴を詳細に記述すること
によって精神分析理論をまとめ上げようとした。

　すでに述べたように，ノースは「パーソナリ
ティ評価」と「身体ムーブメント治療の目標」
を強調している。彼女はダンスセラピーを実践
する分野に深く関わろうとはしなかったし，特
定の技法や方法論を概説することもなかった。
しかし，次に示す事例研究の中では，彼女が使
った特定の技法のいくつかと「それらの技法と
ムーブメントについての彼女の考えとがどのよ
うに関係しているか」が示されている。この研
究において，ノースはムーブメント・ボキャブ
ラリーを使って，1960 年から 1963 年までの 3
年間に渡って見て来た 34 歳になる女性患者の
治療計画について語っている。

　この患者は「J」という仮名で登場するが，
死，無気力，疎遠感，非現実感等の強い感情に
さいなまれていたうえ，恐怖症と言える程，強
い恐怖をも抱えていた。彼女は自分自身の中に
押し込まれたように感じ，何とかして外に出た
いと望んでいた。

　この患者のムーブメント記録によれば，ノー
スは次のように記載している。「彼女は極めて
健康そうで，重大な制限や身体的障害は無いよ
うに見えた。彼女の体の中心部は良く動いてい
るが，上半身の動きと下半身の動きとの間に調
和や関連性が欠けていた。彼女の肩の周囲と脊
柱の先端には明らかな緊張があったが，関節は
良く動いていた。Jの腰はかろうじて保持され
ている状態で，バランスを取るために必要な緊
張，特に左右対称に真っ直ぐに進んで行くため
に支えとして必要な緊張を欠いていた。彼女は
両手を組むほどではないが，閉位置に保ってい
た。

　ムーブメントのセッションでノースが最初に
目指した目標は，患者からセラピストへの信
頼を得ることであった。ノースはセラピーと
は「患者とセラピストとが，それぞれ異なった
時間に交互に導き合う協同作業である」（1972,
p.109）と強く信じていた。

　この患者と始める際にノースは「ごく単純で
習得し易く，かつ，十分に強くて変化をもたら
す様な一連の動きを提示することが重要だ」と
感じた。彼女は非常に指示的な方法を採用し，
「外に出よう」とするよりも「自分の中に入り
込もう」とするJの傾向に対して，「Jが経験
した葛藤に正面から立ち向かうような，または，
取り組むような」一連の動きを提示した。

　　そのため厳しいパターンが採用され，そのパ
　　ターンはすぐにでも成果が現れる可能性もあ
　　るが，明らかな失敗に終わる可能性もあった
　　（その時にとられたパターンとは）内側に向け
　　て掻き集める，つまり，引き寄せるような閉

じる動きで，撒き散らすような開く動きとは
対照的だった。この動きは両手で行われ，は
じめは上半身で行われていたが，最終的に
は体重の移動をも含めて体全体で行われた
（North, 1972, p.109）。

この事例において彼女は掻き集め引き寄せる
動きと撒き散らす動きとを代わる代わる行うと
いう一連の動きを選んだ。そして，はじめは両
手だけを使い，それから徐々に体全体を使った
動きになるよう促し，これら相反するアクショ
ンを注意深く崩して行った。このようにして彼
女は，パーソナリティの中に存在する相反する
傾向の間に患者がムーブメントによる懸け橋を
作るのを助けようとした。このことはJが言っ
たことに対してノースが次のように答えたこと
に明らかに現れている。「『外に』出ようと思い
っきりやってみて……（Jが行った動きに対し
て）いつまでも内側に向かうムーブメントを楽
しんでいないで……」（1972, p.109）。ノースは
次のように説明している。

　　……これははじめはムーブメント（練習）の
　　対象ではなかった……我々は誰しも「内面的」
　　な場合があるし……それは普通のことで，実
　　際，望ましい態度でもある。しかし，私たち
　　が彼女に見つけ出して欲しかったのは，「自
　　然な内面的経験」と「自然な外面的経験」の
　　間に渡された「彼女なりの方法，道筋」だっ
　　た。両者の間に渡された方法，つまり，現実
　　の世界とは異なった「ムーブメント」そのも
　　のがこの時には最も重要だった。患者がこの
　　ことを理解すると，患者は自分が経験してい
　　る側とは反対側に極端に集中しないようにな
　　る手助けになった。そうしなければ，手助け
　　の役割を果たさなかったり，おそらくはもっ
　　と強いリバウンドを起こして彼女が自分自身
　　の内面に逃げ込んでしまう原因になる可能性
　　があった（1972, pp.109-110）。

この特別な事例において，患者は自分が持って
いる「相反する傾向」について話し，それにつ

いての探索を始める許可をノースに与えていた
ことは指摘しておくべきだろう。

　ノースの実践について「ノースは患者がして
いるムーブメント経験を詳細にモニターしてい
る」と感じる者もいる。ノースがムーブメント
経験について患者と討議する時には，あたかも，
患者が行った一連のムーブメント経験の一つひ
とつについて，「考え，感情，経験」をノース
と患者一緒になって形作る共同作業をしている
ようであった。

　　それぞれのセッション毎に，わずかな違いや
　　わずかな発達について厳しく観察することが
　　求められ，常に変化し続ける状況に対して素
　　早く適応する必要があった。つまり，適切な
　　時に適切な場所で患者を励まし，達成してい
　　ない側面について助言し，新しい意味や課題
　　を描いて見せることを同時並行的に行うこと
　　が求められた（North, 1972, p.109）。

　ノースが行った実践には，「患者が出発した
地点から，患者のムーブメント・パターンと共
に歩み，その次に，一連の動きに何かを加えた
り，どこかを変えたり，修正したり，拡大した
りする」という考えが度々現れて来る。言いか
えれば，元からあるムーブメント・パターンを
捨て去るのではなく，それらのパターンを使っ
て彼女は新しい連鎖につなげて行こうとした。

　ノースの実践でユニークな側面の二つ目は，
「ムーブメント連鎖を創り出し，実践すること
を強調したこと」である。患者たちは，自分た
ちがセッション中で経験したり教えられたりし
たことを実践するよう促される。「患者が身に
付けている一連のムーブメント習性を変えるこ
とは，患者が身に付けている習慣的な反応パタ
ーンに直接的な影響を与えることになる」とノ
ースは確信していた。「一生懸命にムーブメン
トを行うには集中が必要であり，ムーブメント
と内的感情や態度との間にある強い関係が直
接的にパーソナリティに働きかける」（North,

1972, p.110) のである。

ムーブメント連鎖を使ったワークに加えて，ノースは「特定の姿勢をとること」と「ムーブメントを変化させること」とを結び合わせたワークも患者に対して行った。彼女はまず患者にある姿勢を練習させる，つまり，患者は空間の中である姿勢をとるように促される。その姿勢ができるようになると，その姿勢から次から次へと様々に変化した動きを経験させ，練習させる。これらの姿勢や姿勢変化を明確にするため，ノースはルドルフ・ラバンの「動きについての用語や定義」を使った。ノースがJ氏に対して用いた一連の動きは次のようである。

1. 上昇，高い位置に持ち上げて行く動き
2. 前進，前方へ広がって行く動き
3. 閉鎖，後方かつ下方に向けて包み込む動き
4. 開放，両脇に広げる動き （1972, p.110)

ノースはJが満足すべき成果を上げた時のことを記述している。Jが最初のムーブメントの変化を行った時，すなわち，「上昇，高い位置に持ち上げて行く動き」をした時，Jは，ムーブメントが自分の体の中心を通過し，初めて，自分の体の上部と下部が結びついた経験をした。さらにJは，自分の足元に大地があるという新しい感覚を経験したとも言った。

ノースのワークは一見すると，パーソナリティの変化を促す方法として，「ムーブメントのプログラムを事前に書いておくこと」を強調しているかのように見える。しかし，彼女のワークの全てがJの場合のようにこれほど構造化されている訳ではない。実際，ノースはJに対して彼女自身の一連のムーブメントを創造するよう促したが，彼女はまだその準備ができていなかった。ここではノースがJに対して行った直接的な介入方法が強調されているが，これこそラバンのワークを精神運動療法に明確に結びつ

けた方法である。

この他の事例研究について，ノースの記述や彼女が検討したことを分析すると，ノースは治療計画を立てる上でのガイドラインとしてエフォート・シェイプを使ったのであって，それほど厳格に守るべきものとは考えていないことが分かる。彼女は，患者が持っているユニークな運動パターンだけでなく，患者が持っている個人的なニーズや生活環境をも考慮する必要があると強調している。このような比較的弾力性に富んだ考えは，彼女が患者とセラピストによる相互作用や相互関係について強調している点にも現れている。

ラバン・センター

ノースの研究はロンドン大学ゴールドスミス校にあるラバン・センターが形成して行く過程でバーテニエフの研究と再統合された。1984年，ゴールドスミス校のラバン・センターと合衆国にあるハーネマン大学とは正式な関係を締結した。ダイアンヌ・デュリカイの指導の下，ハーネマン大学のダンスセラピー課程がゴールドスミス校でも実施されるようになった。この課程は4年以上かけて英国の資格認定基準に合うように調整された。これによりセンターはダンス・ムーブメントセラピーの修士コースを実施することが可能になった。バーテニエフが英国を去ってから，ノースとバーテニエフとの職業上の方向性は別々になったが，デュリカイが米国のカリキュラムを紹介したことにより，ラバンの二人の弟子であるマリオン・ノースとイルムガード・バーテニエフとの関係が再び結び付くことになった。

英国ではラバンの研究が教育やビジネス等，様々な分野で応用され，一方，米国ではバーテニエフがラバンの研究を精神療法で応用した。ノースの弟子でありバーテニエフの弟子でもあるデュリカイは新しいプログラムの中で彼女ら

の仕事を両方とも取り入れた。さらに，ワリ・マイア，シモーヌ・ミッチェル，ウォレン・ラム，ヴァレリー・ダンラップといった英国でラバンを学んだ多くの研究者や，合衆国のラバン・ムーブメント研究所を卒業したジョディ・ザカリアス，ケズィー・ペンフィールド，マーサ・デイビスといった研究者がプログラムの開発に協力した。

　ラバンの教えはダンスセラピー教育のあらゆる側面に取り入れることができるとデュリカイは信じている。ハーネマン大学ではラバンの考えがカリキュラム全体に浸透している。「これらの学問的プログラムの中では，ラバンが行った貢献に対する私の感謝の気持ちや，イルムガード・バーテニエフ，マリオン・ノース，マーサ・デイビスに対する私の個人的な感謝の気持ちが彼らの栄誉を称えています」とデュリカイは言っている（Dullicai 談，1992）。

ジュディス・ケステンバーグ
ムーブメント・プロフィール

　ルドルフ・ラバンとウォレン・ラムの研究は，ダンスセラピーの理論へ応用，発展，組織化され，さらに精神科医であり精神分析家であるジュディス・ケステンバーグ博士の活動によって発展した。彼女の活動には，「彼女自身の理論と方法を使ってダンスセラピストを訓練すること」が含まれているが，ケステンバーグ自身はダンスの背景を持っておらず，また，自分自身をダンスセラピストではなく「ムーブメントの再教育者」と呼んでいた。しかし，彼女の研究は明らかにダンスセラピーの臨床やムーブメント分析に向けられていたことを示している。

　ケステンバーグの研究はサンズ・ポイント・ムーブメント研究グループと共に行った長年の共同研究から発展して来たものであり，このグループには小児発達研究（CRD）[脚注1]という組織がスポンサーになっていた。ケステンバーグは部分的な基礎をラバンとラムの理論的枠組みに置きながら，LMAを発展させ，エフォート・シェイプのパターンに下位組織としてのムーブメント・パターンを付け加え，ムーブメントが持つ特性の全てを心理学的現象と結び合わせ，発達学的にも心理学的にも筋の通ったプロフィールを創り上げた。さらに，ケステンバーグのシステムは「ムーブメント・パターン，リズム，好みの傾向」等のわずかな違いを，「発育，情緒，防衛，適応機能，自己表現，他者表現」等の精神・性的発達段階に関連したものとして見た点が独特である。これらのことはアンナ・フロイト（1965）が行った発達評価の研究にも通じるものである。ケステンバーグの理論的枠組みはまたハルトマン，ウィニコット，マーラー等の研究も取り入れている。

　ケステンバーグはLMAの考えを精神分析理論に取り入れ，精神運動発達状態を評価する診断的なムーブメント・プロフィールを作り上げるという成果をもたらした。このプロフィールは今日ではケステンバーグ・ムーブメント・プロフィール（KMP）という名で知られ，一連の図から成り立っている。それらの図は基本的にはエフォート・シェイプのムーブメントを表現する用語を使って，小児のムーブメント・レパートリーのいくつもの側面を表現している。これらのムーブメント特性は精神分析的発達の枠組みの中で互いに関連付けられている[脚注2]。

ケステンバーグの研究を
ダンスセラピーで使う

　ケステンバーグの研究を臨床に応用すること，

（脚注1）当時のサンズ・ポイント・ムーブメント研究グループのメンバーとしてはこの他に，ジェイ・パーロウ博士，アーンヒルト・ブールト，ハーシェイ・マークス博士，エッサー・ロビンズ博士がいた。マーサ・スーダックは1969年に加わった。
（脚注2）ケステンバーグとサンズ・ポイント・ムーブメント研究グループについての完全で決定的な記録は The Role of Movement Patterns in Development 2.（Kestenberg & Sossin, 1979）で見ることができる。

134 第2部 ダンス・ムーブメントセラピーのその後の発展

つまり，ボディー・ムーブメント・パターンの研究を使って精神分析的考えを具現化することは，ダンスセラピーの理論的基礎を固める上で役に立つと同時に，そのままダンスセラピー教育に応用できる。今日では，ケステンバーグの研究を集中的に学び，この方面において貢献して来たダンスセラピストが何人もいる。

小児発達研究（CDR）の元メンバーでありBC-DMTでもあるマーサ・スーダックは，1973年から彼女の教育の中でこの方法を用いて来た。ダンサーであったスーダックは1951年に子どもへの療法的目的のためにダンスを使い始めた。彼女は1969年にダンス記譜研究所（DNB）でケステンバーグに出会い，その結果，ケステンバーグの表現ムーブメントの療法的側面とムーブメント教育に焦点を当てた協会を結成するに至った。スーダックはダンスセラピストとしてニューヨークのエッサー・ロビンズ博士と共に活動して来た。

KMPをどのように使っているか，スーダックは次のように話している。

ムーブメントについて十分に訓練を受けた人であれば，ある人が持っている能力の程度についてかなり完全なイメージを心に描くものです。しかし，それを直観的な世界から客観的な世界に引き出し，描写し，定義し，分析するための構造を持つことは非常に有益なことです。KMPは方向性を示す枠組みとして役に立ちます。KMPにはいくつもの用語があり，セラピー中に起きたムーブメントに関する出来事は勿論のこと，発達上に起きたムーブメントに関する出来事を定義したり解釈したりすることもできます。そのため，セラピストは患者の強い所と弱い所を見抜き，どこを支える必要があるか，どこは安全に機能しているか，どこはうまく避けるべきかが分かります……。

実践をしている時に私は……「持つ」とか「動く」とかに現れる定着化した特徴を観察し，それを「体の防御」と呼んでいます。KMPの用語を使えば，このような「防御」を正確に記述し易くなります。

これらの歪みを正そうと働きかける時，私は心の中に「防御は非生産的な働きかもしれないが，人を機能的であり続けさせる働きもしている」ことを忘れないようにしています。したがって，私は患者が行っているパターンをすぐに除去しようとはせず，むしろ患者が自分の能力の範囲内で代替的な方法で物事を行うようになることを支えようとしました。そして，患者がそれまでに行って来た望まない習慣を止めてもムーブメントを支持する能力を持っていることが明らかな場合にだけ，私は患者が行っているパターンを除去するよう直接的に働きかけました……（Soodak談，1986）。

このほか，ケステンバーグの研究を学んだダンスセラピストとして，ペニー・ルイス（バーンスタインという旧姓で知られている）がいる。彼女は文筆家で教育者で，アンティオック・ニューイングランド大学院にあるダンスセラピー修士課程コースの創設者であり，ゴダード大学にあるダンスセラピー修士専科の創設者でもある。ルイスは，このケステンバーグのシステムをダンスセラピーの臨床ニーズと研究ニーズに適応させる上でのリーダーであった。彼女の論文「存在論の要点：ダンス・ムーブメントセラピーの理論的研究」（Bernstein, 1973）の中でルイスは，ダンスセラピーの臨床に理論的枠組みを与える重要性を論じている。彼女はケステンバーグのムーブメント枠組みの諸側面を引用して，「機能的で適応力に富んだ習慣」と「非機能的で適応力に乏しい習慣」とを比較しながらそれらの概念を使って論じている。「特定の人のムーブメント・パターンを観察すれば，適応力に富んだ習慣を身に付けているか適応力に乏しい習慣を身に付けているかを診断することができ，また，その患者の発達レベルやさらにムーブメント上のニーズを診断することができる」と彼女は考えていた。彼女はケステンバー

グの発達カテゴリーの一つひとつに対して「適応力に富んだ・機能的ムーブメント・パターン」の例を提示し，さらに「適応力に乏しい・非機能的ムーブメント・パターン」をその一つひとつに対応させた。

スーザン・ローマンはアンティオック・ニューイングランド大学院にあるダンス・ムーブメントセラピー課程の主任であり，ルイスの学生であった。彼女は 1970 年代の後半にケステンバーグの集中訓練を受けた。ローマンは 1979 年から 1987 年までロングアイランドにある親子センターで行われていた幼児，子ども，両親，家族を対象とした予防的活動の中で，プロフィールを評価方法としてまた介入方法として使った。この活動にはジュディス・ケステンバーグとアーンヒルト・ブールトも一緒に指導を行った。彼女はまた合衆国内および海外においてケステンバーグ・システムの講習を行った。

これら予防的活動を行う中で，KMP の応用方法として有用であるとローマンが考えたものは「調律」であり，これは身体的共感に匹敵するような概念である。幼児は，自分のムーブメント・パターンに「調律するような」ムーブメント・パターンを示す人に対して心地良さを感じ，自分のムーブメント・パターンと「対立するような」ムーブメント・パターンを示す人に対して不快を感じるものである。子どもの発達段階一つひとつにおいて，それぞれ異なったリズムが優位になり，そのリズムは子どもがその発達段階の課題を上手くこなす上で必要なものである。両親像が，両親の個人的なムーブメント嗜好を子どものムーブメント嗜好にシンクロナイズさせたり調和させたりすること（どちらも身体的共感）ができない場合，子どもは心理ダイナミックな成長をする上で支障になる可能性がある。

親子センターにおける活動の中で，ローマンは KMP を使って実習生を訓練し，子どもと大人の間に「対立するような」ムーブメント・パ

ターンを見い出し，それらの対立の結果として，子どもの中に適応力に乏しいムーブメント・スタイルを見つけ出せるようにした。上のようなことが分析できるようになると，ダンスセラピストは子どもや大人のムーブメント・パターンに「調律」できるようになり，このようにして健康的な機能を促進する過程を開始し，早い時期に受けた欠損や失敗に対処できるようになる。両親もまた自分の子どもにもっと自分の子どもにシンクロナイズして，一緒に心地よく動くよう，セラピストから支援される。

この点において，ローマンはウィニコット（1957）の研究である「支持的な環境」における諸側面を比較考察している。この着想は非常に多くの場合に「患者が今いるところから出発する」と言われて，ダンスセラピー研究内に広まった。ひとたびセラピストと患者との間に「調律」ができ上がると，ダンスセラピストは「破壊的で，適応力に乏しく，抑圧的な行動」にとって代わって，「新しく，かつ，適応力と表現力に富んだ」ムーブメント・パターンを促すことを始められるようになる。様々なゲーム，課題，運動的介入，イメージ，小道具，接触刺激等のダンスセラピー技法は，新しい形の介入方法や対処方法や自己表現を促すために特別に考えられたものである。これらの介入方法はすべて KMP によって発見されたものに基づいている。

親子センターでは，ダンスセラピストは子どもと両親に対して別々に働きかけたり，両親と子どもとを一緒にして働きかけたりしている。ダンスセラピストはセッションの間中，「両親と子どもが，運動による相互作用で，両者の間に生じる共感を強化し，それまで両者の間にあった障害物を取り除き，子どもの発達が促されて能力が強化されるように」心がけている（Loman, 1981, p.2）。親子センターで行われて来た介入は，これまでに議論されて来たダンスセラピーの方法論のあらゆる手段を網羅して

136　第2部　ダンス・ムーブメントセラピーのその後の発展

いる。ケステンバーグの方法と他の方法との基本的な違いは，予防に重点を置いている点とKMPを治療指針として使っている点である。

ローマンが1981年にADTAで発表したところによると「ダンスセラピストは，必ずしも完全なKMPを作らなくても，つまり，非常に多くの時間を要する過程を経ていなくても，KMPから諸原理を取り入れることができる」と彼女は書いていた。この点についてローマンは「KMPの知識を持ち（さらにその訓練を受けている）ダンスセラピストは，完全なKMPができていなくても，患者たちに対する仕事の中でそれらの諸原理を応用することができる」（1981, p.5）と言っている。

1989年以来，アンティオック・ニューイングランド大学院はKMP会議における，様々な患者に対する改善や応用についての研究や実践に資金を提供してきた。この大会での発表に刺激されて，2冊の著書，ペニー・ルイスとスーザン・ローマン共編『ケステンバーグ・ムーブメント・プロフィール，過去と現在における応用と今後の方向性』とスーザン・ローマンとローズ・ブランド共編『人間の動作分析における体と心の結びつき』が出版された。

ディスカッション

LMA：様々な見解

　LMA（ラバン・ムーブメント分析）を臨床に応用するに当たってはダンスセラピストの間に大きな相違があり，一般的に言って，この分析を臨床で使うには二つの大きな見解がある。

　そのうちの一つの流派は，エリッサ・ホワイトの見解によって代表されるものであり，彼女の研究についてはすでに本書でも述べている。復習すると，ホワイトはLMAをダンスセラピストが次のような方法として使うことができる道具であることを強調している。即ち，患者の一連の動きを記録するため，治療プランを立てる上での枠組みにするため，患者とセラピスト間の相互作用を分析するため，ダンスセラピストが自分自身を観察する能力を高めるため，そして研究をするためである。

　ラバンが行った研究をダンスセラピーに導入する上でのもう一人のリーダーであるヴァージニア・リードは，バーテニエフと親しい友人であり共同研究者であった。リードによれば，ラバンが行った研究は精神療法的原理であると共に，それ自体にダンスセラピーの方法論が含まれ，それ自体がダンスセラピーの方法論そのものであった。リードは，「LMAは，生き方について，哲学的な見方，人類学的な見方，心理学的な見方，生理学的な見方を統合したものだ」と強調していた。彼女はまた，このシステムの本質は「常に発展し，成長し，変化している過程として生活を見る，療法的な原理である」と強く考えていた。モニカ・メーハン・マクナマラ，シース・リッター・フラックス，ボニー・ロビンズ等，LMAを修めたダンスセラピストのうちの何人かはラバンの研究についての全体的な考えをさらに発展させる研究を行った（第25章のリードも参照）。

　ダイアナ・レヴィ（Levy談，1987）は，ラバン・バーテニエフ研究所におけるLMA認定課程の最初の主任であるが，次のようなことばでこの流派の考えをまとめている。「何年にも渡ってLMAを教えて来た経験によれば，LMAの枠組みの最も基礎的な諸概念を個人に導入しようとすると，それは療法的な過程になると強く考えさせるに至った」。

セクション B

ダンスセラピーの理論と実践がさらに普及する

東海岸の影響，その後の発展

　1960年代の後半から1970年代にかけては，ラバンの理論がダンスセラピーに影響を与えていたが，精神分析的考えを仕事に取り込み始めたダンスセラピストも現れた。この章では米国の東海岸で活躍した二人の指導者，エレイン・シーゲルとゾウィー・アフストレイの功績について述べる。彼女らの活動は精神分析的考えについての概観を示しているが，これはシーゲルたちダンスセラピストが1960年代の後半に取り入れ始め，その後，ダンスセラピー理論の重要な部分になったものである。

パートA．エレイン・シーゲル：精神分析的アプローチ，チェイスの影響もいく分受けて

　シーゲルは『われわれ自身の鏡：ダンス・ムーブメントセラピー研究』という本の著者であり，1964年にエスペナックと共にダンスセラピー教育課程を完成させた。彼女のダンスの背景にはクラシック・バレエ，ハイチアン・ダンス，アフリカン・ダンスを学んだ経験がある。パーソナリティについての理解，特に心と体がどのように関係しているかについての理解を深めまた広げるため，シーゲルは精神分析学の研究を始めた。
　シーゲルは「ボディー・ムーブメントや精神療法的治療について彼女が理解していたこと」と「彼女が新しく得た精神分析的知識」とを結びつけた。彼女は「ダンス・ムーブメントセラピーにおける精神分析的考えと方法論」（1974）という論文の中で，「精神分析的なモデルを使ったセラピー」と「ダンスセラピー」との間に介在するある基本的な違いを指摘している。この違いは「言語化」対「身体化」についての論点の中核を成している。彼女は次のように言っている。

　　精神分析家は……理想的に言えば，『身体化』はできるだけ最小限にすべきであり（最小限に留めておくべきであり），精神的な枠組みの中で『試しにやってみる』程度に止め，そうすることによって，自分が現実世界の中でどのような活動をすべきかを自我が判断できるようにしておくべきであると堅く信じている（1974, p.29）。

　これに反し，ダンスセラピストは様々なレベルで体を使って感情表現をするように促すことがよくある。
　精神分析的治療とダンス・ムーブメントセラピーによる治療との間にはこのように一見大きな隔たりがあることを指摘した後，シーゲルは次のように類似性をも指摘している。

　　まず言えることは，どちらの療法も基本的には発達を促すものであり，不十分だったり頑固だったり子どもっぽい生き方をしていた患者が，ほぼ正常な生き方をするまでに成長することを願っている（1974, p.30）。

　シーゲルはまた，患者がダンス・ムーブメン

トセラピーを受けながら発達して行く過程では，転移関係が重要な手段となると言っている。初期に活躍した多くのパイオニアと同じように，「ダンスセラピーで行われる即興」と「精神分析療法で行われる言葉による自由連想」との間にある類似性について言及し，どちらの探究方法も無意識的な考え，感情，連想を解き放す働きをしていると書いている。

> 治療の状況によっては，ダンス・ムーブメントセラピストが自分自身を「カタルシス反応をもたらす触媒」にしたり，ダンス・ムーブメントや言語を使って解釈したりすることがあるが，それは，精神分析家が「患者が言葉で回想した過去」や「患者の感情の状態」を見聞きしたり，再構成したり，解釈したりするのと非常に良く似ている（1974, p.30）。

シーゲルは，様々な人びとがそれぞれに異なった種類の「ムーブメントによる介入」を必要としていると強調している。さらに，一週間に何回も個人的にやって来る患者に対してダンスセラピストが行えることを，病院の中で週に1回行っているセッションの中で行うことはできないとも言っている。シーゲルはムーブメント・セラピーを，「転移関係を積極的に使って，個人が一定の到達地点まで退行するのを助け，そうすることによって，それまでには解決できなかった葛藤に対応することができる療法形態である」と考えている。しかし，この療法形態を一般的な病院状況やすべての患者に対して適応するものだとか，推奨できるものだとは考えてはいない。たとえば，彼女は自閉症児を例に引いている。その子どもは非常に早期の発達段階を全く通過しておらず，まだ，母親にべったりとくっ付いていた。そこで「この子には，母子関係において身体像を作る段階をもう一度通過する機会が必要だ」（Siegel, 1974, p.30）と彼女は考えた。このような事例の場合，患者はすでに退行した状態にあるので，ダンスセラピス

トは患者を「自己と他者との気付き」に導かなくてはならない。そのため，抱きしめる，触れる，一緒に呼吸をする等が行われ，それらの活動は神経症的な患者に対して一般的に行われるものとは異なっている。同様にシーゲルは，療法的ムーブメント関係は幼児期初期のニーズを満たす方法の一つであると考えているが，比較的独立したワークや自由連想が向いている患者に対しては共感的観察者として働くこともある。

シーゲルは，精神運動表現においては一人ひとりがユニークさを持っていることを，ダンスセラピストが大切にするよう勧めている。「文化は個々人の人格形成に影響を与えているから，人格と文化とを切り離して考えることはできない」とシーゲルは信じている。したがって，一個人のムーブメントはその人の内側からこみ上げてくるものと外側からの影響によるものとの両方を反映しており，後者（外側からの影響）は前者（内側からの衝動）に外面的な形や型を与えている。その結果，もしも，ある個人が人生の初期においてバレエ，モダンダンス，フラメンコダンス等と言った特定のスタイルの動きを見たり，身体的に経験していたりして，それらのスタイルに馴染み，知らず知らずにそれらを重要なものと感じるようになっていたとすれば，バレエ，モダンダンス，フラメンコダンスといった外面的型はその人のオーセンティックな表現になり得る。

この点において，ボディー・ムーブメントについてのシーゲルの見方は，ホワイトハウスの考えである「オーセンティック・ムーブメントは無意識から直接やってくるものであり，文化的な影響を含んでいない」とは相反しており，「すべてのムーブメントはオーセンテックである」という信念の方に一致しているように思える（Kalish-Weiss談，1980）。「オーセンティック・ムーブメント」という考えは，患者がある特別な方法で自分自身を表現するのではないかという期待をセラピストにもたらすとシーゲル

は強く考えていた。シーゲルにとっては，全て
の人に有効な方法とかムーブメント型等といっ
たものは一つもない。個々人は，人生における
早い時期に受けた経験と記憶から成る複雑な相
互関係の結果である。セラピストはこの複雑さ
を受け止め，それに敬意を表し，その良さを認
め，その場に相応しくかつ有意義な介入方法を
見つけることができなくてはならない。

　シーゲルは若い頃に，バレエによって「極度
に理性的なコントロールをする経験」と，原始
舞踊によって「純粋に感情を発散する経験」の
両方を体験しているが，それらの経験が後にど
のようにして「意識的影響と無意識的影響を，
構造的かつ有意義に，バランスよく調和させる
必要がある」という信念を持つに至ったか，わ
れわれはその道筋を振り返ってみることができ
る。シーゲルはパーソナリティの無意識的な側
面にのみ注目するのではなく，個人の自我機能
を保護したり発達させたりすることにも同じよ
うに関心を持っている。この点において，シー
ゲルは自我心理学者の系譜に連なっており，発
達における無意識的側面と意識的側面との調和
を強調している。ダンスを正しく用いれば，ハ
イチアン・ダンスや原始舞踊は無意識的なもの
を表現し，バレエは患者の「理想自我」を表現
する可能性を持っているとシーゲルは考えてい
る。しかしその一方，解剖学的にまた心理学的
に間違った方法でそれらのダンスを導入すれば，
それらは懲罰的な超自我の表現になる可能性も
あると警告している（Siegel 談，1980）。

　シーゲルはハルトマンの「葛藤の無い自我の
領域で活動すること」（Siegel, 1974, 1980）と
「個人が適応できる資源を確立すること」を大
切にしている。これら二つによって自我が十分
に強くなり，かつ，セラピストと患者との接触
がうまく行けば，体の動きに現われていた個人
の防御的なものは解消するだろう，とシーゲル
は主張している。しかし，時期尚早の段階でこ
れを勧めたり励ましたりしてはならないとシー

ゲルは警告している（Siegel 談，1980）。

　チェイスが書いたものを詳しく検討すると，
「その人の発達レベル」や「相互作用やコミュ
ニケーションに対するその人のレディネス」に
合わせるという考えが何度も繰り返して出て
くることが分かるとシーゲルは指摘している
（Siegel 談，1980）。患者のムーブメントを取り
上げる時にチェイスは，葛藤の無い自我の領域
の範囲内で患者と接することにより，患者の自
我を強め，患者の全機能の中で健康な側面と適
応可能な側面を広げたり伸ばしたりしていると
シーゲルは考えている。彼女はこのことを，他
の精神保健の訓練が病気を重視したり常に病理
学的な解釈をしていることと対比させている。

　実践をする時，シーゲルはカタルシスと解除
反応とを区別している。カタルシスはセラピー
の一部ではあるが，セラピーの目的ではないと
彼女は考えている。「カタルシスは一時的にせ
よ自我や意識的思考を無くすことを重視してい
るので，患者を怖がらせ過ぎたり，依存させ過
ぎたりする可能性がある」（Siegel, 1979, p.90）
が，それに反して解除反応という精神分析的考
えは，比較的穏やかに解放させるとシーゲルは
考えている。解除反応は「観察する自我」が積
極的に存在することを支持しているので，それ
までに抑圧されていた考えや感情がゆるやかに
現れ，現に存在する自我の構造の中に統合され
て行くことができる。カタルシスは基本的には
感情の解放であるが，解除反応はある種のカタ
ルシスを内省や反省と統合させるものである。

　同じような脈絡で，シーゲルは「患者を全体
として見ること，無意識的なものと意識的なも
のとを統合しているものとして見ること」を強
調している。彼女は，非言語的表現を内に含ん
だ言語化が重要であると強調しており，ここで
もまた，その人の強さや能力の全てを使うよう
な，全人的なものを強調している。言語化した
り解釈したりする際に，「時には，ムーブメン
トがその人の考えや感情の表現を妨害する場合

もある」とシーゲルは書いている。したがって患者がムーブメントを行うに当たってダンスセラピストは、いつそれを促し、いつそれを止めさせるかについて、注意深くその機会を見計らっていなくてはならない。

最後に、シーゲルはダンスに対して献身的ではあったが、自分の仕事について書く時には「ムーブメント」という用語の方を好んで用いた。それは「ムーブメント・セラピーという用語が、特定のセッションの中であらゆる種類の患者が使うであろう全ての形の動きを含んでいるから」(1979, p.92)であった。この「ムーブメント」という用語には、患者を抱きしめたり、自閉症児と共に呼吸をしたり、その他、初歩的なステップ等が含まれており、彼女がそれらを「患者の自我の力を確立して、もっとダンスらしい活動をするための準備になる」と信じているからである。このように、「ムーブメント」という用語は、ボディー・ムーブメントを使って参加したり介入したりする時に使うスタイルやレベルについて、広い応用範囲を持っている。

以上をまとめると、シーゲルの方法論は多くの面においてこれまでに論じてきた他のダンスセラピーと重なるところがある。彼女が行った研究はパイオニアたちが最初に行った業績の多くを組み合わせたり、修正したり、改良したものである。彼女の方法論を概観すると、それは患者のムーブメント型を誇張することによって現実感の評価を行い、様々な活動が持っている無意識的な意味を探究したり、体で感じた経験や感情を強めて行くことであることが分かる。彼女はまた、退行が比較的強い場合には、患者が自分自身に触れたり、患者がセラピストに触れたりすると共に、ミラーリングを使ったりムーブメントによる相互作用的な会話も使って、自己と他者との境界の感覚を発達させる手助けをした。シーゲルはムーブメントそれ自体やその習慣について話し合うこと、また、それらを

解釈することは重要であると信じている。ムーブメントを解釈することを強調したのは患者からの強いニーズがあったからである。彼女がセッションを行う時には音楽を使うことも使わないこともある。そして、バレエのようなエクササイズを使って患者がイメージや「ムーブメントのテーマ」を描き易くするところから、純粋な即興をしたり、統合失調症を伴った子どもと共に座って体を揺すったりするまで、連綿とした繋がりの中で実践を行っている。突き詰めて言えば、シーゲルにとっては患者のニーズがまず第一のものであるようだ。彼女は患者のニーズを正式な精神分析用語の意味合いで考えてはいるが、彼女が患者に対して行う相互作用はその時々に応じて柔軟で患者のニーズをよく反映している点が彼女の特徴であると言えよう。

パートB. ゾウィー・アフストレイ：チェイスやホワイトハウスを統合した精神分析的展望

ゾウィー・アフストレイはプラット大学のダンスセラピー大学院課程の前コーディネーターであり、精神分析家でダンスセラピストである。シーゲルと同じく、彼女は精神分析の訓練から深い影響を受け、特に対象関係論と自己心理学の分野においてその影響が顕著だった。アフストレイはニューヨーク市立大学ハンター校でダンスセラピーの研究を始め、彼女はそこでシュメイスやホワイトからチェイス・テクニックを学んだ。その後彼女はさらにシーゲルやエヴァンから訓練を受けた。アフストレイは現在、ナロパ大学のダンスセラピー課程の主任である。

アフストレイは、1979年の米国ダンスセラピー協会の年次大会に「現れて来る自己：自己発達についての精神分析的概念、及び、それらとダンスセラピーとの関わり」という論文を提出した。その中で彼女は、臨床的研究を提示し、5人の患者の精神力動的なニーズを分析し、各

144 第2部 ダンス・ムーブメントセラピーのその後の発展

患者を患者自身の発達レベルに合わせるために彼女が行った「治療的ムーブメントによる介入」を記述した。アフストレイの研究は発達過程に中心を置いたもので，その基盤としてマーラーの分離個体化の概念を使っている。彼女は「接触による認知」を「間隔による認知」に変換し，最終的には空間構成にまで変換することの重要性を強調している。彼女は次のように言っている。「『接触による認知』対『間隔による認知』に対するニーズと，自分自身と他者が空間の中では連綿と繋がっているものであると感じることができる能力は，その人が獲得した分離の程度を反映している」(1979, p.7)。これに関連して，ダンスセラピストにとって最も適切な距離を決めることは，患者との接触を行う上で特に重要なことである。患者の発達レベルによっては，あまりにも近づき過ぎると飲み込まれてしまうのではないかと患者が感じたりする一方，あまりにも距離があり過ぎると見放されたのではないかと患者が感じたりする。

アフストレイは彼女の理論的枠組みの中にウィニコット（1958）の概念である「支持的な環境」「原初的錯覚」「ほどよい母親」を取り込んでいる。「支持的な環境」は子どもの内的および外的世界を規定する。母親が「共感的な，非命令的な包容力」(Avstreih, 1979, p.3)を持っているか否かによって，子どもは自尊心や無力感と言った感覚を発達させる。母親が自分の子どものニーズに共感してその子に合わせると，子どもは自分が必要としているものを創造しているのだと信じるようになる。これはウィニコットが「原初的錯覚」と呼んでいるものであり，つまり，自分が自分自身を満たしているという錯覚である。これは安全であるという感覚をもたらし，その子どものその後の「他人を愛したり保護したりする能力の発達」にとって重要である。

「ほどよい母親」は子育てをしながら，子どもが自分自身について感じている様々な感情に反応している。「母親が子どもの情緒的状態に正確に反応することができないと，子どもは自己を信頼する感覚を発達させることができないだろう」(1979, p.5)とアフストレイは言っている。したがって，母親の態度が「無反応だったり，共感的でない」ために，子どもが自己という感覚を発達させることができなかった場合には，ダンスセラピストがこの役割を満たし，子どもに反応するイメージ像を提供することができる。ダンスセラピストは独特な方法で直接自分自身を使って，子どもが発達上の早い時期に経験し損なった様々な「欠落した側面」を再構成し，子どもの身体像をもう一度構成し直すのを助けることができる。

ダンスセラピストはウィニコット（1958）が「過渡的空間」と呼んだものの中で活動する。「過渡的空間」とは「外的な現実」にも「個人が持っている内的な現実」にも属さない「セラピー的空間」である。ここで我々は，患者が「内的なもの」と「外的なもの」，「自己」と「対象物」とを，結び付けたり切り離したりする「橋」をかけるのを助ける (Avstreih, 1979, p.22)この「過渡的空間」において「セラピストの心と患者の心が，母親による育児環境の早い時期において非常に欠けていた『無意識的な情緒的交換』を行う，つまり，一緒に『無意識的な情緒的交換』をする」(Avstreih, 1979, p.7)。

このことはマルシアという名前の成人の患者と一緒に行ったアフストレイの実践によってその例が示されている。マルシアは自分の体に心地良さを感じておらず，次のようなことを表現していた。

　　　全体的に重力に身を任せ……素早くて，自分に関係した，語るようなムーブメントをする傾向……（彼女は）自分の体について気にし過ぎ，心の状態が体に強く現れてしまい（身体化），彼女は「虚無感」とか「孤立感」と

言ったどうにもならない気持ちになっていた（1979, p.9）。

　彼女のムーブメントは硬直していて不自然であり，感情や経験というよりもむしろ理性によって動機付けられたものであった。ダンススタジオは外部からの刺激が欠けているので不快であると考え，彼女はより構造的なものやエクササイズを求め続けた。アフストレイは，マルシアには「母子関係における基本的な教育経験が欠けている」（1979, p.10）と考え，彼女と一緒に動くことにした。アフストレイは「（マルシアが）彼女の身体部位を再発見して，それらを制御する感覚を得るための橋渡しをする鏡として」（1979, p.10）自分自身の体を用いた。その後，アフストレイは遊びのような状況を作り，その中で彼女とマルシアは互いに役割交代をしながら，ムーブメントをリードしたり一緒に動いたりした。このような「心が満たされる機会」に恵まれて来なかった大人（この場合はマルシア）は，子どもが「母親と反射的相互作用をすること」（Avstreih, 1979, p.10）により安定した身体像を成長させ始めるように，セラピストと相互作用をすることによって，自分自身についての感覚を発達させる。

　アフストレイはまた数年間に渡って，ホワイトハウスとチェイスの研究から「反射的相互作用」を探索していた。彼女は「自己心理学の枠組みで働いている精神療法家」の療法的立場と，ホワイトハウスが最初に記述し，アドラーとチョドロウが実験した「ウィットネス」の立場には相通じるものがあると考えている（第15章を参照）

　「チェイスは客観的な観察者（「ウィットネス」）としてのダンスセラピストの役割を強調しているが，さらに，患者とセラピストとの間の二人の結びつきや相互作用からもたらされる良い効果も強調していた」とアフストレイは書いている。しかし，アフストレイは，チェイ

ス・テクニックの中で使われている共感的反応と，「ウィットネスとムーバー」関係からもたらされる「純粋に非指示的な体験をする役割」とを区別している。チェイス派のダンスセラピストは，はじめのうちは「ムーバー（患者）」を観察しているが，そのうち療法的ムーブメント相互作用を使って，ムーバーが組織立てられて何かを表現する手助けをするようになる，とアフストレイは強く考えている。

　療法的関係をこのように使うことについてアフストレイは，「どのような種類の介入であろうと解釈であろうと（ガイダンスは解釈の一つである），ひと度それが行われれば，「ウィットネス」の役割は変化してしまい，ウィットネスの態度はもはや純粋な形をとることができなくなる」と言っている（Avstreih談, 1987）。

　ウィットネスは，ムーバーが自己，ユング派の概念で言えば「内なる神」，無意識の中に潜む総体的原型と対話をしている時にムーバーに指示を与えることはない。ウィットネスは常にこのような内面的探究が無傷の状態であることを全面的に重視し，無意識の中にある深い知識がムーブメントやイメージの中に現れて来るようにしている。動いた後に，文章を書いたり，絵を描いたり，言葉で話したりすると，無意識的なものを意識的なものへと変えて行く過程を進め易くする。ウィットネスはムーバーと同様に，自分自身の主観的また無意識的な過程に関わるように教えられ，両者が手に入れた様々な洞察は，本人がそれを明らかにすれば相手はそれを共有する（Adler, 1985：Avstreih談, 1987）。この違いはアフストレイに重要な質問をつきつけることになる。つまり，「ウィットネスとムーバー」関係は本当にセラピーなのだろうか，という質問である。この問いを発すること自体がそれだけで一つの貢献である。

　結論として，アフストレイはウィニコット，マーラー，スピッツ，コフート，ケステンバーグ等の研究を臨床場面において押し進め，チェ

イスやシーゲルといったダンスセラピストの業績をさらに明確にし，深層心理学による治療形態としてのダンスセラピーの全体像を示したと言うことができる。

15 西海岸の影響，その後の発展

多くのダンスセラピスト，とりわけ米国東海岸のダンスセラピストはエフォート・シェイプや精神分析的考えを導入したり，多かれ少なかれそれらを自分の仕事に取り込むことに熱心であった。しかし，このような傾向はダンスセラピーの初期に主流になっていた考えに反対するものだと考えたセラピストもいた。これらのダンスセラピストはもっと経験主義的な方法を重視し続け，いわゆる患者としてのレッテル貼りや診断を避けていた。このような傾向は米国西海岸のダンスセラピスト，特にホワイトハウスから直接的または間接的に影響を受け，比較的健康で入院していない人びとを対象にすることが多いダンスセラピストに極めて顕著であった。

この章では，ホワイトハウスの教えを守り，ホワイトハウスの方法の様々な側面を発展させたり明確にしたダンスセラピストの業績を文献的に論評する。ホワイトハウスが行ったことについて，ユング派的な側面に焦点を当てた者もいれば，「オーセンティック・ムーブメント」や「ムーブメント体験」に焦点を当てた者もいた。ここではホワイトハウスの教えの発展や明確化に焦点を当てて議論することをあらかじめ断っておく。しかし，ホーキンスやシュープ等，ホワイトハウス以外の主要な西海岸のパイオニアたちが与えた影響についても，以下の記述の中で若干触れることにする。

ホワイトハウスの方法の発展：非ユング派的側面

イルマ・ドサマンテス・ボードリー，ダイアン・フレッチャー，ジャネット・アドラーという3人のダンスセラピストが，自分たちはホワイトハウスの教えの中の非ユング派的な側面を使っていると書いている。彼女らの実践は，体や身体的レベルの経験に深く心を向け，それらの内面的経験をムーブメントにして行くことに一般的な焦点を当てる方法の代表的なものである。この点はチェイス派の方法とは異なっており，チェイス派はもっと相互作用的である。

パートA. イルマ・ドサマンテス・ボードリー：経験的ムーブメント精神療法

ドサマンテス・ボードリー（旧姓ドサマンテス・アルパーソン）は臨床心理学者でありダンスセラピストでもある。また，UCLAのダンス・ムーブメントセラピー課程の前主任であり，彼女が「経験的ムーブメント精神療法」と呼んでいる療法の技法や理論について多くの論文を書いている。この「経験的ムーブメント精神療法」はセラピーの一形式であり，ムーブメント，イメージ，言語を統合し，かつ，ホワイトハウスの方法の様々な側面を組み合わせたものである。

彼女は「ムーブメント療法」よりも「ムーブメント精神療法」という用語を気に入っていたが，それは前者の「ムーブメント療法」では感情を伴わない身体療法と間違われる可能性があると感じていたからである。

ドサマンテス・ボードリーはアルマ・ホーキンスからダンスセラピーの訓練を受け，彼女から強い影響を受けた。また，ホワイトハウスの弟子であるジョアン・チョドロウとジャネット・アドラーからも強い影響を受けた。彼女は，ダンスはニコライ，心理学はジェンドリン，パールズ，フロイト，サリヴァン，ロジャーズ等から影響を受けた。彼女は臨床心理学者であるが，自分が治療している人びとに医学的なレッテルを貼ることが良いことだとは考えておらず，「精神科病院で行う場合と個人開業のクリニックで行う場合とで，ダンスセラピストの機能の仕方が違うのは，治療を求めて来る人びとが受けている診断名よりも，セッションが行われる場面それ自体がもたらす様々な必要性に基づいている」と基本的に感じている。

ムーブメントは人間が持っている機能のうちの「直観的で前言語的なレベルのもの」と「理性的で言語的なレベルのもの」とを結び付け易くする素晴らしい手段だとドサマンテス・ボードリーは考えている。ジェンドリン（1971）に言及しながら彼女は次のように言っている。

> パーソナリティの変化が起きるのは，その人が体で感じるレベルの経験ができ……さらに，少なくとも，その経験のうちのある程度を言葉で表現したり明確にしたりすることができる時である（1974a, p.211）。

ウォレン（1970）に言及しながら，ドサマンテス・ボードリーは人びとが普通「体で感じるレベルの経験」を避ける場合を3つ挙げている。それは，①自分の体やそれを取り巻く環境について鈍感な場合（つまり，体の様々な部分がそれぞれの瞬間にどのようなことをしているのか

に気付かない場合），②差し迫って必要なことを素直に表現することを抑えている場合，そして，③怒りのような，相手が受入れ難い反応を自分がするのを抑えている場合である。「身体的情報や感覚的情報は，自分自身やそれを取り巻く世界に対して投げかけられる様々な感情的反応を知るうえで非常に大切なものであるが，体を通した体験をする過程を遠ざけていると，私たちは文字通り身体的情報や感覚的情報から自分自身を切り離してしまうことになる」と彼女は言っている（1974a, 211）。したがって，効果的なセラピーをするには患者が自分自身で体験することをその中心に据えなくてはならない。

ドサマンテス・ボードリーは二つのムーブメント型，もしくは，二つの経験モードについてその概観を描いている。まず受動的モードであるが，そこでは注意が内側に向けられ，内面的な事柄に焦点が当てられる。もう一つは能動的モードで，そこでは注意の焦点が外面的な事項に当てられる。受動的モードでは，患者は内的な刺激に焦点を当て，感覚，感情，イメージ，思考が自然に現れ，発展して行くようにする。このモードで現れる動きは微妙で，気づき難いこともある。これらの動きは「影の動き」とか「内面的な精神内的動き」と言われている（Dosamantes-Alperson, 1979b, p.21）。たとえば，体の緊張の変化や呼吸の流れの変化等がそれである。患者を横たわらせて目を閉じさせるとこのような動きをさせ易くなる。このようにすると外部からの刺激を少なくし，イメージ，記憶，連想を起こし易くすることができる。

受動的モードとしてシャロンの事例が描かれている。この人は32歳の女性で呼吸困難，頸部と胸部のコリを訴えていた。ドサマンテス・ボードリーは彼女に，座って目を閉じて，胸にあるコリに焦点を当てるように言った。ほどなくシャロンは氷の塊のイメージを連想し，シャロンがそれに注意を集中するとそれが溶け始め

た。彼女の体は身体的にも弛緩してきたことが外側からも見てとれた。「彼女の胸筋がゆるみ，呼吸が楽にできるようになり，涙が自然に流れて来た」（Dosamantes-Alperson, 1979b, p.23）。シャロンはリラックスしていることを実感するようになり，以前よりも深く呼吸ができ，泣いたり，ある経験についての自分の情緒的な反応について言葉で表現できるようになった。

受動的モードの内に出て来るイメージを「入眠時心像」と言う。それらは，「前意識的で前言語的な視覚的シンボルであって，テーマの内容，動き，鮮やかさ，感情，関連的自主性を変化させる特徴を持っている（Dosamantes-Alperson, 1979b, p.25）。これらの入眠時心像によって，患者は過去の状況を実際に追体験し，それを現在の中で次第に変えて行くことができる。このことにより未解決の葛藤について新しい知見が得られるようになる。

> ムーブメント精神療法士は身体的な形を視覚的シンボルに変えて行く手伝いをすることができる。最初に，患者たちが自分たちで体験したことの身体的な質や肉体的な質を細かく識別する手助けをし，それからその身体的経験と同じような性質を持ったイメージが患者たちの中に膨らんで行くのを励ます（Dosamantes-Alperson, 1974, p.24）。

それから，イメージの段階に従って，セラピストはイメージと身体とを結びつけ，イメージを動きで具体化するように促す。

> 特定のイメージを描きながら動くと，イメージに焦点を当てるだけで動かない場合に比べ，患者たちは自分の体の中に視覚的経験を取り込み，彼らの「内的感覚」と「イメージされた状況」とを身体的に結び付けることができるという利点がある。患者たちはイメージのあらゆる側面を身体的に強調することができ，そうすることによって，そこで明らかにされた経験について自分たちがとっている態度

を知ることができる（Dosamantes-Alperson, 1979b, p.26）。

受動的モードでは個人の注意は内部に向けて焦点が当てられているのに対し，能動的モードでは注意は外部に向けて焦点が当てられている。「患者たちが能動的モードで動く時，彼らは自分たちが物や人等の外的世界に対しどのように接近し，どのようにそれらを取り扱うか，を明らかにしている」（1979b, p.27）。

この能動的モードでは患者は目を開いた状態で，注意深く動きながら自分を取り巻く空間を探索する。これらの動作は「明確で，第三者からもそれと認めることができる」。このモードでは「ムーブメント・スタイル」とか「ムーブメント・レインジ」という用語が使われ，その過程は「外面的相互作用的ムーブメント」として分類される（Dosamantes-Alperson, 1979b, p.27）。

多くの患者，特にダンスやその他の身体的訓練の経験が無い人たちは，他人の目を気にしないで動けるようになるまでには「感覚を鈍感にさせたり」，「抑制を解いた状態になる」必要があるだろう。セラピストは患者がそのような状態になるために，打ち解けた安心した雰囲気を創り出し，「安全な範囲で自分の方向性を体験する機会を提供し，患者が自分自身の身体的側面と運動的側面を発見する機会を提供する」（Dosamantes-Alperson, 1979b, p.27）。

この能動的モードをさらに信頼し，さらに自然に動くようになるにつれ，患者は自分のパーソナリティを表現し始める。どのようなタイプの動きを心地良いと感じ，どのようなタイプの動きを不快と感じるかを患者が学び，また，自分自身の動きとグループ内の他のメンバーの動きとの間にある相違点や類似点を知るようになるので，そこにはこれまでよりも深い自己覚知が生まれる。

次に紹介する事例研究はドサマンテス・ボー

ドリーが報告した外面的相互作用的モードのムーブメントである。これはハロウィーンの前夜祭に行われたセッションで，参加者がすべて女性のグループであった。メンバーの一人が魔女の装いをして参加した。彼女がドラマチックに登場したのでドサマンテス・ボードリーには「この女性はグループから認められる必要がある。そのような彼女の側面が魔女のキャラクターで表現されている」と感じられた。

この女性はグループの中心になって，魔女のキャラクターを動きで表現するよう勧められた。彼女は手を大きく広げて波打つような動作で，時には魅惑的に，そして時には攻撃的に動いた。彼女はセラピストから，グループのメンバーの一人ひとりと共に関係を持ちながら動くよう勧められた。この役目によって，この女性は「力の感覚」と「制御する感覚」を学んだ。一方，グループのメンバーは彼女に対して次のように応じた。

> 魔女の魔法にかかって打ち負かされ，彼女の言いなりになる者もいた。また，彼らに向けられた彼女の魔法を退け，彼女に向かって自分の力で抵抗する者もいた（Dosamantes-Alperson, 1979b, p.29-30）。

このような動きのセッションに続いて話し合いが行われ，グループのそれぞれのメンバーの中に生じた感情が明らかにされた。

受動的モードと能動的モードとを比較して，ドサマンテス・ボードリーは次のように言っている。

> ……内面的な精神内的動きは，経験や行動についての「あまり意識していないレベル」と「比較的意識的なレベル」との間に橋をかける役割をする。外面的で相互作用的ムーブメントは，能動的モードで現れ，患者たちがどのように外的世界に対応したら良いか，世界に対して彼らが感じている一種の影響力にどのように応じたら良いかを確かめることができ

る（1979, p.30）。

能動的モードで行われるムーブメントに比べると，受動的モードで行われるムーブメントは意志が比較的弱く，不明確であり，「私は動かされる」というホワイトハウスの概念や，ホーキンスが強調している「従属」や「リラクセーション」に関係しているように見える。これに反して能動的モードはもっと意欲的で明確なムーブメントであり，また，もっと相互作用的なムーブメントである。このモードは「私は動く」とホワイトハウスが言った概念と比較的強く結びついている。

初期段階のセッションでドサマンテス・ボードリーは，これら二つのモードのそれぞれで患者が動くように導き，彼らのムーブメントの状態を探索させ，自分たち自身の体の感じ方について理解を深めるようにした。

セッションが進むにつれ，一人ひとりの「想像力を使った反応」が次第に現れるようになる（Dosamantes-Alperson, 1974a, p.212）。患者のムーブメントの段階が進み，セッションは次第にセラピストが設定した外面的枠組みに頼らず，患者が自分で方向性を定める度合いが強くなって行く。そうなるとセラピストは誘導者というよりも観察者という色合いになり，「患者がムーブメント上で壁にぶつかった時にだけ」（Dosamantes-Alperson, 1974a, p.212-215）介入するようになる。一般的にセッションは2時間程続く。セッションのまとめにおいて，患者は言葉でコメントをしたり表現することを求められる。このようにして，患者はムーブメントによる体験を自分自身の言葉や考えと結びつける。

手短にまとめて言えば，ドサマンテス・ボードリーは受動的モードのムーブメントについての議論の中で，ホーキンスやホワイトハウスから彼女が受けた訓練から発展した西海岸での考えを述べている。これら西海岸の考えは，「身体」「体で感じた経験」「ムーブメントから感じ

たもの」という概念と，「これらの身体的経験をイメージに，そして最終的にはダンス・ムーブメントの活動に結びつける過程」とを中心に据えている。その一方，彼女が能動的モードのムーブメントを語る時にはどちらかというとシュープのような口調を感じる。ドサマンテス・ボードリーが現代のダンスセラピーに果たした主な貢献は，ダンス・ムーブメントの経験からもたらされる精神療法的な過程を明確にしたことである。

パートB．ダイアン・フレッチャー：精神力動的志向

フレッチャーはホワイトハウスとホーキンスからダンスセラピーの訓練を受け，そこから強く影響されており，また，チェイスの方法についても訓練を受けていた。ドサマンテス・ボードリーと同様に，フレッチャーの仕事は「体で感じた経験」またはフレッチャーが言う「身体的経験」に焦点が当てられている。彼女が書いた論文「セラピー過程における身体的経験：精神力動的志向」（1979）の中で彼女は次のように述べている。

> 身体的経験に焦点を当てるプロセスそのものが，それに結びついている「精神的な内容」と「力動的構造」を引き出す上で役に立っている。これが，身体的経験を使って精神内を再構成する方法の基礎である（p.137）。

フレッチャーの考えによれば，内的に起きた事柄は，感覚として身体的に表現されるが，一方，体それ自体はイメージやイメージ群として精神的に表現される。精神的な問題があると，イメージが歪んだり，イメージを描くこと自体が妨げられることがある。身体的な経験を集中的に行うことにより，その人が持っている歪んだ身体像を矯正することができ，フレッチャーが信じているところによれば，これはダンスセ

ラピーの役割の一つである。

フレッチャーは経験が持っている4つの相異なる側面について語っている。まず一つ目は主観的経験である。「その人が自分自身や，自分が生きる質について，直接的にどのように受け止めているか」と言う側面である（1979, p.137）。もっと明確に言えば，主観的経験とは「『外的世界からの感覚的データ』も，『感じ，イメージ，空想，思考といった内的感覚から来るデータ』も，両方共に意識の中に受け入れられるような受容能力」である（Fletcher, 1979, p.137）。患者が自分についての感覚をどのように感じているかを知ることはダンスセラピストにとって重要である。

自己を形成する様々な部分がバラバラにされたり，体の外に放り出されたりした時には知覚や経験が歪むことがある。これらメカニズムが歪むということは多くの場合は意識的には体験されず，不安とか喪失感という形で感じられる。セラピーでは連想という方法でこの経験に対処する力を強めることができる。「この連想という方法によれば，経験についての身体的要素も精神的要素もどちらもそれぞれ連想に導かれ……そこに内的な対話が行われる」（Fletcher, 1979, p.138）。

経験についての二つ目の側面は，「経験の内容を認識し熟考すること」である。人は現在起きていることを認識し，それについて考えることができなくてはならない。この過程は内的刺激と外的刺激，内的反応と外的反応とを区別し，「そのようにして，自己についての客観的側面と主観的側面が統合される」（Fletcher, 1979, p.139）。この段階では言語化することが重要になる。経験は解体されて，人が操作できるパターンに再構成される。これによって患者は低いレベルの感情に翻弄されることが無くなる。

三つ目の側面は，経験するため，又は，経験を避けるために使われるアクションとメカニズムの両方またはどちらかを認識することである。

それは「行為者としての自己」（Fletcher, 1979, p.139）に関連しており、「様々のことが『ただ起きる』事のないように、責任の所在を再確認し、人の内面に意識的に引き戻すこと」に繋がる（Fletcher, 1979, p.139）。

直接的経験を修正する能力は人が生き残るためのメカニズムであり、幼小児時代にまで遡る。たとえば、我々は普通、不快な感覚や経験を避けようとしており、しばしば無意識的な体の動きでそれを行っている。セラピーは人が気付く事柄を増やし、そのようにして「多くの……防衛的な運動メカニズムを、より意識的なコントロールの場に引き出すことが出来、そうすることによってそれに伴う感情をより速やかに検討することが可能になる」（Fletcher, 1979, p.140）。

経験の4つ目の側面は結合であり、「経験の諸要素を内的に結合して、互いに有意義な連想にして行く過程」（Fletcher, 1979, p.141）である。人は経験の様々な側面を「結び付けること」によって自己と世界を知るようになる。現実があまりにも辛い時、また、あまりにも圧倒的であるとき、この結び付ける過程が機能しなくなる。「様々な内的信号、連想、感覚的印象を結合させているこれらの結び付きが内的に破壊されると、現実を感じ取ることができなくなったり、現実を変質させたりする（Fletcher, 1979, p.142）。結び付けることは自己覚知と「選択の自由」に至るための第1歩である。

フレッチャーは、40歳代のはじめには有能な教授であったC氏に対して行った実践について書いている。C氏は、他人と関わりを持つことがもの足りなく、また、不快だと言っていた。彼は自分が自分の体から切り離されていると感じていた。彼には自発性というものが無く、それでいて彼は自分が不活発な状態に沈んで行くのを怖がり、その状態こそ彼が恐れていた現実の彼自身であった。

彼がそのように言った時、フレッチャーは彼

に自分の体に気付くように、体がどのようなことをしているのか注意を向けるように言った。そこで明らかになったことは、

　　……彼の肩、胸全体、両腕、上半身には交互に継続的に硬くしたり引っ張ったりする力があり……それはかなり小さいが実際に非常にこり固まったコリで、もっとリラックスしたり楽な状態になる可能性を抑えているだけでなく、アクションに向けての自発的な動きを抑制したり抑え込んだりしていた（Fletcher, 1979, p.148）。

C氏が自分の体に注意を集中すると、彼は、彼が自分自身を抑えようとしていることを感じることができた。彼がその締め付けをゆるめ始めると、ずきずきとした痛みを感じた。その痛みは次第に明らかになって行った。何回かセッションを繰り返す内に、彼の動きは大きく力強くなって行ったが、窮屈な感じはまだ無くならなかった。彼は自分を制御するエネルギーに気付くようになるにつれ、欲求不満を感じ始めた。彼はもはや無為な状態に逃げ込みたいとは思わなくなったが、何をしたら良いのか分からなかった。

身体的な飛躍をすることにより、彼は自分の体がした経験を感じ、さらにそれを発展させることができた。精神的な連想はそれよりももっとずっと難しい。しかし、フレッチャーは次のように書いている。

　　「自分が直接的に経験したことを明確に話さねばならない」という過程そのものが、彼の中に「自分の内面的経験を表現する言葉を発見する能力」を発達させ、「主観的に体験した自己」を「客観的に観察した自己」につなげて行くことを助けていた。このことはまた、「自分自身について考える能力」と「自分の内面を外の世界に伝える能力」を発達させる手助けをした（1979, p.149）。

C氏がひとたび自分の行動に気付くようにな
ると，彼はその行動を変える試みを始めること
ができた。その後のセッションにおいてさらな
る飛躍が何回もあった。彼はさらに上手に精神
的なイメージを使えるようになり，それまで抑
圧していた様々な思い出に焦点を当てるように
なった。フレッチャーは次のような言葉でこの
事例をまとめている。

　　この事例は，身体に焦点を当てたり，手掛か
　りや刺激に従うことの重要性を詳細に示して
　いる。C氏の経験の非常に多くの部分が脅迫
　的なものであり，それらは意識からは抑圧さ
　れていた。そして部分的には，身体の「無
　意識的な習性」と「何かの予兆のような行
　動」として，自己覚知，自己認識，思考とは
　関係無く表現されていた。このような事例で
　は，身体からもたらされる情報がその人の自
　己概念と非常に異なっている場合には，身体
　による経験がそれまでは抑圧されていた事柄
　のうちのある程度を取り戻す過程を手助けす
　る。身体の経験から来る事柄がもっと明確に
　なり，イメージ，思考，記憶，感情としっか
　りと結び合わされると，それはより多くの意
　味を持つようになる。新しい結びつきや統合
　が新しい星座のようなものを作り，そこから
　また次の経験が現れる（1979, pp.153-154）。

　身体的経験をセラピーに使うことについてフ
レッチャーは，身体志向の技法の大部分は次の
5つの種類の一つまたはそれ以上に分類するこ
とができると言っている。
　1. 発見
　新しい経験をしたり，ムーブメントのレパー
トリーや反応の幅を増やしたり豊かにすること。
これは，身体部位，諸感覚，様々な体の動かし
方等について学ぶような，非常に基本的なレベ
ルから始められる。何らかの変化を起こすには，
初めての体験によって新しい認識や新しい感じ
方をすることが不可欠である。
　2. 健康回復のためのボディー・ワーク

身体に働きかけて，その人の不安や否定的感
情を「払拭する」「取り除く」手伝いをする活
動。エネルギーを表現したり発散させたりする
ムーブメントと同様に，リラクセーション技法
やその他不安を取り除く方法がしばしば使われ，
患者がさらに自由に反応できるようにする。つ
かの間の息抜きを求めて即時的な目標を持った
ものがある一方，長期的展望に立った教育目標
を持ったものもある。
　3. 再構成
　ムーブメントや姿勢を，神経筋肉レベルで，
身体的に再構成する活動。これらの技法は「緊
張を和らげたり，再構成したり，時には精神内
的変化を促す」ような効果をもたらすことがで
きる（Fletcher, 1979, p.143）。しかしこの技法
は，患者の身体理解が非常に乏しい場合には，
再び歪んだ状態に戻してしまうこともあり得る。
　4. 人と人との間のコミュニケーション
　身体的経験を使って，人間的触れ合いやコミ
ュニケーションを促進する活動。フレッチャー
はこのようなタイプのワークはマリアン・チェ
イスから由来していると言っている。彼女はこ
れを入院患者の集団で使った。このワークには
健康回復のための経験が含まれることがあるが，
ワークの焦点は社会化とグループ内の相互作用
に置かれている。「ムーブメントは，言語のよ
うに，人と人との間で使われる技術や人間関係
を発展させ，自己の中に生じた最初の感情を他
人と関わることによって発見する方法として作
用する」とフレッチャーは言っている（1979,
p.143）。
　5. 意味にまで入り込み，精神内的再構成を
行う
　身体経験を使って，「前言語的で混沌とした
諸経験」を意識するようにし，そのようにして
自分の内面をもっと深く理解する。この種のワ
ークの全体的な目的は，身体的経験と精神的経
験とをしっかりと統合することである。
　フレッチャーは続けて次のように言っている。

「自分自身を扱う方法，自分が置かれた状況に責任をもって対処する方法，不安や感情を制御する方法を教え，快的に感じるように手助けすることを目標にすることができる。この過程は『自分が自分自身の親になることだ』と表現することができる」(1979, p.143)

しかし，単にコリをほぐしたり否定的な感情を和らげたりするだけでは必ずしも問題は解決しない，とフレッチャーは書いている。使われた技法があまりにもぶっきらぼうであったり唐突であったりすると，そこにもたらされためいっぱいの素材がその人を反対の方向に追いやるというより，どうしたら良いか途方に暮れさせることになる。弛緩させる過程ではセラピー的なワークも一緒に行い，それらが十分に統合されなくてはならない。身体的経験の活用方法としてこれまでに述べた方法のうちのどれが，一人ひとりに対して最も効果を発揮するかをセラピストは見極めなくてはならない，とフレッチャーは強調している。彼女は次のように言っている。私の焦点は，

> ……再構成をするためのワークをいくらか行うこともあるが，新しい経験をしたり，人と人との間でコミュニケーションをしたり，意味にまで入り込んで精神内的再構成を行う目的で，ボディー・ワークを使うことである(1979, p.144)。

以上をまとめると，彼女は次のような領域に焦点を当てている。

①自分の経験が持っている諸側面を正視し，確認する能力を向上させること。②感覚的衝動や運動的衝動やその他の身体感覚を確立すること。③動きや，緊張の力動的な動きを，内面的衝動から湧きあがって来るパターンとして気が付くこと。④セラピーをしている時に現れて来る一連の「身体機能や身体表現」，エフォートの質，緊張と弛緩，それぞれの事例に起きる抑制や特定の機能を探索すること(1979, p.144)。

パートC. ジャネット・アドラー：ウィットネスとムーバーとの関係

アドラーはメアリー・ホワイトハウスの実践を続けているもう一人のダンスセラピストである。もともとは自閉症児に対する実践でよく知られているが，今日では成人に対する「オーセンティック・ムーブメント」を使った実践に専念している。彼女が特別に関心を抱いているものの一つに，療法的関係における「ウィットネス」としてのセラピストの役割（共感的観察者の役割）がある。この考えは，彼女がホワイトハウスから受けた訓練を発展させたものだが，アドラーにとっての主要な研究分野になった。

アドラー(1985)は冒頭で次のように語っている。ウィットネスとは，

> ……ムーブメントが行われている空間の傍らに座って（そして観察して）いるので，意識という点において比較的大きな責任を担っている。ウィットネスは動いている人を「見ている」のではない。ウィットネスはある経験に立会い，傾聴し，特別な質をもった注意力で，そこに存在している(p.2)。

ホワイトハウスの実践と同様に，アドラーも患者たちに目を閉じて動くように指示した。彼女が信じるところによれば，こうすると患者は無意識的経験や超意識的経験により広くより深く気付き易くなる。アドラーの実践の中で最も重要なことは，彼女がムーバー（患者，クライエント）とウィットネス（セラピスト）との間の関係を強調していることである。セラピストが担っているウィットネスの役割を共感的観察者という役割の範疇に一般化することは可能であるが，それを受動的経験と混同すべきではない。ムーバーとウィットネスとの関係は，相互に作用していることが必ずしも明らかではない

としても，非常に積極的で相互作用的なものである。手短に言えば，ウィットネスとムーバーとからなる言語的な相互作用と非言語的な相互作用によって，両者は自己観察と自己の内面についての理解をさらに高めることができる，とアドラーは考えている。そして，そのようにして得られた理解は，最終的には，個人を超えて行く力を持つ，つまり，個人の意識を超えて，普遍的な無意識に向かって進んで行くことができると，アドラーは信じている（Adler, 1985）。

アドラーはウィットネスとムーバーとの関係が持っているトランスパーソナルな側面について語っている一方，ウィットネスとムーバーとの関係は「分析する人と分析される人との関係」に似たものを持っていることも認め，そこから生じる転移現象や逆転移現象を理解する重要性について記している。

2002 年，米国ダンスセラピー協会の第 37 回年次総会でアドラーは基調講演を行った。彼女は成人に対してオーセンティック・ムーブメントを行った実践と自閉症児に対して行った実践を比較しながら素晴らしい講演を行った。彼女の有名な記録フィルム『私を探して（1970）』を使って，彼女はダンスによる相互作用を通して，ミラーリングし，養育し，心の触れ合いをした自閉症児についての実践と，健康な成人に対してウィットネスや即興的動きを使って行った実践とを比較した。

講演の中で彼女は，一見するとかけ離れているかのように見えるこれらの実践を強力にそして詩的に統合した。聴衆は感動して立ち上がり，アドラーが示した子どもが映画の中で行ったように，両手を上げたり広げたりして，アドラーが成し遂げた生き生きとした繋がりに対する称賛の気持を表した。

アドラーは普遍的ニーズを見たり聞いたりしなければならないと考えていた。彼女が使った個々の方法は，ミラーリングであれ，他者を体験することであれ，他者のダンスを尊重するこ

とであれ，同じ様な結果をもたらし，人間の深いニーズを満たすものである。

パート D．ジョアン・チョドロウ：ホワイトハウスとユング

チョドロウはかつてはスモールウッドという名前で知られており，西海岸で臨床を行っている指導的ダンスセラピストでありまたユング派の分析家である。彼女はホワイトハウスとシュープからダンスセラピーの訓練を受けた。彼女は「ダンスセラピーと超越機能」（1978）という論文の中で，ユング派の方法をダンスセラピーに用いていると述べている。「超越機能」というのはユング派の考えであり，「内的で力動的な過程で，心の中にあって背反する立場にあるものを結び合わせるもの」であり，そのようにして「ある態度から別の態度に転移すること」（1978, p.16）を促進するものである。チョドロウはユングがそのことを「二つの相反するものの間に宙ぶらりんになっているものからもたらされるムーブメントで，新しいレベルの存在，新しい状況へと導く生命の誕生」（1978, p.16）と表現したことを引用している。

初期に書いた論文「個人ワークの哲学と方法」（1974）でチョドロウは，ダンスセラピーにおける二つの方法，一つは「意識に向かって動く」ともう一つは「無意識に向かって動く」とを区別している。チョドロウが信じるところによれば，一般的に言って前者は意識という感覚を必要としている情緒不安定な精神病患者に比較的向いており，毎日の現実やムーブメント体験が自我の境界を強化する。この方法には次のようなものが含まれることがあるとチョドロウは言っている。

　……構造化されたリズム，……明確に組織化された空間的パターン，（さらに）重さを強調して使うと，患者に対してさらに一層現実的

な身体像を描かせることになり、その患者の意識的観点を強化する（1978, p.17）。

二つ目の方法は、ムーブメントを「無意識の世界を開く道具として」（1978, p.17）使っており、一般的には、自我が比較的健全で、上手く機能している人（先にパイオニアのうちの何人かが「正常ではあるが神経質」と言った人）に比較的向いている。

セラピーの方法についてのこのような輪郭は、ホワイトハウスが「私は動く」と「私は動かされる」とを区別したり、ドサマンテスが知覚や行動について「能動的なもの」と「受動的なもの」とを区別したことと相応している。チョドロウは二つの方法を提案しているが、その目的は一人ひとりが持っている様々なニーズを明確にし、理論的な理解を深めることである。しかし、「現実には、潮の満ち引きのように、この二つの間でひんぱんに入れ替わることがしばしばある」ことを再確認することは重要である（Smallwood, 1974, p.26）。

チョドロウはもともと「強い自我の観点……を持っていて、比較的安定した人」（1978, p.18）を対象に実践を行っている。彼女の実践の焦点は、ムーブメントを使ってイマジネーションに形を与えることである。無意識を探究してそれを意識と統合する、という彼女のセラピー的方法はユングの方法である「アクティブ・イマジネーション」（ホワイトハウスが議論した方法）に基づいている。

ダンスセラピストで臨床心理士でもあるニーシャ・ゼノフは『アメリカン・ジャーナル・オブ・ダンスセラピー』という雑誌のため1986年にチョドロウにインタビューを行った。その中でチョドロウは、メアリー・ホワイトハウスやトゥルーディ・シュープと一緒に行った研究と彼女の臨床実践について示唆的な事を多く語った。

次にこのインタビューからの引用を示すが、これらはチョドロウがホワイトハウスの研究を明確にしたり発展させたりしたことを中心に選ばれている。

NZ：チョドロウ先生がどのようにムーブメントを使って分析しているのか、話して下さいませんか？

JC：ムーブメントは誰にとっても重要なものなのではなく、ムーブメントが重要な人も（そうでない人も）いるということです。ほとんどの人にとってムーブメントは役に立つものですが、私が実践している人たちの中にも、自分たちの椅子から離れる必要性をほとんど感じない人もいます。彼らは立ち上がって動かなくてもイメージの世界に入ることができます。それが彼らの方法ですから私はそれで良いと思っています。今、私にとって重要なことは、「ある人が動くか動かないか」ということよりも、私たちが「イマジネーションを描けるか、描けないか」ということです。イマジネーションを描くには様々な方法があり、一人ひとりが自分にとって最良の方法を見つけるべきだと思っています。

NZ：ムーブメントが重要な人もいると仰いましたが、チョドロウ先生や彼らはどのようにしてムーブメントが重要だということに気付くのでしょうか？　先生にとって何か「手掛かり」のようなものはありますか？

JC：私の経験によれば、人びとは一般的に自分が動きたくなるとそのことに気付きます。人びとは無意識の世界に入って行くために動く必要があると気付き、自分自身の体を動かして、それを実現します。跳んだり跳ねたりするだけですぐにイメージを描ける人もいます。どうすればそのようになれるかは分かりません。私自身は、そのような方法ではさほど上手くイメージを描けません。この種のファンタジーは身体とはかけ離れているように私には感じられます。しかし、イメージを通して私の体を動かすと、私は本当に無意識

の世界に入って行けたのです。私と一緒に実践をしたいと言って来る人びとは分析をしたがり、そのうちの大部分の人はムーブメントを分析対象の一つにしたがります。ですから、私たちは分析をします。そうして当然、私たちは夢、ファンタジー、生活経験等、私たちの間に起こっていることについて話します。私たちは椅子に坐ったり、床の上に座ったりします。私たちは砂遊びをしたり、芸術的な素材を用いたりもします。

　動きたいと感じるといつでも、どの人もみなそれぞれ違った方法でそれを実現するようです。私のところにやってきて15分位話し、それから20〜30分間動き、それから少し話をして終える人もいます。またある人は、ここにやって来て、何も言われなくても目を閉じて動き始めます。彼らは単純に無意識の世界に行って、そこで起こることを観ます。その世界をひとめぐりして、それに終止符を打ち、そこから抜け出します。そして、私たちはそこで実際に起きたムーブメントについて話すこともあれば、話さないこともあります。彼らはしばらくの間じっとしていたいようで、しばらく経ってから「粘土はどこ?」と聞いて来ます。そして彼らは、粘土でイメージに形を与えて行きます。それから私たちは座って夢について話したりします。人びとはしばしば、動いている時に感じた「自分たちの夢」や「幼い頃の経験」を思い出します。また、彼らが動いている時に私たちの関係をどのように感じていたか、私が彼らのムーブメントを観ているのをどのように感じていたか、ムーブメントを観ていて、私の心にどのような気持ちが起きたか、について話し合うこともあります。

　これは一人ひとり異なります。ただただ自分自身の体が動きたいように動く人もいます。特定のイメージを想像する人もいるし、時には彼らのイメージの中に先導者のような人が現れる場合もあります。そのような内的な先導者が動き、ムーバーがイメージした人影をミラーリングしたり、その人に従って動いた

り、その人と相互作用をすることもあります。ある人にとって、それは基本的には分析の時間に入って行く儀式であり、そのようにして自分の体の中に入りこみ、日常の世界から切り離します。動くこと、そして身体経験を直視することは正に無意識の世界の扉を開く方法になり得ますし、その世界の扉を開いてから、私たちは座って夢等について話し合います。それだけです。その他、特別なやり方はありません。

　話していようがいまいが、動いていようがいまいが、または、その他の方法で象徴的な過程をたどっていようがいまいが、ある種の意識は機能し続けてています。私に言わせて頂けば、無意識から来るものにはみな大抵、四つの側面があります。一つ目は、どのような方法でそれが私たちの間に起きるか、二つ目は、どのようにしてそれが、その人の今の生活上に起きるか、三つ目は、それと同じ種類の経験で、子ども時代の記憶で最も古いものは何か、四つ目は、普遍的なイメージや神話的なイメージとそれはどのような関わりがあるか、です。

　ユングはある手紙の中で、アクティブ・イマジネーションを彼が考え出した精神療法という分析方法として書いています。アクティブ・イマジネーションは他の全ての芸術経験と同様に、ダンス・ムーブメントを明らかに含んでいます。しかしアクティブ・イマジネーションはまた、転移や逆転移の問題に関するイメージや、それらの象徴的な意味が「日常生活をする上で起こるコンプレックス」である可能性をも含んでいます。最も基本的な意味においてアクティブ・イマジネーションは、意識的な視点を維持しながらも、無意識の扉を開くものであり、ファンタジーを自由に活動させるものです。

NZ：チョドロウ先生は著書の中で、ウィットネス、分析者の在り方について語っていますが、それらの在り方とは何でしょうか?

JC：それはある種の緊張を維持することです。なぜなら，ウィットネスは全存在をかけてムーバーとの間の人間関係に全ての注意を集中しているからです。ウィットネスが椅子に座っていようがいまいが，相手の人が動いていようがいまいが，このことは真実です。しかし，相手の人が動いていて，ウィットネスが言葉に惑わされていない時の方が，その経験はより強力なことが多いと言えます。ムーブメントは感情的な生活に極めて直接的に作用します。

あるがままの自分でいることが大切で，自分自身を明確にしようとか自分自身に集中し過ぎないことが重要だと私は思います。自分に集中したり，受動的であることに高い価値を置いていた時，私は「私が自分の部分から切り離されて行きそうだ。これはいけない」と気付きました。反対に，どのような態度をもとれるような状態になるに従い，無意識の世界にいることができるようになりました。そのようにして，私はどうしたらあるがままの私になり，それを維持することができるかを学びました。

今，私たちが話していることは，無意識の世界の扉を慎重に開きながらも，そうしていることを意識せずに行わなければならないということです。他の言葉で言えば，イマジネーションの世界の扉を開くことはイメージに溶け込んで自分自身を見失うことを意味しているのではないということです。イマジネーションの世界の扉を開くということは，自分の強さも弱さも全て含めたまま，貴女が貴女自身であり続け，自分がイメージしていることを意識している状態を意味しているのです。

ウィットネスにも非常に多くの異なったレベルがあります。ウィットネスが身体が行っていることに気付いているレベル。ウィットネスが身体が行っていることに気付き，さらにウィットネスが好奇心をそそられ，興味を持っているレベル。しかし，ウィットネスが

感情的な色合いにも気付くレベルもあります。そして，その感情的な色合いに子どものような質があると，両親が行った養育や食事の世話等の感情が浮かんで来ることもあります。または，ムーバーに，何らかの方法でネグレクトされたとか虐待されたとかいう家族歴がある場合には，この種の無頓着な突き放すような逆転移反応が起こることもあります。

さらに，この人のムーブメントが私の心の中で，比較的大きな文化的俯瞰の観点からどのようなものをかき立てるのだろうか，という世界が出現します。その人の態度や一連のムーブメントは，どのような絵画や文学や神話にこれまでに現れて来たのでしょうか。その人が動くのを見ていると，どのような絵が，どのような詩や音楽が心に浮かぶのでしょうか。その人のムーブメントは，普遍的な人間の経験をどのように表現しているのでしょうか。したがってウィットネスのレベルにも，「この身体は何をしているのだろう」という質問のレベルから「その人の生活歴について，特にムーブメントの中によく出て来る傾向にある幼児期の成育歴について，あらゆる種類の可能性を想像する」というレベルまで多岐に渡ります。これらはすべてウィットネスが観察している間にそこに現れますが，そのうちの大部分は夢が作り出す世界のようなもので，そのすべてを想起することはできません。いくらかは残っているとしても，全てを思い出すことはできません。言うなれば，それは儀式的な質を持っているのです。あたかも私たちが「神聖な空間」に入って行くかのようなものです。

NZ：チョドロフ先生が仰っている「神聖な空間」というのは，先生が著書の中で言及している「神秘的融即」と何か関係がありますか？

JC：「神秘的融即」というのは，私たちが「溶け込む」等といったりするようなことをユングが記述するために使った用語です。他人が存在している時に，その人と自分との間の境界を外すことができる時にそのように言いま

す。「神聖な空間」というのはある種，マジック・サークルの内側のような世界です。それは「療法的な容器」のようなものです。ドラ・カルフは「自由で保護された空間」と表現しました。

　私たちがムーブメントを観察する時には一定の緊張を維持する必要があります。その一方，私たちは溶け込む可能性，「神秘的融即」に向けて慎重に心を開きます。これはメアリーがムーブメントの質を表現する時に「必然的」という言葉を使ったことに似ています。ウィットネスはムーバーが行うことと非常に強く関連しているので，次にどのようなことが起きるかが分かるような気がするほどです（Zenoff, 1986）。

 **ディスカッション**

東海岸の傾向と西海岸の傾向を比較する

　第14章と第15章では，ダンスセラピーにおける米国東海岸と西海岸の傾向について，1960年代，1970年代そして現代に至るまでを検証した。これらの傾向はダンスセラピーにおける主要なパイオニアたちが与えた様々な影響が発展したものである。東海岸と西海岸における影響を比較すると，いくつかの興味深い傾向やパターンが明らかになって来るので，以下，それらについて議論する。なお，この章は1972年にシャロン・チェクリンが行った西海岸への歴史的訪問を以てそのまとめとする。

　ブロードリーによれば，東海岸の影響を受けたリーダーの多くは代わる代わる，イド，自我，超自我から成る精神構造や，それらがボディー・ムーブメントに果たす役割や，自己心理学や対象関係論を含めて，精神的性の発達段階やその他の精神力動的考えや精神分析的考えを強調して来た。さらに東海岸では，ムーブメント行動を記述する手段や診断のための手段，特にラバン・ムーブメント分析が比較的大きな関心を集めた。一方，西海岸の影響を受けたダンスセラピストの多くは直接的なムーブメント体験そのもの，つまり，体で感じた体験やそれによってもたらされた心理的内容に比較的多くの焦点を当てて自分たちの実践を議論している。これらのセラピストたちは，「今ここで精一杯生きる」という考えを強調し，身体的かつ精神的な自己を「直視」し，自分の「オーセンティック・ムーブメント」を発見することを強調する傾向にある。

　この他にも西海岸には「個人的な精神を探究することを強調する」という比較的大きな相違がある点は，東海岸が精神分析的，相互作用的，コミュニティ的な傾向があるのと対照的である。しかし，西海岸のリーダーから訓練を受けたセラピストの全てが直接的なムーブメント体験だけを強調しているとか，東海岸のリーダーから訓練を受けたセラピストの全てが精神分析的だとか相互関係的だと言っているのではない。また，一方が他方を排斥していると言っているのでもない。

　東海岸と西海岸における傾向の違いは，マリアン・チェイスとメアリー・ホワイトハウスの実践上の違いに遡ることができる。これまでの研究結果（第5部を参照）によれば，東海岸のダンスセラピーのリーダーの多くはチェイスから訓練を受けたり，彼女の影響を受けており，西海岸のダンスセラピストのリーダーの大部分はホワイトハウスから訓練を受けたり，彼女の影響を受けているようだ。

　この二人の偉大なパイオニアは理論だけでなく実践においても互いに違っていた。チェイスは精神科病院に入院している患者に対して主に集団でダンスセラピーを行い，療法的ムーブメント関係（サリヴァンの相互作用的方法）と集団によるリズミカルな関係を主に強調していた。

ホワイトハウスは比較的健康な人びとを対象にし，彼女のスタジオではダンサーを見かけることもしばしばで，彼女は「人びとを意識的世界や無意識的世界に導く」ダンスの超越的側面を強調していた。この最も影響力が強い二人の指導者の間にある臨床的違いの大部分は，彼女たちの対象者のニーズ，個人的状況，ダンスの背景，そしてもちろん性格の違いが影響している。

しかし，チェイスやホワイトハウス以外の主要なパイオニアたちによる比較的目立たない傾向もいろいろあった。たとえば，チェイスとは対照的に，東海岸のパイオニアであるエヴァンやエスペナックは比較的健康な人を対象にしており，西海岸でもシュープやホーキンスは病院内のセッションを行っていた。加えて，アドラーの考えと精神分析的考えがエヴァンやエスペナックに影響を与え，人間性心理学がホーキンスに影響を与えた。シュープは地域や社会を強調した。彼女は患者と共に体を動かし，いつもムーブメントを「意識的抑制をすること」と「パフォーマンスをすること」に立ち戻らせていた。エヴァンとエスペナックはホワイトハウスと極めて似た方法で，即興によって無意識の世界を探究した。これら三人は全て直接的または間接的にウィグマンの即興ワークから影響を受けていた。

ダンスセラピーについての全ての研究を互いに結び付ける二つの特徴は，①共感的関係を作り出すことと，②患者をその人なりの活動へのレディネスに結び付けることである。後者は，「患者が現在いる位置から出発すること」と言われており，実際，これは「心からの共感関係」と「発達上のニーズを理解していること」を意味している。患者の深いところに調律しなければ，セラピストは患者の感情的なレベルに真に介入することができない。共感とは，他人の内に「入って行き」，審査したり，検閲したり，批判することなく，その人のやり方を，見たり，感じたり，考えたりする能力のことである。これは一見すると単純であるが，実際は最も難しい努力目標であり，全てのダンスセラピーの理論と実践の基礎になっていると共に，精神療法の分野において認められている多くの考えとも一致している。

理論，方法論，目的等についての共通性を理解する上でしばしば学生たちを混乱させるのは，同じことを言うのに様々な用語が使われることであろう。これは多くの専門領域，特に心理学において良く知られている問題である。

「ダンスセラピーを学ぶ学生たちは，はじめのうちは自分たちが最初に師事した先生の考えを使うだろうが，その後，自分自身の表現形式にとって，また勿論，自分の患者にとって，最もふさわしいセラピー技法を追及するようになるものだ」ということを理解することも大切である。セラピストが自分の持っている表現上の可能性に働きかけ，それを十分に発揮することが，癒しを行う人としてのセラピストの力を強くする。このことについては第17章でさらに議論する。

パートE. シャロン・チェクリンが体験した1972年

ダンスセラピーは東海岸と西海岸ではその傾向が違っていたが，それらが互いに認め合い，受け入れるようになった一連の歴史については，シャロン・チェクリンがユニークで歴史的な全体像を個人的に知っている。彼女自身は1960年代にチェイスから訓練を受けた。その頃，ADTAは東海岸にその基盤をおいており，西海岸のダンスセラピーについてはほとんど知られていなかった。1972年，チェクリンは西海岸に派遣され，その地域のダンスセラピストに会った。次に示すのはチェクリンが書いた記録であり（2003年，チェクリン談），ADTAの初期の頃のことで，東海岸と西海岸のダンスセラピストによる感動的なやり取りのはじまり

162 第2部 ダンス・ムーブメントセラピーのその後の発展

である。このやり取りは現在も続き，この章や
その前の章にもあるように，理論や実践に関わ
ることも含まれている。以下，チェクリンによ
る概観を示す。

　まずはじめに，セラピーという過程の中で
ダンスやムーブメントを使うことの重要さに
人びとが気付き始めました。1950 年代と 1960
年代には，革新的な人びととその支持者たち
がいくつかのグループを作っていて，自分た
ちの考えや理論を発展させていましたが，そ
れらのグループの間にはコミュニケーション
の橋がかかっていませんでした。ワシントン
DC にはマリアン・チェイスが，ニューヨー
ク市にはブランチ・エヴァンとリリアン・エ
スペナックが，ロサンゼルスにはアルマ・
ホーキンスとメアリー・ホワイトハウスが，
そしてカリフォルニアの北部にはトゥルー
ディ・シュープがいました。ニューヨーク市
にはイルムガード・バーテニエフもいました
が，彼女ははじめ，現在はラバノテーション
として知られている「ラバンの『エフォート
とシェイプ』の研究」の継承者として知られ
ていました。

　私の経験によれば，創造的な革新者は自分
の考えを発展させて行く上で，自分がやって
いることや考えていることについて強い信念
を持っている必要があります。その道を先導
する人は自分以外に存在せず，自分が考えた
ことを議論してくれる相手も無く，革新者の
言動には過激とも思えることが含まれている
ので支持者はほとんどおらず，わずか数人の
学生だけがその人の新しい考えを理解しよう
と試みている状況でした。私は創造的で独創
的な人にたくさん出会いましたが，最も心酔
し，懇意になった人はマリアン・チェイスで
した。彼女は私の指導者であり先生であり，
一つの手本を示してくれました。

　自分が発見したことや自分の理論が正しい
と信じるためには，同じ様な道を歩んでいる
他の人たちを過少評価したり無視したりする
必要が非常にありました。このことについ
てはいくつかの解釈があろうかと思いますが，

他人が理解してくれずほとんど支持されない
状況下を歩いて行くには，多大な耐久力と強
力な自我が必要です。チェイスの場合は，力
強さと信念が一緒になって彼女の不安を払拭
していました。おそらくどのパイオニアもみ
なそれぞれ異なった態度や「自分への疑い」
を持っていたことでしょうが，自分の実践を
全体的に信じるには「最も革新的であること」
が必要だったのです。先に述べた人のうち誰
一人として互いにコミュニケーションをとろ
うと本気で努力した人はいませんでした。そ
の後何年か経ってからこれらのパイオニアた
ちの実践を振り返って見ると，それぞれのセ
ラピストは同じ理論や同じ実践の相異なる側
面を行っており，他者を否定するような人は
いないようだ，ということが明らかになりま
した。一人ひとりのパイオニアが体を通して
ダンスのパワーを理解し，その力を様々な方
法で使っていました。パイオニアたちはそれ
ぞれに生活経験が異なっていたので，自分が
気に入った心理学の理論や，自分にとって比
較的馴染みのある心理学の理論を見つけ，自
分たちが発見したものを様々な学術用語で表
現したり，セラピー過程の様々な部分に焦点
を当てて記述していました。

　米国ダンスセラピー協会（ADTA）はダン
スセラピストになりつつある人びとのグルー
プによって形作られましたが，それらの人び
とはその前にマリアン・チェイスと関係を結
んだ人びとであり，マリアン・チェイスは
自分以外のパイオニアたちに関連している人
びとと互いにコミュニケーションを取りたい
と望んでいました。ADTA が創られた時，そ
こに参集した人びとは「組織を形成すること
は，結果的に精神保健の世界に新しい職業を
認めさせることでもあり，また，いろいろな
考えを共有する過程がスタートすることでも
ある」と期待していました。始まったばかり
のセラピストとして，始まったばかりの専門
職（実際にはまだ専門職とはいえませんでし
たが）を行うに当たり，私たちは皆「私たち
が実際に行っていることは何なのか」を理解
しようと苦闘していました。それは「ドラゴ
ンのしっぽは握ったものの，果たしてそのド

ラゴンを私たちが飼い馴らすことができるかどうか分らない」と言った感じでした。知らない人と一緒にいることから来る不安からでしょうか，人びとは互いに疑いの目を持ち続けていました。しかし次第に「マリアン・チェイスの周辺にいる人びとがいる米国東海岸と，メアリー・ホワイトハウスから学んだ人びとがいる西海岸との間にある大きな入り江に橋を架けなければならない」ことが明らかになって来ました。その頃，私たちは自分たちの実践についてあまりよく知らなかったので，「私たちが対象としている人びとは大抵の場合は異なっているので，それがある程度は私たちがやっていることが異なっている理由である」と理解するまでには時間がかかりました。

　チェイスの実践は主に精神科の施設で行われ，グループワークに焦点が当てられており，心が損なわれた人びととの再構成を試みていました。彼女の周囲には第二次世界大戦後に最初に集団精神療法を創った人びとがおり，彼女はその分野の精神科医と共に研究し，それがたまたまハリー・スタック・サリヴァンであり，またフリーダ・フロムライヒマンだったのです。メアリー・ホワイトハウスはチューリッヒに行き，そこのユング研究所で学びました。彼女の実践は比較的，個々人がコミュニティの中でどのように機能しているかということに焦点が当てられており，彼女がユング派から学んだことを使って，ムーブメントを使って無意識の深層を扱いました。

　東海岸にいた人びとは少しずつニューヨーク以外にいる改革者について理解し始め，西海岸にいた人びとはカリフォルニアにいた人びと全てと一緒に研究を始めました。それは正に地理的な問題でした。その当時は旅行をするにも今よりもっと制限がありましたし，旅費も比較的高価で，関係者のほとんどは経済的にも苦しかったことを考えてみて下さい。

　1972年，カリフォルニアのダンスセラピストたちはADTAの後援の下で最初の地域大会を開きました。そして，西海岸と東海岸との間に橋を懸けて，私たちが一緒に協会を設立し，様々な新しい考えを融合することが重要である，ということが決議されました。私はその当時のADTA会長として，また，チェイスをはじめとする東部を代表する者として，幸運にもサンタ・バーバラで開かれたその大会に出席できたのです。それはカリフォルニアの人びとにとってもADTAにとっても両方にとって重要な機会になりました。その場に出席していたカリフォルニア出身の人びとの多くは初めて互いに顔を合わせたのでした。会場は，自分たちの仕事を互いに共有しあうことを始めた人びとの興奮と期待に満ちていました。そこには，一人ひとりが成長の伸び盛りにあるのだから，どのワークショップも発展途上のものとして受け入れよう，という相互理解がありました。この大会はまたADTAを代表して参加した者たちにとっても意義あるものでした。この大会は，カリフォルニアで行われているダンスセラピーのワークショップに正当性を与えると共に，我々の協会が真に全米的なものであることを象徴的に認めたものでもあったのです。

　それ以降，多くの時間をかけて東海岸，西海岸の両方から働きかけがあり，私たちが共有している知識をさらに統合し，あらゆる可能性を求めて専門職として発展させることになりました。東海岸とか西海岸とか，どちらが正当だとかそうではないというような意識は薄らいで行きました。実践家たちは互いに学び合うことがたくさんあることに気付き，争いの種は消えて行きました。文章を書いたり，ワークショップを開いたり，新しい職場を開拓したり，また，もっと広い健康分野や教育分野に私たちの職業を展開して行くための計画を立案する等，しなければならないことがたくさんありました。

　相互に理解するための研究を進めた結果，様々な観点から情報が集まり，私自身の実践は前よりもずっと豊かなものになりました。私は30年以上にわたって病院で実践を続けてきましたが，これらの実践の強固な基盤になっているのは，ワシントンDCにある聖エリザベス病院のマリアン・チェイスから最初に学んだ事柄です。グループで進める手法，また，身体，リズム，比喩的表現への信頼は

ますます強くなり，回を重ねる度にその意味がさらに明確になって来ました。しかしまた，自我が比較的健全な人びとに対する実践方法も取り入れました。精神科の患者にとって自我を強化したり，秩序立てたりすることは私たちの実践のゴールであるため，抵抗をやわらげて無意識の世界を覗くことも私の個人指導の一つになって来ました。

　私は一人ひとりの直接的なニーズを理解することが上手になり，その結果，グループでも個人でも，両方の形態で実践する幅が広がり，技術的には厳格ではなかったのですがどちらかというと概念化が進んだようになりました。時には私が担当している統合失調症の友達と一緒に飛ぶこともできたし，また別の時には，機能が比較的良い患者が私から比較的直接的な答えを必要とし，急性期を支えたり，なんとかやり過ごしたりしました。私自身もいろいろ勉強をして新しい情報を継続的に吸収しましたが，その最初の契機になったものが，私の体で体験的に理解した「ダンスセラピーについて，東海岸と西海岸で考えているものを統合させること」でした。

　新しいことのはじまりはいつも同じような過程を辿るようです。私たちの初期の教師たちは，自分たちが行っていることについては非常に多くの努力をし，熟考して来ましたが，他の人びとがそれとは異なった方法で実践していることについては，ほとんど考えず，また，考える努力もして来ませんでした。彼女たちから教えを受けた学生たちもはじめは同じ様な縄張り意識を持っていましたが，見つけ出さねばならない事柄がまだまだたくさんあることに次第に気付きました。最終的目標は，ダンス・ムーブメントセラピーが真に職業として認められるようになり，この分野に入って来た人びとがエネルギーの継続的な源になって，東海岸から西海岸に至るまでの，はじめはダンサーであり研究者であった人びとが早い時期に見つけ出した事柄に基づいたダンス・ムーブメントセラピーという複雑なものを理解した上に，ダンスセラピーをつくりあげることなのです（Chaiklin談，2003）。

シャロン・チェクリンは同僚たちを巻き込んで米国ダンスセラピー協会を設立した。1966年に協会が創立され，マリアン・チェイスが会長になり，彼女は副会長に選出された。彼女はマリアン・チェイスの後に第二代の会長になり，1968年から1972年まで，会長を二期務めた。彼女は今日までマリアン・チェイス財団の会長を務めている。ジェイン・ウィルソン・キャスカートは秘書を，アン・ローンは会計係をそれぞれ務めている。この財団は非営利的組織であり，ダンス・ムーブメントセラピーに関する教育，研究，奨学金についてのニーズに対応するために創られた。

　東海岸と西海岸の多くのパイオニアたちが1966年に力を合わせ，米国ダンスセラピー協会（ADTA）を創立した。

米国ダンスセラピー協会
設立委員会委員 73 名

ディアン・アヴァーバック
イルムガード・バーテニエフ
ビート・ベッカー
ミリアム・R・バーガー
ルス・バーナード
ルサンナ・ボリス
ニーツァ・ブロイドミラー
メアリー・アン・ブーベン
ジュディス・バニ
マリアン・チェイス
シャロン・チェクリン
ペイフェン・チン
スーザン・コンスタブル
マーサ・デイビス
ローラ・ドゥフレイタス
ウィニール・ドゥラネイ
ミルドレッド・ディッキンソン
レズリー・ディンスモーア
フランシス・ドヌラン

リリアン・エスペナック
ブランチ・エヴァン
メアリー・フィー
ジョセフ・フィッシャー
ジェニーヴ・フォックス
ドリス・フレデリックス
スエレン・フリード
ラウル・ゲラバート
ジェイン・ジャネット・シーゲル
サリー・フィッツパトリック・ヘインズ
アルマ・ホーキンス
ミルドレッド・ヒル
ドリス・ヒントン
ハワイ州立病院
ベス・カリッシューワイス
ステファニー・カッツ
アニー・ケンナ
スーザン・クラインマン
ジュリアナ・ラウ
ルス・ローターシュタイン
メアリー・アン・ロイド
シェリー・マーチン
ディアナ・B・マッカーシー
ペギー・ミッチェル
コンスタンツェ・モーマン
ヒルダ・ムラン
ジョアン・P・オール
ルス・パノフスキー

マージョリー・パステルナーク
キャサリン・パステルナーク
フォレシュタイン・ポーレイ
エリザベス・ポーク
キャサリン・ライズマン
イレーネ・W・ライス
ディアン・ローゼンフェルド
グローリア・シムチャ・ルーベン
スーザン・サンデル
マクシン・F・シャピーロ
リリアン・シャヤー
クレア・シュメイス
ロベルタ・シュラスコ
アーリーン・スターク
ドロシー・スタイゲルヴァルド
アリス・ボヴァード・テイラー
デボラ・トーマス
バーバラ・ワイナー
バーバラ・ワイントライブ
ジョイス・ウィール
エリッサ・Q・ホワイト
グリセルダ・F・ホワイト
メアリー・ホワイトハウス
ミニー・P・ウィルソン
メアリー・ジェイン・ウォルバース
ルイズ・ヨクム

様々な潮流を統合する

　現在実践しているダンスセラピストがこれまでに受けてきた様々な影響を融合させることは極めて重要である[脚注1]。今日指導的立場にある人びとの大多数は少なくとも二人以上のパイオニアから学んでおり、そのうちの多くは合衆国の内外で教鞭をとっている。今日、米国東海岸と西海岸の影響を合わせ持っているセラピストの中には、サイコドラマ、絵画療法、ゲシュタルト療法などのアクション志向の精神療法が持っている諸側面を取り入れている者もいる。

　東海岸と西海岸における潮流も含めて、様々な影響を統合しているセラピストとしてはマルシア・レベンソール、ペニー・ルイス、フラン・レヴィの3人がよくその名を知られている。この章では、レベンソールとルイスの実践について述べる。レヴィのマルチモーダルな治療に関する実践については17章のテーマになっている。レヴィの章にはまた、約35年前に彼女が大学生であった頃のダンスの教授が、特に意識することもなく東海岸と西海岸の影響を統合していたことも描かれている。

パートA. マルシア・レベンソール：一次治療としてのダンスセラピー

　マルシア・レベンソール（1980）はニューヨーク大学ダンスセラピー課程の元准教授兼元主任であり、自閉症児に対するダンスセラピーの実践家として広く知られている。彼女は精神分析的な精神療法、ゲシュタルト療法、統合心理学（サイコシンセシス）を集中的に学び、さらに、ホーキンス、ホワイトハウス、ヴァレリー・ハントからダンスセラピーを学んだ。ハントは、UCLAを退官した運動療法、運動習慣の教授で、カリフォルニア州のマリブにある生体エネルギー分野研究所の所長であった。この他、レベンソールは東海岸のパイオニアであるエヴァン、バーテニエフからも影響を受けた。このようなユニークな取り合わせの訓練による影響を受け、レベンソールは成人を対象としたダンスセラピーに進んで行った。

　ニューヨーク大学を退官してからは、大学院レベルにおけるダンスセラピスト養成の発展に力を尽くすようになった。彼女はバーバラ・J・ハリソンと共にプリンストン・ダンスセラピー研究所を設立した。同じ時期に、彼女は「一次治療としてのダンスセラピー」を教えるモデルを開発した。彼女はまた、ギリシャ、日本、トバゴ、オーストラリアにおいてダンスセラピー教育研究所を設立するための訓練モデルを開発した。

　彼女の主な指導教官であったホーキンスやホワイトハウスから学んだ実践から、レベンソールは「ムーブメントに固有な構造」としてまた、「患者とセラピストの間で行われる運動の相互作用に関連する構造」としての、「リズムの療

（脚注1）このことは、第5部の第28章、研究成果の概観で明らかである。

法的作用」について研究や実践を行うようになった。これは彼女の仕事の中でも主要なテーマの一つであり，彼女が何度も世界中を回って講義した時の主題でもあった。

レベンソール（1999）は「ダンス・ムーブメントを体験すれば，人は古くから持っているパターンのルーツを発見し，もしそれが成長し過ぎていたり遅れている場合は，それを変更する機会を得ることができる」，セラピーを通じて，「人はがんじがらめになった型の一部を緩めたり解いたりすることができる」と信じている。ルイスやレヴィ等，この分野における他のセラピストと同様に，レベンソールはマルチモーダル・アプローチを使っていた。「夢，話し言葉での会話，イメージ，絵画作品，音楽がセラピー過程の支えになっている」が，これらのものはダンスセラピストという中心的役目を持っている者を支えるためにのみ使われるべきだと彼女は言っている（1999）。

レベンソールによれば，一人ひとりがユニークな要素を持っていて，この要素がその人の様々な側面に形や型を与えている。ダンスを使うと一人ひとりが自分の要素に直接到達することができ，リズムとムーブメントはその人の奥深い感情に触れる能力を強化する（Leventhal, 1999），と彼女は強く考えている。ダンスとムーブメントは「結局のところ，その人の核となる要素を受け入れたり強化したりするよう導いてくれる」（Leventhal, 1999）と彼女は信じている。「私たちが無意識のうちに，競争するのではなくひたすら純粋に，自己表現の方法として動き出す時，私たちの要素の最も深い核となるところのオーセンティックな性質が現われ始め，理解され始める。ダンス・ムーブメントセラピーは言葉で話されることを超えて，私たちに統合される経験をもたらす」（Leventhal,

1999）。

ダンスセラピストは「相互交流をする時にはその人の最も前面に現れている『発達レベル』に合わせてその人に対処する（Leventhal, 1999）。このレベルは，レベンソールが「レディネスの流れ」と呼んでいるものに言い換えることができる。「レディネスの流れ」には「これらのモーションの質」も含んでおり，患者が自分なりにリズムや空間や様々な強さのエネルギーの使い方を表現している（脚注2）。

第14章でアフストライが述べたように，ここでもまたレベンソールが「ダンスセラピストには自分のムーブメントの質（強さ，時間，空間，フロー）を患者のムーブメントの質に合わせる能力があり，その力によって患者は発達段階のはじめの頃の経験をすることによって，自分を再構築し機能できるようになる（Leventhal, 1999）」と言っている。ドラットマン（1967）は「療法的関係を作り出す時にミラーリングを使うこと」を「母親代わり」になぞらえた。第18章に出て来るように，子どもたちを対象にしているセラピストの多くも，ミラーリングの重要さと二人組で動くことの重要さを強調している。

レベンソールは「境界線」と「構造」とを持ったムーブメントを経験させることの重要性を強調している。構造を持ったムーブメント表現は患者とセラピストの関係を作り出す上での構造的な基礎である。ダンスセラピストは時間や空間から成るダンス・ダイナミクスを創造的に使って，これらの構造を創り出す手助けをする。これらのダンス・ダイナミクスは患者が拠り所にして何度も繰り返し使う明確な要素を伴った経験になる（Leventhal, 1999）。

レベンソールは成人の癌患者を対象にした実践例として次のような事例を紹介し，患者が自

（脚注2）このアプローチは第1章で述べたチェイスの療法的ムーブメント関係を彷彿とさせる。様々な指導者がセラピストを訓練し，自分たちの実践を記録する言語も様々であるが，相互関係や目的は同じ様なものになることがよくある。

分自身の本質と結び付くために彼女がどのように援助したか，そして，その患者が自分の癌と戦うためにどのようにその「結び付き」を使ったかについて述べている。この事例は「ムーブメントによって自分の本質と結び付くことがもたらす癒しの力」を表している。

> G夫人は，それまで小康状態を保っていた癌が再発し，肝臓に転移した時，何らかの助けを探し求めていた。彼女は病気に立ち向かうのを助けるため，また，（一般的な医学的治療は受けながら）代替的な癒しの方法も使ってみようと考えてセラピーに来た。ダンス・ムーブメント，視覚化，シャーマン的な様々なヒーリング方法を使ったセッションを何回か受けた後，G夫人は自分の中に「強烈に否定的な声」を認識できるようになり，その声が癌から逃れて自分の生活を立て直そうとする彼女の決意に戦いを挑んでいるように思えた。そのように感じた同じセッションにおいて，何かを表現する動きをしている時に，彼女は自分で「癒しのチャンネル」と表現している「エネルギーの本質」を覆っていたものを取り外した。G夫人がこの「エネルギーの本質」を動いて表現している時，彼女はこの本質を光やエネルギーとし，それらが彼女の病んだ臓器を包み込み，さらに彼女自身のエネルギー源を手当てする様子を目に見える形にすることができた。彼女はムーブメントを使って二つの両極を明確に分け，「否定的な声」を次第に弱める方向に，そして，「自分自身の癒しの側面と彼女が感じているもの」を強める方向に持って行くことができた。強烈なストレス，疲労，エネルギー破砕等に対する「毒消し」として，気持ちを休めるような癒しのリズムとエネルギーを使って，彼女は癌に対する抵抗力を強化する方法を学びとった。変化の起点となったこのセッションの後間もなく，彼女の癌は再び小康状態に入ったことが明らかになった（Leventhal, 1999）。

レベンソールの実践は，構造化されたムーブメントを経験することがどれほど癒しや症状改善にとって重要であるかを，ダンス等の創造的な方法を使うことによって強調している。セラピーは患者が自分たちの経験を統合したり，自分たちのエッセンスと結び付く手助けをすることを目的にしている。

パートB．ペニー・ルイス：折衷的アプローチ

ルイス（旧姓バーンスタイン）はダンス・ムーブメントセラピストで，著述家，実践家，また，この分野についてのいくつもの著作の編集者でもある。もともとはチェイスやバーテニエフに学び，ユング派心理学や対象関係論から強い影響を受けた。彼女は様々な種類の人びとを対象にして活動して来たが，現在は一般の人びとや神経症患者を中心に実践している。

ルイスは「ダンスセラピーという用語はムーブメントという用語を取り込んでその範囲を広げるべきだ」と早い頃から強く考えていた。彼女はこのような変更を実現すべく活発に活動し，彼女が最初に著した本には「ダンス・ムーブメントセラピーの理論と方法」（Bernstein, 1972）という名前を付けた。これに続いて「ダンス・ムーブメントセラピーに関する8つの理論的アプローチ」（Bernstein, 1979）が出版され，ルイスはこの本を編集し，いくつかの章を担当した。

最初の著作を出版した時，彼女は20代のはじめであった。ダンス・ムーブメントセラピーについての彼女の考えや心理学やスピリチュアルの分野に関する彼女の理解は何年もにわたり深まり続け，拡大し続け，成熟して行った。

ルイスは常に極めて折衷的なダンスセラピストで，絵画，劇，音，文章を書くこと等を実践に取り込んで来た。彼女は認定ドラマセラピストであり，認定ダンスセラピストでもある。クリエイティブ・アーツを使う他，ルイスはゲシュタルト療法やユング派のセラピー等，様々な

理論的枠組みを用いている。彼女がゲシュタルト療法のアプローチとユング派のアプローチとのどちらを選ぶかは，「どちらがより患者の感性に訴え，患者が直観的に感じ易いか」による（Bernstein, 1980）。「前者の感性についてはゲシュタルト療法のアプローチの方がユング派のアプローチよりもふさわしいが，一方，後者の直観については内向的なユング派のアプローチの方がゲシュタルト療法のアプローチよりも合っている」とルイスは一般的に考えている。

ゲシュタルト療法によるアプローチはサイコドラマやダンスセラピーと同じく，単に事物を語るだけでなく，個々人が積極的に体験することを重視している。ルイスによれば，個々人が「セラピーのプロセスに十分に一体感を感じる作業」に参加できたり，それを達成した時にセラピーによる成長がもたらされるようである（Lewis, 1986, p.109）。

「無意識なものを表現することに没頭することが許される」という過程を経ると，その人は「それ以前には自分がそうであることを認めなかったことや，それまでは自分でも気付かなかったことを自分の一部分として直接的に感じる」ようになる（Lewis, 1986, p.112）支持的な環境の中で，患者たちは象徴的な表現をすることを自分に許し，結果を恐れることなく本当の自分になることができる。

セラピストの役目は，案内人，兼，支援者になって，患者が自分自身の内面をさらに良く理解する方向に向かう旅路に寄り添うことである（Lewis, 1986）。

興味深いことに，フレデリック・パールズが創始したゲシュタルト療法は1960年代に西海岸で流行した。ルイスがダンスセラピーとゲシュタルト療法との関係を話しているのを聞くと，「個々人が自己表現するまで待ち，それを感じ取り，強化する」という西海岸のテーマに近いものが感じられる。

ルイスが書いたこの論文の他には，ゲシュタルト療法とダンスセラピーとを結び付けることについて書いたものはほとんどない。しかし，リニ・デイル（旧姓シルバーマン）のような指導者は重要な実践を行い，ルイスのように，現在行われている多くのダンスセラピーの潮流を統合するようなことを活発に行っている（Lewis 談，1990）。

ジュディス・ケステンバーグから学んだことにより，ルイスはまたラバンの研究をダンス・ムーブメントセラピーに導入する先駆者でもあった。ルイスはスーザン・ローマンと共に「エフォート・シェイプと精神・性的発達段階との関連」について論文を書いたり，集中的な講習会を開いた。ダンスセラピーの考えのいくつかはルイスが行った初期の研究や彼女が比較的最近行った研究の両方から発達したものである（Lewis 談，2002）。

ルイスは著作の中で「対象関係の振り付け」と「身体的逆転移」という2つの概念について強く語っている。

対象関係の振り付け

「対象関係の振り付け」という用語はジェイン・ウィルソン・キャスカート（旧姓ダウンズ）がダンス・ムーブメントセラピーの技法を記述する時に創り出したものである。ルイスはこの考えを踏襲し，それを次のように定義した。「『対象関係の振り付け』とは，ダンスセラピストが患者の発達段階を確認し，その発達段階に関するあらゆるトラウマに対処し，ムーブメントに基礎を置いた『親活動の再現』を行なって患者が必要としている関係を持ち，患者の実年齢に至らしめるものである」（Lewis 談，2002）。

対象関係を使うというルイスの方法は，ケステンバーグの「エフォート・シェイプ解釈」，アンナ・フロイトの「発達段階理論」，マーガレット・マーラーの「対象関係論」を取り入れながら発展した。この方法で実践することにより，ルイスはそれまで「補助的な集団ダ

ンス・ムーブメントセラピー」をしていたも
のが,「深層の基本的ダンスセラピー」をする
ように変わることができた。ルイスは「ケス
テンバーグ・ムーブメント・プロフィールを
使ってムーブメントを観察することにより,ダ
ンスセラピストはパーソナリティの機能してい
ない側面や発達停止をしているところを評価す
ることができる」と考えた。ダンスセラピス
トはまた,「テンションフロー」や「シェイプ
フロー」(脚注3)という用語を使って,体の中の
様々な緊張を観察することができる(Lewis 談,
2002)

　ルイスはアフストライと同様に感情移入した
ムーブメント反射というチェイスの考えを強調
している。つまり,患者の世界に入り込み,肯
定的また否定的な点,感情,転移を取り出し,
ドラマチックなムーブメントを使ってそれらに
応えて行き,ルイスはそれを「対象関係を振り
付け直す」と言っている(Lewis, 1975a; 1982;
1990; 1993; 2000)。

　初期の段階で失ったことによる影響はセラピ
ー的なムーブメント関係によって減少して行く
ので,新しい「ムーブメントの相互作用」が促
され,患者が持っている「永遠に変化し続ける
発達上のニーズ」に照準を合わせる。このプロ
セスは「象徴的なムーブメントによる相互作
用」から始まることが多く,「『分離,独立とい
う段階』にまで発達して行く。個々人は,調律,
抱擁,揺する等の目に見える愛によって『自己
という感覚』を得る」(Lewis 談,2002)。レベ
ンソールがこれまでに述べた言葉とは違うもの
が使われているが,ルイスとレベンソールの考
えが互いに重なっていることは明らかである。

身体的逆転移

　ルイスによれば,身体的逆転移は深層精神療
法の技法であり,その技法を使ってダンス・ム

ーブメントセラピストは「患者の体からもたら
される感情,感覚,イメージや考え,さらに,
患者も気がついていないこと」を自分の体を通
して身体的に受け取る。これらセラピストが受
け取った感情や感覚は言葉で受け止められたり,
言葉で咀嚼されたり,イメージや行動で患者に
返される(Lewis 談,2002)。

　チェイスやケステンバーグから実践を学んだ
経験から,ルイスは患者の内的世界,特に緘黙
の患者や前言語段階にある患者に調律すること
を学んだ。「非言語的コミュニケーションを使
えば,患者が持っている無意識の世界から何ら
かの情報を受け取ることが可能である」という
ことをルイスは理解し始めた。身体的逆転移は
「患者に対するダンスセラピストの共感的な身
体的反応」つまり,「ダンスセラピストの介入
を先導するある種の直観」も描き出す。

　身体的逆転移とは「患者とセラピストの間に
生まれる無意識的から意識的までの関係であ
り,そのような関係が成立すると,セラピスト
は患者が自分が意識している心から切り離して
無視している感情,感覚,考えを受け取ること
ができる」と表現することもできる(Lewis 談,
2002)。ダンスセラピストは体の動きから来る
手がかりに敏感であり,また,自分たちの体を
使って患者とコミュニケーションすることがで
きるので,患者の感情を患者に反射的に返すこ
とができ,そのようにして患者が自分の感情を
取り戻す手助けをすることができる。患者がま
だ準備ができていない場合,ダンスセラピスト
は患者へ返すことをしばらく「保留」し,患者
が自分の感情の強さを調整したり,それをさら
りと受け流したりする手助けをすることもでき
るとルイスは説明している(Lewis 談,2002)。
このように助けてもらうことにより,患者は自
分の感情表現を抑制する。

　自分の体の反応を患者に合せると,セラピス

(脚注3) ラバンとケステンバーグについてさらに情報を得るには第2部のセクションAを参照せよ。

トは患者を診断し易くなるとルイスは強く考え
ている。たとえば，セラピストは「ボーダーラ
インの患者がセラピストと共存したいという願
望とセラピストを排斥したいという願望との間
で葛藤していること」を体で感じることができ
る。これに対しては適切なダンスセラピーのム
ーブメントで返すことができるとルイスは言っ
ている（Lewis 談，2002）。これらの内的な反
応や身体的逆転移的な感情は，有意義で有用な
イメージを創造する手助けになり，そのイメー
ジは先に述べた分離個体化の葛藤を通して働く。
イメージはムーブメント活動を導き，そのムー
ブメント活動が創造的に行われることにより，
発達上の葛藤を解消することができる（Lewis
談，2002）。患者とセラピストとの間に形成さ
れるこの種の創造的イメージの例が，フラン・
レヴィ（1995）の「無名し：多様性の事例」と
いう章に示されている。

　興味深いことに，この「患者に対するセラピ
ストの内的な反応によって患者を診断する」と
いう考えは，何年もの間，言葉を使うセラピス
トによって言われて来たものであり，「セラピ
ストの直観」としばしば言及されて来た。一般
的には「腹の虫の知らせ」，つまり，身体的反
応として言われることをルイスは言っているよ
うである。ダンスセラピストの目を通して，ル
イスはこの考えを明確にし，広げようとした。

創造的芸術に関わる人びととのコラボレーション

　ルイスは 1970 年代に，ピッツバーグ大学医
学部のモデルであったピッツバーグ子ども相談
センターで働いていた（Lewis 談，2002）。そ
こでは，絵画療法士，演劇療法士，ダンス・ム
ーブメントセラピストが創造的に一つの芸術か
ら他の芸術のところへ出向き，互いに活発にコ
ラボレーションを行っていた。

　次に示す文章は，ルイスの著書『創造的な変
容：芸術が持つ癒しの力』（1993）からの引用

である。

　「イメージの王国」という不思議な場所で，意
識的なものと無意識的なものとの中間にある
ようなダンスが振り付けられる。ここでは子
どもたちが劇を演じ，その無意識的で創造的
な劇の中でヒーローやヒロインが登場する。
ここでは以前見た夢が思い出され，誤って導
かれた道から私たちを連れ戻す。ここにはあ
らゆるクリエイティブ・アーツが出現する。
絵画，彫刻，歌唱，ダンス，演劇，作曲，作
文。ここでは新しい考えが生まれ，直観的内
省の萌芽が芽生える。ここでは文化が持って
いる無意識的なものが，神話，おとぎ話，神
様や女神様の物語となって現れる。ここでは
私たちが生きてきた歴史も息づき，子ども時
代に持っていた感情の型や幼い頃に面倒を見
てくれた人たちとの人間関係が姿を現す。そ
して，私たちが気付いていないような想像上
の「なりきり」劇をすることによって過去を
創造し直し，時を変形することによって，私
たちの現在の生き方に影響を与える。

　この「過渡的空間」には私たちが成長した
り完成に近づくことを妨げるものの全てが存
在するが，傷を癒したり，バランスをとった
り，精神的な関係を変えたりすることができ
るものも全て存在し，私たちがユニークな人
生の旅路をたどるように導いてくれる（p.3）。

　ルイスは彼女のセラピーに様々な様式を取り
入れ，自分の活動を「人間相互関係の即興的な
ダンス演劇かつ様式折衷的セラピー」とよく言
ってる。次の章では，ダンスセラピーの中に芸
術を統合する上でのさらに広範囲な考察を述べ
る。

幼少期におけるトラウマ

　ルイスの実践は，幼少期におけるトラウマと
大脳の発達への影響についても焦点を当ててい
た。彼女は次のように書いている。

　大脳は階層性をもって発達すると考えられて

172　第2部　ダンス・ムーブメントセラピーのその後の発展

います（LeDoux, 1996）。最も基礎的なもの
が経験からもたらされる感覚運動的レベルで，
次に感情的なレベルが続き，最後に認識的な
レベルが来ると考えられています。性的虐待
や殴られたり，その他の強烈で身体的な侵襲
的暴行を人生の初期に受けると，その人は感
覚運動的レベルでこの情報を受け，蓄えます
（Lewis 談, 2002）。

感覚運動的レベルは，身体の末梢神経組織の
要素と同様に，無意識的な身体機能や大脳の感
情中枢を制御する神経組織の部分を含んでいる。
ルイスは次のように続けている。

D・W・ウィニコットは「幼少児期の記憶は
前言語的かつ非言語的で，言語に置き換える
ことができない」ことがよくあると言ってい
た。幼小児期に児童虐待を受けた人は，音，
匂い，身体感覚，接触，イメージのような
「外部からの刺激」や，思考，感情，内部感
覚のような「内部からの刺激」がきっかけと
なって，孤立した，ばらばらにされた不十分
な感覚運動的な身体反応を繰り返すことがあ
る。感覚運動のフラッシュバックを経験した
ことがある人は，「自分たちは大脳皮質でそ
のようなフラッシュバックを十分に制御して
いない」とか，「そのようなフラッシュバッ
クは自律神経系の交感神経が反応している」
と感じていることがよくある。実際，彼らは
フラッシュバックを大脳皮質で制御していな
い。これらの反応はその反応を引き起こした
刺激と同じように断片的であることがよくあ
る。これらの比較的原始的な刺激応答反応を
調整したり修正したりするような比較的高い
レベルの大脳皮質が機能していないことは案
外多い。そのため，純粋に認識に携わる大脳
皮質が介入しようとしても，これらの比較的
低いレベルの辺縁系感覚運動反応は扱えない。

ダンス・ムーブメントセラピーという方法
は感覚運動の過程や経験に直接働きかけるの
で，身体的トラウマがある人の反応を変化さ
せたり調整する上で効果的である。ムーブメ
ント・セラピストは「感覚運動的な身体が記
憶を把持していることの意味」や「危険なこ
とに対しては，トラウマによってフラッシュ
バックが起きたり，原始的な反応が起きるこ
との意味」を知っているので，患者が自分
たちのいくつかの反応の中から選び出し，指
導を受ける前に持っていた感覚運動的反応
を変える手助けをすることができる（Lewis,
2000）。これは，「引き金」を引くのを遅くし
たり，興奮，感情，イメージ，自分が傷つく
という考えから「引き金」を引き離すことに
よって実現される（Lewis, 1994; 2000; Lewis
談, 2002）。

幼少児期のトラウマを扱う時に，「身体接触」
と「抱きしめること」が持っている力について
ルイスは書いている。彼女はパート（1997）の
著作から次の文章を引用している。「エンドル
フィンに関する私の研究によれば，『体に触る
こと』には，丁度良い時に実に的確に作用する
ように作られた『我々の自然な化学的なもの』
を刺激し，整えて，多幸感を最高の状態に高め
る力がある」（p.272）。

ルイスはさらに次のように言っている。

体を動かすことは，子どもとコミュニケー
ションをとる上で最も原始的な方法です。母
親は赤ん坊の動きを見て，自分の子どもの
ニーズや欲求に応じます。母親の調律が成功
すれば，子どもは「満たされない，虐待を受
けた」というよりもむしろ「世界は安全であ
り，欲求は満たされる」という経験をするで
しょう。はじめに子どもの世話をする人が行

（脚注4）小児の発達とダンスセラピーについてのレヴィの考えをさらに理解するには次の文献に当たると良い。
Mahler, M.（1968）On human symbiosis and the vicissitudes of individuation. New York; International Universities
Press; Kohut, H.（1971）. The Analysis of the Self. New York; International Universities Press; Winnicott,
Stanford, D.W. Playing and reality.（Out of Print）; St. Cair, M.（2000）Object relations and self-psychology.（3rd
Ed.）Stanford, C.T:Brooks/Cole Publications.

う「動きによる対応」は子どもの発達にとって決定的です。それらが欠乏した赤ん坊の大脳は 20 ～ 30 ％小さいのです（Lewis 談, 2002）。

これら，大脳の感情的側面や母子関係についての比較的新しい考えは，対象関係や逆転移を振り付けることについての彼女の考えをさらに広げている[脚注4]。

フラン・レヴィの
マルチモーダル・アプローチ
理論と実践

　この章を改訂するに当たり，筆者は比較的個人的な新しい資料を加えて最初の事例を書き直した。その結果，筆者の経験と筆者が対象としている人びととを，前よりももっと分かりやすく描写することができたように感じている。

　この章は三つの部分に分かれている。最初の部分では，ダンス・クラスにおける筆者の個人的な深い体験について回想する。この体験はその後の筆者の人生に影響を与え，筆者をダンスセラピーという職業に導いた。

　第二の部分では，サイコドラマ，絵画，ダンス，音楽，文章表現を臨床現場，特にダンスセラピーに織り込むことやその理論的基礎について述べる。この臨床は成人に対して，個人や集団で行なわれたものである。また，この章には（第三の部分として）いくつかの事例が紹介されている。それらの事例はマルチモーダル・アプローチを特に分かりやすく描写しており，ある種の問題や個人的な表現上の好みを持っている人を対象とする時には，様々な形の創造的な表現方法が必要であることを示している。

メリサ・ラーフマンのダンス・クラス：東海岸と西海岸のダンスセラピーの流れを統合する

　1960年代，筆者はバーモント州にあるゴダード大学にいた時に，幸いにも，メリサ・ラーフマンという素晴らしい先生からダンスを学んだ。ゴダード大学は創造的かつ体験的なプログラムがあることで知られており，非言語的実践と芸術とを重視していた。ラーフマン先生は学生の気持ちを深く理解し励ましてくれる人で，この先生から様々なことを学びながら，筆者は自分自身にとってダンスが持つ本当の意味を発見した。

　18歳の時，恥ずかしがりやの大学生であった筆者は，生まれて初めて実家から長期間離れ，心細い思いをしていた。ムーブメントはいつも筆者の救いであった。創作ダンスの授業は，子ども時代に文字がうまく読めずに悩んでいたことや，そこから来る憂うつや羞恥心から筆者を助けてくれた。18歳と言えばもう子どもではないし，筆者には学問的期待がかけられ，その期待に応えられるかどうか不安だった。ゴダード大学は進歩主義的な大学だったので，筆者は自分で自分にプレッシャーをかけ，心配でたまらなかった。筆者は心理学を主専攻に，ダンスと絵画を副専攻にした。筆者のストレスは明らかで，それはダンスの授業でよく現れていた。筆者はテクニックとしてのダンスは踊っていたが，感情は表現していなかった。

　メリサ（私たちはラーフマン先生をそのように呼んでいた）はいろいろな方法でダンスを教え，そのようなやり方が筆者に明らかな影響を与えた。ダンスの授業を始める時，彼女はまず筆者たちを床の上に横たわらせ，筆者たちが内面を深く感じるまでは，床上のその場所から絶対に動かないようにした。筆者たちが床に横たわっている間に，彼女は「ボレロ」「アパラチアの春」「パッヘルベルのカノン」等，あらゆ

る種類の音楽をかけた。メリサはリラックスを促すようなイメージを筆者たちに与え，筆者たちは深く呼吸し，大きな砂丘が優しく引き潮に洗われ，波が砂丘を少しづつ平らにして行くようなイメージを描いたりした。

瞑想の先生がやるように，感じたことをそのまま動くことで，メリサは筆者たちの日常の悩みを解き放つ手助けをした。「（心の深い内面から）つき動かされるまで待つ」という方法は，「意識的に自分自身をかりたてて動く」という方法とは正反対であり，後に筆者はダンスにおけるウィグマンの方法や，ダンスセラピーにおけるホワイトハウスの方法の中でもこれに出会った。

自分をなるがままに任せて，自分の心の中から動くことははじめのうちは筆者には難しかった。そのように動くことなど絶対にできないのではないかと不安になって，まだ機が十分に熟していないのに自分を動かしてしまいがちであった。筆者は自分のダンス・テクニックを忘れようと痛いほどもがいた。メリサはもがいている筆者を見つけると，私の近くで踊りながら，筆者の目を捉えた。彼女は温かく微笑みながら筆者を見つめて言った。「汚れて，フラン，汚れるのよ（きれいに動こうとしなくていいのよ）」。筆者はこの言葉を決して忘れない。彼女がこの言葉を筆者に投げかけたのは 30 年以上も前のことだが，あたかも昨日聞いたかのごとく筆者には聞こえる。しかし，先に述べた「溶け行く砂山」をイメージした言葉を除けば，メリサが実際に言った言葉はほとんど覚えていない。筆者たちの内なるダンスを外に引き出したのは彼女の言葉ではなく，表現媒体としての，また，コミュニケーション手段としての彼女の身体が繰り成す「ムーブメント」と「完全なるなぐさめ」であった。彼女が踊っている時，そこにはいつも「圧倒的な存在感」と「相手の役に立とうという思いやり」があった。

メリサは筆者の隣で踊り，その信じられない

程のエネルギーで筆者と共感し，筆者は「汚れて」行った。筆者はそれまでとは全く違ったダンスを踊り始め，足を蹴り上げ，周囲をぐるぐる回り，挑発的に踊り，声を上げ，跳び上がり，体を伸ばし，倒れ込んだ。今，何が起こっているのかを知らずに，筆者は自分の人生を物語り，今の心境をダンスで表現していた。セッションが終わった時，筆者は長い間押し殺していた自分自身の一部，筆者のスピリットを見つけたように感じた。

グループ・セッションを終えるにあたり，筆者たちの気持ちはダンスによって緩められているので，メリサは円陣になって儀式的なことをする時間を作った。彼女は筆者たち一人ひとりに対して，腕，手，目を使って踊りながら部屋中を回り，各人それぞれに異なった独特な体験から戻り，みんなが一緒になるまで踊り続けた。その時筆者たちはよく，彼女と一緒に同じような動きをし，グループ全体が繰り成すリズムによって心を落ち着かせた。そのようにして筆者たちは，しばしば深い思いや感情に満ちた「深い個人的な場所」から連れ戻された。筆者たち全員が戻って再び一緒になるには，終結の儀式が必要であった。これはチェイスやエヴァン等も使った方法である。

メリサは後にチェイス派ダンスセラピーの用語で「治療的ムーブメント関係」と言われるようになった方法で筆者たち全員の心に触れた。振り返ってみると，メリサはダンス・ムーブメントセラピーの世界を正式には何も知らなかったが，東海岸と西海岸の流れを（本人も知らずに）見事に統合していたと思う。筆者は 1964 年から 1966 年までメリサから学んだ。米国ダンスセラピー協会は 1966 年に設立され，東海岸と西海岸とのダンスセラピストの交流が丁度この時に始まった。筆者は 1970 年に正式にダンスセラピストとしての仕事を始めた。

ダンスセラピーについてはあまりよく知らないとメリサは言っていた。彼女は自分自身をた

だのダンス教師と考えていた。ゴダード大学で
ダンスを学んだ学生はそれぞれの方法で彼女を
語る。曰く，神がかり的，魔術師，心理療法士，
幸せを運ぶ魔女，ダンスセラピスト，シャーマ
ン等。しかし，彼女はそのうちのどれでもなか
ったのだろう。彼女は何度も何度も，自分はた
だのダンス教師だと言っていた。しかし，それ
だけではないことを筆者たちは知っていた。

　メリサは自分がやってきた実践をあまり理論
化せず，難しい名称を付けることもしなかった。
彼女はダンス公演もしなかったし，彼女がやっ
てきたことについて美辞麗句で書き立てること
も無かった。彼女は自分の仕事を厳密に理論化
しようとはしなかった。メリサはただ一つのこ
とを知っており，それを情熱的に信じた。「誰
もがみんなダンサーであり，機会さえ与えられ
れば誰でも心の底から踊ることができる」と彼
女は信じていた。彼女は自分の情熱に従って自
らの人生を生き，実践した。

　メリサからの影響，特に筆者がダンスセラピ
ストになりたいと考えるようになったのは彼女
の影響であることは否定できない。筆者は，メ
リサが私にしてくれたことを人びとに対してや
りたかった。しかし，それには私自身のスタイ
ルを見つけなくてはならず，そのスタイルはメ
リサとは非常に違ったものになるだろうと気付
いていた。彼女が行なって来たものは彼女に特
有なものであり，言うなれば，彼女の魂から生
まれた才能が表現したものであった。筆者はま
だ自分の才能を，他者と最良の状態で結びつい
て，他者と触れ合うために使う私の能力を見つ
け出さねばならなかった。

　筆者自身の生い立ちも，職業を選択する上で
結果的には強い影響力を持っていた。筆者の母
は画家でダンサーだった。筆者は母を通して，
美術で自分自身を表現することを学んだ。それ
に加えて，筆者の両親は二人とも文章を書くこ
とが好きだった。そして幸いにも，両親の芸術
に対する態度は創造的で表現的で，目的よりも

それに至る過程を重視していた。筆者は勉強し
ていてフラストレーションを感じると，両親が
筆者に許してくれた自由や創造的表現で元気を
取り戻していた。絵画，ダンス，文章を書くこ
と，これらの方法に筆者は情熱を抱き，そうす
ることを心から楽しんでいたように思う。

　1970年代にはニューヨーク市立大学ハンタ
ー校のソーシャルワーク学部に進み，何度も繰
り返し「自分自身を治療に使うこと」を学んだ。
何と奇妙で単純な言い方だろう！　あまりにも
単純なので，その意味を本当に理解するには何
年も時間がかかる。この言葉は私たちが成長す
るに従って次第に明らかになって行く類の言葉
である。筆者は今，この言葉を次のように考え
ている。「治療しながら自分自身を発見し，自
分自身を活用しながら治療する過程」は永遠に
続くものであり，そのようにして，私たちはい
つもプロフェッショナルとして自分自身をさら
に新しくさらに広い方法で活用して行く。

　同じように，私たちの表現力が発揮され強化
されるに従い，私たちの治療的介入のスタイル
も広がって行く。私たちがより多くの方法で患
者に対応すればするほど，また，私たちが自分
自身にオープンになればなるほど，セラピーは
より豊かに充実したものになるだろう。私たち
一人ひとりはその人に特有な表現上の才能を持
っており，それを発見して，その最も良いとこ
ろを他人に施す必要がある。そして，私たちの
教師から基礎を学んだ後には，私たちはみんな，
自分自身がどのような表現上の好みや介入上の
好みを持っているかを発見しなければならない。
「患者が成長し続けるためには，セラピスト自
身の成長が無意識のうちに深く関与している」
ということは今日では精神療法家の間で公に議
論され，広く受け入れられている。

　筆者はサイコドラマや絵画をダンスセラピー
と合体させ，1970年代のはじめに精神療法の
創造的アプローチを始めた。筆者のトレーニ
ングを，ドラマチック再演や創造的イメージ

法を使っていた「ブランチ・エヴァンの方法」や「ロバート・シロカのサイコドラマ」や「ジーン・ピーターソンの絵画療法」と合体させた。また，筆者の指導教官で心理学者のシドニー・レヴィが著した動物画や人物画の分析についての先駆的研究，シドニー・レヴィ（1950, 1958）は筆者の研究（F. Levy 1995）に大きな影響を与えた。はじめ筆者はこの実践をレヴィ（1979-1988）の中では「サイコドラマ的ダンスセラピー」と呼んでいたが，視覚芸術やその他の芸術も次第に取り入れるようになったので，もっと広い意味を持つ名称が必要ではないかと感じるようになり，「マルチモーダル精神療法」とか「マルチモーダル・ダンスセラピー」という名称を使うようになった。この他，セラピーの中に芸術を取り入れることについてセラピストたちは「表現芸術セラピー，インターモーダルな芸術セラピー，クリエイティブ・アーツ・セラピー」等という名称を使っている。

次に紹介する事例は統合的芸術療法というアプローチを示している。

マルチモーダルな働きかけの理論と実践

次に，様々な芸術をダンスセラピーに統合して活用することについて述べる。演劇を一緒に用いることは，何人かの初期のパイオニアの活動にまで，その形跡を遡ることができる。フランツィスカ・ボアズとブランチ・エヴァンは「ドラマチック再演」を導入し，エリザベス・ローゼンは「ダンス演劇」を，トゥルーディ・シュープは「キャラクタリゼーション」を，マリアン・チェイスとシャーリー・ゲンターは「ロールプレイ」を取り入れたが，本書の第1部に書かれているように，それらは全て，初期の頃からダンスと演劇が合体して一つのものとして認識されていたことを示している。

この方法の中心になっているものは，「それぞれの患者が最も表現し易いと感じる方法でその患者に働きかける」という考えである。自分の考えや感情を言葉で表現することが一番得意だと感じる「言語的な人」もいれば，言葉だけで表現するのは不十分だと感じる人もいる。「言葉の裏にまだ何かが隠れていて，言葉では十分に表現し切れていない気がする」と人びとが話すのを聞くことは珍しくない。彼等は話をする時に，「自分は本当に真実を話していない」とか，「本当の気持ちを伝えていない」と感じている。このように感じると，人は空虚で孤独な気持ちになる。彼等は人に見てもらいたいし聞いてもらいたいと強く願っているのに，言葉ではそうすることができないと感じている。このような人びとはよく筆者のところへ来て，身体的な芸術体験や視覚的な芸術体験等を希望する。演劇やダンスのように，体を比較的多く動かす必要がある人もいれば，視覚芸術のような，触覚的なものや視覚的なものを必要とする人もいる。

人はその時その時に応じて様々なニーズを持つことがあり，自分の考えや気持ちに対応するためには，ユニークな取り合わせで創造的な体験をする必要がある場合がある。たとえば「触覚的な人」は，まず粘土で形を創り，次に，ダンスを通して，粘土で創った作品の様々な側面になって表現することがその人にとって最も適している場合がある。つまり，自分がその作品を創った動機や経過についての物語をダンスで創造的に表現したり，その物語についてムーブメントでドラマチックに会話をするという具合に発展させて行く。一方，比較的「身体的な人」はすぐに自由な即興ダンスを始めて，次に思い切ってそのダンスの様々な側面についてムーブメントで会話をすると良いかも知れない。つまり，その人が踊っている時に発見した様々な役割をムーブメントで演じるのである。このような体験は，最終的には一人ひとりのニーズに応じて，絵画を使ったり，文章を書いたり，

話しをしたりすることによってまとめ上げることが最も良いかも知れない。一人ひとりが自分自身の創造的表現方法を切り拓くのである。

ダンスセラピーにサイコドラマやその他の演劇技法を取り入れる

　精神療法の中でダンスや視覚芸術体験を使うと感情が刺激され，典型的な場合には，葛藤によってがんじがらめになったエネルギーがゆるめられる。その結果，人びとは何かを連想したりイメージを描いたりして，それがダンス・ドラマになり得る。ダンス・ドラマは様々な方法で刺激を受ける。たとえば，選択される色によって即興が刺激される。赤い色を選べば，人は怒りの感情を表現し易くなる。この色は，自分の人生で出会った何か納得の行かない感情を持った人のイメージへと導くことができるだろう。このようにすれば，患者は視覚的なもの（色）から意味内容（特定の人びとに対するイメージ）に進んで行く。サイコドラマティック・ムーブメントを使えば，患者たちは葛藤をさらに深く探求することができる。この方法には，個人の感情を言語で演じることも，非言語で演じることも含まれている。純粋にダンスだけに頼って自己表現をする人もいれば，言語にムーブメントを加えて表現することを好む人もいる。

　演劇は，未解決の感情や内的葛藤を扱うのに非常に適している手段である。演劇の本質は，役割分担があることと，役割と役割の間に相互作用があることである。演劇はまた，言語的表現と非言語的表現を積極的に組み合わせたものなので，言語志向の人にも，身体志向の人にも役に立つ。演劇は，人の経験の様々な側面を形にしながらその人を構成し，「本人が意識している葛藤」や「本人も意識していない葛藤」を明らかにする。我々の感情はしばしば，内にこもった役柄を演じる時に投影される。それらの役柄のいくつかは，「重要な他者」（J.L. Moreno and Z.T. Moreno, 1975a）つまり，そ

の人の人生に影響を与える人びとである。それらの役割の影響は，時には「虐待する両親」や「虐待する配偶者」の場合のように非常に感情的になることもある。また，その他の内面的役柄は，その人の別の側面になることもあり，それまでには十分に注目されず表現されて来なかった様々な自己を表現していることもある（Levy, 1995）。これらの役柄は時に応じて我々のうちの誰のところにも現れ，「しっかりと結び付けられている」とか「引き裂かれた」と感じさせる。これら内面的自己が持っている様々なニーズや要求は，様々な感情を反映しており，それらは探索する必要がある。なぜなら，様々な役柄を内面的に演じる時に体験する葛藤こそが，しばしば人を治療に導くからである。

　ロールプレイによって，人は自分自身の内面的ドラマに取り組むことができる。ドラマチックなアクションや会話は，演じる人を，本人も気付いていなかったかも知れない内的葛藤と結び付け，そのようにして，それらの葛藤にこびりついたエネルギーを緩めたり変化させたりする。そして，そのようにして人は，統制の利いた構造化されたアクションを通して自己を表現できるようになる。次に述べる患者たちの物語はこの過程と，それがどのようにダンス，視覚芸術，文章を書くことと結び付いて機能するかを表している。また，『ダンス療法と他の表現芸術療法：言葉だけでは十分でない時に』（Levy, et al., 1995）という名前で出版された書物の中に，「名無しさん。多重人格の事例」という事例が掲載されているが，これは深くて長期間にわたる研究であり，この実践の様々な側面を描いている。第20章において，この実践の概要を見ることができる。

方法論と事例

　この実践は，1）思いや感情を認識すること 2）自己表現 3）カタルシス 4）洞察，へ

の道を拓くものである。次に，マルチモーダル・アプローチがどのようにしてダンスセラピーに発展して行くかを示す。

　ムーブメントを使って十分にウォーミングアップをしてから，セラピストは相互に対立する感触を持ったムーブメント，たとえば，「押す・引く」「重い・軽い」「集める・撒き散らす」「硬い・柔らかい」等を探索するように勧める。次にセラピストは各々の患者に対して，自分にとって最も気になる，または，意味があると思える「相対立したムーブメントの一組」をさらに深く探索するように勧める。これは，いくつかの組み合わせを実際にやってみて，その後，自分が最も強く感じたムーブメントを広げたり，飾り立てたりするような形で進めても良い。

　演劇はロールプレイの産物であり，サイコドラマの創立者であるモレノは（J.L. Moreno and Z.T. Moreno, 1975a）「演じるという方法を使って，現在の自分とは違う存在になる」（pp.140-141）と書いている。この段階でセラピストは，二つの相対立するテーマの間を任意に役割交代するよう，参加者に勧める。たとえば，ダンス・ムーブメントをしながら，はじめは「押す」役割を演じ，次に「引く」役割を演じ，そのように任意に役割交代をしながら継続的に前後に体を動かす。集団療法においてロールプレイは大抵，二人以上の者がドラマチックな会話をしながら，複数の役割の間を行ったり来たりする。しかし，個人療法においてもそこに出て来る役割の全てを一人で演じれば，この役割交代を行うことができる。

　時にはセラピストが役割を演じ，患者に介入して手助けすることもできる。しかし，セラピストが「重要な他者」の役割を演じる時には細心の注意を払わなければならない。外傷を与える程の感情を掻き立ててしまい，患者に再び傷を与えてしまう可能性があるからである。激怒や無力感等の感情がセラピストに投影され，患者が現実感を失ってしまう可能性がある。患者

は実際，突然，セラピストを「敵」とみなし，患者を保護することができる人はその部屋には誰もいないと感じることがある。これは患者にとってもセラピストにとっても危険な状況である。次に示す事例は，対照的ムーブメントがどれほど単純でかつ刺激的になり得るか，また，どうしてこれらの方法のどれもが注意深く行わなければならないのかを示している。

　ロールプレイを通して，人は新しい方法で感情表現をすることが許され，ロールプレイを通して，人は自分の内的葛藤に結びついた様々な感情を明確にすることが許される。ドラマチックなダンス・ムーブメントで会話をすることによって，患者たちは様々な感情を探索しながら，自由連想をしたり自発性を発揮するように勧められる。これをやり易くするために，セラピストは「このムーブメントはどんな風に感じますか？」とか「あなたが今やっているムーブメントに音とか言葉を添えたいと思いますか？」等という質問をする。患者たちはそれぞれのムーブメントに基づいて，何か連想（思い，感情，イメージ）があったかどうか尋ねられる。もし，あった場合には，「その連想を色，ムーブメント，形，リズム等で表現できますか？　それを踊って表現できますか？」と尋ねられる。このような質問や助言は隠された素材に焦点を当てたり，それらを構成する手助けをする。そしてこれが今度は明確化やカタルシスや洞察を促す。

　またこれとは別に，「『引く人』は『押す人』に対して何か言いたいことはありませんか？」とか，「『押す人』や『引く人』に名前を付けたくはありませんか？」等と尋ねるのも一つの方法である。これらの対立する役割を使って，ドラマチックなストーリーを患者に創ってもらうこともできる。

　このような経過を辿っていると，患者は自分が選んだムーブメントが彼らの生活における重要な人びとや彼らが葛藤している部分を表現していることに気付くことがよくある。たとえば

筆者が担当しているグループの一つでは，対照的ムーブメントというテーマを取り上げた時に，ディエルダという若い女性は「『押す人』は彼女の父親であり，彼女の人生の全ての時間において病気をしており，いつも彼女を遠ざけていたこと」に気付いた。また，「『引く人』は彼女の母親であり，その母親は自分のニーズに合わせるように彼女を引っ張るが，一度も本心からディエルダに興味を持ったことはないと彼女が感じていること」に気付いた。これに続くドラマは，「両親のどちらからも本当には注目されず，正しく評価されたことがないという気持ち」や「子どもとしてまた大人として，ディエルダの中に形成された深い空虚感」を表現し，我々に突き付けていた。

　サラというもう一人の患者は，「集める人」という動作は彼女が望んでも決して手に入れることができなかった母親を，そして，「ばら撒く人」という動作は彼女の母親から現実的に体験したことを象徴していると気付いた。サラの経験は，「自分の母親の乱雑な家で育ったことがどれほど腹立たしくまた欲求不満になっていたか」そして，「サラがどれほど秩序と静けさを望んでいたか」を今や白昼のもとに曝け出した。このように洞察することによって，サラがどうして自分から見ると破天荒な生き方をしているように見える姉妹たちに我慢ができなかったかを理解する手助けとなった。それはまた，彼女が自分の家を整理整頓し，彼女の言う「私の母の家」で生活するのを止める手助けになった。

　最後に，ジェニファーという若い母親は，「私が押したり引いたりする動作を探索しようと決心したのは，夫や子どもたちに対してどっち付かずの両価的な傾向があるからだ」と気付いた。彼女はいつも完全な妻であり母親でありたいと努力して来たが，最近彼女はそのことが非常に心配になってしまった。ジェニファーが動くと，彼女が自分の役割について，いくつも

の感情を取り交ぜていることに気付いた。彼女は自分の家族をもっと自分の方に引き寄せたいと思っていたが，その一方，引き放したいとも思っていた。彼女は何としてでも自分自身の空間を必要としていたが，非常に真剣に自分の役割も果たしており，時間を無駄に過ごすことを自分に許さなかった。彼女が，生活上の要求に対して相反した感情を持っていることに気付き，それらの気持ちは自然であり，罪を感じるようなものではないと確認するにつれ，彼女は自分自身の可能性について次第に現実的になって行った。このことが彼女を重荷から解放した。

　セラピストは，患者たちが自分たちの思いや感情のどのレベルに焦点を当てることができるかを，患者一人ひとりの反応から査定することができる。患者たちは幼い頃の記憶，たとえば，母親，父親，兄弟等との思い出に焦点を当てることができるのか，または，もっと感情的に離れた連想，たとえば，先生，患者，上司，友達等に焦点を当てる必要があるのか。隠喩を使って，思いや感情をひたすら象徴的に表現することを必要としている人もいれば，連想やイメージを使わずに，純粋にダンスを使う人もいる。自己表現は，無数の形式で，多くの様々なレベルで行われる。

　演劇が持っている構造はダンスが持っている自由を補完して完全なものにする。つまり，ダンスは純粋に際限のない形式で人びとの思いや感情を解き放つ。一方，演劇はこれを方向性を持った活動に構造化する。この構造化が葛藤領域を明確にする手助けをする。患者たちは一人ひとり，形式（ダンス）から内容（演劇）へと変化させるように導かれる。セラピストは，演劇形式の中で即興ダンスを踊るシーンをいくつか設定する手助けをする。セラピストが患者に共感する能力がどの程度あるかが，どのレベルの介入を行うのかを決める指針となる。「共感」とは，他者の内面に入り込み，何の価値判断もせずに，その人が行うことを見たり，考えたり，

感じたりする能力のことであり，セラピストが必要とする最も重要な能力である。次に示すいくつかの事例は，患者の「ニーズ」と「表現上の好み」によって選択される方法が様々にあることを示している。

事例：エリー

次に示す事例エリーは，40歳代後半の経済評論家である。マルチモーダル・ダンスセラピーのグループの中でダンスと演劇を臨床的に応用したことを詳しく示している。エリーは8人いた女性参加者のうちの一人で，1週間に1回，約18カ月に渡って一緒にダンスセラピーを行った。彼女は自殺願望のある傷つき易い女性であった。

あるセッションでエリーは開口一番「私，今日は頭がおかしいの，一日中おかしかった」と言った。「おかしい」という言葉の意味を尋ねると，「そうねえ……丁度，ばらばらに引き裂かれたような気がするの」と答えた。そこで筆者が彼女に，「引き裂かれたような気持ちについて，もっとはっきりと，たとえばいくつ位の部分に裂かれたのか，その部分には何か特別な型，形，色，質感があるのか，また，それらの部分には名前や声が付いているのか表現してみて」と頼んだ。すると「私は4つに裂かれているように感じるの」と彼女は答えたが，それ以上は言葉で表現できなかった。

そこで筆者はエリーに「貴女が動いて，その4つの部分になったらどうかしら？ この部屋の中に，それぞれの場所を決めて……」と提案した。エリーが最初の場所に行くと，彼女の姿勢が変わり，怒りのジェスチャーを始め，誰かを叱っている様子だった。そこで「この部分には何か名前があるの？」と尋ねると「私の母親」と彼女は答えた。いくつかの言葉を使って，動きながらこのムーブメントの形を探ってから，エリーは部屋の中の二つ目の場所に移った。彼女の姿勢は再び変わり，性的に挑発的で

攻撃的な態度になった。この時，セラピストから促された訳でもなく，彼女は『この部分は継父を表現している』と気付いた。3つ目の場所を部屋の中で決めるには，これまでよりも少し時間がかかった。彼女はおびえているように見えた。動き始めるまでにもそれまでよりも時間が長くかかった。動き始めると，非常に頑強で，意地が悪く，嘲笑っているような人が表現された。そのような動きをした後で，彼女は『これはお姉さんの様子を描いている』と気付いた。4つ目の場所に移動した時，彼女の姿勢が突然崩れ，彼女は不意に打ちのめされたかのように見え，彼女は『これは私自身を表現している』と気付いた。それはあたかも，彼女の家族が持っている怒りやいらいらに対して彼女の体が屈服したかのようであった。

彼女が尻込みして行くのを見て，筆者は彼女に「ムーブメントで会話をして，エリーが望んでいたように，貴女自身と貴女の家族の一人ひとりとの間で役割交代をしてみたらどうかしら？」と勧めた。母親，継父，姉といった反対の立場にいる役割を演じることによって，彼女は自分自身が溜め込んでいたものすごい量の怒りを表現することができた（患者は，自分自身の役割を演じる時よりも，「重要な他者」の役割を演じる時の方が確かな感情を表現し易いことがよくある。）エリーが「家族の一人ひとりについて言葉で表現する」のと同じように，「家族の一人ひとりについてムーブメントでも表現する」ことが強調された。このようにしてエリーは自分自身の攻撃的感情を外面化するよう促され，また，これらの攻撃的感情を言語でも非言語でも少しずつ組織化できるよう導かれた。

エリーの物語が展開されるにつれ，グループ内のいろいろな人が，母親，継父，姉といったエリーとは反対の立場の役割を自発的に演じてくれた。彼らはヤコブ・モレノが「ソシオメトリックな選択」と呼んだものに従って行動し

た。ソシオメトリとは，集団療法やサイコドラマで使われる場合は，「各個人が『重要な他者』との間に持っている自分自身のネットワークや，グループの外との関係」と同様に「グループ内における関係やネットワークを測定するもの」ということを意味している（Siroka 談。1980）。エリーの物語に参加することにしたグループメンバーは感情のレベルにまで降りて，彼らの役割を演じた。たとえばある男性は，彼自身の父親もバカげた人だったが，エリーの継父の役割を演じた。このことはグループメンバーが自分自身の感情のある部分を発散する手助けになったり，主人公との会話を提供することにもなった。このようにして，サイコドラマを観ていた観客たちは（すなわちグループメンバーたちは）自然に劇の中に取り込まれて行った。ロールプレイをすると，主人公（エリー）の感情のためだけの手掛かりではなく，他のグループメンバーの感情のための手掛かりにもなる。

このセッションはエリーに対するセラピーの中で大きな突破口になった。役割交代をすることによって（つまり，母親，継父，姉の役を演じることによって）彼女自身が持っていた攻撃的感情が発散され，4つの部分の全てにグループメンバーが参加したことと一緒になって，エリーの強さと自信が強化され，彼女は程なく家族のそれぞれに対してジェスチャーや言葉を使ってはっきりと対応できるようになった。彼女は拳を握り，彼らを叱りつけ，自分の独立を宣言し，挑戦的態度で床を踏みつけ，大量の鬱積した感情を吐き出した。

問題は，エリーが家族によってどれほど混乱させられていたかについて，エリーが十分に対応して来なかったことであった。頭では分かっていたが，それを感じることができなかった。心の内に封印されていたのである。内面的な役柄を外在化してはじめて，彼女は本当に腹の奥底にあった結び目を解くことができた。

一人の人が発する言葉はその人のムーブメント体験を構造化する上でしばしば役に立つ。今回の事例でエリーは「引き裂かれているみたい」と言った。芸術は，人の様々な部分，未解決な部分，矛盾している部分，病んでいる部分等を探る上で大変役に立つ（F. Levy, 1995）。エリーはセラピストに対して，彼女の混沌とした混乱した感情にどのように接近して行ったら良いか，多くの「言葉による手がかり」を与えてくれた。エリー自身の言葉を使って，彼女の経験を構造化し，「彼女の混乱した感情の元になっているもの」を彼女自身が見つける道を切り拓いた。以前は，混沌とした，形の無い，したがってやっかいなものとして経験されていたものが，今やドラマチックに，姿勢，ジェスチャー，リズミカルな動き，台詞に構造化された。これらの要素を組み合わせたものが，「エリーの家族」というサイコドラマ的な様相を持つものに発展した。劇に付随するムーブメントは実に豊かで，表現力に満ち溢れたものだったので，エリーはもはやこれまでのような知的振舞いの蔭に隠れることはできなくなった。サイコドラマが持っている構造は彼女の感情表現を支え，彼女の内的生活が複雑であったことや悩み多きものであったことを表していた。この経験は，エリーが自由になるための第一歩を記すことになった。その結果，彼女の自殺願望は目に見えて少なくなり，エリーはついに彼女の家族と彼女との間のより良い境界線を創り出すことができた。

ダンス・ドラマ，サイコドラマの中に視覚芸術を取り入れる

マルチモーダル・アプローチは，患者が未解決の感情と向き合うのに最も快適で，患者にとって受け入れ可能なレベルから始まる。感情と対処する準備ができているレベルや，自分の感情を最も上手く表現できる方法は一人ひとり異なる。マルチモーダル・アプローチでは，いく

つもの異なった表現方法を一緒に使うことができる。いくつもの異なった表現方法を創造的かつ共感的に使えば，それまではアプローチできなかった個人的なアプローチを患者が行うのを，セラピストは助けることができる。それらの表現方法とは，ダンス，演劇，音楽，話すこと，書くこと，また，視覚芸術等のことである。以下，様々な視覚芸術がその他の芸術様式を補って完全なものにして行く方法に焦点を当てる^(脚注1)。

視覚芸術（素描を描く，油絵や水彩画を描く，彫刻をする等）は，内面的葛藤を表現する上で自然な方法である。視覚芸術は一人ひとりが「選択すること」を必要としている。そして，これらの選択そのものが未解決の葛藤を象徴的に投影していることがよくある。何か特定のものを描くように言われても，人は色，形，素材等を選ばねばならない。描く人の手が画板の上でどのようにリズミカルに動くか，たとえば，柔らかい曲線か，暗くて重い直線か，それとも点か，ということさえ一つの選択である。一人ひとりが決めるそれぞれの選択はその人自身のユニークな側面を表現している。

絵画は様々な方法で表現をし易くする。投影法という方法があり，そこでは心理学的な素材を刺激して，それを視覚的で具体的な形で表現する。この方法では，最終的に完成した作品に立ち戻って，その作品についていろいろと考える。自分自身の絵画作品を見ながら，人はそこに投影されているものを視覚的に理解する。この投影法では，人は自分自身の投影を再活用する機会が与えられ，それらの投影が意味することを理解しようとする。可能であれば，人はそ

れらの芸術作品をダンス，演劇，ドラマチックなアクションといった形のムーブメントで描写し，身体表現をすることができる。このようにして人びとは，視覚的なレベルだけではなく身体的なレベルにおいても，自分自身の投影された側面を経験するよう支援される。創造的な方法を見つけて，自分たちの投影を取り戻したり，加工したりすると，彼らはさらに深く，自分たちの内的な経験を探るよう促される。創造的方法は，それまでは近づくこともできなかったような自分自身の諸側面を患者が組織立てたり，表現したりするのを助けるために使われるべきである。この技法は，これまでに紹介した全ての技法と同様に，注意深く行われなくてはならないし，セラピストは患者の人格の深いところを理解すると共に，患者の芸術作品を分析する能力を持っていなければならない。次に示すデイヴィッドの事例は，セラピストが「患者の精神力動的な側面を理解していること」が重要であると共に，「ムーブメントと絵画とを一緒に使う限界はいつかということを知っていること」が重要であることを示している。

事例：デイヴィッド

デイヴィッドは若くて有能な専門家で，筆者の早い頃の患者であった。彼に対して行った実践から，筆者は多くのことを学んだ。彼に対する個人セラピーのセッションを紹介して来たのは精神科医であった。「デイヴィッドは非常に知的で創造的だから，芸術を含んだ介入をすれば彼のためになると思う」と言って来たのである。デイヴィッドが筆者の所にやって来て「今受けている言語による伝統的なセラピーにはう

（脚注1）フラン・レヴィはシドニー・レヴィ博士（フラン・レヴィの親族ではない）の弟子である。博士はレヴィ動物描画物語テスト（LADS）の創始者で，このテストは一種の投影法的な技法で，診断方法や治療方法として広く使われている。さらにフラン・レヴィはジーン・ピーターソンから訓練を受けている。ピーターソンは認定絵画療法士，臨床ソーシャル・ワーカー，サイコドラマ専門家であり，レヴィが絵画をセラピーとして使う方法を開発する上で最も世話になった。レヴィはまた，アート・ロビンズ（1980），エディス・クレイマー（1971）等の指導的な絵画療法のセラピストの文献からも影響を受けた。ロバート・W・シロカとエレン・シロカの創造的な実践はここに述べているような創造的技法を開発する上で非常に影響力があった。

んざりしているんだ」と言った。デイヴィッド
は自分のセラピストに対して自分が嘘をついて
いるような気がしていた。意識的にそうしてい
るのではなく，彼の言葉が彼の本当の気持ちを
表現することができないので，嘘をついている
ように感じていたのであった。彼がセラピスト
と一緒にいると，彼は自分が見えない存在なの
ではないかと感じていた。「あのセラピストは
本当は私を見ていないんだ。私が話す言葉に耳
を傾け，それはあたかも，大事なのは私の言葉
であり，私がセラピストを欺いているとでも言
っているかのようなんだ。そうするつもりでや
っているのではなく，私はただ，私が感じてい
ることを本当に伝える適切な言葉を見つけるこ
とができないだけなんだ。彼にとっては言葉が
全てなんだ。私は（言葉で表現できるようなこ
とは）本当に何も感じていないんだ」。

　何週間か療法を行ってから，筆者はデイヴィ
ッドに動物を描いて欲しいと頼んだ。彼が描い
た動物は動物と言うよりも人間のように見えた。
長く鋭い牙を持っていて，首と胴体との間は描
かれていなかった。首が非常に太くて，体の他
の部分も同様に力強い点々が描かれていた。そ
れは大きくて鋭いナイフを持った怪獣のように
見えた。その絵は暗くて乱暴な線で，紙全体が
覆われていた。これら図像的な指標は全て「衝
動を制御する上で，重大な問題を抱えているの
ではないか」ということを示唆していた。絵の
中では，心と体（思いと感情）が感情を感じ
たり，行動を制御したりできないまま混ざり
合っていた。デイヴィッドは5フィート2イン
チ（約158cm）の小柄で，見かけは静かで優
しい話し方をしていたが，内に鬱積した激情を
隠していた。彼はいつでも爆発する状態にあっ
た。彼が筆者のところに来たのは，何かが非常
に悪い状態にあると彼が気付いていたからであ
る。しかし，彼が感じているのは激情ではなく，
心の孤独感だった。このことが，その激情をさ
らに危険なものにしていた。彼は，創造的で表

現的な作業をすれば自分の防御を打ち破ること
ができるだろうと期待していた。はじめのうち
は彼の怒りに触れずに，彼が筆者を押して動き
に構造を与え，彼が自分の攻撃性を緩めるよう
にした。デイヴィッドが描いたものを見てから，
筆者は『これは安全な方法ではない』と感じた。
彼は「歩く時限爆弾」だった。

　何かがデイヴィッドの激情と孤立無援の気
持ちを刺激していることは明らかだったが，そ
れが何かは確かではなかった。明らかだったこ
とは「デイヴィッドは彼が描いたものを体で表
現しない（身体による肖像描写をしない）方が
良い」ということと，「感情表現は少しずつ行
わなければならないこと」と「あまり感情が高
まらないようなものに投影されなければならな
いこと」だった。デイヴィッドを本当にそのよ
うな状態にしている原因を見つけるには，実に
多くの試みが，それも優しくなされなければな
らなかった。

　デイヴィッドが動物の絵を描いて，彼の気持
ちを話してから4カ月が過ぎた頃だった。ある
セッションで，彼はいつになく興奮しているよう
に見え，そして真に迫った様子で，彼が9歳の
時に叔父にレイプされ，彼の父親に性的に恥ず
かしめられたという思い出を話した。それに続
くセッションで，これらの記憶に続いてデイヴィ
ッドの激情が出てきた。彼は彼らを殺してやり
たいと思っていた。

　今や，デイヴィッドは彼の激情に触れた。こ
こで本当に大事なことは，彼がどのようにその
激情を取り扱うかということであった。問題
は，彼が捉えて離さない「非常にデリケートな
現実」を壊すことなく，どのようにして彼の感
情表現を手助けし続けるかということであった。
デイヴィッドと筆者は一緒になって，彼にとっ
て安全であろうと期待された「創造的な表現の
道」を進んで行った。その中には，描画やロー
ルプレイに焦点を合わせているものも含まれて
いた。

「彼の叔父についてデイヴィッドは話すことができるし，また，話すべきだろうが，その気持ちをダンスで表現しない方が良い」ということはデイヴィッドと率直に議論した。デイヴィッドが描いた怪獣の描画によれば，「ダンスという，自由で構造がない特質を持ったものは彼を引きちぎってしまう」ということは明らかだからである。デイヴィッドの心の一部では，これ（たとえば，彼を苦しめるものを殺してしまうこと）が実現することを望んでいるので，セッション中は，著者は特に警戒しなければならなかった。表現するワークを始める前にはその信号が出たら全てのアクションを停止するような信号を作っておき，彼が自制できなくなって暴走してしまうことのないようにした。また，デイヴィッドが使う表現方法としては描画に焦点を置いた。彼は絵を描くことが好きだったし，絵が上手だった。頁にある四隅，彼の絵が具象的な表現をしていたこと，細部にまでこだわる傾向は，すべて，感情表現をすると同時に，彼の感情を押しとどめる上で役に立った。デイヴィッドと実践を続けて行くことは，時には目に見えない綱渡りをしているようなものであった。デイヴィッドが筆者のような若いセラピストに教えてくれた様々な教訓，「ゆっくりと進み，患者の心の深いところにじっくりと調律すること」を筆者はこれからも常に思い起こすことだろう。

　次に示すいくつかの事例は，制御することと表現することについての問題や芸術の使い方についてさらに光を当てることだろう。これらの事例はまた，1つの芸術様式がどれだけもう一つの芸術様式を深めたり，広げたり，明確にしたりすると共に，他の芸術療法を活用したり修正したりすることができるかを示している。

　一般的に言って，芸術は抽象化，象徴化，具体化，ファンタジー化等，様々な方法で個人が自己表現することを可能にする。芸術はまた身体的経験，言語的経験，視覚的経験，触覚的経験，聴覚的経験等，様々な種類の経験をするための道をも拓く。誰もがそれらの世界を経験し，その経験を組織立てるための自分自身の方法を持っている。マルチモーダル・アプローチは，個人のユニークさを受け入れ促進することを念頭に入れている。

事例：クリス

　クリスは小柄で，髪はブロンド，性的に抑圧された30歳代後半の女性だった。彼女は体重が無いかのように，無表情でゆっくりと，まるで幽霊のように診療室に入って来た。彼女はほとんど消え入るような声で話し始めた。クリスは絵画，ダンス，文章を書くこと等，自分が好きな芸術活動を使うセラピストを探して，ここに個人セラピーを受けに来たのであった。筆者は約3年間クリスを診て来た。彼女には精神科病院の入院歴があった。それは，地下鉄の車内で性的に取り乱し，着ているものを脱いでしまったためであった。それ以降彼女は「自分の性的な感情」と「これらの感情が引き起こす罪の意識」を隠し，それらを「雲が自分の頭の中に居座っている」という雲のイメージに投影して来た。彼女はこの雲を，「重く，固く，締め付けるようで，何層にも重なっている」と表現していた。アリエティは彼の古典的な著作である『統合失調症の心理』の中でこのタイプの認識を記述し，それは「誤った具体性（ミスプレイスト・コンクリートネス）」として知られている。彼の理論は統合失調症者がどのように感情を防衛するかを述べている（Arieti, 1974）。

　このような症状を伴った患者として，クリスは筆者にとって最初の人だった。振り返って見ると，筆者がクリスを支援しようとして行った試みは筆者の未熟さを表していることが分かる。身体妄想の一形式である「誤った具体性」という概念を完全に理解していないまま，筆者はクリスにロールプレイを勧め，「雲から何歩か遠ざかり，雲と会話をしてみること」を提案した。

クリスは頭の上に雲を乗せた自分自身のイメージを部屋の向こう側に投影することができた。彼女は怒り出し,パントマイムのような動きを使って雲を体から取り除こうとした。

確かに,ロールプレイを使ったこの単純な試みは彼女の敵対心を幾分かは取り除く上での手助けにはなったが,彼女は雲を取り除くことはできなかった。雲は象徴的なものであり,彼女に対して雲が演じている意味(つまり,雲は彼女の性欲を意味しそれを表現していること)を筆者がさらに深く理解したことによって,筆者は,「彼女を自分の実際の性的感情に近づけるような」もっと良い提案をすることができた。彼女がそのような感情に実際に接するまでは雲はそのまま居続けることだろう。

5回目のセッションの時,筆者はクリスのダイナミクスについては以前よりずっと理解していたので,「雲のうちのどこか一部分を選んで,その意味を体の動きで表現できますか」と尋ねてみた。それに応えて,彼女は自分の両腕を静かにセクシーに動かし,それはあたかもハワイアンのダンサーのようであった。非常にわずかにほとんど隠れているほどに腰が動いている他は,彼女の体の他の部分は基本的には動いていなかった。彼女が動きを終えた時に筆者は彼女に「その雲はどんな感じだった?」と尋ねると,「前よりも軽くて,形をいろいろに変えられるような感じ」と答えた。この段階で今やクリスは,創造的ムーブメントを使って雲の意味を理解し始めた,つまり彼女は,そのような言葉を使って表現してはいないが,彼女の抑圧された性欲について触れることを支援されたのである。このような「性的感情についての安全で非常に穏やかな表現」は「圧倒的な締め付け」や「身体的束縛」から彼女が自由になる兆しであることを表していた。

これに続くセッションの中で筆者は彼女に自分の気持ちを絵にすることも勧めた。クリスは絵を描くのが好きなことを知っていたので,彼女の絵をダンスで表現すると良いかも知れないと筆者は感じていた。彼女は花の絵を描き進めたが,それは明らかに性的象徴も内に秘めていた。それから彼女はその絵画が導く「動き」や「感情」を探索したが,そうすることによって彼女の性欲は次第に解き放されて行った。

セクシーな動きを数分間した後で,クリスは突然「私の母親がみんなと一緒にこの部屋の中にいて,私を見て私の存在を恥ずかしいと感じている」という気持ちになった。クリスは怒り出した。筆者はクリスに「ロールプレイを使って,お母さんに自分の気持ちを表現してみる気持ちはありませんか」と尋ねた。彼女は「やってみたい」と答えた。クリスはこれまで何回も精神科的な状態になった経験があることを念頭に置いていたが,筆者は「彼女は自分の母親が実際にはそこにいないことを理解している」と確認していた。彼女も「それは分かっている」と答えた。そこで筆者とクリスは「クリスが自分の母親が実際にここにいるように感じ始めたら,いつでも筆者にそう言う」約束をした。このような境界を作ったとしても患者が現実の世界に留まり続けるという保証は無いが,可能な限り安全な状況を設定することは重要である。

筆者はさらに「クリスが筆者に彼女の母親の役目をするように求めないこと」を確認した。筆者らを区別することが困難になって来たら,その部屋にいる人はみんな安全ではなくなるからである。ロールプレイをしながら,彼女は自分の母親と象徴的に会話を始めた。その会話の中で役割交代をした時,彼女は自分自身の性欲を嘲笑した。彼女が演じた「母親」は彼女を「あばずれ」と呼んだ。彼女は役割交代をして自分に戻った時,彼女は自分の母親に対する怒りを現わし,大声でわめき,自分が新しく発見した性欲をダンスで見せつけた。今やクリスは「彼女を制御して来た彼女の母親の権利」に挑戦したのであった。

治療を始めて3カ月目,彼女が体験したセッ

ションは特に内容が激しかった。ダンスを使った性的表現に誘発されて，彼女は急にエディプス・コンプレックスの感情を感じた。それまで彼女が様々な花に投影していた「象徴というヴェール」が剥ぎ取られ，性的欲望や恥じらいが全面に溢れていた。クリスは夜遅く筆者に電話をかけ，パニック状態で診療室に現れた。彼女は体を震わせ，泣きながら，自分の父親とセックスをして自分の母親を傷つけたいと感じていることを言葉で表現した。筆者は「彼女の考えは不自然なものではなく，女の子はそのような感情を持つものだ」ということを彼女が理解するよう手助けし，彼女を落ち着かせた。筆者は彼女に「感情と行動は同じではない」と説明した。私たちは自分の感情を制御することはできない。私たちが制御できるのは実際の行動だけで，それができているので，彼女は誰も傷付けていないし，何も悪いことはしていない。

　話すことによって，クリスはリラックスし，話すことは彼女が持っている「罪に対する痛ましい意識」や「自己嫌悪感」を取り除く手助けになった。彼女はセッションに通い続けることができたが，筆者の心の中に残されたことは「抑圧された感情を解放する上で，芸術，特にムーブメントが持っている信じられない程のパワー」であり，また，「患者が抱えている深い思いや感情を慎重に導くことの重要さ」である。クリスの感情についてはまだ不安なところが残っているが，パニックやどうにもならないほどの羞恥心は無くなった。彼女は今や自分の性活動を表現するための創造的手段を持ち，彼女の不安や羞恥心について言語を使っても理解できるようになった。

　その後のセッションでは，クリスは以前よりもずっとリラックスし，その結果，あけっぴろげに性的な芸術作品を作れるようになり，それについて語ることもできるようになった。彼女はまた物語も書くようになり，それに水彩やパステルで挿絵も描くようになった。さらに彼女

はそれをセッションで何回も楽しそうに演劇表現した。彼女の言うところによれば，彼女は小さな女の子だった頃から考えて，初めて自分自身に満ちた幸せな「全体的な人になった」ような気がし始めた。

　この事例は，「芸術は統合失調症を治療することができる」ということを意味しているものではないが，創造的表現は最も重要なものである「受け入れられたとか，理解されたという深い感情」をもたらすことに加えて，「基本的な救い」や「その人の精神力動への洞察」をもたらすことができることを示している。

　クリスの場合は，ムーブメントと絵画を一緒に使ったことが特に有効だった。彼女は非言語的な象徴的な世界に住み，誰とも話さずに極めてファンタジーな生活を送っていた。演劇のような視覚芸術は知的なもの（言語）と身体的なもの（ムーブメント）とを結び合わせる仲介的な役割を演じた。絵画的な素材（紙，クレヨン等）は本質的に制約を持っており，特定の経験の精神運動的な側面を取り囲む自然な境界となり，主に指，腕，肩，上半身のムーブメントで作り出す表現を紙という限局された空間内に閉じ込める。完全な身体活動をすることがはじめのうちは険悪過ぎる可能性がある人にとっては，これらの制約が役に立つ。上半身の活動に対してムーブメントによる表現が制限されているということは，安全な範囲内での筋肉の弛緩について一人ひとりに目安を与えることになる。絵画活動は個々人の経験に安全な枠組みを与える（Robbins, 1980）。絵画活動は後にダンス・ムーブメントを使ってもっと完全に近い身体表現に導くことができたり，逆説的にいえば，言語表現を単に拡大したり深めたりすることができる。

事例：ブレンダ
　ブレンダは23歳の研究助手で，この事例は「ムーブメント」と「言語」との橋渡しをする

中間的な経験として「絵画」を使った報告である。デイヴィッドと同様，ブレンダも言語による伝統的なセラピーに欲求不満を感じた結果，ダンス・ムーブメントセラピーを求めて来所した。彼女は自分の知性が感情の妨げになっていると感じ，表現運動やダンスで自分を自由にしたいと考えた。しかし，まもなく「ブレンダにとってムーブメントはあまりに自分をさらけ出し過ぎて，耐えがたいほど怖ろしいものだ」ということが明らかになった。ブレンダは何かから身を隠していたが，それが何であるかは知らなかった。身体表現を試みる度に彼女はパニックを起こし，大きな枕の後ろに隠れようとするかのように，頭をうなだれ，スタジオの床の上に坐りこんだ。厳格で抑圧的な伝統的躾を受けた結果，ブレンダはタブーを内に秘めるようになり，それが彼女自身を表現することを妨げていた。これらのタブーの多くは身体的な動きに関するものだった。ぎこちない話し方や精神運動的なムーブメントを見ると，彼女がいろいろな感情を抑えていることは明らかであった。彼女はかんじがらめに縛られているようであった。はじめのうちは，ごく控えめなムーブメントであっても，たとえば一般的なウォーミングアップの一部のようなものでも，彼女はパニックを起こしていた。

子どもの頃ブレンダが大好きだったことは絵を描くことであった。彼女の両親は彼女には実際に絵を描く才能がほとんど無いと言って，彼女が高校で絵画を専攻することを思いとどまらせた。このことはブレンダにとって非常に苦い思い出であり，焦点を当てる必要があるものでもあるが，それにもかかわらず筆者らのセッションで彼女は描画を楽しんでいた。「腕をリラックスさせ，紙の上を腕が自由に動くに任せてみて。どのような結果になるかは気にせず，ただ，色や形や素材が織りなすものを楽しんでみてはどうですか？」と筆者が言うと，それまで沈んでいた体が元気になり，表現力が豊かにな

った。彼女が様々なリズムで描いたり，形や色といった素材で模様を創造して行くにつれ，彼女のムーブメントのレパートリーが広がって行った。彼女がより広い空間を扱えるようになるにつれ，次第に大きな用紙が用意された。

たくさんの感情を発散した後で，ブレンダは「少し動いても良いような感じ……」と言った。ブレンダは頭の旋回，足や腕のぶらぶらをやってみたが，まだぎこちなかったし，不安そうだった。彼女は時々，「私が動いている時，私を見ないで」と筆者に言った。「何を恐れているの？」と筆者が彼女に尋ねると「私が醜いと思うだろうから」言った。自分がグロテスクに見えることを恐れていることについて語る時，ブレンダは非常に混乱していた。これらの平行線状に表現される感情の理由について，筆者はまだ分からなかった。

ブレンダはがっかりした。彼女の両親は彼女にダンスを習うように再三繰り返し言って来たが，それは両親がダンスが好きだったからではなく，彼女を社交界に送り出して男性との出会いを作るためであった。しかし，ブレンダは自分の体に強い羞恥心を持っていたので，セクシーに見えるような行動には出られなかった。ダンスは彼女に不安や否定的感情を与えたにもかかわらず，彼女は怒ったように筆者に彼女を踊らせるようにさせた。筆者に対して「彼女に強いるようにさせたい」という彼女の気持ちはあたかも彼女の感情は関与していないかのような冷酷な質を持っていた。それが何であれ，筆者は彼女を型に押し込み，彼女を固定化した。しかし筆者はすぐに，彼女は自分の両親が彼女に対してとった「罰を与えることと攻撃を加えることからなる態度」を筆者にもさせたいと考えているのだということに気付いた。

彼女の両親が言うことによれば，彼女は満足すべき状態ではなかった。つまり，もっとしっかりとしてもっと良くなり，勝手なふるまいをやめなくてはならなかった。筆者はブレンダに

対してそのように考えることはできなかった。彼女は自分自身に対して攻撃的になるよう，筆者を使おうといていると筆者は感じていた。それとは裏腹に筆者は彼女に「貴女は本当にきちんとやっているじゃない」と彼女の自信が回復するよう励まし，「貴女のご両親がして来たような，批判的であれこれ指図する役割を私はとりたくありません」と言った。彼女ははじめ筆者に対する怒りをあらわにしたが，話をして行くうちに泣き出してしまった。ブレンダは「今あるがままの状態で良いのだ」とか「貴女が本当に重要だと思っていることや，貴女の感情こそ，私たちのセッションでは最高のものなのだ」ということを知る必要があった。

　興味深いことに，彼女は伝統的な家族の出身者であるため「私にとって大事な時は，いつも両親が自分たちの信念を持ち出して来る」と感じていた。このような感情は現在は筆者の方に移って来ている。筆者の役割はダンスセラピストとしてのものであるし，実際，彼女の両親はダンスの領域へ彼女を押し出そうとしているので，ブレンダは「私が感じていることよりも，私がしたいと思っていることよりも，セッションでは踊ることが最も大事なことである」と確信していた。このような否定的な転移，つまり，筆者を彼女の両親と同一視してしまうことは話し合って，きちんと対処しておかねばならなかった。また，このような深い羞恥感をもたらす感情についてもまだ解明されなければならなかった。

　筆者たちはセションの中で描画を続けた。この頃になるまでに，ブレンダと筆者は約4カ月間一緒に活動していた。ある日ブレンダの提案でブレンダと筆者が野球をしている子どもたちのグループの壁画を描いた。筆者たちは楽しみながらボールを投げたような気持になって飛んで行くボールを描き，同様にボールを打って，ベースを回った。このようにしていると，動きながら絵を描いている状態になるので，「一緒

に壁画をドラマ風に描いてみない？　スタジオ中を私たちの野球場にして」と筆者から提案した。ブレンダはその話に乗った。ウォーミングアップとして筆者らは空想のボールをあちこちに投げ始めた。それからその空想のボールを打って，塁を駆け回った。筆者らは互いにタッチアウトし，大声で叫び，一緒に最高に楽しんだ。

　ブレンダがあんなに興奮して楽しんだ姿はそれまでに見たことが無かった。彼女の声はそれまでは子どもの声のようにソフトだったものが，ほとんどハスキーといえるほどに低くなり，彼女の受身的で防衛的な物腰が積極的でしっかりとしたものに変わっていた。彼女は筆者を脅し，筆者も言い返した「私はタッチしたじゃないの」「いいえ，していないわ」「私はホームインしたわ」「いえ，していないわ」と言った具合である。野球が終わってからもブレンダはまだ笑っていた。「子どもの時以来，こんなに楽しかったことはないわ。私はボール遊びが好きだったの」と彼女は言っていた。

　筆者はブレンダに「もっと話して」と言った。「私，本当におてんばだったんです。でも，そう言われるのは嫌だったんです。私はスポーツが得意で男の子たちと公園でフットボールをするのが好きだったんです。でも私が思春期に入ると両親は私が好きだったスポーツを全部やめさせたんです。家の中にいるか，従姉妹のジュエルの家に行くように言われたんですが，彼女はおめかしをして，服を着て，男の子のところへ行ってしまったんです。そして，彼女の友達が来て，私をからかうんです。私は大騒ぎするのをやめて，彼らが言うようなレディにならなければならなかったんです。私は自分が場違いな人に感じて。ぶざまな，うんざりするような，グロテスクな人に感じて。悲しかった。それ以来，私は気持ちが晴れないように思います」と彼女は言った。

　このことを突破口として，彼女は思春期を過ごしている丁度その頃のことを思い出した。家

族は自分たちが信じている宗教にそれまで以上に熱心になり，彼女によれば，自分たちの関心は彼女を離れて宗教に向けられていたそうだ。「これが，両親が私をコントロールしていたやり方なんです。両親は私のことを，正に女の子の体をした男の子だと言って辱め，私から離れて行ったんです」。ブレンダと筆者は女性と男性の概念について話し合った。筆者は彼女に「女子も男子と同じ様に大騒ぎをするし，ボール遊びも好きです。だからといってそのような女子がもう本当の女子ではないということではありません。女子だからといって，レディになるという間違ったイメージになるためにあらゆる楽しみをあきらめなくてはならないというのは非常に残念なことです」と言った。「私は貴女とボール遊びをするのが好きだし，貴女がその気だったらまたやろうと思っているのよ」とも筆者はブレンダに言った。次のセッションでブレンダは，空想のバスケットボールを一緒にやろうと言った。筆者らはそれをやったが，ブレンダは笑いながら，筆者の周りをすばやく動きまわったり，筆者からボールを盗み取ろうとしたり，バスケットにボールを入れるために空中に高くジャンプした。

ここまでの所で明らかなことは，「ブレンダは子どもの時は非常に自由な感覚を持っており，スポーツがとても好きで相応の技術を習得していたが，成長するに及んで，彼女が自分で『男性的な側面』と呼んだことについて罪意識や羞恥心を感じるように仕向けられた」ことである。彼女は，「両親が体全体を覆うような古風な洋服を着るように彼女に強いたため，自分がグロテスクであると感じ始めた」ことを思い出した。その結果，彼女は最も重大な秘密を筆者に打ち明けた。その秘密というのは彼女自身も気づいていなかったのだが，彼女が恐れているのは「彼女が身に付けている丈の長いオーソドックスなドレスの下，両足の間に彼女がペニスを隠し持っており，だから彼女は頭の先から爪の

先までを覆い隠すような洋服を着ていなければならないのだということが発覚すること」だったのである。彼女の心の一部は，これが馬鹿げた事であると知っているが，それでもその恐怖は現実的なものであった。ブレンダは自分の性同一性について，痛い程の混乱を経験していた。

ブレンダの抑うつはいろいろなものから成り立っていた。彼女は自分が「うまく順応できない人」「愛されることのできない人」のように感じていた。男性的同一性であれ女性的同一性であれ，彼女の性的な混乱は両親からの嘲笑と一緒になって彼女の内面を引き裂き，彼女の動作一つひとつを傷付けた。さらに，スポーツや試合によって一度解放されたエネルギーはもはやそのはけ口を見失い，その矛先を彼女に対して向けた。彼女が密かに感じ，それこそ本当の彼女であると感じていた，彼女の「男性的な，おてんばな」エネルギーが彼女の敵になった。ついに，その秘密が明らかになった。彼女は「体を動かすと，自分の男性的側面が突然表に飛び出して来るのではないかと死ぬほど恐れていた」。しかし，セッションの中では，彼女は遊びが好きで，攻撃的で身体的な自分自身を再び経験し，取り戻している。ブレンダは笑ったり泣いたりし，筆者たちはブレンダが「ちいさなおてんば娘としての自分」と統合するのを楽しんでいた。

その後のセッションの中で，彼女は，「私が思春期にある時，両親は私に対して否定的な反応を示した」ということを度々口にした。彼女はまた，両親が彼女の絵画活動，彼女にとっては非常に有意義でもあった活動を抑えつけようとしたということも思い出した。両親は絵画分野を嘲笑っており，それは破壊的ではあったが，幸いなことに，重度の障害者ほどには彼女の身体に制限を残さなかった。ブレンダは動く前に，一定の時間を設定して，絵を描く能力を解放したり，攻撃的で，性的で，傷付き易い彼女の感情を解放しなければならなかった。描画は過去

の記憶や感情を思い出させ，それらは次の段階で演劇やダンス・ムーブメントに発展するよう導かれた。このようなゲームを通して，ブレンダは羞恥心や罪の意識を持たずに，自分の競争心や攻撃的感情を表現することができた。

ブレンダの事例では，両親がいろいろなものを否定的に考えて制限したため，彼女は様々な表現分野に損傷を残し，特に身体表現においては深い損傷を受けていた。演劇で使う動きを伴って描画をさせると，その演劇的動きが描画とダンス表現や言語化を結びつける橋のような役割を果たした。そうしなければ，ダンス表現は脅迫的過ぎていたし，言語表現は彼女にフラストレーションを感じさせたままだった。ブレンダに対する筆者の実践は3年半に及び，はじめは個人セッションでそれからグループ・セッションになった。彼女がグループ・セッションに参加したのは，自分の体に対して以前よりも安心できる気持ちになり始めた頃であった。彼女はグループのメンバーから多くの支えや好意を受け，このことが深い癒しになった。勿論，ダンスセラピーのグループで彼女は最も活発に動き，例の「ボール遊び」をグループで行った時には幸せを感じていた。

ある種の非常に熱のこもった話題や思い出についての場合を除けば，一般的に言って，身体活動が安全で制御可能なものである人もいる。しかし，ムーブメントは思いもかけない時に，その人には制御できない程の強烈な記憶を引き起こすことがあり得る。このような事例に対し，視覚芸術を使って精神身体的な制限を加えると，視覚芸術が安全弁の役割を果たし，強烈な思いや感情を和らげることができる。そうすると傷付き易い防御を壊すことなく，いろいろな記憶を徐々に解放することができ，それらの記憶の基になっているものを，もっと明確に表現したり具体的に探索する道筋を付けることができる。これは，絵画を使ったイメージ作りが常に挑発的ではないという訳ではなく，挑発的なことも

あるので，常にあらゆる種類の表現形式を注意深く選んで行かねばならない。

事例：カレン

カレンは小柄な33歳になる女優で，ダンスを使って自己表現する点については，通常は何の問題も持っていない人であった。彼女は踊ることが好きで，ダンスセラピーのグループでは，即興の時に最も生き生きとしていられるように感じていた。しかし，あるセッションで何かが彼女をひどく怖がらせてしまい，彼女は震えが止まらなくなり，動きを突然やめてしまった。グループのメンバーは彼女の口汚い父親に対して怒りを表し，このことがカレンの心の中にあった激しい怒りの引き金を引き，それが彼女の心の深いところを揺さぶることになった。彼女は息苦しくなり，恐怖で体が麻痺し，吐き気を訴え始めた。

筆者は彼女に座るように勧めた。グループの他のメンバーもダンスを止め，カレンのそばに寄って来て，様々な方法で，自分たちが彼女を心配していることや，何か手を貸したいということを表現していた。彼女は長い間，両親に傷付けられて来たことを筆者は知っていたので，彼女が突然に動けなくなったのは「制御が利かなくならないよう，エネルギーや記憶を保つ方法」なのではないかと感じていた。筆者は彼女のそばに行き，筆者と一緒に座るように言った。筆者は彼女に大きな画用紙1枚とクレヨン1箱を手渡し，「今の自分の気持ちを最もよく表現する『色』を選んで絵を描こう」，勧めた。筆者は彼女を心配していた。筆者はカレンが自分の気持ちに触れる機会を見失ってしまうことを望んではいなかったが，また，カレンの記憶がカレンを引き裂いてしまうことも望んでいなかった。座ることが彼女を落ち着かせ，彼女は自分自身を表現し易くなるのではないかと筆者は考えていた。筆者は彼女の近くに寄って観察し，必要があればいつでも彼女に介入でき

る準備をした。

　描画が，カレンの感情表現を弱める働きをすると共に，また，彼女の感情に一定の構造や形を与えることを筆者は期待していた。しかし，その反対のことが起きることもあり，描画が彼女の苦痛を悪化させる場合があることも筆者は知っていた。この時筆者が知っている確実なことといえば，セラピストはカレンの傍にいなくてはならないことと，グループのメンバーたちの共感と支えが極めて重要であることであった。

　カレンは画用紙を受け取り，真っ赤なクレヨンを選んだ。彼女は絵を描いたが，恐怖と怒りの両方に引きずられているかのように，早い呼吸を続けていた。グループのメンバーの何人かはカレンの近くに座って，彼女の肩に手を回した。はじめのうち，カレンの体は硬く，彼女の怒りは次第に深紅の激しい線に吸収されて行き，その線が画面全体を満たした。深紅の色以外は選ばれなかった。この間，彼女の顔と言えば，はじめは感情が溢れて歪められていたが，次第に，決意を秘めたように見える表情に変わって行った。彼女は自分自身と自分の感情を制御できる状態に戻った。吐き気は収まっていた。

　最後にカレンは顔を上げ，他のグループのメンバーに気付いたが，まだ何が起こったのかうまく言葉にすることはできなかった。パニックや怒りを経験したことは知っていたが，それ以上の思いや記憶について話すことはできなかった。彼女が受けた経験はまだほとんど形や内容を成さないような，感情の大きなぼんやりとしたかたまりだったが，彼女は以前より強くなり，もっと自己統制ができるようになったように思えた。筆者は彼女に，「はっきりと声を出して言えないようなことを紙に書くことはできるかしら？」と尋ねた。ここでもまた彼女の非言語的経験に構造を与え，明確にすることを筆者は期待していた。

　彼女は新しい紙を一枚取り出して大きな文字で，それも赤で書いた。「私から出て行け，こ

ん畜生，出て行け……糞ったれ，ぶっ殺すぞ……」。彼女は前夫について言っているのであった。彼は何年間も彼女を辱め，彼女を身体的に虐待していた。彼女は以前，グループの中で彼のことについて語ったことがあるが，彼への感情をダンス・ムーブメントを通して表現したことは一度も無かった。彼女の父親もまた彼女を感情的にも身体的にも辱めた。このセッションでは，それまで堰き止めていたダムが崩壊し，前夫や父親に対する感情が意識の中に溢れ出した。

　カレンが文章を書いている間，背景にはドラムを叩く音楽が静かに流れていた。何人かのグループメンバーは自分たちの即興ダンスに戻っていた。カレンは，10分間くらい文章を書いてから，他のメンバーに合流する決心をした。彼女は以前よりも自己統制ができるように見えたし，他のグループメンバーに以前よりも関係を持っているように見えた。また，前よりももっと現実に立脚しているように見えた。しかし，まだ多くの「枠組み」や「支え」を必要としていた。彼女の怒りは統制を超えて燃え広がる可能性がまだ残っていた。彼女はメンバーに合流するやいなや，はげしい怒りと屈辱の感情に突き上げられ，強烈なエネルギーで動き始めた。筆者は彼女と一緒に動きながら，「ビートを聞いて，ビートに合わせて」と音楽のリズムに合わせるようにと何回も強く言い聞かせた。グループの他のメンバーはカレンと一緒に動き，しっかりとビートに合わせた。

　この時点で，音楽が持っているリズミカルなビートは極めて重要であった。リズミカルなビートに合わせていることは「時間に導かれていること」や「グループや周囲の環境に結び付いていること」を意味しており，そのようにしてリズミカルなビートは彼女が安全に自分を表現することができる枠組みを提供していた。音楽は，描画をする時の1頁の枠組みと同じように，彼女の表現を構造化し，制限し，明確化する働

きをした。そして，過去に起きた未解決の問題はまだ明らかになりつつある段階だが，そのような「現実」に彼女を引き留めていた。ダンス経験をした後でカレンは，以前よりも自分が強くなったように感じていた。彼女は，自分の過去を直接扱ったが，もはや過去をあたかも現在のことのように甦らせることはなかった。

　カレンは今や，いうなれば車の運転席に戻り，課題となっている問題のいくつかを操作する準備ができた状態である。彼女は前夫について，彼が彼女をひっきりなしに押し倒して傷つけたことを延々と語った。彼女は彼が身体的虐待をするぞと脅迫したことやその回数についても話した。彼女はまた自分の父親について，彼が行った虐待についての思い出を語った。それらを話した後，彼女は「前夫に対する自分の気持ちをドラマで演じてみたい」と言った。彼女の感情はまたまだ非常に強かった。グループのメンバーはカレンを気遣い，彼女の過去についてよく了解していたので，筆者がほとんど助言を与えなくても，メンバーたちは自然にカレンに対して，「演劇的なダンス・ムーブメント」や「ロールプレイ」で介入することができた。

　グループメンバーの一人がカレンの前夫が取っていた虐待的態度を表現し始め，侮辱的な態度で彼女をどなりつけた。そのようにしてそのメンバーは，カレンが自分の過去の亡霊に対処する上で必要なものに刺激を与えた。

　カレンがこの侮辱に立ち向かうのはなかなか困難であった。グループメンバーの一人でカレンに最も調律していたピアは，カレンに近づき，彼女と同じ動きを一緒にしながら，ジェスチャーを使ったり言葉を使ったりして，彼女を感情的にサポートした。二人は「ここは私の家よ。私から出て行って。私を引きずりまわすことなんかできないわ」等と言った。カレンのサポートをしながらピアはサイコドラマで言う「ダブル（二重自我），補助自我」になった。「補助自我はリンクになり，そのリンクというつなが

りを通して患者は現実的な世界と対応することを試みることができる」（Z. Moreno, 1966, p.8）。この場合の補助自我は「身体的な感情移入を使って，主人公に関係して行く」というダンスセラピー技術を使っている。

　ピアの手助けを受けながら，カレンはムーブメントによる表現を続け，確信を深め，「自分が独立した存在であること」や「自分が受けてきた仕打ちに対する憤慨や怒り」をはっきりと口にすることができるようになった。彼女が言ったことに対してグループは二つに分かれた。カレンの前夫に同一化し，攻撃者の立場に立った者たちと，カレンの立場に立って，カレンやピアに組した者たちの二つである。その他，これら二つの立場の間を行ったり来たりしていた者もいて，そのようにして彼らは，カレンのドラマにまだ関わっているものの，自分自身の問題に対処していた。

　グループの活動は次第に落ち着きを取り戻し，自然に終結に至った。グループのメンバーは円陣になって坐り，自分たちがカレンとどのように関わったか，彼女をどのように支えたかについて言葉で報告し合った。全てのメンバーはカレンが経験したことの中に自分自身の経験と同じ部分を見出し，全員が，彼女のドラマに参加したことによって力を貰ったと感じたようであった。

　このセッションでは，ソシオメトリックな選択が自然に行われた。カレンが主人公として自然に登場した時，グループのメンバーによる最初の決断がなされた。彼女は溢れるほどの感情を抱えており，グループはそれに対して速やかに応じた。グループが分かれた時，二つ目の選択がなされた。その時，攻撃者に同調した者は前夫の役割を続け，被害者としての怒りに共感したメンバーはカレンの方に移動した。どちらの選択をするかは，グループ内のソシオメトリックなネットワークや個人的なソシオメトリが影響した。これらのダイナミクスについては，

グループセッションの最後のシェアリングのところでも話し合われた。

このグループは何年にも渡って一緒に実践を行った。ロールプレイ，役割交代，ダブリング（二重自我法），シェアリング，ソシオメトリックな選択と言った技法の全てが彼らの相互作用の自然な一部になった。このことが手助けになって，筆者からの方向性がほとんど無くてもセッション過程が展開して行った。

筆者がマルチモーダル・アプローチを使う時は，セラピストが唯一の「指導者」であるという態度をとることはほとんど無く，ドラマが展開している本人に対しても，また，グループに対しても，できるだけセラピストがリーダーシップを発揮しない方を筆者は好んでいる。この点において，筆者のワークは伝統的なサイコドラマとは異なっている。サイコドラマでは，大抵は監督がクライエントの状況に基づいて役割交代を決めている。しかし，これとは対照的に筆者の方法では，参加者が自分たちで自発的に決めて行くよう促している。その目的は，一人ひとりが自分自身の精神運動的反応について自信が持てるようにすることである。

また，サイコドラマの監督は伝統的には，「貴方は今，何歳ですか？」「貴方はどの部屋に座っていますか？」「部屋の中にはどんなものが見えますか？」「貴方のそばには誰か一緒にいますか？」等の質問をして，物事を明確にしながら，「それぞれの場面を作り上げ，演劇活動を導いて行く手助けをする」という明確な役割を演じる。このような方法で，監督は主人公に焦点を当てて，思い出や感情を過去から現在に持ち出して来る。

このようなサイコドラマの技法はマルチモーダル・アプローチとして使うことができるが，しばしば短縮した形で使われている。たとえば，場面が設定されると，大抵は一人ひとりに自分たちの動きの探索を始めるよう促す。一度場面が設定され演劇活動が開始されると，参加者は「ダンス・ムーブメントを用いた自由連想という方法で」自分自身の経験を監督するように促される。一人ひとりはしばしば，役割交代をする判断を自分で独立して行ったり，即興ダンスを使って全部の役割を取り込んだりすることもできる。

これらの活動の目的は，セラピストが方向付けるのと同じように，参加者個人やグループが方向付けを行い，有意義な表現ができるようになる道を拓くことである。そのようになると参加者に力を与える状況が創り出され，そこで一人ひとりが自分自身の経験を設計することが期待される。これらの方法は個人的にもまたグループでも使うことができる。マルチモーダルなグループがどの程度まで自分で方向性を定めることができるかは，大抵は「グループが一緒に過ごした時間の長さ」と「グループのメンバーが互いに共感できる程度」によって決まる。

事例：キャサリン

ダンス・ムーブメントセラピーを求めて来る人の中には，もともとダンサーで，統制された方法で体の動きを使うこと，それも，自分の感情を表現するというよりも自分の感情に反して体を統制する方法を学んで来た人もいる。キャサリンという事例はその一例で，背の高い，黒みがかった髪をした40歳代の理学療法士である。キャサリンははじめ，ダンスセラピーのトレーニングを希望しているダンサーとして筆者の所へ来た。彼女はダンス・ムーブメントセラピーのグループに参加しながら，筆者と共に実践を始めたが，気持ちは落ち込んでいた。彼女は自然に動いたり，何かを表現するような動きができないことに気付いていたのである。キャサリンは明らかにうつ状態になっていた。筆者は彼女を呼んで，個人指導を行った。

キャサリンはヨガ，ダンス，フィギュア・スケートの練習を何年間もやって来ており，自分の体を制御するという点においては素晴らしい

ものがあった。常に頭を非常に高い位置に保ち，両肩を真っすぐにして，彼女は優雅な仕草で動いた。筆者がキャサリンに何かを表現するように動くことを勧めても，厳格なダンス・パターンの動きを破ることができず，それが彼女にはフラストレーションになった。

絵を描けばキャサリンの抑制を解く手助けになるのではないかと感じたので，筆者は彼女に「動物の絵を描いてくれませんか？」と頼んだ。動物の絵を描くことは，精神力動的な素材を豊かに提供する。彼女は亀を描き，その亀が下水道の中で生活しているように表現していた。次に筆者が「この亀について，何かお話を作ってくれませんか？」と頼むと，「この亀は汚なくてくさい下水道の中を自分の住みかとして受け入れ，太陽の光を一度も見たことがありません」と話した。「亀は，誰の助けも無く，恥ずかしいと感じています。亀は下水道の中で生まれ，そこにずっといました。そこが好きではないのに，そこから抜け出そうと戦わなかったのです」と言った。彼女が描いた絵とその物語を通して，キャサリンは自分自身と自分の環境について彼女が感じている本当の気持ちを表現していた。

筆者はキャサリンに「貴女が描いた絵について，何か即興で踊ってみてはどう？」と尋ねてみた。彼女はしばらく黙っていたが，やってみたいと思った。彼女は自分の頭と背を低く下げ，はじめのうちは肩を落として，ゆっくりと部屋の中を這いまわった。そして突然，床の上に倒れ，子宮の中の胎児のような形になった。そして，片方の腕を前に出し，掌を上に向け，助けを求めるような仕草をしながら筆者の方に寄って来た。彼女は泣き出し，深いすすり泣きが胸から溢れた。彼女はもはや自分の孤独や失望やフラストレーションを隠すことができなくなっていた。

キャサリンの場合は，描画が彼女の人格の最も傷付き易い側面を引き出した。彼女は自分の失望を誰からも，そして自分からも隠していた。描画によって自分の気持ちをさらけ出し，さらに，物語を通して，その気持ちを間接的に言語表現することにより，最終的に彼女はうつ状態を脱し，それに譲歩できるようになった。彼女が背負っていた重い甲羅は，さびしさと孤独という高い人格的価値を持っていたが，ついに崩れ去った。長く待ちわびた涙の池の中，地の底から手を伸ばして彼女は言った。「私，本当の私になりたい。なれるかな？」。彼女の隣に膝まずき，筆者は深く感動していた。筆者は長く伸ばした彼女の手を取り，筆者自身もこみ上げる涙を抑え「そうよ。なれるわよ絶対」と言った。

キャサリンは自分の経験について話した。彼女はずっと板挟みになって生きて来たという。彼女のある部分は，触れずにそっとして置いてもらい，人よりも優れており特別な存在であるかのように見せたいともがいており，彼女の他の部分は，本当の自分になって他の人と交わりたいと望んでいたが，そうすることを死ぬほど恐れていたという。彼女自身について彼女が本当に抱いている気持ちは，「私は全く普通の人間であり，何ら特別な存在ではない」ということであり，彼女はそれを隠そうとして，それが恥ずかしいと言う気持ちをもたらしていることが筆者たちとの会話から明らかになった。彼女の両親は非常に成功した人物であり，キャサリンに対して「外見が全てである」と言っていた。そのためキャサリンは自分の中でごく普通で不十分であると思える部分を隠すために非常に努力をしてきた。キャサリンは常に自分を隠していたので人びとから遠ざかり孤独だった。そのため，世間（あの下水道の世界）に対しては飽きあきし，嫌味を言うようになって行った。自分の防御を解いても大丈夫だと感じると彼女の感じ方も変わった。

結　論

　精神療法やダンスセラピーの中でマルチモーダル・アプローチを用いるとは，様々な表現手段を一緒に用いるということである。どの表現方法をどのような順序で用いるかは「患者個人のニーズを直観するセラピストの能力」や「自分自身で方向性を定めること，自発性，創造性をもたらす環境」に基づいて決められる。セッションが成功するか否かはどれだけ多くの方法を使ったかとか，それらの方法の順序ではなく，むしろ「創造的な過程を繰り広げる中で行なわれる，セラピストと患者の間におけるコミュニケーションの状況，また，セラピストとグループの間におけるコミュニケーションの状況いか

ん」にある。共感的な治療的関係，介入，相互作用こそ，安全な癒しの環境を創り出す源である。

　これらの方法は上に述べたように強力になり得るものなので，注意深く丁寧に用いなければならない。「この章に紹介された事例のように，全てのセッションが外見的にもドラマチックであるとは限らない」と言うことを記しておくことも重要である。これらの事例は何年にもわたる経験の中から，そして，特に，マルチモーダルな実践が持つ方法や理論を詳細に生き生きと描いているものの中から選ばれた。患者の成長は静かに訪れることもある。そのような成長はすぐに明らかになるものではなく，丁寧に見守って行くべきものである。

第3部

様々な人びとに対するダンス・ムーブメントセラピー

ダンスセラピーの分野は，特定の諸問題，新たな患者集団，それらの患者集団に対する理論や実践の明確化等に焦点を当てながら拡大しつつある。本書『ダンス・ムーブメントセラピー：癒しの技法』第三版では，いくつかの特定の分野について，独立した部門を設けた。この第３部は，子ども，10代の若者，身体障害者，性的虐待や精神的虐待や身体的虐待を受けた患者，統合失調症患者，摂食障害者等の特定の患者集団に対して実践をしている現代のダンスセラピストが書き著したものから成っている。以下，この第三版における改訂部分について，その概要を述べる。

　セクションＡの第18章では，子どもに対するダンスセラピーを述べ，性的虐待児に対する実践や自閉症の分野や，その他特別なニーズがあるた子どもに対する実践について，比較的詳細な資料を用いて論じる。この章はまた暴力予防，10代の若者に対する実践，さらに，ウイリアム・フリーマンがダイアンヌ・デュリカイ，エリーズ・ビロック・トロピアと共に行っている子どもに対するムーブメント評価について議論する。

　セクションＢでは成人に対するダンスセラピーの分野でも特殊な実践について述べる。このセクションには新しい章が３つある。第20章では身体的虐待，性的虐待，精神的虐待を受けた成人の被害者について，現代のダンスセラピストが行っている病院外での私的な指導（個人指導と集団指導）や病院内での指導について述べる。このセクションでは，多重人格障害（今日では解離性障害として知られている）を伴った患者に対して，ダンスセラピーをユニークに使っている実践やその事例についても述べる。第21章はスーザン・クラインマンとテレーズ・ホールが担当し，摂食障害を伴った女性について書いた。このような人びとに対するダンスセラピーについてはほとんど書かれていないが，ダンスセラピーは神経性拒食症者や過食症者に対して特に有用である。このセクションの最後の章である第22章はスーザン・サンデルが担当し，高齢者に対するダンス・ムーブメントセラピーを最新のものに加筆訂正した。

　セクションＣでは，キャッシー・アッペルが第23章を担当し，重度身体障害者のリハビリテーションにおけるダンスセラピーの理論と実践を論じた。アッペルは，ノーマ・キャナーが子どもに対して行った先駆的実践についての詳細な論議からこの章を書き起している。キャナーは自分の実践をリハビリテーションと呼んだことは一度もないが，アッペルはこのような様々な程度の身体障害を伴う子どもに対してキャナーが行って来たことがどれほど重要であるかを示している。アッペルはさらに，このような子どもを専門に扱っている現代の指導者たちの実践について述べている。ダンスセラピーはリハビリテーションの分野において特異な役割を持っているとアッペルは確信しており，その考えが事例検討において強く現れている。

　最後にセクションＤでは，第25章において，ダンスセラピーを他のセラピーと一緒に使うという新しい分野が含まれており，ヴァージニア・リードやＪ・Ｐ・モルガン・チェースの革新的な取り組みが述べられている。

セクション A

子 ど も

特別なニーズがある子ども

　この章では，様々な状況におかれている子どもや若者に対するダンス・ムーブメントセラピーを開拓した人びとの実践を紹介する。この章は7つに分かれている。パートAでは，スージー・トルトーラやジェイン・ウィルソン・キャスカートの実践をはじめとして，幼い子どもに対するダンスセラピーを議論する。パートBでは，レナ・コーンブランが実践している，小学校という状況下における「暴力予防計画」について議論する。パートCでは，ダイアン・ダガンやナンシー・ベアダルの実践をはじめとして，学校における青春期の生徒に焦点を当てる。パートDでは，学校に通う生徒のムーブメント評価に関するウイリアム・フリーマンの研究について論じる。最後の3つのパートでは，精神科病院に入院している子ども（パートE），自閉症児（パートF），性的虐待を受けた子ども（パートG）について，3人の主要なセラピストの実践を議論する。

パートA．幼い子ども：社会的，精神的，身体的，認識的目標

スージー・トルトーラ

　スージー・トルトーラが開発した「ウェイズオブシーイングのプログラム（ものの見方のプログラム）」では，子どもやその家族に対する評価方法，介入方法，教育方法として，非言語的な動作観察，ダンス，音楽，演劇を使っている。このプログラムはトルトーラの臨床実践現場において私的に実施されている。子どもたちは独りでいる状態で，または，必要に応じて家族と一緒にいる状態で観察される。トルトーラは，学校組織内で子どもやその家族への支援者として働くこともよくある。彼女のプログラムはラバン・ムーブメント分析（LMA），ダンス・ムーブメントセラピー実践，小児の発達理論を基礎にしている。このプログラムは特に誕生から10歳までの子どもに使われている。トルトーラの実践に関する以下の情報は筆者が未公開の論文として受け取ったものであり，近々出版される予定の書物のテーマになっている（訳注：Suzi Tortora "the DANCING DIALOGUE——Using the Communicative Power of Movement with Young Children ——"，Paul H. Brooks Publishing, 2006）

　このプログラムは「ウェイズオブシーイングのプログラム」と呼ばれており，「私たちを取り囲むものを見たり経験したり，自分自身についての情報を得るにはたくさんの方法がある」ということを強調している。「ウェイズオブシーイングのプログラム」の主な要素は，観察，認識，体験，子どもと大人との相互作用等である。このプログラムは「ものを見るとは，徹頭徹尾，人が自分自身をどのように感じ，どのように他人と関わるかということである」との認識から影響を受けている。ここには「人は誰でも，他人に知られ認めてもらいたがっている」という意味も含まれている。トルトーラは「ものを見る」という用語の中に，言葉としての意

味と共に暗喩的意味も含めており，彼女にとって「ものを見る」という概念は「私たちが目だけを使って見ること」をはるかに超えている。

トルトーラは子どもの体が示す非言語的なヒントを観察し，それらを介入するための基本的な方法として使う。トルトーラはこれらのヒントを使って子ども，セラピスト，家族の間で行われるコミュニケーションを有意義なものへと作り上げて行く。彼女はそこに現れたムーブメントの型を創造的に使って，それらの型を社会的関係や感情的関係へと結び付けて行く。

子どもに付けられた診断とは関係無く，治療はいつも同じところ「社会的関係や感情的関係を構成する」というところに焦点を当てて始められる。「ウェイズオブシーイングのプログラム」は関係に基盤を置いており，「強いきずなはあらゆるレベルの発達を助ける」と考えられている。両親は常に関わっており，実際のセッションでは両親一緒に，また，個人セッションでは子どもと両親は別々で行われる。

ダンスセラピストは，LMAシステムにある，「ムーブメントに基盤を置いた一連の指標」に基づいて，ムーブメントがどのように行われているかを記録することができる。ここには，体のどの部分が使われているか，その活動が空間的にどのように動いたか，その活動はどのような動きの感じをしていたか等が含まれている。トルトーラはラバン分析に基づいた「ムーブメント・サインの印象（MSI）」と呼ばれている観察方法を開発して，これら観察したものを記録した。

観察や治療をしている時，トルトーラは絶えず3つの問を発している。①子どもが用いている「動き方」や「関係付け方」は，その子どもの経験をどれほど豊かにしているか，②子どもがムーブメントを通して経験する世界は，何に似ているように感じられるか，③どのようにすれば私（トルトーラ）は子どもが自分自身の「関係付け方」や「機能のし方」を体験する環境を作り出すことができるか，また，それと同時に，それらの体験を通じて，子どもが環境と相互作用する上での新しい方法を探索できるようにすることができるか。

これらの質問に対する回答は，子どものムーブメントの型を体験すれば分かる。トルトーラはこのような治療的過程において4つの手順を立てている。それは，

① 調律やミラーリングをして，ムーブメントの質を感じる。
② これらのムーブメントを子どもとの会話の中で使う。
③ 相互作用を使って，これらの活動を探索したり，拡大する。
④ 非言語コミュニケーションから言語コミュニケーションへ移行する。

これら「4つの手順」を用いて，セラピストは自分自身を観察し，自分自身の経験を再確認する。この再確認の中には，「ウィットネスになること」も含まれており，これは「患者のムーブメントにセラピストが個人的に反応することを自覚している」ことである。ウィットネスの中には，「運動感覚的観察」[脚注1]と「運動感覚的共感」が含まれている。「運動感覚的観察」とは，子どもやその家族に対して，セラピストが身体的に反応したり，感覚的に反応したりすることを自分自身で観察する方法の一つである。トルトーラはこの「運動感覚的観察」が非常に重要であると強調しており，ダンスセラピストは自分の患者を観察したり患者と相互作用する時に，自分の呼吸の型や緊張レベルが変化する

（脚注1）トルトーラはここでも暗喩的な意味を含めて「観察」という用語を使っている。この用語にはあらゆる感覚を含んでいる。

ことに気付いていなければならないと言っている。このようにセラピストは，自分自身を観察することによって，患者たちの中に起きていることに気付き，治療内容を変えることができる。運動感覚的共感は，動いている患者に対してセラピスト自身がどのような感情的リアクションを感じているかを教えてくれる。

解放された空間では無制限に自由な動きができ，ムーブメント，ダンス，身体接触，音，音楽，リズム，呼吸，アイ・コンタクト等，様々な形の非言語コミュニケーションが行われ，参加者が空間の中で自分を観察しながら，どのように動くかを知ることができる。この空間で使われる音楽，枕，スカーフ，ボール，毛布等の素材は，ムーブメント理解を促進し，子ども自身のイメージを膨らませる。次に紹介する事例研究はトルトーラが幼い障害児に対して行った実践の一例である。

事例ブリアンナ

ブリアンナは脳梁欠損症という珍しい先天的大脳奇形を伴って誕生し，二つの大脳半球を結び合わせる部分が欠損し，あらゆる側面の発達に重い遅れを示していた。ブリアンナにはアイ・コンタクトが全く無く，社会性の発達が全面的に乏しかった。彼女が行う最も目立った行動と言えば，自分の両手を見つめ，その両手を小刻みに振ることや，虚ろな眼付で虚空を眺めることであった。ブリアンナの父親はトルトーラのセッションに参加していたのに，ブリアンナは自分の両親を全く認識していない様子だった。トルトーラはブリアンナに対する自分の運動感覚的反応をよく理解し，ブリアンナが全くの孤立状態で，自己抑制していることを実感していた。トルトーラは床の上，ブリアンナの反対側に，ブリアンナと同じ方向を向いて座った。

トルトーラはまず身体接触を通してブリアンナと関わろうとし，ブリアンナが手を振るリズムに合わせてブリアンナの片足を揺すった。自分の手を動かしていたブリアンナは，ふとその動きを止め，トルトーラの方へ頭を向けた。このことに勇気付けられてセラピスト（トルトーラ）は，再びブリアンナの片足を揺すったが，ブリアンナが手の動きを止めるとセラピストも揺するのを止めた。トルトーラはブリアンナのリードに任せ，ブリアンナ自身が持っている「セラピストと接触する気持ち」をそぐことがないよう配慮した。ブリアンナは次第に興奮して来て，もっと強く自分の手を振るようになり，前よりもしっかりとした視線をジーッとセラピストの方に向けて奇声を上げ始めた。トルトーラは動きを強め，トルトーラも楽しそうな声を上げた。その後数週間に渡ってブリアンナはトルトーラとの相互作用を広げ，トルトーラがブリアンナの足を揺すると，ブリアンナはトルトーラの方にジーッと視線を向けた。

次にトルトーラは安定した中位のリズムの音楽を流し，部屋の照明を落とした。そして，ビートに合わせてペンライトを上下左右に動かし，ブリアンナにペンライトの光を追うように促した。このリズムの合間合間に，トルトーラは自分の笑っている顔にライトを当て，ブリアンナの注意をひいた。ブリアンナは視線や頭で光の動きを追って行くので，彼女のムーブメントのレパートリーが広がり，それまで彼女は自分自身のリズムに従っていたが，それとは異なった流れるようなムーブメントを経験できるようになった。ブリアンナは喜び，トルトーラの目を以前よりも長い間見つめるようになった。

トルトーラはブリアンナの注意集中時間が短いことを知ると，ブリアンナがそっぽを向いている時には自分の顔からライトを外した。トルトーラはブリアンナの父親に，「子どもが私たちに向けているわずかな弱い注意を辿って，関係付けをゆっくりと始めることの大切さ」を示した。

その後数週間経つと，トルトーラがライトをつけて音楽のリズムに合わせてブリアンナの両

足を揺すると，ブリアンナは自分の両足に意識的に自分の両手を持って行くようになった。ブリアンナがもっと人間関係が深まった接触を望んでいるように感じたので，トルトーラはブリアンナが伸ばした両手を真似て自分の両手を伸ばしたり，上げたり下げたりした。そして，ブリアンナが伸ばしたその手先の方向から「ほら，来たよー」と言った。ブリアンナが驚いてその眼がトルトーラを避けると，「じゃ，バイバイねー」と言ってトルトーラは後ろに下がった。このダンス遊びは「（大人が子どもの）近くに寄ったり，（子どもが大人を）遠くに突き放したり」というゲームになった。トルトーラはブリアンナの父親に加わるように勧めた。床の上に仰向けになっていたブリアンナの父親はそのままブリアンナの方に転がって行った。ブリアンナは父親をジーっと見つめ，自分の足を蹴って父親を遠くに「突き放した」。ブリアンナの父親はすぐにそれを理解し，勢いよくゴロゴロと転がって離れて行くと，その動きを見てブリアンナは笑った。

　このような介入を通してブリアンナはトルトーラと，そしてさらには，父親と関係を持つことができるようになった。

その他，幼小児に対する実践
ジェイン・ウイルソン・キャスカート

　ジェイン・ウイルソン・キャスカート（旧姓ダウンズ）は学習障害や精神病を伴った子どもや思春期の子どもに対する実践を1971年から行って来た。彼女はマンハッタン小児精神センターで20年間に渡って臨床実践をしていた。1988年にはリトルメドウズ幼児センターでもダンスセラピー・プログラムを始め，そこでは就学前の子どもとその家族に対して実践を続けている。

　キャスカートは「自由表現こそ自分自身を健全に発達させる上での基本的方法である」と考えている。彼女の治療モデルが設定している目標は，子どもたちに「自分自身が持っている資源を理解できるようにしたり」，「自分自身を生きる意味がある存在であると感じられるようにしたり」，また，「考えや気持ちをコミュニケーションできるようにしたり」，「自分自身の五感を生き抜く力とすることができるようにすること」である。

　キャスカートの著書（Downes, 1980）では，「日常行動のレパートリー」や「セラピストが指導した創造的イメージによって触発された型」の中から，子どもがいくつかのムーブメント型を選んでいる。

> ムーブメント・セラピストは自分のボディー・ムーブメントを一つの構造として使いながら，子どもが表現した有意義なムーブメントを支持したり，拡張したり，ミラーリングをしたり，受け入れたり，一緒に楽しんだりする。ムーブメント・セラピストは変化を促す人にもなり，内部環境と同じく外部環境を通して，目的を持った，ワクワクするような，目的を達成するような方法で動く機会を子どもに与える。これらの多くは自然に行われる（p.17）。

　トルトーラとキャスカートの介入は，母子間における非言語的介入についての理論的研究や，スーイン（1985），サンダース（2000），ビーブ他（2000）の著作によって裏付けられている。この実践は，母親と乳幼児との間にみられる非言語的相互作用を観察することに焦点が当てられており，それらの関係者が互いにどのように貢献し，乳幼児の初期関係経験や愛着感覚全体にどのように影響しているかを分析したものである。

　キャスカートはトルトーラと同様にミラーリングを自分の実践の中心的要素の一つとして使っている。「治療的ミラーリング」は，愛情深く養育してくれる人に対して健康な幼児が示す愛着行動の初期段階に見られる「ムーブメント相互作用」と一致することがよくある。ダンス

204　第3部　様々な人びとに対するダンス・ムーブメントセラピー

セラピストは，幼児を治療するという重要な状況の中で，この初期段階のミラーリング経験を再現して，信頼が脅かされている時にはその信頼を回復する（Cathcart 談，2002）。「このミラーリングこそ，『一人でいるのは孤独である』という感覚を教え，二人組になっているそれぞれの人に『二人はそれぞれ別の人ではあるが，二人という組み合わせの中のもう一人の人である』という感覚を引き出し，吹き込むものである」（Downes, 1982）。

キャスカートはヨシュアという4歳になる少年に対して行った実践について書いている。彼は言語理解はあったが，質問に対してきちんと答えることが出来なかった。彼は実際の年齢よりもずっと低い発達レベルで一人遊びをしていた。彼が一人ぼっちだったのは彼自らが選んだことではなく，他の子どもたちが彼が汚いとかだらしない格好をしていることを嫌った結果であった。ヨシュアはあまり取り変えないおむつを着け，1〜2週間も同じ服を着て学校に通っていた。スタッフは家庭訪問をして介入したがほとんどまたは全く成果が上がらなかった。はじめのうち彼は知的に低く見えた。ダンス・ムーブメントセラピーのセッションでの様子についてキャスカートは次のように観察していた。

　　ヨシュアが活動したり接触したりする時の様子を見ると，その視線には外界とはほとんど分離しているようなものが感じられ，ヨシュアは外の世界に焦点を当てているようには見えなかった。それだけでなく，自分の身体へ焦点を当てることも低下していた。ヨシュアと一緒にいると「そこ」には誰もいないかのように見えた。つまり，ヨシュアはセラピストや事物を認識しているようには見えなかった。しかし，ヨシュアとの実践が進むにつれ，ヨシュアは時々鏡を通してセラピストと視線を合わせるようになり，その後，セラピストの動きを真似てブロックを運ぶようになった。ヨシュアは程なく，遊びの中にセラピストを

取り込んで塔を造ったりバラバラに壊したりするようになり，また，セラピストがヨシュアの行動を実況中継をするのを待ったり，それを聞くようになった。キャスカートは次第に積極的になって，ヨシュアが鏡の中でヨシュア自身を探すことにキャスカートも参加するようになった。

ある日，ヨシュアが鏡の中でキャスカートの視線を探し，キャスカートがヨシュアを見ていることに気付くとヨシュアはほっと溜息をつき，ほほ笑んだように見えた。と思うや次の瞬間，ヨシュアは床に立ったまま泣きたい気持になった。緊張がほどけて勢い良くオシッコを漏らしたことに気付いたからである。ヨシュアが恥ずかしそうにしていたのでキャスカートは言葉でなぐさめ，クラスへ連れ帰った。キャスカートたちは最も基本的な方法でヨシュアを励まし，ヨシュアに触れた。ヨシュアを洗い，ヨシュアにも自分を洗うことを教えた。このように，罰を与えることなく，ヨシュアの境界を確固たるものにしたことにより，このセンターに来て18カ月経って初めてヨシュアが完全に存在しているように見えた。ヨシュアは，はじめのうちは彼を認識していなかったダンスの先生がやっているセッションに加わった。ヨシュアは完全な文章で話し始め，ぴりっと気の利いたユーモアや知性を見せるようになった。ヨシュアは学校では，スタッフにも子どもたちにも同じように，帰属意識を感じるようになった。しかし，そのことが，家における拒絶意識を和らげることは部分的にしか実現しなかった。しかし，少しづつ心から笑うことを学び，他人から見られたいと感じるようになった（Cathcart 談，2002）。

この事例研究においてダンス・ムーブメントセラピスト（キャスカート）は，内的世界と外的世界の間，自分のダンスと他人のダンスとの間，を調停する役割を果し，有意義なムーブメントを要約したり再現したりする能力があることを示した。彼女は非言語コミュニケーションの専門家として，スタッフに対する手本となっ

た。このことが，子どもたちの中に肯定的な自己概念，表現，癒しを発達させる幅広い支持的環境を作る手助けになった。

バーテニエフとラバンの研究の中で語っているように，「組織的に研究されたムーブメント・ダイナミクスを使えば，ダンスセラピストは特別な子どものコミュニケーション表現を最大限に発揮するよう育てることができる」とキャスカートは強く考えている。それらの子どもはムーブメント表現を通じて，自分の内的衝動や生きざまをはっきりと表明できるので，より強い自我を獲得する。セラピストは，共感を持って現れてくるテーマや論点に注目する。ダンスセラピストが，程よく調整され共感的に関係付けられたムーブメントで動くと，内的な統制メカニズムの使い方をまだ学習中の子どもにとって，セラピストの動きが機能的に適応した行動の手本になる。その結果，幼い患者の中に「自我の深いレベルから，個性とアイデンティティが現れてくる」(Downes, 1980, p.17)。

1982 年，キャスカートは自分の実践を「対象関係の振付家」のように語った。このようにこれらの用語を創造的に並列することは，キャスカートが，D・W・ウィニコット (1971) とマーガレット・マーラー (1968) の業績を，自分が持っているダンスの経歴とダンスセラピストとしての臨床経験と結び合わせたことから始まった (Cathcart 談, 2002)。ペニー・ルイス (1982) はこの用語を自分の著書の表題として取り上げ，キャスカートもその中の 1 章を担当した。

パート B. 危険因子のある子どもたち：暴力予防

レナ・コーンブラン

コーンブランは 1978 年以降，意欲的に活躍するダンスセラピストであり，学習障害，自閉症，情緒障害，ADHD，性的虐待，身体的虐待，ネグレクト，家庭内暴力，愛着行動障害，里親による養育，養子縁組問題に関わる子どもたちに対して実践を続けて来た。彼女は個人指導，集団指導，家族指導の分野で実践して来た。現在はウィスコンシン州のマジソンにある「ハンコック・ムーブメント芸術とセラピー・センター」に勤務し，福祉活動を運営したり，公立学校でムーブメントに基礎をおいたセラピー・セッションや予防セッションを行っている。

コーンブランの実践は知覚的アプローチ，認識的アプローチ，心理社会学的アプローチを組み合わせたものである。彼女のセラピー・セッションはムーブメントか言語のどちらか一方または両方によるウォーミングアップから始まり，そこでは一人ひとりの子どもがグループによって認められ，受け入れられる。それから子どもたちは技法に基づいた組織化されたムーブメント活動を行い，それによって社会化，身体像，境界，エネルギー調整，注意集中時間が育てられる。次に患者が主導権を握った時間が続き，創造的表現や劇的な表現をするよう励まされる。終結のための円陣を作り，そこでシェアリングをしたり，それまでの内容を振り返って，セッションは終わる (Kornblum 談, 2002)。

コーンブランが子どもたちの学級で実践を始めるようになったのは，あるベテラン体育教師が一群の生徒たちへの支援を求めて来たことがきっかけである。その学級には非常に学習妨害をする児童が二人いて，そのことにより 6 週間に渡って学級活動が十分に行われず，また，学級を仕切る生徒が 3 人いて，その生徒たちが反抗的なリーダーシップを取って他の生徒に影響を与えていた。ムーブメント活動は，「肯定的なリーダーシップ」という考えがもたらされるように，「強さ」というものを楽しくて安全な方法で表現するムーブメントから始められた。子どもたちは互いの「強さ」に合わせ，リードしたりリードされたりできるという経験を味わった。このようなムーブメント経験によっ

て，子どもたちは多少腹が立っても気にしないようになったり，攻撃の方向を変えたり，自分自身を適切に主張したり，互いに支え合ったりすることがし易くなり，その結果，学級が全体的に安全で統制がとれたものになって行くのをコーンブラムは体験した。一つの学級に対してムーブメント活動を6週間行ったことによる結果が良好だったので，コーンブラムは他の学級でも同じように行うことになった（Kornblum談。2002）。

暴力の予防には主要な技術が3つ必要であり，それは「先を読んで行動する能力」「怒りをうまく取り扱う能力」「他者を傷付けずに自分のニーズを満たすために必要なソーシャル・スキル」である。これら3つのそれぞれがうまく機能するためには全て，心（緊張した状況の中で何をすべきかを決めること）と体（その決定を実行すること）を調和させる必要がある。ボディー・アウェアネスとムーブメント技術の重要性を見落としている予防プログラムがあまりにも多いとコーンブラムは強く考えている。個人的な（空間的な）境界を尊重しながら，他人と一緒にシンクロニーで動く身体的経験をすることは，子どもが平和裏に生きて行く方法を学ぶための身体レベルの技術を学ぶことになる。

教員や生徒からの反応を元にして彼女は，①「ムーブメントを用いた暴力予防」と呼ばれるカリキュラムを作成し，これは，彼女の著書である『運動場で怒りを静める：ムーブメントを用いた暴力予防（2002）』に書かれている。また，②「平和に向かって動く：ムーブメントを使った暴力予防」という入門編ビデオと，③訓練ビデオ2巻を作成した。

事例：2年生に対する暴力予防

2年生の4学級において20週間に渡り「ムーブメントを使った暴力予防プログラム」を実施した。これらの学級は一般的な生徒数を30～50%超過しており，短気な生徒，問題児，情緒的に傷つき易い生徒，学習障害児等が含まれていた。彼らはしばしば喧嘩をし，しばしばいがみ合っていた。彼らの日常行動を見ると，何かを教えること等とてもできない状態だと教師たちが感じるのも無理のない程で，生徒のうちの何人かはいつも泣きながら帰宅していた。

コーンブラムは一カ月の間，空間理解，身体理解に関するワークを行い，個人的境界を尊重することを教えた。それから彼女は「自分を落ち着かせること」に視点を移し，何週間かをかけて，エネルギー調整のためのワークを行った。生徒たちは低いエネルギーで動くことから高いエネルギーで動くことまでを練習し，それを繰り返した。コーンブラムは学級をいくつかのエネルギー区域に分け，それぞれに動物のイメージを付けた。生徒たちは，それぞれのエネルギー状態ではどのような身体的手掛かりを感じるかを探索した。このようにすることにより，生徒たちは「自分たちが興奮して来たこと」を理解したり，「興奮した時の気持ちは穏やかな時の気持ちとどのように違っているか」を理解し易くなった。これはボディー・アウェアネスと身体制御が始まったことを意味している。

生徒たちはまた，活動状態における身体と同様に，静止状態における身体とも結びつくことを学んだ。このようにして生徒たちは，動いていない時でも自分たちは快適で安全であると感じられるようになった。彼らの多くにとって，これは新しくて重要な体験であり，彼らが不安な状態であっても統制と落ち着きを維持できるようになる手助けになった。コーンブラムが行った練習の中には，「生徒たちの両足を大地に深く植え込ませ，それからその場で激しく体を動かし，それから少しの間凍りついたように両足を固定し，深く複式呼吸をしながら，自分たちの両足が依然として大地に立っていることを味わう」ものもあった。

また，コーンブラムは生徒たちに対してリラックス技法も実施し，彼らがエネルギーをでき

るだけ長く注意深く持ち続け，静かな気持ちを持続させることを試みた。生徒たちは「制御されている状態の高エネルギー」と「生徒たちにとって危険な高エネルギー」とを区別することを学んだ。これは遊びのような活動，自己観察，グループ討議を使って行われた。この一連のカリキュラムは「4つのBから成る自己統制」学習と呼ばれ，4つの部分を持った一連のムーブメントから成り，生徒たちが落ち着くことを学び易くするためにコーンブランが開発したものである。その一連のムーブメントを構成しているのは，

①ブレーキ（Brakes）：両手でネルギーを抱え込み，同じ力で押し続ける。
②呼吸（Breathing）：両手を持ち上げて頭上に置いたまま，深い複式呼吸をする。
③頭脳（Brain）：両手を頭の上に載せ，自分自身に落ち着くように独り言を言う。
④身体（Body）：両手を胸の上に置き，自分の体が落ち着いて行くのを感じる。

コーンブランはムーブメントを行っていた学級以外でもこの4B運動を実施してみた。それらの学級からいくつかの良い出来事が報告された。そのうちの一つは竜巻に対する防災訓練をしている時のことであった。その学級はとても騒がしく，自分で自分を制御することが難しい生徒が何人もいた。2年生の一人が「レナが僕たちに教えてくれた4B運動を使ってみよう」と級友に呼びかけた。その学級に所属していた生徒はみんな4B運動を行い，あっと言う間に静かになった。

ある教員は自分の学級がいろいろな問題を起こすと，1日に3回，この4B運動を実施してこれらの問題を予防した。この方法によって全ての学級から上手く行ったとの報告があった。

これらの学級はいろいろな点で顕著な改善が認められたが，それ以外の分野においてはいくつもの問題を抱えていた。「4B運動によって行動上のすべての問題が解決される訳ではない」ということを記しておくことは重要である。しかし，個人個人の状況をみると，生徒たちは家庭においても学校においても落ち着くために4B運動を行ったことが報告された。ある生徒は「自分の顔が熱くなって来たり，物をコツコツと叩くようになったら，4B運動をする時が来たということが分かった」と報告した（Kornblum 談，2002）。

パートC. 学校教育機構における十代の若者

平穏な学校にするためのモデルを開発する：ナンシー・ベアダル

ナンシー・ベアダルは晩年の20年間，マサチューセッツ州のニュートンにあるニュートン公立学校でダンス・ムーブメント・プログラムを実施した。このプログラムは芸術部門のダンス選択科目や，全ての生徒が履修する健康概論として学校に導入された。

ベアダルは健康概論というカリキュラムの中に「平穏な学校を創造するカリキュラム」で使われる相互作用運動活動や表現運動活動等の身体運動ワークを取り入れた。これらの活動は社会性，情緒性，関係性が学べるように組み立てられており，ダンスやムーブメントや芸術によって感性が強められ，生徒の間に相互関係ができていれば，様々な経験ができるようになっている。「平穏な学校プログラム」によって，生徒たちが尊重されていると感じ，集団に参加することが励まされ，生徒は学校というコミュニティの重要なメンバーであるという精神的風土を学校がかもし出すので，生徒は個々人の「身体覚知」や「個人個人の違いに対する肯定的な態度」を発達させ易くなる（Beardall 談，2002）。

ベアダルは1992年のAAUW（アメリカ女

子大生協会）の報告を引用しながら，「若い女性にとって，創造的ダンスは一つの治療的経験である」と断言している。「若い女性にとっては，身体像が自己像と非常に堅く結びついている」ことはこれまで多くの研究が指摘してきた。それは単に，「彼女たちにとって身体的外見が非常に重要である」というだけではなく，「思春期を過ぎると若い女性は自分の身体について次第に否定的に感じるようになる」のである。ハーバード大学のキャロル・ギリガン（1982）は女子は男子とは違った仕方で発達すると言っている。ギリガンの信じるところによれば，女子は男子よりも関係的であり，自分たちの仲間との結びつきを気にしている。ギリガンとブラウン（1992）は，十代はじめの女子には自分の声を黙殺する時期があり，「自分たちの身体から自分たちや自分たちの気持ちを切り離して，あたかも自分たちがどのように感じているか気付いていないかのように振舞う」（p.217）ことに言及している。ベアダルのダンス選択科目は中学年の生徒，特に女子が自分たちの気持ちをムーブメントで表現する手助けをし，発達途上の果敢な年頃において自分たちの身体や精神と関係を持ち続けるように励ましている。

　ベアダルは，創造的で治療的なダンス・アプローチを開発する時に，マリアン・チェイスの基本的技法から大きな影響を受けたと言っている。チェイスと同様に，ベアダルも「ミラーリング」「ムーブメント・レパートリーの拡大」を使ってウォーミングアップを行い，「非言語による手掛かり」「言語化」「イメージ」を使ってテーマを発展させ，最後は全員が集まって輪をつくって儀式的な終結を行っている。さらに，「バーテニエフの基本」「ラバンのエフォート，スペース，シェイプ」を使うことにより生徒は，広い基礎の上に立ったムーブメントのレパートリーを経験するだけでなく，「基本的な解剖学的な関連性」と「背筋を真直ぐに伸ばす感覚」を経験することができる。

ラバンの用語に加え，ベアダルはダンス技法（ジャズ，モダンダンス，バレエ，民族舞踊，ヨガ）について折衷的なアプローチをとっているので，生徒は様々な可能性を持ったムーブメントを経験し，理解することができるようになる。このような探究によって，女子生徒は自分たち自身のムーブメントパターンやムーブメントスタイルを表現することができるようになる。

　ブラウンとギリガン（1992）が著した『岐路での出会い』という書物では，最終章の題名が「岐路で踊る」になっている。このような言い回しについてベアダルは，「これは女子が発達して行く上での『重大な岐路で踊る』ということであり，そこで，教師，両親，地域の人びと，子どもたちが一緒になって，踊り，結びつき，支え，考えるのです」と説明している。「踊りを通して，女子の声が個人的にまた集団的に表現され，彼女たちの声が明確になり，力強いものになるのです」（Beardall 談。2002）。

　ダンスセラピストは教師たちに提供するものをたくさん持っており，教師を通して，教育と治療が結合し，一人ひとりの生徒の社会性の学習と情緒性の学習が結合される。ベアダルが開発した革新的な「公立学校におけるカリキュラム」からこの教育と治療のやりとりが始まった。

問題を起こした十代に対するダンスとムーブメント：ダイアン・ダガン

　ダイアン・ダガンは，1973年以来，ダンスセラピーの分野における臨床家，スーパーバイザー，教師，文筆家として活動して来た。彼女は公立学校において十代の生徒たちにダンスセラピーや演劇グループの指導を行っている。彼女が担当している生徒の多くは情緒障害や学習障害を伴っている。彼女はまたニューヨーク大学のダンス教育課程でも教鞭を取っている。

　このセクションのいくつかの部分はダガンの章である「4つのS，学習障害を伴った十代に対するダンスプログラム」から引用したもので，

それはフラン・レヴィ，ジュディス・フリード，ファーン・レベンソールが編集した『ダンス及びその他の表現芸術セラピー：言葉だけでは不十分な時に』にも掲載されている。

ダガン（1995）は，ダンスセラピーのプロセスにおいて「構造」が極めて重要であることを見出している。

> 構造は患者を「抱え込み」，患者に安全で応答可能な環境を提供する。このことが（セラピストに対する）信頼を深め，この信頼こそが治療的関係においては決定的に重要である。構造はまたムーブメントを「抱え込む」。ムーブメントは刻々と変化するので失われ易いが，構造がムーブメントに一つのまとまりやイメージや統合体意識を与え，エネルギーや意味が消え去るのを防いでいる。構造があるから患者の経験が認識され，その経験をさらに深く探求したり，知見を発展させて行くことができる（pp.225-226）。

「構造は活動的で相互作用をもたらす概念である。構造はセラピストと患者との間で相互作用をしながら発達して行くので，十分に柔軟性に富み，両者の関係における様々な可能性に適応できるようになっていなければならない」とダガン（1995）は書いている（p.226）。

「４つのＳ」：学習障害を伴った十代に対するダンスセラピー・プログラム

ダガンは本書に書かれているダンスセラピー・プログラムを，学習障害を伴う十代の生徒を対象に公立の高校で1979年から始めた。その学校は特別支援教育を必要とする約250人の生徒から構成されており，その多くは男子だった（Duggan, 1995）。

ダガン（1995）では，まず最初にこのグループでチェイス派でよく使われる輪を作ろうとした。しかし，十代のグループ・メンバーは輪を作らず，一直線に並ぶことにこだわった。ダガンは彼らが発している非言語コミュニケーションを重視し，輪になることを拒否するのは，自分を表に出すことについて十代の生徒は出したいような出したくないような，どっちつかずの気持ちでいるためであることと，グループ・メンバーはダガンの意向とは違ったことをする必要があるからだと考えた。輪になることは十代の生徒にとって不快なことであった。なぜなら輪になると誰もがみんな他人に自分自身を曝け出すことになり，群の中に取り込まれてしまい，上下関係が無くなってしまうからである。「輪をつくろうとしながら，私は十代の生徒に対して，危険を冒してでも何か新しいものに挑戦して欲しい，たとえばボディー・ムーブメントや自分をさらけ出すことを，自分の仲間の前で私と全力でやって欲しい，と願っていた」（Duggan, p.227）。

ダガンは自分が担当しているグループについて，「彼らを制限するのではなく，彼らを自由にさせるためには」代替的な実行可能な構造が必要だと考えた。十代の生徒を引き込み，組織立て，彼らに特有な問題に迫って行く理想的な構造があるはずだと考えた。その構造とは，彼等をしっかりと支えると共に彼等のニーズに柔軟に応えるものだろうと考えた（1995, p.228）。

十代の生徒とダンスをしながら，ダガンは彼らの注意を心から引きつけるような単純な構造に自然に行き当たった。それは彼女がジーン・レオン・デスティネと一緒に行ったハイチのダンスの研究から由来したもので，左右対称の構造を持ち，4拍子のパターンからできていた。「４つのＳ」を使ってみると，このパターンは力を制御する必要があったので，否が応でも十代の生徒を何かに挑戦させるものであることが分かった。「ステップを正しく踏むため，彼らは自分の流れをしっかりとまとめ上げなければならなかった。つまり，最後の１拍のところで自分たちの体重を踏み留めなければならなかった。これができないと，実際，グループ全体は『力の制御が上手くできない』という最も重

大な問題を抱え込むことになった。4つのステップを踏むには，動く力を否定するのではなく，動作が「軽快」に見えるようにその力を切り替えることを彼らに求めていた」(Duggan, 1995, p.129)。そうすれば，他の可能性をいくつも持ち，さらに一層柔軟になる。「これができるようになるには，ある程度の試行錯誤と努力が必要であった。兆戦は真剣に行われたが，まだできるようにはならなかった。彼らがそれを習得した時こそ本当に完成した時であった」(Duggan, 1995, p.129)。

プログラムの中のはじめの段階でダガンは直線状の4Sパターンを取り上げて，十代のグループダンスとした。「4Sパターンが持っている最も力強くて有意義な特徴は，彼らが一斉に同じように動くことを可能にし，個人的な怖れや疑いをグループアクションという確実なものに押し隠すことを可能にすることであった。それは仲間から成るグループの完全な示威行為であり，受け入れもするが排斥もする，反発もするが順応もするのであった」(Duggan, 1995, p.229)。4Sパターンはリズミカルで空間的な構造をもたらしたが，この構造の中で行うムーブメントの形や力動は自由だった。

ダガンは十代の生徒と一緒になって，各々のグループにユニークな4Sムーブメントのボキャブラリーを発達させるワークを行った。この課題について，十代の生徒はみんな同じようなダンスステップを踏んだ。ダガンはこれらのステップをサブカルチャー表現，性的アイデンティティ表現，自己表現から見て妥当な表現として受け入れた。「馴染みのないことに取り組むことを患者たちに期待するよりも，彼らが今いる場所から始めることが大事である」と彼女は書いている。「ワークの中で十代の生徒に馴染みのあるダンスステップを使うことは，自閉症児が行う型にはまったジェスチャーをセラピストがミラーリングするのとある点では似ている。そうすることによって，関係付けが難しい

初期段階において，患者とセラピストとの間に橋をかけ，彼らにとって馴染みがあるムーブメントのパターンは彼らに安心感や満足感をもたらす」(Duggan, 1978, Duggan, 1995, p.230)。

4S構造の中で，型にはまったダンスステップは次第に「自己表現のための手段」や「他者と関係付けるための手段」になって行った。

> 「構造と型にはまったムーブメントは自由と確実性を生み出すことができる」という逆説は，「型にはまった役割が真の関係性を作る手助けになり得る」という逆説でもある。外側から与えられる秩序はエネルギーを内に秘め，そのエネルギーを制御するから，そのように感情的に蓄えられたエネルギーを表現できるようになる。最初に注意が向けられるのは，個性よりも形と役割なので，相互作用が推奨され，そのようにして自意識や不安が減って行く。構造は要素を組織化するものであると共に，経験に秩序を与え，自己表現と十分な交流を実現させるための安全な機会を与える型板でもある (Duggan, 1995, p.230)。

ダガンは，自分が担当している十代の生徒のグループに構造を与える時には様々な方法を使うが，彼女がこの仕事を始めた早い頃に使った4Sパターンは「ダンスセラピストがセッションの中で使う特有の構造は，どれほど患者のニーズや興味に合致し，どれほど十分に柔軟で幅広い表現や相互作用に順応できるべきか」を如実に示している。ダガンが開発した4Sは，「十代の生徒を対象にして，彼らが自分探しや自己変革という，困難ではあるがやりがいのある仕事を始める上で，安全かつその年齢に会った構造を提供したから成功した」のである (Duggan, 1995, p.240)。

パートD. 学校における運動評価

ウイリアム・フリーマンは，スエレン・フリード，ノーマ・G. キャナー，キャロリン・グ

ラント・フェイ，バーバラ・メトラーの弟子である。彼は，小児，青少年，成人を対象にしたムーブメントと表現芸術の教育やセラピーにおける革新的なプログラムを，過去25年に渡って計画し，運営してきた。この分野において彼は，カンザス州教育局と共に「専門教育とデモンストレーション・プログラム」の基礎を築き発展させ指導し，また，後にアクセシブルアーツ有限会社と共に，カンザスに「非営利の教育機関」の基礎を築き発展させ指導し，障害を伴っている人びと等，全ての人の手に芸術が届くようにした。1999年からは「専門教育と両親教育プログラム」をバーモント大学の「障害と地域統合センター」と共に運営してきた。彼はまた，バーモント大学の表現ムーブメント・プロジェクトを主催している。専門家や両親にサービスし，教育する傍ら，フリーマンはムーブメントに関する彼の実践を拡大し，声や音の専門家，色や粘土の専門家，言葉や物語の専門家，演劇の専門家等を雇い入れた。彼は明らかな障害を伴った生徒たちに対して学校で行った経験を基礎として，ボイス・ムーブメント・セラピストであるアン・ブローネルと一緒に実践をし，声やムーブメントを使って，生徒たちが発声したり相互作用を増やすようにしている。

1980年代においてフリーマンは，キャロル・ワイナー，サリー・トッテンバイヤー，フリードからの手助けもあって，ダンス・ムーブメントセラピーをカンザス州教育局に認めさせ，州の関連業務に含めるようにさせた。その結果，特別支援教育と州行政規則の州概要に4つの芸術関連サービス（絵画療法，ダンス・ムーブメント療法，音楽療法，音楽特別支援教育）が掲載され，定義されて，カンザス州は特別支援教育において4つの芸術関連サービスを認めた唯一の州として知られるようになった。

1990年以来，エリーズ・ビロック・トロピア，ダイアンヌ・デュリカイ，ウイリアム・フリーマンは学童に対するムーブメント評価方法を開発する仕事をして来た（William Freeman談。2002）。その評価方法の目的は，発達上の適当な時期に生徒の非言語的習慣を評価することである。過去6年間に渡って，フリーマンはデュリカイやビロック・トロピアと共同研究を行い，バーモント公立小中学校において様々な障害を伴っている子どもと十代の生徒に対するムーブメント評価と介入についての「分かり易いサービス供給モデル」を開発した。デュリカイは「この研究の結果は将来，標準学校評価テストの結果と比較検討されるだろう」と指摘している。この研究はまだ進行中であるが，ムーブメント評価によって学業不振の危険性がある生徒や，さらに一層の特別支援を必要とする生徒を見つけ出すことが期待されている（Dulicai談，2002）。

フリーマン，デュリカイ，ビロック・トロピアは，ムーブメントの評価方法を一緒に開発すると共に，評価計画個別教育プログラム・チーム（IEP）のメンバーとも一緒に共同研究をしている。このチームには両親，行政官，教育者，関連サービス提供業者等が含まれ，障害を伴った子どもたちや，その子どもたちにサービスを提供する人たちに対して，サービス提供やサービスの調整をしている。

パートE. 重度障害を伴った子どもたち：精神科に短期入院している子どもたちに対するダンス・ムーブメントセラピー

ティナ・アーファーとアナット・ズィフ

ティナ・アーファーはニューヨークにあるシナイ山病院の小児成人精神科部門の学校病院プログラムの責任者である。彼女は過去20年に渡って，特別支援教育分野においてダンス・ムーブメントセラピストとして実践して来た。

アナット・ズィフはダンス・ムーブメントセラピストであり，家族療法の訓練も受けた有資

格者である。ズィフは専門家として通院する成人の精神障害者に対する実践経験や，精神病棟に入院している小児や十代の青少年に対する実践経験も持っている。

　アーファーとズィフは３年間に渡り重度情緒障害を伴った子どもに対してダンス・ムーブメントの集団療法を行って来た。彼女らは精神科の短期入院という臨床現場で子どもたちに対してダンス・ムーブメントセラピーを実施して来たが，以下，彼女らが書き記した未公開論文からその実践を紹介する。

　この精神科病棟は患者の出入りが非常に多く，様々な診断を受けた多様な習慣を持った子どもたちが一緒に同じダンス・ムーブメントの集団療法に参加している。治療は「急性期の諸問題」か「危機」のどちらかまたは両方に対して何らかの解決をもたらすことを目的に行われる。このような子どもたちにとって，精神科病棟への短期入院の目的は「患者の問題行動を和らげ，その患者が再び病院の外で機能的に行動できるようになること」である（Yalom, 1983, p.53）。

　アーファーとズィフはグループが団結するよう積極的に働きかけ，治療にとって有効な凝縮した時間を得るには，「今この時」という態度を取ることが基本であると言っている。彼女らはヤーロム（1983）を引用し，「今この場に焦点を当て，グループ内での相互作用を積極的に行っているグループは，ほとんど例外なく生き生きとして，結束が固い」（p.48）と言っている。ヤーロムは，団結は「効果的なセラピーを行うために必要な前提条件」であると言っている（1985, p.50）。このような状況下にある子どもたちに対するダンス・ムーブメントセラピーは，今この時点にしっかりと基礎を置いているので，グループの団結をもたらすには非常に効果的である。

　アーファーとズィフ（2002）は身体像と自己概念の重要性を強調して次のように言っている。

身体像と自己の感覚を十分に発達させることができなかった子どもは他者と効果的かつ有意義な相互作用をすることができるようにならない。このような子どもたちから成るグループは，それらの問題が解決されない限り，団結力のあるグループになることが困難だろう。

　……このような子どもたちに対するダンス・ムーブメントセラピーでは，「感覚運動の発達や統合」，「知覚運動の発達や統合」がその実践の基本的な特徴であり，子どもたちが身体像を作り上げ，肯定的な自己概念を発達させる手伝いをしている（Erfer & Ziv, 2002, 未出版原稿）。

　アーファーとズィフはシルダー（1950）から「私たちは体を動かさなければ，自分の体についてよく知ることはない」（p.112）と言う言葉を引用している。アーファーたちは「ボディー・アウェアネス身体認識や自己覚知の発達は他人を認識するための最初の一歩である」と考えている。このことはさらに，患者が自分自身と他者との違いを受容する手助けになる。「自己覚知」と「自己受容」無くしてグループに団結をもたらすことは難しい。

　グループの団結心は基礎的な要素であり，子どもが他の目的に向かって活動するのを助ける。コーンブランと同様に，アーファーとズィフの実践は究極的に子どもが持っている社会化技術，シェアリング力，協調性，コミュニケーション力，自己表現力を改善することを目指している。アーファーたちはダンス・ムーブメントセラピーを使って，子どもが自分の力を制御し，注意継続時間を改善し，適切な境界を維持する手伝いをしている。さらに言えば，子どもを教える過程は次のようなものであるとアーファーたちは言っている。

　セラピーは，人びとが他者や環境ともっと効果的に相互作用をするように導くものである。治療の基本は，ムーブメントのレパートリー

を時間的また空間的に拡大したり，注意集中したり，バランスをとったり，繋げたり，方向性を探ったりすることである。これらのことが発達するに従い，しばしば，緊張がほぐれたり，もっと創造的な問題解決や表現ができるようになる。可能であれば，身体的に得られた経験を言葉で反芻することにより，認識を発達させる（未公開の草稿，2002）。

ダガンの実践と同じように，アーファーとズィフは「重度の情緒障害を伴っている子どもの場合は，明確な構造が非常に重要である」と言っている。アーファーらは「導入，展開，終結が明らかで，セラピーの構造が次の展開を予告していて心配が無いと，グループのメンバーは安全で自由だと感じ始めることができ，それが十分であると運動探索をしたり社会表現や感情表現等の冒険をするようになる」と言っている（Erfer & Ziv，未出版論文，2002）。ケーンバーグとチェイザン（1991）もまた「次の展開を予告する構造」の必要性を強調している。

　　十分な構造とは，子どもを統制下に置き続けるために使われるものではない。十分な構造とは，子どもの不安を和らげる手助けをし，子どもが持っている混沌とした緊張の高い感情が，その子どもを力で圧倒したり，他のグループメンバーを苦しめることのないような方法で表現され，みんなに受け入れられるようにするものである（p.188）。

アーファーとズィフが行っている実践の目標は，子どもたちが構造というセンスを内側に取り込み，それらを自分自身のものにするのを助けることである。このようにすれば，障害を伴った子どもたちが最終的には，自分自身の身体を制御できるようになる。子どもたちが構造という感覚を取り込むことができるようになるにつれ，子どもたちは自分自身をより良く表現できるようになり，創造的表現をする機会も増える。アーファーとズィフのグループワークでは，

構造を重視している反面，選択の自由や自己表現の重要さも強調されている。

パートF. 自閉症児

自閉症とは何か

自閉症の診断については，病因と同様，多くの論争が行われて来た。自閉症は病気ではなく，行動上の事柄について定義された発達障害であり，言語，社会的能力，様々な大脳機能に影響を受けている。ティナ・アーファー（1995）はレオ・カナーの臨床的な観察事項を引用しているが，これは今だに自閉症の状態についての後続する多くの理論の基礎となっている。カナーは以下のように書いている。

　　これら全ての患者に共通した特徴は，人生のはじめから，一般的な方法では人びとや環境と関係を持つことができないことである。事例の成育歴を見ると，早い頃から自閉的な孤独が認められ，外部から子どものところに入って来るすべてのものを締め出している（p.717）。

自分を刺激するような行動をとったり，言語を理解したり発したりする上での困難があったり，感覚的に異常な反応をしたり，変化に対する執拗な抵抗を示す等，自閉症児は幅広い様々な行動を示す（Erfer, 1995）。このような子どもは，ある特定分野では技能や能力があるのに，別の分野では技術や能力が非常に劣っていることがある。そのため知的なレベルを予測することができない。自閉症のような行動様式をとっていても，その子どもが知的障害を伴っている場合もあれば，普通の知能の場合もあれば，時には（比較的珍しいのであるが）平均以上の知能を示す場合もある。ヴィクター（1983）によれば，自閉症では一般的適応力やパーソナリティー組織力が生活の主要な部分全てに影響を与えているように見えるので，「広範性発達障害」

214 第3部 様々な人びとに対するダンス・ムーブメントセラピー

という言葉で比較的明確に記述される。

自閉症児はよく，「自分自身の世界で生きている」と書かれている。彼らは人との接触を避け，他の人びとや環境と意味ある関係を持つことができなかったり，風変わりな運動パターンに没頭することがよくある。ここで論評するダンスセラピストの実践は，人によってアプローチの方法は異なるが，「これらの子どもたち自身の発達レベル，つまり，原始的な感覚運動レベルに合わせる必要があること」を強調している。ダンスセラピストは，子どもの動きを反映させたり，共有したり，ミラーリングをしたりする技法を使って，「親しみがあって，子どもを無条件に受け入れるような，安心感のあるダンス」を創造する（ADTA, p.5）。このようにしてセラピストと子どもとの間に信頼をもたらし，関係を形成する。

次のセクションでは，ベス・カリシュ・ワイスとジャネット・アドラーによる先駆的実践を概観する。カリシュ・ワイスとアドラーの実践は20年以上も前に行われたものであるが，興味深いことに，彼女らの実践の理論的基礎はアーファーが公立学校組織の中で比較的最近行ったものに似ている。アーファーの実践はこのセクションの末尾で議論される。自分の実践を表現する時に使う用語は様々であるが，この三人のセラピストはその子どもの発達レベルに合わせることの重要さを強調し，同じ様な目標に向かって実践している。

BRIAAC と事例アナ：ベス・カリシュ・ワイス

ベス・カリシュ・ワイスは1960年代にニューヨークのタートルベイ音楽学校において，マリアン・チェイスから最初のダンスセラピー訓練を受けた。そのクラスにいた他の初期のリーダーたち，特にシュメイスやホワイトと同じく，カリシュ・ワイスもイルムガード・バーテニエフのところに勉強に行った。しかし，チェイスの初期の弟子たちの多くがチェイス技法を病院に入院している精神科の患者たちに広げて適応したり改良したりしていたが，カリシュ・ワイスは特に精神力学的な構造を持った実践や自閉症児のムーブメント行動に関する実践をして来た。このような方面に関心を持っていたので，彼女はこのような特殊なグループの人びとに対するダンスセラピストのパイオニアになった（脚注2）。これらの人びとに対する理論的貢献，実践的貢献，診断学的貢献が次の議論のテーマである。

1960年代の中頃，カリシュ・ワイスは自閉症児の行動特徴と治療というユニークな課題に興味をもって研究していたが，それは，これらの子どもは非言語的方法を用いることにより最も効果的に治療することができると考えていたからである。自閉症児の非言語コミュニケーションを測定する組織的方法が必要だと感じていたので，彼女は「臨床現場において誰もが一定の基礎の元に学び使うことができ，言語を持っていない『検査不可能な』精神科的子どもたちに使える」ムーブメント尺度を創ることにした（Kalish, 1976, p.126）。

1971年，カリシュ・ワイスはボディー・ムーブメント尺度（BMS）を発表した。これは「自閉症児及び他の非定型的児童（BRIAAC）の行動評価方法」の8つある尺度のうちの一つである（脚注3）。8つの尺度の一つひとつが，さらに優れた心理学的機能に向けて子どもが成長して行く上での連続的な行動変容を示している。BRIAAC全体が目指す目的は，ムーブメント

（脚注2）今日，カリシュ・ワイスは精神分析の訓練とスーパーバイズを行っている。bkalishweiss@mindspring.com にメールを出せば，彼女が開発したBRIAAC尺度をさらに詳しく理解することができる。

（脚注3）BRIAACの他の7つの尺度は，関係，コミュニケーション，発語，音声言語と音の聴取，社会機能，性の精神的発達，自己統制の傾向，である。

についての普遍的な用語を提供することである（Kalish, 1974a）。BRIAAC を使って手に入れた非典型的行動についての知識を参考にして，セラピストは子どものニーズを評価したり治療的介入を計画する時の手助けとすることができる。無意識的なものは行動によって明らかにされるので，BRIAAC は行動理論だけでなく精神分析的理論をも支持し，明確化するものだと，今日，カリシュ - ワイスは以前にも増して，考えている（Kalish-Weiss 談，2003）。

カリシュ - ワイス（Kalish, 1976）はエフォート・シェイプの用語を使ってボディー・ムーブメント尺度を開発したり，ラバンや彼の弟子がムーブメントの観察方法について作った多くの理論を取り入れた。BMS の理論的基礎の中にはケステンバーグのテンションフロー・システム，フロイトの機能と適応についてのボディー・ムーブメント理論，ルッテンバーグ，ドラットマン，タイトルボームが行った自閉症の運動発達が緩慢で遅滞していることについての研究，ハントとオールポートの理論も含まれている（Kalish, 1974a）。彼女がこの尺度を開発する動機でもあり，前提でもあるものは，「言葉を持たない子どもの運動行動を確実に測定することができると考えられる方法があれば，運動行動は言葉を持たない子どもについての発達情報をもたらすに違いない」という考えである（Kalish, 1976, p.126）。

身体運動尺度を作る目的は，自閉症児における「身体運動の型」と「それらの型の質」を特定することであり，それらは成長して行くにつれて明らかになって来る。BMS は，正常な人や自閉症児のような非定形的な人等，それら両方がどのように運動するかを経験的に観察した情報をもとにして作成した発達枠の中に「純粋なムーブメント」を位置付けて行くことを試みている（Kalish, 1976, p.6）。

カリシュ - ワイスはダンスセラピストに対して求められる次の３つの点を強調している。①子どもの非言語コミュニケーションを観察すること，②セラピスト自身の非言語コミュニケーションを自覚すること，③セラピスト自身のボディー・ムーブメントが子どものボディー・ムーブメントとコミュニケーションを取ることができるポイント，つまり，ムーブメントのレベルでコミュニケーションをとったり相互作用をしたりすることができるポイントを発見すること。

次に示す引用は，カリシュ - ワイスが 1967 年にドラットマン（BRIAAC の開発者の一人）と行った研究からのもので，どのようにしてセラピストが自分自身のムーブメントを使って自閉症の課題に関係付けて行くかを示している。ここでは子どもが大人になる場合には，「初期の象徴的な段階から，個人的に分離個別化して行く段階に発達的に進んで行くこと」を彼女が強調していることが分かる（Mahler, 1968）。

　　彼女（セラピスト）は子どもを見たままの状態そのままを受け入れ，子どもと一体になろうと試みる。彼女は子どものやることを，鏡のように真似，子どもは最終的に彼女と一緒にいることに心地良さを感じるようになる。そして，抵抗されたり逃げられたりしながらも，彼女は自閉症児の二つ目の体になろうとする。彼女は子どもと溶け合うように努め，子どもの表現を真似る。それから少しずつ子どもの空間やリズムのほんの小さな部分を変えて行く（Dratman & Kalish, 1967, p.44）。

ここで分離個別化する段階が導入される。

　　自分（子ども）の体がどこで終わり彼女（セラピスト）の体がどこから始まるのか，子どもは知らない。数週間または数カ月経ってから，セラピストはゆっくりと自分自身の切れ目を明らかにして行く……非常にゆっくりと。子どもはセラピストを一人の別個の存在として次第に認識する，つまり，自分（子ども）はどこから始まり，セラピストはどこから始まるかを理解する。母親は自分の子ど

に物を食べさせたり，子どもを抱きかかえながら，ムーブメントで見つめたり，合図したり，触ったりして，一日中，何回も何回も子どもに働きかけるが，それと同じように……ダンスセラピストも，子どもが自分の愛情の中心になり，セラピストから子どもに感情が伝わるまで，何回も子どもに働きかける。こうすることによって子どもはゆっくりと自分自身の腕や指や足を，それ以前とは非常に異なった見方で認識するようになる（Dratman & Kalish, 1967, p.44）。

　子どもの発達レベルに辿り着き，一たび信頼関係が打ち立てられると，「子どもの身体像を描く必要性」があることをカリシュ‐ワイス（1966）は強調している。自閉症児は自分の身体を内的に表現したことが一度もないので，一たび自己という感覚が分かると，比較的正常に身体像を発達させることができる，とカリシュ‐ワイスは強く考えている。

　カリシュ‐ワイス（1982，未出版）に掲載されているアナという事例研究は彼女が行っている方法の諸側面を描写している。アナは生まれて間もない頃に遺伝的な障害であるディ・ゲオルグ症候群が発見されたため，出生後に何人もの医師が救命のための外科的処置をせざるを得なかった。アナは呼吸が辛そうだったが，気管切開によっていくぶん呼吸が楽になったが，胃まで到達するチューブを通して食べ物を与えられなければならなくなった。心臓不全があったが，命は取り留めた。アナは胸腺が無かったので，胸腺の実質を外科的に植え込まなければならなかった。

　アナがやっと自宅に帰った時，彼女の母親はすぐに，彼女が笑わないこと，音に反応しないこと，健常な4カ月の幼児が示すような遊びが好きで好奇心旺盛な様子が見られないことに気が付いた。アナは抱上げられると体を硬くし，背中を反ったり，または，完全にグニャグニャに弛緩した。アナは他人と視線を合わせなかっ

た。

　アナの両親は自閉症ではないかと疑って，アナを調べてもらった。アナは重度のろうであることがすぐに発見された。アナは両耳に補聴器を装用したが，それを嫌がった。

　アナは障害のある乳幼児のためのプログラムに参加したが，誰とも触れ合ったり，視線を合わせたりしなかった。大部分の時間を床の上に横になって過ごし，頭の脇に片手をかざしてリズミカルに動かしていた。アナは誰かが体に触ったり近づいたりすることを極端に避け，他人を押しのけたり，ゴロゴロと体を転がして他人から逃げた。両親も先生も非常にがっかりした。

　2歳4カ月の時，アナはボディー・ムーブメントセラピーを求めてカリシュ‐ワイスのところに紹介された。カリシュ‐ワイスは「アナが人びとや物事に強く抵抗することは，自我の強さを表している」という仮説を立てた。カリシュ‐ワイスはムーブメントや遊びを通して，子どもがそれ以前に経験したことよりももっと楽しい経験をして欲しいと考えた。子どもがハイハイをしたり，転がったり，他人と手遊びをしたりすることに興味を持てば，自分自身の感覚や自我を発達させることができるかも知れないし，自閉的な段階から次の段階である自分の母親と共生する段階に発達することができるかも知れない。

　アナの母親はカリシュ‐ワイスの支援と指導のもとで，セッション中及び家庭内においてカリシュ‐ワイスの共同セラピストになった。アナの母親はそれまで以上に身体発達を促すような新しい抱き方やポジショニングの仕方やアイコンタクトの付け方を試みた。母親はアナと積極的に遊んだが，あまりアナにまとわりつかずに，アナが母親を必要とする時にはアナが母親を一生懸命に探すようにすることも学んだ。カリシュ‐ワイスはアナを主寝室からインターホンのついた別の部屋に移し，夜間の間，アナの気管切開をした部分が吸引を必要としているか

どうか，アナの様子が聞こえるようにした。

　ムーブメント・セラピー・セッションを何回かすると，アナが自分の母親とセラピストとを区別することを学びつつあることが明らかになった。アナはまた自分の環境に対して前よりも好奇心を持つようになり，彼女自身のリズムで動かされると少し笑ったりするようになった。興味深い事に，この時期には，彼女の気管切開部分の吸引は以前よりもその頻度が少なくなった。

　セッションが進むにつれ，アナがセラピー室に近づいて来るとアナの表情が輝くようになった。アナは母親の両腕から体をもぞもぞさせて降り，大きな三面鏡の前で頭を左右に揺らしながら自分を見つめるようになった。今やアナは一生懸命に這うようになり，カリシュ - ワイスが一緒に這うと大喜びするようになった。アナの母親もセラピストもアナは音が聞こえるのではないかと思うようになった（自閉症児は，人びとや周囲の事物を探したり，それらと有意義な関係を持つようになると『ろう』の状態から脱することがよくある。）

　アナとどのように遊んだら良いか，セラピストが手本を示すことは母親にとってためになりまた励みにもなった。誰かが自分の子どもと楽しそうにしているのを見るのは母親にとって嬉しい事であった。母親は自分の娘ともっとリラックスする方法を学び，娘とのやりとりを楽しむことを学んだ。このような態度や技術は家庭環境にまで持ち帰り，このセラピー全体が成功する上で明らかに役に立った。

　セラピーが開始されてから3カ月経過した時，BRIAAC尺度を使って，アナの機能が評価された。評価結果はアナが発達したことを明らかに示していたが，彼女の主要な機能はまだ自閉的な段階にあり，彼女の年齢水準の約二分の一の状態であった。

　続いて，アナが自分だけでも快適で，十分に安全だと感じるようになり，しばらくの間なら母親が子どもから離れることができるようになるため，カリシュ - ワイスはアナを独りにしてみようと決心した。この試みは成功した。アナの注意集中時間が延び，アナのムーブメント行動が前よりもしっかりとした方向性を持つようになった。アナは自分がどのゲームが一番好きなのかを示したり，それを繰り返すようにセラピストに要求するようになった。

　ある日，アナは母親がいないことに気がついた。アナは母親のハンドバッグのところまで這って行き，車のキーを引っ張り出し，それをカリシュ - ワイスのところに持って来たが，それはあたかも「お母さんはどこ？　私はもうお出かけの準備ができているのよ」と言っているかのようであった。アナはコミュニケーションを学びつつあった。

　2回目のBRIAAC評価はそれから間もなく行われ，1回目の評価よりも明らかな進歩が示された。聴力検査の結果，アナは本当に音を聞き始めていることを示していた。今やアナは短い時間なら我慢して補聴器を付けるようになった。

　3回目のBRIAAC評価は2回目から約6カ月後に行われ，引き続き素晴らしい進歩が，特に，ボディー・ムーブメント，音の聞き取り，関係付けの分野で見られた。10カ月に渡る期間において，ムーブメントセラピーによる介入がアナの発達上の進歩を刺激する主な要因の一つであることはほとんど疑いの余地が無かった。また，BRIAAC　尺度はアナの機能を評価したり，アナの進歩の様子を記録する上で有益な方法として機能していた。

　もう一つの別の事例報告として，ジャネット・アドラー（1968）は，エイミーと言う名前の3歳の自閉症児の女児が，生後9カ月の間に発達する段階に相当する発達を2カ月のセラピーの間にどのように成し遂げたかを記述している。つまり，はじめエイミーは乳児が母親の体を探索するようにセラピストの体を探索するこ

とから始めた。そしてその後エイミーは，自分の体を探索し始め，最後には，セラピストを真似し始めるようになった。

　セッション中に子どもが退行することを認めながらも，アドラーはエイミーが幼児期の初期段階を通過して，もっと発達した形式の相互作用に向かうよう手助けをした。アドラーと身体接触をすることに我慢できるようになるにつれ，エイミーの自閉的なジェスチャーは減って行った。エイミーに対するアドラーの実践は，カリシュ・ワイスの実践と同じように，動きを真似たり，一緒に動くことによる相互作用を使うことに焦点を当てていた。二人のダンスセラピストはどちらも子どもに対して共感的に応えて行くこと，つまり，子どもが経験していることをセラピストが経験することの大切さを強調している。

　エイミーに対するアドラーの実践と，この事例を描いた『私を探して』という有名な映像は，自閉症児に対するダンスセラピー実践の分野において画期的な貢献をした。

学校環境における自閉症児の訓練：ティナ・アーファー

　前のセクションで述べたように，アーファーは精神科病院における短期入院部門で実践している。彼女はまた，過去20年以上に渡ってニューヨーク市内のいくつもの公立学校においてダンス・ムーブメントセラピストとして実践し，特別支援教育者の資格を持っている。以下に述べる情報の多くは『ダンス療法とその他の表現芸術療法：言葉だけでは十分でない時に』（フラン・レヴィ他，1995）という書物の「公立学校組織における自閉症児の訓練」というアーファーの章からの引用である。

　アーファーは，ダンス・ムーブメントセラピーは自閉症児に働きかけるには理想的なほどに適したものであると言っている。彼女はレベンソール（1981）の次の言葉に言及している。特

別な支援を必要としている子どもに対するダンス・ムーブメントセラピーは「基本的には感覚運動と知覚運動の発達と統合，つまり，究極的には身体像を作り上げ，自己概念を発達させることに関与している」（p.1）。感覚運動活動は体全体の動きと，それらの動きがもたらす感覚的な受信とを結びつける。知覚は，いくつもの感覚を通して入手した元データを構造化したり解釈したりする過程を経て，大脳が感覚的受信に与える「意味」をもたらす。知覚運動統合の中には，運動活動についての様々な感覚経路（視覚，聴覚，触覚，筋感覚）を統合することも含まれている。

　精神的な病気を伴っている子どもに対する実践の場合と同様，アーファーは身体像の重要性を強調している。その理由は，「身体像は人間が成長し発達して行く上で最も基礎的な概念の一つであるにもかかわらず，自閉症児には欠落しているように見える」からである。アーファーはシルダー（1950）にある身体像の定義「我々が心に描いている，自分自身の身体についての3方面から成る画像」を引用している。身体像，自分自身の身体についての象徴，が無ければ

> ……彼らは直前のことの象徴化にこだわってしまうので，他の物事を象徴的に表現するために必要な精神構造を形成することができない。したがって自閉症児には思考を形成するための言葉が発達しない，つまり，自閉症児は具体と抽象との間に橋を架けることができない。そのため，機能的な意味で，物，自己，世界を認識していない（Dratman & Kalish, 1967, p.7）。

アーファー（1995）は次のように言っている。

> 身体像は生理学的基礎を持っている。身体像は，前庭，筋感覚，自己受容器，触覚，視覚等，様々なシステムから受信された情報に基

づいている。身体像の発達は感覚運動の発達と並行し，身体像は自己の感覚，認識の発達，自立手段の獲得等多くの基本的な概念の基礎を形成する（p.197）。

アーファーは，シルダー（1950）の「ムーブメントと身体像との相互関係」を非常に応用範囲が広いものであると考えている。シルダーは「ムーブメントは我々自身の身体に関することをより良い方向に導いてくれる……（そして）ムーブメントは我々のそれぞれ別々の身体部位を一つにまとめ上げる強力な要素でもある」と書いている（p.112）。シルダーはまた「身体像を形成するためには，われわれは自分の四肢がどこにあるかを知り，それらの相異なる身体部位が互いにどのような関係にあるかを理解していなければならない」と言っている。シルダーは，「ムーブメントを経験することによって，身体像の変化を精神の変化に導くことができる」と主張している。この主張は多くのダンス・ムーブメントセラピーにとって，実践の基礎となった。

アーファーはさらに，「自閉症児は，環境からもたらされる外からの要求に対応できるようになる前に，自分の身体と運動能力を理解するように導かれなくてはならない」と言っている。「別の言葉で言えば，他から切り離された独立した一体として，他者とは異なった存在として，自分自身についての認識が無ければ，人は実際のところ，自分を超えて『感情的に』人と関わることはできない」（Erfer, 1995, p.198）。

アーファーはカリシュ・ワイスや他の多くのダンスセラピスト，特に，子どもを対象にしてきたダンスセラピストと同じような方法で，セラピーの最初の目標を次のように描いている。すなわち，子どもが機能しているように思える発達レベル（アーファーはそれを感覚運動レベルと呼んでいる）で子どもに接すること，関係をつけること，身体像を形成するような方向で

働きかけること，である。これらの目標は同時発生的で継続的なものである（Erfer, 1995）

アーファーはミラーリングを使って，このような子どもと関係を付けて行く。ミラーリングはセラピストに，このような子どもについて，他の方法では分からないような情報をもたらす一方，子どもたちに対しては「みなさんたちは正にあるがままの状態で受け入れられているのですよ」という重要なメッセージをも伝える。ミラーリングは「真似をすること」ではないとアーファーは強調している。ミラーリングは，ムーブメントを通して子どもと心から接触し，結びつくものであり，単なる真似よりも，もっと深くてもっと豊かな経験である。このようなラポートは「心から受け入れられていること」を伝える。「このような受容によって，子どもが，内部からの刺激に焦点を当てていたものを，外部からの刺激に焦点を移すようになることがよくあり，それがその後，関係を深めたり，相互作用への道を拓くようになる」（Erfer, 1995, p.199）。

アーファーのグループワークには，基本的なセンソリー・アウェアネス，身体部位アウェアネス，ムーブメント・ダイナミクス，ロコモーター・ムーブメントをはじめとして，もっと多くの表現ムーブメントから成る活動や介入が含まれている。さらに，触覚的刺激や「身体部位やその境界を一つひとつ認識すること」等を体験したり，視覚的筋感覚的な認識を発達させたりすること等，すべてがこのような子どもが自己覚知やボディー・アウェアネスを発達させるよう手助けをしている。

アーファーはまた，「感覚統合」と呼んでいる過程を用いており，身体像を形成する上で，補足的な機会を提供している。

　　　感覚統合セラピーは前庭刺激，自己受容器刺激，触覚刺激をもたらす全身のムーブメントを含んでおり，他の方法では刺激が強過ぎた

り，孤立してしまうような子どもに対して，楽しい感覚経験を提供する。このセラピーの目標は，大脳が感覚を機能したり，組織立てたりする方法を改善することであり，そのようにして神経組織の様々な部分が一緒に働いて，人が環境に対して効果的に相互作用し，適切な満足感を得られるようにすることである（Erfer, 1995, pp.199-200）。

アーファーによれば，感覚統合セラピーはダンス・ムーブメントセラピーのように，問題の子どもが現在機能しているレベルから始める。理論的に言えば，子どもは先行するレベルに必要な技術を発達させるまでは，より高くより複雑なレベルに発達できない（Levy et at., 1995）。

アーファーは音楽や小道具も使う。アーファーの実践や公立学校組織におけるアーファーの実践についての議論に関する情報は，『ダンス療法と他の表現芸術療法：言語だけでは十分でない時に』（Erfer, 1995）に掲載されている。

パートG. 性的虐待を受けた子どもたち

ダンス・ムーブメントセラピーは経験したことを非言語的に表現することを強調するので，性的虐待を受けた子どもたちに特に適している。一般的に言って，性に関する気持ちを話すことは子どもたちには難しい。小さい頃に性的虐待を受けると，子どもは性に関する感情を話し合うことがさらに難しくなる。特に，子どもが言語や概念化を発達させる前に性的虐待を受けた場合や，虐待行為におびえていたり，罪や責任を感じている場合は話すことが難しい。

虐待を受けた子どもは性的虐待を言語で表現する必要があるが，ダンスセラピーは性的虐待についての気持ちを別の方法で表現する場を提供する。訓練を受けたダンスセラピストの指導のもとで，虐待を受けた子どもはダンスセラピ

ーを通して，感情や経験を追体験する。ダンスセラピストは構造化したり追体験をすることを助けながら，そのような経験に対して患者が持っている恐れ，不安，罪意識を軽減する。子どもや大人が子どもの時に受けた性的虐待という心的外傷を追体験し，受容するのをどのようにして助けるかは，どのようにして人は経験から立ち直って行くかについての鍵である（Weltman, 1986）。

事例：マーシャ・ウェルトマン

性的虐待を受けた人びとに対するダンスセラピーの一例として，マーシャ・ウェルトマン（1986）が著した論文をここに引用する。ウェルトマンはその論文の中で，ロサンジェルスにある精神神経研究所で性的虐待を受けた子どもたちに対して彼女が行って来た実践を書き記し，このような対象者が必要としている特別な問題と特別な治療法について論じている。

臨床経験（性的虐待に携わって5年間）を述べ，さらに，フィンケルホー（1985）『心的外傷ダイナミクスのモデル』とサミット（1983）『順応シンドローム』についての臨床研究を描いてから，ウェルトマンは性的虐待を受けた子どもの発達における4つの論点，すなわち，性的アイデンティティ，自尊心，関係の構築，身体像を示した。これら全ての分野に，制御と力についての葛藤が存在している。

ウェルトマンは，子どもたちとの信頼関係を作ることの重要性を強調している。これは子どもたちが大人（セラピスト）に対して心を開き，自分たちの経験から来る痛み，恐れ，怒り，屈辱を話す時の基本である。このような結び付きの中でセラピストは子どもたちが話すことを共感の気持ちで傾聴し，信頼し，応対する。問題になっている経験について子どもたちに話す準備ができていること以上に微に入り細に入り説明を強要することは決してしない。どのような形であれ強制することは信頼を損なうことであ

り，子どもたちにとってはさらなる暴力となることだろう。

　信頼関係を打ち立てそれを維持する上で鍵になる要素は，子どもたちに安心感を与えることである。ウェルトマンは「守られる権利（子どもたちは善良なる犠牲者である），愛される価値があることを子どもたちに伝えることが基本である」と言っている（1986, p.55）。加えて，セラピストは最初から「どのようなことをしても，子どもたちが傷付けられることはない」ということを明らかにしておかねばならない。セッション中に「接触」が行われる場合には，セラピストと子どもとの間で特別な合図を使ってそれを伝えるべきである。そうすれば，性的虐待を受けた子どもたちは自分の身体的経験と身体的露出を制御する力を持つことができ，それまでの間は奪われていた個人的な力と制御についての感情を得ることができる。

　セラピーの進め方について何らかの意見を言うことができることを子どもたちに感じてもらう必要があるので，ウェルトマンは「子どもたちが主導権を持ち，結果よりも過程を重視するセッション」を勧めている（p.56）。そのようなセッションの中で子どもたちは，セラピストの励ましや共感的支持のもとで，自分自身の意志に基づいて時間や空間を動くことが認められる。「自分たちの存在をかけたぎりぎりの所にいる子どもたちにとって，ボディー・アウェアネスや，個人的空間や相互関係における空間を自由に探索すること等の実体験こそが身体レベルの誠実さを回復させることができる」（Weltman, 1986, p.56）。

　ウェルトマンはいくつかの事例を提示し，それらは「子どもたちが主導権を持ち，結果よりも過程が重視されるセッション」の様子を描いている。そのうちの一つはベビーシッターによっていたずらをされていたエドワードという6歳の子どもの事例である。グループセッションで遊んでいる時，何人かの子どもがウェルトマ

ンの膝の上でふざけていると，エドワードは遊びの群れから外れた。ウェルトマンはエドワードと何度かアイコンタクトをしてから，彼にゲームに加わるように勧めた。エドワードは遊びに加わりたかったが，同時に，傷つけられることも恐れていた。彼は自分の葛藤を自分自身の言葉でセラピストに言語表現したくなって，自分がゲームに参加したらウェルトマンが自分に対して性的な嫌がらせをするかどうかを尋ねた。ウェルトマンは彼の恐れに対してしっかりとした口調で「ここでは，大人は子どもに性的なことはしません」と答えた（1986, p.59）。このことが契機になって，エドワードはおもちゃを取り上げ，それらを互いに押し付け，性交している場面を演じた。エドワードのこのような身体表現に対して，ウェルトマンはエドワードの関心事を明確にして答えた。ウェルトマンは一つの玩具を大人に，そして，もう一つの玩具を子どもに見立てて，「その大人は頭がおかしい（混乱している）のでしょう。大人が子どもに性的なことをするのは，その人の頭がおかしい（混乱している）のであり，その人は専門家に診てもらう（支援を受ける）必要があります」（1986, p.59）。このようにして，ウェルトマンは悪戯をされたというエドワードの罪意識を拭い去ろうとしていた。

　別の事例では，中年の男性に悪戯をされたダニエルという7歳になる男児が，昔のことを思い出すゲームを使って，どのように自分の性的被害を表現したかを描いている。ウェルトマンのグループワークでは，子どもたちは毛布をぐるぐる巻きにして自分自身を防御するのであるが，そのゲームは体をいろいろに使うことによって，最終的にはダニエルが男児の一人に自分自身を投影させて，象徴的に彼が遭遇した同性愛的経験を表現させるに至った。この経験によってダニエルは，それまでは混乱していて悩みの種であったものを非言語という方法で表現することができるようになった。

ダニエルが自分の感情を演技で表現した時には他のグループメンバーについての印象も含まれていたので，ウェルトマンはそのムーブメントが行われている最中に割り込み，制限を加えなければならなかった。そしてウェルトマンはダニエルに，誰かがそういうことをダニエルにしたのか尋ねた。ダニエルはある人がそのようなことをして，それは友情の証なのだと言ったと話した。そこでウェルトマンはダニエルに手を貸して，性的な意味合いを付けずに友情や愛情を表現する別の方法をいろいろと探索させた。このようにして，体で表現する代わりに心を豊かに，明確にするよう励まし，そのようにしてダニエルに，もっとその場にふさわしい，新しい方法で自分の感情や行動を受け入れる手伝いをした。この過程は，温かさと理解をもって行われると共に，グループの進行によっても支えられながら行われた。

7歳になるメリッサは，臀部の筋肉を緊張させたり弛緩させたりするような動きも含めた，両脚の爪先を細かく動かしたり弛緩した動きをすると，性的な感情，連想，発声が誘発された。最初のダンスセラピー・セッションが終わった時，メリッサは破れたハートの絵を黒板に描き，「性教育（Sex Ed.）」という字を書いた。

2回目のセッションに来た時，メリッサは「性教育（Sex Ed.）」について話すことを不安に感じていたが，ウェルトマンはまず動いてみるようにメリッサを励ました。彼女はいつものように両足の爪先を小刻みに動かすような細かな動きから始め，「変な気持ち。バナナみたいな感じがする。釘みたいな感じがする」と興奮して言った。ウェルトマンは次のように書いている。

> 突然，メリッサの動きは大きさ，早さ，強さを増し，半狂乱のような叫び声をあげ足を蹴り始めた。私は注意深く近くに寄って，メリッサの表現を助け，注目した。メリッサが

動きを止めてから，私は何が起きていたのかを尋ねた。とても嫌で腹が立ったとメリッサは答えた（1986, p.61）。

メリッサは性的な行為を見るように強要されてから虐待を受けた事を話し続けた。ウェルトマンは自分の非言語的，及び，言語的コミュニケーションを通して，メリッサが当時の自分に対して抱いている気持ちをも配慮しながら，子どもに対する信頼と受容をもって細部に至るまで傾聴した。ウェルトマンは子どもの気持ちにも配慮しながら，メリッサが明らかに持っている「様々な種類のムーブメントをいろいろに使って，自分の身に起きたことをもう一度再演する」という必要性を満たすように促した。ウェルトマンが質問をしたり相づちを打ったりしながらもう一度再演することが進められ，それをし終わると，メリッサはウェルトマンの膝の上によじ登り，ウェルトマンはメリッサを前後左右に揺すった。このような感情的なサポートや信頼や安全性に対する気持ちは，メリッサの治療を成功に導くためには明らかに基本的に必要なものであった。

虐待に対するウェルトマンの実践において彼女は，「ムーブメントや演劇から触発される思い，気持ち，思い出等の表現」を，「信頼関係，思いやりが深く懲罰的ではない関係」と結びつけているが，これらの関係においてこそ，ウェルトマンが虐待を受けた子どもの人生の中で積極的に保護する役割を演じている。

性的虐待を受けた養子に対する実践：
スティーブ・ハーヴェイ

スティーブ・ハーヴェイ（1995）はコロラドスプリングスにおいて幼少児やその家族を対象にして個人開業的に実践をしている認定を受けた心理学者である。彼は虐待や養子縁組等の家族問題について，米国と欧州で教鞭をとったり助言活動をしている。

ハーヴェイ（1995）は「サンドラ：性的虐待を受けた養子の一例」に見られるように，性的虐待を受けた養子に対して表現芸術療法を使って実践を行った。次に示す引用は『ダンス療法と他の表現芸術療法：言葉だけでは十分でない時に（レヴィ他，1995）』の中の彼が担当した章からのもので，性的虐待を受けた子どもたちが他者と信頼関係を築くことを学ぶのを，ダンスやゲームがどのようにして助けるかを描いている。

ハーヴェイはマクナマラ（1989）を引用しながら「里親制度における性的虐待はよくあることである」と言っている。マクナマラは「里子になっている子どもの約4分の3は，就学年齢に達するまでに何らかの形の性的虐待を受けている。したがって，養子縁組をした子どもが養子になる前に里親や家族から性的虐待を受けている場合も珍しくはない」と推測している。さらにマクナマラ（1989）とライアン（1989）は，「養子縁組をする過程で過去に受けた問題を予防するための練習をすることは，養子縁組している家族に対する非常に否定的な影響を与える可能性がある。養子縁組を実施する前に性的虐待を受けた子どもたちはその後も続けて背信的な気持ちや不信感を持ち続けている」と指摘している。

ハーヴェイは，クリエイティブ・アーツ・セラピーは養子縁組をした子どもたちが受けた「養子縁組以前の虐待」がもたらす諸問題に取り組むことができるので重要であると強調している。表現芸術を使えば，両親と子どもは同じ活動に一緒に参加することができ，言葉に頼らずに感情表現や相互作用をし易くなる。ハーヴェイは「幼い子どもたちは自分の新しい両親を信頼し始めるので，子どもたちは虐待という過去の出来事を直視し始めることができる。このように物事をあからさまにすることは，セラピー過程の直接の目的というよりもむしろ副産物である」と言っている（Harvey, 1995, p.168）。

ハーヴェイは性的虐待が疑われているサンドラという名前の3歳半になる女児に対してクリエイティブ・アーツを使い，次に示す事例研究にまとめている。ハーヴェイはサンドラに直接的な質問はしないが，約1年程セラピーをした後，母子関係の改善や家族と子どもとの間の相互作用について行っている時に，サンドラはソーシャルサービスの評価者に対して自分が強制わいせつされたことを自発的に話し，評価者はその事実を確認した。

次に示すのは，その女児が初めて表現した時の記述である。

　ロビンソン夫妻は3歳半になる養女サンドラと養子縁組をして間もない頃，サンドラに対して表現療法をするように勧められた。
　初回面接において，ロビンソン夫人はいくつかの問題を訴えた。サンドラはたえず動きまわりしゃべり続け，ほとんど言うことを聞かなかった。サンドラは一晩に2〜3回起き，ベッドに戻って寝ることが何時間もできなかった。サンドラは両親の前でも他の子どもたちの前でもマスターベーションをし，ロビンソン夫人が彼女を抱きあげて部屋から連れ出す時だけそれを止めた。サンドラはロビンソン婦人に，他の名前の知らない大人たちが彼女の「おしっこするところ」に触ったと打ち明けた。しかしサンドラは，大人に見ていてもらう必要がないような様子で，また，他の子どもと一緒にいる必要がないような様子で，何時間も独り遊びをすることができた。
　これに続く3回のセッションで，サンドラと彼女の養母はムーブメントのゲーム，演劇遊び，お絵かきをするように言われた。ゲームには，「リーダーに従う遊び」や「ミラーリング遊び」も含まれており，サンドラと彼女の母親は代わる代わるリーダーをやった。
　「リーダーに従う遊び」の時も「ミラーリング遊び」の時も，サンドラは非常に落ち着きが無く，部屋の隅から隅まで素早く駆けまわっていた。彼女は役割交代をすることができず，ロビンソン夫人にリードさせなかった。

ロビンソン夫人は娘に素早く対応し，ひたすらサンドラのムーブメントに従って真似ることができた。これは「リーダーに従う遊び」というよりもむしろ「追いかけっこ」のゲームに近く，ロビンソン夫人はサンドラを言葉でリードしようと数分間試みたがダメだった。母親からも娘からも肯定的な感情は見られなかった（Harvey, 1995, p.171）。

最初の治療目標を立てるため，ハーヴェイはサンドラとその母との間の相互作用を観察した。「養母と養女が遊びを発展させて，本当の気持ちをやりとりできるようにするのを助けることが主な目標である。ゲームを通して相互作用をすることができれば，次の治療目的はサンドラとその養父母とが自分たちのもっと深い思いを表現するのを助けることになるだろう」（Harvey, 1995, p.172）。

ハーヴェイは一連の遊び活動を使って，サンドラとその母が互いにコミュニケーションをとり，深く結び付く能力を高めた。「サンドラ島と母島」というゲームでは，ハーヴェイが母親とその娘に，互いに3mほど離れたところに枕で二つ別々の空間を作り，その島から互いのムーブメントを真似することができるという遊びをさせた。「ロビンソン夫人とサンドラは決められた場所に陣取ると，遊びは比較的上手くできた」（Harvey, 1995, p.173）。

治療を始めて数カ月経った頃，サンドラ自身がハーヴェイのゲームに新しい要素をいくつか加え，その中にはサンドラ島と母島との間で戦争をする「戦争ごっこ」というものや「怪物退治」がある。この「怪物退治」では，サンドラと母親が同じようなジェスチャーを使って，スカーフや布切れでセラピストが扮装したお化け（怪物）を退治した。「このゲームの中で，サンドラと母親は隠喩を発達させ，それによってサンドラの心の底にある怖れとそれへの防御に接近して行った。サンドラとその母は互いの関係を深めて行った」（Harvey, 1995, p.175）。

サンドラの治療が進展して行くにつれ，サンドラは過去の虐待について話し，彼女の母親と遊ぶ時にも安全なゲームを選ぶようになった。この間，サンドラは虐待について話す時にしばしば怖がり，ロビンソン夫人に抱きしめて欲しいと頼んだ（Harvey, 1995）。

　サンドラが話すところによれば，産みの両親による性的虐待はすべて湯船の中で行われたという。他の大人もそれに加わっていたとサンドラは言っている。サンドラがこれらの秘密を口外しないようにするため，人さらいや殺人鬼等のおどしをされたことについてもサンドラは話した。

　このような告白をしている期間中，サンドラは家でも学校でも，一緒にいる子どもたちの前でも家族の前でも脅迫的にマスターベーションをしていた。最終的には，6歳の誕生日の直前であったが，サンドラは自分が受けた虐待についてすべてを社会保障局のワーカーに報告した。聞き取り調査が終わってから，サンドラは「怪物退治」のゲームをやって不安を和らげた。このゲームをやっている間，サンドラとロビンソン夫人は二人とも深い感情を体験した。踊って怪物を追い出す時にサンドラは再び怖がっていたが，ロビンソン夫人はそのことに気持ちを集中して，しっかりと真剣に対応した（Harvey, 1995, p.178）。

サンドラが虐待の結果をどのように感じたら良いのかについて，ハーヴェイは他のゲームを使って手助けをした[脚注4]。この治療は始まってから約2年半を経過したところで終了した。サンドラと彼女の養父母との関係は明らかに変

（脚注4）ハーヴェイが行った治療過程についてもっと深い議論をするには，『ダンスと他の表現芸術セラピー：言葉が十分でなくなった時に』（Levy, et al., 1995）を参照せよ。このセクションに書かれた多くの方法や目標は成人にも，各々の発達上のニーズに基づいて行う限り，役に立つことだろうと記すことは興味深いことである。次の章ではこのことについてさらに深く論じる。

化し，ロビンソン夫人は娘の人生に対して前よりももっと保護的で養育的な役割を果たすことができるようになったとハーヴェイは言っている。加えて，サンドラは自分の家族が以前よりももっと身近で結び付きの深いものに感じている。「最終的には，ムーブメントのレベルでは，サンドラと彼女の養父母は『自分たちの相互作用』と『身体的に身近になることから来る落ち着きや安らぎ』とを結び合わせることができるようになった」とハーヴェイは言っている（Harvey, 1995, p.180）。

まとめと謝辞　ノーマ・キャナー

　この章では，様々な分野の臨床家による先駆的実践を通して，子どもや十代の若者に対してダンス・ムーブメントセラピーを使う様子が描かれている。彼らはそれぞれ異なる観点からダンスセラピストという職業に貢献し，学校や家族と共に実践している点において高い評価を受けている。成人に対する実践と同じように，子どもを対象とするダンスセラピストが最初に優先的に行うべきことは，信頼と共感を打ち立てて安全な環境を創り，そこで子どもが自分自身とそして他者と関係を持ち，自分自身の身体に以前よりも心地良く感じることができるようにすることである。真の共感を得るには子どもの発達レベルから始めることが，一般的概念とし

て何度も繰り返し言われている。

　この実践の主要な目標は，「子どもが自分の身体に対して，明確で力強くて，言葉で描写できるような感覚を発達させる手伝いをすること」である。この目標に到達するため，相互作用，接触，基本的なムーブメントの探索，小道具等，多くの方法が使われ，ムーブメント活動を広げたり深めたりする。この章においては「構造」が重要なテーマになっている。ゲームやミラーリングを使うセラピストもいれば，ダンスの技法や型を教えるセラピストもいる。「構造」は身を守るための境界を子どもに提供し，子どもが自分自身を無限の広がりを持つ自由の中で表現することを可能にする。

　この章を終えるに当たり，ダンス・ムーブメントセラピーのパイオニアであるノーマ・キャナーを紹介する。彼女は革新的な『……そしてダンスの時間』を 1968 年に著したが，これは子どもに対する創造方法についてのごく早い時期の著作である。彼女は 1950 年代から，健常児はもとより身体障害児や情緒障害児に対する早期教育やメンタルヘルスのプログラムの革新者として知られていた。キャナーはウィリアム・フリーマンとナンシー・ビアダルの実践に大きな影響を与えているが，この二人についてはすでに議論した。ダンス・ムーブメントセラピーの分野におけるキャナーの貢献について詳しく知るには第 23 章を参照すること。

セクションB

成　人

精神科ケアを受けている人びと

　誰もがみんな言語で自己表現できる訳ではない。身体表現が許された時の方が，許されない時よりももっと自由に自分の考えや気持ちを表現できる人もいる。このことは精神科の患者たちと関わる時によく見られることで，彼らは「彼らの言語」で話すことができないために入院させられることがよくある。

　これまで論じたように，マリアン・チェイスは1940年代にダンスを通して精神科の患者と直接のコミュニケーションを取り始めた最初の人であった。その他の早期のパイオニアたち，特にシュープやローゼンは，1950年代からこのような人びとを対象に実践を始めた。今日，アメリカ合衆国中の病院や地域の精神保健クリニックは，ダンスセラピーを精神病患者のための総合治療プログラムの一環として認め，採用しつつある。

セラピストと患者との関係

　どのような人びとを対象にするとしても，セラピストと患者との関係はダンスセラピーにとって重要である。入院している精神病患者と人間関係を作り上げることは特別な試行錯誤を要する過程になることがあり，特に経験の浅いダンスセラピストにとってはそのようなことが言える。チェイスの元教え子であり，この分野において重要な執筆者の1人であるスーザン・サンデル（1980）は，自省とスーパービジョンと同僚のサポートが無くては，経験の浅いセラピストはフラストレーションと自己不信と極度の感情的疲労を感じる傾向にあると強く考えている。

セラピストにのしかかる精神的ストレス

　統合失調症で入院している患者に働きかけることは，難しく，大きな負担を要するもので，多くの場合，進歩や個人的な報いという点では見るべきものがほとんどないとスーザン・サンデル（1980）は断言している。そのため，経験の浅いダンスセラピストが，患者に対して怒りや絶望を感じないようにするために，防衛的方法や代償的方法のどちらか，または両方を使って自分を守ることは珍しくない。このような「否認」は，セラピストが誠心誠意，治療を行う時には自然なことであり，時には必要なことであるとサンデルは考えている。しかし，同じように否定的な態度をとるにしても，どのような治療状況においては有害になり得るかを理解しておくことは，経験の浅いセラピストにとって是非とも必要なことであるとサンデルは警告している。

　たとえば，セラピストが患者の行動をチラッと見て，患者が変化や成長を見せていると信じ，その行動の重要さを過大評価したとする。この時，セラピストにはその患者を実際よりも能力が高いと信じる危険性がある。これらの期待はよく，セラピストが感じるフラストレーションに対する防衛の一部として現われるが，一方ではまた，退行が起きている時にはセラピストに

落胆と怒りの感情を生むことがある。統合失調症の患者が深い精神的な関わりを求め，ダンスセラピストは時にはその患者のニーズに押し流されてしまいそうに感じることがある，とサンデルは注意を喚起している。ダンスセラピー中にはセラピストと患者が一緒に動き，接近した身体接触をすることがよくあるので，セラピストが患者に対して精神的なつながりを持つことは治療にとって不可欠な一部である。そのような共感は患者を受け入れていることを示し，それによって患者は内なる世界をわずかでもセラピストに見せる可能性がある。それがダンスセラピストに「私には患者を治療する能力がある」と全能の力があるとまで思いこませてしまう「どうしようもない欲望」を経験させる可能性と共に，「方向を見失って，全能力を使い尽くしてしまったという絶望感」をもたらす可能性もある。要するに，ダンスセラピストは自分が「全能」と「無能（絶望）」という気持の間で揺らぐ存在であることを認識する必要がある。ダンスセラピストが有効な人であり続けるには，これらすべての反応を選り分け，整理しなければならない。

　統合失調症の患者に起こる転移の一形態として，ダンスセラピストを「良い」母親もしくは「悪い」母親として見る場合がある。サンデルはそれぞれの例を示し，その結果として起きる逆転移現象を論じている。

　サンデルが行っていたあるセッションで，患者の一人がサンデルの親指をちょっと吸い，「良い」母親と慈しみの問題が演劇的手法で表現された。セッションを終える時，その患者は先程の出来事についてあまり話したがらなかったが，赤ちゃんになったような気がしたとあえて言った。後になってサイコセラピストの手助けにより，その患者はサンデルが自分の母親であったら良いのにと願っていることに気が付いた。

　サンデルは，逆転移の感情から生じる自分自身の不安を理解し，我慢することによって，この出来事を患者にとって不快な問題とせずに，患者の行動をより良く受け入れることができた。

　また一方では，ダンスセラピストが統合失調症の患者から「悪い」母親として見られる時もある。そのような時，患者は踊ることを拒否することによって，ダンスセラピストをいらいらさせようとすることがある。サンデルは自分の患者の一人を例に挙げている。その患者は一年以上もの間，彼女のセッションの間はずっと床の方に顔を伏せたままでいた。何が起きても彼女は顔を上げなかった。セラピストであるサンデルは毎週，セッションを始める前に，その患者に参加するよう話しかけ，患者は「分かった」と言うが，そのまま床の上に横になっていた。ある日，彼女は立ち上がり，動き始めた。その日以来，彼女はずっとセッションに参加し続け，セラピストに彼女の以前の行動について思い出させ，にやっと笑って「あれは貴女を怒らせたでしょう？　違う？」と言った（Sandel, 1980, p.28）。サンデルは，患者が早期に示す否定的な転移によってセラピストに生じる強度の逆転移，つまり悪い母親になるという緊張状態を体験した。サンデルは今は患者が動いてくれるようになったことを喜んでいるが，はじめの頃は患者がサンデルに抵抗し，それが1年も続いたことを毎回思い出し，サンデルはその度毎に自分が腹を立てていたことに気が付いた。否定的転移現象も肯定的転移現象も，どちらもセラピストにストレスを与える。自省，スーパービジョンそしてサポートは必要不可欠である。

　最後にサンデルは，統合失調症の人びとはセラピストが自分の治療方法をどれほど大事にしているか，それによってもたらされる結果をどれだけ気にしているかを，本能的に気づいていると考えている。患者がセラピストに対して「こんなのばかばかしい。これはセラピーではない」といった言葉の攻撃をしかけて，セラピストの自信を疑わせる場合が実際にある。セラ

230　第3部　様々な人びとに対するダンス・ムーブメントセラピー

ピストは防衛的な説明をしたり，さらし者になったり，もしくは，その両方になることを警戒しなくてはならない。なぜならどちらの行為もセラピストの自己不信を露にし，転移を混乱させ，治療状況での客観性を壊してしまうからである。

　ジョーン・ラベンダー（1977）は，未分化型の慢性統合失調症と診断された，ニックという43歳になる患者に対して彼女が行なった実践を記述している。この論文は，ラベンダーたちの技法を何とかして療法的に使おうと一生懸命に努力している新米のダンスセラピストが直面する困難を明らかにしている。ラベンダーの記述はニックの進歩だけでなく，新米のセラピストである彼女が研鑽を積み，最後にはダンス過程を「治療的関係を促進する最も強力なもの」と確信するに至るまでに成長する過程をも跡付けている（p.123）。

　ニックに対して行なった最初の1年間の実践は「下手で通り一遍のもの」（1977, p.125）であり，セッションは「前もって組み立てられていて効果がないものか，混沌としているもの，または，それら二つが混在しているもの」だとラベンダーは感じていた（1977, p.125）。ラベンダーは自分がニックを全人的に見ずに，ニックの動きの強さや弱さばかりに反応していたと強く考えていた。彼女はさらに次のように述べている。

　　私はまだ自分がダンスを使っておらず，その代わりに，一つひとつがバラバラでそのためにぎこちなくなっているムーブメントのエクササイズをしているとはっきりと感じていた。私はニックに私の動きを真似することを止めさせることができず，同時に，私は彼を不完全な人として見ることをやめることもできなかった。私たちは二人とも互いに違和感を感じていたので，自由に踊ることができなかった（1977, p.127）。

　2年目になると，セラピストと患者との関係が成長し始め，その結果「ダンスが深まって行った」（Lavender, 1977, p.128）。ラベンダーは共感を示す役割をそれまでよりも演じるようになり，患者と一緒に動いて彼のムーブメントのスタイルを支えた。ラベンダーは彼の動きやジェスチャーに慣れ，さらにはそれらが伝える意味も分かるようになった。その後，彼女は自分自身のバリエーションを使って，彼のダンスに応え始めた。セッションは前もって準備されることが以前よりも少なくなり，ニックは自分自身のテーマを創るようになった。即興ダンスがセッションの中でも主要な部分となり，即興ダンスからロールプレイが現われることも多くなった。

　その後，セラピーが3年目に入ると，セラピストと患者との関係がさらに育ち，ニックは自信を深め，以前よりもまっすぐに立つようになった。彼はまた，以前より筋の通った話をすることが多くなった。ラベンダーが言うように「ムーブメントで考えることと言葉で考えることとが一体になって来た」（1977, p.128）。

　この患者に対して行った実践について報告する中でラベンダーは，ダンスのプロセスが自然に展開して行くようにすることの重要性，そしてセラピストがムーブメント関係に満足し，患者がそれを信頼することの重要性を強調した。

　　私はダンサーの考えや感情によって，ダンスがダンスそのものの構造をつくり出すことが分かってきた。ダンサーに自分のムーブメントと感情との世界を広げたいと思わせるのは，ダンスが持っている感情的なコンテクスト（文脈）なのだ。ダンスの中にある何かがニックに霊感を与えて，彼の考えを展開させた時に，彼は自分の本当の気高さを手にすることだろう。ダンスがそれを要求した時だけ，彼は深く呼吸をするだろう。私たちのダンスの世界がそのような命令に満ちた感情を彼の中に呼び起こした時だけ，彼は自分が動き回る

場所を要求することだろう。信頼関係がこのような新しい感情を育んでくれることだろう」(1977, p.128)。

空間と分離個体化の問題

ジョーン・ネス・ルウィン（1982）は，「患者・セラピスト関係」と「対象関係論の中で議論されている発達段階」との結びつきについて論じている。これらの発達段階は常に明確である訳ではないが，発達段階を理解することは，ムーブメントで相互作用をしている時に患者とセラピストとの両方に生じる激しい感情を理解する上での手助けになるとルウィンは考えている。次に示す事例報告の中では，ルウィンが考える発達の枠組みが2つの方法で示されている。一つは患者とセラピストとの間に生じる関係の成長を通しての枠組みであり，もう1つは患者が達成した心理的機能レベルの表示を通しての枠組みである。

最初の事例はアンと表記され，未分化型の慢性統合失調症と診断された23歳の患者である。最初に出席したダンスセラピーセッションの間，アンが自閉的段階であったことは明らかであった。この段階における彼女の動きは，ストレッチをする，転がる，滑る，這う，上る，そして崩れることであった。アンはセラピストとアイコンタクトをとろうとせず，セラピストの存在は彼女の世界への侵入であると思っているかのようであった。それに続くセッションは過渡期のようにみえた。アイコンタクトは取ろうとしなかったが，患者とセラピストは一緒に並んで，ストレッチをしたり，体を弛緩させたりした。アンはこの過渡期，つまり，シールズ（1961）が「両面価値的共生」と呼んでいる時期にあり，患者はセラピストと溶け合うことを望みつつも，まだそれを恐れている期間を何カ月か続けた。アンは以前，自分の成長が止められた時点で，自分自身のために新しい発達の境地を拓き，共生的段階に入った。この段階で，アンはアイ

コンタクトや身体接触を受け入れ，背中さすりをセラピストに頼むようになった。セラピーが進むにつれ，アンはセラピストと押したり引いたりする動きをリードし始めたが，これはルウィンが考えるに，分離個体化段階の始まりを示唆していた。残念なことに，丁度この頃，彼女は病院を退院し，社会復帰訓練所へ移ってしまった。

2つ目の事例研究でルウィンは，境界性パーソナリティ障害と診断された21歳のヴェラに対する実践を記述している。ヴェラは古風な「由緒ある」家柄の出身で，他の患者たちからは気取っていると思われ，孤立感を感じていた。彼女は周囲の人を満足させようと気を使い過ぎて，混乱し，気が塞ぎ，おびえているように見えた。ヴェラは，自分の目から見るとあまりにも理想化され過ぎているようにみえるルウィンと自分が関係を作っても，何の価値もないと感じていた。

ヴェラはセラピストと一緒に，もしくは独りでストレッチをしたが，それはただ単に彼女がそうするように言われたからであった。彼女はまだ素直に気持のやりとりをする準備ができていなかった。リラックスするような音楽に合わせてゆるいストレッチ，回転，体をねじる動作をして行くうちに，ゆっくりと，目の前の壁が崩れ去り，ヴェラは共生的段階へと入って行った。この時，彼女はセラピストが陽気に楽しく彼女に添うことを受け入れ，その結果二人はムーブメントのシンクロニーを行うようになり，体を揺らしたり，旋回したり，体の形を拡張したり，収縮したりした。

共生的段階にい続けることはヴェラにとって心地良いものであったが，ダンス・ムーブメントセラピストと言語聴覚士に後押しされて，彼女の良い対象物と悪い対象物に向かい合い，分離個体化の段階，つまり心理学的に止まることになったレベルへ進まねばならなかった。ヴェラがその段階に入ったことは，彼女が自分自身

の体のムーブメントを探求し，言語や非言語で自分の感情を表現し，セッションが陽気になって来始めたことにより，明らかであった。

サンデル（1982）もまた患者の発達段階について書いており，特に統合失調症のある患者に対する集団ダンスセラピーに言及している。彼女はダンスセラピーの文献の中に，ミラーリングやリズミカルな同時性のムーブメントを使いながら，退行した患者たちに対して共生的愛着を形成しているセラピストの例をいくつも見つけている。しかし，それに比べると，発達における分離と個体化の段階で見られる患者との治療関係についての記述は注意の向けられ方がずっと少ないと書いている。

ケステンバーグ，マーラー，スピッツが行った研究を引用しながらサンデルは，子どもが発達して行く上では，異なった発達段階では異なったマザリング（保護行動）の型が要求されるように，患者が改善して行く上でも当然，異なった段階ではその段階が必要とする異なった療法のやり方があると主張している。しかしながら，ダンスセラピストという職業が発達し始めた初期の頃は主に統合失調症の人たちに対する実践が行なわれていたので，多くの「古典的な」ダンスセラピー技法はこの種の人たちが共生的なものを必要としていたことに基づいている。しかし，この段階ではない患者に対してこれらの技法を使うことは効果が比較的薄かったり，もしくは逆効果にさえなってしまう。たとえば，円陣を作ったり同じ動きを続けたりする技法は，患者が自主的にやってみようとする気持ちを妨げる可能性がある。慢性統合失調症の患者から成るグループが円になってシンクロニーで動いている光景は，「良い」ダンスセラピーのセッションを示していると言うよりもむしろ，度を超えた「依存，追従，無関心」を示している場合もあり得る（Sandel, 1982, p.13）。

分離個体化を促進するために，サンデル（1982）は次のような提案をしている。患者た

ちの間でリーダーシップの役割を受け持ち合うという技法は患者の自主性を育てる上で理想的である。しかしまた，この技法もセラピストが注意深く行わなければ，台無しになってしまう可能性がある。もしセラピストが患者に「リーダー」の役をするようにと強い言葉やムーブメントで無理強いすれば，セラピストはその患者にリーダーシップを委ねてはいるものの，その患者がこの役割を果たすことができないと考えていることを伝えていることになってしまう。

セラピストはまた，退屈な時間や不安な瞬間を避けようとして，機が熟していないうちに介入してしまう場合がある。このようなことをすると患者に習得するために苦闘する時間を与えないことになり，そのため患者は学ぶことも成長する事もできなくなってしまう。一方，安全と保護を求めて患者がセラピストの枠組みに頼っている時には，セラピストは患者を手放すべきではない。邪魔をせずにバランス良く患者を支持することは正に至難の業である

サンデルは，患者たちは外面的な構造をほとんど使わずに，さらに高度な即興に参加できる可能性があると指摘している。彼らは小さなグループを作って，部屋全体を使って列になったり輪になったりすることもできる。彼らはセラピストと一緒に組むよりも，二人組になって互いにやりとりをする方を好むかもしれない。彼らは体重管理とフィットネスのための特別のエクササイズを頼んで来るかもしれない。頑固な習慣を実践したり，馴染みのない状況や役割を体験することによって，ロールプレイや演劇的技法もまた区別化を促進するために使うこともできるかも知れない。

セラピストは，親密な期間の後に患者が必要とする「距離」について十分に応えねばならないとサンデル（1973）は強調し，個人空間の重要性を指摘している。また，ボヴァード・テイラーとドラガノスキー（1979）は，「セラピストと患者との関係」と「治療過程」との両方を

育む上での，個人空間の重要性について書いている。彼らが持っている臨床的経験から，彼らは次の提案をしている。それらは，①自分たちは空間を制御することができていると患者たちに感じさせること，②変化に対して敏感であること，③誤解に対して敏感であること，④個人空間の好みを認めること，⑤快もしくは不快なサインに対し言語的にもしくは非言語的に応えること。

ジェイの事例

アーリン・スターク（Samuels, 1972）は事例研究において，シャロン・チェクリンがどのように患者を支援し，患者が孤立を打ち破り，自分の感情を表現し，個人空間を制御し，自分の周囲と関わって行くようになったかについて論じている。ジェイは21歳の男性で，緊張型統合失調症ならびに知的障害と診断されている。諸検査によると，彼の精神年齢は4歳5カ月であった。彼は3カ月間にわたり毎週1時間の個人セッションに参加した。

チェクリンの実践は次のような身体的目標に焦点を当てて行われた。すなわち，ジェイがもっと強く機敏に動けるように手助けすること，もっと深く呼吸するように励ますこと，彼が自分の体を制御する能力を高めること，彼が身体的防衛を緩めること，そして彼が言葉を使うよう励ますことに焦点が当てられた。チェクリンは，治療的関係を使って，彼を引きこもりの状態から連れ出し，感情的な防衛や身体の硬直を和らげるよう試みていた。

セッションの最初のうち，ジェイはいつも目を閉じたまま体をこわばらせ，黙っていた。彼のセラピーの進み具合はまるで組み合わせパズルのように，バラバラなものを繋げて行くようであった。12回のセッションによって彼は身体各部の硬直が解け，終には体全体が調和して流れるように動けるまでになった。次に示すのは，この過程についての概略である。

チェクリンはまず，患者の呼吸の強さと深さに焦点を当てた。ほどなく彼は呼吸のエクササイズを彼自身でするようになり，5回目のセッションまでには力強く呼吸できるようになった。

チェクリンはジェイのムーブメントの幅を増やすために，様々な小道具（プロップ）を使った。はじめに小道具を使うことにしたのは，彼のIQが低く見えたからだとチェクリンは言った。しかし，一緒に実践しているうちに彼女は，ジェイの障害はもともとの認知的なものというよりも感情的なものであり，教育不足によって悪化したものであると考えるようになった。それにも関わらず彼女が小道具を使い続けたのは，彼がそれらによく反応し，ゲームを思いついたり，使用する空間を広げて行ったからである。たとえばストレッチバンドを使って，彼は初めて両腕を思いっきり左右に延ばし，フープ（輪）を使って，彼の凝った右腕を回して腕をほぐし，またそのフープは「空間ゲーム」のもとになり，彼とチェクリンは部屋中を動き回ってお互いに妨害しようとゲームに興じた。また，吹き流しリボンを使って，リズミカルで流れるような動きを誘い，風船を使って，指でつかむ動きをも誘発した。小道具はまた彼がセッションを通して目を開け続けることを促した。つまり，放り投げた輪を空中で受け止めるためには，彼はどこに輪が落ちてくるかをしっかり見ていなければならなかった。

セラピストとの関係が深まるにつれ，彼はセラピストに逆らって両手に力をこめて押したり引いたりするようになったり，彼女に寄りかかったり，音楽に乗せて優しくゆれることができるようになった。ついに（6回目のセッションで）彼は自分の意志を主張し始め，本人が望んでいる以上にセラピストが彼を動かすことを許さず，自分の体重を使って「ノー」と表現した。チェクリンはジェイに，彼女とのムーブメントのやり取りを通して，彼自身の有意義な空間を創るよう促した。チェクリンが彼のニーズを尊

234　第3部　様々な人びとに対するダンス・ムーブメントセラピー

重していたので，ジェイは治療的関係を信頼し易かった。彼女は彼に，親密でありたいというニーズと，ある程度の距離を置きたいというニーズとの両方を表現するよう促した。

7回目頃のセッションでは，純粋なムーブメントが感動的な結果を生んだ。ジェイがシュッシュと音を立てながら部屋へ入って来て，セッションの間中話をしていたのである。それに続くセッションで，彼は笑ったり泣いたり，様々な感情を表情で初めて見せるようになった。

この研究の最後のセッションで，ジェイは自分のムーブメントを操作して自分の感情を制御するようになった。つまり，ムーブメントによって感情が表面に現れて来た時には，ムーブメントを変えればその感情を変えられることに気付いたのである。彼はもはや目を閉じ，体をこわばらせて周囲から完全に遮断する必要はなくなった。チェクリンの助けを借りて，彼は自分のことは自分でできると学んだのである。チェクリンは，押す，引く，寄りかかる，揺れる，遮る，つかむ，ストレッチする等，彼の個人空間，ひいては彼自身を定義し，統制するためのあらゆる表現形式を行う可能性を彼に与えた。この研究の対象になっている12回に渡るセッションの後にもジェイに対する個人セッションは続いた。2カ月後，彼はダンスセラピーを紹介した新しい映画に出演できることになった。スターク（サミュエルズ）とチェクリンが開発した運動観察指標がジェイの成果を評価するために使われた。その指標は，広範囲にわたるLMA訓練を受けていないダンスセラピストにとっては有用なものである（Chaiklin 談,2003）。

グループによる相互作用

グループワークでは，それぞれの患者とダンスセラピストとの関係において，また，グループ全体とダンスセラピストとの関係において相互作用が行われるのと同様に，グループの参加者同士の間でも相互作用が行われる。ヘレン・レフコ（1974）には，個人クリニックに入院している6人の患者から成るグループに対する実践が載っているが，それはグループの進行状況を明確に描いている。

レフコは円陣を作ることと，ウォーミングアップのムーブメントを使うという，2つのグループ構造だけからセッションを始める。その後，グループの自発的な相互作用が続き，レフコはグループが形成した感情の波に乗るように見える。

たとえば，患者たちが自分たちの感情的ニーズに押し動かされて，自然発生的にグループメンバーの一人であるでっぷりと太ったローラという患者の真似をし始めた時の劇的な光景をレフコは描いている。グループは腹一杯に食べ物を詰め込みたいという欲望を劇的なムーブメントで演じ続けた。はじめのうちローラは無関心でいたが，終いにはそれに参加した。口が要求するニーズについての攻撃的な誇張を全員が一緒になって執拗に演じた後に，グループはそれまでよりも受動的で満足した状態へと落ち着き，体をゆっくりと揺すったり，指をしゃぶるような動きをした。「部屋は全く静かになり，音楽のかすかな音と，赤ちゃんが空腹で指を吸っている音だけがしていた。」（Lefco, 1974,pp.35-36）。

グループ参加者の間で言葉による対話が進行している時に，同時にダンスと演劇行為が行われると，レフコの実践が持っている創造的で自然発生的な側面が最も力を発揮する。レフコはまた，グループの参加者が言語や非言語で表現した感情の両方に応えながら，自然発生的に相互作用を進める。彼女は素早く音楽を変え，感情表現を促し，調整する。レフコのワークは彼女の大胆さを反映し，予期せぬ瞬間へも果敢に挑戦し，個人的表現に対しては善し悪しを論じない大いなる寛容さをグループに与えている。

そのようにしてから彼女は，彼女が受け入れることができるグループ構造という結果を創造的に取り扱う。

レフコの実践は，何エーカーもある広大な農地にある個人クリニックで，患者とスタッフが小さなトレーラーハウスに家族単位で一緒に住みながら，少人数のグループで行われる，という点が独特である。このクリニックでは，患者の治療方法としては薬物療法とショック療法を用いていない。薬物療法やショック療法に頼っている病院現場もあり，それが患者を無気力な状態にし，体を動かしたり自己表現したりするエネルギーがほとんど残っていない場合がしばしばある。そのようなことがダンスセラピーを実施する上で妨げになっていることを多くのダンスセラピストが経験していることを考えると，レフコの実践は特筆すべき事である。

集団ダンスセラピーの構造分析

デイビッド・ジョンソンとスーザン・サンデル（1977）はムーブメントセッションの構造分析（Structural Analysis of Movement Sessions, SAMS）と呼ばれるシステムを開発し，そのシステムは今日でもなお使われている。このシステムはダンスセラピーとドラマセラピーのグループに参加した成人の精神障害の患者に対して彼らが行った実践から生まれた。ジョンソンとサンデルはSAMSを「グループ内の出来事を表現する語彙であると共に，グループの機能的側面を分析する方法でもある」と述べている。このシステムは内容（たとえば，どのような活動をしたか）よりも，グループの構造的側面（たとえば，グループ活動のパターン）に焦点を当てており，その点が重要でユニークな貢献をしている。一般的には，セラピストが構造を決め，参加者たちが内容を決めると著者たちは考えている。したがって，「これらの構造を分析し，分類することによって」，SAMSは「セラピストが自分の介入

を考察する上で役に立つ枠組みをセラピストに与える可能性がある」と考えている（Johnson & Sandel, 1977, p.33）。特に，SAMSは46種類の構造を規定しており，それは課題（「グループ全体としての可視的な活動と音のパターン」p.33），空間（「グループの参加者が互いに持たねばならない身体的関係，すなわち，グループの隊形」p.33），そして役割（グループが活動する時に設定する「公式な役割の特定なパターン」（p.33）に分けられている。

それに続いてジョンソンとサンデルはその使い方を，入院している精神障害の患者から成る2つのダンスセラピーグループを分析することによって，描写している。彼らは次のように結論づけている。

> SAMSには研究方法としての可能性があるが，同時に，ダンスセラピーやドラマセラピーにとって最大で直接的な利点は多分，グループを観察し，グループがどのように機能しているかを考察するためのシステムであるという点であろう。SAMSは私たちの臨床的鋭さを改善する上で役に立って来たし，それは確かに私たちのセッションの中で起こることをより明確に伝える上で役に立って来たと私たちは強く考えている。SAMSは研修中のセラピストがグループ内でリーダーシップをとる技術を高めるために使う有益なデータを提供する可能性がある。SAMSはセッションの流れの中で起きる中断に注目しているので，セラピストがそのような中断が起き始めた時点を特定したり，それらの中断をどのように扱うかを決めるのを助ける可能性がある（1977, p.36）。

ジョンソンとサンデルとブルーノ（1984）はSAMSを使って，統合失調症，パーソナリティ障害，正常という3つの群の人びとに対するダンス・ムーブメントセラピーにおいて，それぞれ異なる量とタイプの構造がもたらす効率を比較した。これらの著者たちのそれまでの臨床

観察によれば，統合失調症の患者とパーソナリティ障害の患者は，病院の病棟において一緒にされることが多いが，ダンス・ムーブメントセラピーのグループが持っている「典型的な」スタイルである柔軟な規則や，特定化されていない構造に対してはそれぞれ違った反応をしていた。

統合失調症の患者は「考えたり，人間関係を保つ上で明確な…境界を維持する事が困難」（Johnson, Sandel, & Bruno, 1984, p.417）な傾向にあるので，比較的特定化されていない構造や課題を使ったダンス・ムーブメントセラピーのセッションで，比較的高度な活動レベルを見せるだろうというのが彼らの仮説であった。パーソナリティ障害の患者は，「頑固で柔軟性の無い自我の境界」を持っている傾向があるので，明確な特定化と構造化された課題を使ったセッションで，比較的高度な活動レベルを示すだろう。そして，過去の研究において最も多く扱われて来た正常な被験者は，両方の型のセッション構造で活発であろう，というのが彼らの仮説であった。

3人の異なるセラピストがそれぞれの群（統合失調症，パーソナリティ障害，正常）から各々一つのグループを担当し，ダンス・ムーブメントセラピーのセッションを2回行った。1回目のセッションは非常にプログラム化されたもので，ルールのあるゲーム，小道具の布，特別に順序が決められた活動が使われた。2回目のセッションはプログラム化のされ方が比較的少ないもので，自発的なムーブメントやイメージを膨らませるものが使われた。また，円陣になることと一緒にリズミカルな動きをすることだけが前もって計画されていた特徴であった。

ビデオテープに記録された画像をSAMSで点数化した結果は著者たちの予想通りだった。パーソナリティ障害のグループはプログラム化が比較的少ないセッションに反応し，「制限をかけることをセラピストに要求」（Johnson, Sandel, & Bruno, 1984, p.426）したり，お互いに争いを始めて，脱落してしまった。彼らは握手をしたがらず，円の中にも居たがらなかった。これらの行動は，患者たちが融合することに抱く恐怖や，親密になることへの不安から来ていると著者たちは考えている。

統合失調症の患者たちは比較的プログラム化されたセッションでより不安になった。規則が彼らを混乱させたのだが，これに対し，パーソナリティ障害の患者たちは彼ら自身の新しい規則を作ってしまった。

正常者のグループは，彼らが何を期待されているのかを最も気にしているようだった。彼らはプログラム化が比較的少ないセッションに飽きてしまったが，それを中断させることはなかった。

パーソナリティ障害の人びとに有効な構造とは，円陣から出たり入ったりする構造を持ったゲーム，グループ全体や2人1組での相互作用があるもの，そして，（みんなが一斉に同じ活動をするのではなく）競争するような活動からできているものであると著者たちは提案している。グループの構造は，以下のような点でセラピストの効率に影響すると彼らは強く考えている。

> もしもセラピストという個人ではなく，複雑な規則に主導権が置かれたとしたら，セラピストが持っているリーダーシップを破壊しようとする試みは多分少なくなることだろう（Johnson, Sandel, & Bruno, 1984, p.427）。

これとは別に，ジョンソンとサンデルとエイカー（1983）の研究でも，ダンスセラピストのリーダーシップのとり方が正常，統合失調症，パーソナリティ障害のグループの人びとへ与える影響が主題となった。これらの著者たちは，転移現象と逆転移現象だけでは患者が示すダンスセラピストの受入れとダンスセラピストへの反応を説明することはできないと考えている。

ダンスセラピストは，グループリーダーとしての役割を通じて，多くのマネジメント機能を果たしている。たとえば，

1. 外部とグループとの境界を維持する。
2. グループが行う課題の複雑さのレベルを調整する。
3. グループ内の相互作用を調整する。
4. 曖昧さと不確さを大目に見る（p.17）

ダンスセラピストは，幅広い運動志向の行動を目的とした活動を使ってセラピーを進めるという特有な立場にいるため，常に変化しつつある，「グループを空間的に配置すること」と「リーダー・フォロワー（リーダーについて行く人）との役割をうまく果たすこと」が求められている。このようにして，ダンスセラピーのグループに参加する人は（多分，言葉を使ったセラピーのグループよりも）グループの管理者としてのダンスセラピストに対して正直な反応を示す。

著者たちはSAMSを使って，3つの患者グループが3人のダンスセラピストの管理方法に対して示す反応を分析し，「診断上の種類」と「それらの種類が比較的好んでいる管理方法」の相関関係を発見した。それらの発見は1984年に発見したものと一致し，上に述べたように，様々な型のグループ構造がもたらす影響に関するものであった。たとえば，統合失調症の人びとから成るグループは安全な枠組みの中で，親しみ易い雰囲気で動くような，リーダーシップのスタイルを好んだが，一方，パーソナリティ障害の患者たちは，同じ様な動きを避け，個性を尊重するようなグループを好んだ。筆者たちは，集団のリーダーが採用する管理スタイルは「集団が，馴染みのある相互作用を内面化した形態と一致する度合いに基づいた」患者からの反応の様式を呼びおこすと考えている（Johnson, Sandel, & Eicher, 1983, p.28）。

この研究の最も大きな目的はどちらかというと，ダンスセラピストが転移を抱くことや，ダンスセラピストが管理上果たしている複雑な役割を明確にすることであり，特定の患者群に対するダンスセラピーの指針を打ち立てることではなさそうに思われる。ジョンソンとサンデルとエイカーは「セラピストが積極的かつ意識的にリーダーシップの様式を変えようとしない限り，その様式は比較的固着した行動形態になる」と考えている（1983, p.29）。ダンスセラピーグループの効果は，ダンスセラピストが自分の個人的リーダーシップ様式やそれが相異なる患者層へ与える影響を深く理解することによって高めることができると彼らは結論づけている。

サンデルとジョンソンが1983年に発表した別の研究では，重度障害がある患者から成る集団は比較的高い機能の人びとから成る集団とは本質的に異なっているという仮説を立て，統合失調症のある重度障害の患者群と高齢の患者群に対して集団療法を行なって調査した。主な違いは，統合失調症の重度障害者群には集団としてのアイデンティティが欠如していることであった。重度障害の患者たちは非常に混乱しているので，彼らは「静かなままでいることが多く，なぜ自分たちがそこにいるかを知らなかったり，何の理由もなく強制的に連れてこられたと感じている」（Sandel and Johnson, 1983, p.131）。グループのメンバーたちはグループの仲間意識を持っていないので，「互いに社会を形成して，グループの文化を作ること」ができない，つまり，「互いに助け合って，各々が成長すること」ができない。したがって，セラピストだけがグループの参加者と現実とをつなぎ合わせることができ，「グループ」としてグループの精神的イメージを維持する事ができるので，セラピストは集団アイデンティティを育てる「器（うつわ）」になる。

様々な方法で反応して行く可能性があるセラピストにとって，これは非常に大きなプレッシ

ャーになる。セラピストは，自分がその場に存在していなければグループは完全になくなってしまうことを知っているので，それぞれのグループが始まる前から気が重くなるかもしれない！　グループを進めている間は，セラピストは患者の行動の変化が示す微妙なニュアンスに過敏になり，外から見ている人はその変化にすら気がつかないのに，それが改善の前兆ではないかと思ってしまうかも知れない。グループが終わってから，セラピストは非常に長い時間をかけて，何が起きたかを「回想」し，それを様々な理論と比べ，グループが確かに存在したのだという自分の考えを確認する。

著者たちは「新生集団（nascent groups）」（Sandel and Johnson, 1983）という術語を作ったが，それは著者たちが指摘した組織が普段文献の中で議論されている集団とは似ていないことを暗示している。この新生集団の構造は安定し，発展はせず，他の集団の初期の形成期段階に近づくことさえ滅多にないということを彼らは発見している。この「新生」集団の特性に対するセラピストの反応等が記述されているが，これは実験的な「新生」集団についての記録の中でも重要な部分である。次にSAMSを使った，新生集団の発展についての議論を示す。

著者たちは統合失調症のある12人の入院患者たちに対して10回のダンスセラピーのグループセッションを計画し，ビデオテープに録画した。それから彼らは，セラピストの経過記録ノート，質疑応答，録画されたものを分析して得た臨床観察に加えて，SAMSを使ってセッションを分析した。

患者たちの年齢は31歳から60歳に渡り，この10年から30年の間に，何度も入退院を繰り返していた。集中的なセラピーを受けた事のある者は一人もいなかった。全員，身だしなみがだらしなかった。

臨床分析はすべて，10回のセッションが3つの明確な段階へと分けられることを示してい

た。第一段階では患者たちもセラピストたちも一番良い行動を見せた。患者たちは彼らの新しいセラピストたちに対して従順で，好奇心を示していた。最初のセッションではセラピストが注目の的になり，患者たちは彼女の顔に触ったり，髪の匂いを嗅いだりした。セラピストたちは楽観的で高揚していた。

2回目のセッションでは，男性患者の何人かが，顔を洗ったり，ひげを剃ったり，さっぱりとした服装をしてビデオ収録に応じた。患者たちが人生の中で頼ってきた人たちのイメージを蹴飛ばすことによって，攻撃性を表現するムーブメントが行われた。

3回目のセッションにおいて，第一段階の高い希望が崩壊して行くと共に第二段階が始まった。患者の一人が脱落し，何人かはグループに来ることを渋り，2人の男性は汚い，髭をそっていない状態に戻った。綱引きゲーム，小さなステップを踏みながら円状にみんなで歩く，などというムーブメントを行った。第二段階はセラピーワークの中核を構成し，集団のメンバーが互いに関わる事に苦心していた。著者たちの解説を次に示す。

> 各メンバーはそれぞれに親密さを増して行ったが，その後それが一時的に後退し，それぞれの関係が崩れ，距離を置くようになり，セッションは崩壊した（Sandel & Johnson, 1983, p.136）。

4回目のセッションでグループのメンバーたちは，初めてお互いにしっかりと認識したかのように見えた。彼らは言葉とムーブメントで互いに自己紹介をし，象徴的に「魚のシチュー」作りのゲームを行い，それぞれのメンバーが架空の材料を加えて行った。

5回目のセッションになると，セッションに遅れて来たり，何人かは来る事を全く断ったりして，メンバーたちは親密ではなくなって来た。セラピストは患者たちを楽しませなくてはなら

ないというプレッシャーを感じた。セッションの終わりに行ったエクササイズでは，絵を描くことで皆が安心し，そのため個人間の接触は減った。

6回目のセッションでグループは再び親密性の方向へと動いた。人に触れることが増加すると共に，病院で友情関係を維持する事がいかに難しい事かを話し合った。メンバーの一人は，集団の中で感じるこの親密さから来る不安を，異様なやり方でふるまって演じて見せた。著者はこれを，「集団の中で感じる親密さを受け入れる事ができない者が，その経験を壊そうと試み，そうすることによって，他のグループのメンバーたちも同じ気持ちでいるのだということを演技で表現した」と解釈した。

7回目のセッションでは，セラピストたちは積極的で，これまで以上に大きな人間関係上の成果を上げようと働きかけたが，患者たちは単純なシンクロニーのムーブメントを喜んでいた。彼らは何度も，セラピストからの指示がなくても円陣の形へと戻って行った。セラピストは砂の城を作るイメージを与えたが，患者たちはそれを自分たちが埋めてもらえる「砂の穴」へと変えた。著者たちはこれを，「患者たちはセラピストがさせようとしていた『分化』よりも，『融合』を望んでいた」と解釈した。

8回目のセッションはイースター休暇週間の直前で，グループはしばらくの間は会えなくなる状態だった。グループの雰囲気は悲しかったが，患者たちは彼らとしては最も高度なレベルの親密さを味わい，深呼吸し，お互いに背中をさすり合った。

9回目と10回目のセッションは「解散」段階という結末を示していた。多くのメンバーたちが9回目のセッションに来ることを拒んだ。ビニールのシートが渡るのも危険な「流砂」となり，「命が永遠に失われるかも知れない場所」になった。最後のセッションはごちゃごちゃになってしまい，最後にコーヒーとケーキが出さ

れた時だけ何とか統制がとれていた。

安定した環境の中で，介護のセラピストと長期にわたって接触することにより，重い障害のある患者も相互関係を育て，機能は安定し，機能萎縮は止まる。これら重度のグループに対しては，短期間の介入で諸問題を解決しようとするよりもむしろ，長期間にわたる支援体制が考慮されなければならない（Sandel & Johnson, 1983）。

ジョアンナ・クリメンコは，自尊心に焦点を当てたグループに参加していた重度で慢性的な精神障害の女性たちに対する実践を記録した（Climenko談，2002）。比較的伝統的なソーシャル・グループワークや言語指導に加えて，ダンス・ムーブメントセラピーを使うと，患者たちはより十分に自己表現をし易くなるという事を彼女は発見している。彼女はムーブメントスタイルの柔軟性が重要であることと，ムーブメントを通して感情を調整することの重要性を強調している。彼女のグループセッションはダンス・ムーブメントの部分と，話し言葉による部分に分けられる。

女性患者たちの年齢は41歳から67歳で，情緒障害から慢性統合失調症まで様々な診断を受けていた。民族的そして人種的に多様なグループで，家族的体験も異なっていた。結婚経験の無い女性もいれば，すでに孫がいる人もいた。また，自分自身のアパートに住んでいる人もいれば，主に病院で暮らしている人もいた。

これらの患者たちと対応して行く上で最も難しい課題の1つは，感情と行動の調節であるとクリメンコは考えている。話をしているうちに強い感情や表現がこみ上げて来て，制御できなくなる患者もたくさんいた。精神が動揺した時だけ強い感情を体験するグループメンバーもいた。

患者たちは自分たちの不安について，もしも感情に押し流されてしまったら，それは彼らが「制御できなくなっている」もしくは「精神異

常である」ということを意味するのではないか
と話し合った。クリメンコは調整という概念を
何度も探索し，セッションのムーブメントの一
部に使った。

グループメンバーの多くがムーブメントを調
整する難しさを体験した。ジーンのムーブメン
ト表現は彼女が調整に苦戦している事を反映し
ており，セッション全体を通しての彼女の課題
を前もって予感させていた。彼女はエネルギッ
シュに動き，ダイナミックにそして空間的に複
雑な表現をした。しかし，ムーブメントが彼女
の休に広がったかと思うと，めまいを感じたと
言って不意に動きを止めた。ダンス・ムーブメン
トセラピーの間中，クリメンコはジーンがム
ーブメントを落ち着かせる方法を見つけ，これ
までのように自分の感情を表現しながらも，今
よりももっと制御していると感じられるよう助
けようとした。

怒りを我慢し続けることも調整のワークにお
ける重要な主題である。怒りはたくさんの患者
たちによって，危険なものと捉えられていた。
グループのメンバーたちは，怒りはいつも必ず
劇的な方法で，大抵は彼らが精神病になる時に
現われると考えることがよくあった。ジーンは
危機的な状態でグループにやって来た。彼女は
何カ月もの間彼女のルームメイトに対して腹を
立てていて，その気持ちを誰ともうまく分かち
合う事ができずにいた。彼女は危機的な状態に
なって初めて，どれほど自分が怒っているかを
分かち合った。セッションの時にジーンは言っ
た。「もう彼女には我慢できない。顔をひっぱ
たいてやる。そうされて当然よ」。グループの
メンバーはそのようなことをしたらどうなるか，
自分たちの考えを言った。「あなた，住んでる
所から放り出されるわよ。病院に送られちゃう
わよ。ひょっとしたら刑務所行きよ」。

グループ・ディスカッションをするセッショ
ンで取り上げられるテーマが「何も言わないで
済ますのと，乱暴に反応するのとの間をいかに

上手く切り抜けて行くか」になった。ムーブメ
ントをする場面になるとクリメンコは，強くて，
自由に流れる衝動からワークを始め，次に，女
性患者たちはそれらの衝動を制御する事を学び，
そのようにして感情の高まりを安全な方法で感
じたり，表現したりできるようにした。

患者たちは自分たちの痛みや怒りの感情を以
前よりも怖がらなくなり，これらの感情を身体
的に表現することによって制御する事を学んだ。
ムーブメントを調整することは，患者が自分自
身の感情を快と感じ，自己表現に関して比較的
健康な選択をし易くする上で重要な要因になっ
た。さらに，グループ内で言葉でやりとりする
部分は彼女たちの感情に安全なはけ口を与える
手助けになった（Climenko 談，2003）。

クリメンコの実践はムーブメントの柔軟性，
調整，言語化するための手段としてムーブメン
トを使うことの重要性を強調している。ムーブ
メント以外の方法では感情表現ができない人に，
何らかの方法で感情表現ができるようになって
もらうために，ムーブメントはどのような役割
を果たすべきか，ということは，このような人
びとを対象にしているほとんどのダンスセラピ
ストにとって強力なテーマである。クリメンコ
はこのような人びとに対して 30 年以上に渡っ
て実践を行い，合衆国や海外で教鞭をとって来
た。

要　約

一般的に言ってダンスセラピストは，入院患
者の成長を促すために，セラピストと患者との
関係の重要性を強調するが，個人セッションを
行う時は特にそのように言うことができる。グ
ループ・ワークをする時にセラピストは，様々
な種類の「グループ構造」と「セラピストがリ
ーダーシップをとる型」を体験する重要性が強
調されてきた。患者たちがダンスセラピストに
与えたたくさんの感情的なストレス，特に転移

と逆転移に起因するストレスにこれまでにも注意が払われてきた。

　一般的に，入院中の精神病患者たちに対するダンスセラピーは，身体像，相互作用，言語化，調整，自己表現を促進することに焦点を当てて取り組んでいる。これらの目標はダンスセラピーの初期のパイオニアたちが描いた身体的，社会的そして精神的目標と一致している。

　今日では，重度の精神障害がある患者たちでも，新しい進歩的な向精神薬の恩恵を受けて，地域で生活し，通院によるサポートを受け，かなり良い生活の質を維持することができている。長期間に渡って入院患者の治療が行われることは以前よりずっと少なくなっている，とサンデルは言っている（Sandel 談，2003）。

身体的，性的，精神的虐待の被害者，及び，解離性同一性障害者（または，多重人格障害者）

　以下，虐待を受けた成人の患者に対するダンスセラピーの概要を述べる。資料は『ダンスセラピーとその他の表現芸術療法：言葉では十分でない時』（レヴィ他　1995）から引用したものである。議論の対象となる患者は，多重人格障害者，虐待を受けた成人，そして家庭内暴力を受けた女性たちである。フラン・レヴィ，ボニー・バーンスタイン，メグ・チャン，そしてファーン・レベンソールがこれらの人びとに対して実践を行った。

多重人格障害（現在は解離性同一性障害と呼ばれている）

　フラン・レヴィ（1995）がレイチェルに対して行った研究は，長期間にわたる人格への虐待がどのような影響を与えるかについて行った研究の一例である。レイチェルという事例に対して行われた虐待は精神的なもので，両親が都合よく子どもを操作したり，放置したり，怒りを爆発させる形をとって，子どもの行為を統制していた。レヴィはレイチェルに対して様々な芸術様式を使って12年間実践し，「名無しさん：多重人格の事例」（p.7）という題名の章を書いた。

　レイチェルが初めてセラピーを開始した時，彼女は20代半ばで金融関連を扱う弁護士として働いていた。治療期間の早い頃，レイチェルは彼女のセラピストであるレヴィに信じられない課題を投げかけて来た。それはレイチェルが覚えている限り長い間，内なる幼い自分自身が「レイチェルの中に住んでいる」という課題であった。この幼い感情のようなものは，基本的には，レイチェルが十分に信頼して自分のこの部分をさらけ出すことができる誰かに出会うまでは抑圧された状態で残されていた。幼い部分は，必要な養育を受けずに長い間閉じ込められていたので，（レイチェルが言うには），彼女は全く成長することなく，痛みを抱えたままでいた。

　レイチェルは幼い女の子の絵を描き，その子を「名無しさん」と呼んでから，彼女自身が子ども時代に受けた内的経験を明らかにし，徐々に詳しく話し始めた。程なく，レヴィには，自分が多重人格，もしくは多重人格障害者（現在では解離性同一性障害者と呼ばれている）という珍しい種類の患者を対象としていることが明らかになった。レイチェルは，「自分の内側にある子どもの部分をも，一つの別の自分として，少しづつ，そして最終的には完全に理解すること」と「イメージを使ってこの子どもの部分を創造的に癒し，この子どもが成長するのを助けられるようになること」に一生懸命になっていた。レイチェルはいつも三人称でその子どものことを話していた。

　この子どもの部分は彼女の内側に長い間鍵をかけて封じ込められ，レイチェル自身や彼女の家族によって認識されたり，明らかにされることが無かったので，レイチェルはこの自己を，「名無しさん」，と呼ぶようになった。レイチェ

20 身体的，性的，精神的虐待の被害者，及び，解離性同一性障害者（または，多重人格障害者） 243

ルは彼女のセラピストに，「名無しさん」はこの言葉が持っている最も深い意味で「注目されたことが無い」ので，レイチェルは誰かがこの小さな自己を愛し，鏡に映し出してくれるのを必要としていたと言った。レイチェルははじめの頃に感じていた羞恥心や拒絶されることへの不安を乗り越えていたので，自分のニーズについて珍しくはっきりと言葉にするようになった。レヴィと出会って約3カ月程経った頃，レイチェルはレヴィを自分のセラピー上の母親にした。

いくつもの芸術を併用することは，症状が固着した人や，ある発達段階に留まったままの人に働きかけようとする時に特に役に立つ。自分自身が様々な部分に分断されている経験を持っている人がたくさんおり，この分断は主に，発達経験や曖昧な両面価値的感情に基づいている。心的外傷を残すような一つもしくは複数の出来事が，自己の一部を意識から分断することがよくある（Braun, 1986, S. Levy 談，2000, Kluft, 1983, Putnam, 1989）。表現芸術療法はそれ自身，相異なる発達段階を明確にし，内なるいくつもの自己について言及し，分断されたアイデンティティがそれ自身を創造的かつ象徴的に表現することを可能にすることがよくある。これがレイチェルという事例であった。

次にレヴィの著書（1995）から抜粋したものを示すが，これはレイチェルに対する早い時期のセッションを描いたものである。

レイチェルが早い頃に描いた人物像や動物の絵は，多重人格や多重人格障害の可能性を示していたが，最初の2カ月間の治療期間中，レイチェルは代わりの人格を現わすことはなかった。振り返ってみると，彼女が不安そうに歩きまわっていたことは，解放されようともがいてはいるがまだそれとははっきりと認められていない「子どものような気持」を表現していたのかもしれない。

最初，レイチェルは一般的な方法で，「名無しさんは怒りっぽいの」とか「名無しさんは疲れているから，あなたを必要としているの」というように，「名無しさん」の気持とニーズを描写するだけだった。その後レイチェルは，名無しさんが家で何をしたか，名無しさんがベッドに入った時刻，名無しさんが着ていたものや楽しんだ遊び等，比較的具体的な言葉で「名無しさん」について話し始めた。実際にレイチェルが名無しさんを部屋の中で見かけたことがあるかどうか，筆者（レヴィ）がレイチェルに尋ねた時，彼女は，「私は心の中で名無しさんに会っているんです」と言った。

治療中に名無しさんが居ることは主としてレイチェルによって表現された。「名無しさんはだっこして欲しいの」「名無しさんは寂しいの」「名無しさんは可愛いピンクのオーバーオールを着ているの」のように名無しさんは三人称で話された。名無しさんが現われてから三カ月の間，名無しさんのニーズが著者たちのセッションの中心となった。レイチェルが仕事場での問題について話したくても，名無しさんはレイチェルにほんの少ししか時間を与えてくれず，そうしないと名無しさんは明らかに不愉快になったり，いらいらして来た。レイチェルが「大人らしい会話」に飽きるといつも名無しさんが現れて，話に飽きたことを露骨に表現した。

この時，レイチェルの子どもの自己は母親が自分と向き合い，愛してくれることを求めて泣き叫んでいた。レヴィは直ちに一つの課題と向き合うことになった。これらのやむにやまれぬ要求に応えるべきなのか，それとも，単に親への転移を分析すべきなのか，レヴィは自問自答した。また，それら二つの中間的なことはできないか，もしくは両方ともすることはできないかを考えた。レイチェルの強烈な要求に応じようという考えは恐ろしいし，実に大変なものであると考えたが，レイチェルが赤裸々に愛を求めていることや，このようなニーズを表現する上での羞恥心と彼女が戦ったことを考慮すると，単に転移を分析するだけでは，安全ではあるが，レヴィの対応は冷たく非人間的に思えた。

244 第3部 様々な人びとに対するダンス・ムーブメントセラピー

これらの諸問題への答えは主にレイチェル自身に芽生えた創造性を通して見つけられた。レイチェルには，イメージを使って古傷を癒し，新しい「前向きな思い出」を創る能力があったので，その助けを借りて，また，魂の探索をたくさんしてから，レヴィとレイチェルは一緒に波乱の多い旅に出発した。創造的なイメージと，象徴的な現実化と（S. Levy談，2000），ムーブメントを通して，レヴィは一度もレイチェルに触れることなく，レイチェルが切望していた養育を行った。次の文章は「名無しさん：多重人格の事例」（Levy, 1995, pp.16-19）から引用したもので，この方法がどのように実施されたかを示す一例であり，この過程についてレヴィが個人的に感じた事柄である。

　治療を進めて行くうちにレイチェルは，「名無しさん」が何をしているか，何を着ているか，何を考えているかについて話すことから，特定の要求をするように進歩した。そしてそれは「名無しさんを抱っこできますか？」「名無しさんはあなたの膝の上に乗れますか？」「名無しさんはお乳を飲めますか？」のようにいつも第三者として求められた。

　名無しさんが小さな子どもである事を知っていたので，筆者（レヴィ）はレイチェルの要求に添って，どのようにしたら一番良い返事ができるかをかなりの時間考えた。もし名無しさんがレイチェルの心の中に安全に住んでいて，レイチェルがイメージを描いたり象徴化することによってレイチェルが名無しさんと接触することができるなら，多分筆者もその方法で名無しさんと接触することができるかもしれない，と考えた。多分筆者はレイチェルの助けを借りて，名無しさんと話す方法を見つけることができるだろう。このことを心に留めていたので，レイチェルが再び「名無しさんがお乳を飲みたがっている」と言った時，「名無しさんは今お乳を飲んでいますよ」と筆者は答えた。するととても幼い子どものように聞こえる声で，「名無しさんは今あなたの膝に乗っているの？」とレイチェル

が聞いたので，私は「そうよ，名無しさんは今私の膝に乗っていますよ」と言った。このうちどれ一つとして身体的に表現されたものは無かった。レイチェルの想像力の助けを借りて，筆者たちの会話は続いた。

「名無しさんを抱っこしてくれる？」
「名無しさんを抱っこしていますよ，ほーら」
「名無しさんと今，何をしているの？」
「名無しさんを揺すったり，髪をなでているのよ」
「名無しさんはあなたの目を見ている？」
「見ているわよ」
「あなたの目の中に，名無しさんは何を見ているの？」
「私の目の中にはネ，名無しさんへの愛情がたくさんあるのよ」

　筆者たちの会話が続くにつれ，レイチェルの体はリラックスし，彼女のほほに静かな涙が流れた。これらの養育セッションをしてから，レイチェルの話し方はずっと聞き取りやすく，また明確なものになった。このようなことが何回も繰り返された後，ある日突然レイチェルは，胎児のように丸まって横になっている状態から真っすぐに座った状態へと変わった。彼女はその時，無意識的に自分のお腹を触ったが，それはあたかも満足感を表しているかのようだった。筆者自身がこれらの変化を見ている限り，名無しがお腹のすいた充ち足りない幼児からもっと成長し充実した発達段階へと変わったことは明らかであった。

　レイチェルが「本当に名無しさんを抱っこしてくれる？」と聞いて来た時は特に重要なセッションであった。彼女は自分自身を可愛らしくない人だと心の底から思い込んでいたので，このような質問をすることはレイチェルにとって難しいことであった。またこの質問は以前から筆者が予期していたものであり，レイチェルが質問するずっと前からその時の対応について注意深く考えていた質問でもあった。レイチェルが自分のニーズを満たすために自分で頼む事ができることは良い兆候であることを筆者も理解している。しかし

20　身体的，性的，精神的虐待の被害者，及び，解離性同一性障害者（または，多重人格障害者）　245

一方ではセラピーを長い目で系統立てて考えることも必要であった。イメージを共有することによって成立する「象徴的に実現すること」と「ファンタジーを使って実際に行動すること」を区別している境界線を筆者がもし越えたとしたら，それは彼女の役に立つのだろうか。それはレイチェルが成長する上で必要なものを彼女に与える事ができるのだろうか，もしくは，それは彼女を幼稚なままにしてしまうのだろうか？　それは大人としての生活から生じる諸問題に対応しようとする彼女を，それらの問題から目を反らせる方向に誘うことになるのだろうか。

　これらの考えのすべてについてすでに検討していたので，質問された時に筆者は，「あなたを膝の上で抱くことが良いことだと私は思わないの。もし私が実際にあなたを抱いたら，あなたを赤ちゃんのままにとどめ，あなたが成長するのを妨げるかもしれないわ。私は名無しさんに愛されていると感じて欲しいけれど，名無しさん以外のあなたの事も知っているし，名無しさんだけでなく，それ以外の違ったニーズについてもみんな知っているから」と言った。私はさらに説明を続け，「触る事はとても強力なものよ。でも，触れることは不本意にあなたを束縛する可能性もあるのよ」と言った。レイチェルは筆者の話を注意深く聞き，彼女がセラピストの診療所の中では安全であることと，彼女のセラピストは彼女の母親がして来たように彼女を独占したり，子ども扱いしようとしているのではないことを理解したようであった（pp.17-18）。

　レイチェルのニーズは非常に強かったが，レイチェルは何が彼女にとって健康的で安全であるかについては並外れた理解力を持っていた。彼女は親の象徴によって飲み込まれてしまう危険性を理解し，筆者が彼女をただ形の上で養育していることを知り，それなら安全だろうと安心したとレイチェルは言った。

　私たちが最初にセッションを試みた時から，愛情のこもった世話話に満ちた象徴的なコミュニケーションが名無しさんにとって助けになった事は明らかであった。そのうち，レイチェルはお乳が欲しいと頼むのをやめ，母

親の胸から乳を飲むイメージから哺乳瓶を使ってミルクを飲むイメージに変わり始めた。育児の場合とちょうど同じように，筆者はこのようなイメージを使ってさらに成長した育児の話題についてレイチェルと話をした。そのうち，哺乳瓶もレイチェルにとって以前ほど重要なものではなくなり，遊び心いっぱいの空気を包み込むような象徴的な抱擁へと変わり，こうすると名無しさんは嬉しくてくすくす笑いをするようになった。時間が経過するに連れ，名無しさんは筆者たちと一緒に歌を歌うのを楽しむようにもなった。レイチェルは成長し，自分から乳離れをし，乳児からよちよち歩きをする幼児へと移り変わって行った。

　名無しさんは両親と幼い子どもとのやりとりの中に典型的に現れるようなふざけたジェスチャーや楽しい音や歌には何にでも少しずつ快感を感じるようになった。レイチェル自身が愛を表現する言葉受け取ったことがなかったとしたら，彼女はどのようにしてこのような愛情に満ちた言葉をこれほど受け入れることができるようになれたのだろう，と筆者は不思議に思った。過去のどこかで，ことによると兄弟が生まれる前に，それも彼女が自主性を主張しようと試み，それによって彼女の両親と衝突するようになる前にレイチェルはこのような思いやりという性質を経験した事があるのだろうか。または，両親が弟たちと一緒にいるところを見ている時にこのような行動に出会い，彼女はそれを覚えていたのだろうか。今となってはこれらの質問に答えることはできないが，彼女は親の役割をやり直すという経験によって成長し，それこそ正に彼女が必要としていたものだったということに気付いたのは明らかである（pp. 18-19）。

　解離的症状と共にパーソナリティーの分裂を経験している虐待被害者を治療する際に，芸術や非言語的な表現が重要であることについて，レヴィ（1995）は次のような意見を述べている。

　　人は成人した後でも自分が幼かった時のか

けらを抱え続けていることを，私たちが事実として認めるなら，様々な表現方法が，なぜこれほどにも非言語的経験をあぶり出し，明白にすることができるのかを理解することは容易である。子どもたちは，言葉では言えないような様々なことを，劇，絵画，ダンス，音楽を通じて私たちに伝えることを私たちは知っている。ということは，幼少期の側面を抱えている大人（特にトラウマを受けている人）も創造的で象徴的な活動から恩恵を受ける事ができる。

レイチェルの事例では，ムーブメント，描画，執筆，音楽，そしてシンボルを通しての具現が一緒になって，彼女が内に持っていた子どもと幼児の両方に表現を与えた。レイチェルに言語という表現方法だけで表現させ続けたとしたら，彼女自身の非常に幼い部分を経験し，養育する可能性を制限してしまっただろう…さらに加えて，レイチェルは子どものような話し方で自分を表現する事を許されていなかったので，彼女は子ども時代の気持ちの多くを絵画やシンボルの中に溜め込んだ。レイチェルがこれら彼女自身の部分を見つけるため，たくさんの表現的活動と象徴的活動が彼女の治療の中に組み込まれた（p.10）。

2002 年，レヴィはレイチェルに対する実践を続けていたが，その方法はそれまでとは非常に異なっていた。レヴィはレイチェルが書いた日記から抜粋したものにレヴィの考察を加え，レイチェルの成長について書いた本を完成させる途上にあった。

レイチェルの初期の最も劇的な成長を支えるために用いた理論と方法について，全体的に臨床的に議論したものとしては，『ダンスセラピーとその他の表現芸術療法：言葉では十分でない時』が最も良い資料である。この本では，レイチェルに対する実践がレイチェルの描画を分析することによって明らかにされている。レヴィは，投影的描画分析のパイオニアで心理学者のシドニー・レヴィ（レヴィとは無関係）と共に，レイチェルに対する彼女の実践を確認した。

結局，「セラピー上の母親の役割をし，陽性や陰性の転移や逆転移を知ったままでいることははじめのうちは不安であったが，この実践は非常に満足すべきものであり，かつ，有益なものであったことが明らかになった」とレヴィは説明している。今日，レイチェルは大いに成功し，幸せで社会的にも受け入れられた大人になっている。彼女が受けたセラピーは，親密な人間関係を形成することをはじめとして，いろいろな新しい方向性を示した。

エディス・Z・バウム

解離性同一性障害で虐待被害者でもある成人男女に対して，広範囲にわたって実践しているもう一人のダンスセラピストと言えばエディス・Z・バウムをあげることができる。バウムは 1985 年から 1990 年代後半に至るまで，ペンシルバニア病院付属研究所の多重人格障害（MPD）部門で実践していた。バウムは，この障害についての研究と治療を専門にし，この研究所で先駆的な実践をしている精神科医のリチャード・クラフト（1983, 1991）と共同研究をしていた。MPD の患者たちはダンスセラピーのセッションに何カ月も何年間も参加した。

次に示す引用文は F. レヴィ他によって編集された『ダンスセラピーとその他の表現芸術療法：言葉では十分でない時』（1995, pp.88-89）からのものであるが，主に解離性障害があって虐待経験のある成人に対して，グループによる精神療法という形でダンスセラピーを行うことについて，バウムの考えを著している。二つの事例がバウムの実践を物語っている。

表現力豊かなムーブメントと心的外傷を与える素材を誘い出すこと

患者は，自分自身を傷つけたり他人を傷つけたりする事なく，いろいろな感情を認

20　身体的，性的，精神的虐待の被害者，及び，解離性同一性障害者（または，多重人格障害者）　247

め，表現するよう促される必要がある。行動で表現するにはその中身が必要である。一たび，明確で支持的な境界が形成され，自由にフィードバックする環境が形成されれば，患者は，MPD の人に共通している感情である怒りを管理する新しい技術を学び始めることができる。

次に，表現力豊かなムーブメントを誘い出す一例をあげる。それは，あるグループメンバーが激しく怒りの表現をしたため，そのグループに比較的最近参加したランディ（女性）が，床の上に倒れてしまった時に起きた出来事についてのことである。ランディはグループのみんなに，子どもの時に自分の気持を表現する事を一度も許されなかったと言った。次のセッションでランディは，優しくそしてリズミカルに動き出したが，そのうち足を踏み鳴らし始めた。次にランディは両膝をつき，後ろへのけ反り，別の人格である男性[像]に変わった。彼女は片腕を脇に引いてから，す早くそれを外側前方につき放した。体全身が震え出したので，ランディは椅子の方へ引き下がった。セラピストはランディに，怒っている男性である「別の分身」は後ろへ下がって，ランディが前へ出るよう提案した。しばらくして，ランディは元に戻ったが，何が起こったかを知っており，彼女は自分が怒ってしまったので自分を罰さなければならないと言った。子どもの時にランディを虐待していた人は，ランディが怒りを表現する事を決して許さなかった。このような抑制がランディをして何年間も自分自身を表現する事を妨げてきた（「この場ではどのような心のあり様も歓迎される」という）セラピストの助けがあって初めて，そして，グループの仲間も似たようなリスクを冒すところをセラピストが観察し，それをランディに伝えたことによって初めて，彼女は怒りの表現ができるようになった（Baum, 1995, pp.88-89）。

バウムは，ムーブメントを使っていろいろと考えることによって患者と議論をし，患者が抑制されていることや，時にはそれが心的外傷をもたらしていることにまで患者が向き合うよう，手助けをしている。患者のムーブメントについていろいろと考えると，自発的な解除反応を起こすことがある。解除反応とは一種のカタルシスであって，抑圧された経験の回想を伴うものである。バウムは次のように説明している。

　　……マヤはとても不安そうな顔をしてムーブメントグループに来た。彼女は医師との面会からちょうど戻って来たところだった。ウォーミングアップをしている間，心ここにあらずという感じで，他の人の動きについて行くのが困難であった。マヤがみんなの中に参加するようになったのは，仲間の一人が突然強烈なパンチを始めてからのことであった。マヤはその怒りのムーブメントを真似したが，それは彼女が今までにやった事のないことであった。パンチをすると，彼女の目は恐怖でいっぱいになった。彼女は喉を掴み，喘息が始まって息ができないと喘いでいた。マヤは突然自発的な解除反応を起こしていたのである。こうしている間に，マヤは性的虐待を受けた時のことを思い出していた。マヤが空間に向かってパンチしていた時，彼女は心的外傷を受けたことを追体験していた。行動と感覚は突然に感情と知識に再び結びついた。行動はパンチすること，感情は怒りと恐怖，感覚は呼吸ができなくなること，そして知識は虐待の記憶だった（Baum, 1995, p.89）。

バウムは BASK モデルを使っているが，BASK とは行動（Behavior），情動（Affect），感覚（Sensation），知識（Knowledge）の頭文字からなる命名である（Braun, 1988a, 1988b）。これらは並行したプロセスである。解離（dissociation）とは，考えや思考が意識から切り離されることである。切り離される程度は軽いものから重いものまである。解離は BASK の諸相の中のどれか1つもしくはそれ以上の相で起こり得る。マヤの事例は，グループにおけるムーブメントによる相互作用によって自身（BASK）の再統合をする状況を描写している。

……ムーブメントは，抑圧された記憶の中にある感覚運動的な構成要素を刺激する（BASKの感覚と行動の側面）。それと同時に，人は体の動かし方について認識が増えて来ると，感情を制御し易くなる。ムーブメントには流動的な性質があるので，秩序が破壊されたり，制御が利かなくなるのではないかという両方の恐れを刺激するが，ムーブメントには感情，思考，行動を統合する力もある。別の分身がいろいろと現れて，いくつものムーブメントの型でそれぞれの存在を知らせ，自分たちの物語のそれぞれ違った部分を語る。これらのムーブメントの型をグループで真似ると，その存在を認めたことになり，どの「別の分身」が動いているかに関わらず，患者に力を与える。グループでセッションを進めるうちに自然に湧いて来るイメージは運動感覚と結び付き，ゆっくりと記憶と結合する。この結合が個人的な自主性という感覚と統合という漠然とした感覚を促進させる。ある患者が言ったように，「このグループは私の助けになっています。それは，長い間押し殺して来たいろいろな感情を追体験できるからです。今私はいくつものかけらに分断されているというよりも，一つにまとまった全体を感じられるようになり始めています。」（Baum, 1995, p.89）。

性的虐待を受けた患者に対する実践

ボニー・バーンスタインはブランチ・エヴァンから訓練を受け，エヴァンのアプローチを，性的虐待を受けた女性たちに対する彼女のダンスセラピー実践に使っている。バーンスタインはカリフォルニア州のパロ・アルトで個人開業の実践をしており，ニューヨークで最初に始めてから，約30年間，性的虐待を受けた人たちを専門にして来た。現代のダンスセラピーの訓練に関する書物にはエヴァンの実践を組み込んだものがほとんど書かれていないので，レヴィの著書（1995）の中で彼女が担当した章は，臨床的な貢献であると同様に重要な歴史的貢献で

ある。エヴァンは彼女の実践についてほとんど書き残していないので，彼女の弟子たちが書いた物は非常に貴重である。バーンスタインの章は，性的虐待を受けた人の独特なニーズについて，エヴァンの技術と理論的な枠組みを明解に描いている。バーンスタインは性的な心的外傷のある人に対して，個人と集団の両方で実践している。

次に示すものはこの実践についての短い論考である。

若い女の子や女性が性的に犯されると，彼女は自分の存在のすべての側面に心的外傷を受けることがよくある。彼女は体を侵略されてしまったので，すべての一般的な身体的境界と精神的境界が無視されてしまった。そのような経験から来る心理的な衝撃と身体的な衝撃が一緒になって，自分の体との関係や，自分を取り巻く世界との関係を永遠に変えてしまうような傷跡を残すことがある。ダンスセラピーは心と体の間にある複雑な相互作用を大切にするので，このような女性たちに対して計り知れぬ程貴重な治療方法となる（Bernstein, 1995, p.41）。

このような人びとに対する言語による効果的な療法では，自己概念を改善することや，辛い思い出を使って実践することを大事にしている。治療の中には，対人関係を改善する技能や，次第にそうなって来てしまった満足の行かない生活スタイルを変えることも含むことがよくある（Gil, 1988）。これに加えて，ダンスセラピーでは虐待を受けた人とその人の体との関係を改善する事を大切にしている。ムーブメントを使うことによって，虐待を受けた人たちは自分の体をどのように使っているか，どのように粗末に扱っているか，どのように抑制しているか，そのやり方を認識し，変えるよう指導される。ダンスセラピーでは，体が「変化させるための方法」であると同時に「変化する正にそのもの」にもなるので，患者は自分の体を，健康に向かって努力して行く上での相棒とすることができる

20 身体的，性的，精神的虐待の被害者，及び，解離性同一性障害者（または，多重人格障害者） *249*

（Bernstein, 1995, p.42）。

性的な心的外傷を受けた人びとに対する実践について描写しながら，バーンスタインは次のように述べている。

　私の実践では患者一人ひとりの自主性を大切にすると共に，集団における相互作用がもたらす療法的な長所をも重要視しています。表現力豊かなムーブメントは診断する上での突破口となり，患者の成育歴や，それが患者の自己像や行動にどのような影響を与えたかを教えてくれます。ブランチ・エヴァンの方法に基づいたダンスセラピーセッションにおける振付けは，表現力豊かな体に内在する幅広い力が付く道具を患者に紹介します。エヴァンは「……患者自身の体が持っている全てのムーブメントを知り，それを感情表現のための手段とすること（Benov, 1991）」と書いています。患者はダンスのボキャブラリーを広げる上での手助けをしてもらい，自分の創造性について自信を取り戻します。患者は，感情の深層を探求する世界に至る道や，体の内面から発する即興をする世界に至る道を開拓するよう手助けされます。この多面的アプローチは成長と変化のための力強い資源をもたらしてくれます。
　それぞれの患者は，一人ひとり違った種類の問題，問題の重さ，治療上のニーズを抱えてセラピーにやって来ます。しかし，このような人びとを対象としたセラピーにおいて共通に現れ，何度も繰り返されるテーマがあります。そのテーマとは，未解決のままになっている，罪や恥や絶縁や性的機能不全の問題，また，解決し難い人間関係，未解決のままになっている発達課題，心的外傷を何とかしたいというニーズ等です。私は患者が持っているこれらの問題を一つひとつ取り上げながら，心理学的観点から患者を導いています（Bernstein 談，2002）。

以下は，バーンスタインがダンスセラピーのグループについて記述したもので，虐待を受け

た患者が抱えている未解決な罪の問題を扱っている。次の一節は『ダンスセラピーとその他の表現芸術療法』（バーンスタイン，1995）からの引用である。なお，この本のすべての章句と同様，名前，状況等，本人が特定されるような内容は患者の秘密を守るために変更してある。

　レイプされた被害者は，襲われたことについて罪の意識と責任感を抱えて治療に来ることがある（Brawnmiller, 1975）。近親相姦の被害者は，長期にわたる虐待で苦しめられた結果，性的な侵害は自分自身の行動によってもたらされたのだと考えるようになることがある（Blum, 1991）。ある女性は「ナイフを持っているぞと彼が言った時，私が逃げ出しさえしていれば，レイプされずに済んでいたかもしれないのに」と言った。また別の女性は「義父は私を尻軽女と呼び，私の歩き方が義父をそそのかすのだと言っていた」と言った。どちらの場合にも，患者自身による誤った思い込みを再検討することが患者の罪意識と自己非難を和らげる助けとなる（Bernstein, 1995, p.50）。
　罪の余韻が被害者の体に執拗に記憶され，性的抑制，乱交，不安，快感不全，危険を冒すことへの不安の一因となることがある。罪はまた被害者自身が自分の選択を信じる事ができないとか，緊急事態が発生した時に冷静でいることができないという形で現れることがある。一つの取り組み方としては，罪意識をもたらす特定の経験に焦点を当てる方法がある。もう一つの方法としては，次に述べるセッションの様に，被害者の身体に焦点を当てて，罪をもたらす身体的制限から被害者を解放するようなダンス経験を作り出して行く方法がある（Bernstein, 1995, p.50）。
　この特定のセッションの第一段階で，グループのメンバーは自分たちが人生においてどれほど自分自身を抑制して来たかについて話し合った。そこでは，罪が自己抑制的な行動をする原因として，また，自信をなくす原因として何度も認識された。罪についての議論は罪を身体的に「手放す」ことに集中する

よう導かれた。私たちは動きに関する指示に従い動き始めた。全身を使って一連のスウィングを発展させて行き，筋肉の緊張をゆるめた。そして，スウィングにはずみを付けることによって自発性を感じさせ，無感覚になっている体の部分を活気づけた。性的虐待を受けた被害者は体の中にある感情や活動に無感覚になったり，それらを抑制することがよくある。これらの徴候はしばしば無意識的な連想と罪に根ざしている。グループのメンバーが新しい自由な動きのダンスをしても，両膝の弾力性が決定的に不足していたり，両脚が腰や骨盤全体の動きを制限していた。両膝と両脚のための機能的テクニック（第2章参照）というエクササイズが弛緩と強化を促すために導入された。身体的な制限を緩めると，「主張」とか「肉体的快感」といったそれまでは罪意識が抑制していたかもしれない質の表現ができるようになる。グループは中東音楽に合わせたダンスで終了するが，これは快活な膝の動きに腰や骨盤全体の動きを合わせたものである。これらのムーブメントは抑制の無い空間を自由に動きまわるよう促した（Bernstein, 1995, pp.50-51）。

このセッションの次の場面で，筆者は創造的なダンスをする指示を出し，一人ひとりの被害者は大自然からイメージを選び，それを刺激にして解放する「手放す」ダンスをするよう促された。そうすることによって被害者たちは，自分たちが抑制している内容と直面することなく，表現上の自由を増やして行った。

次の課題は，グループが持っている創造的なダンス経験と，罪意識が精神身体的に現われたものとの間の橋渡しをすることであった。ここで再びグループは「手放す」と「元気回復」というテーマで即興をした。ある人は罪意識によって「自分自身を叩くこと」を手放した。はじめは内側に向いていた気持ちが外側へと変わり，力強い怒りのダンスになった。別の女性は自分が解離する傾向にあることについて罪意識を感じていた。彼女はセッションのはじめの頃から，「自分の体から離れる」傾向を避ける努力をしながら，回復力のある

安定した膝曲げのエクササイズを行った。三人目の女性は，ダンスを踊ることによって自分の性を探索し，気持ちの動揺を表現したが，それは性行為をしている時に自分の夫と感情的に一緒になることから気をそらすようなものであった。彼女は背骨と太ももの筋肉を弛めるワークをしながら，性を「手放す」イメージで踊った。セッションの終結部で，筆者は一人ひとりのグループメンバーに自分のイメージについての詩を創るよう促した。それぞれの詩が朗読され，フルートによる音楽が添えられ，続いてその人の即興ダンスが踊られた（Bernstein, 1995, p.51）。

このセッションはいくつものダンスセラピーによる介入がもたらす相互作用を表現している。「動きと機能的技法」は習慣的で抑制された動きのパターンを変えた。「創造的ダンス」はダンス技術を広げながら表現することと想像することを刺激した。「即興」は罪意識がどれほど個人的な自由を束縛するかを探索する手助けをした。ムーブメントの変化そのものが態度に変化をもたらし，今度は態度が被害者を自由にする。このセッションの主たる焦点は，罪意識の原因や罪意識の内容よりも，身体と「手放す」という問題にあった（Bernstein, 1995, pp.50-52）。

結論として，バーンスタインは次のように述べている。

被害者がダンスセラピーのセッションに参加すると，自分の体に対する希望と前向きな気持が戻ってくる。被害者は自分の気持と感情を活動につなげる事ができ，自分の体を自分自身のものに立ち直らせることができる。被害者は制御しているという感情と活力を増強させるので，自分の目から見ても，もっと表現力が豊かに，もっと創造的に，身体的にももっと強くなる。自分の体との関係が改善されることにより，被害者はより健康的でより満足すべき人生を切り拓く方法を見つけ出す（Bernstein, 1995, p.57）。

虐待を受けた女性たち

　レヴィ（1995）では，虐待された女性たちに対するダンスセラピーという問題も議論されている。その章の著者はダンスセラピストのメグ・チャンとファーン・レベンソール（『ダンスと他の表現芸術療法』の共同編集者）である。彼女らが書いた章は男女関係において虐待を受けた女性被害者に焦点が当てられているが，彼女らが議論している題材や考えは，虐待関係における男性被害者や，同性愛関係における男性被害者にも応用することができる。チャンとレベンソールが書いた章の題材は，1980年代におけるブルックリンの女性虐待被害者たちのための保護施設で彼女らが行った実践に基ずいている。

　　　家庭内暴力……は広がりつつあり，関わったすべての人たちを荒廃させている。「女性虐待被害者とは，男性から，あらゆる種類の力づくの身体的振る舞いや精神的振る舞いを繰り返し受け，本人の権利とは全く無関係に，男性が彼女に望んでいることを強制されている女性のことである」（Walker, 1979, p.xv）。家庭内暴力の被害者は，誰も助けてくれないと思ったり，両面価値的感情を持ったり，無気力という学習したパターンから立ち直りたいと考えるのなら，それを行動に移すことができなければならない。ダンスと創造的ムーブメントは，「行動上の典型例」を示し，それは危機的状態にある女性たちが自分たちの生活を再構成する上で必要な行程を進んで行くのを助けることができる（Chang & Leventhal, 1995, p.59）。

　　　女性虐待被害者は虐待や暴力を受ける恐怖を感じると，心配が心配を産んだり，恐怖感がマヒしたりする等の反応を慢性的に示すようになる。暴行を受けている最中，女性の身体的感覚は鈍くなる，つまり，彼女は全ての感情から自分を切り離す能力を発達させる（Walker, 1979）。彼女は暴力に抵抗したり，

自分の身を守ることができないので，その経験から精神身体的に自分自身を引き離す，もしくは切り離す（Chang & Leventhal, 1995, p.60）。

　　　解離することによって，その女性は恐怖，怒り，絶望から自分を切り離すことができる。時には，女性被害者が虐待者に対して愛情をすら感じてしまうこともある。彼女は否定的な感情があまりにも強いため，自分の意識からも切り離され，その気持ちがさらに否定されることもある（Paley, 1988）。このように自己覚知が分離してしまうと，女性虐待被害者が持っている「危険を知らせるサインに対して適切に対応する能力」が抑えられてしまう。さらには，怒り，悲しみ，喪失といった不快な感情が虐待者に投影されることもある（Gillman, 1980）。自分の感情を虐待者に向けることによって，彼女は自分の経験を矮小化し，そうすることによって自己防衛能力を弱めてしまう。

　　　時間が経過するに従い，虐待を受けた女性は虐待者が見ている「現実」を受け入れるようになり，虐待者が言うように自分を，価値のない，馬鹿な，醜い，好ましくない者と思うようになる。自尊心が傷つけられるので，自主的な決断力が低下し，彼女のパートナーを全知全能と受け入れ始める。虐待するパートナーに取り込まれた女性は，彼が深く反省しているから，彼はきっと変わるし，虐待の後には「ハネムーン」の時期が必ず来ると信じたがる（Walker, 1979, p.60）。

　　　両面価値（どっちつかずの気持ち）は，虐待を受けた女性たちの心理によくある要素であるが，「関係を続けようか，断ち切ろうか決しかねている状況」と表現される（Rounsaville, Lipton and Bieber, 1979）。この両面価値は誰も助けてくれないという気持ちや，自己同一性の欠如や，変化への恐れによって部分的に形成される。自尊心が低下し，気遅れしているため，友達，家族，親戚，専門家に助けを求めないこともある（Chang and Leventhal, 1995, pp.60-61）。

ムーブメントを広げ，生活上の選択肢を広げる

　ムーブメントのパターンを広げることは，新しい行動を取り入れる方法（の一つ）である。ムーブメントは女性虐待被害者の行動や相互作用の幅を広げる。強制された人間関係の中で生活しているとムーブメント・パターンが固定化されたり，対処するスタイルが限定されたりすることがある。そのため，個々人のムーブメントのレパートリーを広げることは，自己概念や人間間の力動を変えることに直接的に結び付くことになる（North, 1972）。たとえば，セッションをしている時に，パートナーを突き飛ばすようセラピストに励まされ，女性虐待被害者が自分の力に驚くことがある。自分の強さに気付き，彼女はセラピストが観察したことである「自分でそう思っているような『だまされ易い弱い人』ではない」という見解を受け入れ始める。このような自己肯定が，自分の人生の上で重要な人びとに対し，もっと断固とした態度で相互作用をすることを可能にさせ，自分をもっと肯定的に受け入れ始めることを可能にする。同様に，自分は弱いが誰からも助けてもらえないと感じている女性は，小さなダンベルやテニス・ラケットのような日常生活で使う簡単な小道具を与えられると，個人的な力に対する感受性を高め，抵抗したいという気持ちを掻き立てることがある。即興ダンスの場面で小道具を使うと，虐待被害者たちは筋活動を高め，その結果，自分の活動に対する全体的な意志を高めることになる（F. Levy談，1994年10月12日）。バーキー（1980）は「ダンベルを積極的に使いこなすことができなければ，今後，自立することができるようになるという希望はほとんど無い」（p.135）と言っている（Chang and Leventhal, 1995, pp.62-63）。

　一個人のムーブメントをミラーリングする技法は，信頼関係や治療的関係を確立するために使うことができる。しかし，長期間にわたる介入方法としては，リーダーへの依存度を高める可能性があるので，望ましくない場合がある。治療を受ける全ての人と同じ様に，

女性虐待被害者は成長の段階を一歩一歩登って行く。彼女たちが成長し，ニーズが変わるに従い，治療方法は新しい要求に対処すべく変化して行かねばならない（Huston, 1984）。女性虐待被害者が自主性や自律機能を高めることの重要性は認識され評価されねばならない。

　硬直した関係様式あるいは階層的な関係様式に馴染んでしまった患者は，ムーブメントへの指示に盲従したり，強く抵抗する可能性がある。自主的な行動を育む方法を採用することは，自分を制御することに関する問題を解決するだけでなく，個々人の選択や創造性をも引き出すことになる（Chang and Leventhal, 1995, p.63）。

ムーブメントの指示内容を選ぶ

　次に示す文章に描かれているように，ムーブメントに関する指示は思慮深く出されることが基本である。ウォーミングアップが終わった後で，セラピストは何人かの女性が足を蹴っていることに気が付いた。グループの気持ちを反映させようとして，セラピストは「彼を蹴飛ばして追い払いなさい」とその女性たちに提案した。セラピストが行ったこの解釈に対してグループは，何回か爆発的なムーブメントをしてから，その動きは急速に衰え，焦点の無い，まとまりのない反応をした。ムーブメントについての指示を出す前に高まりつつあるように見えた気持ちの緊張度は生かされることなく消滅し，女性たちがやっていたムーブメントは中途半端な満足の行かない状態で終わった。グループ内に起こったことについてよくよく考えた末，セラピストは自分が行った「彼を蹴飛ばして追い払いなさい」という提案は女性たちの行動について考え過ぎで，指図し過ぎであったという結論に至った。足で蹴る動きが再び現れた時にセラピストは「足を蹴って音を立てて，部屋中を使って」と言ってグループの身体的緊張度を保った。ムーブメントに対するこの簡潔な指示によって溢れんばかりのダンスがもたらされた。

20 身体的，性的，精神的虐待の被害者，及び，解離性同一性障害者（または，多重人格障害者） 253

患者たちが分析をしたり先入観をもって考えたりして自分たちの動きに制限を加えることをせずに，十分に自分自身を表現するまでに能力を高めるには，セラピストが解釈するような提案はできるだけ少ない方が良い。患者が感じている非言語的な体験を中途半端に解釈することは「個人が進めつつあった過程を中断しがち」（Mackay, 1989, p.300）であり，自分自身の象徴的表現から何らかの意味を見出す機会を女性虐待被害者から奪いがちである（Chang and Leventhal, 1995, p.64）。

女性虐待被害者が治療場面に持って来る感情や出来事の緊張度が強いため，逆転移が起こる場合，それも突然起こる場合がよくある。さらに，女性虐待被害者が自分自身の気持ちが認識できない時には，その気持ちをセラピストに投影することもある。この現象を分析することは，治療上の手がかりになり，セラピストと患者の関係において非常に重要な手段になる（Chang and Leventhal, 1995, p.67）。

要　約

上に掲げた引用は『ダンスセラピーとその他のクリエイティブ・アーツ・セラピー』からのものであるが，ダンス・ムーブメントセラピーが虐待で苦しんでいる患者をどれほど助ける事ができるかを示している。このような人びとに対して実践をする時に，体と心との統合は，患者を力付ける上で非常に重要である。と同時に，MPD の患者や女性虐待被害者に対して実践をする場合は，セラピストは注意深く対応しなくてはならない。なぜなら，すべての実践は信頼に基づいて行われるが，その信頼を築くことがこれらの人びとにおいては難しいことがよくあるからである。フラン・レヴィは次のように述べている（1995）：

（ダンスセラピストそして）クリエイティブ・アーツ・セラピストとして，私たちはユニークな道具を一式持っているが，それを，知的にかつ共感的に使えば，人間が持つパーソナリティが織りなす複雑な綾へと私たちが奥深く到達するのを助けてくれる。同じ物であっても，ぞんざいに使ったり，一人ひとりが持っている様々なレベルのニーズに対する心からの理解や共感なくして使えば，相手をますます分断してしまったり，混乱を招く可能性がある（p.10）。

女性の摂食障害者

スーザン・クラインマンとテレーズ・ホール

摂食障害

　摂食障害が形成される過程では無数の要因が影響を与えている。生物学的要因，環境的要因，文化的要因が複雑に相互作用をしながらこの創造的で頑固で，最終的には破壊的な力を作り出していると考えられている。

　神経性拒食症も神経性過食症も，診断された症例の少なくとも90％以上が女性である（米国精神医学協会，2000，pp.583-595）。加えて，全ての女性摂食障害者が虐待を受けた経験があるわけではないが，摂食障害の形成と精神的虐待，身体的虐待，性的虐待との間には強い関係がある（Siegel, Brisman & Weinshel, 1988）。この章は，ほとんど女性を対象にして実践している筆者たちの経験に焦点を当てている。

　女性の身長，体重，プロポーションの大分は生物学的に決まっているが，美に関する文化的基準はここ50年以上に渡って目まぐるしく変化した。我々は現実とはほとんど似ても似つかない「ますます痩せた女性」のイメージに攻め立てられている。ほとんどの女性はこのような厳しい社会的基準に合わせることができず，物足りなさや不安を募らせている。「人間の強さも弱さもすべて受け入れること」によって健康な自尊心が成立し，人生のあらゆる分野に影響を与えて行くのであるが，女性は，年齢，人種，社会的経済的背景を問わず，「健康的な自尊心」を持つことができないために，人生経験から自分が逃避しているように感じることがある。モリーン・ケリーは彼女の著書『私の体，私のルール』の中でこの問題を取り上げ，「女性解放運動は1960年代に記念碑を打ち立てたが，同時に，ダイエット産業もこの時代に大きな発展を遂げた」と言っている。このダイエット産業が，基本的には到達不可能な基準に達しようと女性にプレッシャーを感じるようにさせたとケリーは強く考えている（Kelly, 1996）。このような達成不可能なジレンマから生じる不和感が摂食障害の成立に必要な場を準備し，それが現在まん延しているプロポーションになった（Davis, 2000, p.1）。

　環境的な影響力に関して言えば，時には，家庭環境において強い感情を避けることが摂食障害の成立に関与する場合がある。たとえば，家族の一員が他の一員に対する怒りを「抱き」，爆発寸前の状況になっているとする。この時，怒りを感じている人は「自分の感情を表現すると，火に油を注ぐ結果になり，全ての機会を台無しにしてしまうかも知れない」と恐れるとする。そして，やむを得ずその人は，どのように振舞ったら良いのかその手掛かりを自分の周りに探す代わりに，自分自身の本能的な反応を抑えるよう学習してしまう可能性がある。

　同じように怒りを感じても，自分の両親や親戚がその人の感じ方に対して感情的に反発していると感じ取る人もいることだろう。16歳になるキムは，彼女が友達に関して持っていた問題について母親に話した時，母親がヒステリッ

クに反応する状況を次のように説明した。「お母さんがすごく興奮しちゃったから、私は話を途中で止めたの。お母さんを落ち着かせなくちゃならなかったから。私は自分の気持ちを考える余裕なんか無かったわ」。キムは自分の気持ちを表現するためのもっと安全で、それほど破壊的ではない方法を見つける必要があり、それで、自分の怒りや悲しみを表現する方法として摂食障害行動をとり始めた。時には、娘というものは自分の家族のために生きるように望まれていると感じ、無限に続く家事仕事に従事し、自分のことよりも他の家族の欲求を優先してしまうことがある。そして、成長して生家を出て行く気持ちをいつの間にか巧妙に奪われてしまい、自分の家族のホメオスタシス（恒常性）、つまり、注意深く形成された無意識の仕事を維持することがある。このような被害者が摂食障害となって自分の独立性を主張することがある。

摂食障害は単に食物や体重に係る問題ではないし、また、ひたすら自制心の問題でもない。恐ろしい葛藤や感情的な葛藤に対処する時、女性ははしゃいだり、気晴らしをしたり、食物絶ちをしたり、その他、無数のバリエーションから成る態度を取るが、摂食行動はそのような態度の一つである。要するに、女性は「摂食障害という行動をとれば、自分の葛藤に直面する勇気を持つことができる」と幻想を描いているのである。たとえば、女性は「私は十分に良い状態にあるだろうか？」という抽象的で実際には計測不可能な概念を、「私は十分に痩せているだろうか？」という計測可能な概念に移し替えてしまうことがよくある。女性は、食物、身体、体重に焦点を当てることによって、感情や感覚を体験することや、彼女が感じている「成長への不安」から逃げる口実にしているのである。全ての依存過程がそのような経過を辿るのと同じ様に、彼女はますます感情を鈍感にして行く必要が高まり、ついにはそれがひどくて執拗なものになる。彼女は救済を感じるような新たな方法を探す状況に追い込まれるが、それは次第に捉えようのないものになって行く。時には、障害の一つの型としてすでに知られているものへとのめり込んで行ったり、自傷行為といったものに「エスカレートして行く」こともある。

摂食障害はそれだけが独立して存在することは無く、無視できないメッセージを常に抱えている。一般的に言うと、摂食障害という症状や行動の中に潜むメッセージを家族や治療の専門家が解くことができると、患者は比較的早く、そして病の深いところから治って行く。メッセージが解読されると、患者は新しいコミュニケーション方法や相互作用の方法を自由に発展させることができるようになり、以前ほど摂食障害のような症状に頼らなくても自分のニーズを表現できるようになる。

摂食障害の治療におけるダンス・ムーブメントセラピー

この章は摂食障害の女性に対する治療方法としてダンス・ムーブメントセラピーを使うことに焦点を当てる。クラインマンとホールは、ペンシルバニア州フィラデルフィアにあるレンフリュー・センターとフロリダ州ココナッツ・クリークで、ダンス・ムーブメントセラピーというこの特異な方法を開発した。「心と体は結びついている」という前提のもと、ダンス・ムーブメントセラピーは摂食障害の女性に対する強力な治療方法として機能し、自分たちの体に対する関係性や、他人と関わる危険性を探索させている。摂食障害になるという体験は身体に焦点を当てた体験だから、女性患者がこのような問題に直接的に対処する上でダンス・ムーブメントセラピーはユニークかつ適切な方法である。ダンス・ムーブメントセラピーを使えば、女性患者はもっと自由に自分自身を体験すると共に、自分たちの摂食障害とそれらの摂食障害

の根底にある問題とのつながりを身体的に発見することができる。

摂食障害の女性には，自分の気持ちや考えを表現したり言葉で言うことが苦手な人がたくさんいる。彼女たちは深い気持ちを理性的に隠す傾向にあるので，体を使って気持ちや感情を直視する必要がある。ダンス・ムーブメントセラピーはこのような摂食障害の女性を自分の体ともう一度結びつけるので，彼女たちは自分たちの感覚を再認識し，信じることができるようになる。またダンスセラピーは，摂食障害の患者たちがボディーランゲージを使ってどのようなことをコミュニケーションしているかをいろいろと探索できるようにする。摂食障害の患者たちが「日常生活の中でどのように動いているか」ということと，「どのような諸問題に直面しているか」ということの間にある関連性を発見することにより，摂食障害の患者たちは「動く体験をしながら，自分たちの感情が現れて来る経過を辿ることができるように」なる。このようにして洞察が深められたり，新しい対処方法が見つかったり，また，自分たちの動きが持っている隠喩的な意味を理解したりすることがよくある。

「エド」に対峙する

摂食障害の女性は，外面的には完全な外見を保つことや自己制御をしたりすることに絶望的な状態でいると同時に，内面的には耐えられない程の孤独感，空虚感，苦痛，怖れ，そして，心が体から離れて行くような感じでいっぱいになっている。ある患者は「私は自分の気持ちを心の奥深くへ隠しています。だから，私のどこが悪いのか，私は本当はどのように感じているのか，それが分かる人は絶対に一人もいません。私の心の内側は，何重にも堅く結び合わせた網の目に包まれていて見えません」と言った。また別の患者は「私は体を鈍感にして，感じない

ようにしています。私は自分自身の皮膚をまとっているなんてことに耐えられないので，他人から自分を引き離すようにしています。だって，誰かが私に近づくことなんて耐えられませんから」と話した。

食物の問題に焦点を当てることにより，患者は，摂食障害の下に隠されている耐え難い不安や感情的問題から目をそらすことができる。患者はよく，「健康な自身自身」と「摂食障害の自分自身」との間に存在する際限のない苦闘について語ることがある。中には「摂食障害の自分自身」に「エド」という男性名をつけて他人のように話す患者さえいる。つまり，摂食障害を擬人化すると共にその病気から自分自身を引き離すようにして，何とか耐えしのんでいるのである。

セラピストが患者の思いを理解し，理解していることを患者に伝えれば伝えるほど，患者はますます「回復は可能であり，回復した状態も長く続く」という希望を持つようになる。

変化への恐れと現状維持への恐れ

クラインマンとホールが診てきた患者たちは一生懸命に治療を求めていたが，変化し回復するための実際の第一歩を踏み出すことは患者たちにとって一般的には恐ろしいことである。摂食障害をやめることには両面価値と恐れがある。逆説的ではあるが，摂食障害をやめることは「最高の味方」であると共に「最悪の敵」でもある。「摂食障害は自己制御感や幸福感をもたらす」と患者は思い込み，身体的な自己から離れ，幻想を創り続ける。と同時に，内面の深いところからは，「摂食障害が求める頑固な要素から自由になり，健康の方向に進みたい」という気持ちが湧きあがって来る（Kleinman & Hall, 2001）。その結果，「変化することへの恐れ」と「同じ状況にい続けることへの恐れ」によって，患者は，「自分自身が創り上げた罠か

ら逃げ出す能力があるかどうか」確信が持てなくなる。

　セリーヌは上記のような事例であった。年齢は55歳で，何年も通院していた。しかし，セリーヌの通院医療チームが彼女にはもっと集中的なセラピーを行う必要があると考え，彼女は入院治療を受けることになった。セリーヌはこの入院を続けるか，それとも退院するか，迷っていた。外来でのセラピーで経験した恐怖が思い出された。セリーヌは自分の気持ちを言葉で表現することが苦手で，どうしたら良いか途方に暮れ，摂食管理に従えないことがよくあった。スタッフがあまりにもたくさん食べるよう彼女に期待していたので，セリーヌはスタッフにいつも対抗しようとしていた。彼女はダンス・ムーブメントセラピーのグループが好きだった。そこでは話をするか，静かに黙ったままでいるかを選ぶことができたからである。また，ダンス・ムーブメントセラピーの環境では，他のどこよりももっと責任を持って参加しているように感じたり，比較的上手く参加していたように感じていたからであった。セリーヌの主任セラピストはダンスセラピストであったが，「セラピストとの関係」と「ダンスセラピーという方法そのもの」が一緒になって突破口を開くことを期待して，セリーヌに個人セッションを勧めていた。これはある意味では，彼女の治療チームでは期待できなかったものである。セリーヌは怖かったが，そのような必要も感じたので，最初の（そして最後の）個人セッションをとりあえず受ける決心をした。このセッションにおいてセラピストはセリーヌに枕を渡し，それを中心にして使うようにし，セリーヌのための安全地帯を作った。セリーヌははじめ多分，枕が何を意味しているか等は考えていなかったので，彼女はその枕に自分自身の思いを込めることができた。セリーヌとセラピストは一緒になって表現のための一まとまりのムーブメントを作り，そのムーブメントをいろいろな方法で探索した。

　自分の体験を解釈しながらセリーヌは次のように言った。「私にとって，枕は到達点のように思えました。私は到達点に非常に近いところから始めたように思います。私は重荷に感じていました。まだ到達点の方に動いて行かず，横方向に動いていました。つまり，ずっと同じレベルに留まっていたのです。私は自分の到達点からますます遠くに離れて行ってしまい，そこで再び，重荷を感じました。私は到達点の近くに帰ろうとして懸命に前に進もうとしましたが，そうすることができないことに気付きました。私は自分が望んでいる到達点にたどり着くことができなかったので，急いで引き返しました」。セリーヌは翌日，今は回復したり変化することができないと考えて，治療をやめる決心をした。セリーヌが，自分が行ったムーブメント体験について考え，変化への準備が不足していると結論付けたことは，自分の内的経験から執拗に目をそむけようとしている人としては，それなりの進歩を示していると言える。しかし，もしセリーヌが治療を続けることを選んでいれば，ダンス・ムーブメントセラピストは，セリーヌが回復する上で障害になっているものを確認したり，彼女が自分の到達点をもっと実現可能なものに段階分けして行く手伝いをすることができただろう。

外見が消えて行く時

　ダンス・ムーブメントセラピーのセッションでは，外見が消えて行き，恐怖が様々な形で前景に現れて来る。拒食症で治療中の大学生は，「私の体の中で私が生きているということは，私がこれまでに体験したことの中で最も苦しいことです。それは気も狂わんばかりに腹立たしく，恐ろしく，フラストレーションで息苦しい」と言っていた。

　「自分の体から分離したい」とほとんどいつも考えている患者にとって，体操や振り付けの

あるムーブメントをすることは比較的親しみ易く安全なので，そのようなものからムーブメント体験を始めることが多い。患者たちは，「カロリーを燃焼させる動き」と「感情を表現する動き」とを区別することを学ぶ。クラインマンとホールは，患者たちが「機械的なムーブメント」を「感情的なムーブメント」に変化させるよう励ましている。その結果，もしも患者たちが危険を冒しながらも自分たちにそれができるようになれば，「私たちは感情や感覚に対処することができるのだ」ということに気付くようになる。

身体像

レンフリュー・センターの身体像の専門家であるアドリアンヌ・レスラーによれば，身体像とは「心の目が自分自身をどのように見ているかを描き出した絵である。身体像は，他人がどのように私たちを知覚しているかについて私たちが信じているものを反映するものであり，また，私たちが自分の体の中で『生きている』ということをどのように感じているかを表現するものである」(Kleinman, 2002；Rassler の準備中の原稿)。

身体像が歪んでいることは，摂食障害の特徴的症状である。患者が自分の体に対して持っている態度は，自分に対する態度や自信とあまりにも深く結び付いているので，それらの二つは互いに見分けがつかなくなっている。患者は自分の体について，受け入れられないと思った欠点は何でも非難し，攻撃する。患者の体はこのような自己嫌悪から来る拒否によってあまりにも混乱してしまい，完全な分離だけが生き残る上での唯一の方法のように思えてしまう(Hutchinson, 1985)。

リサは何年もの間，「自分の体」や「自分の体で感じた経験」が自分のものでないように感じていたが，あるセッションの中で「私も自分

の体と結び付くリスクを冒すことができる」ことを発見した。セッションを行っている時，彼女は明らかに次のことに気が付いた。それは「普段，私の体と心は繋がっていない。食物について私は自分の心を使って変えようとするのに，（ムーブメント経験をしている時）私は自分の心を使って体を変えようとはしなかった。私は体そのものであり，体は私が持っている所有物ではない。私の心は単に私の体の一部であり，私の体は私の心の延長線上にあるものだ。全体を包括した『一つのもの』が一つの心身なのだ」。身体像の混乱が目立つので，クラインマンとホールはしばしば患者が現実と認識との間の矛盾に挑戦する機会を設けている。ターニャは 27 歳になる大食漢の婦人である。気が付くと，ムーブメントをしている部屋の片隅で自分がうずくまっていた。ターニャが思い切って部屋の中央に向かってストレッチをした時，彼女は「空間全体を独占してしまったように」感じたことを後でシェアリングの時に思い出した。仲間たちはターニャに彼女が部屋の片隅しか使っていなかったと言って安心させ，さらにターニャにとって意外なことに，みんながターニャともっと交流し易くなるように，ターニャがもっと広い空間を使うように勧めたのである。

身体像の歪みは，間接的に現れることがよくある。たとえば，他人を満足させなければならないと思ったり，不完全ではないかといつも恐れていたりすると，危険を冒すことをためらうようになる可能性がある。この恐れは患者の自尊心や自己認識に影響を与えることがある。そこで，ダンス・ムーブメントセラピーでは間違いということはあり得ないし，誤った感じ方というのもないということを，患者はしばしば思い出す必要がある。それどころか，患者たちは「あるがままのやり方で」過ごすように励まされ，自分たちのニーズを検閲して削除修正したりする必要も無ければ，自分たちの正直な気持ちを犠牲にする必要も無い。仲間から支えられ

たり仲間と結び付くと，患者は思い切った行動に出たり，自分の能力を拡大したりすることができ，その結果，自分自身の歪みや自ら課した限界に挑戦することができるようになる。

認識マーカー

「認識マーカー」とは，クラインマンが最初に開発したもので（Kleinman, 1977, Stark & Lohn, 1993, pp.130-133），「患者の気持ちやニーズが患者たちの表現行動にどれほど反映されているか」をセラピストが確認するためのガイドラインとして，また，患者がそのことを理解するための枠組みとして，セラピストと患者の両方に役立つものである。認識マーカーはまた，セラピー過程に形を与えたり，「セッションの中で何が起きたかについて判断基準」をも表す。

認識マーカーは以下のように使われる。セラピストは患者を励まして，まず「患者が自分自身を一個人として深く，そして他者との関係の中で深く『探索』する経験」をさせる。次に，「患者が探ったものについての様々な発見」をさせる。そして，その『発見』を深く『認識』させる。そして，発見したものの意味を馴染みのあるパターンや経験に『関連付け』る。そして最後に，発見したことの意味が関係付けと共に『受け入れ』られ，洞察が深められ，その後もさらに深く探索される。この受け入れが閉じる形となって，ワークが終了する（Kleinman & Hall，準備中の原稿より）。

認識マーカーの枠組は知識偏重傾向にある患者や失感情表現症の人（気持ちを言葉で表すことが困難な人）に対して容易に適用することができる。ゼルブ（1995）によれば，「摂食障害の患者は自分たちの気持ちをことばで表現することが難しいことがしばしばある。彼らのアイデンティティを確立するためには，これらいろいろな気持ちの状態を認識し，その一つひとつに名前をつけて行くことを学ばなければなら

ない。いろいろな感情に名前を付ける方法の手始めとして，絵画，音楽，ムーブメント等，言葉以外の方法を用いることがしばしばある」（pp.44-45）。

以上をまとめると，認識マーカーによる過程は，自分自身に関する新しい情報の①探索，②発見，③認識，④関連付け，⑤受け入れ，になる。

認識マーカーを使った個人ダンス・ムーブメントセラピー

サラはまだ大学の一年生の時に拒食症と診断された。サラは初めて実家から離れ，寂しくなり，怯え，それから程なく，自分が他人から孤立し，食物を制限していることに気が付いた。これまでにもいつも，サラは変化に適応することに困難を感じていたが，今回は彼女の生活からその基盤が崩れ落ちるように感じた。サラはうつ状態になり，その状態が次第にひどくなって来たのでサラの同僚たちが気が付き始めた。寮の管理人がサラをセラピストに診せるように手配し，さらに間髪を入れずにもっと集中的な治療を受けるようサラに勧めた。

サラはレンフリュー・センターの宿泊治療プログラムに参加し，そこに約10週間滞在した。サラは，入院している間，週2回のダンス・ムーブメントセラピーのグループ・セッションに参加し，それから次の段階に移るケアを受けた。退院する前にサラの主任セラピストは「個人ダンス・ムーブメントセラピーを受けて，サラの体が硬いことと，『木』のようなぎこちない状態になっていることに関連する問題を明らかにするのを助けてもらってはどうか」と勧めた。

ダンスセラピストはサラに「このセッションを1回受けることによって貴女はどのようなことを期待していますか」と尋ねた。サラは「グループセッションで感情と結び付くことができたので，もう一度，それを体験したい」と言っ

た。「私は，本当に，どんな感情も感じること
が苦手なんです」とサラは言ってから「私のムー
ブメントが持っている意味についても，もっ
と知りたいんです。セッションを終了して去っ
て行くことは少し怖いし，私はできるだけ学ん
で，新しいセラピストに私のニーズを説明した
いんです。多分，そうすれば，私はもう少し安
心した気持になると思います」と付け加えた。
セラピストはサラに同意し，サラが定めた目標
は新しい治療チームがこれから行うワークにと
って非常に重要なものになる可能性があるので，
サラとセラピストはこれらの目標を達成するい
くつもの選択肢を探してみることにした。

セラピストは認識マーカーの枠組を導入し，
「サラのムーブメント」と「サラの適応パター
ン」とを結び付ける指導をした。セッションを
通じて認識マーカーの枠組を使い，サラが「非
言語的体験で理解したこと」を明らかにして，
それを言葉で表現することが決められた。

セラピストはサラに短い一連のムーブメント
を振り付けるよう提案した（マーカー1：『探
索』）。サラは自分が好きな「ピュア・ムード」
という曲を使うように頼んだ。これは中位のテ
ンポの，ポピュラーなニューエイジ・ミュージ
ックの曲で，いくつかの単純なムーブメントを
即座に選び，それを繋げて探索した。サラは堅
苦しいダンサーのように動き，上の方に両手を
伸ばし，両脇に両手を伸ばし，それから，体の
真ん中で輪を作った。サラの動きは全てぶつ切
れになっていた。「サラは一定の狭い領域に留
まり，その部屋にはもっと広い空間があるの
に思い切って進出して行くことを全くしなか
った」とセラピストは記録した（マーカー2と
3：『発見』と『認識』）。サラが生活の変化に適
応して行く上で困難を抱えていたことを考える
と，サラはこの問題にもっと直接的に取り組む
ことによって良い成果を得ることができるであ
ろうことは明らかだった。

サラの基本的な振り付けが出来上がったので，

次の課題は一連の動きを十分に経験することで
あった。セラピストとサラは一緒になって何回
もその振り付けを繰り返した。その後セラピス
トは引き下がり，サラにその振り付けを目を閉
じて，普通のスピード，ゆっくりとしたスピー
ド，早いスピードで探索するように言った。す
るとサラはほどなくそのパターンを発見し，こ
れがそのセッションの残りの時間の焦点になっ
た。

サラが発見したパターンには，「サラが生涯
を通して動いて来た傾向」も含まれており，そ
れはあたかも，「ある課題の後に，その課題を
行った『経験』に対してほとんど何も配慮され
ない状態で別の課題が続く」というものであっ
た。サラは「自分がぎこちない堅い動きを繰り
返していること」を認め，いつも「今よりも一
歩先にあるステップ」と言ってそれを気にし，
今その瞬間を十分に体験することなく，いつも
次の課題に取り組んだりそれを成し遂げること
を気にしていた。次の課題を先取りしていると，
いつも現在の経験に集中できない。サラが発見
したことをサラのムーブメントパターンに『関
連付け』（マーカー4）の段階で，サラは「私
は自分が生きて来た時間をぶつ切りにし，その
時間の中から最上のものを得て来なかった」と
認めた。他の言葉で言えば，一つひとつの経験
がそれぞればらばらな断片の集まりに過ぎず，
互いに結び合されないままになっているのであ
る。

「サラが生活の変化に適応するのが困難であ
ること」と「サラが今，正に認めたパターン」
とが関係している可能性について，セラピスト
は以前記録していた発見を指摘した。すると，
サラの表情がパッと明るくなり，何かがひらめ
いたように「あっ，分かった！　私は次の動き
を考えることに忙しくて，今自分がやっている
動きをしっかりと経験していないんだ。私は変
化に直面すると心配し過ぎてしまうんだわ」と
認めた。サラは自分の人生の中で起きたいくつ

かの転換期について，それがどれほど怖く感じていたかを詳しく話した。今やサラは，自分のムーブメントパターンの背後にある意味と結び付いたので，今度は，この問題に対処するための戦略を探索する段階になった。

セラピストはサラに「どのようにこの問題を探索したいと思う？」と尋ねた。体をもっとゆっくりと動かして，体に耳を傾ければ，サラの体はさらに先の方向性を指し示すことができるだろうと思い，サラはスピードを落として，現在の自分自身についてもっと内省し，もっと広い空間を占める決心をした。するとサラは，自分がこれまでとは違った方法で動いていることに気付いた。それまでは，大きく垂直的な動きだったものが，今は，以前よりも水平的なものに焦点を当てた動きに変化しただけでなく，外側に向けて拡大するような動きも始めたのである。動きのスピードを落とし，それらの動きを外に拡大して行くと，サラは今この瞬間に留まり易くなり，先へ先へと進んだり，今その時の経験から分断されることがなくなった。

サラの風変りなムーブメント・パターンをもっと探索して行くと，サラはさらに洞察力にあふれた関係に気付き，それを深く認識した。一連のムーブメントを繰り返している時，サラは自分が「次の動作に移る予感で次第にスピードアップする傾向にあること」に気付いた。そのため，ムーブメントとムーブメントの間の移り具合が滑らかに流れなかったのである。サラには自分がやっていること全体を概念化することが難しかったので，セラピストはサラに「動きの中に『流れ』を入れる」よう提案した。

サラはまず一つのムーブメントに焦点を当てながら「流れ」を入れ，それからゆっくりと次のムーブメントに移って行った。すると自然に堅さや堅苦しさが無くなって，ムーブメントとムーブメントとの移行が滑らかになった。次の課題に向けて先回りしながら動くことを減らし，今現在の状態を体験することにもっと注意を集中すること，つまり，頭で考えながら動くよりも，むしろ心の内側から溢れる衝動によって動くことにより，サラは「表現する自己」に気付き始めたのである。サラは感情的体験や身体的体験が目覚め始めてきたことに気付いた。サラはこれまで以上に充実感を感じていた。

サラはまた，自分の動きに変化を与えることができること，体を傾け，自分のムーブメントにもっと柔らかな質感を加え，そして，自分が好きなだけ長く空間的に動きを伸ばし広げることができることも理解した。「私次第なんだ！　たくさんのガイドラインなんて無いんだ。ガイドラインじゃない。私がとるべき特定の方法なんて無いんだ」とサラは言った。心理学的に言えば，サラは有意義な関係付けをしたのである。

サラとセラピストは認識マーカーという言語を使いながら，今正に終わったばかりの実践を振り返った。サラにとって筆記することは有益な手段だったので，セラピストはサラに認識マーカー・ワークシートを与え，それを日常的に使い，サラが自分の体験を辿る助けとし，「サラの表現上の関係付け」を「サラの生活経験」の中に『受け入れ』（マーカー5）るようにした。セラピストはサラが自分の洞察を受け入れ，サラがそれほど恐ろしさを感じないような方法で変化に適応することを助けることができるような「新しい適応パターン」を作るようサラを励ました。ムーブメントの経験はサラが，彼女の本質を表現している「内面的ダンス」と「機能的かつ堅いムーブメント・パターン」とを区別するのを助けた。

結　論

私たちが行なうダンスセラピーでは，感情に対して視覚的，経験的，認識論的な形を与えるが，精神療法では，感情的な一連の体験に専ら認識論的な考えを使うことを強調することが比

較的多い。人類は話すことを学習するよりもはるか以前から体を使ってコミュニケーションをしている。私たちは進化しながら私たちのコミュニケーションに語彙を増やして来たが，ボディーランゲージは私たちのニーズを認識したり，私たちを表現する上で最も強力な方法として存在し続けている（Chace & Dyrud, 1968）。私たちが経験したことの深層を言葉だけでコミュニケーションすると，それらの経験に付随したきらめくような本当の永続的な変化に結び付いた身体的で感情的な関連を含まない知的な理解に導く可能性がある（Zerbe, 1995）。「認識による理解」が「経験による理解」を産む，というよりもむしろ，「経験による理解」が「認識による理解」を産むのだという基本的な考えに基づいて，ダンスセラピーは「一つひとつ特異なムーブメントの断片」を「表現行動」に変えて行く手伝いをすることができる。そして，相互には何の関係もない経験が相互につながって意味のある表現に変化し，そこから洞察や永続的変化をもたらす可能性が生まれる。この章で論じられたものの一部は W・N・デイヴィスとクラインマン編『関係の中での癒し：摂食障害からの回復に関するレンフリュー・センターの展望』レンフリュー・センターとして出版される予定である（原稿準備中）

認識マーカー・ワークシート

以下に示すマーカーを読者のみなさんの経験を辿るガイドとして使って下さい。記載は単純なもので結構です。みなさんの気持ちや思いを書くのですから，間違いはあり得ないことを忘れないで下さい。探偵になって，ミステリーを解く鍵を集めていると思って下さい。「私たちの経験」という（この世にただ一つの）ミステリーです。成功を祈る !!

【探索】みなさんの経験について，感情，感覚，さらにそれから生じてくる様々な関連する思いを探索しながら書いて下さい。

【発見】今探索したことに関連して気が付いた観察や，みなさんの感情と感覚について気付いたことを書いて下さい。

【認識】みなさんが発見したことはみなさんの人生において意味があることを認識して下さい。そしてもしも意味がないと考えるのであれば，なぜみなさんがそのような発見をしたのか，さらに，なぜそれらが人生に関係がないと言うのか考えて下さい。

【関連付け】感情，感覚そして発見し認識した思いが，今のみなさんにとってどれほど重要であるかを理解して下さい。それらを自分の人生と調和させ，過去に経験した同じような事柄と比較しましょう。

【受け入れ】みなさんが興味をもった質問や事柄をはじめとして，思い描いた問題は，すべてより深い探索をする上で重要であることに注意しながら，この経験をまとめて下さい。

高齢者

　高齢者に対するダンスセラピーは早くも1942年，マリアン・チェイスが彼女のダンスセラピー技術を高齢者に対して用いた時に始まった（S. Sandel et al.,1993）。しかし1970年代になるまで，ダンスセラピストたちは増加しつつある高齢者が持っているユニークなニーズに応える特別な方法を開発して来なかった。

　地域に在宅していようと施設に入所していようと，高齢者に共通する問題として，身体的制限があること，他者に依存していること，社会的に孤立していること，孤独であること，自尊心を喪失していること，伴侶を失っていること，死を恐れていること等がある。スターク（Samuels, 1973）が指摘するように，ダンスセラピーは緊張を和らげたり，後半生の諸問題に対処する支援システムを作るための突破口を提供することができる。

　上に概略を描いたような問題に対応して，高齢者に対するダンスセラピーの目標は一般的には主に，社会的領域，身体的領域，精神的領域という3つの領域に焦点が当てられている。社会的領域では，社会的相互作用，シェアリング，支援が強調される。身体的領域では，老いつつある個々人が必要としている身体運動や身体表現があげられる。精神的領域における一般的な目標としては，個々人の統合を実現したり，価値観や幸福感について感情表現をすることであろう。

　高齢者に対してダンスセラピーを実践しているダンスセラピストの大部分は集団のセッションで行っている。集団は安全で支持的な雰囲気をもたらし，それがコミュニケーションやシェアリングを育む。身体接触，特にタッチングからは明らかな効用がもたらされる。サンデル（1980）は「誰かに触れることや触れられることは，セッションの参加者に若返り効果をもたらすように見え，他者に対する敏感さを高め，愛想を良くする（p.2）」と指摘している。特に，身体的な接触は寂しさから来る恐怖を和らげ，高齢者にしばしばありがちな感覚鈍磨を改善する上で役に立つ。

　高齢者に対するダンスセラピーでは身体的側面を強調するダンスセラピストがおり，この身体的領域における効用が社会的レベルや精神的レベルについても同じように良い効果をもたらすと強く信じられている。このような身体的研究の例としてアーウィンとガーネット（1974）があげられる。二人はそれぞれに身体運動を使って筋肉の強度，姿勢，柔軟性，関節の可動性，ムーブメントの幅を維持したり改善したり，またはその両方を行った。精神的な緊張をほぐすため，リラクセーション技法も強調されている。それらの技法の中には，美容体操，ジェイコブソンの漸進的筋弛緩法（ガーネットが使用），ヨガ技法（アーウィンが使用）も含まれている。協調性，空間的オリエンテーション，運動感覚的認識と調整等を再構成することがもう一つの身体的目標である。

　高齢者の多くには身体上の制限があるが，幅広い一連のムーブメントを使うことができる。

たとえばガーネットは，左右に揺れる，倒れる，浮遊する，ねじる，伸ばす，腰を曲げる，押したり引いたりする，等というムーブメントをあらゆる方向に対して使った。「セッションの参加者は自分自身のムーブメント能力の限界に気付く傾向にあり，その限界を超えようとはしない」ということをガーネットは発見している。アーウィンは「メソッドや技法は無数にあるが，セラピストの訓練や経験，とりわけ，セラピストの思い込みによって制限されてしまう」と記している（1972, p.169）。高齢者を対象にするダンスセラピストは強力な医学的背景を持っている方が良いと彼女は言っている。

　この，ダンスセラピーという方法は身体的目標に焦点を当ててはいるが，社会的領域や精神的領域についても同じ様に注意が払われている。高齢者は動きの幅が制限されていることがよくあるので，たとえ単純なムーブメントであっても，その動きに自分が参加できることは高齢者に達成感や活力や自信を与えることができる（Fisher, 1995）。安全で押しつけがましくない環境で，楽しくてレクリエーション的なムーブメント経験を行えばさらに社会的効用や精神的効用が得られる。加えて，ムーブメントは若かりし頃の感情や楽しい経験を思い出させることもしばしばある。

　記憶や過去の経験を活用すること，つまり，「回想」を利用することは，高齢者を対象にする時には強力な手段になり得る。「回想」の中には，若かった頃に経験した記憶を共有することや，買い物，外出，出勤，家事仕事のようなものを動いて表現すること等がある。これらの記憶が引き金になって出てきた「連想」や「活動」が対象者に強力な「現在への連想」をもたらすように働くことがよくある。

　身体的アプローチを使うダンスセラピストは実践の中に「回想」を取り入れることがよくあるが，この技法をアプローチの基礎に据えているダンスセラピストもいる。そのようなダンス

セラピストは身体的目標よりも社会的かつ心理学的目標を優先している。

　サンデル（1978b）は高齢者を対象にして回想を使うことに焦点を当てた研究を指導した。この研究は高齢の患者が長期間滞在している特別なセンターで行われ，78歳から98歳までの5人の女性居住者に対して実施された。サンデルが行った研究は「連想と回想を使うこと」に焦点が当てられており，グループメンバーの間でシェアリングを育み，肯定的であるか否定的であるかを問わず，個人的な交流と感情の発散を増加させる目的を持っている。

　チェイス派の方法に基づき，サンデルは「ウォーミングアップ用の音楽」と「組織化された運動」を使ってセッションを始め，それらの動きについて質問をしながらイメージを誘い出した。それからサンデルはグループを導き，テーマとなるような素材が自然に展開したり発展することを認めながら，感覚的経験を象徴的経験に，そして最終的には言語的経験に発展させて行った。

　シェアリングをしたり支え合ったりする雰囲気があると，最も辛い否定的な思い出さえも表現し易くなり，それらの思い出は表現された後には恐ろしさや苦しさが和らいだ。

　サンデルが得た研究結果は，精神的目標や社会的目標を達成する効果的な方法として回想を使うことを支持している。

　高齢者に対するダンスセラピーの主要な三つの目標に加えて，ファーシュ（1980）はさらに二つの目標，認識的目標とスピリチュアルな目標を記している。ファーシュが記している「認識的目標」というのは，精神機能に刺激を与えて患者の思考能力を改善することである。それは主にムーブメント主題と即興によって達成することができる。サンデル（1978a）もまた，「人びとは昔できていたことや楽しんでいたことを思い出させるようなムーブメントに参加すると，きりっとしたり，しっかりしたり，きち

んとしたりしているように見えることがよくある」（p.740）と述べて，ムーブメント活動が短期認識再構成を刺激することがよくあることを観察して来た。

スピリチュアルな目標というのはファーシュによれば，超越的な体験への可能性をもたらすことであり，それは「高齢者に前向きのエネルギー力と結び付く機会を与え，人生を継続することを支える」（Fersh, 1980, p.36）。これが患者をして死への恐怖に対峙することを可能ならしめるのである。ここでの焦点は個人の内面的資質に当てられる。

キャプロウ−リンドナーとハーパズとサンバーグの著書（1979）は専ら高齢者に対するダンスセラピーを扱ったものである。ここでは老いの社会学的側面（特に合衆国における側面）と，高齢者の特徴や特異な関心事について分かり易い議論がなされている。この本には，高齢者を対象としたダンス・ムーブメント・プログラムの作成方法，身体的，表現的，創造的活動を含んだダンスセラピー・セッションの完全な全体像が記されている。ここにはまた，音楽の伴奏や小道具のリストが書かれており，さらにプログラムを評価する部分もある。

この文献から引用した以下の記述は高齢者という人びとを対象にしたダンスセラピーの目標をまとめている。

　　理想的に言えば，セラピー的なムーブメント・セッションは老いの結果からもたらされるダメージを発見し，防ぎ，止め，回復させるために行われるものである。肯定的なものであれ否定的なものであれ，感情を表現し，ムーブメント経験を通して緊張を和らげる機会はセラピー的セッションが持っている非常に重要な部分である。ムーブメント・セラピストはまた「建設的回想，現実感を感じること，社会的な相互作用」をもたらす刺激も与える。私たちは明確で有意義なジェスチャーやムーブメントをするように促しながら，心と

体の間にさらに自由な関係がもたらされるよう実践している（Caplow-Lindner, Harpaz & Samberg, 1979, p.38）。

サンデル（1978b）には，施設に入所している成人に対するダンスセラピーとドラマセラピーのアプローチについて書かれている。集団セラピー技法に加え，世代間を超えた芸術のプログラムについて細かな情報が載っている。それらのプログラムは，システム理論の枠組みを使えば，創造的な経験がどれほどナーシング・ホームを癒しのコミュニティに変えることができるかを示している。

　　癒しのコミュニティは，消極的で受身的な態度を相互供与の積極的な態度へ，不活発な状態を目的をもった動きへ，待つことを創造することへと変化させる。

フィッシャー（1995）は年齢が比較的高くて虚弱な高齢者に添うように，体，心，スピリットに関する創造的な活動を提供している。この本にはレッスン・プランの例も掲載されているので，一読することを勧める。

サンデル（Sandel 談, 2002）は地域における比較的高齢の成人に対する精神療法の実践にダンス・ムーブメントやその他の創造的な方法を取り入れている。サンデルのアプローチ「Moving Into Meaning TM（意味の方に動く，商標登録済）」は自己表現，自己愛撫，そして，後半生における意味を探すことを推奨している。楽しい交流が抵抗をなくし，対処機能としてユーモアを使うことが老いというストレスに対処する。

ダンス・ムーブメントセラピーは高齢者が「高齢というユニークな問題でありかつストレスでもあるもの」に対処する方法を学ぶことができる理想的な方法である。

ダンス・ムーブメントセラピーは高齢者が「……ペアになって，新鮮な感覚とリラクセー

ションを経験し，自分の体が他の人の調和を保
ちながら動くのを感じることを」（ADTA, n.d.,
p.4）可能にする。

セクションC

様々な身体障害者に対する実践

リハビリテーション

キャッシー・アッペル

　リハビリテーションの分野は多様性に富んでいる。病気や怪我から回復しつつある人もいれば，回復困難だろうと思われる人もいる。先天的に身体障害を伴っている人もいれば，後天的な障害の人もいる。ダンスセラピーはリハビリテーションに特別に向いている。なぜなら，ダンスセラピーという治療法の目標の中に，極めて明確に身体，心，スピリットを統合することの必要性を含んでいるからである。身体障害について言えば，治療の入口に於いて，ダンスセラピストは精神的な会話と情緒的な会話だけでなく，広く間口を広げ，身体的な会話を通して直接的に患者を導入している。ダンスセラピストが持っている「他人の身体性に調律する技術」は特に役に立つ。この技術は「感覚機能や運動機能を高めたり，身体の受容能力や快感を高めるだけでなく，患者が自己覚知をしたり，他人を認識したり，関係を認識したり，自信を持ったり，幸福感を感じたりする」環境を作り上げることができる。

ノーマ・キャナーが行った初期の実践

　1950年代，障害児のホスピタリズムが研究されている時，ダンス，音楽，そして演劇の精神を携えて，ノーマ・キャナーは子どもを治療する研究所に赴任した[脚注1]。子どもたちは当然，研究所よりも家族との結びつきが強いため，また，これらの障害児の両親の多くは子どもに対するケアについて研究所に対して満足していなかったため，キャナーは早いうちから家族や他の協力者たちと共に実践し，それらの人びとはキャナーが多くの様々な要素を含むユニークな能力を開発するのを助けてくれた。キャナーは家族やグループを信頼し，誠心誠意，サービスを提供する協力者たちに手を差し伸べた。

　1950年代と1960年代，ダンス・ムーブメントセラピーの主要な焦点が成人の精神障害に当てられている時代に，キャナーは身体障害児や重複障害児にダンス・ムーブメントセラピーを使った考えや原理を適応させようと研究を進めていた。キャナーは，その実践のはじめの頃から，施設に入所したり，病院に入院したり，リハビリテーションの対象となっている子どもに対するパイオニアであり，感覚に基礎を置いた方法を開発して使っていた。それまで，このような状況にある子どもに対しては多くの場合，機能的な観点からのみの発達を促す実践が行われていたが，キャナーはムーブメントに基礎を置いた体験を指導し，遊びという方法によって子どもが活動的になるよう促した。これらの子どもに対するキャナーのユニークな指導方法は幼児期におけるメインストリーミングや特別支

(脚注1) ホスピタリズムは障害児の両親たちから問題提起された。両親たちの一部は1948年に脳性麻痺連合（UCP）を，1950年に筋ジストロフィー協会（MDA）を設立した。子どもたちが先天的な障害を伴ったまま生き続けるため，両親は子どもたちがホスピタリズムに害されないようにますます強く戦った。

援教育や公教育の場面において徐々に普及して行った。

キャナーの実践には演劇とダンスの二つが大きな影響を与えていた。キャナーには演劇とスタニスラフスキー・メソッドという背景があったが、それはムーブメントの改革者であり、ウィグマンの弟子でもあったバーバラ・メトラーから学んだものであった。前者のスタニスラフスキーからは、キャラクター、関係、グループ相互関係の研究を通して「共感的感覚」を発達させ、後者のメトラーからは、ナチュラル・ムーブメントのボキャブラリーと即興構造を学んだ。

キャナーは1918年にボストンに生まれ、1937年から1942年までニューヨーク市で女優として活動した。マルコー・スパイザー[脚注2]はキャナーが役者からセラピストに変わったことについて次のように語っている。

第二次世界大戦中、キャナーの夫が海軍に徴兵された時、彼女はステージを降りて、自分の子どもたちが生まれたボストンに帰りました。子どもたちはまだ小さかったのですが、キャナーはバーバラ・メトラーからダンスを学び、このトレーニングがキャナーにダンスの基礎を教えると共に、自分自身や自分の内的生活を表現する方法としてダンスを使うことを教えました。誰もが動く能力を持っており、ダンスには治癒力があるということを学んだのです。キャナーがボストンを去って、オハイオ州のトリードへ移ってからもバーバラ・メトラーはムーブメントの仕事を続けるようキャナーを励まし、「貴女は、この実践

の創造的過程と即興については、ボストンからカリフォルニアに至るまでの誰よりもよく知るようになるでしょう」と言っていました（Marcow, 1990）[脚注3]。

トリードのYMCAでキャナーは、子どもたちとその両親に創造的ムーブメントを教え始めた。ブローネル[脚注4]とフリーマン[脚注5]はキャナーが米国の中西部でダンスを教えようとした最初の挑戦のうちの一つを次のように書いている。

「ダンスは誰にでもできます」とテレビ番組で言ってしばらくした頃、キャナーのクラスに両足にギブスを装着した脳性麻痺の小さな少女がやって来ました。キャナーはこの子どもを中心にクラスを編成し、腕、脚、頭、指といった別々の身体部位を分離するムーブメントを使いました。その後キャナーはこの子どもの医師と連絡をとり、手助けを求めると、この医師はキャナーを招いて、病院の中で彼の元で彼と一緒に仕事をするように誘いました。このようにして、キャナーは脳性麻痺やその他の医学的問題を伴っている人びとに対する実践を始めるようになりました（Brownel & Freeman 談, 2001）。

ブローネルとフリーマンによれば、新しいアイデアに対してキャナーが反応する典型例として、キャナーが精神病にかかっている人びとに対して実践を始めたことがあげられる。

キャナーが行っていた成人クラスにいた一人の心理学者が「先生は集団療法をしていらっ

（脚注2）ヴィヴィアン・マルコー・スパイザーはPhD, BC-DMT, LMHCであり、現在はレズリー大学のダンスセラピーの主任教授、兼、身体・心・スピリチュアリティー研究所所長である。

（脚注3）V・マルコー「ノーマ・キャナーへのインタビュー」American Journal of Dance Therapy, (1990, 12(2) 83-93)

（脚注4）アン・ブローネルはMA, BC-DMT, LMHCであり、記録映画『踊る時──ノーマ・キャナーの生涯と業績』(1998)を作ったPhD, BC-DMTであるC.フリーマンの共同制作者、共同プロデューサーである。

（脚注5）ウイリアム・C・フリーマンはPhD, BC-DMTであり、バーモント大学の「障害とコミュニティー・インクルージョン・センター」の表現ムーブメント・プロジェクトの責任者であり、記録映画『踊る時──ノーマ・キャナーの生涯と業績』(1998)の特別顧問であった。

しゃるんですね」と言いました。キャナーは集団療法について一度も耳にしたことがなかったのですが、「オハイオ州立トリード病院で慢性統合失調症者に対して実践をして下さい」という依頼を引き受け、実際にムーブメントと音楽のプログラムを始めたのです。医師や教師は、キャナーの実践が人びとを取り込み、それらの人びとの感情を助ける上で効果があることを知って、キャナーに「ろう、盲、知的障害、身体障害、精神障害の人に対してもできますか」と尋ねるようになりました。キャナーはいつも「私には分かりませんが、やってみることはできると思います」と答えていました。トリードでは、クリニックや在宅や病院で子どもや十代の若者、情緒障害の成人に対して実践をしながら、医療関係者、両親、教員たちに対してワークショップを開いていました（Brownel & Freeman 談, 2001）。

ブローネルとフリーマンはキャナーとマリアン・チェイスとの関係について次のように言っている。

キャナーがマリアン・チェイスの実践を学んだ時のことです。彼女はマリアン・チェイスを探し出し、1958 年〜1961 年までチェイスと文通し、それからニューヨークでチェイスの講習会を受講しました。チェイスは自分自身が使ってる心理学的な洞察を通して、キャナーに新しい分野の刺激と認識を与えてくれたとキャナーは感じました。さらにチェイスはキャナーにハリー・スタック・サリヴァンの対人関係論の手ほどきもしたので、それが契機となってキャナーは心理学、特にユング、パールズ、ライヒの業績について生涯をかけて研究することになりました（Brownel & Freeman 談, 2001）。

キャナーは 1961 年にボストンに戻り、そこで心理学者のルイス・クレバノフがキャナーをクリニカル・コミュニティー保育学校プログラムに雇った。当時、マサチューセッツ州には知的障害のある子どもに対する就学前プログラムがあり、知的障害を専門とする教員というよりも、就学前の子どもに対する教育を専門とする教員を雇い、それらの子どもを患者としてというよりも、むしろ子どもとして対応している点でユニークな存在だった。ブローネルとフリーマンは次のように語っている。

キャナーが雇われたのは教えるためではなく、これらの子どもたちが自分自身や自分を取り巻く世界を体験するのを手助けするためでした。当時、多くの医師たちは「このような子どもたちは注意集中時間が短く、そのためあまりよく学ぶことができず、社会的関係を発達させることもできない」と信じていました。キャナーは「そんなこと分かりません。誰もやって見たことがないのですもの」と言って彼らに対抗していました。そしてキャナーは不可能だと思われていたことの多くが可能であることを示したのです。キャナーはさらにパイロット・プログラムを作成し、就学前教育の教員や助手たちがダンスという方法を使ったトレーニングを受け、その方法がマサチューセッツ州の 100 校以上の学校と 14 か所のセンターで採用され、それが初期幼児介入方法のモデルになりました。

1967 年〜1973 年まで、キャナーはボストン大学、タフツ大学のエリオット・ピアソン校、作業療法学部で教鞭をとりました。キャナーはワシントン D.C. にある国立研究所でも、子どもの専門家である B・J・シーバリーの元で教え、また、マサチューセッツ州、ミシシッピ州、バージニア州にあるオペレーション・ヘッドスタートでも教え、特別支援を必要とする子どもたちの教師から成る世代に影響を与えました。シーバリーはキャナーについて「キャナーは子どもたちに付けられた診断名とは別のものに注目していました。つまり、子どもたちの病気よりもむしろ動き方や創造力に焦点を当てていたのです」と言っていました。たとえば、麻痺のある子どもを目の前にしたら、その子は麻痺があるので太鼓をつかむことができないので、キャナーは曲

げた腕の中に太鼓を挟み，残ったもう一方の手で太鼓を叩かせたりしました。そのようにして，前もって計画しておいた練習をしたり，それまで一度も使ったことのないような筋肉を使わせたりするよりも，むしろ，モチベーションを掻き立てて何らかのムーブメントを創り出しました（Brownel & Freeman 談，2001）。

　子どもに対するキャナーの方法は『踊る時――ノーマ・キャナーの生涯と実践』（1998）^{（脚注6）}という映画に良く記録されている。ブローネルとフリーマンは次のように指摘している。

　　キャナーはまず子どもたちに会って，子どもたちの能力レベルに合わせて子どもたちを支え，子どもたちが自分自身について学び，グループで行うムーブメントの流れの中で他者と関わる機会を与えます。キャナーは音具，ストレッチ・バンド，小道具等，様々な道具を使って，子どもたちが新しいムーブメント・パターンを見つけ出すよう励ましていました。このような方法は感覚的認識や運動感覚的認識を深めます。くずかごやスカーフと言った日常的によくみかける物を使って，子どもたちは自分たち自身のムーブメント・パターンを創造し，音を出しながら，素材や筋肉の感じを探索します。そのようにして「単なる物」であったものを意味のある対象物に変化させ，それでグループ内の相互作用をし易くします。このようなやり方でキャナーは子どもたちとその仲間や大人との間の非言語や言語による相互コミュニケーションを促進しました。
　　この映画の中で，写真家であり映像プロデューサーでもあるハリエット・クレバノフはキャナーが特定の子どもに対して行った初期の実践について記録しています。クレバノフが描いた女児はグループや社会的相互作用から落ちこぼれ，仲間外れになっています。キャナーはその女児に一枚の布を渡しそれに

触らせてから，グループの方に戻り，それから定期的にこの女児のところに戻っては少しずつ彼女に近いところで動き，その布で顔や腕に触れたりしています。15分か20分経ったころでしょうか，キャナーは言葉やまなざしや布を使ってその女児にグループに参加するように励まし，ついにその子はグループに参加し，他の女児と一緒になったのです。この子は座ったままで自分の殻に閉じこもり，もしかすると，何かを見たりすることはあるでしょうがそれ以上のことをするとは誰も予想していなかったので，このことは正に驚くべきことであるとクレバノフは述べています（Brownell & Freeman 談，2001）。

　レスリー・カレッジ（現，レスリー大学）で長い間キャナーの同僚であったスパイザーはキャナーを称賛して次のように言っている。

　　1970年代のはじめ，レスリー・カレッジの表現療法プログラムの中で，キャナーはダンス・ムーブメントセラピー専科を創設しました。この学際的でマルチモーダル的でユニークな訓練プログラムの不可欠な部分として，キャナーはそのプログラムにムーブメント，音，リズム，振動を取り入れ，マサチューセッツ州におけるダンスセラピーの発達に寄与しました（Marcow-Speiser 談，2001）。

　1973年，キャナーはレスリー・カレッジにある「芸術と人類進化研究所」の中にダンスセラピーを中核としたグループを設立し，そのグループを13年間指導した。1974年，キャナーはパーキンス盲学校の学生に対してダンスセラピー・プログラムを始めた。1981年～1994年にかけて，キャナーはカンザス州教育局の「障害児者に対する芸術プログラム」の顧問，また，カンザス州にある「手に届く芸術社」^{（脚注7）}の顧問として，教師，医療の専門家，両親を教え

（脚注6）記録映画『踊る時――ノーマ・キャナーの生涯と業績』（1998）は16ミリの記録映画。1998年，Bushy Theater, Inc. Somervill, MA:1998 製作（訳注：DVD で市販されている）。
（脚注7）「手に届く芸術社」は非営利団体で，C. Freeman, PhD, BC-DMT はその創立理事であった。

272　第3部　様々な人びとに対するダンス・ムーブメントセラピー

た。キャナーはまた，スイス，ドイツ，ノルウェー，スウェーデン，イスラエルに出向いてセラピストや教師を指導した。

「子どもたちに対するキャナーの実践は後に成人に対してキャナーが行った実践を物語っている」とブローネルとフリーマンは強調している。このことは，40年以上にもわたってキャナーがセラピスト，教師，芸術家，両親を養成し，そのうちの13年間はレスリー・カレッジでダンス・ムーブメントの就学前教育プログラムの開発と運営に集中的に携わって来たことによって証明されている。教育者たちに対する実践をしながら，ブローネルとフリーマンはその様子を次のように観察している。

　　キャナーはそれらの成人にダンス・ムーブメントセラピーの経験をしてもらい，次に，教室で子どもに対してこのダンス・ムーブメントセラピーという方法を使っている様子を見せ，それから，その方法や適用について彼らと論議しました（Brownell & Freeman 談，2001）。

フリーマンは1979年以来，キャナーの近辺で実践してきた人物であるが，キャナーの実践が患者だけでなく，他のダンスセラピスト，ダンスセラピーの分野，現代が抱える基本的な政治的問題や社会的問題に対して，広範囲に渡る影響を与えていることを強調している。

　　多くの人びとがノーマ・キャナーや彼女の信念である「ダンスやムーブメントには全ての人びとを取り込み，人間の経験の深いところに触れる力がある」という考えから大きな影響を受けて来ました。私たちのうちの多くが，子どもたちや彼らの教師，彼らの両親に対してキャナーが行う実践を観て，彼らの中に存在する豊かな資源を探索して発見する機会をキャナーが彼らに与えるところを観て来ました。ノーマ・キャナーの革新的な方法論は，ムーブメント，演劇的アクション，聴覚的表現，視覚的表現を統合して，子ども，青少年，成人がそれぞれに発達して行くことを促がす，感覚に基づいたキャナーのユニークなアプローチを説明しています。ノーマ・キャナーの深い愛情と共感，つまり，私たちの聖なる唯一の故郷である「地球という惑星」を畏敬し，「社会意識やグローバル意識に関わり，それを必要としている人びとに応えること」は，私たち全てにとって，変化をもたらす機会を心に描くインスピレーションになっています（Brownell & Freeman 談，2001）。

恐らく，以下に示すキャナー自身の言葉は彼女が大切にしている考えを深く理解する上で最も良いものではないだろうか。その考えこそ，様々状況下で50年以上にも渡って子どもや成人のニーズに向き合うという，素晴らしい仕事にキャナーを駆り立てたものである。

　　私が考えているダンスセラピーとは，真に無意識的な創造的なムーブメントに関するものであり，「知的な立場」というよりもむしろ「情緒的な立場」から自分自身を体験することに関するものです。私たちが無意識に動くと，私たちは原初的な様々な自己に近づき，それが養育になり癒しになるのです。私たちはムーブメントという言葉を使って，知らず知らずの内に，深い感情や初期の記憶に近づいて行きます。大切なことは，普段行っているムーブメントから離れ，正にそこにあるがままのムーブメントを見つけることです。それ以上のことをするのでもなく，それ以下のことをするのでもなく，正にあなたの体，あなたの細胞の中に起こったことをするのです。このようにしていると，動くためにはダンスを学ばなくてはならないなんて考えていなかった頃に引き戻されることでしょう。自分自身をムーブメントだと考えてみて下さい。つまり，あなたがムーブメントで，ダンスはあなたの中にあるし，これまでもずっとあなたの中にあったのです（Canner 談，2001）。

重度の脳損傷患者に対する
リハビリテーション

重度の脳損傷患者に対するダンスセラピーは比較的新しくまた急速に発展しつつある分野である。ステファニー・カッツは脳損傷患者に対する実践を精力的に行って来た。カッツは「ダンスセラピストは身体的志向と体細胞的志向との両方を持った訓練をするので，このような患者に特に向いている」と強く信じている（Katz談，1987）

カッツはシンシア・ベロルと共に，頭部外傷性（TBI）患者に対するダンスセラピー・リハビリテーションという分野の二人のリーダーであり，このような患者が直面している特別な問題を他のダンスセラピストに教育することについて極めて積極的であった。ベロルはヘイワードにあるカリフォルニア州立大学のダンス・ムーブメントセラピー特別修士課程の責任者である。カッツはミシガン・リハビリテーション・センターの前プログラム局長である。

ベロルとカッツ（1985）は以下のように述べている。

> 16秒毎に一人，頭部外傷者が発生し，12秒毎に一人，頭部外傷で死んでいる。一年間に，およそ 700,000 人が重度大脳損傷で病院に運ばれている。それらのうちで助かった者のうち 70,000 人以上が，身体的機能，認知的機能，社会心理学的機能等，人間が持っている機能のあらゆる分野において顕著で広範囲で長期的な障害を受ける。生活のあらゆる側面が著しく影響を受け……いかなる回復レベルにおいても，見かけが異なる等……いくぶん以前とは異なった人物になる（p.46）。

頭部外傷性（TBI）患者は感情障害，身体機能障害，社会的障害，認知障害を被る。重い頭部外傷を受けると，その結果として，一般的には，様々な程度の麻痺や神経性運動障害，ま

たはその両方を伴うようになる。これ以外にも，適応障害，運動失調，振戦，感覚障害，知覚運動障害等の身体的な問題が起こることがある。認識の領域においては，失見当識，初動困難，記憶困難，注意集中困難等がしばしば見受けられる。

ベロルとカッツは，重度の損傷を受けた症例であっても大脳は何らかの自然治癒力を持っていると言っている。ベロルらはいくつものタイプの神経可塑性，つまり，大脳が持っている機能をダイナミックに再構成する能力について述べている。たとえば，外傷によって大脳組織が腫れた後に腫れが引いて行くにつれ大脳機能の一部は少しずつ修復されて行く。また，「二次的発芽」と言われている過程，つまり，「傷を受けていない大脳部分から伸びている軸索から，傷を受けた部分に対して軸索が伸びて，新しいシナプス結合を形成すること」もある（p.49）。さらに「基本的機構や優位にある機構が崩壊すると，普段は特定の機能を担っていない軸索やシナプス結合がそれらを肩代わりする可能性がある」という指摘もある（p.50）。ベロルとカッツは，この他にもいくつかの要素が，外傷後の大脳のダイナミックな再組織化の程度に影響を与えると指摘している。その中には，年齢（若い程有利である），環境要因（リハビリテーションにとっては，社会的相互作用は重要である），薬物療法等がある。

TBI 患者に対する実践について，著者であるベロルたちはセッションをウォーミングアップ，テーマ発展部分，終結に分けることが多い。ウォーミングアップには以下に示す5つの目的が考えられている。

1. グループを組織化すること。
2. 身体を整えること。ベロルたちは「まず身体部位を別々に使い，それから体全体を一緒に使い，その場で行うような伝統的なウォーミングアップ」を用いている

274　第3部　様々な人びとに対するダンス・ムーブメントセラピー

(p.54)。範囲やダイナミクスが正反対のムーブメントも探索される。個々人の必要性に応じて特別なムーブメントが導入される。

3. 認識過程に刺激を与えること。イメージを使って、抽象的な過程に刺激を与える。質問をすることにより、内的な感覚、感情、記憶、イメージについて内省を促し、概念化を強化し、ムーブメントのレパートリーを拡大する助けにする。

4. グループの相互作用を支え、社会的認識やコミュニティ感情を刺激すること。グループが形成されるとそのリーダーはムーブメント提案者の役割をやめて、患者たちがその役割を肩代わりするように励ます。グループのメンバーがこの役目を交互に引き受けるようになるにつれ、患者たちの独立性、主導性、リーダーシップが助長される。

5. これらに続く「テーマの発展」のための土台を作ること。

　グループセッションにおける「テーマの発展」段階では、依存対独立に関する諸問題がしばしば取り上げられる。これらは極めて重要で影響力のある問題である。TBI患者は、自分たちが全面的に依存し、常に操作され、あれこれと振り回され、命令され、制御される状況に突然追い込まれたことに気付く。それぞれの患者はそのことに対し様々に対応し、ある者はじっと我慢し、ある者は怒りと攻撃性を露にする。そのため、リーダーたちはこれらの諸問題に患者を関わらせ、患者たちがグループ内でそれらの問題を取り扱えるようにする。

　ベロルとカッツは、二人組で行うグループ構造をいくつか提案している。そのうちの一つは「彫刻制作」と呼ばれており、一人の患者がもう一人の患者の彫刻を空間の中で制作する方法である。最初は、受身の役割をするように言われて彫刻された患者（つまり、特別な形やポーズをとった患者）が、次の場面では彫刻され

ることに抵抗するよう求められる。これとは別に、個人的な強さや独立性の問題を強化する二人組のムーブメントとして、「大きなストレッチバンドを使った方法」等がある。これは、参加した患者たちがストレッチバンドを大きく伸ばして、その状態を維持するというワークである。二人組の方法の三つ目は、パートナーの一人が「イエス」と言うと、もう一人のパーナーが「ノー」という。これを繰り返し、二人のうちのどちらかが根負けしてパートナー側の言葉を言うまで続ける方法である。ここに紹介したこれらの方法やその他の類似した方法は、参加者の間に、独立、怒り、怖れ等の諸問題にまつわる感情や会話を巻き起こす。患者たちの間で共通した問題やフラストレーションが自然に話し合われ、グループによるサポートやさらなるムーブメントの発展や探索が行われる。これらの方法は特別な種類の筋肉活動認識や協調をももたらす。

　グループセッションを終結する時にはこの種の患者たちにとってさらに大切なことが行われる。呼吸やリラクセーション等、終結する時の技術は、一人ひとりが内的感覚に集中する能力を高め、そのようにして、より完全な身体像を描き易くする。セッションの間にどのようなことが起こったかを一種の総括として回想すると、記憶力を強化することになる。「この種の患者たちに対して、言葉や動作を繰り返すというセラピー技法を使ってこの種の認識力を訓練する重要さは、どれほど強調してもし過ぎることはない」(Berrol and Katz, p.56)。

　ベロルとカッツは自分たちの論文の中で二つの事例について明らかにしている。カッツはミシガン州のサウスフィールドにおける「セラピーによる回復プログラム」の中で、Dという事例について実践を行った。この事例は22歳の男性で自動車事故によってTBIになった。Dは車椅子生活を余儀なくされていた。彼は自力では食事をしたり字を書くことができず、浴室

へも介助が無ければ行けなかった。彼にはまた部分的な顔面麻痺があり，知的機能や自己受容器機能に障害を受けていた。さらに，彼はうつ的な行動や衝動的な行動を示していた。事故に会う前の彼は，自分が独立していることや，能力に溢れ，何事にもひるまない性格に自信を持っていた。

カッツは，Dには形にはまらない自由な療法技術が必要であると考え，Dが自分なりの方法でムーブメントを探索するために必要な時間と空間を用意した。

> 我々はDが筆者の手を借りて，自分の車椅子から滑るようにして床に降り，体を伸ばし，自分の体の長さを感じることができるような方法を考え出した。部屋の中を転げ回ることにより，彼がすっかり失っていた空間における自由を取り戻した。床の上に伸ばした体を筆者が押すと，身体的フィードバックをもたらし，背骨と頭を一直線に正しい位置に近づけた。彼は壁に張り巡らした鏡を使って，必要な補正をすることができた。しかし，Dが本当に喜んだのは，筆者の部屋の空間をフルに使って新しい動き方をいろいろと試すことであった（Berrol & Katz, p.63）。

Dに対するカッツの実践が成功した鍵は，「空間が欲しい」「自由が欲しい」「型にはまらないムーブメントを探索したい」というDのニーズを「よし」と感じる能力がカッツにあったことである。リハビリテーションに使われる伝統的な機器はDにとってあまりにも物足りなかった。カッツがDに，自分の体と空間を制御していると感じる上で必要な自由を与え，Dは自分自身の回復に積極的に関与し，その結果に自信を持つようになった。

大脳損傷患者に対するダンスセラピーは，意識，認識，意欲，精神集中，自己統制，記憶を強化することに焦点を当てている。また，この種の患者には感情的諸問題も重要である。独立性，セクシュアリティ，自主性等の差し迫った諸問題を扱うことと同様に，怒り，フラストレーション，後悔，喪失による悲しみ等の感情が療法のあらゆる場面で扱われている。これらの目標や，その目標に到達するために使う方法の中には，これらの患者以外の人びとに対するダンスセラピーと共通するものもある。たとえば，肢体不自由児者に対して行われる実践でも，バーテニエフが肢体不自由者に対するセッションの中で主要なテーマにしていたように，「独立性に関する諸問題」や「対象者を活発にしたり，意欲的にすること」に焦点が当てられている。さらに，ベロルとカッツが強調していた「認識の発達」は，学習障害児，特に器質的な大脳障害がある人びとに対して実践している多くのダンスセラピストの治療目標でもある。しかし，ベロルとカッツは新しい分野についても描いている。TBIの研究は続けられ，新しい知識体系とダンスセラピーの技法が発展しつつある。

TBI患者に対してダンスセラピストが行っている実践は作業療法士や理学療法士が行っている実践によって補完されるが，重複はしない。カッツ（Katz談，1987）によれば，作業療法士や理学療法士はダンスセラピストよりも作業課題を志向しているという。作業療法士は指先から肩まで，上半身の活動の器用さを向上させることを熱心に行う。理学療法士は下半身の向上（歩行訓練，保装具装用等）や技術の習得を熱心に行う。ダンスセラピストはそれらとは対照的で，その人全体に対して働きかける。ムーブメントとは，感情面，認識面，社会面，身体面等，その人の生活のあらゆる側面が関係し得るものである（Katz談，1987）。

各々の患者に相応しい目標や目的を定めるには，頭部損傷についての病理学的帰着点を全体的に知っている必要がある。神経病理学的なことが原因となって起きる諸問題は，その患者の神経学的な機能レベルに特に矛盾しない目標を定める必要があることがしばしばある。精神医学の背景を持ったセラピストははじめのうちは，

276　第3部　様々な人びとに対するダンス・ムーブメントセラピー

「ある種の行動が両方の患者に共通していると，原因も共通しているのではないか」という誤った考えを持つことがある（Berrol談，1993）。

TBI患者に対する集団ダンス・ムーブメントセラピー

　TBIやその他の外傷性損傷や疾病にかかった人びとのリハビリテーションにとって，もう一つの重要なセンターとして，ニューヨーク市にある国際障害者センター（ICD）をあげることができる。キャッシー・アッペルはこのICDの精神衛生部門で創造的ムーブメント芸術精神療法プログラムを開始し，運営してきた。都会にあるこの通院施設には認知リハビリテーション・プログラムがあり，TBI患者が仕事に復帰し，できる限り独立した生活を営む上での手助けをしている。

　このプログラムの中で，アッペルは毎週，TBI患者を対象としたムーブメント精神療法グループを指導している。参加者は全員歩行可能であるが，様々な程度の認知障害，運動障害，視覚障害がある。事例Bのような，40歳になる元サイコセラピストで，2年前に発作を起こした参加者や，事例Rのような，55歳になる元ヘロイン依存症患者で，30歳代の後半に何回も発作を起こした参加者がいる。彼らは，ダンスをすることによって，動く能力を取り戻したり，動く楽しさを体験したり，他人と関わる経験をし，また，身体的な強さやバランス，協応性，自己覚知も手に入れる。言葉にして話すこともこのグループの重要な部分である。多くのTBI患者にとって，動きながら話すことは容易なことではない。

　グループの環境がリラックスしていて支持的で，構造が常に明確で，参加メンバーが固定していると，自然な即興がし易くなる。ダンス・ムーブメントセラピーのダイナミズムはこれらの人びとに対する素晴らしい治療方法になって

おり，残された能力に注目することによって参加者は希望を持ち続け，ダンスセラピーは辛い喪失体験に対処する上での手助けになっている。社会的な相互作用が強調され，参加者たちはグループ内でのダンス経験を治療以外の生活の中でも生かすように励まされる。

　参加者たちはみんなをリードする役目を交互に受け持ち，自分たちの家や地域においてもムーブメントを教える機会を活用するよう励まされる。たとえば，事例Rは家族の結婚式に出席し，自分の娘と踊ることができたので，彼は「目的が達成できるよう」手助けしてくれたグループに対して感謝していた。Dは22歳になるが，18歳の時に銃弾が当たって失明し，グループでは音楽好きでいつもドラムを叩いていた。彼の人生は孤独で怠惰であったが，治療を受けてから一変した。Dは，この変化は新しく手に入れたドラムと，自宅や自分が通っている教会で練習に費やした時間のおかげであり，また，セッション中に，他の参加者のために毎週演奏する努力をする機会をグループが支えてくれたおかげだと考えている。はじめ，グループがほとんど会話のない状態でムーブメントの即興を長い間していたので，その間，Dがグループに関係し続けていることを示すものとして彼のドラム演奏がスタートした。Dは目が見えないので聴覚による手がかりしか活用することができない。音を立てることによって彼はグループに参加し，また，コントロール感覚と達成感覚を感じる手助けとしていた。

慢性患者や死に瀕している患者に対するダンス・ムーブメントセラピー

　アッペルはICDで，癌，多発性硬化症，筋ジストロフィー，パーキンソン病，心臓病，糖尿病等の重症患者に対する院内（インナー）ムーブメント・グループも運営している。このグループでは，メンバーたちは運動能力が非常に

制限されているか痛みがあるかのどちらか，または，両方によって運動が極めて制限されているので，ムーブメントの焦点は呼吸とアラインメント（背筋を真直ぐに伸ばすこと）という微細な側面に置かれている。グループによる話し合いが中心になるが，メンバーたちは「さあこれから動き出しましょうか」という会話を続ける時間もそう長くは設定できないことが多い。セッションでは，瞑想，ヨガ，発声，讃美歌の練習も行われる。

このグループが，メンバーの一人であるJを失った。Jは元ダンサーで，大学のダンス教師で，肺癌の既往があり，58歳の時に心臓病にかかっていた。グループのメンバーたちは讃美歌を歌っている時のJの力強い存在感と劇場で耳にするような美しい声が聞けなくなったことを悲しんで一つの儀式を行った。円陣の真ん中にJがしばしばほめていた「鉢植えの花」を置いたのである。Jがお別れをするためにグループの所へ来たかのようであった。彼女はこれまでダンス，アルコール（アルコール依存症からは回復したが），自分の体を省みないことによって自分の体を痛めつけて来たが，とうとう最後にそれら全部が一緒になって彼女に追いつき彼女を捉えてしまった。グループの仲間になって2年間，ヨガと呼吸練習によって，彼女はムーブメントが持っている元気を与える側面を受け入れた。終末が近づき，絶え間ない痛みでほとんど出席できない状態だった時でさえ，グループが単純なアラインメントの練習をしている所に来て，彼女はみんなを励ましていた。

Jの勇気は驚くほど挑戦的なものであった。彼女はよくダンサーとしての自分の人生を語ろうとし，「ほとんど動けない時にだけ，私はこのムーブメントの『インナー（内的な）』アプローチに来るの」とダジャレを言っていた。Jはよく「どうして私はもっと早くからこれを勉強しなかったんだろう」と悔やんでいたが，そんな時グループは「今，私たちと一緒に勉強できるんだから良いじゃない」と言って彼女を支えた。Jには合衆国外に住んでいる姪一人を除いて存命している親戚がいなかったので，グループが彼女の「家族」になっていた。実の家族の中では若い女性だからと見下されていたが，この家族の中では実の家族の時とは違って，ダンスが好きであることを認められ，Jの中にあるダンサーの部分が大事にされ，それを自由に発散することが許されていた。

J以外のグループメンバーは今後とも一般的な人生が送れるとは思えないし，危険な手術を何回も受けたり，その他の医学的危機に出会ったりするだろう。したがって，Jのようなもうグループにはいない人びとについての思い出に敬意を払うことは特に重要である。グループで瞑想している時のスピリチュアルな側面や，オーラ，トランスパーソナル・エネルギーのような電磁場をイメージして動く経験や，「プラーナ」とか「気」と言った東洋思想は患者を支えるテーマになる。Jを覚えているメンバーの一人が，瞑想する間は輪の中心に鉢植えの花を置き，新しく参加したメンバーたちに彼女のことを話しましょうと定期的に提案している。

ICDの創造的ムーブメント芸術精神療法プログラムの中で現在行われているリハビリテーション治療のアプローチでは，「ダンスを生活手段の一つとして持ち続ける」という考えが中心になっている。ダンスとムーブメントが最も単純で最も基本的な方法で毎日行われており，Wに対する場合も同様であった。Wはトリニダード出身の女性で，鎌状赤血球貧血症を患っており，ICDに4年間入院して36歳で亡くなった。27歳の時に鎌状細胞による凝血で発作を起こしたことが原因で右側に半身不全麻痺，そして認知障害と重い失語症が残った。彼女にはまた鎌状細胞が原因の痛みもあり，病勢の悪化と共に何度も入退院を繰り返していた。

Wが治療のために最初にICDを訪れた時，彼女は車いすに座った状態で，目の前を通り過

ぎて行く人たちすべてをぼんやりと眺めていた。彼女の右腕は車椅子の肘かけに沿って発砲スチロールの型で支えられ，右足には添え木が当てられていた。彼女は寂しそうで孤立しているように見えた。彼女はまた驚くほど美しい人で，身だしなみもきちんとしていた。ICDの彼女の担当医は彼女のうつ状態と寂しさへの愚痴を聞いて心配し，Wにダンス・ムーブメントセラピーを勧めた。運動機能が制限されている患者に対するダンスセラピー・グループに彼女が週2回参加することが適当であるかどうかを決定するためにスクリーニングを行なったが，その間中，Wは言語障害があるにもかかわらず，自分がどれほどダンスが好きかについて嬉々として語り，トリニダードで彼女が生活している時にダンスがどれほど重要な役割を果たしていたかをみんなに理解させた。Wはもうトリニダードに行くことができないことを残念がり，母親が彼女を置いたまま毎年カーニバルのために帰郷する時には特に悔しがっていた。

　はじめの頃，Wは話すことを恥ずかしがり，口に手を当て，はにかんで笑っていた。彼女は認知障害があるため子どもっぽく見え，誰からも見捨てられた浮浪児のように見受けられた。グループに初めて参加した日，Wは座ったまま，グループが優しくウォーミングアップを始めるのを身動きせずにじっと見つめていた。しかし，カーニバルの音楽が流れ出すと，彼女は動き始めた。その動きは体幹，みぞおちの深いところから始まり，楽々として自然に見えた。何秒もしないうちに，彼女は機敏で陽気で気さくな女性に変身し，動きが背中を波のように伝わり，周囲に溢れる笑顔で，音楽を通してグループと結び付いていた。音楽が終わると，彼女の姿勢は崩れた状態に戻り，彼女の顔からは生命力が急速に消えて行った。Wは少しづつウォーミングアップにも加わるようになり，あらゆる種類の音楽に応えるようになった。

　ある日，グループのメンバーが2歳になる幼児をグループに連れて来た。その子が小さなゴムボールで遊ぶと，グループ内に興奮が巻き起り，ほどなく，メンバーの一人が車椅子から床上に滑り降りて，その幼児と遊んだ。みんなもその後に続いた。セッションは床の上で行われることになり，グループの中には，身体機能が制限されていることがさらに明らかになった人もいたが，Wの機能障害はまるで消えてしまったかのように見えた。

　Wは床の使い方を知っており，手を伸ばしたり，体を大きく弓なりに伸ばして思い切り動いていた。落下する危険性も無く，車椅子による制限も無く，彼女は初めて学校でダンスを習う少女のように嬉しそうに見えた。床の上のダンスは車椅子から離れたいというWの希望と，それが可能であることを表現していた。彼女はいつも先が三本足になった杖を持っていて，彼女がトイレに行く時には車椅子からトイレまでそれを使って移動していた。しかし，グループのみんなからの励ましもあって，ダンスセラピーセッションの間は普通の椅子を使うようになった。車椅子から普通の椅子に移り，グループが終わる頃にはそこからまた車椅子に戻るまでにはずいぶん時間がかかったが，みんなはじっと待った。そしてWがやっとのことでそれを成し遂げた時には，彼女がアイランドレゲエを踊る時のようにみんなの目をくぎ付けにした。

　ある日，Wが見捨てられたような感じでグループの中で意気消沈していた。どうかしたのかと聞くと，彼女は泣き出した。ずいぶん長いこと彼女をなだめると，やっと理由を話してくれた。昨夜ニュースで鎌状赤血球貧血症のことが放映されるのを見て，鎌状赤血球貧血症の人は35歳までしか生きられないことを知ったというのであった。彼女が泣き続けるのでグループメンバーたちが心配して，うっかり「貴女，何歳なの？」と聞いてしまった。Wは自分の指を使って「35」と答えた。グループのみんなは心の支えと愛情を表現した。この病気の

恐ろしさ，Wがテレビでそんなことを聞かなくてはならなかった恐ろしさ，グループみんなの「そんなことはない」という気持ちとWへの愛情がその部屋を満たした。彼女の病気，彼女の体，彼女が失ったものがWの心をどれほど惑わしていたかが明らかになった。

「一人ひとりが，自分たちのために，自分で，自分のダンスを振り付ける」というグループ・プロジェクトは，Wにとっても，また，その他のメンバーにとっても重要なワークであった。この課題が行われるのは，サバイバル，変革，勇気等といった特別なテーマを表現するために作ったいくつかのグループダンスがうまく成功してから，それに引き続いてのことであった。これらのセッションでは，個性的なスタイルや個人的なムーブメントの質が比較的明らかに現れ，受け入れられた。結局，それぞれのメンバーは自分自身の音楽を選び，独りで振り付けた。Wはアレサ・フランクリンの「ナチュラル・ウーマン」を選んだ。

この時までに，Wのムーブメント幅には手を伸ばす，体をねじる，手をストレッチする等があった。Wのソロの中には，彼女が三俣の杖に手を伸ばし，立ち上がる場面があった。伸ばした手が気持ち良さそうに伸びて行き，とうとう彼女はその杖を手放してしまった。そのダンスは「私は自由よ。私を見て……私は自由よ」と言っているように見えた。

1年程経って，Wの母親と電話で話している時に，アッペルはWが亡くなったことを知った。アッペルが泣き出すと，Wの母親はWがICDでどれほど幸せに過ごしていたか，ダンスをすることが彼女にとってどれほど大きな意味をもっていたかを話してくれた。母親は「私は今ここにこうして彼女無しでいますが，ICDにいる時の彼女の写真を見ると，彼女はそこで本当に幸せだったんだと思います。今，私はこうして彼女のすぐそばで写真の彼女から話を聞いています。今こそ彼女が本当に家に帰って来

ているのです」と言った。アッペルにも「Wが，何年間もダンスセラピーに参加して見せてくれた決断力と真面目さを持ったまま，実家に帰って来ていること」がよく想像できた。Wが死ぬまでダンス・ムーブメントセラピーに参加してくれたことは，「癒しのプロセスの中にその人の文化を取り入れることの重要さと，一人ひとりの患者が持っているユニークな生きる力に癒しのプロセスを結び付けることの重要さ」を明らかにしている。

小児腫瘍患者，小児血液患者に対するダンス・ムーブメントセラピー

スーザン・コーエンはニュージャージー州にある「明日を拓く子ども研究所」の子ども生活部の主任である。重度で末期の子どもたちに対してダンス・ムーブメントセラピーを使って治療をする場合には，小児のケアが変化していることを十分に理解する必要があると強調している。コーエンによれば，「現在，これらの子どもたちは予後が不確かな慢性病にかかっていると考えられている。そのため，患者や家族がストレスを感じているのは，未解決状態になっている『子どもの死』にどのように対処するか，ということから，次のことに移っている」。

> （次のこととは）うんざりするような手続きを度々行うこと，治療による大きな副作用，身体の外見が大きく変化すること，通学できないこと，友達と交流できないこと，経済的負担，通院，仕事を失うことである。予後が不確かであると，確固とした最終地点もなければ，病気が改善したり治ったりする保証もないので，対応はさらに困難になる（Cohen & Walco, 1999, p.36）^(脚注8)。

「クプストとシュルマンによる，家族がこなす一連の適応課題リスト」には次のことが含まれているとコーエンは指摘している。1）病気，

280　第3部　様々な人びとに対するダンス・ムーブメントセラピー

治療法，長期間生存についての実態とそれら
が意味することを理解すること，2）感情的な
反応を制御すること，3）医学的な問題に関わ
る能力，医学以外の責任や活動も考慮する能力，
利用可能な資源を効果的に使う能力を高めるこ
と。

　コーエンは彼女の実践の中で，これらの発見
を正常な発達段階の中に取り込み，ダンス・ム
ーブメントセラピーのプログラムを実施する上
での有益な根拠を提供している。ダンス・ム
ーブメントセラピーのプログラムでは，特定の内
容や介入方法は発達段階に直接関係している。
小児癌の子どもについてコーエンは次のように
言っている。

　　　子どもたちの発達過程が慢性病によってど
　　れだけ影響を受けるか，その程度が主な問題
　　になる。腫瘍学的レベルによっては，侵襲的
　　な処置が苦痛や痛みをもたらしたり，何人も
　　の医療的介護者や治療が猛攻撃をしかけたり
　　して運動を制限し，発達を阻害することもあ
　　る。両親から引き離されていること，たびた
　　び入院させられること，両親の心配が次第に
　　増大すること，家族の機能が崩壊すること
　　等が，子どもの感受性や，信頼関係に包まれ
　　た恒久的な環境への安心感に影響を与える
　　（Cohen & Walco, 1999, p.36）。

造血幹細胞移植中の学齢期の子ども

　次に示すのはコーエン（Cohen & Walco,
1999, p.39）が引用した事例で，急性骨髄性白
血病（AML）に対する集中治療の後，臍帯血
幹細胞移植中に7歳になったグレッグについて
の報告である。彼は原因不明の脳水腫にかかり，
神経認知的影響を受けた。そのため，様々な刺

激に対する反応が極めて遅く，また，ほとんど
全ての動きや言語行動に制約があり，ゆっくり
としていた。グレッグがこれら発症後の変化に
はっきりと気付いているという確証はないが，
彼は自分の気持ちや考えをまとめたり伝えたり
する方法を見つけようともがいていた。

　まずはじめに，グレッグの姿勢，エフォート，
シェイプ，ムーブメント・ダイナミクス，空間
利用方法上の好み，感情的なトーン，呼吸の仕
方等をセラピストが真似し，治療的関係を作っ
た。ダンス・ムーブメントセラピストは患者と
同じ質を共感的に取り入れ，患者を受容し易く
したり，その後に繋がる療法を行う上で関係付
け易くした。ほどなく，グレッグにはムーブメ
ントやジェスチャーをする上で大きな制限があ
り，また，受身であり，体のシェイプ，呼吸の
パターン，ダイナミクス等をほんの少し変化さ
せるだけであることが分かった。アイコンタク
トと動きによる共感が成立するようになると，
セラピストはそれらにわずかな変化を加えて，
「特定の環境の中に自分が存在している」こと
をもっと良く理解したり，感じるように促した。

　自分の体のあちこちに優しく触れて見るよう
グレッグに言うと，彼は，ボディー・アウェア
ネス，境界，刺激を増やし，さらに，それらを
連続させることによって，結び合わせる感覚を
取り戻して行った。グレッグにはコミュニケー
ションの表現力や理解力に制限があるため，な
かなか考えや感情の焦点が定まらなかったが，
ムーブメントを生み出す小道具を使うと，それ
らを明確にする上で手助けになった。

　「この年齢の子どもは抽象的な難しい問題を
理解する能力は持っていないが，それに類似し
た具体的な表現をしたり，隠喩を使って葛藤を
解決することは上手だ」とコーエンは指摘し
ている。一枚のスカーフが魔法の絨毯を表現

（脚注8）Susan O. Cohen, MA, BC-DMT, CCLS and Gary A. Walco, PhD; Dance/Movement Therapy for Child-ren
　　with Cancer. "Cancer Practice," January/February 1999, vol.7, No.1, p.36

し，一本のストレッチ・バンドが馬の手綱になるように，比較的具体的な方法で抽象的なテーマに命を吹き込む，とコーエンは例をあげている。このようにしてグレッグは，これまでのような大人しく引っこんでいる状態から抜け出し，ファンタジー，自発性，相互作用を含んだムーブメント経験に繋がることができた。ムーブメントによる相互作用は言語による連想と一緒になって文脈を形成し，気づきやコミュニケーションを進める上での中心になった（Cohen & Walco, 1999）。コーエンは次のように結論づけている。

ダンス・ムーブメントセラピーは心身一如を強調し，それがダンスセラピーの核となっているので，癌に対処すること等も含めた様々な要素が作り出す複雑な相互関係を探索するための新しい方法になっている（Cohen & Walco, 1999, p.41）。

入所型グループホームにおけるダンス・ムーブメントセラピー

サンディ・リーバーマンは入所型グループホームにおいて，自閉的傾向と精神病的既往の両方またはそのどちらかがある重度障害者を対象にしてダンス・ムーブメントセラピーを行っている。これらの患者たちは言葉が無い場合がほとんどで，時には自傷行為や他害行為をすることもある。「ノーマライゼーション」は国家的命令なので，グループホームは可能な限り最高の治療ケアと家庭的なケアを提供することが求められている。リーバーマンは，「このような人びとには重い引きこもりや孤立感があるので，彼らに対するプログラムを作成する上での難しさは，コミュニケーションの発達や関係作りの分野について，個別に取り組む必要があることである」と言っている。

これらのグループホームで仕事をする基礎として，リーバーマンはジュディス・ケステンバーグに基づいて訓練をしている。彼女はケステンバーグについて次のように言っている。

ケステンバーグは非常に共感する能力を持った女性で，彼女の仕事は常に感受性や直観に満ち溢れていました。私は彼女が小さな子どもたちと生き生きとやりとしているところを見るのが特に好きでした。あくたれて手がつけられなくなった子ども，悲しんでいる子ども，孤立した子ども，荒れ狂った子どもに対して，何度も何度も共感し，関係を結び，大抵の場合，彼女は子どもをなだめることができました。私は関係を付ける上でケステンバーグが持っているこの「こつ」を学び取りたいと思って，近くからじっと観察していました。足をバタバタ蹴飛ばしながら泣いている6カ月になる赤ん坊に対し，ケステンバーグが「視覚的調律」とでもいうように手を使っているのを見たことがあります。赤ん坊はふと泣き止み，彼女の手を見，また泣き出し，また泣き止み，泣き出したり泣き止んだりしながら，とうとう泣き止んでしまいました。私はまた，彼女が18カ月になる子どもに対して，低くうめき声を上げたり，甲高い声で泣いたりしながら，リズミカルにシンクロニーをして，そのような行ったり来たりの「声による調律」を繰り返しながら，甲高い音から心地好い音の優しいメロディーの歌に少しづつ変えて行き，他の人たちもその歌に合わせて歌ったのを聞いたことがあります。私は彼女が「触覚による調律」をしているところを見たことがあります。それは癲癇を起した子どもを抱きながら，その子の攻撃的な衝動に合わせてリズミカルに抱きしめ方を調整しているところでした。程なくその子は静かになりました（Lieberman 談，2001）。

リーバーマンはケステンバーグから「テンションフローへの調律，視覚的調律，声による調律，触覚による調律は共感を伝えるコミュニケーションであり，基本的な感情レベルで反応してもらっているという気持ちを徐々に相手に伝

えて行くものなので，大抵は，患者の気持ちを和らげ，患者にとって心地良いものである」と学んだ。また，リーバーマンは「ムーブメントを拡大したり縮小したりしながら，身体における繊細なシェイプフローの変化をいかに感じ，いかに再現するか」についても教えられた。ケステンバーグ博士を観察することによって，リーバーマンはムーブメントを基礎にした共感という力，非言語レベルで他者と深く結び付くことから来る信頼性，機敏な変化と成長を直接見出した。

入所施設におけるダンス・ムーブメントセラピーの事例

リーバーマンの実践について彼女が書いたものを読むと，彼女がKMP技法をどのように使っているかが分かる。

私が静かなリビングルームに向かって歩いて行くと，そこには8人のクライアントがソファーに座り，一人ひとりが思い思いの場所で，誰もが自分のプライベートな世界に浸っています。ちょっとしたハミングや風変わりな仕草をしていることもあります。彼らの大部分は，極めて表面的な接触や機械的な握手以外は何にでも強く抵抗します。スタッフはみんなで椅子を並べて輪を作ったり，患者たちを近くに呼び寄せたり，機械的な方法で互いに握手をさせたり，あれこれと指示を与えたりして，患者たちのために要領良くセラピーの構造を創ります。私はダンス・ムーブメントセラピストなので，私のやり方はそれらのスタッフとは違っています。患者たちを共感的にサポートしていることや彼らを尊重していることを伝えることと，非言語であるダンスを使って調律したり調整しながらセッションに誘うことに焦点を当てています。私は患者を集めようと急ぐことはせず，一つの動きから次の動きへとゆっくりと時間をかけて進めて行きます。

私はマイケルに近づき，彼のテンションフローが低かったのでその緊張度に合わせました……体全体を使って。私はマイケルに調律し……はじめは彼のリズムに合わせてその場で歩き，それから，彼の腕に触って歩きました。マイケルはシェイプフローでいうと「体を縮めながら上を向き」，つま先立ちになって，彼の腕でフローの調整を始めました。私とマイケルは手を触れていたので，彼の筋肉について私が感じたことを，たとえそれが微妙なフローであったとしても，私はしっかりと彼に返していました。マイケルの目は宙を舞い，風に吹き飛ばされてしまうかのような状況でした。私はしばらくの間彼と一緒に，軽やかにつま先立ちで，肩をならべて歩きました。それから私は，彼の「低いテンションフローの調整」に調律しながら彼の背中に手を置きました。彼の顔にしばらくの間微笑みが浮かび，それは雲間から一条の陽光が私へのお礼として差し込んだかのようでした。私はマイケルと一緒になって全身全霊でダンスをしました。彼のシェイプフローに私のシェイプフローで反応し，前進したり後退したり，体のあちこちに触れたり，ちらっと目を合わせたりしました。音楽が終わり，私が優しく彼の名前を呼ぶと，マイケルは彼のほほを私のほほに優しくもたせかけました。

私はヴァレリーに近づきます。彼女は真面目くさった顔をして，頭を下げ，高い緊張が加わると突然曲がる両手を見つめています。彼女は私が知っている曲の一部を大きな声でハミングしています。彼女は強い力でソファーを後ろに押したり前に引いたりして，そのうちにソファーを前後に揺らします。私はヴァレリーの傍らに座り，まっすぐ前を向いたまま，彼女の脇腹に彼女がソファーを押すのと同じ強さとリズムで寄りかかります。私は彼女を抱きしめたり放したりします。しばらくするとヴァレリーは動きを止め，そしてまた動きを続けます。また動きを止めますが，それはあたかも私がさっきの動きを再開することに耳を澄ませ，それを待っているかのようです。ヴァレリーが私のそばに寄ってきて私の頭をかきむしるので，私は止めさせます。

すると彼女は私の手をかきむしります。ヴァレリーと私はしばらくの間一緒に，同じ様に高い緊張度をもった手を使ったにわか仕立ての手踊りを踊ります。それから彼女は歯をむいてにこにこ笑いながら「スウィート・ハニー・インザロック」のビートに合わせて頭を振り始めます。彼女は頭を持ち上げ，以前よりもずっと存在感のある目を空中に向けています。

私はその空間のあちこちを回り，できるだけ一人ひとりと関係付けようとし続けています。私がいることに気付いた患者たちからはすでに早々とアイ・コンタクトを受けています。一対一の，調律するためのダンスが始まっているのですが，私は一度に2～3人の患者と関係を持ちながら進めて行くことがよくあります。たとえば，私の手でマイケルの背中を触りながら，彼の「羽のようなフローの調整」に調律し，その一方でデニスとは，弾むようなテンションフローで鼻と鼻を突き合わせて見つめ合い，そしてさらに，強い緊張度をもった自由なフローの声を浴びせるようにしてパティの歌に合わせています。この調律が患者の注意を惹き，彼らにとって不思議な位に安全な「外部の人」に対する興味や好奇心に上手く火をつけていることが分かります。セッションが終る頃には，社会的な相互作用が増長されているという兆候が明らかになって来ます。ある患者は別の患者に近づいて行き，相手の頭に柔らかな絹のスカーフを掛けてあげます。また別の患者は自分の額をスタッフ・メンバーの額に付けたりします。また，自分のドラムを，それを欲しがっていた人に上げてしまう人もいます。

私が実践してきた患者たちの多くにとって，この調律ダンスは，関係付けにおける何らかの信頼を築くための最初の段階です。これをしないでいると，私たちの患者は非常に退行した孤立したパターンのなかで，次第に機能を低下させながら，長い間ずっと同じままでいる可能性があります。

私が何度も繰り返し経験したことですが，人間関係の中で一たび何らかの役割を果たし始めると，患者はそれに続いて他のレベルの

ことも習得するようになります。患者の心の中に感情を伴った人間関係が芽生え，社会的機能が飛躍的に発達することに比べたら，機械的に空虚な気持ちでやること，つまり，他者から強制されて，他者から期待されたことのうちの最小限をやることとは，比較になりません。私たちは今やかなりの時間，一緒に実践をしてきたので，私がグループホームに行くと私のタンバリンに付いている鈴が私が来たことを知らせます。スタッフが言うには，何人もが頭を持ち上げて私の姿を探し，多くの人がそれと知って期待して微笑みを浮かべるそうです。跳び起きて，音楽もないのにその場で踊り出す患者もいます。奥の控室まで私にまとわりついて来る患者も二人います。部屋には音が満ちており，元気づけてくれます。私は昔，何とかして私の指導教官であるケステンバーグ博士から人間関係を築く秘訣を学び取ろうと思っていた時のことを思い出します。そして，私がいつも使い，私の患者たちの生活をこれほどにも豊かにしてくれるこの技術に対し，今でも彼女に深く感謝しています（Lieberman 談，2001）。

リーバーマンが指摘するところによれば，「テンションフロー」は単に，関係を深めたり，社会化を進めたり，コミュニケーションを発達させる上で重要であるだけでなく，危機管理を必要とする状況においても役に立つ。もしある患者が統制が利かなくなったら，人びとや環境に結び付いているあらゆるものがその状況を静める上で助けになり得る。調律する技術は，それが聴覚的なものであれ，視覚的なものであれ，触覚的なものであれ，共感を伝え，患者が受けている苦痛の「刃先を鈍くさせ」，痛みを和らげ，今よりももっと適応した行動に導くことがよくある。リーバーマンは次のような事例を引用している。

　　ある患者がとても自傷的になっていて，自分の頭を両手の拳でポカポカ叩いていました。それを止めようとして，私は両手で彼女を抱

え込みました。私は患者の腕を同じ位の強さとリズムでギュッギュッと押しつけることができました。何分かそれをしているうちに，私たちはその躍動的な動きを少しづつもっと柔らかで適応性のある動きに変えて行きました。このような触覚による調律は，視覚的な形式に頼らずに筋肉の反応を使う方法なので，視覚障害がある患者に使う時には特に重要な技法です（Lieberman 談，2001）。

　長い間様々な形で孤立している人たちを，地域で生活するように誘うヘルスケアが，ますます強調されて来たので，リーバーマンのような柔軟性に富んだやる気に満ちた専門家には多くの機会が生まれた。この章で述べたような，比較的小さくて，和気あいあいとした家庭的な居住施設では，ダンスセラピーを毎日の生活の一部にすることができる。

結　論

　ノーマ・キャナーが初めて子ども病院に行ってから，リハビリテーションの分野は変化し，ダンス・ムーブメントセラピストの役割も変わった。障害のある人びとを法律的にまた社会的に支援することに加え，体と心とスピリットを調和させることが治療目標として受け入れられるようになった。障害のある人びと，もっと正確に言うと，時によって何らかのことができたりできなかったりする体の人びとと，障害の無い人びととの間にある区別はあいまいであることを私たちは学んで来た。ダンス・ムーブメントセラピストは全ての人の心と体との調和を育み，それらの間の関係を支えている。リハビリテーションは，ダンス・ムーブメントセラピーの力が，元気を回復し共生するセンスを生み出す素晴らしい場面である。

セクション D

ダンス・ムーブメントセラピーを応用する

24 発達障害児者

ダンスセラピストが発達障害の人びとに対して実践を行う時には、一般的に言って、比較的重度な障害がある患者には個人療法を、障害が比較的重くない患者には集団療法をする傾向にある。一般的に設定される目標は、自己統制や自己表現を通して、身体像の改善、協調性や運動機能の改善、社会性とコミュニケーションの促進、自信や自己覚知を高めること等である。これらすべてが知的能力を高めたり、成長を促進する方向に患者を導いている。

このような発達障害の人びとにとって、反復練習は特に役に立つ。リリアン・エスペナック (1975) は、6人の主要なダンスセラピーのパイオニアの一人であるが、リズミカルなエクササイズや音楽を使った反復練習を重視した。音楽に支えられたリズミカルな拍子は構造を創り出し、ムーブメントや思考を組織化し易くし、機能的な技術やレクリエーションをするための技術の習得をもたらす。これらのことは自我の発達を助長する上で重要である。エスペナックの考えによれば、発達障害がある人は自我の発達に制約を受けており、それは他の人びとが彼らに対して与えて来た否定的反応が原因になっている。

エスペナックは発達障害の人びとに対して使われている精神運動療法と呼ばれる彼女の方法を次のように要約した。

> ダンス活動……の価値……は、部分的には、リズミカルなムーブメントと活動をもたらす質を刺激する点にあるが、体育が行う教育内容を構造化する点にも部分的にある。
> 精神運動療法は知的に遅れた人びとの未発達な自己像を効果的に変化させたり、自己像を獲得させる努力をして来た。彼らにコミュニケーション手段を提供したり、一人の人格として成長する手助けとなる「身体‐感情プログラム」を提供することにより、彼らに対する社会的障害のいくぶんかを取り除いたり、発達障害者たちが対人関係について抱いている恐怖に打ち勝つ上で非常に大きな力になって来た (1975, pp.3-4)。

スーザン・モースとスティーブン・アノリック (1984) もまた、発達障害者に対する実践においては反復が重要であることを強調している。何週間も繰り返されるような、明確な練習構造はどのようなものでも、ボディー・アウェアネスを形成し、この種の障害者に対するダンスセラピーの目標を達成するために使うことができると、彼らは確信している。一方彼らは、これらの患者たちにとって複雑すぎるように思える身体的な技術を教える事を避ける傾向について警告している。これに関連してモースとアノリックは、発達障害がある患者たちがリラクセーション技術を習得することができるかどうか、そしてもし習得できるとしたら、彼らが感情的に混乱した時に、そのリラクセーション方法を使って自分を落ち着かせることができるかどうか、を確かめる研究を行った。

研究者たちはジェイコブソン (1929) の漸進

的筋弛緩法の技術を，中度障害から重度障害が
ある患者5人に対し，グループで1週間に3回
づつ（計6回）教えた。筋肉がリラックスする
と手や指の体温が上昇するので，リラクセーシ
ョン反応が起きたことを生理学的に示すために，
検査の前後に，人差し指の体温が測られた。

　研究者たちは，試験的研究の被験者になった
5人の患者たちがリラクセーション反応を学ぶ
事ができたことを確認した。5人の患者中，3
人の患者の体温検査は，リラクセーションをす
る前後で明らかな違いを示したが，他の2人の
違いは統計的に有意なものではなかったが，平
均体温は確かに上昇していた。

　研究者たちは，リラクセーション技術を教え
ることが成功した理由として，患者に比して
スタッフの数の割合が高かったこと（患者5人
対スタッフ2人），そして，セッションの間中，
言語や身体を使って繰り返し指導したことを
あげている。言語による指導では，「静か」や
「気持ちいい」と言ったキーワードに焦点を当
てた。身体的な指導としては，身体の一部に触
って，緊張させたり，弛緩させたりした。研究
が進むにつれ，手助け（特に身体的手助け）の
必要性が少なくなったが，これは患者たちがボ
ディー・アウェアネスを高めてきたことを示し
ている。加えて，彼らはリラクセーション技術
を使って，部屋，セラピスト，体温測定器に馴
染んできたように見えた。バイオフィードバッ
ク機器を使うことについて研究者たちがはじめ
に懸念していたこととは反対に，患者たちは次
第に穏やかになり，部屋に入って来ると，直ち
に自ら進んで指をかざし，体温測定検査を受け
るようになった。

　後続研究として，クラス担任教師二人がリラ
クセーション技法の訓練を受けた。一人はそれ
を1週間に3回，定期的なスケジュールで使用
した。もう一人はクラスが落ち着かないと感じ
た時に比較的不定期的に使用した。最初の教師
は危機的な時にその技法を使って，良い結果を
得た。しかし二人目の教師はそうではなかっ
た。したがって，「患者がリラクセーションの
訓練成果を一般化する能力は，臨床的注意にさ
らされる頻度やその集中の程度が重要な要因に
なる」（Moss and Anolik, 1984, p.55）ので多分，
身体を使う他の身体運動訓練も同様な事が言え
そうである。

　発達障害がある患者は言語発達が遅れている
可能性があるので，言語発達に集中して実践を
行うダンスセラピストもいる。言語発達への働
きかけを重視するかどうかを決めるのは，患者
の知的障害の程度による可能性が高い。比較的
重い障害がある患者に対してはセラピーの焦点
が言語技能の発達を補足的に促す傾向があり，
1対1のセラピーの一環として集中的に行われ
ることが多い。知的障害が比較的軽く，訓練や
学習が可能な患者の場合はすでに基礎的な言語
技能を身に付けている可能性がある。このよう
な患者に対して実践するダンスセラピストは，
大抵，集団療法を行い，概念化や言語表現を勧
め，さらに言語発達を促している。このように
して，患者が自分の考えをまとめ，他人とのコ
ミュニケーションをし易くする手助けをしてい
る。

　ワイナー，ユンゲルス，ユンゲルス（1973）
が作製したダンスセラピー・プログラムの映像
では，言語表現を促進することが目標の1つと
して描かれていた。ダンスセラピーはクリエイ
ティブ・アーツ・セラピーのプログラムの一部
であり，そのプログラムは絵画療法，音楽療法，
演劇療法をも含んでいた。それはニューヨーク
の公立学校で1970年から1971年の間，発達障
害があるが学習可能な子どもたちに対して小人
数のグループで行われた。その目的は，クリエ
イティブ・アーツの楽しさとそれに習熟するこ
とが，言語，身体像，そして協調性等の全体の
機能を改善する上で役に立つかどうかを見極め
ることであった。

　ダンスセラピーのセッションには空間に関す

288 第3部　様々な人びとに対するダンス・ムーブメントセラピー

る練習が含まれており，「身体像を描く上で妨げになっているものを変え，方向性や側面性の理解を改善し，平衡の調整を改善する（p.46）」。「特別なテクニック，型，ステップは教えない」（p.46）と著者は言っていた。ワークはまた空想，相互作用，グループや個人で行う即興等と一緒に行われた。言語による補助，音楽，そして様々な道具も使われた。著者たちによると，子どもたちは，プログラムの終わりまでには自信を深め，自分の体を以前よりずっと良く制御し，彼らのムーブメントは以前よりも積極的で自発的になったという。

　モーリーン・コストニス（1974）は9歳の子どもに実践を行った。その子どもには重い発達の遅れと情緒的問題や行動上の問題があり，それらは言語発達と自分の自己破壊行動を表現運動に形作る上での問題に集中していた。コストニスは，その子どもの風変わりな常同行動や自由に流れるダンスをミラーリングする等の技法を使って，その子どもの身体像と「身体と環境との理解」の発達を促すことに集中した。「ステレオタイプのジェスチャーにこだわっている患者でも」，短期間のうちに，「それらのジェスチャーをダンス・ムーブメントに変えることができ，また，実質的に自分のムーブメントのレパートリーを広げることができる」とコストニスは確信している（p.151）。コストニスは彼女自身の運動記譜法「ムーブメント・レンジ・サンプラー（MRS）」を使って，ダンスセラピー・セッションの間中，その少年の動きの細かな変化を記録した。

　ダンスセラピーの結果として，問題の子どもの儀礼的行動は減少し，普段の行動（歩く，走る等）は以前よりも普通になった。また，その子どもはダンスセラピーのセッション中は，以前よりも頻繁に話すようになった。このように言語を話す回数が増えたのは，セラピストと患者との間の身体接触が増加したためであろうと考えられた。

　エレイン・シーゲル（1972）の研究では，発達障害の子どもに見られる常同行動を「より適切な社会行動」に置き換える事に焦点を置いた。いろいろな空想を自由に表現したり，それらの空想を制約のない状況で演じることを促しながら，シーゲルは10歳の男子の知的情緒的発達の手助けをした。セラピーセッションは，ウォーミングアップのエクササイズ，その他の身体的エクササイズ，ゲーム（リズムや身体像を使ったゲーム），ダンス（ポルカ，振付のあるダンス），特定の動き（片足跳び，ジャンプ），自発的動きや空想の動き，演劇から成り立っていた。心理学の理論から考えると，子どもの「とっぴなふるまいは発達の遅れによってもたらされたものではなく，肛門期固着によって，つまり，さらなる成長の機会が妨げられた事によって引き起こされたものである」（p.107）とシーゲルは確信していた。つまり，子どもたちの内に秘めた空想を適度に制約された中で演じるはけ口を作る事によって，シーゲルは肛門期的な衝動的行動の大部分を和らげる手助けをした。また，セラピーセッションの期間中，その子のIQは40から70へと増加し，彼の社会行動は改善され，心理テストは感情的問題が減少したことを示していた。

要　約

　他の人びとと同様に，発達障害のある患者には5つの重要な目標が存在する。それらは，認識（身体象を含む），身体的かつ情緒的な成長，自己表現，自信そして社会化である。しかしながら，発達障害のある人びとについては，転移現象についての関心が比較的少なく，社会的参加や相互作用技術が比較的強調されている。成長と心理学的教育についての新しい分野を切り拓き明確にする手段として，反復する技術もまた強調される。近年，「遅れ（retardation）」という用語に代わって「発達障害（developmental disabilities）」という用語が使われることが多くなった。「遅滞者（retarded）」という用語も

遠からず正しいものとは考えられなくなるだろう。

25 ダンス・ムーブメントセラピーの更なる応用

パートA. 企業場面におけるダンス・ムーブメントセラピー

　ヴァージニア・リードは5年6カ月間に渡ってJ・P・モルガン・チェースでコンサルタントをして来た。彼女の肩書はムーブメント・セラピストであり，その対象者はJ・P・モルガンを解雇され，同じ種類の仕事や，現職とは違う新しい分野の仕事を探している過程にある個人である。

　最初にチェースからリードにコンサルタントを頼んだのは上級職の人で，その人はリードが心身的アプローチや非言語的方法で癒したり，専門的働きかけをしていることを良く理解していた。リードは個人指導も集団指導も行った。彼女の演劇的で実践的なアプローチに最も大きな影響を与えているのはバーテニエフとラバンである。ムーブメントは機能的であると同時に表現的でもあり，文化的で，社会的で，心理学的で，身体的な行為である。介入はそのうちの一つまたはそれ以上の分野において行われる（Reed談, 2002）。

　たとえば，手根管症候群を訴える人は，体の様子やエフォートを使って，事務所が非常にストレスに満ちている状態であることを表現している可能性がある。最近は人間工学が普及しているのにもかかわらず，事務員は腕や指を使ってコンピュータのキーを打ち，素早い動きで猛烈に仕事をすることにより，頭，首，肩の筋肉が凝っている可能性がある。規定時間を超えて，何度も何度も不適応な動作を繰り返すことにより，痛みや機能障害が発生する（Reed談, 2002）。

　リードによれば，仕事場における個人の全体像を含んだシステム分析にはムーブメント表記が使われているので，新しいムーブメント行動を効果的に促すことができる。リードはこれまで，チェースを始めとする会社の従業員にラバン分析の基礎を教えて来た。彼女は「習慣に由来するストレス・モデル」に言及し，緊張はどのような方向性，質，背景を持っているかをスタッフに教えている。ストレスの構成要素を知ることから癒しのプロセスが始まる。特に有用なのは，ラバンの「運動-回復」の概念である。

　リードは，前半はバーテニエフ基礎，ヨガ，ダンスを，後半は催眠とイメージ誘導を取り入れたグループを指導している。催眠ワーク全体を通じて，参加者が発する言語と共に，聴覚的，身体的，視覚的な手がかりが織り込まれている。彼女のワークは，ミルトン・エリクソンのワークから強い影響を受けている（Reed談, 2002）。

　もう一つのグループでは即興劇やダンスセラピー技法を使って，就職面接試験における新しくて大胆な回答を促したり，下稽古をしている。競争的市場においては，「自分の限界に挑戦すること」や「崖っぷちに立つこと」は生きて行く上で重要な要素である。三つ目のグループでは就職面接試験で使われる非言語コミュニケーションを受講者に教えている。面接試験，集団

討議，発表等については，ラバンの用語を使った相互作用のモデルが使われている（Reed 談, 2002）。

広報業務とメディア

ダンスセラピストの技術は非常に多岐に渡ることがある。公共分野におけるイメージ・コンサルタントやボディーランゲージの専門家として働いて来たダンスセラピストもいる。マーサ・デイヴィスはラバンの概念に基づいた精神力動的ムーブメント評価技術を使って何人ものダンスセラピストの仕事を紹介し，合衆国を始めとする各国の政治的リーダーの評価も行って来た。ミリアム・ロスキン・バーガーは1992年にCNNに出演し（Berger 談, 2002），ブッシュ，ペロー，クリントンの立ち振舞について論評した。ヴァージニア・リードはフォックス・ケーブル・ニュースのボディ・ランゲージ専門家で，ジョージ・W・ブッシュ，ジェシー・ジャクソン，トム・ダシュル等のムーブメント・パターンを分析した。他にもカレン・ブラッドリーのようなダンスセラピストたちが自分たちのダンスセラピー経験やラバン経験を使って，政治的リーダーのムーブメント・パターンを分析して来た。彼女らの仕事振りは主要なメディア・インタビューで取り上げられて来た。

パートB. 家族

家族に対するダンスセラピーは比較的新しい分野であるが，これまでにも数名のダンスセラピストが患者グループを対象にして来た。1960年代に，バーテニエフ，デイヴィス，シュメイス，ホワイトはニューヨーク州立ブロンクス病院で行われた言葉を使った家族療法セッションで観察された非言語のコミュニケーションを分析した。またこの時代には，ケステンバーグはエフォート・シェイプ理論を使って精神分析学的な思想に関連したものを発達させつつあり，彼女はそれを家族内の総合作用を分析するため，特に，母と子どもや，母と幼児との間の相互作用を分析するために応用した。しかし，ダンスセラピストが自分たちの観察技術やダンス技術を家族システムへの介入方法として使う可能性について真剣に検討を始めたのは，1970年代になってからのことであった。

ダイアンヌ・デュリカイ（1976）は家族の相互作用において非言語によるコミュニケーションが果たす役割の重要性を強調し，バードウィステル，シェフリン，ケステンバーグ，デイヴィス，ノース，ホールの実践に言及している。彼女はまた「患者が育った家庭，家風，家族が地域に占めている社会的位置」について考慮することの重要性を強調している（1976, p.4）。彼女は，「情緒障害児を治療する時には，できることならその子どもが日常生活を送っている場面の中で障害や病状を評価・修正することも重要である」というアカマンの考えを引用している。

デュリカイはある中流階級の家族に対する実践について書いているが，その家族は干渉的で支配的な母親，自分の感情的なニーズは息子を通じで満たしている受身で依存的な父親，家族から自分を切り離すことがどうしてもできなかった17歳の息子から構成されている。デュリカイは「家族彫刻」（p.7）を使って体が占める位置を説明するが，その彫刻に占める各々の位置はそれぞれの家族構成員が家族組織の中で果たしている役割を特徴付けている。家族彫刻は，母親が中央の位置を占めていること，父親が依存的であること，息子が母親の性的誘惑に怯えていることを表していた。また，息子が家族から遠く離れて行くのではないかという心配を母親が募らせていることも明らかにしていた。

この家族については，息子を家族から引き離し，大人としての生活を上手くやらせることが主な目標の一つであった。この目標について父

292　第3部　様々な人びとに対するダンス・ムーブメントセラピー

も母も知的な興味を示していたが，デュリカイは「この問題に関して，非言語でメッセージを表現することは安全で実行可能性があるのではないか」と感じていた。そのメッセージは，無意識の内に息子に家に留まることを勧めていた。デュリカイは次のような形の介入を試みた。彼女の目標は，相手を脅かさないような方法で，非言語によるコミュニケーションの解読を始めることであった。

> 父親とムーブメント・セラピストが輪を作り，音楽を流して，全員が親しんでいる単純なジェスチャー……「親指立て」を始めました。このジェスチャーから（この家族は）「誰かがどこかへ行く」ことを連想しました。そこで母親は息子に，お前はどこに行きたいのかと直接尋ねました。セラピストは息子に，尋ねた時の母親のジェスチャーを真似てみるように言いました。なぜなら，母親のジェスチャーは「出て行く」という意味を持った，内側から外に向けた動きの指立てではなく，むしろ「ここに来て」というメッセージを含んだ，外側から内に向けた動きのジェスチャーに根本的に変わっていたことが明らかだったからです（Dulicai 談，1976, p.10）。

上に述べたものは，自分たちが行っている非言語コミュニケーションを家族に知らせるためにデュリカイが使った一技法，つまり「メッセイジング（伝言）」である。「メッセイジング」とエフォート・シェイプとを使った二つ目の技法を次に述べる。

> 私は，単純なリズムから成る二つの側面を持ったジェスチャーを選んで，単純な動きを始める。それから次第に，ジェスチャーの強さを増したり減らしたりする。次に，そのジェスチャーに方向性を持たせ，空間ではなくて他の人物へジェスチャーの方向を向けるようにする。家族の構成員が誰に対してどのような強さで動くのかを観察しながら，私たちセラピストは彼らの間に何が起きたかを考

える（Dulicai, 1976, p.10）。

1970 年代にデュリカイが使っていた概念の大枠は今日でもまだ使われている。このオリジナルな実践に基づいてさらに詳細な研究が行われ，出版され，デュリカイ（Dianne.dulicai@cox.net）を通して入手できる（Dulicai 談，2003）。

この種の介入を使うと家族の構成員の役割，思い，感情について家族が心から話し合う状況に導くことができる。この事例の場合には，父親が自分の役割と，その役割が彼の過去の体験からどのように形成されて来たかを語った。

骨盤を含んだ一連のムーブメントをしている時，母親が自分の息子に体を向けていることにセラピストが気付いた。息子の身体的反応は彼がそれを嫌がっている様子だったので，そのことをこの時点で家族に知らせることは有害だとデュリカイは考えた。彼女はこのことは家族を対象としたダンスセラピーを行う時の重要な側面，つまり，「どのような種類のデータは使う必要があり，どのような種類のデータは守秘されねばならないか」を知ることは重要であると言っている（1976, p.11）。デュリカイはまた，家族による有害なメッセージを調整し，子どもに向けられている敵意の方向をセラピストの方に変える必要性が時にはあると強調している。18 カ月以上に渡りデュリカイは，息子が自分の両親から受けてきた非言語によるメッセージを調整したり，乳離れしようとする彼の努力を支え，息子が自分を他の家族と区別することを助けた。同時に両親に対して，自分の息子を介さずに自分たちの欲求を満たす方法を見つけるように励ましながら，彼らの息子が乳離れするのを助けた。

別の論文，デュリカイ（1977）では，3 歳から 7 歳までの子どもたちがいる 8 家族を，18 カ月以上に渡って彼女が観察したことが書かれている。この研究はいくつかの理論的研究から

得た知見を含んでいる。この研究は，あらゆる場所（たとえば，プレイルーム，クリニック，ダンススタジオ）で起き得る相互作用を観察することによって家族のダイナミクスを明らかにするために計画された。彼女は図表，及び，非言語的要素と家族相互作用型とを評価する方法を開発した。彼女が開発したボディー・ムーブメント評価基準は，身体的要素と感情的内容とを結合させたものである。この研究によって評価されたデータに基づき，家族内に起こる可能性がある変化を評価する方法が開発された。

1980年の論文では，「家族間非言語評価システム」というデュリカイの評価尺度の使い方について，デュリカイとロジャーズが議論している。著者たちはフィラデルフィアにある自閉症児発達センターにおいて，4カ月に渡って母子関係を研究した。その結果，母親は慢性的に抑圧されていると報告され，7歳になる子どもは2歳半から3歳の発達年齢を示していた。

研究期間中に行われた3回のセッションで撮られたビデオテープを使って親子関係が評価された。得られたデータが検討され，それらの議論に基づいて治療目標が設定された。さらに，ムーブメントセラピー・セッションの結果として現れた日常的な情緒的成長や行動上の変化についてのデータが記録された。セラピーの目標は，家族内でのラポートを深め，子どもの身体的，精神的なダイナミクスを発達させ，さらにそれが家族構成員の情緒的成長を促すことであった。

観察したり評価したりするため，はじめの頃のセッションは指示的でないものにした。母親は自分が望むような方法で子どもと遊ぶことができた。セラピストたちは母親に対し，子どもが遊びを始めたらそれに応え，子どもの発達段階にまで近づいてみるよう勧めたが，特定のテーマや任務は指示しなかった。ビデオテープで撮影した最初のセッションでは，母親も子どもも広範囲な可能性を持った関係を示さなかった。

母親は自分の子どものニーズよりも，自分自身のニーズの方に気を取られているように見えた。

この評価とそれに続く評価に基づき，子どもに対する個人セッションでは空間を明確にすること，一かたまりのムーブメントで表現すること，調整することを中心に行われた。母子で行われるセッションでは，ムーブメントによるやり取り，特に，シェアリング，関係付け，和解，そして，支援に関する側面に焦点が当てられた。ビデオテープで撮影した3回目，つまり，最終回のセッションまでに，かなりの変化がムーブメントと相互作用に明らかに現れた。子どもの方からムーブメントで働きかけて来れば，母親は短い期間であれば子どもの相手をしたり，子どもを支えたりできるようになった。子どもは前よりもしっかりと物事に集中できるようになり，ムーブメントでの表現を完成させ，ワークから抜け出したり戻って来たりし，以前よりも自然に話すようになった。

ジュディス・ベル（1984）は，家族に対して行う実践の中にムーブメントセラピーの技法をいくつも導入して来た。ジュディスは家族の構成員を観察し，「呼吸の微妙な変化，顔色，アイ・コンタクト」（p.194）のような，本人たちも気付いていない，日常的なムーブメントを見つけ出す。彼女は構造化されていたりされていなかったりする即興ムーブメントを行い，創造的なムーブメントを使って意識的に理解させる。彼女はまた，オーセンティック・ムーブメントを使って，自我が自分自身を観察することに焦点を当て，行動の奥に存在する感情や欲望を理解するよう促している。

ベルは，身体的活動だけでなく，感情，信頼，価値等を形成したり表現したりする等，あらゆるレベルの人間的体験におけるムーブメント過程を記述している。彼女はムーブメントをあらゆる相互作用の中で捉えているので，家族の行動パターンを「身体動作による翻訳」（p.243）をすることにより意思疎通することは自然なこ

とだと考えている。これは活動を非言語で再現することであり、家族はそれをセッションの中で表現している。

たとえば、サラーは30歳代半ばの母親であるが、自分の男友達のデイブが10歳になる娘のスージーと自分との関係を「壊そう」としていると不満をこぼしていた。セラピストはデイブに、彼がサラーやスージーとどのような関係を持とうとしているかをムーブメントで象徴的に表現するように頼んだ。彼は二人を床の上に並んで座らせた。それから彼は彼女らの前に立ち、二人の間に入り込もうとし、両手で彼女らを押しのけ、自分の顔を彼女らの顔の間に無理やり割り込ませようとした。サラーはすぐさま悲鳴をあげ、彼女が言いたかったことは正にこういうことなのだと言った。

非言語のムーブメントを使って、行動をその根底まであからさまにすることにより、家族の構成員は明確に、劇的に、そして溢れるほどの感情を込めて意志伝達をするようになる。デイブは自分の行動を自分のものではないと言うことはできないし、その行動が持っている感情的な意味を否定することもできなかった。しかし彼は、ムーブメントによるこの最初の翻訳的表現は彼の本当の気持ちを表してはいないと言い、もう一度やらせて欲しいと言った。セラピストは彼に、別の方法でやってみるように頼んだ。すると今度は、彼はサラーとスージーを一緒に大きな両腕の中に強く抱き締めた。その反動として、サラーは息が詰まるほど腹が立った。

次にセラピストはサラーに、家族の現状を描くことではなく、現状を越えて、家族のあるべき姿をサラーが好きな方法で表現するように頼んだ。サラーはスージーを立たせ、彼女とデイブが膝まづき、三人がみんな同じ高さになる情景を作った。三人はみんな互いに胴に手をまわした。これはデイブにサラーの気持ちについて明確なイメージを与えただけでなく、セラピストに対しても次のテーマや、「母と娘との間に存在する境界の問題」や「母親と男友達との間に存在する力の問題」のような、家族の相互作用における「中心的な過程」に関する豊かな素材を与えた。セラピストは即興から得たムーブメント情報を言わば「直感」として取り上げ、治療過程を強めたり弱めたりすべきであるとベルは強調している。

ベルはウィリアム・シューツの基本的人間関係指標（FIRO）を応用しながら、家族間の相互作用に関する彼女の考えを組み立てて来た。FIRO は全ての人間関係現象を「包含、支配、公開」の3つの側面に分類することを前提にしている。包含は「所属して、一緒にいたいという欲望。それぞれの特徴を認めながらも、積極的に関係を持とうとすること。また、群の中で自分自身の存在が注目を浴び、目立ちたいという欲望」を意味している。支配は「権威を振るったり、権威を放棄する欲望」と定義される。3番目の側面である公開は、傷付き易さという問題の周辺に関係している。これは「どの程度の透明性やプライバシーが求められるのか、……個人的で親密な関係を望むのか、あまり個人的でなく距離を置いた関係を望むのか」を含んでいる（Bell, 1984, p.200）。

FIRO が持っている相互作用のテーマは治療がたどる発達段階、つまり、初期段階における「包含」、中間的段階における「支配」、最終段階における「公開」という発達段階を踏んで行く傾向にあるとベルは強く考えている（Bell, 1984, p.233）。それぞれのテーマと段階において、セラピストは異なった行動と役割を求められる。彼女はこのことを、それぞれの段階における典型的な家族の行動、態度、目標を用いて2つの分かり易い図にまとめている。

ベルは明らかにムーブメントの力を使って変化をもたらし、また、最初にして最後の手段として、その力を頼りにしている。それから彼女は理論構成や理論適応を通して自分の考えを明らかにし、彼女の情報を組織化している。彼女

の研究は，自分の方法論を広げようとしているダンスセラピストにとっても，また，非言語コミュニケーションやボディー・ムーブメントの可能性についてあまり馴染みが無い他の分野出身の家族療法士にとっても，特に役に立つように見える。

精神科医でダンスセラピストであるジェイムズ・マーフィー（1979）もまた，家族に対する実践の中でボディー・ムーブメントを治療方法として使って来た。彼は自分の「経験的教育方法」を書いているが，それは「家族療法の理論と技法に，ダンス・ムーブメントセラピーを取り入れたもの」（p.61）である。マーフィーのプログラムはもっぱら，1歳以下の幼児がいる家族を対象にして来た。それぞれ4つの家族から成るグループがいくつかあり，各セッションとも何人かの子どもが参加している。セッションはワークショップの形式で行われる。マーフィーは，家族間の相互作用のダイナミクスをムーブメントのレベルで観察し，解釈し，変化させることは可能であると確信している。セラピストは非言語の抽象的なレベルにおいてのみ，子どもと直接関わることができるとマーフィーは言っている。

マーフィーは理論的な根拠としてクラウスとケネル（1976）に言及しているが，彼らは，家族が行う相互作用の型と子どもが発達する方向は，子どもが生まれてからの最初の数日間，数週間，数カ月間で確立されると確信している。マーフィーはまたスペック（1964）に言及しているが，スペックは，親子間のダイナミクスを非言語的に示すものとして，家の中のどの部屋の空間を使うかということに焦点を当てている。

マーフィーの技法は特別なムーブメントによる介入と行動変容に基づいており，緊張をもたらす行動パターンや相争う行動パターンを減らし，親子間のコミュニケーションを調和させ安定させると共に，子どもの健康な発達を積極的に促している。

結論として，家族を対象にしているダンスセラピストは，家族療法の概念にダンス・ムーブメントの概念（たとえば，エフォートとシェイプ）を合わせながら，非言語による様々なパターンのコミュニケーションや介入に特に関わっている。ダンスセラピストも家族セラピストもどちらも非言語によるコミュニケーションや介入を使って実践をしているので，ダンス・ムーブメントという方法を使った家族療法は極めて自然に見える。

パートC．盲人と視覚障害者

盲人や視覚障害者は，目が見えない状態で動くことから来る恐怖があるため，ためらいがちで制限された運動形態を示すことがよくある。ジョアンヌ・ワイズブロット（1974）は安全に歩ける場所を確保する重要性を強調している。安全な環境は身体を完全に使い切ることをし易くし，開放的で親切なコミュニケーションをとり易い雰囲気を作る。セラピストは障害者が安全に動けるように注意深く配慮し，羞恥心を取り除く手助けをしなければならない。障害者がスタジオという空間に慣れるよう，十分な時間を確保する必要がある。実施する場所が安全だと感じると，障害者はムーブメントや空間を積極的に探究し易くなる。一度その空間が安全だと分かると，人は精神運動学的表現の強さ，広さ，深さをさらに自由に感じるようになる。

ワイズブロットの最終目標は，「自分自身の体をしっかりと把握し，活用し，そこから楽しさを感じる」（1974, p.50）方法を視覚障害者に提供することである。セッションはこれを実現するために構成されており，自分たちが行っているムーブメントの強さ，弱さ，可能性についての認識を参加者が深め，自分たちの身体像や大まかな運動協応性を高め，自分たちが現在行っているムーブメント型の積極的な側面を強化し，自分たちの反応の幅やムーブメントの範囲

を広げる。活動の中には，ムーブメント・ダイナミクス，エネルギーの流れ，はずみ，リズム，空間，多感覚な経験，関係理解，ロールプレイ等が含まれている。ワイズブロットは楽器，手拍子，指はじき，CDによる音楽，声かけ等，聴覚的な手掛かりを使う必要があることを強調している。

盲人はムーブメントを真似たり，他の人のムーブメントを見て反応することができないため，また，動きを妨げるような恐怖感があるため，動く機能が十分に発達していない状態になっているとマーチンは書いている。彼女が主に使っている介入方法は，非常に種類が豊富な創造的ムーブメント（ダンスではない）を教えることであり，彼女が確信しているところによれば，そうすることによって結果的に盲人が「より広く生活を享受し，もっと自信，自由，尊厳をもって動くようになる」（Martin, 1977, p.62）のを助けている。

セラピストは，障害者の活動や気分を拾い上げ，彼等の気持に沿って動き，語り，反映させることが重要であるとマーチンは確信している。グループでのエクササイズを始める時に，彼女は何人かのリーダーを使う。彼女はムーブメントについての指示を言葉で与えることも時にはあるが，基本的に指図はせず，セッション中は必ず一人ひとりの名前を呼んで，それぞれの人が自分は特別な存在なのだと感じるようにしている。ワイズブロットと同様，マーチンも音楽を使う。

ワイズブロットとマーチン，両者にとって目標は同じであり，それは盲人や視覚障害者が自己覚知を高めると共に，自信をつけたり，他者とさらに有意義な関係を作り出す手段としてムーブメントで表現するのを助けることである。キャナー（1980）が指摘しているように，これは過去の数年間におけるアプローチとは明らかに対照的なものである。つまり，過去において，盲の人にこのようなムーブメントや行動パター

ンを教える目的は，彼らが目が見える世界により良く受容されるためだったのである。

怪我や病気によって，後天的に失明した人びとは，喪失感を感じたり，突然他人に依存するようになったために，心理的な問題を抱えていることがよくある。メアリー・フロスト（1984）は正にそのような人に対して行った実践について書いている。リチャードは56歳になる男性で，二年前に突然失明してから，その状態に適応することを拒んで「カレンダー読み」（つまり，何日の何曜日は何年前にあったかを算出すること）に没頭するようになった。

入院プログラムの一部として，治療は週に2日，一日に6時間行われた。患者たちはレクリエーション療法に参加し，日常生活技術の授業を受けた。研究対象のリチャードはこのプログラムの中で唯一人の盲人であった。週に2回，彼は2時間の表現療法に参加し，その中に，ダンスセラピストによる30〜40分の音楽に合わせて体を動かすことが含まれ，続いて，ダンスセラピストと絵画療法士が一緒に行う1時間の言語による心理療法が含まれていた。26回のセッションの内，3回は絵画療法が使われ，ダンスセラピーによってもたらされた気持ちをリチャードが絵を使って表現するのを助けた。

フロストの研究目的は，「リチャードのムーブメントのレパートリー上の変化」と「セラピーを行っている間に起きた精神機能の変化」との関係を検討することであった。フロストは臨床観察によってこれらの変化を記述し，分析し，それらを図表に示した。

リチャードの治療目標は強迫観念的な行動（カレンダー読み）を和らげ，最終的には，リチャードが自分の置かれている状況に向きあい，盲学校に入ることであった。フロストはダンスセラピーを使って，彼の気持ちに焦点を当て，身体の可動性を高め，社会的接触を増やしながら，これらの目標を支えた。さらに，言語的および非言語的方法を使って，カレンダー読みと

いう儀式のもとになっている情緒的葛藤を明らかにした。

治療は二つの段階を想定した。最初の段階でフロストはリチャードが「体の中心近くで制限されたムーブメントをしていたのを少しづつ変えて，中心から外側に向けて流れるようなムーブメントをするの」を助けるように動いた（1984, p.29）。このように空間を広げて使うこととムーブメントがやり易かったことが，彼の凝り固まった強迫観念を壊し始めた。ダンスセラピーのセッションに最初に参加した時，リチャードは両手を前に出して自分を保護し，腰を曲げた姿勢で，両足を大きく広げて安定を保ちながら歩いていた。4回目のダンスセラピー・セッションでは，セラピストの手拍子を「レーダー」として使い，自分自身で方向を定めることを学んだ。6回目のセッション（治療開始後約3週間経過）以降は，日中の病院プログラムで使う二つの部屋の間を自分ひとりで移動できるようになった。その後彼は外出し，杖を使って街の通りを歩き，友達を訪問した。

興味深いことに，リチャードが他のグループ・メンバーと社会的接触を持ち始めると，彼の強迫観念的行動と彼の孤独との結びつきが明らかになった。つまり，彼がプログラムに参加する日にはカレンダー読みをしなかったのである。さらに，リチャードの運動能力の向上と共に，彼の感情表現の幅が増加した。治療の第二段階においてダンス・セラピストは，リチャードが象徴的なムーブメントを使って彼の内面を外面化するよう，十分な機会を与えた。数週間後，リチャードの精神運動による表現力は明らかに向上した。彼は輪の中心に向かって手を伸ばしてつかむような動きをするようになった。その理由を尋ねると，希望にあふれている時は「健康を取り込む」，絶望している時は「別に何も……」と答えた。彼は，「俺の狂った脳ミソ」と自分で呼んでいるものを絞り出して，象徴的に投げ捨てようとし始めた。

13回目のセッションで，彼は両手で強く手を叩き，自分の両手を強く後ろに引き，彼が「災難」（つまり，自分が盲になったこと）と強く思っているものを排除しようとしているのだと言った。14～16回目のセッションでは，これらの感情が頂点に達し，リチャードは「自分の第一の問題は盲であること」をやむなく受け入れ，「自分の人生に重くのしかかっている様々な制限や依存に対して感じる強い憤り」を表現した。象徴的なムーブメントで表現しながら，彼は怒ってそれらを両手や両腕で払い退けたり，押し退けたり投げ捨てたりした。絵画について，彼は自発的に道を描き，その絵はその道の先には希望がないことを物語っていた。セッション以外の場面では，彼のカレンダー読みはその程度を増加させる時もあったが，もはや彼の怒りをまぎらわすことはできなかった。

この時点になるとリチャードは言葉によるセッションを受けるようになり，彼の怒りの気持を低賃金労働，社会的孤立，家族への依存等，彼が経験した過去の欲求不満に満ちた出来事と結び合わせた。彼の欲求不満と絶望は一つの決心をもたらし，20回目のムーブメントのセッションで，彼は「対角線上にパンチを打ち，両足を床に踏みつけ」，自分はもう「カレンダー読みは葬り去って」「新しい生活を始める」と宣言した。

プログラムの最後，25回目のセッション（盲学校に通う直前）で，みんなが両手を互いに繋いで輪を作り，打楽器を鳴らすように足踏みをして一緒に動いたので，彼はグループの支えと力強さを噛みしめた。温かい別れの言葉，みんなの気持ちを受け，リチャードは涙がこぼれそうになった。

1カ月程学校に通うと，リチャードのカレンダー読みはすっかり消えた。1年半後にはリチャードには友達ができ，日常生活に支障がない程十分に点字を習得し，街中を歩き回れるようになった。彼は結婚をしており，13歳になる

298　第3部　様々な人びとに対するダンス・ムーブメントセラピー

義理の娘を養育する手伝いをしながら，週に
25〜40時間，学校で勉強した。

　フロストは，リチャードの強迫観念的行動
（カレンダー読み）とムーブメントの発展との
間に反比例する関係を見出した。一般的に言う
と，リチャードの動きが活発になればなるほど，
彼のカレンダー読みは少なくなった。患者の情
緒的な改善とムーブメント上に現れる変化との
関係性についてさらに研究し，この症例に観察
されたパターンを統計的に確かめるべきだとフ
ロストは確信している。

パートD. ろう者と聴覚障害者

　ピーター・ウィッシャー（1974）はダンス教
師であり，ろう者や聴覚障害者に対する実践に
ついて書いている数少ない人の一人である。ダ
ンスをする経験は（盲人の場合と同様に）孤独
感を和らげ，社会的関係性や集団意識を高める
と彼は強調している。このことは特に盲人やろ
う者にとって重要である。というのは，彼らは
行動上に硬さがあったり，社会的自覚を欠いた
状態で成長することがあるからである。そのた
めウィッシャーはグループ・ワークを強調し，
連帯感を高める道筋を創っている。

　ろう者は体育を自由に行うことができない場
合がよくあるので，神経運動学的な技術に欠け
る可能性がある。これは生まれつき身体が弱い
ためではなく，強くなる機会を社会的に奪われ
たためである。体育と一緒にダンス・ムーブメ
ントをすれば，筋肉に欠陥があるように見える
という誤解から，ろうの人びとを容易に救い出
すことができるだろう。また，ウィッシャー
は「ろう者の言語」である手話は表現力豊かな
ジェスチャーを基盤にしたコミュニケーション

手段なので，ろうの人びとはもともとムーブメ
ントに良く馴染んでいるとも感じている。彼
は，自分が教えるろうの学生たちが使っている
トータル・コミュニケーション，つまり，手話，
ムーブメント，指文字，音声言語，読話を併
用するコミュニケーション方法を確信してい
る。ウィッシャーの方法のお陰で彼の学生たち
は，それまで持っていなかった自尊心や自信と
いう感情を体験するようになった。これらの感
情は，聴覚障害の有無にかかわらず，心の中に
生じ，他者へと伝わる。

　1987年にCBSニュースという番組は，ワシ
ントンDCにあるギャローデット大学で学ぶろ
う者や音声言語を話さない大学生グループに対
するウィッシャーの実践をテーマに取り上げた。
ウィッシャーは学生たちが，手話のシンボルを
誇張（つまり，拡張や拡大）して，抽象的なダ
ンス形式にする即興ダンスのトレーニングを受
けている状況を紹介した。手話は基本的には，
身体のムーブメントを使った表現豊かな非言語
コミュニケーションなので，聴覚障害者たちは
感情を非言語でコミュニケーションする技術を
高度に発達させているとウィッシャーは確認し
ている。

　ウィッシャーの実践は形式的にはダンスセラ
ピーとは言えないが，極めて療法的ですぐにで
も精神療法になれるものである。このことは，
CBSニュースという番組で学生たちが踊った
時に現わした喜び，技術，表現力を見れば明ら
かである。ろう者にとってダンスはムーブメン
トの技術，コミュニケーション，自己表現，自
信，地域への帰属意識，世界への所属意識を育
てる主要な方法になり得ることをウィッシャー
の実践は確信させてくれる。

第 4 部

ダンス・ムーブメントセラピーの国際的普及

序　章

ミリアム・ロスキン・バーガー

　次に続く章が書かれた時，世界はまだ 2001 年 9 月 11 日のトラウマ，それに続く戦争，テロの脅威を経験していなかった。今やこれまでにないほど，ムーブメントやダンスという非言語が地球規模でコミュニケーションや発見をする上での決定的な手段になり，また，人びとが他者と結び付く上で重要な方法になっているように見える。アメリカ合衆国出身のダンス・セラピストは何年もの間，世界のあらゆる場所に出かけて行った。実際，まず最初に，マリアン・チェイスは 1960 年代にイスラエルに招かれた。ダンスセラピーはアメリカ合衆国において最も広く普及しているが，アメリカ合衆国のダンスセラピーのパイオニアたちのうちの何人かはヨーロッパからの移民であったということを記しておくのも重要なことだろう。私たちの職業には常に互いの文化を超えた交流があった。

　筆者自身の国際的活動は 1983 年，マルシア・レベンソールと共にストックホルムで教えたことから始まった。レベンソールはニューヨーク大学修士課程のプログラムをスウェーデンに持って行き，筆者たちはスカンジナビアのあらゆる国々から来た学生を教えるようになった。1990 年から，筆者は主にオランダ，スウェーデン，チェコ共和国で活動するようになり，その他の多くの国々でワークショップを開いた。スウェーデンでは，ダンス大学，ウメア大学，王立音楽院で教えたり，クリエイティブ・アーツ・セラピーを唯一の治療方法としているセンターにあるローウェンストロムスカ精神科病院のダンス・セラピストのスーパーバイズをしたり，研究を指導したり，スウェーデン表現芸術療法プログラムの一環としてダンスセラピーを教えた。オランダでは，ロッテルダム・ダンス学院でまず最初にいくつかの入門コースを教え，その後，ダンスセラピー訓練の全課程を実施した。1998 年，筆者の同僚の教師であるジュディス・バニと筆者は，ラダーナ・ソウルコーワ博士とコリーヌ・オットの依頼によりプラハで訓練プログラムも開始し，ポーランド・ダンス劇場の主催でポツダムにおいて夏季講習を開いた。

　ドイツでは，ボンでサビーヌ・トロートマンの企画により，また，ハンブルグのダンスセラピー精神療法研究所でアンナ・ポールマンの主催により，実習と講義を行った。そして筆者は 1994 年に，ベルリンのマリア・ルイーズ・オーベルンが組織した第 1 回国際ダンスセラピー大会における 6 人の基調講演者（全員がアメリカ人）の一人になる光栄を受けた。ジャネット・アドラー，ジョアン・チョドロウ，ペニー・ルイス，スーザン・ローマン，エレイン・シーゲルがその時のアメリカ人の基調講演者であった。

　筆者は多くの国々において極めて多様な経験をし，いくつかの衝撃的で感動的な類似性に出会い，強い印象を受けた。ダンスセラピーという世界的な文化は本当に存在しており，ムーブメントが持

っている意味，力，可能性を感じ，理解している全ての国の様々な人びとによってそれは出来上がっている。ダンサー，画家，役者，ソーシャルワーカー，記者，精神科医等の医師，映画監督，政治家，心理学者，リハビリテーション・カウンセラー，牧師等，外国に住んでいる様々な受講生たちが筆者たちの訓練に強い興味を示していることは驚くべきことである。彼らのうちの多くは自分自身の分野においてすでに確固とした専門家である。そしてなぜか，合衆国で時々出会うようなダンスに対する緊張感や蔑視には一度も出会わなかった。

アメリカ合衆国以外の国々ではダンスは知的で芸術的な分野の一部として，また，いくつかの文化においてはまだ宗教的な場面の一部として受け入れられている。したがって，ダンスをセラピーとして用いることは自然であり理に適っているように見える。受講生たちはみな非常に礼儀正しく知的でかつ創造的である。様々な国籍の人びとから構成されるグループではムーブメントという言語が彼らを互いに結びつける。彼らの興味や情熱はエネルギッシュである。ロシアでは予定されていた2時間のワークショップが，受講生が終わるのを望まなかったために5時間にも延長された。2002年にプラハを襲った夏の洪水の時にも，ワークショップは一つも中止されず，全ての学生が真剣に出席した。勿論，外国で教えるダンス・セラピストは，新しい文化を学びそれに適合するという特権を持っている。ムーブメントには普遍性があるので，そのことに気付いているか否かに関わらず，コミュニケーションが持っている非言語的なニュアンスを直接的に伝える。どのような国に行こうとも，われわれはみなその国の話し言葉を習得するよりもずっと早くムーブメントという言語を習得する。人はその社会のパターンや我々が教える対象としている人のパターンに極めて素早く調律する。そして，ご存知のように，このことが相互信頼という深い気持ちを創り出す。

筆者はどこに行ってもいつも自分の家にいるような気がした。そして旅行を通じてそれぞれの国の受講生やパイオニアたちから非常に多くのことを学んだ。新しい文化についての知識に加え，筆者は献身，約束，苦労や悲しみに耐えること，ユーモア，規律，そして勿論，ダンスセラピーが持っている可能性について信じられないほど新鮮で創造的な展望を学んだ。筆者はまた，それぞれの国のダンスは，その独特な形の中にダンスセラピーの原則を映し出していることにも気が付いた。

次に続く章は，世界の隅々におけるダンスセラピーの発展を描くことを目的にしたものではなく，むしろ，アメリカ人が旅行をしながら活動した様子を描くことを意図している。ロンドンと台湾で教えているパトリシア・カペーロ，ヨーロッパにおいて戦争による外傷者に対して実践しているアンバー・グレイ等，外国で活動している人のいく人かについての情報は入手できず，ここに収めることができなかった。スイスとドイツにおけるエレイン・シーゲルや英国とメキシコにおけるダイアンヌ・デュリカイの活動は非常に重要なものである。したがって，次の記述はアメリカのダンス・セラピストが国際的な旅行をしながら行ってきたことの代表的な歴史であり，また，それらの関係者の個人的な思い出を感慨深く概観したものである。多様性という問題は我々の不安定な世界ではどこにもみられ，次に示すキャッシー・アッペルの個人的考察や非常に上手く書かれた文章はこれらデリケートな多文化の問題を明らかにする上で助けになる。筆者の望みは，私たちのダンスセラピー行脚が多文化間の信頼性を強め，我々のユニークな職業の多様な地球的発展を強化し続けることである。

ダンス・ムーブメントセラピーの国際的普及

キャッシー・アッペル

　環境と世界の安全性に対する，産業，核，バクテリア，ウイルスによる脅威は，国際的な緊急課題であり，癒しに従事する職業人の間に団結と連携をもたらしている。特に，絶対的な力に奉仕する神聖な儀式にその最も古い起源を持っているダンス・ムーブメントセラピストたちについて，そのようなことが言える。

　ダンスは普遍的な言語なので，モダンダンスが国際的に発展するに伴い，ダンス・ムーブメントセラピーが世界中に普及したことは当然の成り行きであった。ダンス・ムーブメントセラピー訓練中に非常に深く教え込まれたパイオニア精神により，1980年代，1990年代に至るまでの間，多くの専門家は外国で活動する機会を得たり，そのような機会を意識的に探すまでになった。欧州連合（EU）の発展に見られるような統合傾向，貿易のグローバル化，ユーロのような共通通貨の創設等は，国際的な相互作用を推進するだけでなく，ダンス・ムーブメントセラピストが直面する治療上の問題の類似性をますます高めている。

　健康管理に携わる業者や地域社会は，どの国でも，複合的な諸問題にますます直面している。向精神薬へますます依存するようになったこと，社会が様々な違いをますます受け入れるようになったこと，施設介護に要する高額な費用を国が負担できなくなったこと等によってもたらされた脱施設化と一緒になって，移民，疫学的危機，高齢者や慢性病患者の増加は，今や世界的な課題になっている。さらに，社会進出をする女性の数が増え，我々の視点は，核家族から放課後の学童保育プログラムやコミュニティセンターへ，そして，これらの施設に対する新しい要求へと移っている。

　新しい千年紀が始まるに際し，「グローバリゼーションがダンス・ムーブメントセラピーに与える影響」について検討することは有意義なことである。本章は，急速に発展しつつある「ダンス・ムーブメントセラピーの国際的広がり」を，海外のADTA会員たちの活動を通して垣間見るものである。1966年にADTAが行った基準の成文化については，世界中のダンス・ムーブメントセラピストが，訓練，単位認定，訓練方法や訓練基準の調整について，関心を持ち続けて来た。

　1995年，ニューヨーク州のライで開かれたADTAの年次大会において，当時の**ミリアム・ロスキン・バーガー**会長が最初のダンス・ムーブメントセラピスト国際パネルを開いた。今日，このパネルは年次大会のハイライトになっている。1998年，ADTAはNBCC（全国認定カウンセラー協会）に加盟する決断をした。このような国際的な加盟に参加したため，また，その後も協議を続けて行くため，サリー・トッテンバイヤーは第二作業部会国際拠点の委員長に指名された。1999年，第二作業部会の任務が終了すると，トッテンバイヤーは国際会員サービス分科会の初代委員長に指名された。

　サリー・トッテンバイヤーは長い間英国に住んでおり，1982年から始まったADMT（英国

ダンス・ムーブメントセラピー協会）に参加し，会報を編集して来た。彼女はADMTの活動について，労働組合と提携して一緒にロビー活動をしたり，ダンス・ムーブメントセラピーの就業規則を制定するための教育制度を一緒に作るまで手を伸ばしていると言っている。

次に示すものは英国におけるダンス・ムーブメントセラピーについてトッテンバイヤーが考えていることである。

英国におけるダンス・ムーブメントセラピー活動のユニークな特徴の一つとして，ダンス・ムーブメントセラピーがしばしば「コミュニティダンス」の一部として実施されることをあげることができます。この最も典型的なものが，行政主催のプログラムで行われています。それは米国のコミュニティセンターやレクリエーション・センターで行われるようなものと似ていますが，英国では様々な身体的健康や精神的健康についてのサービスも一緒に提供されています。コミュニティダンスのプログラムはできるだけ包括的になろうとしていますので，特別なニーズを持った人びとに健常者と一緒にダンス・クラスやイベントに合流する機会を提供しています。コミュニティダンスはダンス・ムーブメントセラピーよりも長い歴史を持っており，その存在が精神障害や身体障害のある人びとに対し，特定のことに焦点を当てたダンス・ムーブメントセラピー訓練の道を拓きました。多くのダンス・ムーブメントセラピストが学校教育の中でもこのようなことを実施しています。これらの活動の根幹となるものは疑いもなくラバンが行った研究の遺産です。ラバンの研究は何年にも渡って英国における学校教育の一部であり，また，今でもまだ英国における体育の多くの授業で重要な役割を果しています。

ダンス・ムーブメントセラピーは地域社会に大きく貢献し，比較的伝統的な役割として精神保健活動を行っていますが，それと同時に，学校教育のもとで特別なニーズがある子どもたちに対してもサービスを提供していま

す。英国にはまた，ヨーロッパで最も古いダンスセラピー協会があり，ヨーロッパにおけるダンスセラピーに関する情報交換の中心的存在としての役割も果たしています。英国はこれまでにも多くの表現芸術の大会やシンポジウムを主催し，ヨーロッパ中の専門家を惹きつけて来ました。たとえば，ヨーロッパ全土における教育や訓練の標準化に関する問題に努力を払い，共同市場と共に出現したニーズに応えて来ました。外国からも多くの人びとが英国を訪れ，そこに住みついてダンスセラピーを学び，この国の経済や国際性の涵養に貢献しました（私はダンスセラピーを学ぶために英国に来たブラジル，ポルトガル，ハンガリー，オランダ，イスラエル，日本，カナダ，そして，米国の人びとと個人的に知り合いになりました。）（Totenbier談，1999）。

トッテンバイヤーは，英国の資格登録制度に関するほとんどの審議会に出席している。ADMTは創立のはじめから，いくつもの提携を結ぼうという米国の決定に同意して来たが，自分たちの伝統に従い，ユニークなシステムも創った。トッテンバイヤーが言うには，現在，ADMTとADTAとの間には資格登録制度についての相互協定があり，それぞれが求めている条件には相違があるが，それらの違いはダンスセラピストが仕事をする上で何の影響も与えず，将来英国で活動しようと考えているアメリカのダンス・ムーブメントセラピストにとっても同様である。

シャロン・チェクリンは1976年と1977年に初めてイスラエルでワークショップと個人指導の実践をした。その後，1980〜1981年にかけて，故マラ・キャピーがアンティオック・ニューイングランド大学と提携してハイファ大学で1年間の長期コースを始めた。その目的は，すでに現場に出ているが孤立している状況で活動している人びとを互に結び合わせることと，それらの人びとに共通の専門用語を教え，互いに意思疎通ができるようにすることであった。こ

304 第4部 ダンス・ムーブメントセラピーの国際的普及

の時，チェクリンが講師として招かれ，受講生たちの指導に当たった。現在，イスラエルには独自の組織があり，年次大会やいくつものプログラムを実施している。イェール・バルカイはADTAの会員であるが，テル・アビブ郊外にあるセミナー・キブツのダンスセラピー課程の主任である。この教育機関は最近，ハーネマン大学と協定を結び，修士の学位を授与することができるようになった。チェクリンは次のように言っている。

　　　イスラエルでダンスセラピーという仕事が有力な職業になっているのは，人びとがダンスや社会的サービスに親しみ，それらを支持していると共に，多くの様々な人びとが抱えている無数の問題をダンスセラピーを使って解決しているからです。イスラエルには政府が支援している組織・団体がたくさんあります。資金は限られており，やりくりは困難ですが，そこではダンスセラピーの目的や価値が広く理解されています。多くの専門家たちが自分たちのため，また，自分たちの患者のために様々な補助的セラピーを使っています。
　　　治療対象になっている患者たちにはおよそ人が持ち得る全ての問題があります。イスラエルは敵対する国々に囲まれ，戦争を何度も経験し，様々な文化を持った様々な言語を話す移民から成り立っており，国内には様々な問題があります。その結果，非常に高いストレスにさらされています。子どもたちは精神保健施設からだけでなく，教育部門からも多くのサービスを受けています。病院に入院している患者もおり，あらゆる種類の家族サービスや社会サービスがあります（Chaiklin談，1999）。

チェクリンは日本で活動した経験も持っている。彼女は1985年に家族に会いに行くために初めて日本を訪れた。日本に滞在中，チェクリンは精神科病院と接触を持ち，日本で行われている治療方法を見学した。そこで出会った専門家たちがダンスセラピーに興味を持ち，専門家たちの集まりでワークショップを開き，スタッフたちに講義をするよう彼女に依頼した。彼女は患者に対してセッションをすることを申し出，それが受け入れられ，そのセッションはビデオに記録された。この時のテープを他の人びとが見た。その結果，1990年に彼女が再び日本に戻った時には，多くの人びとが彼女の実践について知っていた。そのため彼女は2日間のワークショップを開き，その後，彼らの年次総会に招待された。

チェクリンは，町田章一のような日本におけるダンスセラピーの発展に関わる人びとと関係を持ち続けた。日本人は現在，独自の団体，会報，年次総会，学術雑誌を持っている。町田は日本ダンス・セラピー協会の事務局長であり，ADTAの大会に出席し，ADTAの国際情報に関する小冊子を編集し，それらはメリーランドにあるADTA事務局で閲覧することができる。チェクリンは日本におけるダンス・ムーブメントセラピーについて次のように語っている。

　　　日本は武道等の形で身体を広く使っており，また，瞑想やその他の仏教的影響を通して身体を理解しています。多くの儀式やしきたりがあり，誰もが「顔をつぶされて嫌な思いをしたくない」と考え，それらの儀式やしきたりを使う選択肢を持っています。日本では身体は抑圧されて来ませんでした，つまり，公衆浴場は極めて一般的であり，つい近年まで男女混浴でした。
　　　身体は罪の源，というような我々が清教徒から受け継いだ清教徒的考えを日本人は持っていませんでした。身体はむしろ，武道，能，歌舞伎等といった楽しみや教養の源です。日本人にとって，社会福祉制度や精神保健施設を利用することは，抑圧の他にも乗り越えなくてはならない心情的な問題がありますが，これは次第に肯定的な方向に変わりつつあります。
　　　同居する家族が少なくなった結果として高齢者へのサービス事業が発達し，子どもや発

達障害児者へのサービスといった社会福祉サービスもあります。勤務時間が長いので家族に対するストレスは大きく，経済が変動し，西欧化が進んでいるという新しいストレスも加わっています。

　人びとは丁寧で親切で学習意欲が旺盛なので，私はこの国で仕事をすることを本当に楽しんでいます。仕事をする上で主な障害となるものは，当然のことながら，私自身が日本語を話せないことと，そのために感じ取ることが難しい微妙な文化的相違です。特に言葉を使わない時に顕著にそう感じますが，それでもなお非言語はやはり機能しています（Chaiklin 談，1999）。

　ナナ・コッチはずっと前から日本の文化に関心を持っていたが，ニューヨーク市立大学ハンター校でダンスセラピーを学んでいた元日本人学生である神宮京子を通して日本を訪れる機会を得た。1998 年の春，神宮は日本に帰国してからコッチを招き，リリアン・エスペナックについての講習会を開いた。神宮はチェクリンの時と同様に，コッチのワークショップでも通訳の労をとった。彼女はまた日本の群馬県にある精神科病院でダンスセラピーを実践している。また，ダンスセラピーの訓練をある程度受けているが，理論的な理解を深めたいと考えている人びとに対して，ダンスセラピー研究会を運営している。コッチはまた，東京に在住している八幡洋について語っている。彼は執筆家でありまた，東京ホリスティック医学会会員の認定カウンセラーであり，また日本におけるダンスセラピーの力強い支持者でもある。コッチは次のように言っている。

　日本では，東洋思想に典型的に見られるように，心と体は一体のものと考えられています。西洋においては，心と体は別々に分離したものと考えられて来たので，このような考えは西洋の考えとは全く違っており，そのため日本人はダンスをセラピーとして使う

ことにほとんど抵抗がありません（Koch 談，1999）。

　エイミー・ワプナーと日本との関係は彼女が仕事を始めた早い時期から始まった。彼女はビデオテープや E メールを先駆的に使って，長距離からスーパービジョンを実施していたので，それが重要な臨床プログラムになり，日本の東京郊外にある単科の長谷川精神科病院のデイケアやいくつかの入院病棟で，ダンス・ムーブメントセラピーに使われた。米国人のダンス・ムーブメントセラピストであるワプナーはニューヨークに在住し，そこで個人開業をしながら，彼女が長谷川病院で開発した施設型方法論の不可欠な部分としてもあり続けた。

　ワプナーがダンス・ムーブメントセラピストとしてはじめて仕事を始めたのはニューヨーク州立病院であった。当時彼女はそこで家族療法チームの一員であったが，彼女が知らないうちに，日本から来た新しいスタッフである心理学者が事務的に配属され，その人がドラマチックな転職の種を播き，彼女の人生に最も深い影響を与えることになった。ワプナーは人びとに寛容であったし，ダンス・ムーブメントセラピーを信じていたので，遊佐安一郎博士が出すダンス・ムーブメントセラピーに関する質問に対し気軽にそして果敢に応じ，さらに彼女は彼をダンス・ムーブメントセラピーのセションに参加するよう招いた。1980 年代のはじめに行った共同研究が彼に影響を与え，彼は帰国してから，長谷川常人医師と長谷川美紀子医師と共に，1988 年に長谷川病院にワプナーを招待し，二週間の入門のワークショップを開いた。

　二週間のセミナーが 14 年間の包括的なセミナーに発展し，集中的な統合されたクリニック用のプログラムになった。長谷川病院のトレーニング・スタッフに対して，研究所向けのアプローチが上手く役立てられた。毎年行われる二週間の集中セミナーに加えて，チームは毎月，

ビデオテープやEメールを通してワプナーと
やりとりし，スーパービジョンを受けた。様々
な分野の専門家から成るグループがメンバーの
交代を繰り返しながら，最終的には現在あるよ
うなダンス・ムーブメントセラピー・チームの
核になった。様々な背景を持った有能な人びと
が一緒になって強力な臨床的ダンス・ムーブメ
ントセラピー・プログラムを作成し，それは長
谷川病院で行われている他の治療方法と一緒に
なって機能している。

　現在のチームのメンバーは，鍛冶美幸（臨
床心理士，ダンス・ムーブメントセラピスト，
BC-DMT），宮城整（臨床心理士，ダンス・ム
ーブメントセラピスト），小森智代子（看護師，
ダンス・ムーブメントセラピスト），松田陽子
（臨床心理士，ダンス・ムーブメントセラピス
ト），松尾登志子（作業療法士，ダンス・ムーブ
メントセラピー・アシスタント），堀内久美
子（作業療法士，デイケア主任，ダンス・ムー
ブメントセラピスト），香田真希子（作業療法
士，ダンス・ムーブメントセラピー・アシスタ
ント，チーム主任），岩井邦寿（作業療法士，
ダンス・ムーブメントセラピスト），伊藤安寿
華（臨床心理士，ダンス・ムーブメントセラピ
ー・アシスタント）である。鍛冶美幸と宮城整
は長谷川病院を本拠地にし，また，病院からの
支援を得て，一緒に日本でダンス・ムーブメン
トセラピーの訓練をしている。現在，彼らはレ
ベル1とレベル2の短期コースを開催し，日本
における他のダンス・セラピストと共に活発に
実践している。彼らは日本ダンス・セラピー協
会，日本芸術療法学会，その他の国際大会等が
提供する様々な場所で彼らの実践を発表してい
る。

　ワプナーは日本における彼女の長期間そして
今なお続く実践に対して感謝しつつ，彼女が日
本語を勉強する過程とその重要性を次のように
表現している。

　日本における私の実践は，今でもずっと，私
の人生の中で豊かで印象深い経験になってい
ます。院長である長谷川美紀子医師，遊佐安
一郎博士，管理職職員，臨床スタッフ，事務
職員，度々お世話になっている通訳の内田江
里の強力なサポートに支えられ，長谷川病
院の内部組織，患者一人ひとり，日本文化の
様々な側面に関わることができました。とて
も多くの人びとがプログラムに熱心に参加し，
私と親しく一緒に活動し，このプログラムを
刺激的で，しばしば挑戦的で満足すべきもの
にしました。

　何カ月も学んだり準備したにも関わら
ず，はじめのうちは，文化を理解することに
悪戦苦闘して仕事のペースが落ち，何が言わ
れて何が言われなかったのかを注意深く聴き
取る上で苦労しました。私は度々迷ったり失
敗したりしましたが，それにも関わらず，私
は新しい発見をしたり，癒しのダンスへの畏
敬，これは私たちが人びとに対して働きかけ
る時の根本ですが，それらが私を励まし，や
り通すことができました。私にとって日本語
の基礎を学ぶことは当然のことで，実際のと
ころ，避けられないものになりました。言語
を理解せずに，日本の人を教えたり，支援し
たり，手助けしたり，治療したりすることは
難しいことが分かりました。

　言語を学んで行くうちに，なぜ私は，通訳
されているにも関わらず，混乱したり，相手
を混乱させてしまうのかを理解し始めました。
日本語の文脈ではしばしばそれとなく表現
されたり，名前を伏せたままにしたり，また，
個人的な会話では代名詞，時制，その他の明
確な用語が使われないことがよくあるという
ことが，ずっと後になってから分かりました。
日本の文化では，はっきりと言われなくて
も，暗示されるだけでも，話し言葉として耳
で聞かなくとも，ずいぶんと多くのことが理
解されていることが分かりました。人の話を
聞く時には自分の身体的感覚と視覚を総動員
して，あたかも体全体を使わねばならないよ
うに感じました。たとえば，おじぎをすると
いう体の動きははじめはただそれだけのもの
で，私が日本にいる時には練習しなければな

らないジェスチャーのようなものでした。しかし，次第にそのおじぎが私に馴染んできました。患者に対して行う各セッションのはじまりと終わりには，診断名や重症度に関係なく，おじぎをしました。始まりの時は挨拶で，終わる時は全てのことに対する感謝を込めてなされました。このおじぎには他者に対する尊敬と敬意が込められています。おじぎは言語の一部であり，私の足の爪先あたりから始まり，私の体の中を昇って行き，そうすることによって私は自然に心から患者と話せるようになります。言葉を使って介入することを教える時には，質問という形をとってイメージと発見を優しく語りながら，「どうぞ」と「ありがとう」を差し挟む必要があることを理解することが大切です（Wapner 談，2001）。

ワプナーは14年間に渡り日本で濃密な活動をしている間に，日本文化やダンス・ムーブメントセラピーから鋭い知見を得た。彼女は日本文化の要素のいくつかと，その要素がどのようにワプナーの実践を伝え，彼女の個人的成長を助けたかについて次のように話している。

日本では，長谷川病院だけでなく，学校，大学，市役所等において14年間濃密な実践をした結果，私には日本文化のいくつかの重要要素が明らかになりました。それはどのような文化であれ，「個人のプライバシーに関して本来的に備わっている権利」と「両面価値を感じる感情的権利」が存在しているということです。形式を重んじることやプライバシーの保ち方に関して共通の傾向があるにも関わらず，私が出会った多くの人びとはダンスやムーブメントを経験することによって，また，親密で安全な状況設定を経験することによって，自分たちの心を開き，個人的な問題を深く探索し，自分たちの個人的な物語を発見し，それを話していました。多分，私たちが共に行った実践は彼らをほぐし，成長させる手伝いをしたのでしょう。

私にとって印象深かった二つ目の要素は，両面価値について日本人から学んだことです。

日本人に本当に耳を傾け，細心の注意を払っていた時，「欧米のやり方のように，ほとんどの状況において明確な答えを出すことは，必要ないのだ」ということを私は教えられました。どっちつかずという両面価値は必ずしも弱さや不明確さの印ではなく，むしろ，一つの問題に対して同時に二つの相いれない感情を感じることは極めて人間的であり現実的であり，そして多分，強いということを彼らは示してくれました。私は大学生時代に私の注意を引いたある考えを今でも覚えています。『芸術と創造的無意識』という書物の中でエーリッヒ・ノイマンは「ヌミノース体験（霊的体験）」について，それらは抑えきれないほど魅惑的であると同時に畏怖を感じるものであると言っています。このヌミノース体験という両面価値的な考えこそ，何年か前に私の注意を最初にセラピーに引きつけ，ここでまた私を引きつけたのでした。

日本で私の心を強く打った三つ目の要素は，人びとが生来的に持っている他者を思いやる能力です。他者が感じている苦労，成長，出来事を深く心から感じる能力は，共感をセラピーの中で一つの道具として使おうという確信を私にもたらし，それを強化しました。

私は日本の小さな一部分を知り，それを愛する機会を得たことにより，豊かになり，自分がすっかり変わったように感じています。本当の自己探索と成長を見つめること，私自身の両面価値を評価すること，そして多分，最も重要なことは，非常に多くの日本人の生活の中にある他者への感受性や共感性，そして，本能的におじぎをするという傾向を鋭く感じ取り見習うこと，これらは私が受け取った宝物のほんの一部です（Wapner 談，2001）。

マルシア・レベンソールの実践は世界的であり，かつユニークである。いくつもの国々を度々訪れ，集中的な実践を行い，多くのダンス・ムーブメントセラピー課程を発足させる役割を果たして来た。たとえば彼女はスウェーデンのDACI（ダンスと子ども国際大会）と国際ダンス会議から招待講演者として招かれた。レ

ベンソールによれば，1980 年代のはじめ，職業的ダンスセラピー訓練に対して非常に大きな関心が寄せられ，それが修士課程につながったという。学生たちはスウェーデンで，レベンソールやミリアム・ロスキン・バーガー（ニューヨーク大学の前教務主任）等のニューヨーク大学の教員から夏期集中講座を受けた。その後学生たちは合衆国へ来て実習をし，最終学年を終えた。スウェーデンのダンスセラピー組織は非常に強力で，多くの人びとが高い学歴を持ち，スカンジナビア全体で働いているとレベンソールは報告している。

レベンソールは自分の講習会や訓練を公開しており，1976 年以来，大学院レベルの研究を国際的に進めている。彼女が最初に招かれて講義をしたのはギリシャのスキロスで，アテネとティノスでは集中訓練を行った。レベンソールはギリシャの大学院生について「ダンスとボディー・ムーブメントについて深い理解と経験を持っている一方，心理学，創造性，量子物理学等について，非常に深くて複雑な概念を把握する能力も持っていることは驚くべきものです。しかし，非常に多くの世界的概念がギリシャ語を語源として発達して来たことを考えると理解できますね」と言っている。

レベンソールが最初にオーストラリアに招待されたのは，1987 年にそこで開かれた第 1 回ダンスセラピー大会の基調講演者としてであった。現在，彼女はオーストラリアの国際ダンスセラピー研究所の教育と訓練の主任である。オーストラリア・ダンスセラピー協会（DTAA）は 1994 年に創立され，オーストラリア中のダンスセラピー実践家，訓練，教育を支援，推進している。レベンソールは次のように言っている。

オーストラリアのダンス・ムーブメントセ

ラピーは文字通りあらゆる種類の人びとに対して非常に注意深く，高い技術で実施されています。彼らを見ていると，私の先生たち（メアリー・ホワイトハウス，ブランチ・エヴァン，アルマ・ホーキンス，ヴァレリー・ハント）の考えに通じるものを思い起こします。このようなことは合衆国で出会うことが次第に難しくなって来ているように思えます。というのは，我々合衆国の実践家は他の訓練と歩調を合わせるようになり，本来持っている力強いダンスを基盤とすることから離れて来ているように思えるからです（Leventhal 談，1999）。

マルシア・レベンソールは国際的な仕事をする機会を得ることによって新しい息吹を与えられると感じている。そして，彼女にとっての唯一の障害は我々の職業が最初から直面したものと同じもの，つまり，専門家としてのアイデンティティの創出と職場開拓であったと言っている。

ペニー・ルイス^(脚注1)はドイツで教えて来た。彼女の著書である『創造的変容：芸術が持っている癒しの力』はドイツ語に翻訳されている。ルイスはドイツ人が「生来的に，分析好きな心を持っており，物事の論理的つながりを表現する傾向が強く，勉強熱心である」ということがダンス・ムーブメントセラピーの訓練においても強みを発揮していると見ている。ルイスは次のように言っている。

ドイツ人は哲学に興味を持ち，哲学に熱中することで知られて来ました。ドイツでは実存主義が盛んでした。そのため，個人としての見解を持つことや，より高度な意識に焦点を当てたユング派のダンスセラピーが高度な教養を身につけた人びとのニーズに合致することができるのです。

ドイツでは，古典的な精神科的症状の人びととの他にも，幼児期初期の児童虐待，外傷後

（脚注1）ペニー・ルイスはこの章を書き終えて間もなくの 2003 年 10 月 10 日に亡くなった。

のストレス障害等からの復帰に焦点を当てた個人訓練を受ける人びとがしばしばダンス・ムーブメントセラピーの治療対象とされています（Lewis 談, 1999）。

ドイツで直面したいくつもの課題について彼女は,「相手のあるがままに対応しなさいとチェイスはいつも私たちに言っていました。このことは生徒と先生との関係において言えるのと同時に, 患者とセラピストとの関係においても言えると私は考えています」と言っている。国際的に活動しているダンス・セラピストの大多数が言うように, ルイスも自分自身のレパートリーを広げる機会を得たことに感謝を表明している。

ベス・カリシュ・ワイスは, ドイツのボンやミュンヘンで教鞭をとり, 執筆した論文がドイツ語に訳されているもう一人のダンス・ムーブメントセラピストである。彼女はドイツの学生が持っている教育上の利点に強い印象を受けた。ドイツでは大学院教育が無料なので, 学生は学ぶ機会を十分に持っており, 自分が興味を持った分野の技術を高度に身につけることができる。カリシュ・ワイスは次のように言っている。

私の印象では, これまで長年に渡って医学モデルが支配していた「ドイツのある部分の特定のニーズ」をダンス・ムーブメントセラピーが満たしています。これらの専門家たちは新鮮で, 新しい働き方を探しています。このことはボンで行なわれた訓練グループの長をしていたサビーヌ・トロートマンヴォイトと何度も議論をすることによって, 私には極めて明らかになりました。彼女と精神分析家である夫は, 振り子がどのようにしてクリエイティブ・アーツ・セラピーの方に動いて行き, 精神分析家として伝統的な訓練を受けてきた人を取り込むかを示す好例です。しかし, ドイツには実践をするには実践許可を得るという制約がありますので, そうするには特定の資格認定書を得る必要があります（Kalish-

Weiss 談, 1999）。

スーザン・ローマンは 1993 年から毎年ドイツに出かけて実践するようになった。彼女の中心業務はケステンバーグ・ムーブメント・プロフィール（KMP）の記譜法を教えることであった。1994 年にベルリンで国際ダンスセラピー大会が開催された時には, 合衆国からの何人かのダンス・セラピストと共に, 基調講演をするよう招待された。ローマンは, ダンス・ムーブメントセラピーのための道具として KMP を応用することを発表した。様々な国から来た人びととの間の相互作用が上手く働き, そこにネットワークができ, 教える機会が増えたと彼女は信じている。ローマンは次のように言っている。

ドイツには非常に小さな子どもに対しても体育課程を重視する長い歴史があります。ハイキングや山登りを通して体調を整えることに価値を置いています。今日, ドイツでは, 精神運動療法のようなボディー・ワークについての大学院レベルの教育課程や, 非言語的方法を用いた基金研究プロジェクトがいくつもあります。

精神療法を実施することを許されているのは誰なのかという議論があり, それがダンス・ムーブメントセラピーを行っている人にも影響を与えていることを私はごく最近理解しました。

ダンス・ムーブメントセラピーの対象となっている人びとの種類は非常に広範囲です。あるクリニックでは皮膚疾患の人びとだけを対象にしていました。そこにはダンス・ムーブメントセラピーや音楽療法を行うスタッフもいました。また, 精神科病院でもダンス・ムーブメントセラピストを雇っています。子ども, 青年, 家族に対して個人的に実践しているダンスセラピストもいます（Loman 談, 1999）。

ユーモアというのは, ある文化圏でユーモアとして通じたからと言って他の文化圏でも常に

ユーモアとして通じるとは限らないので，あまりユーモアに頼ることはできないということは，時には興味深い問題であるとローマンは考えた。彼女はまた各文化圏の間に存在するムーブメントのスタイルの違いにも敏感で，ある実験的なエクササイズに対する反応は，特定のムーブメントの質に対してそれぞれの国が持っている前提に基づいているので，文化圏によって違って来ると書いている。たとえば，「フローの調整」という動きは「ふざける気持ち」をもたらすだろうとローマンは想定していたが，予想に反して，ドイツでは「ふざけ」を含んだ「ぶっきらぼうさ」をもたらしたと報告している。

ローマンはまたローザ・マリア・ゴヴィーニによってボローニャに招かれ，イタリア絵画療法協会でケステンバーグ・ムーブメント・プロフィールの概念を教えた。

マーシャ・プレヴァンは米国のモダンダンサーで，長い間イタリアに住み，長年ローマで活動して来た。1986年，プレヴァンは米国テキサス州ダラスにある南メソジスト大学のダンス主任の地位を投げ捨てて，ローマに戻りイタリア人の夫と暮らしている。「私は非常に幸運だったんです。丁度2年前にプラット大学のアーサー・ロビンズとデブラ・マッコールがローザ・マリア・ゴヴィーニと一緒に，ボローニャにイタリア絵画療法協会を設立したのです」と彼女は言っている。プレヴァンの幸運はその後も続いた。

　ダラスを去ると同時に私は，自分が長をしていたところにダンス・ムーブメントセラピーがあったことを知り，ローマに戻って2週間経った時にデブラ・マッコールがローマで開催していたワークショップに関係することになりました。そのワークショップが今日の私に至る道を拓いてくれたのです。1988年，イタリア全国DMT専門家協会が設立されました。この協会は約5つのそれぞれ異なったダンスセラピー学校が集まって出来たもので

す。まだまだパイオニアの段階ですが，教育委員会，倫理委員会，資格認定委員会があり，年次総会を開いています。私は教育委員会に属しています。イタリア絵画療法協会（ATI）には現在14名のダンス・ムーブメントセラピストが入会しており，大学の4年課程を卒業しています。大抵の場合，全てを修了するには約6年間かかります（Plevin談，1999）。

イタリアでダンス・ムーブメントセラピストとして働くことについて，プレヴァンは次のように言っている。

　イタリアでダンス・ムーブメントセラピストとして働くことは大変骨の折れることです。現在私たちは，精神科の施設，国立病院，地域治療センターや個人開業で実践していますが，私たちはもっと力を発揮して，「心理学・精神医学」モデルに統合するような教育をしなければなりません。ですから，全国的な協会を設立して，目に見えるような形でそれを助けることが非常に重要でした。しかし，イタリアの各地方によって反応はまちまちです。たとえば，ロンバルディア地方（ミラノ）ではいくつもの国立病院がダンスセラピーによる治療を進めるプログラムを作りましたが，ローマではそれは比較的困難でした。どこでもそうでしょうが，最初にボールを転がそうという意欲を持ったどこかの部門の理解ある長が必要なのです。

　対象となる人びとは，精神障害児者，知的障害児者，摂食障害者，十代の若者等で，また，個人開業においては神経症性障害者等を対象にしています。

　国の資格制度の職種に関することでいくつかの政治的な問題があります。つまり，心理士になってからでないとダンス・ムーブメントセラピストとして働くことができない場合があるのです。心理士の資格か精神療法士の資格を持っていなければ，精神療法をしますと宣伝できないのです。たとえば，今年私はイタリアの心理士の国家試験を受験し，合格したのですがそれは，実際に心理士として働

くためではなく，自分を心理士だと言えるようにするためなのです（Plevin談，1999）。

　プレヴァンはローマで個人開業をしており，そこで個人指導をしている。彼女はまたイタリア絵画療法協会のダンス・ムーブメントセラピー教師であるテレサ・エスコバールと共に創造ムーブメント訓練プログラムも行っている。プレヴァンとエスコバールの訓練はカウンセラー，教師，他の分野のセラピストのためであり，彼女らはダンスセラピストとしてムーブメントを使うつもりはないが，ムーブメントを通して創造的な過程を理解したいと考えている人びとである。

　ジョアナベイ・サックによれば，ダンス・ムーブメントセラピーがカナダのケベックに導入されたのは1980年代の始めである。この頃サックは，ニューヨーク大学でダンス・ムーブメントセラピーのMAを修了して帰国し，大病院の精神科病棟（ユダヤ総合病院）でセッションを行っているカリフォルニアからの客員ダンス・ムーブメントセラピストに出会った。サックはこのセッションを引き継いだ後，モントリオール子ども病院にパイロット・プログラムを提出した。このプログラムは週に3回の入門からはじまり，次の半年間は週に10時間，さらに次の数年間は週に40時間行うものである。この常勤の仕事は精神科から始まって，腫瘍科，内科，頭部外傷科にまで広がった。サックはチームの一員となり，摂食障害者に対する多種訓練チームや十代の若者を治療するプログラムを展開した。これらの二つのプログラムのどちらもダンス・ムーブメントセラピーのインターンを歓迎し，クリエイティブ・アーツ・セラピーを取り込み，時にはプログラムの目玉にし続けている。

　合衆国で訓練を受けた経験がケベックにおいては大事な課題になり続けているとサックは感じている。

　ダンスセラピーに興味を持った人びとは一般的なワークショップや集中ワークショップに参加し，……意欲的な人は合衆国（またはフランス）に訓練を受けに行きます。帰って来る人もいれば，行ったまま，どこか他の所で活動する人もいます。

　ケベックに在住しているダンス・ムーブメントセラピストは病院，個人的なクリニック，人間成長芸術センター等で活動を続けたり，教育施設や公共サービス施設でコンサルタントとして働いています。多くの人は教鞭をとり続け，そのうちの何人かは次の世代を育成することに忙しくしています（Sack談，1999）。

　（カナダの組織についても同様であるが）ケベックの組織を作り，カナダにおける地方での訓練を牽引して行くことが是非とも必要だとサックは確信している。ケベックにおけるダンス・ムーブメントセラピーの発展は政治的および経済的問題に直面している。しかし，このダンスセラピーという分野の未来に最も直接的な影響を与えるのは言語の問題である。ケベックの住民の大多数はフランス語を話すが，ケベックのダンス・ムーブメントセラピストの大部分は英語を話す。合衆国でダンスセラピーを学んだ新しい世代のフランス系カナダ人が数人いるが，今後とも多くの人がそれに続くことを期待するのは現実的ではないとサックは言っている。外国語で訓練を受けることの難しさ，合衆国で高等教育を受ける時のコスト高，カナダドル安により，合衆国で学ぶことは多くのカナダ人にとってほとんど不可能である。

　ダンスセラピーの修士課程のいくつかでは，授業は英語で行われるが，フランス語を話す院生はフランス語でレポートを提出することもできる。バイリンガルのダンスセラピストがスーパービジョンを与えることにより，フランス語を話す学生もADTAのオルタネイト・ルートの職業条件を満たすことができるようにしてい

312　第4部　ダンス・ムーブメントセラピーの国際的普及

るとサックは言っている。新しいプログラムを開始する努力が続けられることと，カナダに正式なダンス・ムーブメントセラピー協会が上手く設立されることをサックは期待している。

ローラ・ペラルタはアルゼンチンの心理学者，ダンス・ムーブメントセラピストであり，彼女の国における社会的および政治的要因について次のように強調している。

　　アルゼンチンではアイデンティティが重要です。私たちは主にスペイン，イタリア等，ヨーロッパ文化の寄せ集めです。ヨーロッパのモデルと合衆国のモデルはアルゼンチンの人にとっては文化の参考品のようなものです。

　　数十年に渡って経済と政治が不安定で，何を期待すれば良いのか分からない状況が，利己主義を助長しています。私たちは恐怖や不確実性を何とかやり過ごしていますが，私たちの子どもたちは現在に対しては深い悲しみを，過去からは憤りを，未来に対しては不安を感じながら成長しています。フラストレーションや大きな不安に頑強に耐えながら日々の生活に適応しているのは，私たちの強さでもあり，弱さでもあり，その両方です。

　　イタリアとスペインから受け継いだものとして，私たちには強い家族意識があります。人びとは子だくさんで親戚付き合いも多く，そこでは抱き合ったり，キスをしたり，膝に抱えたりして，感情を自由に表現したり身体接触をすることが許されています（Peralta談，1999）。

1980年代までアルゼンチンでは精神分析が支配的な傾向であったとペラルタは語っている。人びとが自分自身に費やすための時間とお金を持っていた時代には，精神分析による知性偏重主義，合理主義，そして，身体からの分離が非常に盛んだったと彼女は言っている。1980年代と1990年代には経済が変化し，アルゼンチンでは物事が根本的に変わり，1週間に4回のセッション受ける料金等を払うことが不可能になった。ペラルタは次のように言っている。

　　病院は患者で溢れ返り，伝統的な治療方法は短期のセラピーで結果を約束してはくれませんでした。それどころか，1970年代になるとアルゼンチンは最も記録的な内戦にみまわれました。人びとの大部分が巻き込まれ，どちらの側も喪失，悲しみ，怒り，別れを毎日のように経験しました。

　　ここに大きなニーズが生じました。寂しさ，苦悩，痛み，激怒が身体に蓄積され，感情的な障壁を形成し，それがムーブメントを制限し，感情的なストレスや日常的なハラスメントの結果としての不眠，摂食障害，筋肉痛，アレルギー，潰瘍，脳卒中等を引き起こすことになりました。私たちの体はズタズタにされ，歪められ，傷つけられました。

　　ゆっくりとではありますがしっかりと新しい流れが始まっています。身体療法や代替療法が日に日に以前よりも受け入れられ，回復したいというニーズに応え，体と心と感情を統合する「優しく包み込むような」場を提供しつつあります（Peralta談，1999）

精神分析家で身体精神療法家でバイオエネルギー専門家であるディアナ・フィッシュマンが，グループ・セラピストで身体精神療法家でバイオエネルギー専門家でもあるマリアーノ・ペレッツ・デ・ヴィッラとペラルタを招いて，1996年にアルゼンチンで最初のダンス・ムーブメントセラピストの正式な訓練プログラムを作った。創立者のフィッシュマンに導かれ，フィッシュマンが個人的に設立した研究所である「ブレッカ」にこのプログラムは支えらえた。ブレッカという名称は，何かを漏らしたり通り抜けたりする時の「割れ目」を意味し，変化の可能性をはらんでいる。その後，20時間の国際ワークショップが年に3回開かれた。以下のBC-DMTが講師であった：マルシア・レベンソール，フラン・レヴィ，シャロン・チェクリン，ジェイン・ガネット・シーゲル，ジョアン・チョドロウ，マラリア・レッカ，スーザン・ローマン。レヴィとチェクリンは主任コンサルタン

トであり顧問であった。毎週，スタッフ・ミーティングとグループ・スーパービジョンを行なうことを主な手段として教えたり，助言指導をしたり，訓練したり，講師自身の個人的プロセスをスクリーニングしたりする上で生じる変化を調整したり，取り入れたりした。

研究所はフィッシュマンのリーダーシップによって発展し続け，現在では精神保健計画にまでそのサービスの幅を広げている。シンポジウムが毎年開かれ，一般公開され，ダンス・ムーブメントセラピーが研究大会やセミナーで発表されている。フィッシュマンとペラルタの言うところによれば，アルゼンチンのダンス・ムーブメントセラピストの主要目標は大学教育の一部になることと病院に採用されることである。ブレッカのスタッフと他の人びとが力を合わせ，アルゼンチン・ダンスセラピー協会が設立された。スペイン，コスタリカ，コロンビア，ペルー，合衆国等からプログラムに関する質問や関心について書かれた電子メールを受け取ったとフィッシュマンは記している。

訓練プログラムに対するニーズは，学問的にまた職業的に受け入れてもらうニーズと同じく，どこの国においても共通の課題である。その一例はオランダであり，そこでは1992年からミリアム・ロスキン・バーガーがロッテルダム・ダンス学院で教え，彼女は1995年にはADTAのオルタネイト・ルートのガイドラインに沿った正式な訓練プログラムを始める手伝いをした。このプログラムでは，ジュディス・バニ，ロビン・フラン・クルーズ，ジョアンナ・クリメンコ等，何人かのアメリカのBC-DMTが講師となった。

ロビン・フラン・クルーズは学術的記録についての研究家であるが，彼女がヨーロッパで行った研究や助言指導は，英国とドイツにおける個人指導に集中していたと本人は語っている。しかしそれに加えて，南アフリカ，オーストラリア，スペイン，イタリア等からの電子メール

による依頼も受けていると言っている。ロッテルダムでは，研究方法および，特別な支援を必要とする人びと（子ども）を対象としたダンスセラピーを教えた。クルーズは，オランダがダンスセラピーを非常に歓迎しており，オランダのダンス・ムーブメントセラピストは，児童に対する性的虐待，家庭内暴力等のような社会的問題がある人びとに対するのと同じように，精神保健上の問題がある人びとに対しても実践し，合衆国におけるダンス・ムーブメントセラピストと同じような機能を果たしていると言っている。彼女が教えた学生たちはみな素晴らしく上手に英語を話すが，大部分の学生は英語で書かれた参考資料を使わなければならず，それが学生たちにとって時には難しい場合があると言っている。願わくは，いつの日か，世界中のダンスセラピストによって，これらの参考資料が様々な言語で翻訳されたり，新しい資料が書かれて欲しいものである。

ジョアンナ・クリメンコにはオランダで集中講義をした経験がある。彼女は1971年にオランダで1年間，実践をしたり教鞭をとったりしたが，その1年間は彼女の人生の中で最も深い変革をもたらした出来事の一つであったと語っている。そして，オランダを彼女の「第二のふるさと」と思い，現在もなお教えたり助言指導を続けている。

クリメンコはヴェレウランドという，神経症者のための居住型入院治療センターで実践をしていたが，そこは，ウィレン・アレンセンハインの予見によって設立され，オランダの田園地方にあるマナー・ハウス（領主の館）の敷地内に建てられたものである。彼女は次のように言っている。

オランダは明らかに無骨な個人主義者たちから成り立っている国で，一般的に言うと，オランダ人は現実的で分別があり，非常に明快な考え方をする人たちです。互いに助

314　第4部　ダンス・ムーブメントセラピーの国際的普及

け合うことに関しては一定の忍耐を持ち，価値を認めていますので，本当に安全な気風が感じられます。オランダのダンスセラピーには多くの方法があり，専門職の組織を創ろうとすると，共通性よりもむしろ，それらの方法論上の違いに焦点が当たってしまいます（Climenko談，1999）。

　この情熱的な個人主義が，一致団結してオランダに職業団体を形成するのを遅らせる要因にもなっているとクリメンコは考えている。オランダの教育制度の違いもダンスセラピー分野においては一つの課題になっているとクリメンコは指摘している。彼女は次のように言っている。

　外国人が働くことは歓迎されることもよくありますが，この国では職業の階層性が合衆国よりもかなり固定されていますので，新しい職業を理解したり受け入れたりすることはまだまだ一つの課題です。たとえば，ある子どもが将来進むであろう学校のレベル，つまり，大学か実業学校かはその子が小学校にいる間に決まります。これは，何事につけても十分に自分の考えで行うことができることが前提になっている米国の考えとは随分違います。

　以上のような課題がいくつもありますが，ダンス・ムーブメントセラピーの分野はこれまでオランダで発達して来ました。ダンス・ムーブメントセラピーはオランダにおいても合衆国と同じ状況であり，精神科デイケアセンターやクリニック等多くのところで実践されています。またその他の状況下においても，ロッテルダムのアンネミーケ・プルヴィエやアルクマールのフランク・ポラックの実践に見られるように，合衆国で一般的に見られるよりは比較的健康な人びとを対象にダンス・ムーブメントセラピーを用いることが多いようです。つまり，合衆国ではSPMI（重度のまたは慢性的な精神障害）の人びとに主な焦点が当てられているようですが，オランダではそれよりも「日常生活上」の諸問題を抱えている人びとに対して地域のクリニックでダ

ンス・ムーブメントセラピーが行われる場合が多いようです。

　また，この他にもオランダ人が進出してダンス・ムーブメントセラピーを応用するようになった分野がいくつかあります。アムステルダムにはユダヤ人大虐殺の生還者を治療するための機関があり，オランダのダンスセラピストの草分けの一人であり，元グラハムのダンサーだったルス・マイヤーが1960年代後半から実践をしています。私の元学生の一人で，オランダ人でイスラエル人でもあるズィッカ・フランクは，性的虐待の被害者を対象にした特別な実践を行いました。彼は女性と男性の両方に対して集団，または，個人の実践を行っています。最近の数年間，彼は男性の性的虐待被害者に対する集中的な実践を行っています。彼の実践はマスメディアから非常に注目されているだけでなく，彼は非常に有能で，彼の設計図に沿ったダンスセラピーのスタジオを開設し，全てのレベルにおいて彼の実践を支えるまでになりました。

　オランダのダンスセラピーの母であるズィーマ・ファン・ダルメンの精力的な活動によって定期的なニュースレターが発行され，各種の催し，ニュース，人びとの活動概要が報告されています。要するに，この活動こそオランダのダンス・ムーブメントセラピストの団結にとって最も影響力を発揮しているのです（Climenko談，1999）。

　ダンス・ムーブメントセラピストたちは絶えず交流し，新しい活動場所を求め，いくつもの文化の橋渡しをし，ダンス・ムーブメントセラピーのスタイルや方法を共有している。その一例として，メグ・チャンは，ソウル在住のダンスセラピストのパイオニアであるリュー・ブン・スン（柳扮順）を通じて韓国でワークショップを開き，教鞭をとった。リューは韓国ダンスセラピー協会という民間団体の会長である。このワークショップに続き，長年韓国の文学や文化に興味を持っていたチャンは，4カ月間に渡って韓国に戻る機会が得られた。韓国におけ

るダンスの伝統は豊かで尊敬に値するものであるとチャンは考え，もともと女性や仏教の僧侶によって行なわれた癒しの行がシャーマン的で特に興味深いと考えた。韓国では音楽と舞踊が非常に愛されており，舞踊と感情表現を結びつける伝統があると彼女は記している。

ラダーナ・ソウルコーヴァとコリーヌ・オットによれば，チェコ共和国における最初のDMT訓練プログラムは1997年7月にプラハのダンカン・センター・モダンダンス学校との共催で始められた。ダンスセラピーの主任講師はミリアム・ロスキン・バーガーとジュディス・バニであり，また，ムーブメント分析の招待講師としてロンドンにあるラバン・センターのジャネット・カイロが招かれている。このプログラムはADTAのオルターネイト・ルートのガイドラインに準拠しており，彼女らの目的はチェコ共和国における訓練施設として認定されることである。

結　論

世界中で起きていることを全て取り上げようとすることはやりがいのある企てである。しかし，時間とスペースの制限があるため，この章には行なわれている実践のほんの一部しか書かれていない。国境を越えて旅をし，教え，実践し，助言を与えるダンス・ムーブメントセラピストたちは一人ひとりが独立したパイオニアである。彼らは言語，文化，ムーブメント・スタイル，法的手続き等の障害を乗り越え，世界中のダンス・ムーブメントセラピーの実践を支えて来た。その過程において，彼らは行く先々の場所で多くのパイオニアたちや，学習意欲旺盛な学生たちに出会った。この章において，どのセラピストも国際的な経験を通じて自分の人生やダンス・ムーブメントセラピーの実践が豊かになったと証言している。これらのリーダーたちはダンス・ムーブメントセラピーへの理解をさらに深め，広げ，技術と見識を高め，21世紀に向けてダンスセラピーを引っ張って行く上での力になることだろう。

第5部

ダンス・ムーブメントセラピー研究：
調査結果と系統樹

318 第5部 ダンス・ムーブメントセラピー研究

　今日，ダンス・ムーブメントセラピーの分野は幸いにも（以下に述べるような）熱心な研究者たちに恵まれ，彼女らはダンスセラピストたちを研究に向かわせようと常に鼓舞している。これまでは研究が乏しかった。精神療法の他の分野の研究と同様，ダンスセラピーの効果を研究することは困難である。評価基準を創り，変化を評価しなければならない。ムーブメントや感情は消え易く，患者のムーブメントに見られるものを記録しても，それは技術的には主観的であり，評価したり計量することが難しい。その上，ムーブメントの変化を記述したり計量する時に，どのような種類の用語を用いるかという問題がある。何年にも渡って，何人ものダンスセラピストが評価表を考案し，患者の進歩を可能な限り評価しようと努めて来た。セクションAでは第27章として，革新的研究者であるレノーア・ワズワース・ハーヴェイがこれらの問題に取り組んでいる。ハーヴェイの著書である『ダンス・ムーブメントセラピーにおける技法研究』は創造的なムーブメントの評価方法についての概要を著している。

　将来は，セラピーによってもたらされるムーブメント上の効果を評価するさらに一層進んだ研究が使われるようにならなくてはならない。その中には，ダイアンヌ・デュリカイ，ウイリアム・フリーマン，エリズ・ビロック・トロピアの研究等，子どものムーブメントを評価する枠組みを考案してきたものも含まれる。また，アイリーン・サーリンとスーザン・サンデルはそれぞれが独立して，互いに異なったユニークな観点から，乳がん患者に対するダンスセラピー研究の領域で研究をして来た（Sandel 談，2003）。

　セクションBは，本書の第一版（1988）と第二版（1992）に掲載されたダンス・ムーブメントセラピー調査の原典を要約したものである。この調査は，ダンス・ムーブメントセラピーのパイオニアたちのルーツとその発展を，ダンス・ムーブメントセラピストのパイオニアに続く世代の観点から明確にするために企画された。系統樹はアン・ミッチェルトゥリーが収集した最新のデータによって更新された。

研究に関する最近の見解

レノーア・ワズワース・ハーヴェイ

歴史を遡ってみると，ダンス・ムーブメントセラピーについて出版された文献の多くは，臨床家が個人や集団に対して介入を行い，その成功例の全貌やそれを支える理論的根拠を述べる形をとっている。これらは価値ある教材であり，同業の仲間や学生に対して多くの革新的な方法を提供している。このような記述はダンスセラピストがどのようなことを行う専門家なのか，どのような人であるかを，他の精神保健の臨床家と区別して定義し，ダンスセラピストという職業を確立する上で役に立っている。これらの記述を読むことは，ダンスセラピストになるための勉強の一環として今後とも基本的な部分であり続けることだろう。

しかし，ダンスセラピストという専門家は精神保健市場の需要に応じて成長し変化し続けており，そのニーズに応える必要上，ダンスセラピー分野の研究を多様化し，量を増やし，質を向上させる必要があることが，時と共に明確になって来ている。ダンス・ムーブメントセラピストが行っている臨床実践を評価する研究が必要であることは，州が認定する資格に関する法令の制定を助ける上でも，また，健康保険制度の中に組み込まれるためにも，目下の関心事になっている。このように大きな声が上がっているにもかかわらず，ダンスセラピストという職業をこの問題に立ち向かわせるためには何度も困難にぶつかったようだ（Chaklin, 1968, 1977; Ritter & Low, 1996; Cruz & Hervey, 2001）。

ダンスセラピー分野の研究を支援するという主要な使命のもとにADTA研究小委員会が作られた。委員であるシンシア・ベロル，ロビン・フラン・クルーズ，レノーア・ハーヴェイの3人は様々な戦略を駆使してこの仕事に取り組んだ。

小委員会の初代委員長であるシンシア・ベロルはチェイス財団の支援を受けて，ウィー・ロック・オオイ，ステファニー・カッツと共に最初の大規模な実験研究プロジェクトを1997年に出版した（チェイス財団による経済的支援は，研究施行と研究を支援するプロジェクトとの両方に役立った）。その後（2000），ベロルはダンス・ムーブメントセラピストに役立つ様々な研究方法についての極めて教育的な論文を発表した。

ロビン・フラン・クルーズは量的研究と統計学的方法についての専門知識を発揮して，伝統的な量的研究における複雑で明快な統計分析に貢献した。彼女は毎年開かれるADTAの大会でポスターセッションを何年間も続け，このようなことをする伝統を打ち立てた。彼女はまず『アメリカン・ジャーナル・オブ・ダンスセラピー』，次に『精神療法の諸技法』の編集者として，ダンス・ムーブメントセラピーの質的研究に刺激を与え，それがクリエイティブ・アーツ・セラピーの分野に波及して行くのを助けた。

レノーア・ハーヴェイは『ダンス・ムーブメントセラピーの技法研究』（2000）を出版し，ダンスセラピストという職業が，これまでの限られた考えや伝統的な科学的研究の枠を越えて

320 第5部 ダンス・ムーブメントセラピー研究

行くように励ました。彼女は何年間もダンス・ムーブメントセラピー課程で大学院の研究論文を指導して来たので，自分の学生が抱いている興味，態度，評価をもっと明確に反映させるような研究が必要だと強く考えていた。表現芸術療法士であるシアン・マクニフの絵画に基づいた研究（1998）に則り，ハーヴェイは芸術的研究における3つのユニークな特徴を指摘している。

1. 芸術的研究は芸術的方法を用いてデータを集め，データを分析し，さらに（または）データを公表する。
2. 芸術的研究は創造的課題に携わり，それを認識する。
3. 芸術的研究は研究者（たち）の審美的な価値観によって進められ，完成される（2000, p.7）

ダンス・ムーブメントセラピストが自分たちの仕事を価値あるものにしたいと望むのであれば，他の分野から借用したあまりなじみのない方法ではなく，自分たち自身が開発した技術をその主要な研究方法として使う必要がある，とハーヴェイは論じた。彼女は芸術的研究方法として非常に役立つDMT技法として次のものをあげている。

1. 研究命題に応えるためのデータを収集する方法の一つとして，ダンスを通して表現することを促すこと。
2. データを分析する方法の一つとして，自分自身の身体を使って経験することによって，ムーブメントの意味を解釈すること。
3. 研究成果を表現する方法の一つとして，ムーブメントを観察し，再現すること。
4. 研究成果を伝える方法の一つとして，ダンスを創造して，強烈な感情や意味内容を伝えること。

ダンスセラピストが有意義で称賛に値する研究をしたいと望むなら，その研究の最初の読者として，外部の権威者ではなく，自分たちの同業の仲間であるダンスセラピストの意見を聞く必要がある，ともハーヴェイは論じている。彼女はしばしばダンス・ムーブメントセラピストの一群を共同研究者として研究し，「研究することについて，どのように感じていますか？」等と質問して確認している。芸術的な方法で質問を投げかけられると，共同研究者らは短い一連のムーブメントを創って，質問に対する彼女らの答えを表現したりする。ハーヴェイはまた，そのムーブメントの形や方向性の概要を表す，小さな絵を描くように求めることもある。共同研究者たちは全員が一緒になって，自分たちが創り出したものを見たり，また，自分と似たような審美的性質を持ったムーブメントをしたり絵を描いた人たち同士で，自分たちで選んで小グループを作ったりすることもある。これらの共同研究者の小グループは自分たちのムーブメントや描いたものをさらに深く吟味し，そこから共通のテーマやパターンを探したりする。その後，これらのテーマは詩とかダンスと言った一つの芸術形式に翻訳され，もっと大きな研究グループの中で彼女らが研究して発見したものをシェアするために使われたりする。

伝統的方法が使われようと代替的方法が使われようと，ダンスセラピストは研究者であると同時に臨床家であることを認識しなくてはならない。研究結果は臨床的に見て妥当であり，受け入れ可能であり，内容の高いものでなくてはならない。研究過程は実行可能で有意義であると共に，厳格であり，ダンス・ムーブメントセラピーの価値及び臨床と合致していなければならない。

研究概観
様々な知見：過去，現在，未来の動向

　この章では，ダンスセラピストの理論や実践について常に変化しつつある動向を調査し，ダンスセラピーが拠って立っている基礎を理解することを目的とする。1985年に101人のダンスセラピストがこの研究に携わった。その結果を以下にまとめ，ダンスセラピーの分野の発達について今後研究する上での基礎を提供する。このような研究を現時点でもう一度繰り返せば別の結果が出て来るであろうことは我々も承知している。しかし，興味深いことに，ここに取り上げられたテーマの内の多くは現在の問題や関心事を反映しているように見える。我々の知る限り，この種の研究は最近行われていない。なお，本改定版においては図表を削除した。

　回答者たちはまず，ダンス，心理学，ダンス理論の分野において彼らが行っている実践に対して顕著な影響を与えたものを一覧にして示すよう求められた。ダンス，LMAトレーニング，ダンスセラピー・トレーニング，心理学理論，ダンスセラピーへの参加者としての個人的体験，言語によるセラピーへの参加者としての個人的体験[脚注1]といった，特定の分野が持っている比較的全般的な重要性を評価するように求められ，その結果が比較された。また回答者たちは，自分たちが仕事を始めた比較的早い時期に最も重要な影響を与えたものと，現在重要な影響を与えているものとを区別するよう求められた。最後に回答者たちは，自分たちの理論的傾向または臨床的傾向またはその両方において現れた顕著な変化について，どのようなものでも良いから手短に述べるよう求められた。以下は，それらの結果についてのまとめと考察である。

ダンスの影響力

　ダンスセラピーはモダンダンス運動から起こったものであり，ダンスセラピーのパイオニアたちは全員，ダンサー，振付師，ダンス教師のどれかまたは両方としてその職歴を開始している。そのため，この研究の一部は回答者たちの仕事に影響を与えている特定のダンスについて行われた。回答者たちは，最も影響を受けたダンスの種類とダンス教師，またはそのどちらかを明記し，回答者たちが望む数だけいくつでも書き記すよう求められた。

　ダンスセラピストに最も大きな影響を与えているダンスの種類はモダンダンスであり（72人のセラピストがモダンダンスを最も重要であると答えた），続いて，即興，バレエ，フォークダンス，アフリカンダンス，ジャズダンス，様々な文化におけるダンス，創作ダンスが挙げ

（脚注1）サイコセラピスト自身がセラピーを受けることは，サイコセラピストの訓練の重要な一部であり，それに続くあらゆる種類の上級の臨床訓練にとって不可欠なものであるとしばしば考えられていることはよく知られている。同様の考えがダンスセラピーの分野にもある。そのため，ダンスセラピストにはどのような種類のセラピーを受ける経験を求め，セラピー受ける経験で最も有用なものは何かを見出すことが重要であると我々は考えた。

られた。マイムやパントマイムを重要だと考え
ている回答者は 6 人だけであった。このことは，
モダンダンスが情緒的で知的で強烈な表現と心
理学的探索とを必要としながら発展して来たこ
とを考えると驚くに値しない。しかしながら，
創作ダンスを自分たちの仕事に影響を与えたダ
ンスとして挙げた回答者がたった 11 人であっ
たことは驚くべきことである。ダンスセラピー
のパイオニアの多く，特にエヴァン，エスペナ
ック，ポーク，ボアズ，ホーキンス，ホワイト
ハウスは，創作ダンスの集中訓練を行い，自己
表現をする手段として創作ダンスが持っている
力を非常に高く評価していた。この点について
は，創作ダンスはモダンダンスのクラスに取り
入れられることが多く，常に創作ダンスという
名称で行われてはいなかったためにこのような
結果になったと考えることができるであろう。

24 人の回答者がマーサ・グラハムを最も影
響力のあるダンス教師として挙げており，ホ
セ・リモン，マース・カニングハムがそれに続
いた。アルヴィン・ニコライ，ルドルフ・ラバ
ン，ハンニャ・ホルム，メリー・ウィグマン，
イサドラ・ダンカン，マーガレット・H・ドゥ
ブラー，ドリス・ハンフリーを挙げた回答者も
いた。影響力の強いダンス教師の内訳は，今日
のダンスセラピストに対してモダンダンスが継
続的で広い影響を与えていることを裏付けてい
る。少なくとも 6 回以上回答者に挙げられてい
るダンス教師は全て，ヨーロッパ派か米国派の
モダンダンス出身者である。唯一例外と言える
のはイサドラ・ダンカンで，7 人の回答者から
重要であると言われた。ダンカンの業績は容易
には分類できない。ダンカンはモダンダンスの
最初のパイオニアであると考える人も多いが，
彼女の活動を実験的であるとか翻訳的であると
言う人もいる。

デニション派は一度も挙げられていなかった
が，デニションの後継者であるマーサ・グラハ
ムやドリス・ハンフリーは挙げられていた。こ
れは，グラハムとハンフリーは両者ともデニシ
ョンから派生し，自分自身のユニークな貢献を
したので，その結果，彼らやその後継者たちは
デニション派と結び付けられることが多くない
ためであると考えることができるだろう。さら
に，革新者であるセント・デニスやショーンは
グラハムよりもずっと早い時期に活躍していた
のにも関わらず，グラハムがモダンダンスの最
初のパイオニアであると考えている人が多いた
めに，他のどのダンス教師よりもグラハムの名
前が多く挙げられたのだろう。

ダンスセラピーにおけるダンスの役割につい
てもっと完全な姿を描くためには，ダンスの影
響を他のものによる影響との関係で見て行かね
ばならない。このような文脈の中で回答者たち
は，ダンス，ラバン・ムーブメント分析，ダン
スセラピー・トレーニング，心理学的理論，ダ
ンスセラピーへの参加者としての個人的体験，
言語によるセラピーへの参加者としての個人的
体験といった要素が自分の実践に影響を与えて
いる程度を，過去と現在の両方に分けて評価す
るよう求められた。

回答者から得られた結果を，15 年以上の臨
床経験がある人びと（15 ＋群）と 13 年以下の
臨床経験がある人びと（13 －群）との二つの
群に分け，影響を与えている分野について，比
較的若い世代のダンスセラピストが変化してい
る可能性を調べた[脚注2]。

その結果，15 ＋群と 13 －群とでその程度は
異なり，また，度々入れ替わるが，最も強い影
響を与えているのは過去も現在もダンス，ダン
スセラピー・トレーニング，心理学的理論であ
ることが示された。たとえば，15 ＋群の人び

（脚注2）このような分け方により，双方の群が 45 人づつになり，二つの群は結果的に同じ大きさになった。両群から
　　　外れた 6 人はこれらの分析対象から削除されたが，全体を論じる時にはデータに含まれた。

と（82%）はその職歴の早い時期にダンスから強い影響を受けていたが，現在の実践に影響を与えていると言っているのは回答者の64%であった。どちらの群においても，ダンスとダンスセラピー・トレーニングの影響は減少し，心理学的理論の影響が増加している。

どちらの群においてもダンスの重要性は下がって来たが，15＋群においては今でも最も強い影響力を示すものであった。この点について以下のように考えることが可能であろう。ダンスセラピー分野における職業訓練課程が始まったのはたかだか20年前である。したがって，年齢の高い世代の多くはダンスセラピストになる以前に職業的ダンスに関わる豊富な背景があり，そのダンス経歴の途中でダンスセラピーに移って来ており，職歴の後半でダンサー，振付師，ダンス教師をしている者は少ない。この15＋群において，特にダンスセラピーを始めた初期の段階において最も影響力があるものがダンスであることは容易に理解できるだろう。

これとは対称的に，ダンスセラピーについての正式な学問的課程や資格認定制度ができると，比較的若い世代はダンス・トレーニングや一般教育を受けている早い時期にダンスセラピーという選択肢もあるという情報を手に入れるようである。そのため彼らは自分の興味を，職業的ダンスよりもダンスセラピーという職業へ切り替えることができ，そのためこのグループにおいてはダンスの影響力が全般的に低めに評価されるのである。

この研究によれば，回答者がダンス・トレーニングを受ける年数の平均は20年以上であった。一般的に言って，確固としたダンス教育がダンスセラピストの生活の一部になっている傾向が強く，自分たちのダンス教育は今でも続いていると回答した人が多い。しかしながら，プロのダンサーとしての経験の違いはそれぞれの群がダンスに抱く度合いの違いになっていると考えられる。それはまた，LMAの影響力について

の違いの理由にもなっている。

どちらのグループにおいても，回答者のうちの大きな割合において，LMAは高い評価を得ていなかった。しかし，13－群においては重要性が増加し，15＋群においては重要性が横ばいであった。比較的高い年齢の世代の多くは，多様で豊かなダンス経験を持ち，モダンダンス教育の中でLMAの概念をすでに学んでいるが，比較的若い世代はLMAトレーニングを通してダンス経験の不足を補っている可能性がある。

心理学的理論と，ダンスへの影響力との関係

ダンスの影響力が低下していることについての最も重大な原因は心理学的理論の影響力が上昇していることである。15＋群と13－群の両方において，心理学的理論は現在の実践に対して最も大きな影響を与えているものになった。

ダンスセラピストの大部分は折衷的な考えを持っている。回答者の大部分は3つかそれ以上の心理学的理論から影響を受けて来ていた。精神分析理論は15＋群と13－群のどちらにおいても最も影響力があり，64人の回答者が最も影響力があるものと答えた。加えて，回答者は概して，自我心理学，対象関係論，ゲシュタルト理論，発達心理学等，非常に多彩なそれ以外の理論からも影響を受けていた。行動心理学，バイオエネジェティックス，心理劇，トランスパーソナル心理学等の理論をあげた者も数名いた。

調査からの知見によれば，ダンスセラピストの大多数は，自分たちのムーブメント実践を理論的な用語で理解することに価値を置いている。そのため，ダンスセラピストは既成の理論を取り入れ，自分たちの臨床経験と理論とを関係付けることがよくある。既成の心理学的理論を自分たちの実践に取り入れることができると，ダンスセラピーをもっと直接的に他の精神療法に

結び付けるという目的を果たし，そのようにして様々な精神保健の専門家とのコミュニケーションをし易くする。さらにそれは，自分たちが行っているダンスセラピーの混沌としてしばしば混乱している非言語的側面についての観察や考察を広げたり深めたりすることを時には助けることができる。これは疑いもなく，全ての精神療法に対して理論が持っている役割であろう。

心理学的理論が影響力を増しているもう一つの理由は，ダンスセラピーは精神療法が持っている伝統的で確立した型をもっと踏襲せよという，ダンス・セラピストにのしかかる外部や内部からの無言のプレッシャーである。ダンス・セラピストは精神保健の分野における他の関係者にとって馴染みのない言葉を使うことが多過ぎる。そのため，ダンスセラピーのことを，道理に適った深層の治療方法ではなくむしろ，難解で補助的でレクリエーション的なものであると考えている人たちに対して，ダンス・セラピストは自分たちが価値ある者であることを証明しなくてはならない立場にある。このことはダンス・セラピストに対して，自分の実践についてこれまで求められていたものよりもさらにもっと複雑なレベルについて書いたものを出版して説明するようプレッシャーをかけて来た。このようなことが近年になって心理学的理論がより大きな影響力を持つようになった理由として考えられる。その結果，ダンスセラピーはさらに大きな精神保健分野に取り込まれつつある。

取り込まれることには肯定的特徴と否定的特徴が常に存在する。取り込まれることの肯定的結果としては，人格や発達理論をダンスセラピーの理論や実践の中に取り入れるダンスセラピストの研究がたくさんあるように，ダンスセラピーが精神保健の分野に受け入れられ易くなることをあげることができる。しかし否定的な側面として，ダンスセラピーの実践家に対するダンスの影響力が低下していることを考えると，ダンスセラピーはそのユニークさを失いつつあると言える。純粋に非言語な経験をすることの重要性は，一部のダンス・セラピストやダンスセラピーを理解しようとしているダンスセラピー以外の人の目には，その力を失いつつあるのかも知れない。これは残念なことである。

経済的重圧と，精神保健の専門家の主流に合わせてその中に入ろうとする重圧とを考えると，ダンスセラピーが持っているこの側面を強調し続けることがどれほど力強くダンスの価値に合致するかが分かるだろう。自分たちの仕事のダンス的側面が脅かされていると感じ始めているダンス・セラピストがいることは驚くに値しない。

この問題はさらに深く追及され，回答者は自分たちの仕事についてその理論と実践のどちらかで起きている重要な変化について，何でも良いから書くように求められた。二つの変化が度々報告された。それらは，①ダンスセラピーにおけるダンスの重要性をこれまで以上に強調したり，再び主張するような変化，②ダンスセラピーの理論的基礎として深層心理学の訓練への変化である。

ダンスへ移行したと書いた回答者については，自分たちの実践の中で一番重要な側面はダンスであると書いた回答者もいれば，心理学的理論を強調している状態からダンスを強調するように変化したと言う回答者もいれば，チェイス派の方法からホワイトハウスの方法に変化したり，オーセンティック・ムーブメントからダンスセラピーに変化したという回答者もいた。また，ダンスセラピストはあまりにも理論的になり過ぎてダンスの本質から外れ，ダンスセラピーの中にあるダンスを失いつつあることに関心を持っていると書いた回答者も何人かいた。

心理学的なトレーニングに変化したと書いた回答者の中には，純粋にムーブメント志向であったものから，自分たちの実践の基礎として特定の心理学的枠組みを取り入れるように変化したと書いた回答者がいる一方，ある心理学的枠

組から別の心理学的枠組みへと変化した回答者もいた。これらの回答者が最も多く取り上げた理論的分野は精神分析である。これらの変化について書いた回答者全ての中で，ダンスから変化したと言っている回答者はほんの数名であったということは特筆すべきことである。ある回答者は「ダンス技法も継続的に深めながら，発達を展望するもの，つまり，自己心理学，自我心理学等に」変化したと回答した。

心理学的理論の影響力が強まっているという傾向は現在も強く残っているが，ダンスの影響力が弱まっている傾向が収まると共に，多分，ダンスの影響力が復活し始めているという兆候も見られる。ダンス・セラピストは，自分たちの仕事が持っている二つの側面の間に争いをもたらす必要は無く，実際のところ，この二つの側面は互いに支え合い強化し合うことができると理解するようになって来ていると推測できるかも知れない。ダンスセラピーの分野におけるこれらの変化は，挑戦しつつ成長して行く全ての専門職が経験しなくてはならない発展過程の一部である。

ダンスセラピーの訓練とダンスセラピーの影響力

本研究による知見は，どちらの群の回答者においても，最近，ダンスセラピーの訓練が低下してきたことを示していた。しかし，13－群においては2番目，15＋群においては3番目になっており，概して比較的重要である状態はいまだに維持している。比較的若い世代はダンスセラピーの訓練について明らかに折衷的であり，大多数の回答者は3人以上のセラピー指導者を持っている。

ダンスセラピーにおいてクライエントを体験することは，両方の群にとって比較的安定した影響力を持ち続けている。しかし，他の影響要因と比較すると一般的にはさほど重要ではない。

言葉を使ったセラピーと言語化

言葉を使ったセラピー（特に，個人的な精神分析）を受けることは精神分析家になるためには必須事柄であることが多いが，最近ではダンスセラピストの間でも比較的一般的になって来た。その結果，回答者の両方の群において，言葉を使ったセラピーを患者として体験することは，彼らの実践に与える影響力を増加させている。このことは，個人的な成長や専門家としての成長を続けるために，ダンス・セラピストはどうして，自分たちの仲間であるダンス・セラピストよりも言葉によるセラピストの方に気持ちが向いて行くのかという質問を投げかける。

15＋群に特に該当し，13－群にもある程度は該当する仮説として，「仲間のダンス・セラピストは同輩，友人，同僚であったりするので，秘密保持が理由で，ダンス・セラピストは自分の専門分野以外の人を求める傾向にある」というものがある。もっと重要なことは，両群に対してダンスセラピーが持っている癒しの側面は多分すでに彼らの生活にとっては不可欠な部分になっており，表現手段と探索手段としての表現形式はそれとは別のものを必要としているようだ。さらに言えば，1970年代まで，心の深層まで個人療法を行うダンス・セラピストはほとんどいなかったためであろう。

ダンス・セラピストは言葉を志向しているサイコセラピストの元へしばしば通っているので，自分が実践をする時にも言葉を使うことが増えているのか，という質問をすることができるかも知れない。もし増えているのであれば，そのためにダンス・ムーブメントを使うことは少なくなって来ているのだろうか？　この研究では回答者に対してことさらに言葉を使うことについて質問をしてはいないが，ダンスセラピーの理論や実践における変化に関する回答を見ると，何人かの回答者は自分たちが行っている最近の

活動では言葉を使うことが以前よりも多くなって来ているとあえて書いていた。これらの回答者は概して，自分たちの活動の中のダンス・ムーブメント的側面がこれらの変化によって重要性を増したとか減らしたとかは書いていなかった。我々はただ，言葉を使うようになると，ダンス・ムーブメントのいくつかの側面を言葉に置き換えるようなダンス・セラピストもいるだろうし，言葉を使うことによってムーブメントの表現力を同時にさらに深めたり広げたりするような結果をもたらすダンス・セラピストもいるだろうと推測できるだけである。ある回答者は「私は話すことができるダンス・セラピストとして私自身を考えて来たが，今では，ムーブメントの使い方を知っている精神療法家として自分自身を考えている」と述べていた。

スペクトラムの一方の端にはほとんど純粋に言葉を使って表現する必要があると考える人がおり，また，もう一方の端にはほとんど純粋に体を使って表現する必要があると考える人がいる。しかし，個々人によって，その時その時に応じて，精神的（言語的）なものと身体的なものの割合を様々に変えて使うことが多いのではないだろうか。ほとんどの患者にとって，表現したり説明する必要性は，特に長期に渡るセッションにおいて，ダンスセラピーの経過と共に何度も変化し，言葉による方法やダンス・ムーブメントによる方法を求めるのではないだろうか。そのようにしてダンスセラピストは必要に応じてムーブメント，言語化，そして同様に他の方法を使い分けて行くのだろう。

以前よりも言葉を使うことが多くなったという変化は他の変化と共に起きている，つまり，ダンスセラピーを一次療法とするような変化が起きていると書いた回答者もいた。

その他の変化

その他の変化も記録されていた。そのうちの一つは，システム理論，特に，家族システムへの変化であった。家族に対して実践していると言う回答者もいれば，システム理論を様々な人びとに対する実践の枠組みとして使っていると書いた人もいた。

もう一つの変化は，ダンスセラピーの中にスピリチュアルな要素を取り込むようなものである。スピリチュアリティ，ユングの思想，儀式的なムーブメント，トランスパーソナルな経験，トランスフォーメイション的な経験等をいくつか書いた回答者もいた。

このスピリチュアリティへの変化はダンスの歴史やダンスの意味合いを考えれば驚くに値しない。ダンスに関する文献をひも解けば，フォークダンスであれ原始的なダンスであれ，バレエであれモダンダンスであれ，様々な形の信仰やスピリチュアリティへの言及がある。ダンスは魔力やトランスフォーメイションの源とされることもしばしばあった。ダンスは祈りや瞑想の一形態として奉納されたり，集団的無意識の世界に至る方法として使われて来た。さらに，主だったダンス教師の中にはウィグマン，ホルム，ボアズ等のようにダンスのスピリチュアルな側面について語った者もいる。

現代では，多くの様々な形で，信仰やスピリチュアリティが社会全体に復活しつつあるように見え，このスピリチュアルな要素はダンスの中にこれまでもずっと存在し続けていたので，ダンス・セラピストの間にこれと同じ復活が見られたとしても驚くに値しない。スピリチュアリティへの変化というこの流れは，ダンスセラピーのダンス的側面を再認識する流れを作る要因の一つであると言うことができる。

要　約

この研究の成果は，ダンスセラピーという学問は成長と拡大を続けており，ダンスセラピストはその成長と拡大の中で自分たちの職業的ア

イデンティティを確立するために戦っていることを示している。自分自身を職業人としてどのように見るかという問題はダンス・セラピストに特有なものではない。現代の精神療法が増えて行くにつれ，精神保健を職業とする全ての人びとは自分たちの治療スタイルを慎重に考え，選択しなければならない。今日のダンス・セラピストに対して投げかけられている差し迫った

問題は，ダンスが持っている癒しの力を信じていることをそのままに残しながらも，比較的伝統的な言葉による精神療法から借用した現代の理論や実践をどのように組み入れるかということである。今日のダンス・セラピストが直面している経済的抑圧や政治的抑圧はこの問題をさらに複雑にしている。

ダンスセラピー系統樹
主要なパイオニアたちによる影響の広がり

　次に示す系統樹はBC-DMTの資格を所持しているダンス・セラピストに対して，どのようなダンスセラピーが影響を与え，それがどのように広がっているかを示したものである。それぞれの系統樹は，第1部で紹介された6人の主要なダンスセラピーのパイオニアたちに，ルドルフ・ラバンとイルムガード・バーテニエフを加えて作られた。これらの系統樹が上記のパイオニアたちに対して作られたのは，1984年の調査によって，最も多くの回答者が，直接的または間接的に，影響を受けたと回答したためである。ラバンの系統樹は1992年の改定版の時に加筆された。ラバンはダンスセラピーのパイオニアの中には含まれていないことを明確にしておくことは重要である。彼はダンス・セラピストではないが，調査結果によれば，ダンスセラピーの分野における非常に多くの臨床家や教師に影響を与えており，その中にはバーテニエフも含まれていることから，歴史的な観点からみて，ここにラバンを加える事は重要であった。

　最初に系統樹が作成されたパイオニアたちについては，1985年の調査以来さらに成長しており（第28章），引き続いての調査結果が反映されている。ダンスセラピーのパイオニアたちは全員，1950年代，1960年代，そして1970年代のはじめから教え始め，今日では亡き人になっている。

　1992年，そして再び2001年にこれらの系統樹は改訂された。1992年に，ADTAのニュースレター誌上に公示記事を掲載し，ダンス・セラピスト（BC-DMTのみ）に対し，自分の実践が影響を受けているのは，『ダンス・ムーブメントセラピー：癒しの技法』（レヴィ，1988）』に掲載されたパイオニアの内の誰かを明示するよう求めた。1992年には75通，2001年には115通の回答が寄せられた。2001年に回答が増えたのは，BC-DMTであるアン・ミッチェルトゥリーの献身的な努力のお陰である。彼女は全てのADTAに対し，自分の先生は誰であったかを記入する質問紙を郵送し，このことに関する回答を助けた。ミッチェルトゥリーの努力によってできたこの系統樹は，今日では親しみを込めて「ミッチェルのトゥリーズ（木々，系統樹）」と呼ばれている。

　この他にも，ダンスセラピーの分野に大きな貢献をしたり，また，現在でも貢献し続けているパイオニア的リーダーや臨床家がいることを明記することは重要である。以下に示すリストは，ダンスセラピーに対して独自の方法を開発する研究に携わったり，いくつもの方法を独自に導入した人たちである。ここに示された系統樹は，これらのリーダーたちのいく人かの影響について，その足跡をたどったに過ぎない。これらの系統樹は全てのBC-DMTが質問紙に回答したものではないし，また，R-DMTは含まれていないからである。したがって，下記のリストは，このダンスセラピーの分野におけるリーダーの全てを含んでいるものではなく，調査結果を表したものに過ぎない。

J・ベル，M・R・バーガー，N・キャナー，D・デュリカイ，M・ダイヤー・ベネット，E・ドサマンテス・ボードリー，L・デイル，B・カリシュ─ワイス，F・J・レヴィ，P・P・ルイス，M・B・レベンソール，S・ラーヴェル，M・ノース，F・ポーレイ，E・ポーク，C・シムチャ・ルーベン，M・シェイド，E・シーゲル，J・ガネット・シーゲル，S・シルバーシュタイン，R・ウィンター・ラッセル

330 第5部 ダンス・ムーブメントセラピー研究

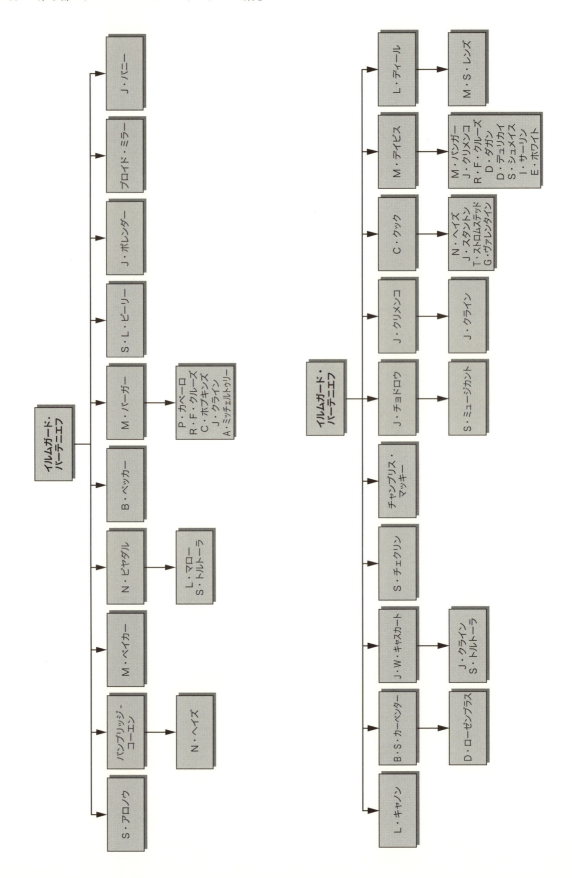

29 ダンスセラピー系統樹

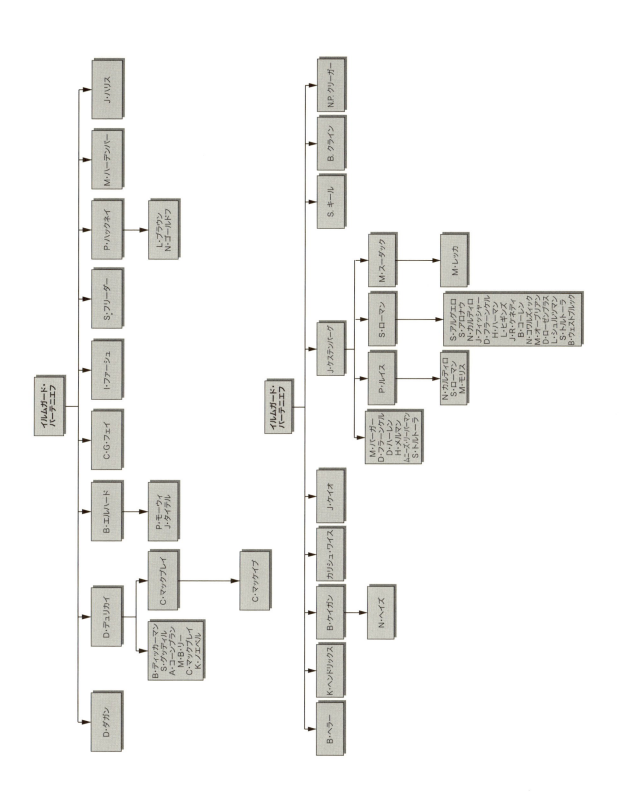

332 第5部 ダンス・ムーブメントセラピー研究

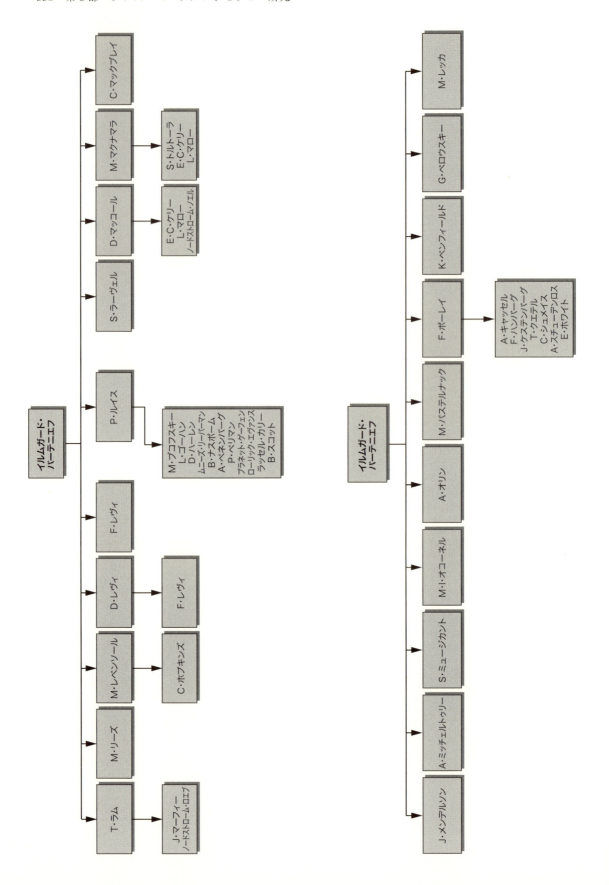

29 ダンスセラピー系統樹 333

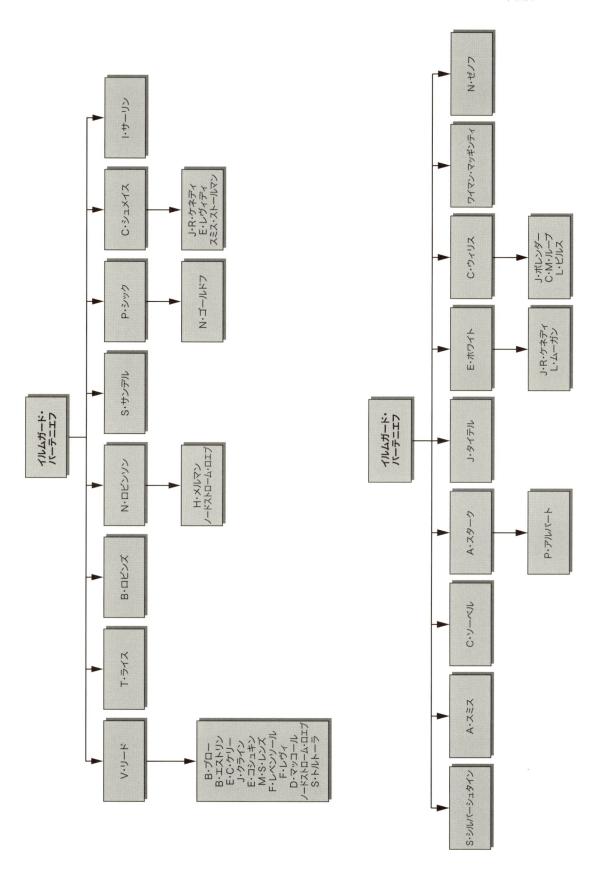

334 第5部 ダンス・ムーブメントセラピー研究

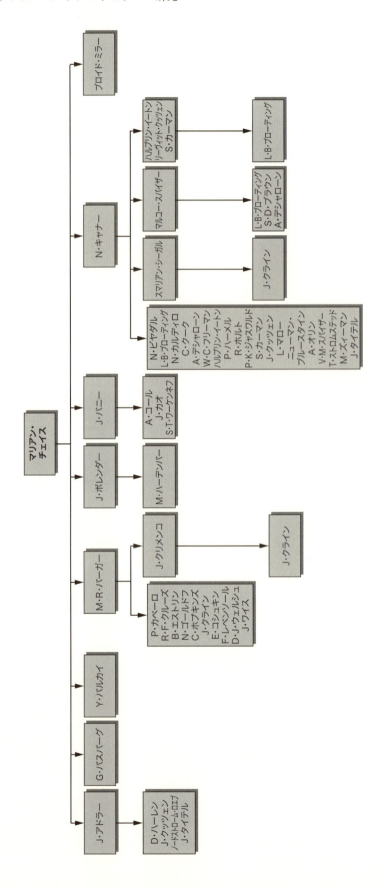

29 ダンスセラピー系統樹 335

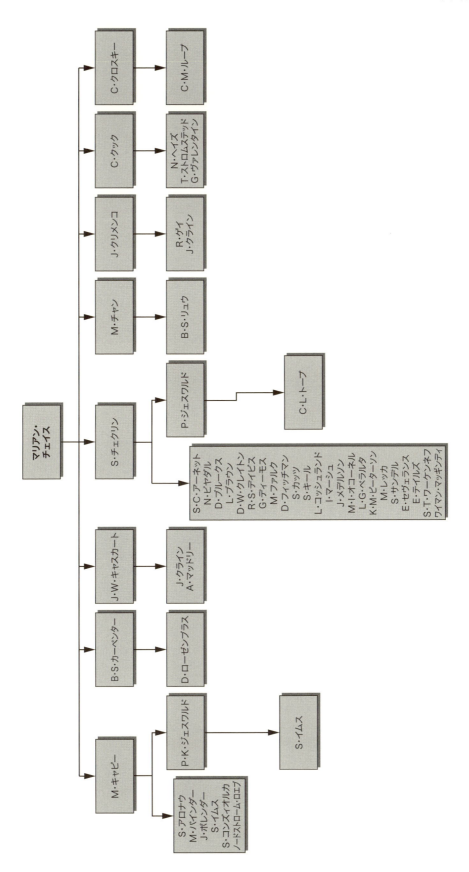

336　第5部　ダンス・ムーブメントセラピー研究

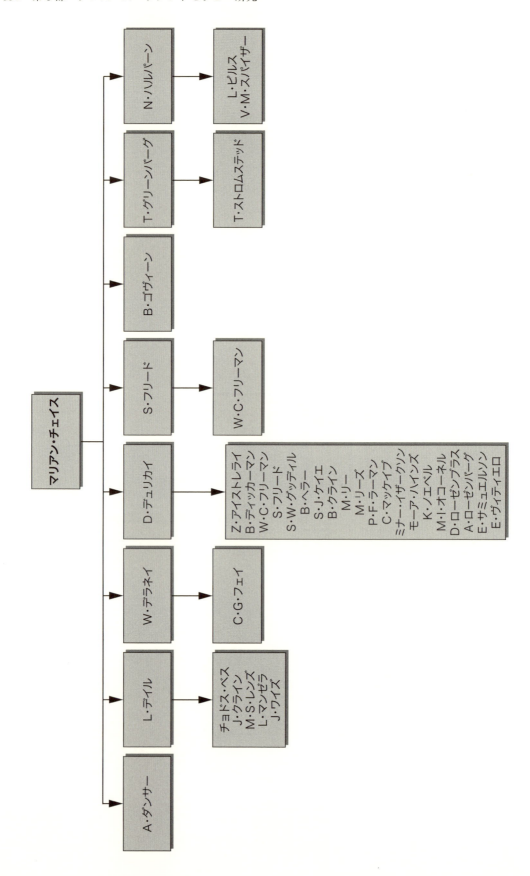

29 ダンスセラピー系統樹　337

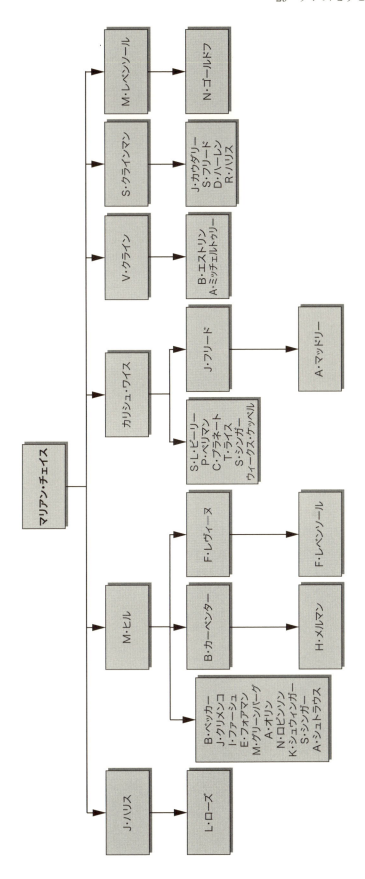

338 第5部 ダンス・ムーブメントセラピー研究

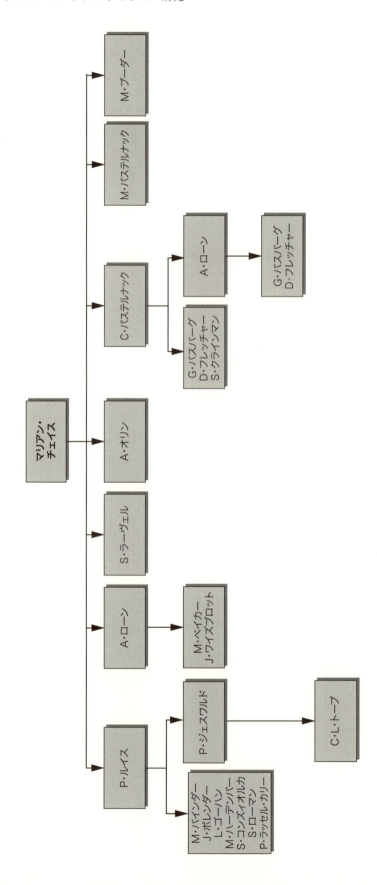

29 ダンスセラピー系統樹

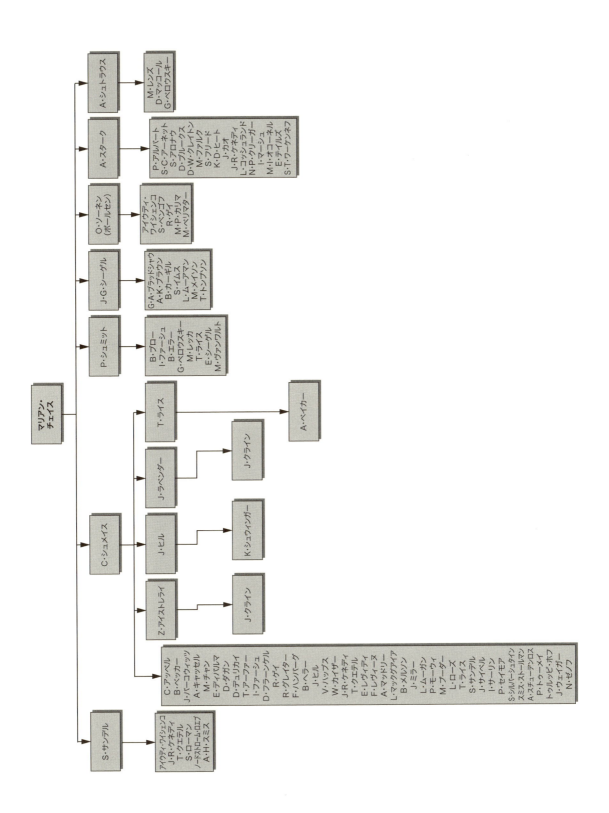

340　第5部　ダンス・ムーブメントセラピー研究

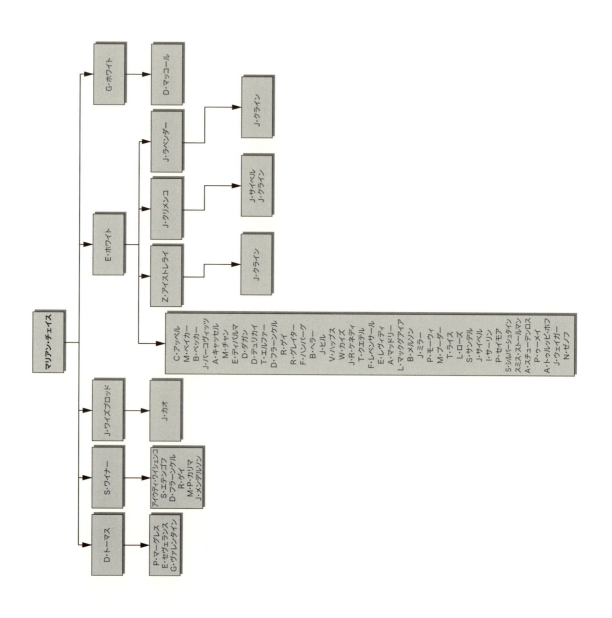

29 ダンスセラピー系統樹　341

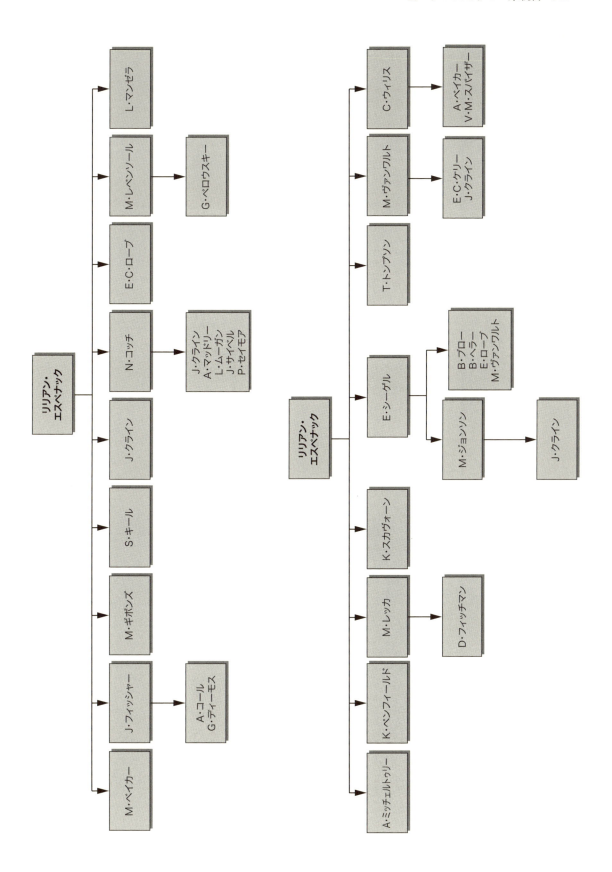

342　第5部　ダンス・ムーブメントセラピー研究

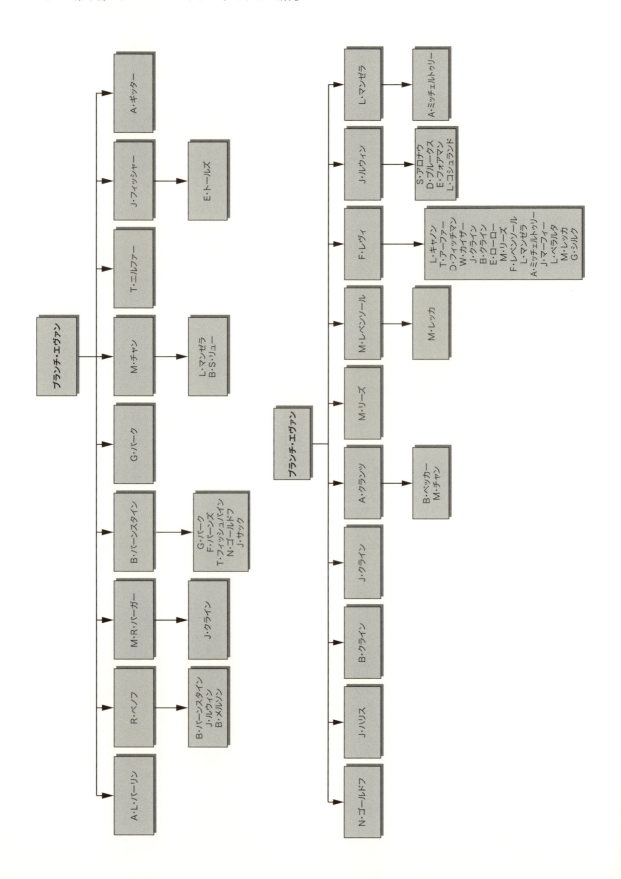

29 ダンスセラピー系統樹　343

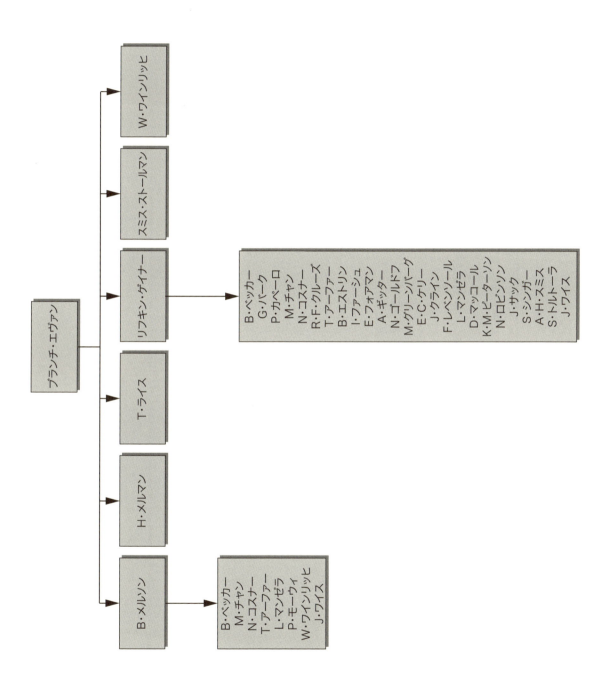

344 第5部 ダンス・ムーブメントセラピー研究

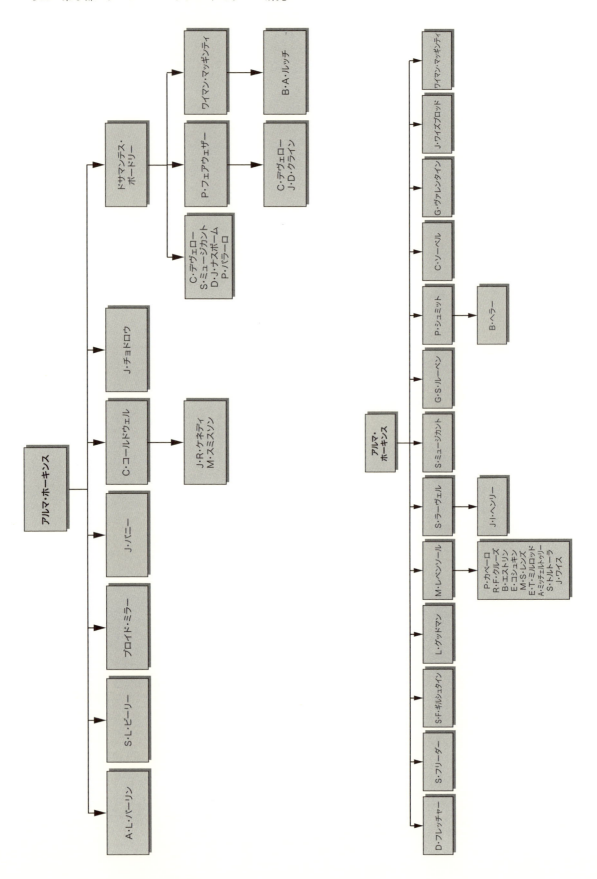

29 ダンスセラピー系統樹 345

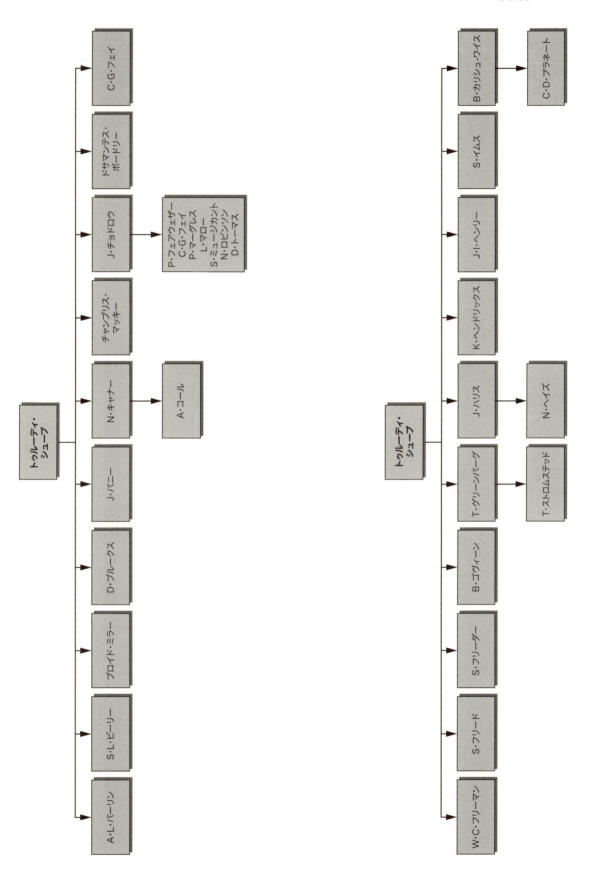

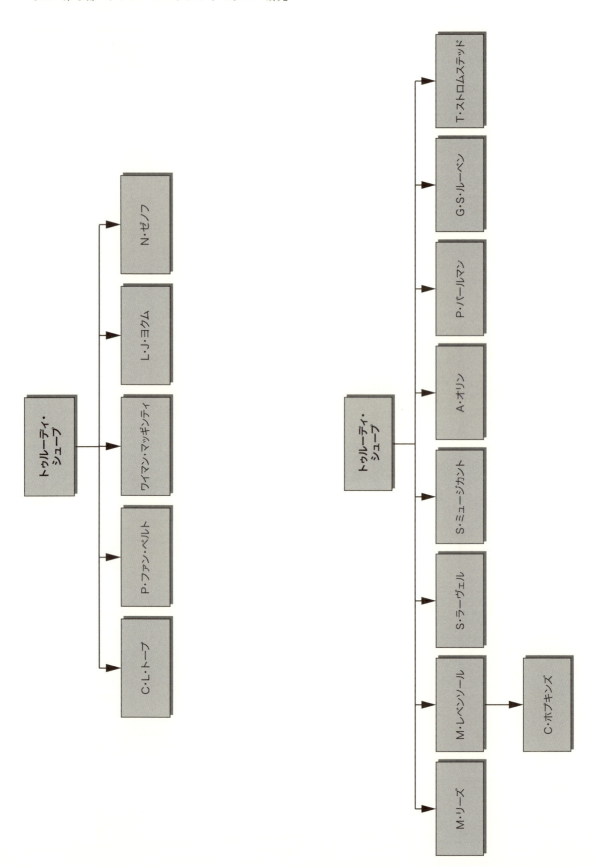

29 ダンスセラピー系統樹　347

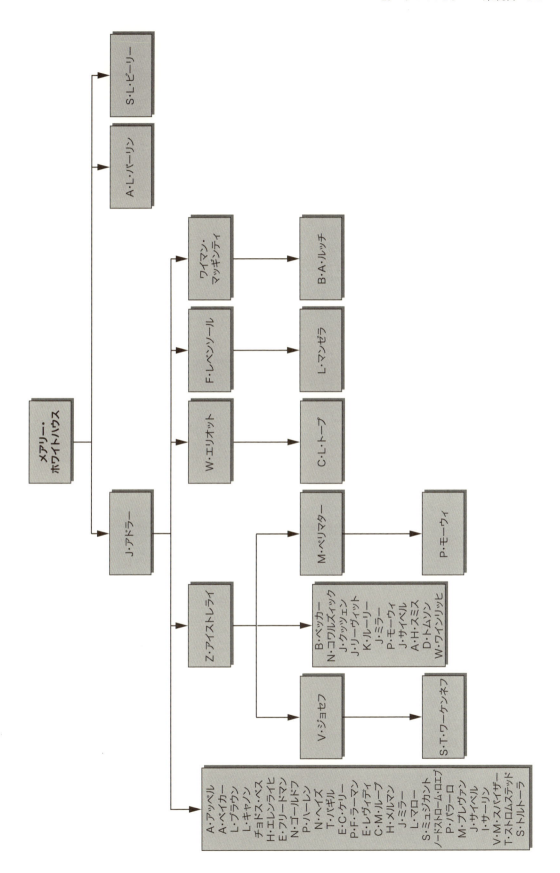

348 第5部 ダンス・ムーブメントセラピー研究

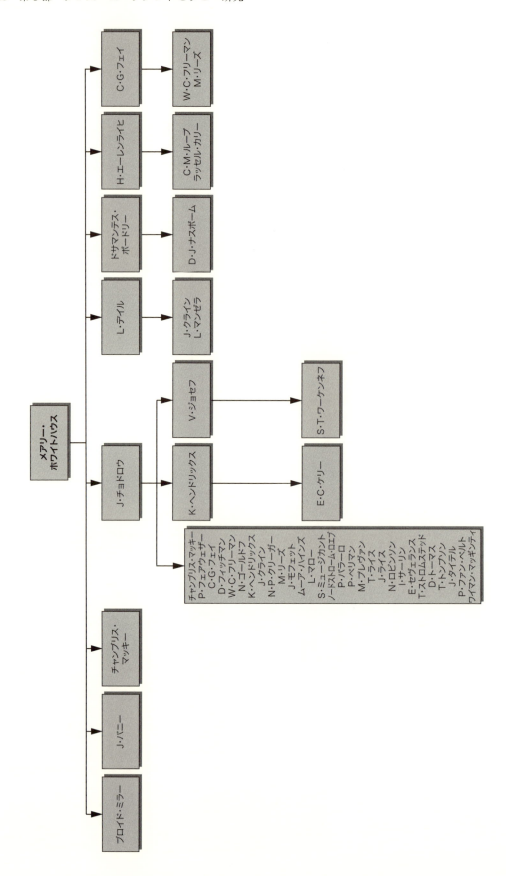

29 ダンスセラピー系統樹　349

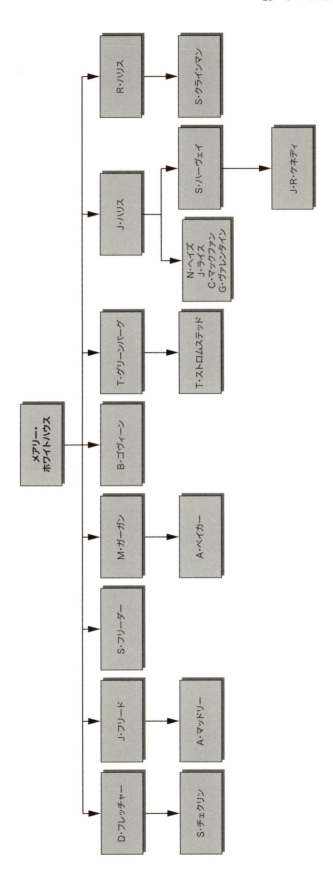

350 第5部 ダンス・ムーブメントセラピー研究

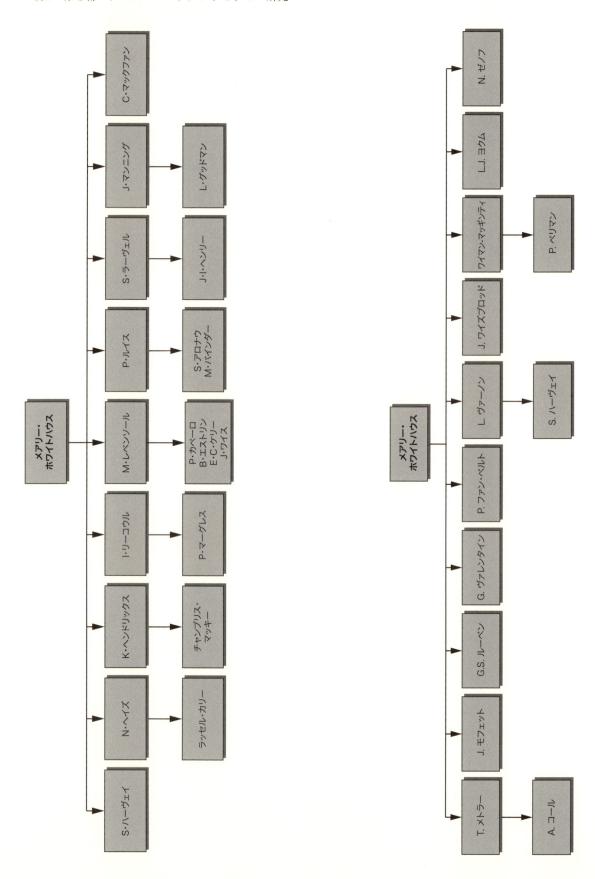

結　語

　ダンスセラピーはパイオニアたちによる小さなグループから始まり，彼女らの仕事も，個人のダンス・スタジオや精神科病院の病棟等に限られていた。今日のダンスセラピーは，彼女らが築いた基盤の上に，モダンダンスや精神分析等の豊かな理論に支えられ，精神保健分野における主流の中に認知されるまでになった。しかしながら，ダンスセラピーはまだ比較的若い分野であり，臨床家として，今後とも理論や実践の改良に努める必要がある。

　今日ダンスセラピーで用いられる理論や実践は非常に幅広く，多様性に富んでいることは明らかである。伝統的な考えや精神分析に重きを置いているダンス・セラピストもいれば，ムーブメントや非言語的コミュニケーションについての深くて直観的な知識を使って，相互作用的な方法を強調するセラピストもいる。さらには，今ここで感じる身体感覚を重んじるセラピストもいる。それらを取り込もうとするセラピストがたくさんいる一方，新しい方法を開発する人もいる。

　我々が多様性に富んでいることは大事なことである。そのことによって，我々はクリエイティブ・アーツ・セラピーとして，我々の伝統に忠実であり続けている。しかし，筆者が本書をまとめる仕事に携わっていると，我々が使っている用語が混乱を招いたり，明確に定義されていない場面に遭遇することがしばしばあった。用語は物事を描写し，明確にすることができる。しかし，用語はまた，聞く人を混乱させたり，惑わすこともある。ダンス・セラピストが非言語的な表現を強調して，用語やジェスチャーの後ろに隠れている意味を明確にすることを強調するのも，このことが理由の一つになっている。

　主なダンスセラピー理論で使われている用語を分析して，それらがどれほど新しいアイディアを内に秘めているか，また，それらの理論が類似した理論とどのような関係にあるかを知ることは今後の取るべき方向かも知れない。関連している専門家たちや他の国々のダンス・セラピストたちとコミュニケーションする上で，一貫性は今後とも重要な手段になるだろう。我々は人間が行う表現について，その最も基本的な事実を最も単純で最も普遍的な用語でコミュニケートする必要がある。

　我々は，ダンス，ダンスセラピー，心理学へと我々を先導してくれたパイオニアたちの小さなグループの肩の上にしっかりと乗っている。我々の共通性を理解することにより，その基盤は盤石なものとなり，幅広い実践領域を持った一つの職業として，我々はどのようなことをする職業人であるかが明らかになるだろう。ダンスセラピーの分野が世界の様々な地点に急速に拡大されつつある今日，このことは特に重大である。

　合衆国出身の多くのダンス・セラピストが外国に出向き，教育プログラムや健康プログラムを教えたり開始したりしている。戦争被害や自然災害を受けた国々にダンスセラピーを持っていたり，それらのトラウマから生き伸びた人びとを助けたりしている。これらダンスセラピーの専門家は彼女らが働きかける人びととの生活に影響を与え，このことによって今度は，自分自身の生活も根底から変化している。

ダンス・セラピストが世界中の非常に多くの場所に出向き，ムーブメント，ジェスチャー，共感を使って文化や言語の壁を越えていることを知ると，大変心強い。これらのセラピストはそれぞれの現場のパイオニアであり，自分たちの技術を使って「我々が最も信頼を置いていること」つまり「ムーブメントを通して伝達される身体表現の普遍性と，見られたい，聴かれたい，理解されたいという人間のニーズ」を伝達している。

　ダンス・セラピストが患者に出会うと，そこに，知性によって作られたヴェールを脱いだ非言語による表現に出会う。ダンス・セラピストはムーブメントを使って，患者の体に蓄積された秘密，喜び，愛，喪失等のトラウマの扉の鍵を開く。体は，意識上では忘れているものを思い出す。ダンス・セラピストはこの情報を受け取り，ムーブメントでそれに応える。「患者とセラピストとの間に行なわれるこのような共感的な即興的なダンスの中でこそ，癒しが起こる」(Levy,p.xi 1995)。このような意味で全てのダンス・セラピストはこれまでも，現在も，そしてこれからも，未知なる海原を航海しているパイオニアであると筆者は信じている。

　多分，これは夢かも知れないが，ムーブメントや人間の気持ちの研究が進むにつれ，ダンスを使って世界のコミュニケーションや平和を追求する手助けができるかも知れない。我々ダンス・セラピストにとって，それは思い描く価値のある夢だと思う。

引用参考文献*

Adler, A. (1927). Understanding human nature. New York: Greenberg Publishers.

Adler, J. (1968). The study of an autistic child. Proceedings of the Third annual Conference of the American Dance Therapy Association, USA, 43-48.

Adler, J. (1985). Who is the witness? A description of authentic movement. Unpublished manuscript

Adler, J. (Producer). (1989). Still Looking? [Motion Picture]. United States.

Adler, J. (2002). Offering from the conscious body: The discipline of authentic movement. Rochester, VT: Inner Traditions.

American Alliance for Health, Physical Education, Recreation & Dance. (1956). Dance therapy study. Reston, VA: Author.

American Dance Therapy Association. (1978). American Dance Therapy Association Annual Report. Columbia, MD: Author.

American Dance Therapy Association. (1979). American Dance Therapy Association Annual Report. Columbia, MD: Author.

American Psychiatric Association. (2000). Diagnostic manual of mental disorders: DSM-lV TR. Washington, DC: Author.

Amighi, J., Loman, S., Lewis, P., & Sossin, M. (1999). The meaning of movement: Developmental, multicultural, and clinical perspectives as seen through the Kestenberg moment profile. Newark, DE: Charles C. Thomas.

Ansbacher, H. L., & Ansbacher, R. R. (Eds.). (1956). The individual psychology of Alfred Adler. New York: Basic Books.

Arieti, S. (1974). Interpretation of schizophrenia. New York: Basic Books. シルヴァーノ・アリエティ著，加藤正明，河村高信，小坂英世訳『精神分裂病の心理』（改訂第二版）牧書店，1966　シルヴァーノ・アリエティ著，殿村忠彦，笠原嘉監訳『精神分裂病の解釈Ⅰ』『精神分裂病の解釈Ⅱ』みすず書房，1995

Avstreih, A. (1979, October). The emerging self: Unpublished paper presented at the Fourteenth Annual Conference of the American Dance Therapy Association, Philadelphia, PA.

Bartenieff, I. (1975). Dance therapy: A new profession or rediscovery of an ancient role of dance. In H. Chaiklin (Ed.), Marian Chace: Her papers (pp. 246-255). Columbia, MD: American Dance Therapy Association.

Bartenieff, I., & Davis, M. (1965). Effort-shape analysis of movement: The unity of expression and function. Unpublished monograph. Bronx, NY: Albert Einstein Colleges of Medicine. (Copies available from Dance Notation Bureau, 8 E. 12th St., New York NY 10003).

Bartenieff, I., & Lewis, D. (1980). Body movement: Coping with the environment. New York: Cordan and Breach, Science Publishers.

Bartkey, C. (1980). A comparison of the movement profiles of battered, ex-battered, and nonbattered women: A pilot study. Unpublished master's thesis, Hahnemann Medical College, Philadelphia.

Bartlett, V. (Director), & Brock, N. (Producer). (1970). Looking for me? [Motion Picture]. United States.

Baum, E.Z. (1991). Movement therapy with multiple personality patients. Dissociation, 4(2), 99-104.

Baum, E.Z. (See Levy, F., 1995, pp. 88-89).

Beebe, B., Jaffe, J., Lachmann, F., Feldstein, S., Crown, C., & Jasnow, M. (2000). Systems models in development and psychoanalysis: The case of vocal rhythm coordination and attachment. Infant Mental Health Journal, 21(1-2), 99-122.

Bell, J. (1984). Family therapy in motion: Observing, assessing, and changing the family dance. In P. L. Bernstein (Ed.), Theoretical approaches in dance-moment therapy, Vol. II. Dubuque, IA: Kendall Hunt.

Bender, L. (1952). Child psychiatric techniques. Springfield, IL: C. C. Thomas.

Benov, R (1991). The collected works by and about Blanche Evan. Available from Blanche Evan Dance Foundation,

146 Fifth Avenue, San Francisco, CA 94118.

Bernstein, B. (See Levy, F., 1995, pp. 41-42).

Bernstein, R L. (1972). Theory and methods in dance-moment therapy: A manual for the rapists, students and educators. Dubuque, IA: Kendall Hunt

Bernstein, P. L. (1973). Recapitulation of ontogeny: A theoretical approach in dance movement therapy. Proceedings of the Eighth Annual Conference of the American Dance Therapy Association, USA, 107-115.

Bernstein, P. L. (1975). Therapeutic process movement as integration. Columbia, MD: American Dance Therapy Association.

Bernstein, P. L. (1979). Eight theoretical approaches in dance-movement therapy. Dubuque, IA: W.C. Brown-Kendall Hunt.

Bernstein, P. L. (1979). The use of symbolism within a Gestalt movement therapy approach. In P.L. Bernstein (Ed.), Eight theoretical approaches in dance-movement therapy (pp. 111-130). Dubuque, IA: Kendall Hunt.

Bernstein, P. L. (1980). A mythologic quest: Jungian movement therapy with the psychosomatic client. American Journal of Dance Therapy, 3(2), 44-55.

Bernstein, P. L., & Loman, S. (1981). The Kestenberg movement profile. In D. Dulicai (Chair.), Labaninfluenced movement profiles: A critical discussion of their reliability, validity and value to dance therapy. Symposium American Dance Therapy Association, Madison, WI.

Bernstein, P. L. & Singer, D. (Eds.) (1982). The choreography of object relations. Keene, NH: Antioch University.

Berrol, C. (2000). The spectrum of research options in dance/movement therapy. American Journal of Dance Therapy, 22(1), 29-46.

Berrol, C., & Katz, S. (1985). Dance movement therapy in the rehabilitation of individuals surviving severe head injuries. AJDT, 8, 46-66.

Berrol, C. E, Ooi, W. L., & Katz, S. S. (1997). Dance/movement therapy with older adults who have sustained neurological insult: A demonstration project. American Journal of Dance Therapy, 19(2), 135-160.

Birdwhistell, R. L. (1952). Introduction to kinesics. Louisville, KY: University of Louisville Press.

Birdwhistell, R. L. (1970). Kinesics and context. Philadelphia: University of Pennsylvania Press.

Blume, E. S. (1991). Secret survivors: Uncovering incest and its aftereffects in women. New York: Ballantine Books.

Boas, F. (1941-42). Psychological aspects in the practice of teaching dancing. Journal of Aesthetics and Art Criticism, 2, 3-20.

Boas, F. (1971). Origins of dance. Proceedings of the Sixth Annual Conference of the American Dance Therapy Association, USA, 75-78.

Boas, F. (1978). Creative dance. In M. N. Costonis (Ed.), Therapy in motion. Chicago: University of Illinois Press.

Bovard-Yaylor, A. B., & Draganosky, J. E. (1979). Using personal space to develop alliance in dance therapy. American Journal of Dance Therapy, 3(1), 51-61.

Braun, B. G. (1986). The treatment of multiple personality disorder. Washington, DC: American Psychiatric Press.

Brown, L. M., & Gilligan, C. (1992). Meeting at the crossroads: Women's psychology and girls' development. Cambridge, MA: Harvard University Press.

Brownell, A. (Producer)& Freeman, W. C. (Producer). (1998). A Time to Dance: The life and work of Norma Canner [Motion Picture]. United States.

Brownmiller, S. (1975). Against our will: Men, women, and rape. New York: Simon and Schuster.

Canner, N. (1968). . . . and a time to dance. Boston, MA: Beacon Press.

Canner, N. (1980). Movement therapy with multi-handicapped children. In M. B. Leventhal (Ed,), Movement and growth: Dance therapy for the special child (pp. 53-56). New York: New York University.

Caplow, E. L., Harpaz, L., & Samberg, S. (1978). Therapeutic dance/movement: Expressive activities for older adults. New York: Human Science Press.

Chace, M., & Dyrud, J. (1968, October). Movement and personality. Proceedings of the Third Annual Conference of the American Dance Therapy Association, 16-20.

Chaiklin, H. (1968). Research and the development of a profession. Proceedings of the Third Annual Conference of the American Dance Therapy Association, 64-74.

Chaiklin, H. (1975). Marian Chace: Her papers. Columbia, MD: American Dance Therapy Association.

Chaiklin, H. (1997). Research and the development of a profession revisited. American Journal of Dance Therapy,

19(2), 93-103.

Chaiklin, S. (1974). Curriculum development in dance therapy. In K. Mason (Ed.), Focus on Dance VII: Dance Therapy. Reston, VA: American Alliance for Health, Physical Education, Recreation and Dance.

Chaiklin, S. (1975). Dance therapy. In S. Arieti (Ed.), American handbook of psychiatry. New York: Basic Books.

Chaiklin S., & Schmais, C. (1979). The Chace approach to dance therapy. In P. L. Bernstein (Ed.), Eight theoretical approaches to dance therapy (p. 16). Dubuque, IA: Kendall-Hunt.

Chang, M. &Leventhal, E (See F. Levy, 1995, p. 57).

Clarke, Steve. (2004). Seeing while being seen: Dance photography and the creative process. Reston, VA: National Dance Association.

Chodorow, J. (1991). Dance therapy and depth psychology: The moving imagination. London: Routledge. ジョアン・チョドロウ著，平井タカネ監訳，川岸恵子，三井悦子，崎山ゆかり訳『ダンスセラピーと深層心理－動きとイメージの交感－』不味堂出版，1997

Chodorow, J. (1997). Jung on active imagination. Two simultaneous editions. London: Routledge. Princeton, NJ: Princeton University Press.

Chodorow, J. (2004). Active imagination: Healing from within. College Station, TX: Texas A & M University Press.

Cohen, S., & Walco, C. (1999). Dance/Movement therapy for children with cancer. Cancer Practice, 7(1), 36.

Condon, W. S. (1963). Synchrony units and the communication hierarchy. Unpublished paper.

Condon, W. S. (1964). Process in communication. Unpublished paper. (Available from the author, School of Medicine, Western Psychiatric Institute and Clinic, 3811 O'Hara St, Pittsburgh, Pennsylvania 15213)

Condon, W. S. (1968). Linguistic-kinesic research and dance therapy. Proceedings of the Third Annual Conference of the American Dance Therapy Association, 21-42.

Condon, W. S., & Brosin, H. W. (1969). Micro linguistic-kinesic events in schizophrenic behavior. In D. V. Siva Sankar (Ed.), Schizophrenia: Current concepts and research. Hicksville, NY: PJD Publications.

Condon, W. S., & Ogston, W. D. (1966). Sound film analysis of normal and pathological behavior patterns. Journal of Nervous and Mental Disease, 143, 338-347.

Condon, W. S., & Ogston, W. D. (1967a). A method of studying animal behavior. Journal of Auditory Research, 7, 359-367.

Condon, W. S., & Ogston, W. D. (1967b). A segmentation of behavior. Journal of Psychiatric Research, 5, 221-235.

Condon, W. S., & Sander, L. W. (1974). Neonate movement is synchronized with adult speech: Interactional participation and language acquisition. Science, 183, 99-101.

Costonis, M. (1974). How I learned to wall-bounce and love it. Proceedings of the Ninth Annual Conference of the American Dance Therapy Association, 143- 155.

Costonis, M. (Ed.). (1978). Therapy in motion. Chicago: University of Illinois Press.

Cruz, R. F., & Hervey, L. W. (2001). The American Dance Therapy Association research survey. American Journal of Dance Therapy, 23(2), 89-1 18.

Darwin, C. (1872). The expression of the emotions in man and animals. London: John Murray. ダーウィン著，浜中浜太郎訳『人及び動物の表情について』岩波書店，1931

Davis, M. (1965). Effort/Shape analysis of movement: The unity of expression and function. Unpublished manuscript available from Dance Notation Bureau.

Davis, W. N. (2000, Fall). A word from the editor, W. N. Davis (Ed.). The Renfrew Center Foundation Perspective, 6(1), 1.

Davis, W. N., & Kleinman, S. (Ed). Healing within relationships: The Renfrew Center perspectives in eating disorders recovery. Manuscript in preparation.

Dell, C. (1970). A primer for movement description: Using effort/shape and supplementary concepts. New York: Dance Notation Bureau.

Dell, C. (1970). Space harmony: Basic terms. New York: Dance Notation Bureau.

Deutsch, F. (1922). Psychoanalyse and organkrankheiten. Int. 2. Psa., 8, n.p.

Deutsch, F. (1947). Analysis of postural behavior. Psychoanalytic Quarterly, 16, 195-213.

Deutsch, F. (1951). Thus speaks the body: IV, some psychosomatic aspects of the respiratory disorder: Asthma. Acta Medica Orientalia, 10, 67-86.

Deutsch, E (1952). Analytic posturology. Psychoanalytic Quarterly, 2 1, 196-214.

Dosamantes-Alperson, E. D. (1974a). Carrying experiencing forward through authentic body movement. Psychotherapy: Theory, research and practice, 11(3), 211-214.

Dosamantes-Alperson, E. D. (1979b). The intrapsychic and interpersonal in movement psychotherapy. American Journal of Dance Therapy, 1, 20-31.

Downes, J. (1980). Movement therapy for the special child: Construct for the emerging self. In M. B. Leventhal (Ed.), Movement and growth: Dance therapy for the special child (pp. 13-17). New York: New York University.

Downes, J. (1982). The phenomenology of object relations in dance-movement therapy. In P. L. Bernstein& D. L. Singer (Eds.), The choreography of object relations. Keene, NH: Antioch New England Graduate School.

Dratman, M. L. (1967). Reorganization of psychic structures in autism: A study using body movement therapy. Proceedings of the Second Annual Conference of the American Dance Therapy Association, 39-45.

Dratman, M. L. (1971, June). Reorganization of psychic structures in autism: A study using body movement therapy. Paper presented at the meeting of the American Dance Movement Therapy Association, Columbia, MD.

Duggan, D. (1978). Goals and methods in dance therapy with severely multiply handicapped children. American Journal of Dance Therapy, 2(1), 31-34.

Duggan, D. (1995). The "4's": A dance therapy program for learning disabled adolescents. In F. J. Levy, J. P. Fried, & F. Leventhal (Eds.), Dance and other expressive art therapies: When words are not enough. New York: Routledge.

Dulicai, D. (1976). Dance therapy and its research. Bulletin of the International Conference on Nonverbal Communication, 16-18.

Dulicai, D. (1977). Nonverbal assessment of family systems: Clinical implications. International Journal of Art Psychotherapy, 6(2), 55-62.

Dulicai, D., & Rogers, S. B. (1980). The collaborative use of nonverbal assessment of family systems and practical clinical approaches. In M. B. Leventhal (Ed.), Movement and growth: Dance therapy for the special child (pp. 101-107). New York: New York University.

Erfer, T. (1995). Treating children with autism in a public school system. In F. Levy, J. P. Fried, & F. Leventhal (Eds.), Dance and other expressive art therapies: When words are not enough. New York: Routledge.

Erfer, T, &Ziv, A. (2002). Dance movement therapy with children in a short-term psychiatric setting. Unpublished manuscript.

Espenak, L. (1970). Movement diagnosis tests and the inherent laws governing their use in treatment: An aid in detecting the life style. The Individual Psychologist, 7(1), 8-13.

Espenak, L. (1972). Body-dynamics and dance in individual psychotherapy. In F. Donelan (Ed.), American Dance Therapy Association Writings on body movement and communication. Monograph No. 2 (pp.111-127). Columbia, MD: American Dance Therapy Association.

Espenak, L. (1975, March). A means of removing interpersonal barriers of the retarded. Lecture at the Eighth Annual International Symposium, University of Seville, Spain.

Espenak, L. (1979). The Adlerian approach in dance therapy. In P. L. Bernstein (Ed.), Eight theoretical approaches to dance therapy (pp. 71-88). Dubuque, IA: Kendall-Hunt.

Evan, B. (1945-78). Packet of pieces by and about Blanche Evan. San Francisco, CA: Blanche Evan Foundation.

Evan, B. (1964).The child' s world: Its relation to dance pedagogy (a collection of out-of-print articles). New York (Available from the author at 9491/2 Marine, Boulder, Colorado 80302).

Fay, C. G. (1977). Movement and fantasy: A dance therapy model based on the psychology of Gal C. Jung. Unpublished master's thesis, Goddard College, Plainfield, VT.

Feldenkrais, M. (1972). Awareness through movement. New York: Harper & Row.

Feldenkrais, M. (1973). Body and mature behavior: A study of anxiety, sex gravitation and learning. New York: International Universities Press.

Fenichel, 0. (1928/1953). Organ libidinization accompanying the defense against drives. The collected papers of Otto Fenichel: First series. New York: Norton.

Fenichel, 0. (1934). Outline of clinical psychoanalysis. New York: The Psychoanalytic Quarterly Press and Norton.

Ferenczi, S. (1916). Sex in psycho-analysis: Contributions to psycho-analysis. (Jones, trans.). Boston: Richard G. Badger.

引用参考文献　*357*

Fersh, I. (1980). Dance movement therapy: A holistic approach to working with the elderly. American Journal of Dance Therapy, 3 (2), 33-43.

Finkelhor, D. & Browne, A. (1985, August). A model for understanding: Treating the trauma of child sexual abuse. Paper presented at the conference of the American Psychological Association, Los Angeles, CA.

Fisher, P. (1995). More than movement for fit to frail older adults: Creative activities for body, mind and spirit. Baltimore, MD: Health Professions Press.

Fletcher, D. (1979). Body experience within the therapeutic process: A psychodynamic orientation. In P. L. Bernstein (Ed.), Eight theoretical approaches to dance therapy (pp. 131-154). Dubuque, IA: Kendall Hunt.

Fonteyn, M. (1979). The magic of dance. New York: Alfred A. Knopf.

Freeman, W. C. (Producer). (1998). You're okay right where you are: Expressive movement in education [Motion Picture]. United States: Bushy Theatre.

Freeman, W. C. (See Brownell, A).

Freud, A. (1965). Normality and pathology in childhood: Assessment of development. New York: International Universities Press.

Freud, S. (1905/1953). Three essays on the theory of sexuality. The standard edition (Vol. VII). London: Hogarth.

Freud, S. (1923/1955). The ego and the id. The standard edition (Vol. XIX). London: Hogarth.

Frost, M. (1984). Changing movement patterns and lifestyle in a blind, obsessive compulsive. American Journal of Dance Therapy, 7, 15-3 1.

Garnet, E. (1974). A movement therapy for older people. In K. Mason (Ed.), Focus on dance VII: Dance therapy. Reston, VA: American Alliance for Health, Physical Education, Recreation and Dance.

Gendlin, E. (1971). A theory of personality change. In A. Mahrer & L. Pearson (Eds.), Creative developments in psychotherapy. Cleveland, OH: Case Western Reserve University.

Genther, S. (1954). A place to begin. Impulse, 19-22.

Gil, E. (1988). Treatment of adult survivors of childhood abuse. Rockville, MD: Launch Press.

Gillman, I. (1980). An object-relations approach to the phenomenon of and treatment of battered women. Psychiatry, 43, 346-358.

Groninger, V. (1980, May 23). Dance therapist changes lives. Daily Camera, 17.

Harris, J. (1980, July). In memoriam: Maja Schade. ADTA Newsletter, 14(4), 1.

Harvey, S. (1995). Sandra: The case of an adopted sexually abused child. In F. Levy, J. P. Fried, &F. Leventhal (Eds.), Dance and other expressive art therapies: When words are not enough. New York: Routledge.

Hawkins, A (1972). Dance therapy today-points of view and ways of working. Proceedings of the Seventh Annual Conference of the American Dance Therapy Association, 61-68.

Hervey, L. W. (2000). Artistic inquiry in dance/movement therapy. Springfield, IL: Charles C. Thomas.

Hood, C. (1959). The challenge of dance therapy. Journal of Health, Physical Education, Recreation, 17-18.

Huston, K. (1984). Ethical decisions in treating battered women. Professional Psychology: Research and Practice, 15(6), 822-832.

Hutchinson, M. G. (1985). Transforming body image: Learning to love the body you have. Freedom, CA: The Crossing Press.

Irwin, K. (1972). Dance as prevention of, therapy for, and recreation from the crisis of old age. In F. Donelan (Ed.), A.D.T.A. Writings on body movement and communication. Monograph No, 2 (pp. 151-190). Columbia, MD: American Dance Therapy Association.

Jacobson, E. (1929). Progressive relaxation. Chicago: University of Chicago Press.

Johnson, D. & Sandel, S. (1977). Structural analysis of group movement sessions: Preliminary research. American Journal of Dance Therapy, 1 (2), 32-36.

Johnson, D., Sandel, S., & Eicher, V. (1983). Structural aspects of group leadership styles. American Journal of Dance Therapy, 6, 17-30.

Johnson, D., Sandel, S., & Bruno, C. (1984). Effectiveness of different group structures for schizophrenic character disordered, and normal groups. International Journal of Group Psychotherapy, 34(3), 415-429.

Kalish, B. (1968). Body movement therapy for autistic children. Proceedings of the Third Annual Conference of the American Dance Therapy Association, 49-59.

Kalish, B. (1974). Developmental studies using the behavior rating instrument for autistic and other atypical children (BRIAAC). Proceedings of the Ninth Annual Conference of the American Dance Therapy Association, 131 - 138.

Kalish, B. (1976). Body movement scale for autistic and other atypical children (Doctoral dissertation, Bryn Mawr College, 1977). Dissertation Abstracts International, 37, 12. (UMI No. 77-06524)

Kalish-Weiss, B. (1 982). Clinical and objective assessment of a multi-handicapped child. Unpublished manuscript.

Kanner, L. (1955). Child psychiatry. Springfield, IL: Charles C. Thomas.　LEO KANNER 著，黒丸正四郎，牧田清志共訳『児童精神医学』医学書院，1964　LEO KANNER 著，黒丸正四郎，牧田清志共訳『カナー児童精神医学』（第 2 版）医学書院，1974

Kelly, M. (1996). My body my rules: The body esteem, sexual esteem connection. Ithaca, NY: Planned Parenthood of Tompkins County.

Kendon, A. (1970). Movement coordination in social interaction: Some examples described. Ada Psychologica, 32, 100-125.

Kernberg, P., & Chazan, S. (1991). Children with conduct disorders − A psychotherapy manual. New York: Basic Books.

Kestenberg, J., & Sossin, M. (1979). The role of movement patterns in development, Vol. 2. New York: Dance Notation Bureau Press.

Klaus, H., & Kennell, J. H. (1976). Maternal-infant bonding. St. Louis, MO: Mosby.

Kleinman, S. (1977). A circle of motion. Unpublished master's thesis, Lone Mountain College, San Francisco.

Kleinman, S. (2002, October). Challenging body image distortions through the eyes of the body. Proceedings of the 37th Annual Conference of the American Dance Therapy Association.

Kleinman, S., & Hall, T. (2001, October). Challenging the illusion of control: Dance/Movement Therapy for clients with eating disorders. Proceedings of the 36th Annual Conference of the American Dance Therapy Association.

Kleinman S., & Hall, T. (manuscript in preparation). Dance/Movement therapy. In W. N. Davis & S. Kleinman (Eds.), Healing within relationships: The Renfrew Center Perspective on eating disorders recovery. Philadelphia: The Renfrew Center.

Kluft, R.P. (1983). Childhood antecedents of multiple personality. Washington DC: American Psychiatric Press.

Kluft, R. P. (1991). Multiple personality disorder. In A. Tasman& S. M. Goldfinger (Eds.), American Psychiatric Press Review of Psychiatry (pp. 161-188). Washington, DC: American Psychiatric Publishing.

Kohut, H. (1971). The analysis of the self. New York: International University Press.

Kornblum, R. Moving towards peace: Violence prevention through movement. video.

Kornblum, R. (2003) Disarming the playground: Violence prevention through movement and pro-social skills. Oklahoma City, OK: Wood 'N' Barnes.

Kramer, E. (1971). Art and therapy with children. New York: Schocken Books.

Krout, M. H. (1931). A preliminary note on some obscure symbolic muscular responses of diagnostic value in the study of normal subjects. American Journal of Psychiatry, 8, 29-71.

Krout, M. H. (1937). Further studies in the relation of personality and gesture: A nosological analysis of autistic gestures. Journal of Experimental Psychology, 20, 279-287.

Kuppers, E (1980). A history of dance movement therapy. Unpublished master's thesis, Immaculate Heart College.

Lamb, W. (1965). Posture and gesture: An introduction to the study of physical behavior. London: Gerald Duckworth & Company.

Lavender, J. (1977, Summer). Moving toward meaning. Psychotherapy: Theory, Research and Practice, 14(2), 123-133.

LeDoux, J.E. (1996). The emotional brain: The mysterious underpinnings of emotional life. New York: Simon& Schuster.

Lefco, H. (1974). Dance therapy: Narrative case histories and therapy sessions with six patients. Chicago: Nelson Hall.　ヘレン・レフコ著，平井タカネ監修，川岸恵子，三井悦子，崎山ゆかり訳『ダンスセラピー－グループセッションのダイナミクス』創元社，1994

Leventhal, M. (1999). The quantum healing dance matrix: The dance therapy journey into change and healing. National Congress of the Hungarian Psychiatric Association: Psychopathology of Expression Section: Published Proceedings, Budapest, Hungary.

Leventhal, M. B. (1980). Dance therapy as treatment of choice for the emotionally disturbed and learning disabled child. In Riordan and Pitt, (Eds.), Dance for the handicapped. Reston, VA: American Alliance for Health, Physical Education, Recreation and Dance.

Leventhal, M. (1981). An overview of dance therapy for the special child. Workshop presented at Laban Bartenieff Institute for Movement Studies, New York City.

Leventhal, M. B. (1984). An Interview with Alma Hawkins. American Journal of Dance Therapy, 7, 5-14.

Levy, F. (1979). Psychodramatic movement therapy: A sorting out process. American Journal of Dance Therapy, 3(1), 32-42.

Levy, F. (1988). Dance movement therapy: A healing art. Reston, VA: American Alliance for Health, Physical Education, and Dance.

Levy, F. (1995). Nameless: A case of multiplicity. In F. Levy, J. P. Fried, & E Leventhal (Eds.), Dance and other expressive art therapies: When words are not enough. New York: Routledge.

Levy, F., Fried, J. P., & Leventhal, E (Eds.). (1995). Dance and other expressive art therapies: When words are not enough. New York: Routledge.

Levy, S. (1950). Figure drawing as projective test. In L. E. Abt & L. Bellak (Eds.), Projective psychology (pp.257-297). New York: Knopf.

Levy, S. (1958). Symbolism in animal drawings. In E. Hammer (Ed.), Clinical application of projective drawings. New York: C. C. Thomas.

Lewis, P. (1986). Theoretical approaches in dance movement therapy, Vol. I and Vol. II. Dubuque, IA: Kendall Hunt.

Lewis, P. (1993). Creative transformation: The healing power of the arts. Wilmette, IL: Chiron Publications.

Lewis, P. (1994). The clinical interpretation of the Kestenberg movement profile. Keene, NH: Antioch New England Provost Fund.

Lewis, P. (2000). Alternate route training handbook in drama therapy. Washington, DC: National Association for Drama Therapy.

Lewis, P. (2002). Integrative holistic health, healing and transformation : A guide for holistic health practitioners, consultants, and administrators. Springfield, IL: Charles C. Thomas Pub.

Lewis, P. & Johnson, D. (Eds.). (2000). Current approaches in drama therapy. Springfield, IL: Charles C. Thomas Pub.

Lewis, P. & Loman, S. (1990). The Kestenberg movement profile: Its past, present applications and future directions. Keene, NH: Antioch New England Graduate School.

Loman, S., & Brandt, R. (1992). The body mind connection in human analysis. Keene, NH: Antioch New England Graduate School.

Lowen, A. (1967). The betrayal of the body. New York: Macmillan.

Lowen, A. (1975). Bioenergetics. New York: Penguin Books. ローエン, アレクサンダー著, 菅靖彦, 国永史子訳『バイオエネジェティクス：原理と実践』春秋社, 1994

Mackay, B. (1989). Drama therapy with female victims of abuse. Arts in Psychotherapy, 16, 293-300.

Mahler, M. (1968). On human symbiosis and the vicissitudes of individuation. New York: International Universities Press.

Malmo, R. B. (1950). Experimental studies of mental patients under stress. In M. L. Reymert (Ed.), Feelings and emotions (pp. 169-180). New York: McCraw-Hill.

Malmo, R. B., Boag, T J., & Smith, A. A. (1957). Physiological study of personal interaction. Psychosomatic Medicine, 19, 105-119.

Malmo, R. B., Shagass, C., Belanger, D. J., & Smith, A. A. (1951). Motor control in psychiatric patients under experimental stress. Journal of Abnormal and Social Psychology, 46, 539-547.

Malmo, R. B., Smith, A. A., & Kohlmeyer, W. A. (1956). Motor manifestation of conflict in interview: A case study. Journal of Abnomal and Social Psychology, 52, 268-271.

Martin, G. J. (1977). Supporting visually impaired students in the mainstream. Reston, VA: The Council for Exceptional Children.

Martin, J. (1933/1972). Modern dance. New York: Dance Horizons.

Marcow, V. (1990). An interview with Norma Canner. American Journal of Dance Therapy, 12(2), 83-93.

Maslow, A. H. (1962). Toward a psychology of being. New York: D. van Nostrand Co. アブラハム・H・マスロー著,

上田吉一訳『完全なる人間：魂のめざすもの』誠信書房，1964

Maslow, A. H. (1970). Motivation and personality (2nd ed.). New York: Harper & Row. A.H. マズロー著，小口忠彦監訳『人間性の心理学』（初版）産業能率短期大学出版部，1971　A.H. マズロー著，小口忠彦訳『人間性の心理学』（改訂新版）産業能率大学出版部，1990

Maslow, A. H. (1978). The farther reaches of human nature. New York: Penguin Books. A. H. マズロー著，上田吉一訳『人間性の最高価値』誠信書房，1973

Mazo, J. H. (1977). Prime movers: The makers of modem dance in America. New York: William Morrow and Co.

McNamara, J. (1989). Tangled feelings. Ossining, NY: Family Resources.

McNiff, S. (1998). Art-based research. Philadelphia: Jessica Kingsley.

Meerloo, J. (1960). The dance. New York: Chilton.

Moreno, J. L., &Z. T. Moreno. (1975a). Psychodrama: Foundations of psychotherapy. New York: Beacon House.

Moreno, Z. (1966). Psychodramatic rules, techniques and adjunctive methods. Psychodrama and Group Psychotherapy Monographs No. 41. Beacon, NY Beacon House Inc.

Moss, S., Anolik, S. (1984). The use of skin temperature biofeedback to facilitate relaxation training for retarded adults: A pilot study. American Journal of Dance Therapy, 7, 49-57.

Murphy, J. M. (1979, October). Thc use of nonverbal and body movement techniques in working with families with infants. Journal of Marital and Family Therapy, 6, 1-66.

Naess, J. (1982). A developmental approach to the interactive process in dance movement therapy. American Journal of Dance Therapy, 4(1), 25-4 1.

North, M. (1972). Personality assessment through movement. Boston: Plays, Inc.

Ornstein, R. (1972). The psychology of consciousness. San Francisco: W. H. Freeman Co.

Paley, A. N. (1988). Growing up in chaos: The dissociative response. American Journal of Psychoanalysis, 48, 72-83.

Pallaro, P. (ed.) (1999). Authentic movement: Essays by Mary Starks Whitehouse, Janet Adler and Joan Chodorow. London: Jessica Kingsley.

Perls, F. S. (1947). Ego, hunger and aggression. New York: Random House.

Perls, F. S. (1971). Gestalt therapy verbatim. New York: Bantam Books.

Perls, F. S. (1972). In and out of the garbage pail. New York: Bantam Books.

Pert, C.B. (1997). Molecules of emotion: Why you feel the way you feel. New York: Scribner.

Pesso, A. (1969). Movement in psychotherapy: Psychomotor techniques in training. New York: New York University.

Pesso, A. (1973). Experience in action: A psychomotor psychology. New York: New York University.

Putnam, F.W. (1989). Diagnosis and treatment of multiple personality disorder. New York: Guilford.

Reich, W. (1949). Character analysis. New York: Noonday Press.

Ressler, A. (manuscript in preparation). Body image. In W. N. Davis & S. Kleinman (Eds.), Healing within relationships: The Renfrew Center perspectives on eating disorders recovery. Philadelphia: The Renfrew Center.

Rifkin-Gainer, I., Bernstein, B., & Melson, B. (1984). Dance movement/word therapy: The methods of Blanche Evan. In P. L. Bernstein (Ed.), Theoretical approaches in dance movement therapy Vol.IL. IA: Kendall Hunt

Ritter, M. & Low, K.G. (1996). Effects of dance/movement therapy: A meta-analysis. The Arts in Psychotherapy, 25(3), 105-108.

Robbins, A. (Ed.). (1980). Expressive therapy: A creative arts approach to depth oriented treatment. New York: Human Sciences.

Rogers, C. R. (1951). Client-centered therapy. Boston: Houghton Mifflin. カール・R・ロージャズ著，友田不二男訳『精神療法』岩崎書店，1962

Rogers, C. R. (1961). On becoming a person. Boston: Houghton Mifflin.

Rolf, I. P. (n.d.). Postural release: An exploration in structural dynamics. Unpublished manuscript.

Rosen, E. (1956). Dance in psychotherapy. Unpublished doctoral dissertation, Columbia Teachers College, New York.

Rosen, E. (1957). Dance in psychotherapy. New York: Teachers College Press, Columbia University.

Rounaville, B., Lifton, N., & Bieber, M. (1979). The natural history of a psychotherapy group for battered women. Psychiatry, 42, 63-78.

Russell, R. W. (1970). The Wisconsin dance idea: Tribute from a movement therapist. Impulse, 68-70.

Ryan, J. (1989). Victim to victimizer: Rethinking victim treatment. The Journal of Interpersonal Violence, 4(3), 325-341.

Samuels, A. S. (1972). Movement change through dance therapy - A study. In F. Donelan (Ed.) A.D.T.A. Writings on body movement and communication. Monograph No. 2 (pp. 5-77). Columbia, MD: American Dance Therapy Association.

Samuels, A. S. (1973). Dance therapy for geriatric patients. Proceedings of the Eighth Annual Conference the American Dance Therapy Association, 27-30.

Sandel, S. A, Chaiklin, S., & Lohn, A. (Eds.). (1993). Foundations of dance/movement therapy: The life and work of Marian Chace. Columbia, MD: The Marian Chace Memorial Fund of the American Dance Therapy Association.

Sandel, S. L. (1973). Going down to dance. Proceedings of the Eighth Annual Conference of the American Dance Therapy Association, 1973, 15-23.

Sandel, S. L. (1978a). Movement therapy with geriatric patients in a convalescent home. Hospital and Community Psychiatry, 27(11), 738-741.

Sandel, S. L. (1978b). Reminiscence in movement therapy with the aged. Art Psychotherapy, 5(4), 217221.

Sandel, S. L. (1980a). Countertransference stress in the treatment of schizophrenic patients. American Journal of Dance Therapy, 3(2), 20-32.

Sandel, S. L. (1980b). Movement therapy with the elderly: An international approach. Paper presented at Dance Movement Therapy Conference, East Meadow, New York.

Sandel, S. (1982). The process of individuation in dance-movement therapy with schizophrenic patients. The Arts in Psychotherapy, 9, 11-18.

Sandel, S.&Johnson. D. (1983). Structure and process of the nascent Group: Dance therapy with chronic patients. The Arts in Psychotherapy, 10, 131-140.

Sanders, L. (2000).Where are we going in the field of infant mental health? Infant Mental Health Journal, 21(1-2), 5-20.

Scheflen, A. E. (1965). Quasi-courtship behavior in psychotherapy. Psychiatry, 28, 245-257.

Scheflen, A. E. (1973). Communicational structure: Analysis of a psychotherapy transaction. Bloomington, IN: Indiana University.

Schilder, P. (1950). The image and appearance of the human body. New York: International Universities Press.　P.シルダー著，秋本辰雄，秋山俊夫編訳，岡元健一郎，上妻剛三，長沼六一，山内洋三，山本克己訳『身体の心理学，身体のイメージとその現象』星和書店，1987

Schmais, C. (1974). Dance therapy in perspective. In K. Mason (Ed.), Focus on dance VII: Dance therapy. Reston, VA: American Alliance for Health, Physical Education, Recreation and Dance.

Schoop, T., & Mitchell, P. (1974). Won't you join the dance? : A dancer's essay into the treatment of psychosis. Palo Alto, CA: National Press Books.　トゥルーディ・シュープ，ペギー・ミッチェル著，平井タカネ，川岸恵子，三井悦子訳『からだの声を聞いてごらん－ダンスセラピーへの招待－』タイムス，1988　T. シュープ著，平井タカネ，川岸恵子，三井悦子共訳『－ダンスセラピーへの招待－，からだの声を聞いてごらん』(改訂第1刷) 小学館スクウェア，2000　(1988 年タイムスより出版された訳書を改訂，再販したもの)

Schoop, T. (1978). Motion & emotion. American Journal of Dance Therapy. 22(2), 91-101.

Schoop , T., & Mitchell, P. (1979). Reflections and projections: The Schoop approach to dance therapy. In P. L. Bernstein (Ed.), Eight theoretical approaches to dance therapy (pp. 31-50). Dubuque, IA: Kendall Hunt.

Scott, C. (1963). Analysis of human motion: A textbook in kinesiology. New York: Appleton-Century-Crofts.

Searles, H. F. (1961). Phases of patient therapist interaction in the psychotherapy of chronic schizophrenia. British Journal of Medical Psychology, 34, 169-193.

Siegel, E. (1972). The phantasy life of a Mongoloid: Movement therapy as a development tool. In F. Donelan (Ed.), A.D.T.A. Writings on body movement and communication Monograph No. of the American Dance Therapy association (pp. 103-110).

Siegel, E. (1974). Psychoanalytical thought and methodology in dance-movement therapy. In K. Mason (Ed.), Focus on dance VII. Dance therapy. Reston, VA: American Alliance for Health, Physical Education, Recreation and Dance.

Siegel, E. (1979). Psychoanalytically oriented dance-movement therapy - a treatment approach to the whole person. In P. L. Bernstein (Ed.), Eight theoretical approaches in dance-movement therapy (pp. 89-110). Dubuque,

IA. Kendall Hunt.

Siegel, E. (1980). An introduction to psychoanalytically oriented dance movement therapy. In M. B. Leventhal (Ed.), Movement and growth: Dance therapy for the special child (pp. 23-28). New York: New York University.

Siegel, E. (1984). The mirror of our selves: Dance-movement therapy and the psychoanalytical approach. New York: Human Science Press.

Siegel, M., Brisman, J., & Weinshel, M. (1988). Surviving an eating disorder: Strategies for family and friends. New York: Harper Perennial.

Sigel, J. G. (1986). Keynote speech, National Conference.

Smallwood, J. C. (1974). Philosophy and methods of individual work. In K. Mason (Ed.), Focus on Dance VII: Dance Therapy. Reston, VA: American Alliance for Health, Physical Education, Recreation and Dance.

Smallwood, J. C. (1978). Dance therapy and the transcendent function. American Journal of Dance Therapy, 3, 16-23.

Sorell, W. (1969). Hanya Holm: The biography of a dancer. Middletown, CT: Wesleyan University.

Speck, R. (1964). Family therapy in the home. Journal of Marriage and the Family, 26, 72-76.

Spitz, R. (1965). The first year of life. New York: International Universities Press.

Stark, A. (1980). The evolution of professional training in the American Dance Therapy Association. American Journal of Dance Therapy, 3(2), 12-19.

Stark, A., & Lohn, A. (1993). The use of verbalization in dance/movement therapy. In S. Sandel, S. Chaiklin & A. Lohn. (Eds.), Foundations of dance/movement therapy: The life and work of Marian Chace (pp.130-131). Columbia, MD: The Marian Chace Memorial Foundation of the American Dance Therapy Association.

St. Clair, M. (2000) Object relations and self psychology. (3rd ed.). Stamford, CT Brooks/Cole.

Steinberg, C. (Ed.). (1980). The dance anthology. New York: New American Library.

Stern, D. (1985). The interpersonal world of the infant. New York: Basic Books. D.N. スターン著，小此木啓吾，丸田俊彦監訳，神庭靖子，神庭重信訳『乳児の対人世界－理論編－』岩崎学術出版社，1989 D.N. スターン著，小此木啓吾，丸田俊彦監訳，神庭靖子，神庭重信訳『乳児の対人世界－臨床編－』岩崎学術出版社，1991

Sullivan, H. S. (1962). Schizophrenia as a human process. New York: Norton. H. S. サリヴァン著，中井久夫，安克昌，岩井圭司，片岡昌哉，加藤しをり，田中　究共訳『分裂病は人間的過程である』みすず書房，1995

Summit, R. (1983). The child sexual abuse accommodation syndrome. Child abuse and neglect, 7, 177193.

Sweigard, L. E. (1974). Human movement potential: Its ideokinetic facilitation. New York: Harper & Row.

Todd, M. E. (193711968). The thinking body. New York: Dance Horizons.

Todd, M. E. (1953). The hidden you. New York: Exposition Press.

Ullmann, L. (Ed.). (1971). Rudolf Laban speaks about movement and dance. Boston: Plays, Inc.

Victor, G. (1983). The riddle of autism-A psychological analysis. Lexington, MA: Lexington Books.

Walker, L. E. (1979). The battered woman. New York: Harper & Rowe.

Wallen, R. (1970). Gestalt therapy and Gestalt psychology. In J. Fagan & I. Shepherd (Eds.), Gestalt therapy now (pp. 8-13). Palo Alto, CA: Science and Behavior Books.

Wallock, S. (1977). Dance-movement thrapy: A survey of philosophy and practice. Doctoral dissertation, United States International University. (University Microfilms No. 7907640).

Weiner, C., Jungels, W., & Jungels, G. (1973). Moving/making/me. Proceedings of the Eighth Annual Conference of the American Dance Therapy Association, 41-49.

Weisbrod, J. (1974). Body movement therapy and the visually impaired person. In K. Mason (Ed.), Focus on dance VII: Dance therapy. Reston, VA: American Alliance for Health, Physical Education, Recreation and Dance.

Weltman, M. (1986). Movement therapy with children who have been sexually abused. American Journal of Dance Therapy, 9, 47-66.

Whitehouse, M. (1963). Physical movement and personality. Paper presented at the meeting of the Analytic Psychology Club, Los Angeles.

Whitehouse, M. (1979). C.J. Jung and dance therapy: Two major principles. In P. L. Bernstein (Ed.), Eight theoretical approaches to dance therapy (pp. 79-70): Dubuque, IA: Kendall Hunt.

Winnicott, D. W. (1957). Mother and child. New York: Basic Books.

Winnicott, D. W. (1958). Collected papers. New York: Basic Books.

Winnicott, D. W. (1971). Playing and reality. New York: Penguin Books.

Wisher, P. (1974). Therapeutic values of dance therapy for the deaf. In K. Mason (Ed.), Focus on dance VII: Dance therapy. Reston, VA: American Alliance for Health, Physical Education, Recreation and Dance.

Wooten, B. (1959). Spotlight on the dance. Journal of Health, Physical Education, Recreation. 75-76.

Yalom, I. (1983). Inpatient group psychotherapy. New York: Basic Books.

Yalom, I. (1985). The theory and practice of group psychotherapy (3rd ed.). New York: Basic Books.

Zenoff, N. (1986). An interview with Joan Chodorow. American Journal of Dance Therapy, 9, 6-22.

Zerbe, K. (1995). The body betrayed: A deeper understanding of women, eating disorders and treatment. Carlsbad, CA: Guirse Books.

Zwerling, 1. (1979). The creative arts therapies as psychotherapies: An address to the conference. (Under grant from the Maurice Falk Medical Fund.) The Use of the Creative Arts in Therapy, 2-7.

＊引用参考文献

本書に用いられている引用参考文献，医学用語，技術用語等，すべての素材は筆者の見解に基づいたものであり，必ずしも NDA（全米ダンス協会）の立場を反映しているものではない。また，本書における，筆者の研究構成，引用参考方法は，NDNA/AAHPEDA の出版ガイドラインに完全に沿ったものではない。筆者はすべての素材を提供し，出版を許可した。筆者のオリジナルではない素材についての著作権に関してはすべて筆者の責任であり，NDNA/AAHPEDA の責任ではない。疑義がある場合は直接筆者まで問い合わせて頂きたい。

写真の版権には写真に添えられた説明文も含まれている。

＜訳者による参考資料＞

以上の文献リストには無いが，日本語に訳されている関連書物。

Goodill, Sharon W.（2005）An Introduction to Medical Dance/Movement Therapy : Health Care in Motion, Jessica Kingsley Pub. シャロン・ウッド・グッディル著，平井タカネ監修，川岸恵子，坂本麻衣子，崎山ゆかり，成瀬九美，林麗子共訳『医療現場に活かすダンス・ムーブメントセラピーの実際』創元社，2008

Lewin, Joan（1998）Dance therapy notebook, Marian Chace Foundation, ジョアン・ルイン著，平井タカネ監修，坂本麻衣子，川岸恵子，崎山ゆかり，近藤正子，林悠子，野田さとみ，吉田累幾子，北島順子，牧田佳子，朴鍾蘭共訳『ダンスセラピーノート』小学館スクウェア，2002

以上

訳者あとがき

　本書は Fran J. Levy "Dance Movement Therapy : A Healing Art", NDA, AAHPERD, 2005 の全訳である。Fran J. Levy 先生の単著になっているが，実質的には ADTA（米国ダンスセラピー協会）の総力を挙げた著作であり，すでに三版を重ねている。したがって，ダンスセラピーに関する網羅的な教科書を一冊だけ挙げるとしたら，今のところ，この本より他には無い。また，この本を読まずにダンスセラピーを語ったり議論することは，国内においても国外においても難しいことだろう。本書はその位，重要な位置を占めている。

　そのような大事な本である『ダンス・ムーブメントセラピー：癒しの技法』第三版の翻訳を終え，長年抱えていた重い荷物をひとまず下ろした感がある。

　訳者が翻訳を思い立ったのは第二版を手にした時である。限定された範囲内で少しづつ発表する許可を得て，2004 年から JADTA News（日本ダンス・セラピー協会会報）誌上に発表し始めたところ，第三版（2005）が出てしまった。手元にある第三版には，Fran J. Levy 先生のサインと 2005 年 10 月 27 日の日付がある。これとてゆっくり翻訳していたら第四版が出てしまうだろう。韓国語訳（2012），中国語訳（2014）が出版されたこともプレッシャーになった。本腰を入れて翻訳し出したのは 2012 年 1 月からである。

　一般的には 10 人から 20 人位の訳者を募り，各章を担当してもらい，それを監訳する方法を思いつくことだろう。ただし，訳者はその方法をとらなかった。その理由は，本書がダンスセラピーを研究し普及させる上で最も重要な文献であり，翻訳出版するからには，一般の読者が容易に理解し，臨床現場や研究現場で活用できるような文献にしたいと考えたためである。それには，単に①英語を読み解くだけでなく，②ダンスセラピーを実際に経験し，研究し，③ダンスセラピーの周辺領域の学問分野の知識を検索し，そして何よりも，④分かり易い日本語で訳さなければならない。これは至難の業である。

　結局，訳者は単独で訳すことにした。即ち，訳者が訳した原稿を，平井タカネ，崎山ゆかり，大沼幸子，平舘ゆう，の諸先生方に読んで頂き何度も手を入れた。日本ダンス・セラピー協会の月例研究会でも度々取り上げて頂き，そこに出席した方々の意見も参考にした。また，英国留学から帰ったばかりの高井彩加先生にはいくつかの章の下訳をして頂き，延々と果てしなく続く道の伴奏をしてもらった。さらに，大野芳義，鍛冶美幸先生にもお世話になった。しかし，どんなに知恵を絞り努力を重ねても，私たち外国人には理解し難い文章が残ってしまう。米国に渡って，直接レヴィ先生にご教示願わなくてはならないだろうと考えていると，月例研究会に素晴らしいエンジェルが現れた。ポーラ・ダフィー Paula Duffy さんである。彼女は来日間もないカナダ出身のダンス・セラピストで，ネイティブなら直観的に分かるが，辞書に載っている情報と文法だけでは決して分からないと思われる部分を，単語の使い方や冗談等から見事に解き明かしてくれた。文意が分かった時には一同目から鱗で大笑いしたことが度々あった。

本書の内容が充実していることはもとより本書を著したLevy先生をはじめとするADTAの先達の功績である。また，本訳書が完成したことはこの事業の遂行に手を貸してくれた日本の諸先生方の努力に負うものである。そして，まだまだいくつもの誤訳や拙訳があろうかと思うが，その責任はひとえに訳者の能力の至らないところであり，申し訳なく思っている。末尾ではあるが，本書の出版の労をとって下さった岩崎学術出版社の清水太郎氏，長谷川純氏に心からお礼を申し上げる。

　　　平成30年　早春　松崎にて

索　引

あ行

アーファー，ティナ（Tina Erfer）　**211〜214**, **218** **〜220**

アクション志向の精神療法　**9〜11**, 112, 166

アクティブ・イマジネーション　**6**, **54〜56**, 58, 60, **62〜64**, 97, 107, 156, 157

動きを用いた――　**56**, 58

アッペル，キャッシー（Cathy Appel）　198, **276**, 301

アドラー，アルフレッド（Alfred Adler）　5, **7**, 31, 45, **46**, 84

アドラー，ジャネット（Janet Adler）　60, 62, 145, 147, 148, **154**, 155, 161, 214, **217**, 218, 300

アフストレイ，ゾウィー（Zoe Avstreih）　140, **143〜145**

アラインメント　**36**, 277

アレクサンダー・テクニーク　**11**

アレクサンダー，F・マサイアス（F. Mathias Alexander）　**11**

イメージを描くこと　**82**, 83, 151

ウィグマン，メリー（Mary Wigman）　**3**, 4, 5, **45**, 49, **53**, 54, 56, 64, 79, 90, 93, 98, 117, 161, 175, 269, 322, 326

ウィスコンシン大学　**88**

ウィッシャー，ピーター（Peter Wisher）　**298**

ウィットネス　145, **154**, 155, 157〜159, 201

ウィニコット，D・W（D. W. Winnicott）　133, **135**, **144**, 145, 172, 205

ウェルトマン，マーシャ（Marsha Weltman）　**220** **〜222**

ウォーミングアップ　25, **34**, 35, 37, 38, 40, 61, 107, 179, 188, 189, 205, 208, 234, 247, 252, 264, 273, 274, 278, 288

UR（ウワ）体験　**66**

H・ドゥブラー，マーガレット（Margaret H. D'Houbler）　**88〜90**, 322

エヴァン，ブランチ（Blanche Evan）　4, 7, 12, 16, **30〜44**, 70, 85, 86, 96, 98, 101, 143, 161, 162, 165, 166, 175, 177, 248, 249, 308, 322

エヴァンの機能的技法システム　**34〜36**, 44, 48

エスペナック，リリアン（Liljan Espenak）　4, 7, **45**, 46, 286, 322

エフォート　106, **114〜116**, 119, 120, 123, 125, 154, 162, 208, 280, 290, 295

エフォート・シェイプ　**114**, 115, 119, 123, 128, 131, 133, 147, 169, 215, 291, 292

エレメント　**115**, 116, 119, 120

オーセンティック・ムーブメント　4, 54, **56〜** **58**, 63, 81, 141, 147, 154, 155, 160, 293, 324

か行

解離性同一性障害　**242**, 246

カッツ，ステファニー（Stephanie Katz）　165, **273〜275**, 319

カリシュ・ワイス，ベス（Beth Kalish-Weiss）　**214〜219**, 309

キネシクス　**9**

キャスカート，ジェイン・ウィルソン（Jane Wilson Cathcart）　164, 169, 200, **203〜205**

筋運動感覚的な気づき　**54**, 55

禁忌　**35**, 38

クリエイティブ・アーツ・セラピスト　**14**, 253

ケステンバーグ・ムーブメント・プロフィール（KMP）　**133〜136**, 170, 282, 309, 310

ケステンバーグ，ジュディス（Judith Kestenberg）　**116**, 129, **133〜136**, 145, 169, 170, 215, 232, **281〜283**, 291

ゲンター，シャーリー（Shirley Genther）　88, **89**, 90, 177

高齢者　198, **263〜265**, 302, 304

コーンブラン，レナ（Rena Kornblum）　200, **205** **〜207**, 212

コンドン，ウィリアム（William Condon）　**9**

さ行

作業療法士　**275**, 306

サリヴァン，ハリー・スタック（Harry Stack Sullivan）　**7**, **20**, 84, 148, 160, 163, 270

サンデル，スーザン（Susan Sandel）　13, 20, 165, 198, **228**, 229, 232, **235～237**, 241, 263～265, 318

シーゲル，エレイン（Elaine Siegerl）　**140～143**, 146, 288, 300, 301, 329

ジェイコブソン，エドモンド（Edmund Jacobson）　11, 79, **81**, 90, 263, 286

シェイド，マヤ（Maja Shade）　88, **90**, 329

シェイプ　**114～116**, 119, 120, 123, 125, 162, 170, 208, 280, 282, 295

シェフリン，アルバート（Albert Scheflin）　**9**, 291

自己受容　**68**, 212, 219, 275

自閉症　9, 141, 143, 154, 155, 166, 198, 200, 205, 210, **213～219**, 293

集団リズム・ムーブメント関係　21, **22**

シューブ，トゥルーディ（Trudi Schoop）　4, 12, 16, **65～78**, 85, 86, 147, 151, 155, 156, 161, 162, 177, 228

シュメイス，クレア（Claire Schmais）　3, 13, 21, 99, **118**, 123～126, 143, 165, 214, 291

ジョンソン，デイビッド（David Johnson）　**235～237**

シルダー，ポール（Paul Schilder）　7, 93, 94, 98, 212, 218, 219

神経症的な健常者　**31**

心身一如　**32**, 281

身心一如　**8**

心身技法　**31**

深層の即興　**31**, 37, 61

深層ムーブメント　40, **52**, **53**

身体像　7, 11, 41～43, 49, 67, 74, 81, 94, 95, 99, 141, 144, 145, 151, 156, 205, 208, 212, 216, 218～220, 241, **258**, 274, 286～288, 295

身体的逆転移　**169～171**

シンボリズム　**21**, 53, 76

ズィフ，アナット（Anat Zif）　**211～213**

ズウェリング，イズラエル（Israel Zwerling）　118, **123**, 124

スターク，アーリン（Arlynne Stark）　12, 165, **233**, 234, 263

聖エリザベス病院　10, **19**, 123, 163

性的虐待　172, 198, 200, 205, 220～224, 247, **248**, 250, 254, 313, 314

摂食障害　198, **254～256**, 258, 259, 262, 310～312

セント・デニス，ルース（Ruth St. Denis）　**3**, 18, 19, 322

創作ダンス　**30～32**, 36～38, 44, 45, 61, 88, 89, 91～93, 108, 112, 174, 322

即興　1, 4～6, 30, 31, 34, 35, 37～40, 44～46, 48, 49, **53**, 54, 58, 60～64, 67, 73, 77, 78, 84, 85, 97～101, 103～105, 107～109, 141, 143, 155, 161, 171, 177, 178, 180, 191, 192, 194, 195, 230, 232, 249, 250, 252, 264, 269, 276, 288, 290, 293, 294, 298, 321

た行

ダーウィン，チャールズ（Charles Darwin）　**8**

タートル・ベイ音楽学校　**19**, 45, 123

ダガン，ダイアン（Diane Duggan）　200, **208～210**, 213

多重人格障害　198, **242**, 243, 246

ダンカン，イサドラ（Isadora Duncan）　**3**, 4, 65, 315, 322

ダンス　**1**, 9, 10, **31**, **53**, 65, 171, 174, 176, 180, 183, 185, 195, 200, 202, 246, 268, 288, 321, 322, 351

ダンス記譜研究所（DNB）　**118**, 123, 134

ダンスセラピー　**1～14**, 16, 18, 19, 22～26, 28, 30～34, 37, 40～42, 44～47, 50, 52～56, 59～61, 64～68, 73, 76～80, 82, 84～86, 88～93, 95, 99～101, 103～108, 112～114, 116～118, 120, 122～127, 129, 131～135, 137, 139～141, 143, 146～148, 151, 155, 156, 160, 161, 163, 164, 166, 168～172, 174～179, 181, 191, 193, 194, 196, 198, 200, 203, 208, 209, 214, 218, 220, 222, 228, 229, 231, 232, 234, 235, 237, 238, 241, 242, 246, 248～251, 253, 256, 257, 261～265, 268, 269, 271～273, 275, 276, 278, 279, 281, 284, 286～288, 290～292, 296～298, 300, 301, 303～305, 308～311, 313～315, 318, 319, 321～328

チェイス・テクニック　**23**, 24, 143, 145

チェイス，マリアン（Marian Chace）　3, 5, 7, 10, 12, 16, **18～28**, 45, 52, 72, 84～86, 90, 91, 97, 105, 123～126, 140, 142, 143, 145, 147, 151, 153, 160～164, 167, 168, 170, 175, 177, 208, 209, 214, 228, 263, 264, 270, 300, 309, 319, 324

チェクリン，シャロン（Sharon Chaiklin）　13, 20,

21, **160～162**, 164, 233, 234, 303～305, 312

チェスナット・ロッジ　**19**

調停者　**59**, 60, **63**

調律　38, **135**, 161, 170, 172, 185, 193, 201, 268, **281～284**, 301

直観　23, 54, **59**, 61, 68, 81, 84, 86, 91, 106, 134, 148, 169～171, 196, 281

チョドロウ，ジョアン（Joan Chodorow）　60, 145, 148, **155～157**, 300, 312

デイビス，マーサ（Martha Davis）　13, **118**, **123**, 125, 132, 164

デュリカイ，ダイアンヌ（Dianne Dulicai）　**131**, 132, 198, 211, 291～293, 301, 318, 329

デルサルト，フランソワ（Francois Delsarte）　**3**, 4, 90

投影法　7, 8, 10, **37～40**, 61, 95, 99, 101, 107, 108, 183

都会の神経症者　**30**, **33**

ドサマンテス・ボードリー，イルマ（Irma Dosamantes-Baudry）　79, 80, **147**～151, 329

トルトーラ，スージー（Suzi Tortora）　**200～203**

な行

内面的ダンス　**5**, 92, 261

ニューヨーク州立ブロンクス病院　118, **123**, 291

脳損傷患者　**273**, 275

ノース，マリオン（Marion North）　**127～132**, 291, 329

は行

ハーヴェイ，スティーブ（Steve Harvey）　222～**225**, 318～320, 225

バーガー，ミリアム・ロスキン（Miriam Roskin Berger）　90, **126**, 164, 291, **300**, 302, 308, 313, 315, 329

パーソナリティの対人関係論　**7**

バーテニエフ，イルムガード（Irmgard Bartenieff）　4, 13, 112, **116**, **117～124**, 126～128, 131, 132, 137, 162, 164, 166, 168, 205, 208, 214, 275, 290, 291, 328

バーテニエフの原理　**117**, **121**

バードウィステル，レイ（Ray Birdwhistell）　**9**, 291

バウム，エディス・Z（Edith Z. Baum）　**246**, 247

発達障害　45, 49, 90, 105, 118, 213, **286～288**, 304

ハルトマン，ハインツ（Heinz Hartmann）　133,

142

パントマイム　25, **65**, 67, 76, 84, 100, 104, 186, 322

非言語コミュニケーション　6, **8**, 9, 11, 108, 201, 202, 204, 209, 214, 215, 290, 292, 295, 298

フェルデンクライス，モーシェ（Moishe Feldenkrais）　**11**

フリーマン，ウィリアム・C（Willian C. Freeman）　198, 200, **210**, 211, 225, 269～272, 318

フレイザー，サー・ジェームズ・ジョージ（Sir James George Frazer）　**3**

フレッチャー，ダイアン（Diane Fletcher）　147, **151～154**

フロイト，ジークムント（Sigmund Freud）　**5**, 6, 31, 46, 84, 133, 148, 169, 215

フロスト，メアリー（Mary Frost）　**296～298**

分離個体化　231

ビアダル，ナンシー（Nancy Beardall）　200, **207**, 208, 225

米国ダンスセラピー協会（ADTA）　**12**, 13, 18～20, 90～92, 98, 112, 123, 136, 143, 155, 161～164, 175, 214, 266, 302～304, 311, 313, 315, 319, 328

ベル，ジュディス（Judith Bell）　293, 294, 329

ベルビュー病院　**7**, 92, 93, 95, 98

ベロル，シンシア（Cynthia Berrol）　**273～275**, 319

ボアズ，フランツィスカ（Franziska Boas）　4, 7, 16, **92～99**, 101, 177, 322, 326

ホーキンス，アルマ（Alma Hawkins）　10, 16, **79** ～**84**, 98, 147, 148, 150, 151, 161, 162, 165, 166, 308, 322

ボディー・アクション　**21**, 37, 38, 40

ホワイト，エリッサ・Q（Elissa Q. White）　13, **118**, 124, 137

ホワイトハウス，メアリー（Mary Whitehouse）　4, 5, 7, 12, 16, 31, **52～64**, 79, 80, 85, 86, 90, 97, 98, 112, 141, 143, 145, **147**, 148, 150, 151, 154～156, 160～163, 165, 166, 175, 308, 322, 324

ま行

マーフィー，ジェイムズ（James Murphy）　**295**

マズロー，アブラハム（Abraham Maslow）　**9**, 20

マルチモーダル・アプローチ　32, **167**, **174**, 179, 182, 185, 194, 196

ミラーリング　**22～24**, 108, 143, 155, 157, 167, 201, **203**, 204, 208, 210, 214, **219**, 223, 225, 232,

252, 288

ムーバー　145, **154**, 155, 157〜159

ムーブメント　1, 2, 4, 5, 7〜9, 11〜15, 20, **22〜31**, 34〜36, 38〜45, 47〜50, **52〜56**, 58, 61, 64, 67, 69, 71〜74, 77〜82, 84〜86, 88〜90, 93〜108, 111, 114〜131, 133〜136, **140〜145**, 147〜151, 153〜164, 166〜172, 174, 175, 177〜183, 186〜188, 191〜194, 197, 198, 200〜212, 214〜220, 222〜225, 230〜236, 238〜240, 244, 246〜253, 255〜265, 268〜282, 284〜286, 288, 290〜315, 317〜320, 323〜326, 328

ムーブメント・セラピー　128, 141, **143**, 217

ムーブメント診断テスト　46, **48**, **49**, 50

ムーブメント精神療法　31, **147〜149**, 276

ムーブメントへの衝動　**120**

メリー・ウィグマン・スクール　**53**

盲人と視覚障害者　**295**

モダンダンス　**2〜5**, 8, 33, 45, 53, 61, 79, 88, 101, 105, 108, 115, 141, 208, 302, 315, 321〜323, 326

モダンダンス運動　**1〜6**, 98, 117, 321

モレノ，J・L（Jacob Levy Moreno）　**10**, 179, 181

や行

ユーモア　44, **65**, 67, 68, 204, 265, 301, 309, 310

ユング，カール（Carl Jung）　**5〜7**, 52, 54〜56, 60, 63, 64, 84, 90, 98, 145, 147, 155〜158, 163, 168, 169, 270, 308, 326

ユング派の精神分析　**53**, 54

ら・わ行

ラーソン，バード（Bird Larson）　4, 5, **30**, 36, 93

ラーフマン，メリサ（Melissa Laughman）　**174**

ライヒ，ウイルヘルム（Wilhelm Reich）　**6**, 10, **21**, 84, 270

ラッセル，ローダ・ウィンター（Rhoda Winter Russl）　4, **88〜90**, 126, 329

ラバノテーション　**115**, 162

ラバン・センター　**131**, 315

ラバン，ルドルフ（Rudolf Laban）　4, 45, 49, 65, 90, 105, 106, **112〜119**, 122, 124, 127, 131〜133, 137, 140, 160, 162, 169, 170, 201, 205, 208, 215, 290, 291, 303, 322, 328

ラバン・バーテニエフ・ムーブメント研究所　**118**

ラバン・ムーブメント研究所　**118**, 132

ラバン・ムーブメント分析（LMA）　114, **116〜**118, 123, **125〜128**, 133, **137**, 200, 201, 234, 321, 323

ラベンダー，ジョーン（Joan Lavender）　**230**

ラム，ウォレン（Warren Lamb）　**114〜116**, **118**, 124, 132, 133

リード，ヴァージニア（Virginia Reed）　137, 198, **290**, 291

リーバーマン，サンディ（Sandi Lieberman）　**281〜284**

理学療法士　117, 194, **275**

リハビリテーション　14, 36, 42, 198, **268**, 273, 275〜277, 284, 301

両極性　**54**, 55, 57, 58, 80

療法的関係　54, **59**, 61, 145, 154, 167

療法的ムーブメント関係　21, **22**, 24, 28, 84, 85, 125, 141, 160, 167

ルイス，ペニー（Penny Lewis）　**134〜136, 166〜172**, 205, 300, 308, 309, 329

ルウィン，ジョーン・ネス（Joan Naess Lewin）　**231**

レヴィ，フラン・J（Fran J. Levy）　166, 167, 171, 172, **174**, 183, 209, 218, 223, **242〜246**, 248, 251, 253, 312, 328, 329

レフコ，ヘレン（Helen Lefco）　**234**, 235

レベンソール，マルシア（Marcia Leventhal）　79〜81, **166〜168**, 170, 209, 218, 242, 251, 300, 307, 308, 312, 329

ろう者と聴覚障害者　**298**

ローエン，アレクサンダー（Alexander Lowen）　6, 10, 11, **46〜48**

ローゼン，エリザベス（Elizabeth Rosen）　12, 16, 92, **99〜104**, 165, 177, 228

ローマン，スーザン（Susan Loman）　**135**, 136, 169, 300, 309, 310, 312

ロジャーズ，カール（Carl Rogers）　**9**, **20**, 148, 293

ロンドン大学ゴールドスミス校　**131**

ワイズブロット，ジョアンヌ（Joanne Weisbrod）　**295**, 296

著者紹介

フラン・J・レヴィ，教育学博士，LCSW, BC-DMT
認定ダンスセラピー上級指導セラピスト
臨床ソーシャルワーカー資格者
クリエイティブ・アーツ・セラピー博士
米国集団精神療法サイコドラマ学会フェロー

　フラン・レヴィはニューヨークのブルックリンで個人開業し，セラピストの養成や患者への実践を行っている。彼女は著述家，芸術家，ダンサー，サイコドラマティストとしての経験を統合して表現療法家として活動している。レヴィは，我々のうちの誰もが治癒力の一部として持っているユニークな表現能力を発掘し，それを活用することの重要性を強調している。「一人ひとりの創造力を発揮すれば，それが自然に伝染する」（第17章）と彼女は言っている。このような考えはマルチモダルな精神療法における彼女の最も大きな業績である。
　著者は，教育分野と精神保健分野において，合衆国内外で教育活動や講演活動を行っている。彼女の斬新な活動は世界的に知られ，高く評価されている。

訳者略歴

町田章一（まちだ　しょういち）

1948年	埼玉県出身
1971年	上智大学文学部仏文学科卒業
1973年	上智大学大学院外国語学研究科言語学専攻修士課程修了
1974年	東京都心身障害者福祉センター主事
1988年	聖カタリナ女子大学社会福祉学部助教授
1994年	東京都板橋区立赤塚福祉園園長
1999年	大妻女子大学人間関係学部助教授，教授，学科長，学部長を経て
2017年	大妻女子大学名誉教授

「♪ダンスセラピスト」（日本ダンス・セラピー協会認定），「BC-DMT」（米国ダンスセラピー協会認定），「芸術療法士」（日本芸術療法学会認定），「健康運動指導士」（健康・体力づくり事業財団），「茶道表千家流講師免許」

ダンス・ムーブメントセラピー
—癒しの技法—
ISBN978-4-7533-1137-8

訳　者
町田 章一

2018 年 7 月 24 日　第 1 刷発行

印刷　(株)新協　／　製本　(株)若林製本工場
——————

発行所　(株)岩崎学術出版社　〒101-0062　東京都千代田区神田駿河台 3-6-1
発行者　杉田 啓三
電話 03 (5577) 6817　FAX 03 (5577) 6837
©2018　岩崎学術出版社
乱丁・落丁本はおとりかえいたします　検印省略

ケースに学ぶ音楽療法 I
阪上正巳／岡崎香奈 編著
児童・高齢者・緩和ケア領域の実践に役立つ事例集　　　　　本体2800円

ケースに学ぶ音楽療法 II
阪上正巳／岡崎香奈 編著
成人の精神科領域の実践のヒントが詰まった事例集　　　　　本体2800円

空間と表象の精神病理
伊集院清一 著
絵画療法の精神療法としての治療可能性を探る渾身の論考集　　本体3600円

ダンスセラピー入門●リズム・ふれあい・イメージの療法的機能
平井タカネ 編著
実践のためのヒントを満載した入門書　　　　　　　　　　　本体2000円

ダンスセラピー●芸術療法実践講座5
飯森眞喜雄／町田章一 編
わが国独自の発展を最前線の実践家の事例に学ぶ　　　　　　本体2800円

癒しと成長の表現アートセラピー
小野京子 著
実践例を満載し非臨床家や初学者から楽しめる1冊　　　　　本体2500円

サイコドラマの技法●基礎・理論・実践
高良聖 著
「ことば」を超えた「アクション」を臨床に加えるための入門　本体3300円

フロイト技法論集
S・フロイト著　藤山直樹 編監訳
臨床家が臨床家のために訳したフロイトの決定版　　　　　　本体3000円

フロイト症例論集2●ラットマンとウルフマン
S・フロイト著　藤山直樹 編監訳
正確で読みやすい翻訳で読む代表的な事例　　　　　　　　　本体4000円